UNIT 0 品詞
UNIT 1 英語の語順ルール
UNIT 12 動詞と文型
UNIT 23 特殊構文
UNIT 2 文の種類
UNIT 13 名詞
UNIT 24 文の転換
UNIT 3 時制
UNIT 14 代名詞
UNIT 4 助動詞
UNIT 15 冠詞
UNIT 5 態
UNIT 16 形容詞
UNIT 6 不定詞
UNIT 17 副詞
UNIT 7 動名詞
UNIT 18 接続詞
UNIT 8 分詞
UNIT 19 前置詞
UNIT 9 関係詞
UNIT 20 疑問詞と疑問文
UNIT 10 比較
UNIT 21 否定
UNIT 11 仮定法
UNIT 22 強調と倒置

アトラス総合英語　英語のしくみと表現

ATLAS
English Grammar and Expressions

［英文監修］　ロングマン辞典編集部
［編　著］　　佐藤誠司　長田哲文

桐原書店

はじめに

　この本は，従来の英文法参考書の殻を破り，「高校生にとって本当に必要な文法の知識とは何か」を考え直すことによって生まれました。
　この本の基本的な特長は，次の２つです。

① 大学受験に役立つ

近年の入試英語では，細かい文法知識を問う問題が減り，代わりに読解問題のウエイトが高くなっています。そうした傾向を反映して，この本では次の点を重視しています。
- リーディングに役立つ知識を重点的に取り上げる。
- 最近の入試での出題頻度が高い学習項目を優先的に取り上げる。

② 幅広いコミュニケーション能力の向上に役立つ

2013年度からの高等学校新学習指導要領に合わせて，「読む」「書く」「聞く」「話す」の４つの技能をバランスよく高めることができるよう，これまでの文法参考書には見られない様々な説明を加えました。
たとえば，実際に英語を使うときに鍵となる「話し言葉」と「書き言葉」の違いを考慮して，「話し言葉ではこちらの表現を使う」などの解説を入れています。

　①と②は方向性が違うように思われるかもしれませんが，そうではありません。センター試験をはじめとして，近年の大学入試の英語は「コミュニケーション重視」の方向に大きく変わりつつあります。その対極にあるのが，昔の大学入試の一部に見られた，実際のコミュニケーションにはあまり役立たない「文法のための文法」の知識です。この本ではそうした「むだな知識」を選別して極力排除し，必要な知識だけを整理しています。また，文字による長い説明はできるだけ省き，図表やイラストを多用して「見ただけで理解できる」ことを目指しています。

　アトラス (atlas) は「地図帳」という意味です。この本は，英文法の世界を旅するみなさんが，文法体系の全体像（世界），自分の到達度（現在地），そして学習目標（目的地）を知るための地図の役目を果たしてくれるでしょう。また，ギリシャ神話にはAtlas という名前の天空を支える神が出てきます。グローバル化が進む世界に羽ばたいて日常的に英語を使うことになるであろうみなさんが，仕事や生活のなかで本当に役立つ英語力の基礎を身につけるために，この本を大いに活用していただきたいと思います。

2012年10月　著者記す

本書の構成と利用法

『アトラス総合英語』は，全部で24の **UNIT** で構成されています。

とびら
その **UNIT** で学習する項目とそのページを示してあります。

Introduction
その **UNIT** で学習する文法項目の基本的な概念を説明しています。

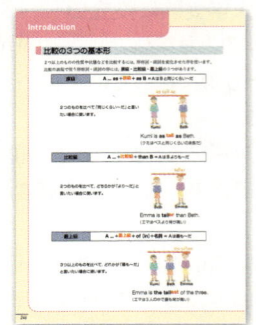

本編
本編の構成要素は次のようになります。

注意！
学習する上で特に間違えやすいポイントを説明します。

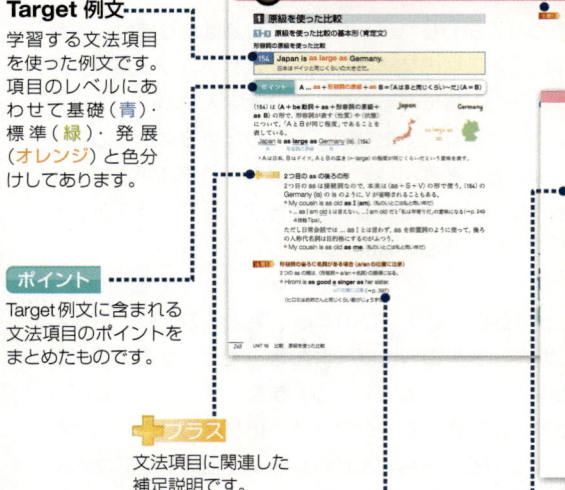

Target 例文
学習する文法項目を使った例文です。項目のレベルにあわせて基礎（青）・標準（緑）・発展（オレンジ）と色分けしてあります。

ポイント
Target 例文に含まれる文法項目のポイントをまとめたものです。

プラス
文法項目に関連した補足説明です。

参照ページ
関連事項が掲載されているページを示しています。

参考
文法項目に関連した発展的な情報です。

4技能Tips
Speaking, Listening, Writing, Readingの4技能の向上に役立つ情報を紹介しています。

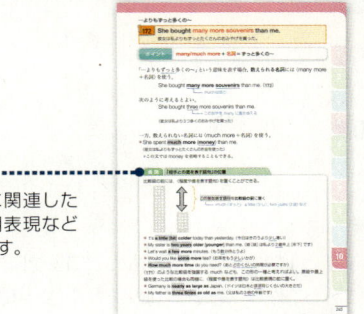

表現

文法項目に関連した様々な慣用表現などを紹介します。

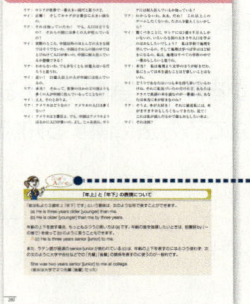

ネイティブスピーカーの視点から，実際のコミュニケーションに役立つ知識をアドバイスします。

Using Grammar in Context

各 **UNIT** の標準レベルまでの Target 例文に含まれる文法項目を中心に構成された文章です。会話文・ディベート・日記などの形式の文章があります。様々なテーマを通じて，学習した文法項目が実際にどのような場面で使われるのかを理解することができます。声に出して読んでみるとよいでしょう。

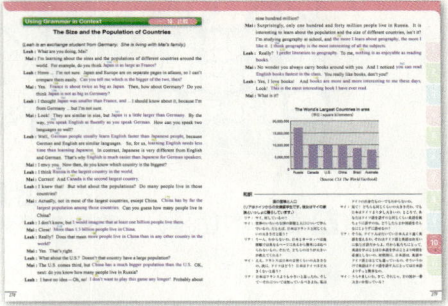

本文中の表記について

( )	…………	省略可能
[ ]	…………	直前の語と言い換え可能
<u>or else</u> [otherwise]	…	下線部分と [ ] 内が言い換え可能
×	…………	誤った用法
to *do*	…………	to 不定詞
-*ing*	…………	動名詞または現在分詞

S	…………	主語
V	…………	述語動詞
O	…………	目的語
C	…………	補語

〈話し言葉〉
主に会話で使われる表現。親しい間柄で交わされるメール・手紙や，日記などのくだけた文章にも使われる。

〈書き言葉〉
主に文章で使われる表現。スピーチ，アナウンス，ニュースなど，書かれた原稿を読む場合などにも使われる。また，改まった会話にも使われる。

〈フォーマル〉
会話や文章で使われる表現のなかで，特にていねいで改まった表現。目上の人や初対面の人などに対して使うことが多い。

文法学習の全体像

英文法で学習する内容は，大きく次の2つに分けることができます。

　A　文を構成する個々の要素に関する知識
　B　文を組み立てる方法に関する知識

積み木にたとえると，下のようなイメージになります。1つひとつの積み木のブロックに当たるものが個々の要素となる「品詞」で，ある組み立て方に沿って作り，完成した城の形が「文」になります。

A　積み木（品詞）　　B　組み立て方　　組み立てた形（文）

たとえば「ケンタは牛乳を飲んだ」という文を作ってみましょう。この文は，3つの「積み木」（品詞）を組み合わせて次のように作ります。

Kenta　　　milk　　　drink　　　　　　　　Kenta drank milk.
（ケンタ 名詞）（牛乳 名詞）（飲む 動詞）　　　　　（完成した文）
　A　　　　　A　　　　　A　　　B

個々の品詞を組み立てて文を作る　B　のルールを学ぶのが，文法学習の中心です。
この本では，主にUNIT 3～11でそれらのルールを学習していきます。

この本では、**個々の品詞と文の組み立て方**を、次のような流れで学習していきます。

UNIT 0	品詞	文を作るパーツ(積み木)に当たる「品詞」を、おおまかに説明します。
UNIT 1 UNIT 2	英語の語順ルール 文の種類	完成した文がどんな形になるのか、基本的なところを見ておきます。
UNIT 3～11	時制・助動詞・態・不定詞・動名詞・分詞・関係詞・比較・仮定法	文を組み立てる方法を詳しく学びます。この本の学習の中心部分です。
UNIT 12～20	動詞と文型・名詞・代名詞・冠詞・形容詞・副詞・接続詞・前置詞・疑問詞と疑問文	個々の品詞の種類や使い方を、より詳しく学習します。
UNIT 21～24	否定・強調と倒置・特殊構文・文の転換	英語特有の文の形や表現方法を学びます。

次の文を使って、英文法の主な決まりを説明してみましょう。

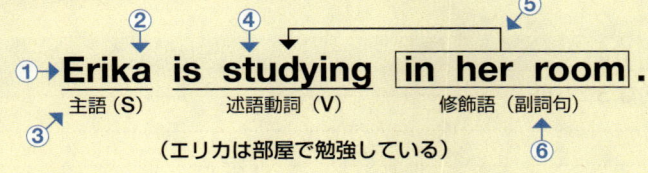

① → Erika　is studying　in her room .
　　　　主語(S)　　述語動詞(V)　　修飾語(副詞句)
　　　③　　　　　　　　　　　　　　　　⑥
　　　　(エリカは部屋で勉強している)

①	この文は肯定文である。	英語の文は、いくつかの種類に分けることができます。	(→ UNIT 2, 20～24)
②	**Erika** は名詞である。	英語の単語をグループ分けしたものを「品詞」といいます。	(→ UNIT 0, 12～20, p. 76)
③	**Erika** は主語である。	文中の語句は、主語(S)・述語動詞(V)などのはたらきをもちます。	(→ UNIT 1, 2, p. 104)
④	**is studying** は現在進行形である。	V(述語動詞)の形を決めるルールがあります。	(→ UNIT 3, 4, 5, 11)
⑤	**in her room** は **is studying** を修飾している。	「修飾するもの」と「修飾されるもの」との関係があります。	(→ UNIT 1, p. 29)
⑥	**in her room** は副詞句である。	まとまった意味をもつ語群を「句」または「節」といいます。	(→ p. 106)
	その他	「句」を作るには、前置詞や準動詞などを利用します。	前置詞(→ UNIT 19) 準動詞(→ UNIT 6～8, p. 208)
		「節」を作るには、接続詞や関係詞などを利用します。	接続詞(→ UNIT 18) 関係詞(→ UNIT 9)

目次

はじめに
本書の構成と利用法 … 4
文法学習の全体像 … 6

UNIT 0　品詞

1 品詞とは？ … 16
2 品詞の種類 … 16
　column　英語の名詞・代名詞の特徴 … 20

UNIT 1　英語の語順ルール（主語と述語動詞）

1 英語の文は〈S + V〉の順が基本形 … 22
2 be 動詞と一般動詞 … 22
3 動詞と V の違い … 24
4 V の見分け方 … 25
5 英文のしくみを見抜く手順 … 27
　column　修飾語のはたらき … 29
　　　　　 be 動詞, do, have の使い方 … 30

UNIT 2　文の種類

1 文の基本的な3つの形 … 32
2 否定文 … 32
3 疑問文 … 33
4 命令文・感嘆文 … 34

UNIT 3　時制

Introduction … 38
1 現在形・現在進行形の基本的な用法 … 41
2 過去形・過去進行形 … 46
3 未来を表す形 … 47
4 現在完了形・現在完了進行形 … 55
5 過去完了形・過去完了進行形 … 60
6 未来完了形 … 65

●時制の一致 … 70

Using Grammar in Context
　Tom is Late Again! … 73
　column　「書き言葉」と「話し言葉」 … 75
　　　　　 「品詞」と「文の要素」との関係 … 76

UNIT 4　助動詞

Introduction ……………………………………………………… 78

1　能力・可能・許可の表現 ……………………………………… 80
2　必要・義務・当然・忠告の表現 ……………………………… 84
3　依頼・提案・勧誘の表現 ……………………………………… 87
4　可能性・推量の表現 …………………………………………… 90
5　助動詞＋ have ＋過去分詞 …………………………………… 93
6　その他の注意すべき助動詞 …………………………………… 95
7　助動詞を含む慣用表現 ………………………………………… 98

Using Grammar in Context
　Global Warming ……………………………………………… 102
　column　英文の基本パターン（文型） ……………………… 104
　　　　　　句と節の種類 ………………………………………… 106

UNIT 5　態

Introduction ……………………………………………………… 108

1　受動態の基本的な用法 ………………………………………… 110
2　受動態の述語動詞の形 ………………………………………… 111
3　文構造と受動態 ………………………………………………… 114
4　注意すべき受動態 ……………………………………………… 120

Using Grammar in Context
　Talking about Recycling ……………………………………… 125

UNIT 6　不定詞

Introduction ……………………………………………………… 128

1　名詞的用法 ……………………………………………………… 130
2　形容詞的用法 …………………………………………………… 132
3　副詞的用法 ……………………………………………………… 136
4　不定詞の意味上の主語 ………………………………………… 139
5　S＋V＋O＋to *do* ……………………………………………… 141
6　不定詞と否定語 ………………………………………………… 143
7　自動詞＋不定詞，完了形の不定詞など ……………………… 145
8　進行形と受動態の不定詞 ……………………………………… 149
9　原形不定詞 ……………………………………………………… 151
10　不定詞を含む重要表現 ………………………………………… 155

　column　アメリカ英語とイギリス英語（1） ………………… 164

Using Grammar in Context
DEBATE: 'Is TV Good or Bad?' *165*

UNIT 7 　動名詞

Introduction *168*

1 動名詞のはたらき *170*
2 〈V＋動名詞〉と〈V＋不定詞〉 *172*
3 動名詞の意味上の主語 *175*
4 動名詞の様々な形 *177*
5 動名詞を含む慣用表現 *179*

Using Grammar in Context
What Are Your Hobbies? *181*

UNIT 8 　分詞

Introduction *184*

1 名詞を修飾する分詞（限定用法） *186*
2 補語のはたらきをする分詞（叙述用法） *190*
3 分詞構文 *195*
4 現在分詞を使った様々な表現 *203*

Using Grammar in Context
A Sleeping Panda *206*

● 準動詞の用法（まとめ） *208*

UNIT 9 　関係詞

Introduction *212*

1 関係代名詞 *214*
2 関係副詞 *222*
3 関係詞の継続用法 *228*
4 関係代名詞の what *232*
5 特殊な関係詞 *236*
6 複合関係詞 *239*

Using Grammar in Context
Visiting an Old Friend *243*

UNIT 10 　比較

Introduction *246*

1 原級を使った比較 *248*
2 比較級を使った比較 *255*
3 最上級を使った比較 *258*
4 不規則な形の比較級と最上級 *261*
5 比較級と最上級の強調 *264*
6 比較級の注意すべき用法 *267*
7 比較の慣用表現 *272*
8 最上級の意味を表す原級・比較級 *276*

Using Grammar in Context
The Size and the Population of Countries *278*

UNIT 11　仮定法

Introduction *282*

1 if を使う仮定法 *283*
2 仮定法を含む慣用表現 *288*
3 if を使わずに「もしも」の意味を表す仮定法 *293*
4 仮定法を使ったていねいな表現 *297*

Using Grammar in Context
If I Could Stay Longer *302*

column　英和辞典の使い方 *304*

UNIT 12　動詞と文型

Introduction *306*

　　　自動詞と他動詞 *307*
1 第1文型で使う動詞 *308*
2 第2文型で使う動詞 *311*
3 第3文型で使う動詞 *315*
4 第4文型で使う動詞 *317*
5 第5文型で使う動詞 *320*
6 動詞に続く要素 *323*
7 形がまぎらわしい動詞など *326*

Using Grammar in Context
Tricky Verbs *331*

UNIT 13　名詞

Introduction *334*

1 名詞の種類と基本的な用法 *336*

2 名詞の単複 ·· *344*
3 名詞に関するその他の注意 ··· *348*

Using Grammar in Context
　Two Coffees, Please. ··· *351*

UNIT 14　代名詞

Introduction ·· *354*

1 人称代名詞 ·· *355*
2 it の用法 ··· *360*
3 指示代名詞 ·· *367*
4 不定代名詞 ·· *370*

Using Grammar in Context
　Shopping Therapy ·· *383*

UNIT 15　冠詞

Introduction ·· *386*

1 不定冠詞 ··· *387*
2 定冠詞 ·· *389*
3 無冠詞 ·· *393*
4 冠詞の位置 ·· *397*

Using Grammar in Context
　Dr. Wong, the Astronomer ·· *400*
　column　新情報と旧情報 ·· *402*

UNIT 16　形容詞

Introduction ·· *404*

1 限定用法 ··· *405*
2 叙述用法 ··· *406*
3 形容詞のはたらきをもつ分詞（分詞形容詞）·· *409*
4 形容詞＋ that 節 ·· *410*
5 使い方に注意すべき形容詞 ··· *413*
6 形・意味に注意すべき形容詞 ·· *418*
7 数量を表す形容詞 ·· *419*
8 数詞・数量の表し方 ··· *424*

Using Grammar in Context
　The Tour Guide ·· *429*

UNIT 17　副詞

Introduction ····· 432

1　副詞の主な意味と位置 ····· 433
2　副詞のはたらき ····· 436
3　注意すべき副詞 ····· 438
4　副詞と前置詞など ····· 440
5　副詞の注意すべき用法 ····· 443

Using Grammar in Context
　Robots and Humans ····· 454
　column　様々な従属接続詞 ····· 456

UNIT 18　接続詞

Introduction ····· 458

1　等位接続詞 ····· 460
2　従属接続詞（名詞節を作るもの） ····· 464
3　従属接続詞（副詞節を作るもの） ····· 467
4　相関接続詞 ····· 480

Using Grammar in Context
　Fast Food and Slow Food ····· 483

UNIT 19　前置詞

Introduction ····· 486

1　前置詞のはたらき ····· 488
2　基本的な前置詞の意味と用法 ····· 490
3　主要な前置詞の意味と用法 ····· 500
4　群前置詞 ····· 513

Using Grammar in Context
　Kana's Diary ····· 515

UNIT 20　疑問詞と疑問文

Introduction ····· 518

1　疑問代名詞・疑問形容詞の基本的な用法 ····· 519
2　疑問副詞の基本的な用法 ····· 522
3　様々な疑問文 ····· 527
4　間接疑問 ····· 531
5　疑問詞の注意すべき用法 ····· 532

6 疑問詞を含む慣用表現 ································ *535*

Using Grammar in Context
　Questions for an Exchange Student ···················· *539*

UNIT 21　否定

Introduction ··· *542*

1 否定語による否定 ···································· *543*
2 特殊な否定 ··· *551*

UNIT 22　強調と倒置

Introduction ··· *558*

1 強調 ··· *559*
2 倒置 ··· *562*

UNIT 23　特殊構文

Introduction ··· *568*

1 挿入・省略 ··· *570*
2 同格 ··· *575*
3 名詞構文・無生物主語構文 ·························· *578*

column　アメリカ英語とイギリス英語（2） ················· *583*
　　　　　句読点 ·· *584*

UNIT 24　文の転換

Introduction ··· *586*

1 句と節の転換 ······································· *587*
2 話法の転換 ··· *590*

付録　　第1部　発音 ···································· *595*
　　　　第2部　つなぎの言葉 ························· *601*
　　　　第3部　「動詞＋前置詞」などの慣用的な結びつき ···· *605*
　　　　第4部　単語の成り立ち ······················· *615*

さくいん　日本語さくいん ································ *617*
　　　　　英語さくいん ································· *624*
　　　　　機能別・場面別さくいん ····················· *635*
　　　　　4技能 Tips／Sue's Advice 一覧 ············· *637*
　　　　　注意一覧 ···································· *638*

UNIT 0

品詞

単語のはたらきをグループごとに理解しよう

1　品詞とは？	16
2　品詞の種類	16
1　名詞	16
2　代名詞	16
3　冠詞	17
4　動詞	17
5　助動詞	17
6　形容詞	17
7　副詞	18
8　前置詞	18
9　接続詞	18
10　間投詞	19
その他の品詞	19

UNIT 0 品詞

1 品詞とは？

品詞とは，単語を共通の特徴によって分類した呼び名のこと。英語の主な品詞には，次の10種類がある。

① 名詞	② 代名詞	③ 冠詞（かんし）	④ 動詞	⑤ 助動詞
⑥ 形容詞	⑦ 副詞	⑧ 前置詞	⑨ 接続詞	⑩ 間投詞（かんとうし）

1つひとつの単語は，どれかの品詞に分類できる。たとえばJapan（日本）は名詞，run（走る）は動詞。

さらに，1つの単語が複数の品詞で使われることもある。たとえば，nameは名詞（「名前」の意味）としてだけでなく，動詞（「名づける」の意味）としても使われる。

2 品詞の種類

1 名詞

名詞とは，「**名前を表す言葉**」のこと。名詞は次のようなものを表す。

人間や目に見える物
　John（ジョン），**cat**（猫），**tea**（お茶），**mountain**（山）など

目に見えないものやことがら
　love（愛），**power**（力），**success**（成功）など

2 代名詞

代名詞とは，「**名詞の代わりをする言葉**」のこと。たとえば，**I**（私），**you**（あなた），**he**（彼），**it**（それ）などが代名詞である。

● "Do **you** like English?" "Yes, **I** do. **I** like **it**."
　（「あなたは英語が好きですか」「はい。私はそれ（＝英語）が好きです」）

これらの文では，youとIのほかにitも代名詞（it = English）である。名詞と代名詞の違いは，次のように考えればよい。たとえばcatという名詞からは，猫（という動物）の姿を具体的に思い浮かべることができる。一方，he, it, this, someなどの代名詞は，どんな名詞の代わりをしているかがわからないと具体的な人や物をイメージできない。このように，「**名詞で置き換えて初めて意味をもつ言葉**」が代名詞である。

3 冠詞

冠詞は「名詞に冠する（＝名詞の前に置く）言葉」で，**a/an** と **the** の2種類がある。
- We visited **a** city called Izmir. **The** city was very beautiful.
  （私たちはイズミールと呼ばれる都市を訪れた。その都市はとても美しかった）

冠詞は「この後ろに名詞が出てきます」という目印の役目をする。a/an は初めて話題に出すものに使い，the はお互いが何を指すかを知っているものに使う。基本的な意味は「a/an＝1つの（one）」「the＝その」である。

4 動詞

動詞は「**状態や動作を表す言葉**」である。動詞には **be 動詞**と**一般動詞**がある。
- My brother **is** a university student.（私の兄［弟］は大学生です）
  ▶この文の is（be 動詞）は，〈my brother＝a university student〉の関係を示す。
- He **lives** in Yokohama.（彼は横浜に住んでいます）
  ▶この文の lives（一般動詞）は，「住んでいる」という状態を表す。
- She **plays** tennis every weekend.（彼女は毎週末にテニスをします）
  ▶この文の plays（一般動詞）は，「（プレー）する」という動作を表す。

5 助動詞

助動詞は「**動詞を助ける言葉**」である。動詞の前に置いて，動詞に様々な意味（話し手の判断など）を加えるはたらきをする。主な助動詞には，**will**，**can**，**must**，**may**，**shall**，**should** などがある。
- He **can** [**can't**] swim.
  （彼は泳ぐことができます［できません］）
  ▶助動詞の後ろには動詞の原形（swim）を置く。
- "**Can** you swim?" "Yes, I **can**."
  （「泳ぐことができますか」「ええ，できます」）

6 形容詞

形容詞は，「**名詞を形容**（＝説明）**する言葉**」であり，名詞の性質や状態を表す。たとえば **beautiful**（美しい），**large**（大きい），**necessary**（必要だ），**sick**（病気の），**tired**（疲れている）など。

形容詞の基本的な使い方には，次の2通りがある。
- Your English is **good**. (あなたの英語はじょうずですね)
  ▶ be 動詞の後ろに置いて「～だ」の意味を表す。
- You speak **good** English. (あなたはじょうずな英語を話しますね)
  ▶ 名詞の前に置いて，「～な」の意味を表す。

7 副詞

副詞は「副える言葉」で，動詞・形容詞・ほかの副詞などを修飾する。たとえば **happily**（幸福に），**here**（ここに［で］），**soon**（まもなく），**today**（今日），**up**（上へ），**very**（とても）などがある。

- She practices the piano **hard**.
  　　　動詞　　　　　　　　副詞
  (彼女は熱心にピアノを練習する)
- This photo is **very** beautiful.
  　　　　　　　副詞　　形容詞
  (この写真はとてもきれいだ)

8 前置詞

前置詞は「名詞・代名詞の**前に置く言葉**」である。主な前置詞には，**at, for, from, in, of, on, to, with** などがある。〈前置詞＋名詞／代名詞〉がひとまとまりの意味をもつ。

- I'm **from** Dublin **in** Ireland.
  (私はアイルランドのダブリン出身です)
- **On** Sundays, the bookstore opens **at** 10:30.
  (日曜日には，その書店は10時30分に開店する)

9 接続詞

接続詞は「**接続**する（つなぐ）**言葉**」で，語句と語句や文と文などを様々な形で結びつける。

- I want to go to Australia **and** see koalas.
  (私はオーストラリアへ行ってコアラを見たい)
  ▶ and（接続詞）が下線部を結びつけている。
- **When** I was in junior high school, I was in the volleyball club.
  (中学生だったときに，私はバレーボール部に入っていた)
  ▶ when（接続詞）が下線部を結びつけている。

10 間投詞

間投詞は「間に投げ（入れ）る言葉」で，強い感情を表したり相手の注意をひいたりするはたらきをもつ。たとえば **oh**（おお），**ah**（ああ），**hi**（やあ），**well**（ええと）など。**Ouch!**（痛い），**Ooops!**（おっと）など，1語で文を作るものも多い。**Let's see.**（ええと），**Well done!**（よくやった）のように2語以上のものもある。

その他の品詞

たとえば who は代名詞の一種であり，疑問代名詞または関係代名詞として使う。ただし **who, which, what, when, where, why, how** には疑問文を作るはたらきをする共通の性質があるので，これらをまとめて「疑問詞」と呼ぶこともある。
- **Where** are you from?（どちらの出身ですか）
- **What** are you reading?（何を読んでいるの？）

疑問詞はすべて，関係詞としても使うことができる。関係詞は「関係づける言葉」で，長い語句を名詞に結びつけるはたらきをもつ。
- I have a friend **who** lives in Britain.

（私にはイギリスに住んでいる友だちがいます）

> **参考** 品詞の形の変化
>
> 品詞のなかには，形が変化するものがある。

品詞	形の変化の例
名詞	cat（単数形） → cats（複数形）
代名詞	I（主格） → my（所有格）
動詞	eat（原形） → ate（過去形）
助動詞	can（現在形） → could（過去形）
形容詞	tall（原級） → taller（比較級）
副詞	fast（原級） → fastest（最上級）

column
英語の名詞・代名詞の特徴

英語の名詞・代名詞は，日本語とは違った特徴をもっている。それらを簡単にまとめておこう。

■ 単数と複数
単数とは「1つ[1人]」，複数とは「2つ[2人]以上」のこと。日本語の名詞は，「1匹の犬」「2匹の犬」のように，単数でも複数でも同じ形を使う。それに対し英語の名詞は，a dog, two dogsのように，**単数と複数とで違った形を使う**。代名詞の場合も，I（私は）とwe（私たちは）のように違った形になることがある。

■ 人称と格
人称とは，「**私**」「**あなた**」「**それ以外**」を区別するための名詞・代名詞の形のこと。それぞれを，**1人称・2人称・3人称**という。

	1人称	2人称	3人称
単数	私	あなた	それ以外のすべての単数の人・物
複数	私たち	あなたたち	それ以外のすべての複数の人・物

▶3人称単数の例：Tom（トム），the car（その車）
▶3人称複数の例：people（人々），two books（2冊の本）

格とは，名詞・代名詞を文中でのはたらきに応じて使い分ける形のこと。次の3つがある。
・**主格**＝主語のはたらきをする形
・**所有格**＝「Aの（所有する）B」というときの，Aの形（例：私の自転車→ my bicycle）
・**目的格**＝動詞（または前置詞）の目的語のはたらきをする形

I, you, heなど，1・2・3人称を表す代名詞を**人称代名詞**という。人称代名詞の形は，格の違いに合わせて次のように変化する。

人称・数		「〜は」（主格）	「〜の」（所有格）	「〜を」など（目的格）
1人称	単数	I	my	me
	複数	we	our	us
2人称	単数	you	your	you
	複数	you	your	you
3人称	単数	he	his	him
		she	her	her
		it	its	it
	複数	they	their	them

▶名詞（たとえばTom）の場合，主格・目的格はTom，所有格はTom'sとなる。
itの所有格（its）とit isの短縮形（it's）の違いにも注意しよう。

UNIT 1

英語の語順ルール（主語と述語動詞）

英語と日本語の語順
の違いを理解しよう

1 英語の文は〈S + V〉の順が基本形	22
2 be 動詞と一般動詞	22
1 be 動詞	22
2 一般動詞	23
3 動詞と V の違い	24
4 V の見分け方	25
5 英文のしくみを見抜く手順	27
チェック解答	28

UNIT 1 英語の語順ルール（主語と述語動詞）

1 英語の文は〈S＋V〉の順が基本形

文中で「～は」の意味を表す語句を**主語**(**S**),「～する」「～だ」などの意味を表す語句を**述語動詞**(**V**)という。このUNITでは「英語の文には原則として〈S＋V〉がある」ことを, 具体例を見ながら学習していく。

次の例で, 日本語と英語の文の違いを考えてみよう。

> ①**去年沖縄へ行ったんだ。** → **I went** to Okinawa last year.
> 　　　　　　　　　　　　　　　S　V

①の日本語には主語「私は」が省略されている。一方, 英語では, 主語のI（私は）を省略することはできない。もう1つ例を見てみよう。

> ②**寒いわ。** → **It's** cold.
> 　　　　　　　S V　　　▶It's ＝ It is

②の文でも日本語には主語が省略されているが, 英語では主語 (It) と述語動詞 (is) の2つがそろっている。このように**英語の文では, 最初に〈S＋V〉(Sは～する, Sは～だ)の形を置き, 必要に応じてその後ろに様々な言葉**（①なら to Okinawa last year, ②なら cold）**を加えていく**というルールがある。

| 英語の語順ルール | **S＋V**＋それ以外の要素 |

2 be動詞と一般動詞

〈**S＋V**〉の後ろにどんな要素を置くかは, **V**のタイプによって決まる。**V**のはたらきをするのは「動詞」であり, 動詞には**be動詞**と**一般動詞**とがある。

1 be動詞

be動詞は, 2つのものを結びつけて, **両者が「＝ (イコール)」の関係にある**ことを示す。

> ● He **is** my brother.
> 　　S　V　　C
> 　（彼は～だ＋私の兄[弟]）→彼は私の兄[弟]だ。

この文では, be動詞の is が「**彼＝私の兄[弟]**」という関係を表している。このとき, be動詞の後ろに置かれる要素を**補語**(**C**)という。

▶補語とは, 動詞の後ろに置いて主語などに説明を補う言葉のこと。上の文では, my brother (補語) が he (主語) に説明を加えている。

be動詞を使った文の基本的な形は，次のように表すことができる。

| be動詞の基本文 | S＋V[be動詞]＋C＝「SはCだ」 |

Cには，名詞・代名詞のほか，次の例のように形容詞を置くこともできる（→p.106）。

- I **am** hungry.
  S　V　　C　　▶hungry＝空腹の（形容詞）
  （私は〜だ＋空腹の）→私は空腹だ。

この文では，am（be動詞）が「私＝空腹の状態」という関係を表している。これらの例からわかるとおり，be動詞は主語の人称や数に合わせて違う形になる（→p.30）。

2　一般動詞

be動詞以外の動詞，たとえば eat（食べる），go（行く），speak（話す），live（住んでいる）など，主語の〈動作〉や〈状態〉を表す動詞を「一般動詞」という。

- I **love** Linda.
  S　V　　O
  （私は〜を愛している＋リンダ）→私はリンダを愛している。

この文のように，「〜する」という意味の一般動詞の後ろに置かれる「〜を」に当たる要素を**目的語（O）**という。Oになるのは名詞・代名詞（→p.76）。このタイプの文の基本形は，次のように表すことができる。

| 一般動詞の基本文① | S＋V＋O＝「SはOを〜する」 |

一般動詞を使った文には，目的語を必要としない次のような形もある。

- I **danced** on the stage.
  S　V　　　修飾語
  （私は踊った＋舞台の上で）→私は舞台の上で踊った。

▶この文の on the stage は目的語ではない。おおまかに言えば，「〜を」という意味を表す要素が目的語であり，それ以外の要素は**修飾語**（→p.29）である。修飾語は省略しても文が成り立つ（上の文は I danced. だけでも文の形になっている）。

このタイプの文の基本形は，次のように表すことができる。

| 一般動詞の基本文② | **S**＋**V**（＋修飾語）＝「Sは〜する」 |

＋プラス 自動詞と他動詞（→p.307）

一般動詞は2つのタイプに分けることができる。後ろに目的語を必要としないものを**自動詞**，目的語を必要とするものを**他動詞**という。自動詞は自分だけでできる動作などを表し，他動詞は相手（＝目的語）が必要な動作などを表す。
2つの文をもう一度見比べておこう。

自動詞　I **danced** on the stage.　dance（踊る）は自分だけでできる
　　　　　→目的語は不要

他動詞　I **love** Linda.　　　　　love（愛する）は相手が必要
　　　　　→目的語が必要

＋プラス 3単現のs

主語の人称などに応じて，**V**（一般動詞）の形が変化することがある。

- My brother **likes** soccer.
  3人称単数の主語 ← 現在形の述語動詞にはsをつける
  （私の兄[弟]は〜を好む＋サッカー）→私の兄[弟]はサッカーが好きだ。

このように，主語が3人称単数で，時制（→UNIT 3）が現在形の場合，一般動詞の後ろにはs（またはes）をつける。これを「3単現（＝3人称単数現在形）のs」と呼ぶことがある。（→p.28）

3 動詞とVの違い

品詞としての**動詞**と，文の要素（→p.104）としての**V**（述語動詞）とを区別する必要がある。次の例を見てみよう。

- I **want** to **buy** a digital camera.
  S　V　　　　O
  （私は〜を欲する＋デジカメを買うこと）→私はデジカメを買いたい。

wantとbuyは，品詞としてはどちらも「動詞」である。しかし，**この文のVは want** であり，buyはO（目的語）の一部としてはたらいている。次の点が重要。

| ポイント | 動詞は，「**V**として使う場合」と「**V**以外として使う場合」とがある |

- Ken **likes** **playing** soccer.
  　S　　V　　　O
  (ケンは〜を好む＋サッカーをすること) →ケンはサッカーをするのが好きだ。
- Japanese **is** the language **spoken** in Japan.
  　　S　　V　　　　　　C
  (日本語は〜だ＋【言葉＋日本で話されている】) →日本語は日本で話されている言葉だ。

4　Vの見分け方

文の意味を正しく理解するためには，1つの文の中に2つ以上の動詞が含まれているとき，どれがVなのかを見分ける必要がある。以下のルールを知っておけば，複雑な文のしくみが理解できるようになる。

区別	特徴	例（eat）
A　Vになるもの	①時制をもつ ②助動詞＋動詞の原形 ③be動詞＋-ing/過去分詞 ④have＋過去分詞	① eats（3単現），ate（過去形） ② will eat ③ is eating/eaten ④ have/has/had eaten
B　Vにならないもの	⑤ to＋動詞の原形 ⑥単独の -ing/過去分詞	⑤ to eat ⑥ eating/eaten

▶たとえば 3 であげた3つの例文中の want, likes, is は，すべて「現在形」という時制で使われている。したがって，Vである。一方，to buy, playing, spoken はそれぞれ上の表の⑤⑥に相当するからVではない。

これを，次のような「動詞の加工場」のイメージを使って考えてみよう。

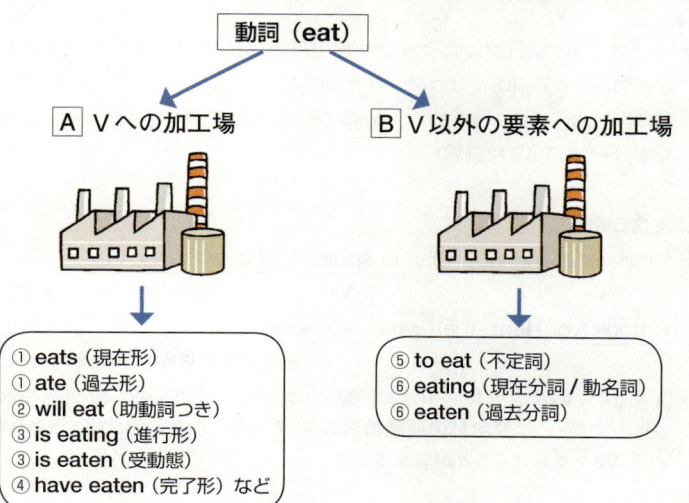

次の4つの例文を見ながら，様々なVの形を確認しよう。

- Computers **are used** all over the world.
  　　　　　　V (受動態)
  (コンピュータは使われている＋世界中で)
  →コンピュータは世界中で使われている。
- Computers **are** popular tools **used** all over the world.
  　　　　　　V (現在形)　　　　　　過去分詞 (Vではない)
  (コンピュータは〜だ＋【人気のある道具＋世界中で使われている】)

  →コンピュータは世界中で使われている人気のある道具だ。
- She **can use** this software.
  　　　V (助動詞＋動詞の原形)
  (彼女は〜を使える＋このソフト) →彼女はこのソフトを使える。
- I **have** already **finished** my homework.
  　V (完了形：間に already をはさんだ形)
  (私はもう〜を終えた＋宿題) →私はもう宿題を終えた。

> **参考** 2つ以上のVを含む文
>
> これまでは1つの文中に1つのVがある形を見てきたが，1つの文中に2つ以上のVが含まれることもある。このような場合，文全体の述語動詞になるのはどのVかを見極めることが重要になる。主に次の2つの場合がある。
>
> ①接続詞を含む場合
>
> (a) I **got up** at six, and **left** home at seven. (私は6時に起きて，7時に家を出た)
>   　　V₁　　　　　　　　　　V₂
>
> (b) When I **woke up**, it **was** after seven. (私が目覚めたとき，7時を過ぎていた)
>   　　　　　V₁　　　　　V₂
>
> ▶ (a)では2つのVが and によって対等の関係で結ばれているので，どちらも文全体の述語動詞になる。(b)ではコンマの後ろが主節(＝文の中心となる部分)で，コンマの前は修飾語のはたらきをしている。このため，(b)ではV₂だけが文全体の述語動詞になる。(→UNIT 18 接続詞)
>
> ②関係詞を含む場合
>
> (a) English **is** a language (that **is spoken** all over the world).
>   　　　　　V₁　　　　　　　　　　V₂
>   　　　　　　　　　　　　　　　　　　　(英語は世界中で話されている言葉だ)
>
> (b) The book (you **lent** me) **was** interesting.
>   　　　　　　　　V₂　　　V₁
>   　　　　　　　　　　　　　(きみがぼくに貸してくれた本はおもしろかった)
>
> ▶ (a)も(b)もV₂を含む(　)内は修飾語のはたらきをしている(省略しても文が成り立つ)。したがって，**文全体の述語動詞は V₁ である**。このように関係詞を含む文では，**V₁ と V₂ を見分けることが重要になる**。

5 英文のしくみを見抜く手順

文には原則として〈S + V〉の形が含まれる。したがって，疑問文や特殊な構文以外は，次の手順で考えるとよい。

> ① V を探す。
> ② S は V の前にある。
> ③ V が 2 つ以上あるときは，どれが文全体の V であるかを考える。

例をいくつか見てみよう。

> **(a)** The story sounds interesting.
> まず，V を探す必要がある。interesting（おもしろい）は形容詞だから，V にはなれない。したがって，V になれそうなのは sounds しかない。sound は名詞では「音」の意味だが，「〜に聞こえる」という動詞としても使われる（3 単現の s がついている）。つまりこの文は，「その話はおもしろそうに聞こえる」という意味だとわかる。

> **(b)** The number of foreign tourists visiting this town is increasing.
> visiting の前には be 動詞がなく，increasing の前には is がある。この違いに着目することが大切。4 で見たとおり，単独の visiting は V にはなれない。したがって is increasing（増加している）が V である。S は V の前にあるはずだから，The 〜 town の全体が S と考えられる。文の意味は「この町を訪れる外国人観光客の数は増えている」になる。

> **(c)** The TV show I watched was a comedy.
> watched と was は両方とも動詞だが，ひとまとまりの V になっていない（受動態 (was watched) ではない）点に注意。このような場合，watched と was との間に「切れ目」があるはずだと考える。watched が V だとすると was のはたらきが説明できないので，上の手順の②「S は V の前にある」から，次の構造だとわかる。
> The TV show (I watched) was a comedy.
>   S   V
> したがって，文の意味は「私が見たテレビ番組はコメディーだった」になる。

✓ チェック 001

下線部が文全体の V（述語動詞）のときは○，そうでないときは×で答えなさい。

(1) I ① took my ② broken camera to the shop.
(2) We ① enjoyed ② singing karaoke.
(3) I ① am looking for a shop ② selling game software.
(4) TVs ① made in this factory ② are mainly sent to Europe.
(5) Ryo ① lived in Canada when he ② was a boy.
(6) ① To drive a car, you ② need to get a driver's license.

✓ チェック 002

V（述語動詞）のはたらきをする語句に下線を引きなさい（Vは1つとは限らない）。

(1) Playing video games is fun.
(2) If it rains tomorrow, we won't go for a drive.
(3) Who is that woman speaking to Mr. Bailey?
(4) Mark was so tired that he went to bed without having his dinner.
(5) I have nothing to do this weekend.
(6) Many of the people attending the conference were teachers.

3単現の s について（→p.24）

s(-es) の付け方は，動詞の原形の語尾の音によって次のようなルールがある（動詞の語尾の発音の詳細については，p.595 を参照）。

原則として s をつける
　　　（例）eat<u>s</u>, like<u>s</u>, live<u>s</u>

[s] [ʃ] [tʃ] などの音（→p.595「子音の発音」の表中のオレンジ色の部分参照）**で終わる動詞には es をつける**
　　　（例）pass<u>es</u>, wash<u>es</u>, watch<u>es</u>

y で終わる動詞には，次の２つの場合がある
　　そのまま s をつける
　　　（例）enjoy<u>s</u>, play<u>s</u>, stay<u>s</u>
　　y の前に子音字があるときは y を i に変えて -es とする
　　　（例）cr<u>ies</u>, stud<u>ies</u>, tr<u>ies</u> など

do, go, have は，それぞれ does, goes, has となる（→p.30）

✓ チェック 解答

001 (1) ①○　②×（私はこわれたカメラを店へ持っていった）
　　　(2) ①○　②×（私たちはカラオケを歌うのを楽しんだ）
　　　(3) ①○　②×（私はゲームソフトを売っている店を探している）
　　　(4) ①×　②○（この工場で作られるテレビは主にヨーロッパへ送られる）
　　　(5) ①○　②×（リョウは子どものころにカナダに住んでいた）
　　　(6) ①×　②○（車を運転するためには，きみは運転免許証を取らねばならない）

002 (1) is（テレビゲームをすることは楽しい）
　　　(2) rains, won't go（明日雨が降ったら，私たちはドライブに行かない）
　　　(3) is（ベイリーさんと話しているあの女性は誰ですか）
　　　(4) was, went（マークはとても疲れていたので，夕食を食べないで寝た）
　　　(5) have（私はこの週末は何もすることがない）
　　　(6) were（その会議に出席した人の多くは教師だった）

column
修飾語のはたらき

たとえば a **red** car（赤い車）の red は，car の内容を**説明**している。この red のようなはたらきをするものを「修飾語」という。修飾語には，次の 2 種類がある。

修飾語	はたらき	例
形容詞	名詞を修飾する	a **red** car（赤い車） ▶ red（形容詞）が car（名詞）を修飾している。
副詞	名詞以外のものを修飾する	speak English **well**（英語をじょうずに話す） ▶ well（副詞）が speak（動詞）を修飾している。

修飾語に関して大切なことは，次の 3 点である。

① 修飾語は，省略しても文が成り立つ
- That (**red**) car is mine.（あの（赤い）車は私のです）
- Masao speaks English (**well**).（マサオは英語を（じょうずに）話す）

② まとまった意味をもつ 2 語以上の修飾語（形容詞のはたらきをもつもの）は名詞の後ろに置かれる
- a **red** car（赤い車）
- the car **my father bought last month**（父が先月買った車）

③ 修飾語のはたらきをする句・節
意味のまとまりを作る語群のうち，〈S + V〉を含まないものを「**句**」，含むものを「**節**」という。2 語以上から成る修飾語は，次の 4 つのパターンに分けられる。

名詞を修飾するもの（名詞：a book）

形容詞句	a book **with a red cover**（赤い表紙の本）
形容詞節	a book **he lent me**（彼が私に貸してくれた本） ▶ 　　内に〈S (he) + V (lent)〉が含まれている。

名詞以外を修飾するもの（名詞以外：saw）

副詞句	I saw him **two days ago**.（2 日前に彼に会った）
副詞節	I saw him **when I went to the shop**.（その店へ行ったとき彼に会った） ▶ 　　内に〈S (I) + V (went)〉が含まれている。

column
be 動詞,do,have の使い方

英語には様々な動詞があるが,最も重要なものを3つあげるとしたら,be 動詞,do,have である。

1. be 動詞 be 動詞には,次の3つの用法がある。
① 「S は〜だ」の意味を表す〈動詞〉
- My father **is** an engineer.(私の父は技師だ)

② 「S は〜にある」の意味を表す〈動詞〉
- The key **is** on the table.(カギはテーブルの上にあるよ)

③ 進行形・受動態を作る(UNIT 3, 5)〈助動詞〉
- They **are playing** a video game.(彼らはテレビゲームをしている)〈現在進行形〉
- English **is spoken** all over the world.(英語は世界中で話されている)〈受動態〉

be 動詞は,人称と時制に応じて次のように形を使い分ける。

	現在形			過去形		
	1人称	2人称	3人称	1人称	2人称	3人称
単数	am	are	is	was	were	was
複数	are			were		

▶ be 動詞の原形は be,過去分詞は been,現在分詞は being。

2. do do の主な用法は,次の3つに分けられる。
① 「〜をする」の意味を表す〈動詞〉
- I'll **do** my homework after dinner.(夕食後に宿題をします)

② 一般動詞の否定文・疑問文を作る〈助動詞〉
- I **do**n't know.(知らないよ)
- **Did** you see him yesterday?(きのう彼に会ったの?)

③ 同じ動詞のくり返しを避けるために使う ▶ この用法の do を代動詞と言う。
- "Who arrived first?" "I **did**."(「最初に着いたのは誰ですか」「私よ」)

do は次のような活用形をもつ。

原形	3単現	過去形	過去分詞	現在分詞
do	does	did	done	doing

3. have have の主な用法は,次の2つに分けられる。
① 「〜を持っている」などの意味を表す〈動詞〉
- He **has** two brothers.(彼には2人の兄弟がいる)
- A week **has** seven days.(1週間は7日ある) ▶ 主語が無生物でも使える。
- I didn't **have** lunch today.(今日は昼食を食べなかった) ▶ 「〜を食べる」などの意味でも使う。

② 完了形を作る(UNIT 3)〈助動詞〉
- I **have finished** my homework.(宿題を終えました)〈現在完了形〉

have は次のような活用形をもつ。

原形	3単現	過去形	過去分詞	現在分詞
have	has	had	had	having

UNIT 2 文の種類

英文のしくみを理解しよう

1 文の基本的な3つの形 …………………………………… 32
2 否定文 …………………………………………………… 32
3 疑問文 …………………………………………………… 33
4 命令文・感嘆文 ………………………………………… 34
チェック解答 ……………………………………………… 36

UNIT 2 文の種類

1 文の基本的な3つの形

文の種類	例
①肯定文（〜だ）	He is a doctor.（彼は医者です） She plays tennis every week.（彼女は毎週テニスをします）
②否定文（〜ではない）	He isn't a doctor.（彼は医者ではありません） She doesn't play tennis.（彼女はテニスをしません）
③疑問文（〜ですか）	Is he a doctor?（彼は医者ですか） Does she play tennis?（彼女はテニスをしますか）

▶疑問文でない文は「**平叙文**」という。上の例の肯定文も否定文も平叙文である。

単語は次の2つのプロセスを通じて組み合わされ，完成した文になる。

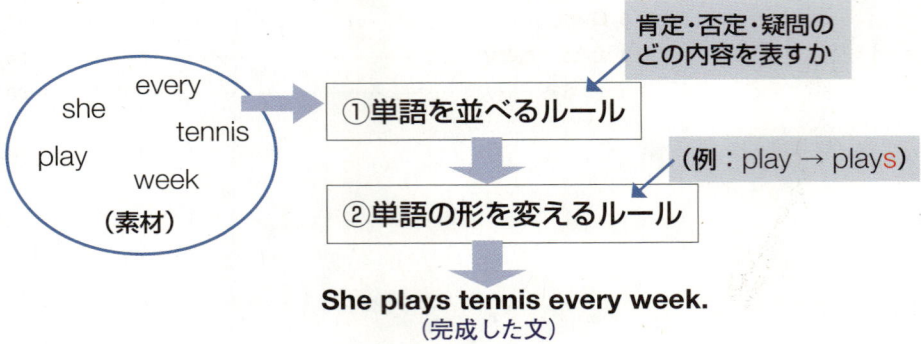

2 否定文 (→UNIT 21)

否定文の作り方には，次の2つがある。

Vがbe動詞または助動詞を含む場合 〈V + not ...〉

(2)や(3)のように2つ以上の語がまとまって1つのV(→p.22)のはたらきをするときは，Vの最初の語の後ろにnotをつける。
 (1) 肯 That <u>is</u> a church.（あれは教会です）　▶下線部がV。以下同様。
   否 That <u>is</u> **not** a church.（あれは教会ではありません）
 (2) 肯 I <u>am</u> watching TV.（私はテレビを見ています）
   否 I <u>am</u> **not** watching TV.（私はテレビを見ていません）　▶amの後ろにnotを置く。

(3) 肯 It will rain tomorrow.（明日は雨が降るだろう）
否 It will **not** rain tomorrow.（明日は雨が降らないだろう）

V が一般動詞の場合　〈don't＋動詞の原形〉

V が一般動詞（現在形・過去形）のときは，do [does/did] に not をつけ，その後ろに動詞の原形を置く。短縮形（don't など）で使うことが多い。
(1) 肯 I like soccer.（私はサッカーが好きです）
否 I **don't** like soccer.（私はサッカーが好きではありません）
(2) 肯 She speaks Chinese.（彼女は中国語を話します）
否 She **doesn't** speak Chinese.（彼女は中国語を話しません）
(3) 肯 We took a taxi.（私たちはタクシーに乗った）
否 We **didn't** take a taxi.（私たちはタクシーに乗らなかった）

3 疑問文 (→UNIT 20)

疑問文には，大きく分けて次の2つの種類がある。
・**Yes/No 疑問文**………… Yes か No かの答えを求める文
・**疑問詞を使った疑問文**… 具体的な答えを求める文

それぞれの疑問文の作り方は，次のとおり。

Yes/No 疑問文　①V が be 動詞または助動詞を含む場合　〈V＋S …?〉

(3)のように2つ以上の語がまとまって1つのVのはたらきをするときは，Vの最初の語をSと入れ替える。
(1) 肯 You are hungry.（あなたはおなかがすいています）　▶下線部が V。以下同様。
疑 **Are you** hungry?（あなたはおなかがすいていますか）
― **Yes**, I am.（はい）/ **No**, I'm not.（いいえ）
(2) 肯 This is your bicycle.（これはあなたの自転車です）
疑 **Is this** your bicycle?（これはあなたの自転車ですか）
(3) 肯 It will rain tomorrow.（明日は雨が降るだろう）　▶will を it と入れ替える。
疑 **Will it** rain tomorrow?（明日は雨が降るだろうか）

Yes/No 疑問文　②Vが一般動詞の場合　〈Do[Does/Did]＋S＋動詞の原形 …?〉

> Vが一般動詞（現在形・過去形）のときは，do[does/did]をSの前に置き，Sの後ろに動詞の原形を置く。
> 　肯　You play the piano.（あなたはピアノを弾きます）
> 　疑　Do you play the piano?（あなたはピアノを弾きますか）
> 　　　— Yes, I do.（はい）／ No, I don't.（いいえ）

疑問詞を使った疑問文

> 疑問詞（what や when など）を使った疑問文では疑問詞を文のはじめに置く。疑問詞の後ろに続く形は，Yes/No 疑問文の①や②と同じように考えればよい。
> ● What are you doing?（何をしているの？）
> 　— I'm listening to music.（音楽を聞いているの）
> ● When do you wake up?（いつ起きるのですか）
> ● When will you wake up?（いつ起きるつもりですか）

▶その他の疑問文については，UNIT 20「疑問詞と疑問文」を参照。

4　命令文・感嘆文

命令文

「～しなさい」という意味を表す文を**命令文**という。命令文は，**動詞の原形**で文を始める。
Do your best.（全力を尽くしなさい）や Take care of yourself.（体に気をつけなさい）などからわかるとおり，命令文は主語の You が省略された形である。
● **Wait** a minute.（ちょっと待って）
● **Be** quiet.（静かにしなさい）　▶be＝be動詞の原形

命令文に please をつけると「～してください」となり，少していねいな言い方になる。please は文の最初または最後に置く。
● **Please** come in. ＝ Come in, **please**.（入ってください）

「～してはいけません」という禁止の意味を表すには，動詞の原形の前に Don't をつける。さらに please をつけると「～しないでください」となり，少していねいな言い方になる。
● **Don't touch** it.（それにさわってはいけません）
　→ **Please** don't touch it. ＝ Don't touch it, **please**.（それにさわらないでください）

> **参考** 命令文を使った慣用表現
> 命令文はしばしば決まり文句でも使われる。必ずしも「命令」(〜しなさい) を意味するわけではない。
> - **Excuse** me. (失礼します) ▶直訳は「私を許しなさい」。
> - **Have** a nice trip. (よいご旅行を)

Let's 〜

〈**Let's ＋ 動詞の原形**〉で「(いっしょに) 〜しましょう」の意味を表す。Let's は Let us の短縮形。
- **Let's go** bowling. (ボウリングをしに行こうよ)

> **参考** Let's not 〜
> Let's の後ろに not をつければ否定の意味を表せる。
> - **Let's not go** to that restaurant. (あのレストランへ行くのはやめよう)

感嘆文

「何と〜だろう！」という驚きや感心の意味を表す文を**感嘆文**という。感嘆文の最後には「！」(感嘆符) をつけ、次のように作る。

How ＋ 形/副 ＋ S ＋ V!	S は何と〜だろう！
What ＋ (a/an ＋) (形 ＋) 名 ＋ S ＋ V!	S は何と〜な…だろう！

▶ 形 ＝ 形容詞、副 ＝ 副詞、名 ＝ 名詞

- **How talented** you are! (きみは何て才能があるんだ！)
  (← You are very talented.)
  ▶後ろに名詞がなければ how を使う。
- **What a cute cat** (this is)! ((これは) 何てかわいい猫でしょう！)
  (← This is a very cute cat.)
  ▶後ろに名詞があれば what を使う。感嘆文の〈S ＋ V〉は、しばしば省略される。

〈S ＋ V〉の V が be 動詞ではなく一般動詞の場合もある。
- How fast you **run**! (きみは何て速く走るんだろう！)
  (← You run very fast.)
- What a big fish he **caught**! (彼は何と大きな魚をつかまえたのだろう！)
  (← He caught a very big fish.)

✓ チェック 003

日本語の意味に合うように, ( ) に適語を入れなさい。

(1) 私はそのコンピュータを使っていない。
　　 I ( ) ( ) using the computer.
(2) 彼は私に電話番号を教えてくれなかった。
　　 He ( ) ( ) me his phone number.
(3) その計画はうまくいくだろうか。
　　 ( ) the project ( ) a success?
(4) 彼女はどこで勉強していますか。
　　 ( ) ( ) she studying?
(5) そんなにさわがしくしてはいけません。
　　 ( ) ( ) so noisy.
(6) このトンネルは何と長いのだろう。
　　 ( ) long this tunnel ( )!
(7) 何て大きな木でしょう。
　　 ( ) ( ) big tree!

✓ チェック 解答

003 (1) am not　(2) didn't tell [give]　(3) Will, be　(4) Where is　(5) Don't be　(6) How, is
(7) What a

UNIT 3

時制

「時」を表す動詞の形を学ぼう

Introduction ……………………… 38

1 現在形・現在進行形の基本的な用法 …… 41
   1-1 現在形の基本的な用法 ………………… 41
   1-2 現在進行形の基本的な用法 …………… 42
   1-3 進行形にできない動詞 ………………… 43

2 過去形・過去進行形 …………………… 46
   2-1 過去形の基本的な用法 ………………… 46
   2-2 過去進行形 ……………………………… 46

3 未来を表す形 …………………………… 47
   3-1 単純未来と意志未来 …………………… 47
   3-2 will ……………………………………… 48
   3-3 be going to …………………………… 50
   3-4 未来の内容を表す現在形・現在進行形 … 51
   3-5 未来進行形 ……………………………… 53

4 現在完了形・現在完了進行形 ………… 55
   4-1 現在完了形の使い方 …………………… 55
   4-2 完了・結果を表す現在完了形 ………… 55
   4-3 経験を表す現在完了形 ………………… 57
   4-4 継続を表す現在完了形・現在完了進行形
   …………………………………………… 58

5 過去完了形・過去完了進行形 ………… 60
   5-1 過去完了形の使い方 …………………… 60
   5-2 完了・結果を表す過去完了形 ………… 61
   5-3 経験を表す過去完了形 ………………… 61
   5-4 継続を表す過去完了形・過去完了進行形
   …………………………………………… 62
   5-5 2つの出来事の時間差を表す過去完了形
   …………………………………………… 64

6 未来完了形 ……………………………… 65
   6-1 未来完了形の使い方 …………………… 65
   6-2 完了・結果を表す未来完了形 ………… 66
   6-3 経験を表す未来完了形 ………………… 67
   6-4 継続を表す未来完了形 ………………… 67

チェック解答 ………………………………… 69

時制の一致 …………………………………… 70

Using Grammar in Context
   Tom is Late Again! ……………………… 73

Introduction

時制とは

時制とは,「時」を表す述語動詞の形のことです。

時制の種類

時制には,大きく分けて次の3種類があります。
- ① 基本時制:現在形・過去形・未来を表す形
- ② 進行形:**be** 動詞+ *-ing*
- ③ 完了形:**have** +過去分詞

たとえば「現在形」という**時制**は,「現在」だけでなく「未来」という**時**を表すことがあります。このように,「時制」と「時」は同じことではない点に注意しましょう。

基本時制

現在形と過去形

動詞の形を変えて表します。

現在形:現在の習慣的な動作・状態・事実などを表します。
- I **eat** breakfast every day.（私は毎日朝食を食べる）

過去形:過去の動作・状態・事実などを表します。
- I **ate** breakfast at seven o'clock.（私は7時に朝食を食べた）

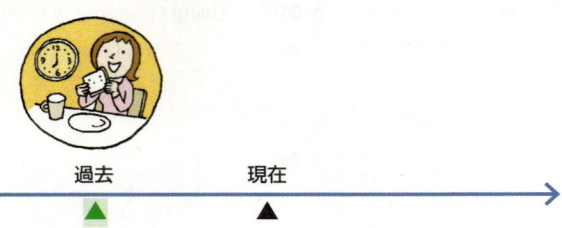

未来を表す形
英語には「未来形」という動詞の活用形はありません。未来のことは主に次の形で表します。
① **will**＋動詞の原形　　　I **will eat** breakfast.（私は朝食を食べるつもりだ）
② **be going to**＋動詞の原形　I **am going to eat** breakfast.
　　　　　　　　　　　　　　（私は朝食を食べるつもりだ）

現在　　　未来

進行形

進行形は，ある時点で進行中の動作を表します。
進行形には「基準時」（現在・過去・未来）があります。現在進行形の場合は「現在」が基準時であり，現在の時点で進行中の活動を表します。

● I **am eating** breakfast now.（私は今朝食を食べているところだ）

現在

完了形

完了形は，ある時点での状態が，それよりも前の事実とつながっていることを表します。
完了形にも「基準時」（現在・過去・未来）があります。現在完了形で考えてみましょう。

● I **have** already **eaten** breakfast.（私はもう朝食を食べてしまった）

過去のある時点　　　現在

朝食を食べた　　→　朝食を食べ終えた状態にある

have eaten（現在完了形）を使うと，「食べた」という過去の事実が現在とつながっていること，つまり「今は満腹だ（もう食べられない）」などの意味を表すことになります。I ate breakfast.（過去形）は「過去のある時点で食べた」という意味で，現在のことは述べていません。

過去形　　　　　　　現在完了形

時を表す述語動詞の形の種類

基本時制・進行形・完了形を組み合わせて，**12種類**の時を表す述語動詞の形を作ることができます。work という動詞で確認してみましょう。

	基本時制
現在	work
過去	worked
未来	will work

基本時制	進行形	完了形	完了進行形
現在	is working	have worked	have been working
過去	was working	had worked	had been working
未来	will be working	will have worked	will have been working

Next, Putting it into Action!

自分が表現したい場面に適した時制の使いかたを，詳しく見ていきましょう。

UNIT 3 時制

1 現在形・現在進行形の基本的な用法

動詞は，表す意味に応じて次の2種類に分けることができる。

種類	一般的な意味	はたらき	例
動作動詞	〜する	1回のまとまった動作を表す	eat, make, walk
状態動詞	〜している	同じ状態が続くことを表す	have, know, live

1-1 現在形の基本的な用法　▶未来の内容を表す現在形については，p.51を参照。

001
(a) I usually eat toast for breakfast.
　　私はふだん朝食にトーストを食べます。
(b) I live in Tokyo.
　　私は東京に住んでいます。

ポイント
(a) 動作動詞（eat）は〈現在の習慣的な動作〉を表す
(b) 状態動詞（live）は〈現在の状態〉を表す

現在形は，現在を含む幅広い時間を表す（→p.38）。

現在

〈習慣的な動作〉を表す現在形は，(001-a) のように，always（いつも），usually（たいてい），often（よく），sometimes（ときどき）などの〈頻度〉を表す副詞とともに使うことが多い。

(a) 現在の習慣的な動作を表す現在形
- My father **takes** a walk every morning. (父は毎朝散歩をしている)
- Ms. Nakano **teaches** us English. (ナカノ先生は私たちに英語を教えている)
  ▶「3単現のs」については p.24 を参照。

(b) 現在の状態を表す現在形
- I **am** a high school student. (私は高校生です)
- He **has** four brothers. (彼には4人の兄弟がいます)

> **＋プラス** 一般的な事実を表す現在形
> 現在形は，**一般的な事実**を表すのにも使う。
> - It **rains** a lot in June in Japan. (日本では6月にはたくさん雨が降る)
> - The moon **goes** around the earth. (月は地球のまわりを回っている)

1-2 現在進行形の基本的な用法 ▶未来の内容を表す現在進行形については，p.51を参照。

002 Somebody **is knocking** on the door.
誰かがドアをノックしている。

ポイント　is [am/are] + 動作動詞の *-ing* 形 =（今）〜しているところだ

現在進行形は，「今」という（短い）時点で進行中の動作を表す。

現在

現在進行形の否定文・疑問文
①否定文は，be動詞の後ろに not を置く。
- It **isn't** [is not] **raining** now. (今雨は降っていない)

②疑問文は，be動詞を主語の前に置くのが原則。答えるときは be動詞を使う。
- "**Is** it **raining** now?" "No, it **isn't**." (「今雨は降っているの？」「いいえ」)

注意! 現在進行形と現在形の違い

次の2つの文で、現在進行形と現在形の意味の違いを確認しよう。
(a) What **are** you **doing** now?（今は何をしているの?）
　▶電話などで、相手が「今していること」を尋ねる表現。
(b) What **do** you do? ≒ What's your job?（何の仕事をしているの?）
　▶相手が「習慣的にしていること」を尋ねる表現。

参考 〈幅のある時間〉を表す現在進行形

現在進行形は「ある行為が今進行中だ」という意味を表すが、「今＝この瞬間」とは限らない。「今＝現在を含む幅のある時間」と考えて現在進行形を使うこともできる。
- **I'm learning** English to study abroad.
　（私は留学するために英語を学んでいます）
　▶現在進行形 (am learning) が「（ある目的のために）一時的に英語学習をしている」という意味を表す。
- My aunt **is writing** a novel now.（おばは今小説を書いています）
　▶「おばはこのところ小説を書いている」という意味で（今この瞬間にはほかのことをしている場合でも）使える。なお、My aunt writes novels. なら「おばは小説家だ」の意味になる。

参考 「〜ばかりしている」の意味を表す現在進行形

現在進行形が「**(習慣的に)〜ばかりしている**」という意味を表すことがある。always（いつも），constantly（絶えず）などの副詞とともに使うのがふつうで、**非難のニュアンス**をもつことが多い。
- They **are always talking** about fashion.
　（彼らははいつもファッションのことばかり話している）

1-3 進行形にできない動詞

003 I **belong** to the drama club.
私は演劇部に所属しています。

ポイント 状態動詞は原則として進行形にしない

進行形は〈進行中の動作〉を表す形だから、状態動詞は**原則として進行形にしない**。
　× I am belonging to the drama club.

belong to は〈動作〉ではなく「〜に所属している」という〈状態〉を表すので、進行形にすることはできない。

主な状態動詞（原則として進行形にしない）	
心理や感情を表す動詞	believe（信じている）, like（好んでいる）, love（愛している）, know（知っている）, remember（覚えている）, respect（尊敬している）, think（思う）, understand（理解している）, want（欲しい） など
知覚を表す動詞	feel（感じがする）, hear（聞こえる）, see（見える）, smell（においがする）, taste（味がする） など
状態を表すその他の動詞	belong to（〜に所属している）, consist of（〜から成る）, contain（含んでいる）, exist（存在している）, have（持っている）, live（住んでいる）, own（所有している）, resemble（似ている） など

- I **remember** [×am remembering] his name.（私は彼の名前を覚えている）
- This flower **smells** [×is smelling] nice.（この花はいい香りがする）

参考 状態動詞を進行形で使う場合

「（一時的に）〜しているところだ」の意味では，状態動詞を進行形で使うこともある。

- **I'm thinking** about joining the club.（そのクラブに入ろうかと思っている）
  ▶「今考えている最中だ」ということ。最終的な決定には至っていない。
- My brother **is living** in Nagoya now.（兄は，今は名古屋に住んでいます）
  ▶単に「住んでいる」という事実を伝えるだけなら lives（現在形）でよいが，進行形を使うことで「今は（一時的に）名古屋に住んでいる」という意味になる。
- "How **are** you **feeling** today?" "**I'm feeling** a little better."
  （「今日の気分はどうですか」「少しいいです」）
  ▶進行形を使うことで，一時的な気分を表す。

プラス 〈動作〉と〈状態〉の両方の意味をもつ動詞

動作動詞としての意味で使われている場合，進行形にすることができる。

- I **have** a cold now.（私は今かぜをひいている）〈持っている＝状態動詞〉
- **I'm having** lunch now.（私は今昼食を食べている）〈食べる＝動作動詞〉
- This soup **tastes** good.（このスープはおいしい）〈味がする＝状態動詞〉
- She **is tasting** the soup.（彼女はスープの味見をしている）〈味見をする＝動作動詞〉

表現　〈動作〉を表す表現 & 〈状態〉を表す表現

〈動作〉か〈状態〉かによって違う表現を使うものは，セットで覚えておこう。

動作を表す表現	状態を表す表現
look at（～に目を向ける）	see（～が見える）
listen to（～に耳を傾ける）	hear（～が聞こえる）
put on（～を身につける）	wear（～を身につけている）
fall asleep（眠りこむ）	be asleep（眠っている）
go to bed（寝る）	be in bed（寝ている）
wake up（目覚める）	be awake（目覚めている）
get tired（疲れる）（→ p. 123）	be tired（疲れている）

▶ see は「～を見る」，hear は「～を聞く」の意味で使うこともある。

4技能Tips　Speaking & Writing　現在形と現在進行形の使い分け

現在形を使うべき場面で現在進行形を使った誤りの例
「私は父を尊敬しています」
→ I **respect** [✕ am respecting] my father.
▶ respect は状態動詞なので進行形にしない。

現在進行形を使うべき場面で現在形を使った誤りの例
「エレベーターは（故障中で）動いていない」
→ The elevator **isn't working** [✕ doesn't work].
▶「今一時的に動いていない」の意味では現在進行形を使う。動作動詞の現在形は〈現在の習慣〉を表すので，doesn't work だと「（ふだんから）動いていない」という意味になる。

「あのトラックが交通をさまたげている」
→ That truck **is blocking** [✕ blocks] the traffic.
▶「今一時的に交通をさまたげている」ということ。

次のような場合は**現在形**を使う。
「あのビルが海の眺めをさまたげている」
→ That building **blocks** the view of the ocean.
▶「ずっと妨害している（状態だ）」という意味。

✓ チェック 004

( ) 内の語句のうち，正しいほうを選びなさい。
(1) We (spend / are spending) every summer in Hokkaido.
(2) This fruit (smells / is smelling) bad.
(3) "What (does he do / is he doing)?" "He is an electrical engineer."
(4) Which club (do you belong / are you belonging) to?
(5) "Where is John?" "He (studies / is studying) in his room."

2 過去形・過去進行形

2-1 過去形の基本的な用法

004 **The game started at six.**
試合は6時に始まった。

ポイント 過去形は，〈過去の動作・状態・事実〉などを表す

過去形は，現在形に準じた意味をもつ。(004) は〈過去の動作[事実]〉を表す例。次の文の過去形は〈過去の状態〉を表す。
- I **lived** in Nagano when I was a child. (私は子どものとき長野に住んでいた)

参考 〈過去の習慣〉であることを明らかにする場合
- Ms. Nakano **taught** us English. (ナカノ先生は私たちに英語を教えていた)〈過去の習慣〉
この文は「ナカノ先生は私たちに英語を教えた」〈過去の動作〉の意味にも解釈できるため，〈過去の習慣(的動作)〉の意味を明らかにしたいときは，used to do を使って次のように言えばよい。
- Ms. Nakano **used to teach** us English. (→ p.96)

2-2 過去進行形

005 **It was snowing this morning.**
けさは雪が降っていた。

ポイント was [were] ＋動作動詞の *-ing* 形＝（過去のある時点で）〜していた

過去進行形は，〈過去の基準時〉（過去のある時点）に進行中だった動作を表す。したがって，(005) の this morning (けさ) のように，〈過去の基準時〉を示す語句とともに使うことが多い。

過去の基準時 ＝ this morning　　　現在

was snowing
雪が降っていた

次の例も同様。下線部が〈過去の基準時〉を表している。
- I **was taking** a bath <u>when the phone rang</u>.
（電話が鳴ったとき，私は入浴していた）
- "What **were** you **doing** at nine last night?" "I **was watching** TV."
（「ゆうべ9時には何をしていたの？」「テレビを見ていたよ」）

注意！ 状態動詞は過去進行形にしない
現在進行形の場合と同様に，状態動詞は過去進行形にもしない（→ p. 43）。
- I **believed** [×was believing] that I was doing the right thing.
（私は自分が正しいことをしていると信じていた）

✓ **チェック 005**
(　　　) に適切な語句を入れて，英文を完成しなさい。
(1) 私たちは子どものころ，ときどきこの川で泳いでいた。
　　We (　　　　　　　　　　　　) when we were children.
(2) 雨が降り出したとき，私たちはテニスをしていた。
　　We (　　　　　　　　　　　　) when it began to rain.

3 未来を表す形

3-1 単純未来と意志未来

「未来」は，次の２つに大別できる。

単純未来
It will be sunny.
人の意志が関係しない（自然の成り行きで起こる）未来を表す。

意志未来
I will be a teacher.
主語の（これから何かを行おうとする）意志を表す。

未来を表す表現には，will と be going to がある。基本的な意味は次のとおり。

will の基本的な意味

	1人称	2人称	3人称
単純未来	I will ~ ① (私は~だろう)	You will ~ ① (きみは~だろう)	He will ~ ①② (彼は~だろう)
意志未来	I will ~ ② (私は~するつもりだ)	Will you ~ ?※ ② (~してくれませんか)	

※主語が you のとき，意志未来は疑問文で依頼・勧誘の意味を表すのがふつう(→p.87)。

be going to の基本的な意味

	1人称	2人称	3人称
単純未来	I'm going to ~ ① (私は~しそうだ)	You're going to ~ ① (きみは~しそうだ)	He's going to ~ ① (彼は~しそうだ)
意志未来	I'm going to ~ ② (私は~する予定だ)	Are you going to ~ ?※ ② (~する予定ですか)	He's going to ~ ② (彼は~する予定だ)

※主語が you のとき，意志未来は疑問文で表すのがふつう(→p.51)。

単純未来と意志未来の違いは，原則として後ろの動詞の性質に関係している。
① 後ろの動詞が「自分の意志でコントロールできない動作や状態」を表すとき
　→ 単純未来
　▶be動詞, happen, rain など。上の表の①にはこのタイプの動詞を置く。
② 後ろの動詞が「自分の意志でコントロールできる動作」を表すとき → 意志未来
　▶eat, go, play など。上の表の②にはこのタイプの動詞を置く。ただし，3人称を主語とする will は，後ろの動詞がこのタイプであっても単純未来を表す。

3-2 will

006
(a) My grandfather will be eighty next year.
　祖父は来年80歳になります。
(b) I will buy a smartphone this weekend.
　今週末，私はスマートフォンを買うつもりだ。

ポイント
(a) S will + 動詞の原形 = S は~する[になる]だろう〈単純未来〉
(b) I [We] will + 動詞の原形 = 私(たち)は~するつもりだ〈意志未来〉

My grandfather **will be** eighty next year. 〈単純未来〉(006-a)
　　　　　　　　　～だろう　　未来を表す語句
　　　　　　　　　　　　動詞の原形

▶will は助動詞だから，後ろには動詞の原形(ここでは be)を置く(→p.30)。
▶単純未来を表す will は，未来の意味を表す副詞(句)(ここでは next year)とともに使うことが多い。

UNIT 3 時制　未来を表す形

will が単純未来を表す例（動詞は p. 48 の①または②タイプ）

- I have a cold, but **I'll** [**I will**] be better in a few days.
  (私はかぜをひいているが、数日で元気になるだろう) ▶be は①タイプの動詞。
  ▶「元気になること」は自分の意志でコントロールできない。
- We **will** graduate from high school next year.
  (私たちは来年高校を卒業します) ▶graduate は①タイプの動詞。
- He **will** become a good athlete if he trains hard.
  (一生懸命練習すれば、彼はすぐれた運動選手になるだろう) ▶become は②タイプの動詞。
  ▶主語が3人称の場合、will は単純未来を表す。

will が意志未来を表す例（動詞は p. 48 の②タイプ）

- "We need more bread." "OK. **I'll** [✕ I'm going to] stop at a supermarket."
  (「もっとパンが必要だわ」「わかった。ぼくがスーパーに寄って(買って)くるよ」)
  ▶「その場で思いついて決めたこと」には will を使う。be going to は「あらかじめ計画していたこと」を表す(→ p. 50)。

➕プラス will を使った否定文と疑問文

- I promise I **won't** [**will not**] change my mind. 〈意志未来〉
  (私は決心を変えないと約束します)
  ▶話し言葉では短縮形(won't)を使うことが多い。発音は[wóunt]。
- You **won't** be on time if you don't hurry. 〈単純未来〉
  (急がないと間に合わないよ)
- **Will** it be fine tomorrow? 〈単純未来〉
  (明日は晴れるだろうか)
- What time **will** he come? 〈単純未来〉
  (○ 彼は何時に来るでしょうか / ✕ 彼は何時に来るつもりですか)
  ▶主語が3人称なので will が表すのは〈単純未来〉。

4技能Tips Writing 「〜します」「〜した」の英訳

「〜します」という意味の日本語を英語にする場合は、**現在**の習慣か**未来**のことかを考えるようにしよう。未来のことなら will を使った文にする必要がある。

- 「私は毎週土曜日にテニスをします」
  → I **play** tennis every Saturday. 〈現在の習慣的動作を表す現在形〉
- 「私は今度の土曜日にテニスをします」
  → **I'll** [**I will**] play tennis next Saturday. 〈意志未来の will〉

また、日本語で「〜した」と言う場合に、英語では現在形を使うことがある。

- 「疲れたよ」→ **I'm** tired.
- 「わかりました」→ I **see**. / I **understand**.

3-3 be going to

007
(a) It's going to be cold tomorrow.
　　明日は寒くなりそうだ。
(b) I'm going to see the movie tomorrow.
　　私は明日その映画を見るつもりだ。

ポイント
(a) S + **be going to** + 動詞の原形 = Sは〜しそうだ 〈単純未来〉
(b) I [We] **be going to** + 動詞の原形 = 私(たち)は〜するつもりだ
　　　　　　　　　　　　　　　　　　　　　　　　　　　　　〈意志未来〉

be going to は，進行形と同じ形であることからもわかるとおり，「ことがらや計画が未来に向かって進行中だ」という意味を表す。

be going to が単純未来を表す例（動詞はp. 48の①タイプ）
- The sky is getting dark. It**'s going to** rain.
  （空が暗くなってきた。雨が降りそうだ）
  ▶ be going to は，現時点での何らかの兆候や証拠に基づいて「〜しそうだ」という意味を表す。それに対し It **will** rain. は「雨が降るだろう」という単なる予測を表す。
- I think she **is going to** pass the exam. （彼女は試験に合格すると思う）
  ▶「試験に合格する」のは自分の意志でコントロールできないから，「彼女は試験に合格するつもりだ」の意味にはならない。

be going to が意志未来を表す例（動詞はp. 48の②タイプ）
- I**'m going to** [≒ I'll] study biology at university.
  （私は大学で生物学を勉強するつもりだ）
- I **was going to** [✕ I would] study last Sunday, but I didn't.
  （先週の日曜日は勉強するつもりだったが，やらなかった）
  ▶ was [were] going to は「〜するつもり［予定］だった（が実際にはやらなかった）」という意味を表すことが多い。この意味で would を使うことはできない（→p. 78）。

＋プラス be going to の否定文・疑問文
　　be going to の否定文・疑問文は，be動詞を使った文と同じように作る。
- The team **isn't going to** win. 〈単純未来〉
  （そのチームは勝ちそうにない）
- We **aren't going to** change our schedule. 〈意志未来〉
  （私たちは予定を変えないつもりです）

- How long **is** it **going to** take? 〈単純未来〉
  （どのくらい時間がかかりそうですか）
- "**Are** you **going to** see him tomorrow?" "Yes, I **am**." 〈意志未来〉
  （「明日彼に会うつもりなの？」「うん、そうだよ」）
  ▶ Will you see him tomorrow? とも言えるが，「明日彼に会ってくれませんか」の意味にも解釈できるので（→ p.87），相手の予定を尋ねるときは be going to や進行形を使うことが多い。

表現　be about to

be about to は「まさに〜しようとしている」という意味で，be going to よりも近い未来を表す。
- The concert **is about to** start.（コンサートは今始まるところだ）
- I **was about to** leave the house when it started raining.
  （雨が降り出したとき，私はちょうど家を出るところだった）
  ▶「〜する予定だ」の意味を表す〈be動詞＋to *do*〉については，p.160を参照。

4技能 Tips　Listening　gonna と wanna

going to は，アメリカ英語のくだけた話し言葉では [gənə] と発音される。この発音をそのまま文字にして，**gonna** とつづることもある。同様の現象が，want to → **wanna** [wʌnə] にも見られる。
- I'**m gonna** be a dancer. ≒ I'm going to be a dancer.（私はダンサーになるの）
- (Do you) **Wanna** see my new camera? ≒ Do you want to see my new camera?
  （ぼくの新しいカメラを見たいかい？）

3-4 未来の内容を表す現在形・現在進行形

現在形が確定した未来の予定を表す

008　The soccer match **starts** at 7:00 tonight.
そのサッカーの試合は今夜7時から始まる。

ポイント　確定した未来の予定は現在形で表す

暦や時刻表などで日時が確定していることがらなどは，未来のことであっても現在形で表すことができる。(008)では，試合の開始時刻は7時と確定しているので現在形を使う。次の例も同様。
- Exams **begin** next Monday.（試験は来週の月曜日から始まる）
- The train **leaves** in a few minutes.（列車はあと数分で出発する）

現在進行形が未来の予定を表す

009 Our bus **is coming** soon.
私たちのバスはもうすぐ来ます。

ポイント　現在進行形が「～する予定だ」の意味を表すことがある

この用法では，現在進行形は，「未来の行為や出来事に向けて準備が進行している」という状況を表す。「往来」「発着」を表す動詞（**come, go, leave, start, arrive**）などをこの形で使うことが多い。次の例も同様。

- Grandma **is visiting** us next week. （おばあちゃんが来週うちを訪ねてきます）

過去・現在・未来を表す時制（＝述語動詞の形）をまとめると，次のようになる。

時制と時の関係

時	その時を表す時制
現在	現在形
過去	過去形
未来	① will *do*　② be going to *do*　③ 現在形　④ 現在進行形 ⑤ be about to *do*　⑥ be to *do*　（→ p.160）

〈未来〉という時を表す場合，英語には「現在形」「過去形」のような決まった形がないので，様々な時制や助動詞などの助けを借りて表現することがわかる。

時や条件を表す接続詞の後ろでは現在形を使う

010 I'll call you when I **get** to the airport.
空港に着いたらあなたに電話します。

ポイント　〈時〉や〈条件〉を表す接続詞の後ろでは，未来の内容を現在形で表す

when（～するとき）や if（もし～なら）など，〈時〉や〈条件〉を表す接続詞に続く節の中では，未来の内容も**現在形**で表す（will は使わない）。

　　　　意志未来の will ─┐　　　　┌─ 〈時〉を表す接続詞
　　　　　　　　　I'll call you *when* I get to the airport. (**010**)
　　　　あなたに電話するつもりだ　　　　私が空港に着くとき
　　　　　　　　　　　　　　　　　　　　└─ 現在形 [✗ will get]

　▶「空港に着く」のは未来のことだが，この場合 when の後ろでは will は使わない。

UNIT 3　時制　未来を表す形

時や条件を表す主な接続詞

時	when（〜するとき） before（〜する前に） until/till（〜するまで（ずっと））	after（〜した後で） by the time（〜するまでに） as soon as（〜するとすぐに）
条件	if（もし〜なら）　　unless（〜しないかぎり）	in case（〜するといけないので）

- Let's wait *till* the next bus **comes** [× will come].
 （次のバスが来るまで待ちましょう）
- *If* you **practice** [× will practice] hard, you'll win the match.
 （熱心に練習すれば, きみは試合に勝つだろう）
- Take an umbrella *in case* it **rains** [× will rain].
 （雨が降るといけないからかさを持っていきなさい）

> **注意！** **when/if の後ろに will を置く場合**
>
> when や if が「時や条件を表す接続詞」ではない場合は, 現在形を使うルールは適用されない。
> - Do you know *when* he will come?（彼がいつ来るか知っていますか）
>   ▶ When will he come? に Do you know? を加えて間接疑問（→p.531）にした文。この when は疑問詞（いつ〜？）であり, 接続詞（〜するとき）ではない。
> - I don't know *if* she will come.（彼女が来るかどうか私は知りません）
>   ▶ if は「〜かどうか」の意味（→p.465）。条件を表す if（もし〜なら）ではない。
>
> 条件を表す if の後ろで, **依頼**を表すために **will** が使われることがある。
> - *If* you **will** help us, we'll be able to achieve our goal.
>   （あなたが手伝ってくれるなら, 私たちは目標を達成することができるでしょう）

3-5 未来進行形

011　This time tomorrow, we'll be flying over the Pacific.
明日の今ごろ, 私たちは飛行機で太平洋を渡っているだろう。

> **ポイント**　will be ＋ 動作動詞の -ing 形 ＝ 〜しているだろう〈未来進行形〉

未来進行形は,〈未来の基準時〉に進行中の（予定された）動作を表す。

This time tomorrow, we'll be flying
　明日の今ごろ　　　　　　　未来＋進行形
over the Pacific. (011)
▶ この文では, This time tomorrow が〈未来の基準時〉を表す。
▶ 未来進行形の will は, 常に〈単純未来〉を表す。

次の例でも，下線部が〈未来の基準時〉を表している。
- Take your boots. It**'ll be snowing** when you get to Niigata.
（長靴を持っていきなさい。新潟に着くときには雪が降っているだろうから）

➕プラス 〈予定〉を表す未来進行形

未来進行形が〈予定〉を表す場合がある。（「進行中の動作」の意味ではない）
- The US President **will be visiting** Japan later this year.
（アメリカ大統領はこの後，年内に日本を訪問することになっている）
- How **will** you **be paying**, sir [ma'am/madam]?
（お客様，お支払いはどのようになさいますか）
  ▶「現金で払うか，（クレジット）カードで払うか」と店員が客に尋ねる言い方。未来進行形を使うことで，間接的でていねいな表現になる。

参考… 〈will be + -ing〉が〈現在の推量〉を表す場合

(a) We**'ll be having** dinner at 7 o'clock. Don't be late. 〈未来進行形〉
（私たちは7時には夕食を食べているわ。遅れないでね）

(b) Don't call her now. She**'ll be having** dinner now. 〈現在の推量〉
（彼女に今電話してはいけない。彼女は今夕食を食べているだろう）

▶ (a)の〈will be + -ing〉は「（未来のある時点で）～しているだろう」の意味。(b)のwillは「（今）～だろう」〈推量〉の意味を表し，〈will be + -ing〉は「今～しているだろう」ということ。(b)は未来進行形ではないことに注意（→ p.95）。

✓ チェック 006

日本語の意味に合うように，（　）に適語を入れなさい。

(1) 私は来月16歳になります。
　　I (　　　) (　　　) sixteen next month.

(2) 何の映画を見るつもりですか。
　　What movie (　　　) you (　　　) to see?

(3) 雨がやむまで待とう。
　　Let's wait until the rain (　　　).

(4) 私たちは5時に大阪に着く予定だ。
　　We'll (　　　) arriving in Osaka at five.

4 現在完了形・現在完了進行形

4-1 現在完了形の使い方

現在完了形とは，次のようなものをいう。

形	have/has ＋過去分詞
意味	現在（＝基準時）における完了[結果]・経験・継続を表す

一般に現在完了形は，「過去とつながりのある現在の状態」を表す。
　① I **have left** my umbrella on the train. （私は電車にかさを置き忘れてしまった）〈完了〉
　② I **have seen** this movie before. （私はこの映画を以前見たことがある）〈経験〉
　③ I **have lived** here for ten years. （私はここに10年間住んでいる）〈継続〉

なぜこのような意味になるかを考えてみよう。上の3つの文は，次のように考えればよい。

〈完了〉　　　　　　　　〈経験〉　　　　　　　　〈継続〉

①私は，かさを置き忘れたという状態を（今）もっている。　②私は，この映画を見たという事実を経験として（今）もっている。　③私は，（以前から）ここに住んできたという事実を（今）もっている。

完了形の意味を正しくつかむためには，それぞれの意味を表す文中でよく使われる副詞（句）を頭に入れておくとよい。

意味	その意味を表す文中でよく使われる語
完了・結果	already（すでに）　　　just（～したばかりだ） yet（否 まだ（～ない），疑 もう（～したか））
経験	before（以前に）　　　ever（疑 今までに） never（一度も～ない）　once（一度，かつて）
継続	for（～の間）　　　since（～以来）

▶ 否 は否定文，疑 は疑問文で使うことを示す。

4-2 完了・結果を表す現在完了形

012　I **have** (already) **done** my homework.
　　　　私は（すでに）宿題を終えてしまった。

ポイント　　S have/has ＋過去分詞 ＝ Sは(もう)～した[してしまった]

「完了」とは,「出来事が今は完了して[終わって]いる状態だ」ということ。「結果」とは,「完了した出来事の影響が今に残っている」ということ。

▶ have done は「(宿題をするという)行為が今は終わっている」〈完了〉,あるいは「だから今はもうしなくてよい[手が空いている]」〈結果〉という意味を表す。

have/has の短縮形
話し言葉では, have/has を主語と結びつけた短縮形 (I've, He's など) を使うことが多い。
- **I've**(=I **have**) just **bought** a new car. (私は新しい車を買ったばかりだ)
- **He's**(=He **has**) **failed** the exam again. (彼はまた試験に落ちた)
- **It's**(=It **has**) just **started** raining. (たった今雨が降り出した)

否定文・疑問文
①否定文は, have/has の後ろに not を置く。
- I **haven't finished** my homework (*yet*). (私は(まだ)宿題を済ませていません)
  ▶ yet は否定文では「まだ(〜ない)」の意味を表す。

②疑問文は, have/has を主語の前に出すのが原則。答えるときは have/has を使う。
- "**Have** you **finished** your homework (*yet*)?" "Yes, I **have**. [No, I **haven't**.]"
  (「宿題は(もう)済ませましたか」「はい,済ませました[いいえ,済ませていません]」)
  ▶ yet は疑問文では「もう(〜したか)」の意味を表す。「まだ(そう)していません」は, (No,) **Not** *yet*. とも言う。

4-3 経験を表す現在完了形

013 I**'ve eaten** Thai food several times.
私はタイ料理を何度か食べたことがある。

> **ポイント**　S have/has ＋ 過去分詞 ＝ Sは（今までに）〜したことがある

現在完了形を使って，「(今までに) 〜したことがある」〈経験〉の意味を表すことができる。(013) の several times（数回）のように，**回数や頻度を表す副詞（句）**とともに使うことが多い。

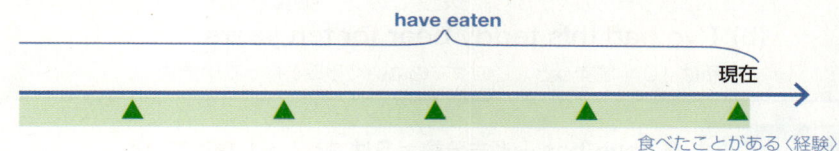

▶ have eaten は「今までに食べたことがある」という意味を表す。

否定文・疑問文
①否定文は，過去分詞の前に never（一度も〜ない）を置く。
- I**'ve never eaten** Thai food (*before*).
（私は（以前に）一度もタイ料理を食べたことがありません）

②疑問文は，have/has を主語の前に出すのが原則。答えるときは have/has を使う。
- "**Have** you *ever* **eaten** Thai food?" "Yes, I **have**. [No, I **haven't**.]"
（「今までにタイ料理を食べたことがありますか」「はい，あります [いいえ，ありません]」）
▶〈経験〉の意味を明らかにするために，疑問文では ever（今までに）を過去分詞の前に置くことも多い。

プラス　the first time ＋ 現在完了形

「〜するのは…回目だ」は，〈経験〉を表す現在完了形を使って表すことができる。
- This is **the first time** I've (*ever*) *climbed* Mt. Fuji.
（富士山に登るのはこれが初めてです）
▶「今回は私が（今までに）富士山に登ったことのある最初の回です」と考える。

参考　have been to〈経験〉と have gone to〈完了・結果〉
have/has been to 〜 ＝ 〜へ行ったことがある
- I**'ve been** [× gone] **to** New York twice.
（私はニューヨークへ2回行ったことがあります）
▶「行ったことがある」〈経験〉を表すには be 動詞を使う。
▶なお，have/has been to 〜 を「〜へ行ってきたところだ」〈完了〉の意味で使うこともある。

have/has gone to ~ = ~へ行ってしまった（今ここにはいない）

- He's [He has] gone to New York.
  （彼はニューヨークへ行ってしまった）
  ▶ go は〈経験〉ではなく,〈完了・結果〉の意味で使うのがふつう。「行ってしまった」状態が今も続いているということ。

4-4 継続を表す現在完了形・現在完了進行形

状態の継続〈現在完了形〉

014
(a) I've had this teddy bear since I was a baby.
   私は赤ちゃんのときからずっと，このクマのぬいぐるみを持っています。
(b) I've had this teddy bear for ten years.
   私は10年間ずっと，このクマのぬいぐるみを持っています。

ポイント　S have/has ＋ 過去分詞 ＝ S はずっと～し続けている

現在完了形を使って「(以前から)ずっと～し続け[であり続け]ている」という〈状態の継続〉を表すことができる。since (～以来) または for (～の間) とともに使うのがふつう。

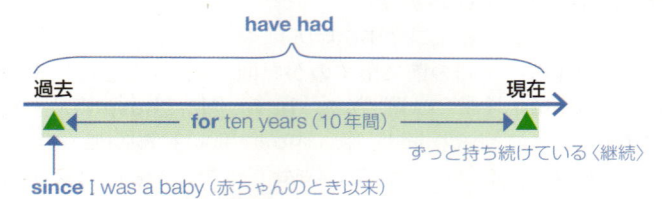

have had
過去　　　　　　　　　　　　　　　　現在
　　　◀── for ten years (10年間) ──▶
　　　　　　　　　　　　　　　　　ずっと持ち続けている〈継続〉
since I was a baby (赤ちゃんのとき以来)

▶ have had は「(以前から)持っている状態が今も続いている」という意味。
▶ 現在完了形で〈継続〉の意味を表すのは主に状態動詞で，動作動詞は現在完了進行形 (015) を使うことが多い。

(a) since ～ ＝ ～以来
後ろに〈過去の基準時〉を表す語句を置く。前置詞と接続詞の用法がある。
- I've been busy since Monday. 〈since＝前置詞〉
  （月曜日からずっと忙しい）　▶過去の基準時＝月曜日
- I haven't seen him since we graduated from junior high school. 〈since＝接続詞〉
  （彼には中学を卒業して以来会っていない）　▶過去の基準時＝中学を卒業したとき

(b) for ～ ＝ ～の間
後ろに〈期間〉を具体的に表す語句を置く。前置詞として使う。
- I've been busy for a week. （ここ1週間ずっと忙しい）

- "How long **have** you **lived** in Japan?" "**For** more than ten years."
（「日本にはどのくらい（長く）住んでいますか」「10年以上になります」）
  ▶「（以前から）どのくらいの期間～しているか」と尋ねる疑問文。

動作の継続〈現在完了進行形〉

015 It's been raining for three days.
3日間雨が降り続いている。

ポイント S have/has been ＋動作動詞の *-ing* 形＝ S は**ずっと～し続けている**

現在完了進行形は、「進行中の動作が現在まで続いている」ことを表す。次のように「足し算」で考えると理解しやすい。

現在完了形	＋	進行形	→	現在完了進行形
have/has ＋ 過去分詞	＋	be動詞 ＋ -ing	→	have/has been ＋ -ing

（been）

- I**'ve been waiting** for an hour.（私は1時間待ち続けています）
- "How long **have** you **been studying** Korean?" "About six months."
（「どれくらい（長く）韓国[朝鮮]語を学んでいますか」「およそ6か月です」）
  ▶ How long **have** you **studied** Korean? でもよい。動詞によっては、現在完了進行形の代わりに現在完了形を使うことができる。
- I **haven't cleaned** [× haven't been cleaning] this room for two weeks.
（この部屋は2週間掃除していない）
  ▶「ずっと～していない」の意味を表すには、原則として現在完了進行形ではなく現在完了形を使う。

Advanced Grammar　現在完了形と過去形の使い分け

〈過去の特定の時点〉を表す語句があるときは、現在完了形は使えない。
- I **read** [× have read] this story when I was a child.（私は子どものころにこの話を読んだ）
  I **read** this story when I was a child.

過去形 ◀——— 過去の特定の時点（現在とのつながりがない）

  ▶現在完了形は「（過去とつながりのある）現在」のことを述べる形だから、「過去の特定の時点」を表す副詞（句）などとともに使うことはできない。

現在完了形とともに使えない語句

> ago（～前）, yesterday（きのう）, last night [week/month/year]（昨夜[先週／先月／昨年]）, then（そのとき）, When ～?（いつ～?）, when（～したとき）など

- I **saw** [× I've seen] this movie two years ago.（この映画は2年前に見た）
- When **did** you **go** [× have you been] to China?
（あなたはいつ中国へ行ったのですか）
- He **left** [× has left] Japan yesterday.（彼はきのう日本を発った）

- There **was** [✕ has been] an earthquake last night. (ゆうべ地震があった)
- I **was** [✕ have been] in my room then. (私はそのとき自分の部屋にいた)

before(以前に), **just**(ちょうど今), **now**(今), **recently**(最近), **so far**(今までのところ)などは,現在完了形とともに使うことができる。また,yesterday などの〈過去の特定の時点〉を表す語句も,sinceの後ろに置けば使うことができる。

- I**'ve read** this novel before. (私は以前この小説を読んだことがある)
- I**'ve finished** my work now. (今は(もう)仕事は終わっています)
- I**'ve gained** weight recently. (最近太ってしまった)
- Things **have been going** well so far. (今までのところものごとは順調に進んでいる)
- I**'ve had** a toothache since yesterday. (きのうからずっと歯が痛い)

✓ チェック 007

日本語の意味に合うように,(　)に適語を入れなさい。

(1) どこへ行くかまだ決めていません。
　　I (　　　) decided where to go (　　　).

(2) 「あなたは今までに韓国へ行ったことがありますか」「はい,あります」
　　"(　　　) you (　　　) (　　　) to Korea?" "Yes, I (　　　)."

(3) 彼はこの会社に2001年からずっと勤めている。
　　He (　　　) (　　　) (　　　) for this company (　　　) 2001.

5 過去完了形・過去完了進行形

5-1 過去完了形の使い方

過去完了形とは,次のようなものをいう。

形	had + 過去分詞
意味	過去のある時点(=基準時)における完了[結果]・経験・継続を表す

次の2つの文を比べてみよう。

- He **has been** in the hospital for a week.
  (彼は(過去から現在まで)1週間ずっと入院している)〈現在完了形〉
- He **had been** in the hospital for a week when I visited him.
  (私が見舞いに行ったとき,彼は(それ以前からその時点まで)1週間ずっと入院していた)〈過去完了形〉

過去完了形を使った文では〈基準時=過去〉であり,それを示す語句が含まれている。

He **had been** in the hospital for a week
彼は1週間入院していた

過去[基準時]　　　　　　　現在

when I **visited** him
私が見舞いに行ったとき

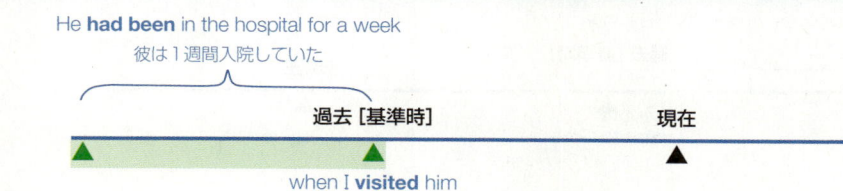

▶この文の過去完了形は、「基準時において、それ以前から継続していた状態」を表す。

5-2 完了・結果を表す過去完了形

016 The first class **had** already **started** when I got to school.
私が学校に着いたとき、1時間目の授業はもう始まっていた。

ポイント　　S had + 過去分詞
＝〈過去の基準時までに〉Sは (もう) 〜してしまっていた

1時間目の開始　　過去[基準時]　　　　　　　現在

when I **got** to school
私が学校に着いたとき

▶過去完了形 (had started) が、過去の基準時（私が学校に着いたとき）までに「もう[すでに]始まっていた」という〈完了〉の意味を表す。
▶現在完了形と同じく、「完了した出来事の影響が〈過去の基準時〉にも残っていた」という〈結果〉の意味も示す (→ p.56)。

次のように、否定文や疑問文でも使うことができる（下線部が基準時）。
- I **hadn't finished** answering the questions when the test ended.
（テストが終わったとき、私は問題に答え終えていなかった）
- "**Had** the game **started** when you got to the stadium?" "Yes, it **had**."
（「きみが球場に着いたとき、試合は始まっていたの？」「うん、始まっていたよ」）

5-3 経験を表す過去完了形

017 I **had** never **eaten** Greek food before I went to Greece.
私はギリシャへ行く前にはギリシャ料理を一度も食べたことがなかった。

ポイント　　S had + 過去分詞 ＝〈過去の基準時までに〉Sは〜したことがあった

(それまで) 一度も食べたことがなかった　　過去 [基準時]　　　　　　　　　現在

I **went** to Greece
私がギリシャへ行ったとき

▶ 過去完了形 (had never eaten) が，過去の基準時 (私がギリシャへ行ったとき) までに「一度も食べたことがなかった」という〈経験〉を表す。

▶ 話し言葉では，I had の短縮形 **I'd** を使うことが多い。ほかの代名詞の場合も，**you'd**, **he'd**, **she'd**, **we'd**, **they'd** のように短縮できる。

- I didn't watch the film with her because I **had seen** it before.
  (私は彼女とその映画を見なかった。なぜなら以前に見たことがあったからだ)
  ▶ 基準時＝私が彼女とは映画を見なかったとき
- "I heard you went to Hawaii last month. Was it your first trip there?" "No. **I'd been** there twice before."
  (「先月ハワイへ行ったそうだね。ハワイ旅行はそれが初めてだったの？」「いいや，以前に２回行ったことがあったよ」)
  ▶ 基準時＝あなたが先月ハワイへ行ったとき

5-4 継続を表す過去完了形・過去完了進行形

状態の継続〈過去完了形〉

018 They **had known** each other for six years before they got married.
彼らが結婚したとき，お互いを知り合ってから６年経っていた。

ポイント　**S had ＋ 過去分詞**
＝〈過去の基準時に〉S は**それ以前からずっと〜だった**

知り合いの状態が続いていた

　　　　　　　　　　　　　　　　　　過去 [基準時]　　　　　　現在

彼らが知り合ったとき　　　　　　　they **got** married
　　　　　　　　　　　　　　　　彼らが結婚したとき

▶ 過去完了形 (had known) が，過去の基準時 (彼らが結婚したとき) に「それ以前からずっと知り合いだった」という〈状態の継続〉を表す。

- I was sad when I lost my camera because I **had had** it for ten years.
  (私はカメラをなくしたとき悲しかった、なぜならそれを10年間持っていたからだ)
  ▶基準時＝私がカメラをなくしたとき
- Even though he **hadn't slept** for 24 hours, he continued to work.
  (彼は24時間眠っていなかったが、働くのをやめなかった)
  ▶基準時＝彼が働くのをやめなかったとき

動作の継続〈過去完了進行形〉

019 We **had been waiting** for an hour before our bus arrived.
バスが到着するまで私たちは1時間待ち続けていた。

ポイント S *had been* ＋ 動作動詞の *-ing* 形
＝〈過去の基準時に〉Sはそれ以前からずっと～し続けていた

▶過去完了進行形 (had been waiting) が、過去の基準時 (バスが到着したとき) に「それ以前からずっと待ち続けていた」という〈動作の継続〉を表す。

- He **had been working** for the company for 30 years when he retired.
  (彼が退職したとき、その会社に勤めて30年が経っていた)
  ▶基準時＝彼が退職したとき。He **had worked** ...（過去完了形）を使ってもよい。
- The girl's eyes were red because she **had been crying** for a long time.
  (ずっと泣いていたので、その女の子の目は赤かった)
  ▶基準時＝女の子の目が赤かったとき

5-5 2つの出来事の時間差を表す過去完了形

「過去の過去」を過去完了形で表す

> **020** This morning, I realized that I **had lost** my watch.
> けさ私は腕時計をなくしたことに気がついた。

ポイント 〈過去の基準時から見たさらに過去〉を表すには，過去完了形を使う

過去の過去	過去	現在
had lost	realized	

過去完了形 (had lost) が〈過去の過去〉を表している。この過去完了形は，過去の基準時（気がついたとき）よりも前だったということを表し，これを「大過去」という。出来事を起こった順に並べるときは，大過去は使わない。
- I bought [×had bought] the watch last week, but I lost it.
（私は先週その腕時計を買ったが，なくしてしまった）

時間の前後関係が文脈から明らかなときは，大過去の代わりに過去形を使うこともある。
- I was sick because I ate [had eaten] too much cake.
（私はケーキを食べすぎたので気分が悪かった）

参考 過去完了形と大過去の違い
（**020**）の had lost は単に事実を示しているだけで，過去の基準時（realized）への影響を及ぼしていない。その点が〈完了・結果〉を表す過去完了形（→5-2）とは異なる。

プラス 関係詞節中で使う大過去
- I lost the watch which I **had bought** just a week before.
（私はほんの1週間前に買った時計をなくした）
▶過去の基準時（時計をなくしたとき）よりも「買った」時点のほうが前だったということ。

✓ チェック 008

日本語の意味に合うように，（　）に適語を入れなさい。
(1) 私が着いたとき，パーティーはまだ始まっていなかった。
　　The party (　　　) (　　　) when I arrived.
(2) その男の子は一度も動物園へ行ったことがなかったので，とても興奮していた。
　　The boy was very excited because he (　　　) (　　　) (　　　) to a zoo before.
(3) 何時間もずっと車を運転していたが，彼は疲れを感じなかった。
　　He didn't feel tired, even though he (　　　) (　　　) (　　　) for hours.

6 未来完了形

6-1 未来完了形の使い方

未来完了形とは，次のようなものをいう。

形	will have ＋過去分詞
意味	未来の特定の時点（＝基準時）における完了［結果］・経験・継続を表す

未来完了形を使った文では〈**基準時＝未来**〉であり，それを示す語句が含まれている。
● He **will have had** lunch by two o'clock.
　（彼は2時までに昼食をとり終えているだろう）

この間に昼食をとり終えているだろう

現在　　　　　　　　未来［基準時］
　　　　　　　　　　two o'clock
　　　　　　　　　　2時

▶ 未来完了形（will have had）は，未来の基準時（2時）までに「昼食をとる動作が完了しているだろう」という意味を表す。
▶ 未来完了形の will は，常に単純未来（〜だろう）の意味を表す。

6-2 完了・結果を表す未来完了形

021 Cherry blossoms **will have finished** by the weekend.
桜の花は週末までには終わって［散って］いるだろう。

ポイント
S will have ＋過去分詞
＝〈未来の基準時で〉Sは(もう)～してしまっているだろう

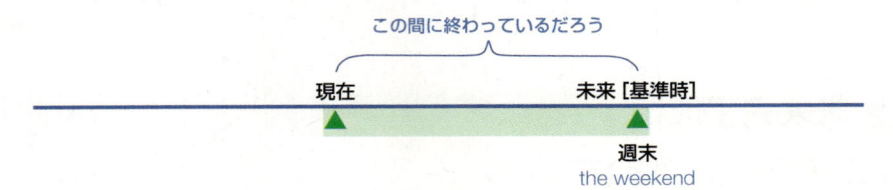

```
              この間に終わっているだろう
         ┌─────────────────────┐
─────────▲─────────────────────▲─────────
         現在                  未来［基準時］
                                週末
                              the weekend
```

▶ 未来完了形 (will have finished) が, 未来の基準時 (週末) において「(もう) 終わっている (だろう)」という〈完了〉を表す。

▶〈完了〉を表す未来完了形は by ～ (～までに) という〈期限〉を表す副詞句とともに使うことが多い。

● The concert **will have started** by the time we get there.
（私たちがそこに着くまでにコンサートは始まっているだろう）
▶ 基準時＝私たちがそこに着くとき

参考　〈will ＋動詞の原形〉と未来完了形の違い
次の2つの文の意味の違いを考えてみよう。

　(a) I**'ll finish** this report by this time tomorrow.
　(b) I**'ll have finished** this report by this time tomorrow.

(a) は「明日の今ごろまでに私はこのレポートを書き終えます」の意味で, 話し手は「自分がこれから何をするつもりか」〈意志未来〉を伝えようとしている。
一方, 未来完了形を使った (b) は「明日の今ごろまでに私はこのレポートを書き終えているでしょう」という意味を表す。話し手が伝えたいのは,「自分は明日の今ごろ (＝基準時) の時点でどんな状態か」〈単純未来〉である。

6-3 経験を表す未来完了形

022 If he wins again, he'**ll have won** ten Olympic medals.
もしもう一度勝てば，彼はオリンピックで10個のメダルを獲得したことになる。

> **ポイント**　S will have ＋ 過去分詞
> ＝〈未来の基準時までに〉Sは〜したことになるだろう

10個のメダルを獲得したことになるだろう

現在　　　　　　　　未来[基準時]

if he wins again
次に勝つとき

▶未来完了形（will have won）が，未来の基準時（次にメダルを獲得する時点）において「10個のメダルを獲得したことになる（だろう）」という〈経験〉を表す。

- By the end of this year I'**ll have driven** more than 100,000 kilometers.
（今年の終わりまでに私は10万キロ以上を車で走行したことになるだろう）
▶基準時＝今年の終わり
- If he hits another homerun, the batter **will have hit** 500 homeruns.
（その打者はあと1本打つと500本のホームランを打ったことになる）
▶基準時＝その打者があと1本ホームランを打つとき

6-4 継続を表す未来完了形

023 We **will have lived** here for seven years in March.
3月になれば，私たちはここに7年間住んでいることになる。

> **ポイント**　S will have ＋ 過去分詞 ＝〈未来の基準時で〉Sはそれ以前からずっと〜していることになるだろう

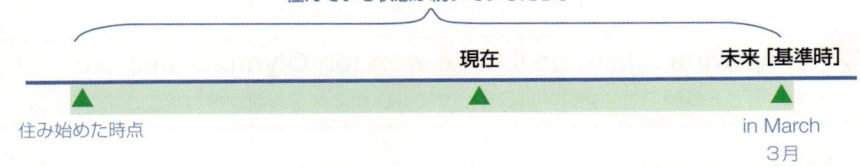

```
                住んでいる状態が続いているだろう
        ┌─────────────────────────────────────┐
                          現在              未来 [基準時]
   ▲                       ▲                   ▲
住み始めた時点                                  in March
                                                3月
```

▶ 未来完了形 (will have lived) が，未来の基準時（3月）において「7年間住んでいることになる（だろう）」という〈状態の継続〉を表す。

● Next month we**'ll have been married** for ten years.
（来月には私たちが結婚して10年になる）
▶ 基準時＝来月

参考 ▶ **未来完了進行形**

未来完了進行形（will have been -ing）は「〈未来のある時点で〉それ以前からずっと~し続けていることになるだろう」という〈動作の継続〉を表すが，形が複雑なため，実際にはあまり使われない。

● If it continues like this tomorrow, it **will have been raining** for a week.
（もし明日もこのように続けば，1週間ずっと雨が降り続いていることになるだろう）

プラス **時や条件を表す接続詞と完了形**

〈時〉や〈条件〉を表す接続詞の後ろでは現在形で未来の内容を表し，will は使えない（→ p.52）。同様に未来完了形の will も使えないので，代わりに現在完了形を使う。

● I'll lend you this book *when* **I've** [×I'll have] **finished** reading it.
（この本を読み終え（てしまっ）たら，きみに貸してあげよう）
▶ 未来の基準時（この本を読み終えた時点）において完了している動作を表すので，意味的には will have finished にしたいところだが，will が使えないので have finished（現在完了形）を使う。

✓ **チェック 009**

日本語の意味に合うように，(　　　) に適語を入れなさい。
(1) きみたちが大人になるころには，この町は大きく変わっているだろう。
　　This town (　　　) (　　　) (　　　) a lot by the time you grow up.
(2) 私たちが知り合って来年で30年になる。
　　Next year we (　　　) (　　　) (　　　) each other for 30 years.

過去形の使い方に注意

動詞の過去形を含む文は，使い方に注意しなければならない場合があります。
　I lost my wallet.（財布をなくしました）

この文は，What happened?（どうしたの）というような問いの答えとしては自然ですが，話題を切り出す場合に I lost my wallet. と言っただけでは意味的に完結していないので，後ろに「いつ」「どこで」などの情報を入れるのがふつうです。たとえば次のように言えば自然な文になります。
　I lost my wallet yesterday.（私はきのう財布をなくしました）
　I lost my wallet in Tokyo.（私は東京で財布をなくしました）
　I lost my wallet, but I found it yesterday.（私は財布をなくしたのですが，きのう見つけました）
　I lost my wallet, so I don't have it today.（私は財布をなくしたので，今日は持っていません）

一方，現在完了形を使った I've lost my wallet. は「財布をなくしたので，今それを持っていません」という完結した意味を伝えるので，話題を切り出すときにも使えます。

チェック 解答

004 (1) spend　(2) smells　(3) does he do　(4) do you belong　(5) is studying
005 (1) sometimes swam in this river　(2) were playing tennis
006 (1) will be　(2) are, going　(3) stops　(4) be
007 (1) haven't, yet　(2) Have, ever been, have　(3) has been working, since
008 (1) hadn't started　(2) had never been　(3) had been driving
009 (1) will have changed　(2) will have known

時制の一致

一致とは？

「一致」とは，文中の関連する語(句)どうしが，お互いに対応する形になることをいう。一致には次の2つがある。

(A) 数・人称・性別・格などに関して，関連する語が対応する形になる

The girl loves her dog.
　①　　②　　③

①の the girl（主語）が3人称単数なので，②では love に「3単現のs」がついている。また，③では①の the girl を her という所有格の代名詞で指している。

(B) 従属節の動詞の時制が，主節の動詞の時制に対応する（時制の一致）

(a) He says that he loves soccer.（自分はサッカーが大好きだと彼は言う）

(b) He said that he loved soccer.（自分はサッカーが大好きだと彼は言った）
　　　　過去形　　　　過去形

(a)の主節の says（現在形）を(b)のように過去形に置き換えると，従属節の loves もそれに連動して loved（過去形）になる。このような動詞の形の対応を「時制の一致」という。

▶「主節」「従属節」については，UNIT 18 接続詞（→p. 458）を参照。話法については UNIT 24 文の転換（→p. 586）を参照。

時制の一致の基本

主節が過去形なら従属節も過去形にする場合

> **024** I **thought** (that) the movie **was** exciting.
> その映画はおもしろいと私は思った。

ポイント

主節	従属節	従属節が表す時
過去形	過去形	主節と同じ（主節から見た現在）

時制の一致が問題になるのは，(024)のように主節の動詞が過去形のときにほぼ限られる。

主節　　　　　従属節
I **think** the movie **is** exciting . （その映画はおもしろいと私は思う）

I **thought** the movie **was** exciting. （その映画はおもしろいと私は思った）
　過去形　　　　　　　過去形

▶主節の動詞の変化 (think → thought) に応じて，従属節の is も過去形の was になる。

> **参考…** 従属節で助動詞の過去形を使う例
> - I thought he would come to the party.
>   　過去形　　過去形
>
> （彼はパーティーに来るだろうと私は思った）
> ▶「He will come to the party. と私は（そのとき）思った」ということ。

主節が過去形なら従属節は過去完了形にする場合

025 I **didn't know** that she **had decided** to study abroad.
私は彼女が留学する決心をしていたことを知らなかった。

ポイント

主節	従属節	従属節が表す時
過去形	過去完了形	主節から見た過去または現在完了

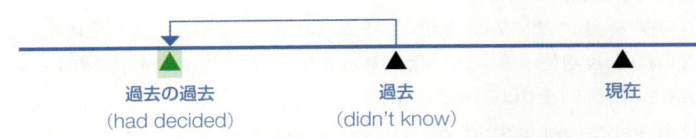

```
         ▼                ▲              ▲
      過去の過去          過去            現在
    (had decided)    (didn't know)
```

▶過去完了形 (had decided) は，「知らなかった」という過去の時点のさらに過去（大過去）を表す (→ p.64)。

> **参考…** 従属節の過去完了形が「主節から見た現在完了」を表す例
> - He said that the bus **had** already **left**.
>   　　過去形　　　　　過去完了形
>
> （バスはもう出発してしまったと彼は言った）
> ▶「The bus has already left. と彼は言った」ということ。had left は，「彼が言った時点」を基準に考えると現在完了形の意味を表す。

時制の一致を受けない例

026 Today's weather forecast said it will rain tomorrow.
今日の天気予報によれば、明日は雨が降るだろう。

> **ポイント** 現在にも当てはまることがらを表すときは、時制を一致させなくてもよい

「明日は雨だろう」という予想は現在から見ても同じなので、(026) のように will をそのまま使ってもよい。次のように時制を一致させることもできる。
- Today's weather forecast said it would rain tomorrow.
  　　　　　　　　　　　　　過去形　過去形

▶ 天気予報の内容を（自分の判断を加えずに）そのまま伝える場合は、このように機械的に時制を一致させる。

参考… 必ずしも時制の一致を受けないほかの例

① 基準時から見ても現在から見ても「未来」のこと
- Yesterday, Mari said she **was** [**is**] going to Canada next year.
  （きのうマリは、来年カナダに行く予定だと言った）
  ▶ マリの言葉をそのまま伝えるときは was を使う。「カナダに行く」というマリの予定が現在から見ても変わっていないことを話し手が知っていれば、is を使ってもよい。

② 基準時から引き続いて現在もまだ「事実」であること
- I didn't know that Tom **was** [**is**] out of work.
  （トムが失業中だと私は知らなかった）
  ▶ ふつうは時制を一致させて was を使う。「トムは現在も失業中だ」ということを話し手が知っていれば、is を使ってもよい（Tom is out of work が現在の事実を表す）。

③ 基準時から見ても明らかに「それ以前」のこと
- He said his grandparents (**had**) **died** when he was a child.
  （祖父母は自分が子どものころに亡くなった、と彼は言った）
  ▶「亡くなった」のは「彼が言った」時点（過去）のさらに前、つまり「過去の過去」だが、過去形 (died) を使っても、基準時 (said) の時点と同じだという解釈が文脈上生じないから、過去形のままでもよい（→ p.64）。

④ いつの時点から見ても変わらない「一般的な事実」であること
- The teacher told them that light **traveled** [**travels**] faster than sound.
  （光は音よりも速く進む、と先生は彼らに言った）
  ▶ 先生の言葉をそのまま伝えるときは traveled を使う。「光が音よりも速く進む」というのは現在から見ても（一般的な）事実だから、現在形を使ってもよい。

Using Grammar in Context

UNIT 3　時制

Tom is Late Again!

Mother : Tom! You're late for school again! You usually get up at 7:00, but it's already 8:00, and you are still eating breakfast!

Tom : Can I have more orange juice?

Mother : Tom, are you listening to me?

Tom : Yes, Mom. I'm sorry. I went to bed late. I was doing homework last night. I wasn't playing computer games. Honestly!

Mother : I believe you, but you must wake up earlier every day. OK?

Tom : Yes. I won't get up late again. I promise. Oh, it's raining. What does the weather forecast in the newspaper say, Dad? Will it be sunny tomorrow?

Father : It says that it's going to rain today, but it'll be fine tomorrow. Why? What are you going to do tomorrow?

Tom : I'm playing soccer with my friends. If it rains, we won't play, so I don't want it to rain tomorrow. Then in the evening, we're going to a jazz concert.

Father : What time does the concert finish?

Tom : Stop worrying, Dad. I'm not going to be back late.

*

(*Later, at school, Tom is talking with Rie, an exchange student from Japan.*)

Rie : Have you started your history homework yet?

Tom : Yes. I've already finished it.

Rie : Really? How many pages did you write?

Tom : Oh, no! I've left my homework at home!

Rie : Don't worry! There is a lot of time before the deadline.

Tom : Hmm ... By the way, is this your first time abroad?

Rie : No, I've visited Canada twice, but I've never lived abroad before.

Tom : Don't you miss your friends in Japan?

Rie : Well, I had never lived alone until I came here, and now I haven't seen my friends in Japan for a long time. But we e-mail each other often, so I'm okay.

Tom : That's good. You speak very good English. When did you start learning English?

Rie : In the fifth year at elementary school, so I've been learning English for seven years.

Tom : No wonder you're good! And I hope you are enjoying your life here?

Rie : Yes, very much. Going abroad is a good experience, and also living in a different culture is very interesting. By the way, weren't you late for school today?

Tom : Well ... The train had already left when I got to the station. I thought the train would wait for me. But it didn't.

Rie : That means you were late again!

和訳

トムはまた遅刻だ！

母：トム！ また学校に遅刻よ！ いつもは7時に起きるのに，すでに8時なのに，あなたはまだ朝ごはんを食べている！

トム：オレンジジュース，もう少しもらえる？

母：トム，聞いているの？

トム：聞いてるよ，お母さん，ごめんね。遅く寝たんだ。きのうの夜は宿題をしていたんだ。コンピュータゲームをしていたんじゃないよ。本当に！

母：あなたを信じるけれど，毎日もっと早く起きなければいけないわよ。いい？

トム：わかったよ。もう寝坊しないよ。約束する。あ，雨が降っている。新聞の天気予報では何て言ってる，お父さん？ 明日は晴れるのかな？

父：今日は雨が降るけれど，明日は晴れると言っているよ。どうして？ 明日は何をするの？

トム：友だちとサッカーをするんだ。雨が降ったらやらないから，雨が降ってほしくないんだ。そして夕方にはジャズコンサートに行くんだ。

父：コンサートは何時に終わるのかい？

トム：心配しないで，お父さん。帰りは遅くならないよ。

*

（その後，学校で，トムは日本からの交換留学生のリエと話している。）

リエ：歴史の宿題はもう始めた？

トム：うん。もう終わったよ。

リエ：本当？ 何ページ書いたの？

トム：ああ，しまった！ 宿題を家に置いてきちゃった！

リエ：心配しないで！ 締め切りまではまだたくさん時間があるわ。

トム：うーん…，ところで海外に来たのは今回が初めて？

リエ：いいえ，私はカナダに2回行ったことがあるわ。でもこれまで一度も外国に住んだことはないわ。

トム：日本の友人がいなくて寂しく思わないの？

リエ：そうね，私はここに来るまで一人暮らしをしたことがなくて，今は日本にいる友人たちとは長く会っていないわね。でも，お互いによくメールしているから大丈夫よ。

トム：それはよかった。きみはじょうずな英語を話すね。英語をいつから学んでいるの？

リエ：小学校5年からだから，私は7年英語を学んでいるわ。

トム：どうりでじょうずなわけだ！ それでここでの生活を楽しんでいるといいのだけれど。

リエ：ええ，とても。海外に行くことはとてもいい体験だし，それに異なる文化で生活することもとても興味深いわ。ところで，あなたは今日遅刻しなかった？

トム：それが…。駅に着いたらもう電車が出てしまった後だったんだ。待ってくれると思ったのだけれど。待ってくれなかった。

リエ：ということは，また遅刻だったのね！

column
「書き言葉」と「話し言葉」

一般的に見られる「書き言葉」と「話し言葉」との違いについて，大きな2つの特徴に注目してみよう。

1 使用語（句）の違い

書き言葉ではより難しいフォーマルな語を，話し言葉ではよりやさしいインフォーマルな語を使う

次は，「研究者（researcher）が調査（survey）を行って，興味深い結果を得た」という内容を，書き言葉と話し言葉の2通りで表した文である。

- The researcher **obtained** some interesting results by **conducting** a survey. 〈書き言葉〉
- The researcher **got** some interesting results by **carrying out** [**doing**] a survey. 〈話し言葉〉

obtain（～を得る）や conduct（～を行う）はフォーマルな語で，書き言葉に向いている。一方，群動詞 carry out（～を行う）はふつうくだけた表現である。また，do や get もくだけた表現に使われる動詞で，話し言葉ではよく使われるが，書き言葉，特に論文などでは使わないほうがよいとされる。次の例でも，書き言葉では receive，話し言葉では get が好まれる。

- I **received** a letter from him. 〈書き言葉〉
- I **got** a letter from him. 〈話し言葉〉

そのほか，たとえば「～に慣れている」を意味する表現としては，書き言葉では be accustomed to，話し言葉では be used to が好まれる。

2 文構造の違い

書き言葉ではより複雑な構造を，話し言葉ではよりシンプルな構造を使う

次は，「最近外国から日本へ働きに来る人の数が増えている」という内容を，書き言葉と話し言葉の2通りで表した文である。

(a) There has recently been an increase in the number of people who are coming from abroad to work in Japan. 〈書き言葉〉
(b) More people are now coming from abroad to work in Japan. 〈話し言葉〉

話し言葉では，書き言葉よりも短く構造が単純な文を使うことが多い。上の例では，(a)には2つの節（→p.106）があるが，(b)は1つの〈S＋V〉から成る単純な構造になっている（→単文p.586）。関係詞，従属接続詞，分詞構文などは長い文を作るのに使うことが多く，書き言葉で好まれる。話し言葉では，ピリオドで文を短く区切ったり，単純な文構造を作る and・but・so などの等位接続詞（→p.458）を使ったりして，できるだけシンプルな文を使うよう心がけておくとよいだろう。

column

「品詞」と「文の要素」との関係
品詞のかたまりがもつ役割から英文のしくみを見抜く

「品詞＝文の素材」，「文の要素＝品詞を加工したもの」と考えるとわかりやすい。

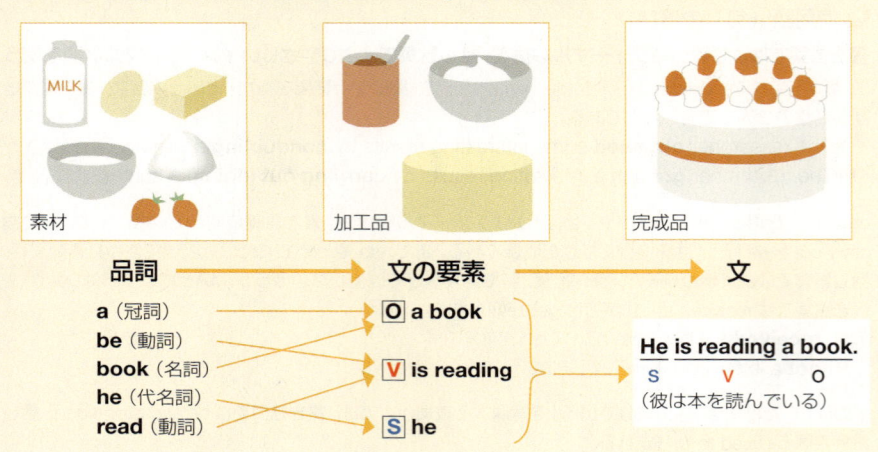

素材　　　　　　　加工品　　　　　　　完成品

品詞　　　→　　文の要素　　　→　　文

- a（冠詞）　　　　　→　O a book
- be（動詞）
- book（名詞）　　　→　V is reading　　→　He is reading a book.
- he（代名詞）　　　　　　　　　　　　　　　S　　V　　　O
- read（動詞）　　　→　S he　　　　　　（彼は本を読んでいる）

品詞と文の要素との関係は，次のようになる。

言葉	何を表すか？	具体例
品詞	文を作るための素材の名前	名詞・動詞・形容詞・副詞など
文の要素	文を構成するパーツの働きを表す言葉	S（主語）・V（述語動詞）・O（目的語） C（補語）　▶これら以外は修飾語

　　名詞　　動詞　　冠詞 形容詞 名詞
　　Kaori　**has**　**a cute dog.**　（カオリはかわいい犬を飼っている）
　　　S　　　V　　　　　O

Kaori は品詞としては「名詞」であり，文の要素としては「S」である。主な**品詞と文の要素との関係**をまとめると，次のようになる。それぞれの関係を覚えておけば，英文のしくみを見抜くのに役立つ。

文の要素	S（主語）	V（述語動詞）	O（目的語）	C（補語）	修飾語
その働きをする品詞	(代)名詞	動詞	(代)名詞	(代)名詞 形容詞	形容詞 副詞

UNIT 4

助動詞

> 助動詞は動詞を助けて「気持ち」や「判断」を表す

Introduction ················· 78

1 能力・可能・許可の表現 ············ 80
  1-1 can/be able to（～することができる）
    など ·· 80
  1-2 can/may（～してもよい）············ 82
2 必要・義務・当然・忠告の表現 ·········· 84
  2-1 must/have to（～しなければならない）
     ··· 84
  2-2 should/ought to（～すべきだ・～するほ
    うがよい）································ 85
  2-3 had better（～するほうがよい・～しなさ
    い）··· 86
3 依頼・提案・勧誘の表現 ············ 87
  3-1 Would/Will you ～?（～してもらえます
    か・～しませんか）··················· 87
  3-2 Shall I ～?（（私が）～しましょうか）·· 88
  3-3 Shall we ～?（（いっしょに）～しません
    か）··· 89
4 可能性・推量の表現 ··············· 90
  4-1 can（～でありうる）/can't（～であるはず
    がない）··································· 90
  4-2 may/might（～かもしれない）········ 90

  4-3 must（～にちがいない）··············· 91
  4-4 should/ought to（～のはずだ）······· 92
5 助動詞＋have＋過去分詞 ·············· 93
  5-1 過去のことがらに対する〈推量〉を表すもの
     ··· 93
  5-2 過去のことがらに対する〈後悔・非難〉を表
    すもの ···································· 94
6 その他の注意すべき助動詞 ············ 95
  6-1 would（（以前は）よく～したものだ）··· 95
  6-2 used to（以前は～だった・以前は～したも
    のだった）······························ 96
  6-3 その他 ································· 96
7 助動詞を含む慣用表現 ············· 98
  7-1 would like＋名詞（～が欲しい）········ 98
  7-2 would like to *do*（～したい）········· 99
  7-3 would rather（むしろ～したい）········ 99
  7-4 can't ～ too ...（どんなに…してもしすぎ
    ではない）······························ 100
  7-5 may well（たぶん～だろう）········· 100
チェック解答 ·························· 101

Using Grammar in Context
  Global Warming ···················· 102

Introduction

助動詞とは

助動詞は，**述語動詞の一部になったり，動詞に様々な意味を加えたりする**はたらきをもっています。文字どおり「動詞を助ける」言葉です。

助動詞の種類と主な意味

助動詞を使って，文に話し手の気持ちや判断を加えることができます。主な助動詞には，次のようなものがあります。

助動詞	主な意味	短縮形（＋ not）	過去形
must	～しなければならない，～にちがいない	mustn't	
may	～してもよい，～かもしれない		might
can	～することができる，～でありうる	can't/cannot	could
will	～するつもりだ，～だろう	won't	would
shall	～しましょうか		(should)
should	～すべきだ，～のはずだ	shouldn't	

▶ mustn't は [mʌ́snt]，won't は [wóunt] のように発音します。

このように，助動詞を使うことで，文に**話し手の気持ちや判断**を加えることができます。

- **Can** I play a video game?（テレビゲームをしてもいい？）
- You **must** do your homework first!（先に宿題をやらなくちゃだめよ！）

助動詞の特徴

① 助動詞の後ろには基本的に動詞の原形を置きます。また，助動詞は主語によって語尾が変化することはありません。

　　○ She **can speak** English.（彼女は英語を話すことができる）
　　× She can speaks English. / × She cans speak English.

② 助動詞を使った否定文・疑問文は，次のように作ります（→UNIT 2）。

　　否定文 → 助動詞＋not＋動詞の原形
　　● I **can't use** this software.（私はこのソフトを使えません）
　　疑問文 → 助動詞＋主語＋動詞の原形 ...?
　　● **Can you use** this software?（あなたはこのソフトを使えますか）

③ 多くの助動詞は，動詞と同様に過去形をもちます。過去形は，単に過去を表すだけではありません。

　　● He **could**n't understand the question.（彼はその質問が理解できなかった）
　　〈過去を表す〉

　　● **Could** you pass me the salt, please?（塩を取っていただけますか）〈ていねいな表現〉

参考… 助動詞の be, do, have
be, do, have は助動詞としても使い，文を組み立てるための記号のはたらきをします（→ p. 30）。
　● They **are** playing baseball.（彼らは野球をしています）〈be＝進行形を作る記号〉
　● **Do** you have any brothers?（ご兄弟はおありですか）〈do＝疑問文を作る記号〉
　● I **have** finished my work.（仕事を終えました）〈have＝完了形を作る記号〉

Next, Putting it into Action!

助動詞の様々な種類や，過去形のはたらきなどを，詳しく見ていきましょう。

UNIT 4 助動詞

1 能力・可能・許可の表現

1-1 can / be able to（〜することができる）など

can

> **027** "**Can** you play the piano?" "Yes, I **can**."
> 「ピアノを弾くことができますか」「はい，できます」

ポイント　　**can** は「〜することができる」〈能力・可能〉

(027) の質問の文（Can you 〜 ?）は，相手の〈能力〉を尋ねている。

- 肯定文　I **can** play the piano.（私はピアノを弾くことができる）
- 否定文　I **can't** [**cannot**] play the piano.（私はピアノを弾くことができない）
  ▶ can not と2語に分けて書くことは少ない。
- 疑問文　**Can** you play the piano?（027）
  —Yes, I **can**.（はい，できます）/ No, I **can't**.（いいえ，できません）

can は「状況的に可能だ」という意味でも使う。
- **Can** you come to the party tomorrow?
  （明日パーティーに来られる？）
- Hello? It's noisy around here. **Can** you hear me?（もしもし。ここはまわりがうるさいの。私の声が聞こえる？）

4技能Tips　Listening　can と can't の読み方

can/can't を発音する場合，原則として can には強勢を置かず，can't には強勢を置く。これを知っておくと，リスニングの際に役立つ。

(a) I can use this software. [k(ə)n]（私はこのソフトを使える）
(b) I can't use this software. [kæn(t)]（私はこのソフトを使えない）

(a) の下線部は「アイク(ン)**ニューズ**」のように聞こえる（太字の部分に強勢を置く）。一方 (b) は，「アイ**キャ**ンチューズ」（イギリス英語などでは「アイ**カー**ンチューズ」），あるいは can't の語尾の [t] の音が消えて「アイ**キャ**(ン)ニューズ」のように聞こえる。したがって，t の音がなくても，can の音がはっきり聞こえたら否定文だと考えてよい。can 以外の助動詞（must や should など）も，否定の not がつけば強勢を置く。

be able to

028 We'll **be able to** play tennis if it stops raining.
雨がやめば，私たちはテニスをすることができるだろう。

> **ポイント**　〈**be able to**＋動詞の原形〉は「～することができる」〈能力・可能〉

未来のことについて「～できるだろう」という意味を表すには，will と組み合わせて will be able to を使う。

　　We**'ll be able to** play tennis if it stops raining. (028)
　　～だろう（will）＋～できる
　▶助動詞を2つ並べて使う（✗ will can ～）ことはできない。

プラス　can と be able to の様々な形

can/could（→029）と be able to は，時制に応じて次のような形を使う。

現在	～することができる	can	am/is/are able to
過去	～することができた	could	was/were able to
未来	～することができるだろう		will be able to

- "**Were** you **able to** finish your work on time?" "Yes, I **was**."
  （「仕事を時間どおりに終えることができましたか」「はい」）
  ▶疑問文は，be動詞を主語の前に置く。答えるときはbe動詞を使う。
- I **wasn't able to** finish my homework.（私は宿題を終えることができなかった）
  ▶否定文は，be動詞の後ろに not を加える。
  ▶I **was unable to** finish my homework. とも表現できる。〈書き言葉〉
- I **haven't been able to** sleep well for a week.（1週間よく眠れていない）
  ▶can は完了形や不定詞・分詞・動名詞の形では使えないので，代わりに be able to を使う。現在完了形は have/has (not) been able to となる。

could

029 My father **could** run marathons when he was young.
私の父は，若いころはマラソンをすることができた。

ポイント　can の過去形 **could** は「(過去に) 〜する能力があった」〈過去の能力〉

この意味の could は「やろうと思えば (何度でも) できた」ということを表し，was/were able to で言い換えることができる。
　(029) ≒ My father **was able to run** marathons when he was young.

注意！　**could が使えない場合**
「(過去に) 1回限りの行為ができた」の意味では，was/were able to を使う。
- I **was able to** [✕ could] win the public speaking contest.
（私はスピーチコンテストに優勝することができた）
ただし **couldn't**（〜できなかった）は，1回限りの行為にも使うことができる。
- I **couldn't** [wasn't able to] win the public speaking contest.
（私はスピーチコンテストに優勝することができなかった）

プラス　could を使った〈提案〉を表すていねいな表現
can は相手に提案する場合にも使う。could を使うとよりていねいな言い方になる。
- You look very busy. I **could** [can] help you if you like.
（とても忙しそうですね。よろしければお手伝いできます [お手伝いしましょう]）

> 助動詞の過去形は，その助動詞の意味をやわらげるはたらきももつ (→ p.300)。この文の could もそのような使い方で，「〜できた」という意味ではない。

- We **could** [can] meet tomorrow and have lunch.
（明日お会いして，いっしょにお昼をいかがですか [食べられますが]）

1-2　can / may（〜してもよい）

030　"**Can** [**May**] I sit here?" "Yes, of course."
「ここに座ってもいいですか」「ええ，どうぞ」

ポイント　**can** と **may** は「〜してもよい」〈許可〉

(030)の場合，親しい間柄なら can を使う。may は「(目上の者が下の者に)許可を与える」という響きをもつので，疑問文で may を使うとよりていねいな尋ね方になる。

参考… can と may の使い分け

話し言葉では，may は疑問文で使うのがふつう。can は肯定文・否定文でも使う。

	肯定文	否定文	疑問文
can	You can ～． (～してもよい)	You can't ～． (～してはならない)	Can I [we] ～？ (～してもいいですか)
may	△ You may ～． (～してもよい)	△ You may not ～． (～してはならない)	May I [we] ～？ (～してもいいですか)

▶ Yes, you may. / No, you may not. は「許可を与える」という尊大な響きがあるので，ふつうは使わない。親子など上下関係がはっきりしている場合には使うこともある。

- "I don't have an umbrella." "You **can** use this one."
 (「かさを持っていないんだ」「これを使っていいよ」)
- "You **can't** leave your bicycle here." "Oh, I'm sorry."
 (「ここに自転車を放置してはいけません」「ああ，すみません」)
  ▶ can't [cannot]で「～できない→～してはならない」〈禁止〉の意味を表す。〈強い禁止〉は must not で表す(→ p. 84)。
- **May [Can] I** have [ask] your name, please? (お名前をうかがってもいいですか)
  ▶ may を使うと「(目上の相手に)許可してもらう」というていねいな言い方になる。また，相手に何かを頼む場合は please をつけることが多い。

プラス could を使った〈許可〉を求めるていねいな表現

- **Could** I (possibly) use your computer? (あなたのパソコンを使ってもいいですか)
  ▶ Can I ～？ よりもていねいな言い方。✗ Might I ～？ とは言わない。possibly は「できることなら」の意味で，ていねいな依頼をする場合に can [could] とともに使われる。

4技能Tips Speaking 〈May [Can] I ～？〉への答え方

May [Can] I ～？という問いに対しては，次のように様々な答え方ができる。

許可する答え方
- **Yes, please do.** (ええ，どうぞ)
- **Yes, of course.** (ええ，もちろん)
- **Yes. Go ahead.** (ええ。どうぞ[ご遠慮なく])
- **Sure. / Certainly. / Why not? / No problem.** (いいですよ)

許可しない答え方
- **I'm sorry, but you can't. / I'm afraid not.** (すみませんが，ご遠慮ください)
- **I'd rather you didn't.** (できればやめていただきたいのですが) (→ p. 299)

✓ チェック 010

( )に適切な語句を入れて，英文を完成しなさい。
(1) きみはインターネットでその本を手に入れることができるだろう。
　　You (　　　　　　　　　　　) the book on the Internet.
(2) 彼は最終のバスに間に合うことができましたか。
　　(　　　　　　　　　　　) the last bus?
(3) 「このかさを借りてもいい？」「いいよ」
　　"(　　　　　　　　　　　) this umbrella?" "Yes, you (　　　　　)."

2 必要・義務・当然・忠告の表現

2-1 must/have to（〜しなければならない）

031 I **must** go now. ≒ I **have to** go now.
もう行かなくちゃならない。

> **ポイント**　**must** と **have to** は「〜しなければならない」〈必要・義務〉

両者の形と意味は，次のようになる。**否定文では違った意味になる**ことに注意。

	must	have to
肯定文 （現在形）	You **must** go there. （きみはそこへ行かなければならない）	You **have to** go there. （きみはそこへ行かなければならない）
否定文 （現在形）	You **must not [mustn't]** go there. （きみはそこへ**行ってはならない**） ▶**強い禁止**を表す。	You **don't have to** go there. （きみはそこへ**行かなくてもよい**） ▶**不必要**を表す。
疑問文 （現在形）	**Must** I go there? （私はそこへ行かなければなりませんか）	**Do** I **have to** go there? （私はそこへ行かなければなりませんか）
過去形		I **had to** go there. （私はそこへ行かなければならなかった）
未来を表す形		I'**ll have to** go there. （私はそこへ行かなければならないだろう）

▶イギリス英語では「主観的な義務」は must，「（規則などで決められた）客観的な義務」は have to と使い分けることもある。

▶ have to [hǽftə] は，主語や時制に応じて has to [hǽstə]（3単現），had to [hǽttə]（過去形）と変化する。
- He **has to** go there.（彼はそこへ行かなければならない）

注意！ **must** が使えない場合

must には過去形がないので，「(過去に) ～しなければならなかった」の意味は had to で表す。また，ほかの助動詞と組み合わせた表現では have to を使う。
- We **may have to** [×may must] wait at least an hour.
（私たちは少なくとも1時間は待たなければならないかもしれない）

must を使った疑問文への答え方

Must I [we] ～ ?（～しなければなりませんか）に対して，「～しなくてもよい，～する必要がない」と否定で答えるときは，have to を使う。
- "**Must** I read this book today?" "No, you **don't have to** [×must not]."
（「この本は今日読まなければなりませんか」「いいえ，今日読む必要はありません」）
  ▶ No, you must not.（いいえ，読んではいけません）では対話が成立しない。

参考 相手に強く勧める文中で使う must

must を使って，親しい相手に「ぜひ～してね」と強く勧める表現がある。
- You **must** go to the exhibition.（きみはぜひその展覧会に行くべきだ）

参考 have to の代わりに使う have got to

くだけた会話では，have to の代わりに **have got to** [gáːtə | gɔ́tə] も使われる。
- I**'ve got to** memorize those words for the test.
（テストのためにこれらの単語を覚えなくちゃならない）

2-2 should / ought to（～すべきだ・～するほうがよい）

032 You **should** see a doctor. ≒ You **ought to** see a doctor.
きみは医者にみてもらうほうがよい。

ポイント **should** と **ought to** は，「～すべきだ」〈義務・当然〉，「～するほうがよい」〈忠告〉

話し言葉では主に should を使う。
- You **should** take an umbrella with you. It's going to rain.
（かさを持っていくほうがいいよ。雨が降りそうだ）
- You **ought to** eat more vegetables. They are good for you.
（あなたはもっと野菜を食べるべきだ。野菜は体にいいから）

	should	ought to
肯定文 （現在形）	You **should** go there. （きみはそこへ行くほうがよい）	You **ought to** go there. （きみはそこへ行くほうがよい）
否定文 （現在形）	You **should not** [**shouldn't**] go there. （きみはそこへ行かないほうがよい）	You **ought not to** [**oughtn't**] go there. ※ （きみはそこへ行かないほうがよい）
疑問文 （現在形）	**Should** I go there? （私はそこへ行くべきですか） — Yes, you **should**. / No, you **shouldn't**. 　（はい／いいえ）	**Ought** I **to** go there? ※ （私はそこへ行くべきですか）

※ought to の否定文と疑問文はあまり使わない。

2-3 had better（〜するほうがよい・〜しなさい）

033 We'd (= We had) better reserve a table for Saturday night.
私たちは土曜日の晩のテーブルを予約するほうがよい。

ポイント
I [We] had better 〜 ＝ 私（たち）は〜するほうがよい
You had better 〜 ＝ きみ（たち）は〜しなさい

短縮形（**we'd, you'd** など）で使うことが多い。否定文では not の位置に注意。

	主語が we	主語が you
肯定文	We**'d better** leave now. （私たちは今出発するほうがよい）	You**'d better** leave now. （きみ（たち）は今出発しなさい）
否定文	We**'d better not** leave now. （私たちは今出発しないほうがよい）	You**'d better not** leave now. （きみ（たち）は今出発してはいけない）

▶ had better は疑問文ではあまり使わず，「〜するほうがいいですか」は Should I [we] 〜? のように should で表すことが多い。

参考… 〈義務・当然〉を表す助動詞の強制の度合い

you を主語にした文について，「相手に強制する度合い」が強い順に並べると，次のようになる。

強い ←———— 強制の度合い ————→ 弱い

must — have to — had better — ought to / should

You had better 〜 は，主に目上の人が下の人に強い忠告や警告をするときに使い，友人などへの助言には You should 〜 を使う。I think you should 〜 と言えば，さらにやわらかい表現になる。

- You **had better** apologize to her.（彼女に謝りなさい）
  ▶「彼女に謝らないとどうなっても知らないぞ」という脅迫的な響きをもつことがある。
- (I think) You **should** apologize to her.（彼女に謝ったほうがいいと思うよ）
  ▶友人などに軽く忠告するときは，こちらを使う。

✓ チェック 011

日本語の意味に合うように，（　）に適語を入れなさい。
(1) 「この本は今日返さないといけませんか」「いいえ」
　"(　　　) I return this book today?" "No, you (　　　)(　　　)(　　　)."
(2) 甘いものをあまりたくさん食べないほうがいいよ。
　You (　　　)(　　　) eat too many sweets.
(3) 台風が来ているので，私たちは今日は外出しないほうがよい。
　The typhoon is coming, so we'd (　　　)(　　　) go out today.

3 依頼・提案・勧誘の表現

3-1 Would / Will you ～？（～してもらえますか・～しませんか）

034 "**Would you** pass me the salt, please?" "Here you are."
「塩を取っていただけますか」「はい，どうぞ」

> **ポイント**
> **Would [Will] you ～？**
> ＝「～してもらえますか」〈依頼〉・「～しませんか」〈勧誘〉

would を使うほうが will よりもていねいな言い方になる（→p.300）。

● "**Will you** pass me the salt, please?" "Sure." 〈依頼〉
　（「塩を取ってもらえますか？」「いいですとも」）
　▶ Will you ～の文は，家族や親しい間柄で使うくだけた表現。please をつけて使うのがふつう。

● "**Will you** have (a) coffee with us?" "Yes, thank you." 〈勧誘〉
　（「私たちといっしょにコーヒーをどうですか」「ええ，ありがとう」）
　▶ Would you like to have (a) coffee with us? と言うほうがよりていねい。

＋プラス 〈依頼〉を表す Can [Could] you ～？
　Can you ～？ も「～してくれますか」〈依頼〉という意味を表す。Can の代わりに Could を使うと，ていねいな言い方になる。
　● **Can [Could] you** open this jar for me, please?
　　（このビンのふたを開けてくれますか）

4技能Tips Speaking 相手に何かを頼む表現

「私を手伝ってくれませんか」と相手に頼む表現と，それに対する答え方の例を見てみよう。

相手に頼む表現
上のほうにある文は親しい間柄で使い，下に行くほどていねいな言い方になる。
- Help me! 〈命令文〉
- Will [Can] you help me, please?
- Would [Could] you help me, please?
- I was wondering if you could help me.
  ▶ mind などを使った表現については p. 297 を参照。

相手の頼みに応じる答え方
- Yes(, I will). (うん（いいよ）)　● OK. / All right. (いいよ)
- Sure. / Certainly. / Of course. / Why not? / No problem. (いいとも)

相手の頼みを断る答え方
- I'm sorry, I can't. / I'm afraid I can't. (すみませんが，できません)
- I'd like [love] to, but ... / I wish I could, but ... (そうしたいのですが…)
  ▶ but の後ろには，できない理由を添える。

3-2 Shall I ～ ?（（私が）～しましょうか）

035 "Shall I make you some coffee?" "Yes, please."
「コーヒーを入れましょうか」「ええ，お願いします」

ポイント Shall I ～ ? ＝「（私が）～しましょうか」
提案（相手の意向を尋ねる場合）

- **Shall I** drive you to the station?
  （車で駅まで送っていきましょうか）
  ― Yes, please. (ええ，お願いします) / No, thank you [thanks]. (いいえ，けっこうです)
- "When **shall I** come to your office?" "Friday is convenient for me."
  （「いつあなたのオフィスへ参りましょうか」「私は金曜日なら都合がいいです」）
  ▶ 疑問詞で始まる疑問文で使うこともできる。

3-3 Shall we ~? ((いっしょに)~しませんか)

036 "**Shall we** study in the library?" "OK."
「図書館で勉強しようか」「いいよ」

ポイント　**Shall we ~?** =「(いっしょに)~しませんか」
　　　　　　提案・勧誘(相手を誘ったり提案したりする場合)

- What **shall we** do if it rains? (雨が降ったら何をしようか)
- "What time **shall we** meet?" "How about one thirty?"
(「何時に待ち合わせしましょうか」「1時半でどう?」)
▶疑問詞で始まる疑問文で使うこともできる。

4技能Tips　Speaking　相手を誘う表現

「買い物に行きましょう」と相手を誘う表現と,それに対する答え方の例を見てみよう。

相手を誘う
- **Shall we** go shopping?
- **Let's** go shopping. / **Let's** go shopping, **shall we**? (→p.529)
- **Why don't we** go shopping? (→p.537)
- **How [What] about** going shopping? (→p.535)

相手の誘いに同意する答え方
- **Yes, let's.** (うん,そうしよう)
- **OK. / All right.** (いいよ)
- **Sure. / Why not?** (いいとも)
- **(Sounds) Great! / Good idea!** (いいね!)

相手の誘いを断る答え方
- **No, let's not.** (いや,やめておこう)

✓ チェック 012

日本語の意味に合うように,( )に適語を入れなさい。
(1) 「お皿を洗うのを手伝ってくれる?」「いいよ」
　"( ) ( ) help me wash the dishes?" "( ) right."
(2) 「帰りにこれをポストに入れておきましょうか」「うん,頼むよ」
　"( ) ( ) mail this on my way home?" "Yes, ( )."
(3) 「ボウリングに行こうか」「うん,そうしよう」
　"( ) ( ) go bowling?" "Yes, ( )."

4 可能性・推量の表現

4-1 can（〜でありうる）/ can't（〜であるはずがない）

037
(a) Too much exercise can be harmful to your health.
運動のしすぎは健康に害を与えることがある。
(b) We've been walking for an hour. This can't be the right road.
もう1時間も歩き続けている。この道が正しいはずがない。

ポイント
(a) can =（理論的・経験的に）〜することがありうる〈一般的な可能性〉
(b) can't [cannot] = 〜のはずがない〈可能性の否定〉

- Accidents can happen.（事故は起こりうる）
- It can be very cold at night here.（ここは夜とても寒いことがある）
- The rumor about him can't be true.
  （彼に関するそのうわさは本当のはずがない）

参考… 可能性を表す can を使った疑問文
この意味の can を疑問文で使うと、「〜でありうるだろうか（いや，そうであるはずがない）」という意味の修辞疑問文になる（→ p. 530）。
- Can the rumor be true? ≒ The rumor can't be true.
  （そのうわさは本当でありうるだろうか（，いや本当のはずがない））

4-2 may / might（〜かもしれない）

038 It's getting cloudy. It may [might] rain this afternoon.
曇ってきている。午後は雨が降るかもしれない。

ポイント may [might] = 〜する [である] かもしれない〈控えめな推量〉

may は「半々の可能性がある」と話し手が考えている場合に使う。「〜かもしれない」の意味では may よりも might を使うことが多い。(038) では，話し手は午後に雨が降るかどうかについて確信が五分五分であると考えている。

- "Where's Akira?" "He **may** [**might**] be with Mari."
（「アキラはどこにいるの？」「（ひょっとしたら）マリといっしょじゃないかな」）
- Our bus **may** [**might**] **not** come on time.
（私たちの乗るバスは（ひょっとしたら）時間どおりに来ないかもしれない）
- He **may** be intelligent, *but* he is lazy.
（彼は（確かに）頭がよいかもしれないが，怠け者だ）
  ▶ may と but が結びついて「（確かに）〜かもしれないが，しかし…」の意味を表す。

参考　推量を表す can と may の違い
can が**一般的な可能性**を表すのに対して，may は**個別の可能性**を表す。
(a) Water pipes **can** [✕ may] freeze in winter.
　（水道管は冬には凍ることがある）〈一般的な可能性〉
(b) The water pipes **may** [✕ can] freeze tonight.
　（今夜は水道管が凍るかもしれない）〈個別の可能性〉

参考　祈願を表す may「S が〜でありますように！」
〈May ＋ S ＋ 動詞の原形 〜！〉で「S が〜でありますように」の意味を表す。この形の文を「祈願文」といい，手紙やカードなどの書き言葉で使う。
- **May** you both be very happy!（お2人のご多幸をお祈りします！）
  ▶ 結婚祝いのカードに使う決まり文句。

4-3 must（〜にちがいない）

039　The baby is crying. He **must** be hungry.
その赤ちゃんは泣いている。おなかがすいているにちがいない。

ポイント　must ＝〜である**にちがいない**〈強い確信のある推量〉

注意！　must（〜にちがいない）⟷ can't（〜のはずがない）
「〜にちがいない」という意味の must は，否定文では使わない。否定を表すときは can't/ cannot（〜のはずがない）を使う（→ p. 90）。
- He **can't** [✕ must not] be hungry.（彼はおなかがすいているはずがない）

参考　〈推量〉を表す must に続く動詞
〈推量〉を表す must の後ろには，be動詞や状態動詞（→ p. 41）を置く。〈must ＋ 動作動詞〉は「〜しなければならない」〈義務〉の意味を表す。
(a) He **must** *be studying* hard for the test.〈推量〉
　（彼はテストのために熱心に**勉強しているにちがいない**）

(b) He **must** *study* hard for the test. 〈義務〉
　　（○彼はテストのために熱心に**勉強しなければならない**）
　　（×彼はテストのために熱心に**勉強するにちがいない**）
▶ (a)では must の後ろに be があるので〈推量〉の意味になる。(b)の study は動作動詞。

参考… 未来のことを予測する場合には，must は使えない
「ママがこの散らかりようを見たら，怒るにちがいない」
× If Mom sees this mess, she <u>must</u> get angry.
▶ 上の文は「怒らねばならない」の意味に解釈されるので，下の文のように表現する。
○ If Mom sees this mess, she's sure to get angry.

4-4 should / ought to （〜のはずだ）

040　She **should** be here in a few minutes.
　　≒ She **ought to** be here in a few minutes.
　　彼女は数分でここに来るはずだ。

ポイント　　should [ought to] 〜 = 〜する [である] はずだ

話し手の確信の度合いは must よりも低く，may よりも高い。
● The photos **should** be ready by six this evening.
　≒ The photos **ought to** be ready by six this evening.
（写真は今日の夕方6時までにできているはずだ）

参考… 〈可能性・推量〉を表す助動詞の意味の違い
〈可能性・推量〉を表す主な助動詞を「話し手の確信の度合い」が強い順に並べると，次のようになる。

強い ◀──────── 確信の度合い ────────▶ 弱い

| must — will / would※ — ought to / should — may / might※ — could |

※過去形を使うほうが控えめな推量になり，確信の度合いが低くなる。

✓ **チェック 013**

日本語の意味に合うように，（　）に適語を入れなさい。
(1) まだ10時前だ。彼が眠っているはずがない。
　　It's before ten o'clock. He (　　　) (　　　) asleep yet.
(2) 私は今日の午後は家にいないかもしれない。
　　I (　　　) (　　　) (　　　) at home this afternoon.
(3) メールの返事を出さなかったので，彼女は怒っているにちがいない。
　　She (　　　) (　　　) angry because I didn't reply to her e-mail.

5 助動詞＋have＋過去分詞

5-1 過去のことがらに対する〈推量〉を表すもの

041 "Yuka is late." "She **may have missed** the train."
「ユカは遅いね」「電車に乗り遅れたのかもしれないわ」

ポイント　〈推量を表す助動詞＋**have**＋過去分詞〉は，過去のことがらに対する現在の〈推量〉を表す

（041）では，話し手が「～したかもしれない」と推量しているのは現在のことだが，「乗り遅れた」という内容は過去のことである。may（助動詞）の後ろには動詞の過去形を置くことはできないから，**missed**（過去形）の代わりに **have missed**（完了形）を置く。

過去	現在 [基準時]
▲	▲
have missed	**may**
（過去のこと）	（現在の推量）

▶ have missed は「現在完了」ではなく「過去」を表す（過去形 missed の代わりに使われている）点に注意。

➕プラス　過去または現在までに完了したことがらに対する推量

形	意味
must ＋ have ＋過去分詞	～した［だった］にちがいない
may/might※＋ have ＋過去分詞	～した［だった］かもしれない
should ＋ have ＋過去分詞	～した［だった］はずだ
can't/couldn't※＋ have ＋過去分詞	～した［だった］はずがない

※過去形を使うほうが控えめな推量で，確信の度合いが低くなる。

▶ 助動詞の後ろの〈have＋過去分詞〉が現在完了の内容を表す場合もある。

- Tomomi **must have studied** abroad.　Her English is excellent.
（トモミは留学した（ことがある）にちがいない。彼女の英語はすばらしい）
- It's one thirty.　They **should have finished** their lunch by now.
（1時半だ。今ごろは彼らは昼食を終えているはずだ）
- It's only ten.　He **can't [couldn't] have gone** to bed already.
（まだ10時だ。彼がもう寝てしまったはずがない）

5-2 過去のことがらに対する〈後悔・非難〉を表すもの

042 My test score wasn't good. I **should have studied** harder.
試験の点数がよくなかった。もっと熱心に勉強すればよかった。

ポイント　〈should + have + 過去分詞〉が，過去のことがらに対する〈後悔・非難〉を表す

(042) の should は「〜すべきだ」〈義務・当然〉の意味（→p.85）。この意味の should の後ろに〈have + 過去分詞〉を置くと，「〜すべきだった」という意味に加えて，「しかし実際にはそうしなかった（のは残念だ）」という〈後悔・非難〉などの気持ちを表す。

I should have studied harder.

＋プラス　過去のことがらに対する〈後悔・非難〉など

形	意　味
should [ought to] + have + 過去分詞	〜すべきだったのに（しなかった）
shouldn't [ought not to] + have + 過去分詞	〜すべきではなかったのに（した）
need not + have + 過去分詞	〜する必要はなかったのに（した）

▶主語が1人称なら〈後悔〉，それ以外なら〈非難〉を意味することが多い。

- "I have a terrible toothache." "You **should have seen** a dentist earlier."
（「歯がものすごく痛いんだ」「もっと早く歯医者さんにみてもらえばよかったのに」）
- I'm very sleepy. I **shouldn't have stayed** up so late last night.
（とても眠い。ゆうべあんなに遅くまで起きていなければよかった）
- Thank you, but you **needn't have bought** me a present.
（ありがとう，でもあなたは私にプレゼントを買ってくれなくてもよかったのに）

✓ チェック 014

（　　）に適切な語句を入れて，英文を完成しなさい。
(1) 私がいない間に誰かが私のパソコンを使ったにちがいない。
　　Someone (　　　　　　　　　　　) my computer while I was away.
(2) 彼は私のメールを読まなかったのかもしれない。
　　He (　　　　　　　　　　) my e-mail.
(3) このバッグは小さすぎる。もっと大きなのを買えばよかった。
　　This bag is too small. I (　　　　　　　　　　) a bigger one.

6 その他の注意すべき助動詞

6-1 would ((以前は)よく～したものだ)

043 I would often go fishing with my grandfather when I was a child.
私は子どものころによく祖父と釣りに行ったものだ。

ポイント　would ＋ 動詞の原形 ＝ (以前は) よく～したものだ 〈過去の習慣〉

〈過去の習慣〉を表す would は，次のように使う。

　　　　　　　　　①**often**（しばしば），**usually**（たいてい）などの副詞をともなうことが多い。
I **would often** go fishing with my grandfather when I was a child. (043)
　　　　　　　　②動作動詞を後ろに置く。
　　　　　　　　　　　　　　　　　　　　　　③「過去」の意味を表す句・節をともなうことが多い。

➕プラス　will, would のその他の用法

will ＝ (人や物が) ～するものだ 〈現在の習慣・習性〉
- Oil **will** float on water.（油は水に浮く（ものだ））

will/would ＝ (人や物が) どうしても～しようとする 〈主語の強い意志〉
- I want to eat some pickles, but the jar **won't** open.
（私はピクルスを食べたいが，ビンがどうしても開かない）
- I wanted to apologize to him, but he **wouldn't** listen to me.
（私は彼に謝りたかったが，彼は私の言うことを聞こうとしなかった）

will/would ＝ (人や物が) たぶん～だろう 〈現在の推量〉
- That man **will** [**would**] be over forty.（あの男性は40歳を超えているだろう）
- He **won't** be having dinner now.（彼は今，夕食を食べてはいないだろう）
  ▶ これらの2つの文の will/would は，「未来」ではなく〈現在の推量〉を表す。

S will do ＝～で間に合う，役に立つ
- "When can we deliver the flowers?" "*Any* time tomorrow **will do**."
（「花をいつお届けしましょうか」「明日のいつでもかまいません」）
  ▶ 〈Any ＋ 名詞 ＋ will do.〉（どの～でもよい）や Either will do.（どちらでもよい）などの形で使うことが多い。

I would say ～ ＝ ～ではないかと思うのですが
- This restaurant is good, but **I would say** it is very expensive.
（このレストランはおいしいけれど，とても高いんじゃないでしょうか）
  ▶ I would [should] の後ろに advise, guess, imagine, recommend, say, suggest, think などを置くと，「～ではないかと思うのですが」という控えめな (断定しない) 言い方になる。

6-2 used to（以前は〜だった・以前は〜したものだった）

044
(a) There **used to** be a big cherry tree here.
　以前ここに大きな桜の木があった。
(b) My father **used to** smoke a lot, but he stopped (smoking) recently.
　父は以前はタバコをたくさん吸っていたけれど，最近やめた。

ポイント
(a) used to + *do*（状態動詞）＝ 以前は〜だった〈過去の状態〉
(b) used to + *do*（動作動詞）＝ 以前は〜したものだ〈過去の習慣〉

(a)と(b)のどちらも，「現在はそうではない」という意味を含んでいる。

4技能Tips Reading used toの識別

文中に used to という形が出てきた場合，次の3つの可能性がある。used to の前後の形に着目すれば，これらの違いを見抜くことができる。

形	意味	参考
① S used to *do*.	Sは以前は〜（したもの）だった	used to ＝助動詞
② S is used to *-ing*. S get used to *-ing*.	Sは〜するのに慣れている Sは〜するのに慣れる	used ＝慣れている（形容詞） to ＝前置詞　-ing ＝動名詞
③ S is used to *do*.	Sは〜するために使われる	used ＝動詞 use（使う）の過去分詞 to *do* ＝不定詞

▶①②の used は [júːst]，③の used は [júːzd] と発音する。

① I **used to stay** up all night.
　（私はよく徹夜をしたものだ）　▶助動詞の used to ＋動詞の原形
② I**'m used to staying** up all night.
　（私は徹夜をするのに慣れている）　▶be used to ＋動名詞（〜に慣れている）（→ p. 172）
③ This knife **is used to cut** meat.
　（このナイフは肉を切るのに使われる）　▶受動態〈be動詞＋過去分詞〉＋不定詞（副詞的用法）

6-3 その他

参考　**should** の注意すべき用法

should は，〈必要・当然〉〈驚き〉などの感情や判断を表す文中で使うことがある。

● I suggest that you (**should**) take a bus.〈必要〉〈フォーマル〉
　（バスに乗ることをお勧めします）(→ p. 292)
● Why **should** I pay the bill?〈必要〉
　（どうして私が勘定を払わねばならないのか（，いやその必要はない））
　▶修辞疑問文（→ p. 530)

- It is necessary (that) we (**should**) save energy. 〈当然〉〈フォーマル〉
  （私たちはエネルギーを節約することが必要だ）（→ p. 293, 411）
- It's strange (that) she **should** like [likes] him. 〈驚き〉
  （彼女が彼を好きだなんて不思議だ）（→ p. 412）

参考… **need と dare**

need（〜する必要がある）と **dare**（あえて〜する）も，主に否定文で助動詞として使うことがある。
ただし，今日では〈need / dare + to *do*〉の形で一般動詞として使うことが多い。

need

- If it rains tomorrow, you **needn't** come. 〈need＝助動詞〉
  ≒ If it rains tomorrow, you **don't need to** [have to] come. 〈need＝一般動詞〉
  （明日雨が降れば，来る必要はありません）

dare

- I **dared not** call her again. 〈dare＝助動詞〉
  ≒ I **didn't dare** (**to**) call her again. 〈dare＝一般動詞〉
  （私は彼女に再び電話する勇気がなかった）

助動詞の dare を使った次のような慣用表現がある。

- **I dare say** you are right.（おそらくきみは正しいだろう）
  ▶ I dare say は「おそらく〜だろう」という意味を表す。dare say は daresay（1語）とも表す。
- **How dare you** say such a thing to me?
  （きみはよくも私にそんなことが言えるものだ）
  ▶ 強い非難を込めた表現。

✓ チェック 015

日本語の意味に合うように，（　　　）に適語を入れなさい。
(1) 私たちはよくこの公園でキャッチボールをしたものだ。
　　We (　　　　) (　　　　) play catch in this park.
(2) この学校には以前は千人以上の生徒がいた。
　　(　　　) (　　　　) (　　　　) (　　　　) more than 1,000 students at this school.
(3) 「ペンとえんぴつどちらで書きましょうか」「どちらでもかまいません」
　　"Shall I write in pencil or pen?" "Either (　　　　) (　　　　)."

7 助動詞を含む慣用表現

7-1 would like ＋名詞（〜が欲しい）

045 **I'd like** a table for two, please.
2人用のテーブルをお願いします。

ポイント　**would like** ＋名詞＝**〜が欲しい**〈want のていねいな言い方〉

would like の後ろに名詞を置いて，「〜が欲しい」「〜をください」という希望をていねいに伝えることができる。(045) はレストランなどの席を予約するときに使う表現。話し言葉では，ふつう I [We] would を I'd [We'd] と短縮する。

- "Anything else?" "Yes. **I'd like** (a) coffee, please."
  （「ほかに何かご注文は？」「ええ。コーヒーをください」）
- "What **would** you **like** for dinner?" "**I'd like** curry."
  （「夕食には何を食べたいですか？」「カレーがいいです」）
  ▶ What do you want for dinner? よりもていねいな言い方。

4技能 Tips Speaking 注文のしかた

ジェーンは喫茶店でコーヒーを注文しようとしている。(a)〜(e) のうち，適切な表現はどれだろうか。

(a) **Coffee.**
(b) **I want a coffee.**
(c) **I'd like a coffee, please.**
(d) **Coffee, please.**
(e) **Give me a coffee, please.**

このなかで適切なのは，(c) または (d) である。最も簡単な言い方は (d) で，〈物, please.〉の形で「〜をください」の意味を表すことができる。A cup of coffee, please. でもよい。please をつけない (a) は不適切。(b) の want（〜が欲しい）は命令的に響くので，物を注文する場合には避けるほうがよい。(e) は，please をつけていても命令調であるし，give を使うと「コーヒーを無料でください」の意味にもなりかねないので不適切。

7-2 would like to *do* (〜したい)

046 **I'd like to eat** out tonight.
今夜は外食したい。

ポイント　　would like to *do* = 〜したい〈want to *do* のていねいな言い方〉

would like to *do* は「〜したい」という意味を表す。want to *do* よりもていねいな表現で，話し言葉ではふつう I [We] would を I'd [We'd] と短縮する。
- "**Would** you **like to** join me?" "Sure."（「私といっしょに行きますか」「いいですよ」）
  ▶「〜したいですか」と相手に尋ねる場合にも使う。Do you want to join me? よりもていねいな言い方。

プラス　would like を使ったその他の慣用表現
I would like you to *do*. =「あなたに〜してもらいたい」
- I'd like you to teach me how to dance.（あなたにダンスを教えてもらいたい）

Would you like me to *do*? =「私に〜してほしいですか」
- Would you like me to meet you at the station?
  （私に駅まで迎えにきてほしいですか）

7-3 would rather (むしろ〜したい)

047 **I'd rather** eat Italian **than** French tonight.
今夜はフランス料理よりもイタリア料理を食べたい。

ポイント　　would rather 〜 (than ...) = (…するよりも) むしろ〜したい

would rather は「むしろ〜したい」の意味。(047)のように than とともに使うことが多いが，単独でも使う。
- "How about steak for dinner?" "**I'd rather** have fish today."
  （「夕食にステーキはどう？」「今日は魚を食べたいな」）

注意!　**than に続く動詞は原形**
than の後ろに動詞を置くときは，原形にする。
- **I'd rather stay** home **than go** [✕ going/to go] out today.
  （今日は外出するよりも家にいたい）
  ▶ would rather の後ろには stay（原形）を置く。これに形をそろえて，than の後ろの動詞も go（原形）を使う。

> **プラス** 否定文中の not の位置の違い
>
> 次の3つの助動詞は，否定文で not を置く場所がまぎらわしいので，正確に覚えておこう。
> - I **would rather not** go out on such a cold day.
>   (こんな寒い日は（どちらかと言えば）外出したくない)
> - I **had better not** eat any more cake today.
>   (私は，今日はこれ以上ケーキを食べないほうがよい)
> - You **ought not to** stay up late every night.
>   (毎晩夜ふかしをしないほうがよい)

7-4 can't ~ too ... (どんなに…してもしすぎではない)

048 Put on a life jacket. You **can't** be **too** careful in a yacht.
救命胴衣を身につけなさい。ヨットではどんなに注意してもしすぎではありません。

> **ポイント** can't ~ too ... ＝ どんなに…してもしすぎではない

(048) の can't be too careful は「注意深くしすぎることはできない（直訳）」→「どんなに注意しても注意しすぎではない」という意味になる。
- You **can never** have **too** many friends.
  (友人はどんなに多くても多すぎることはない)

> **参考** can't ~ enough
>
> can't ~ enough も，「十分に~することができない→どんなに~してもしすぎることはない」という意味になる。主に話し言葉で使う。
> - I **can't** [**can never**] thank you **enough**.
>   (あなたにはどんなに感謝してもしきれません)

7-5 may well (たぶん～だろう)

049 It **may well** rain tomorrow.
明日はたぶん雨だろう。

> **ポイント** may [might] well ＝ ①たぶん～だろう　②～するのは当然だ

(049) は①の例。推量の may（～かもしれない）を well（十分に）が強めると、①の意味になる。つまり確信の度合いは **may well** のほうが **may** よりも高い。この形は主に書き言葉で使う。次の文は②の例。

- Mom **may well** be angry. We've forgotten her birthday!
（ママが怒るのは当然だ。ぼくらはママの誕生日を忘れていたんだ）

➕ プラス　may を使ったその他の慣用表現

may [might] as well ＝「～するのもよい」

- You **may [might] as well** eat the last piece of chocolate.
（最後に残ったチョコレートを食べてしまってもよい）
  ▶「～しても（しない場合と同じくらい）よい」という控えめな提案を表す。

may [might] as well A as B ＝「B するくらいなら A するほうがよい」

- We **may [might] as well** finish this work tonight **as** continue tomorrow.
（この仕事を明日も続けるより, 今晩終わらせるほうがよい）
  ▶ A・B には動詞の原形を置く。

✓ チェック 016

日本語の意味に合うように，(　　) に適語を入れなさい。

(1) コーヒーはブラックにしてください。
　　(　　) (　　) my coffee black, (　　).

(2) 虫がきらいなのでキャンプには行きたくない。
　　I'd (　　) (　　) go camping, because I don't like insects.

(3) 冬に山に登るときはどんなに注意してもしすぎではない。
　　You (　　) (　　) (　　) careful when you climb a mountain in winter.

✓ チェック 解答

010 (1) will be able to get　(2) Was he able to catch [be in time for]
　　　 (3) Can [May] I borrow [use], can

011 (1) Must, don't have to　(2) should not　(3) better not

012 (1) Will/Can [Would/Could] you, All　(2) Shall I, please　(3) Shall we, let's

013 (1) can't [cannot] be　(2) may [might] not be　(3) must be

014 (1) must have used　(2) may [might] not have read
　　　 (3) should [ought to] have bought [got]

015 (1) would often / used to　(2) There used to be　(3) will do

016 (1) I'd like, please　(2) rather not　(3) can't [cannot] be too

Using Grammar in Context

UNIT 4　助動詞

Global Warming

(Mr. Ota and the English club members are having a discussion.)

Mr. Ota : Our topic today is 'Global Warming'. This is a very serious but important issue. Can we discuss this problem?

Toru : It's difficult, but we'll try.

Mr. Ota : OK, then. Can I ask you the first question?

Saki : Sure. What is it?

Mr. Ota : What are the problems caused by global warming?

Yuto : I'll start. Shall I give you an example? I saw a documentary program about countries and cities next to the sea. It said that Venice may disappear under the water. You may think it can't be true, but it is really happening. The program explained that there used to be more ice and snow on the mountains, but it is now melting very quickly.

Toru : Wow! Yuto, you know a lot about global warming! Would you explain more about it, please?

Yuto : OK. The water goes into the sea, and then the sea level rises. Global warming is not yet so serious for us in Japan, but it must be a big problem for some people.

Mr. Ota : So, what should we do about this problem?

Ryo : I think we have to stop global warming, because if we don't, our lives will change a lot. My father said that he could live without an air-conditioner thirty years ago, but now air-conditioners are essential in summer. Temperatures are already rising quickly. We can't ignore this problem!

Kana : Global warming must have started a long time ago, but people have only begun to notice its effects recently. We should have thought about it before, but I'd like to believe we can still save our planet.

Mr. Ota : How? What can we do? Will we be able to slow down global warming? I'd like to hear your ideas on this. Anybody?

Yuto : Well, CO_2 makes the temperature rise. Therefore, we must reduce CO_2 emissions.

Sayuri : And, to reduce CO_2, we've got to save energy. This is very important. So, as individuals, we each have to think about what we can do to save energy.

Kana : We'd better try to change our lifestyle in simple ways. Shall we turn the heater down a little in this room? I'd rather feel a bit cold than waste energy.

Ryo : Yes, that's a good idea. And, what about lights? I would often leave the lights on when I left a classroom, but now I am more careful, and turn them off.

Mr. Ota : You've all made some good points. If everybody tries, I'm sure we'll be able to stop global warming.

和訳

地球温暖化

(オオタ先生と英語クラブ部員たちがディスカッションをしています。)

オオタ先生：今日の私たちのトピックは「地球温暖化」です。これはとても深刻ですが，重要な論点です。この問題を話し合うことができますか。

トオル：難しいですが，やってみます。

オオタ先生：わかりました。それでは，最初の質問をしてもいいですか。

サキ：もちろんです。何でしょうか。

オオタ先生：地球温暖化によって引き起こされる問題は何ですか。

ユウト：ぼくから話します。例をあげましょうか。ぼくは海に面した国や都市に関するドキュメンタリー番組を見ました。ベニスが水没してしまうかもしれない，と言っていました。それはありえないと思うかもしれないけれど，でもそれは本当に起こっているのです。番組では，以前は，山々にはもっと氷や雪があったのに，今は急速に溶けていると説明していました。

トオル：わあ！ ユウト，地球温暖化についてすごく知っているね！ それについて，もっと説明してもらえない？

ユウト：いいよ。水は海に流れ込む。それで，海水面が上昇するんだ。地球温暖化は日本にいる私たちにはまだそれほど深刻じゃないけど，それは人によっては大きな問題にちがいないんだ。

オオタ先生：では，この問題について私たちはどうすべきですか。

リョウ：地球温暖化を止めなくてはならないと思います。なぜって，もしそうしなければ，私たちの生活はすごく変わってしまうからです。父が，30年前はエアコンなしで生活できた，と言っていました。でも今は，夏にはエアコンは必需品です。気温はすでに急速に上がってきているので，この問題は無視できないです。

カナ：地球温暖化はずっと前に始まったにちがいないのです。でも人々が，それがもたらす影響にようやく気づき始めたのは最近です。私たちはもっと前に，そのことを考えるべきでした。でもまだ私たちは，自分たちの惑星を救うことができると信じたいです。

オオタ先生：どのように？ 私たちに何ができますか。私たちは地球温暖化を遅らせることができるでしょうか。このことについてみなさんの考えを聞かせてください。誰か？

ユウト：そうですね，二酸化炭素が気温を上げています。したがって，二酸化炭素排出量を減らさなければいけません。

サユリ：そして，二酸化炭素を減らすために私たちはエネルギーを節約しなきゃ。これはとても重要だわ。それで，個人として，私たちめいめいがエネルギーを節約するのに何ができるのか，考える必要があるわ。

カナ：私たちは簡単な方法で生活の仕方を変えようとすべきだわ。この部屋の暖房を，少し弱めましょうよ。エネルギーをむだにするより，少し肌寒く感じるほうがいいわ。

リョウ：そうだね。それはよい考えだね。それに，電灯はどうなの？ ぼくは，以前は教室を出るときよく電灯をつけっぱなしにしていたんだ。でも今はもっと注意していて，電気は消すよ。

オオタ先生：みなさんよい指摘をしてくれました。もし誰もが努力すれば，地球温暖化を止めることができると確信しています。

column

英文の基本パターン（文型）
動詞のグループから英文のしくみを見抜く

1 「文型」とは何か？

次の3つの文を比べてみよう。

> (a) I **drank** milk.（私は牛乳を飲んだ）
> (b) He **ate** a hamburger.（彼はハンバーガーを食べた）
> (c) She **got** the ticket.（彼女はそのチケットを手に入れた）

これらの文はすべて，「AはBを～した」という意味をもっている。つまり，**単語は違っていても文の基本的な形は同じ**である。言い換えれば，drink, eat, get という3つの動詞は，同じ形の文を作ることができる。このように文型とは，**動詞の使い方をグループ分けしたもの**と考えることができる。

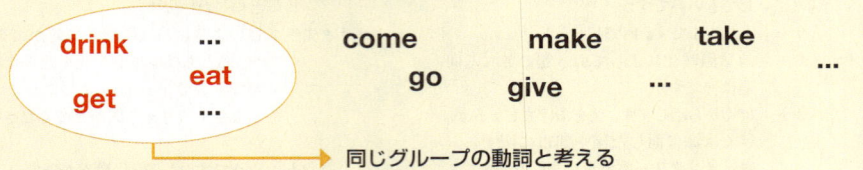

　　drink　…　　　　come　　　make　　　take
　　　　eat　　　　　　　go　　　give　　　…
　　get　…

　　　　　　→ 同じグループの動詞と考える

2 文の要素

日本語でも英語でも，文には「主部」と「述部」がある。

日本語	私は	サッカーが好きです。		英語	I	like soccer.
	主部	述部			主部	述部

英語では，文の骨組みを作る構成要素（＝文の要素）を次の4つの言葉で表すことが多い。

主語（S）	主部の中心となる語(句)
述語動詞（V）	述部の中心となる語(句)
目的語（O）	述語動詞の動作の対象となる語(句)
補語（C）	主語・目的語を補足説明する語(句)

▶ S は subject, V は verb, O は object, C は complement の頭文字。

S・V・O・C以外で，これらを説明したり意味を限定したりする語句を**修飾語(句)**という（→ p.29, 76）。修飾語は省略しても文が成り立つ。

3 5文型

英語の文の基本構造は，動詞のグループ分けに合わせて，これから説明する5種類に分けられる。これを5文型という。それぞれの動詞をどの文型で使うかを覚えれば，英文のしくみと意味を正しくとらえることに役立つ。それぞれの文型のイメージを，以下の図と例文で確認しよう。

第1文型（SV） 1人でできる動作などを表す

　　I　walked.　　（私は歩いた）
　　S　　V

▶ 第1文型で使う動詞：**come**（来る），**go**（行く），**run**（走る），**work**（働く）など。

第2文型（S V C）　「S＝C」の関係を表す

The dog's name = Shiro

<u>The dog's name</u> <u>is</u> <u>Shiro</u>.
　　　S　　　　　　V　　C
（その犬の名前はシロです）

▶第2文型で使う動詞：**be動詞**（である），**become**（〜になる），**look**（〜に見える）など。

第3文型（S V O）　主に「人・物を〜する」という意味を表す

<u>I</u> <u>caught</u> <u>a fish</u>.　　（私は魚をつかまえた）
S　　V　　　O

▶第3文型で使う動詞：**get**（〜を手に入れる），**have**（〜を持っている），**like**（〜を好む）など。

第4文型（S V O O）　主に「人に物を〜する」という意味を表す

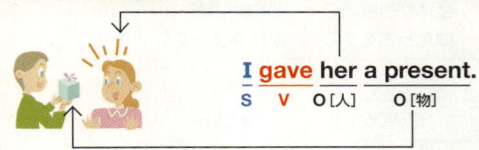

<u>I</u> <u>gave</u> <u>her</u> <u>a present</u>.　　（私は彼女にプレゼントをあげた）
S　V　O［人］　O［物］

▶第4文型で使う動詞：**give**（〜に…を与える），**lend**（〜に…を貸す），**send**（〜に…を送る）など。

第5文型（S V O C）　「O＝C」の関係を含む

the dog = Shiro

<u>We</u> <u>named</u> <u>the dog</u> <u>Shiro</u>.
S　　V　　　O　　　C
（私たちはその犬をシロと名づけた）

▶第5文型で使う動詞：**call**（〜を…と呼ぶ），**make**（〜を…にする），**name**（〜を…と名づける）など。

5文型のまとめ

第1文型（S V）	SとVだけで文の意味が完結するもの
第2文型（S V C）	be動詞などでSとCをつないだもの〈S＝Cの関係〉
第3文型（S V O）	目的語（O）を1つ必要とするもの
第4文型（S V O O）	目的語（O）を2つ〈人＋物〉必要とするもの
第5文型（S V O C）	OとCの間に主述関係を含むもの〈O＝Cの関係〉

▶修飾語はあってもなくてもよい要素だから，文型には含めない。

column

句と節の種類

文の要素と品詞の関係をもう一度確認してみよう。

文の要素	S（主語）	V（述語動詞）	O（目的語）	C（補語）	修飾語
そのはたらきをする品詞	(代)名詞	動詞	(代)名詞	(代)名詞 形容詞	形容詞 副詞

上の表のオレンジ色の部分が，長い（2語以上の）語句になることがある。それらのうち，〈S + V〉の関係を含まないものを「句」，含むものを「節」という。それぞれの主なはたらきは次のようになる。

句と節の種類		主なはたらき
・名詞句	・名詞節	S・O・Cのはたらきをする
・形容詞句	・形容詞節	名詞を修飾する
・副詞句	・副詞節	名詞以外を修飾する

句や節を作る主な品詞は，**前置詞・接続詞・関係詞**の3つ。

	主な形	全体が名詞のはたらきをする	全体が形容詞のはたらきをする	全体が副詞のはたらきをする
句	形容詞＋名詞	名詞句		
	前置詞で始まる		形容詞句	副詞句
節	接続詞で始まる	名詞節		副詞節
	関係詞で始まる	名詞節	形容詞節	副詞節

- This is **a very exciting DVD**.（これはとてもわくわくするDVDだ）〈名詞句〉
- The book **on the desk** is mine.（机の上の本は私のです）〈形容詞句〉
- The sun rises **in the east**.（太陽は東から昇る）〈副詞句〉
- I think (**that**) **this question is difficult**.（この問いは難しいと思う）〈名詞節〉
- This is the book (**that**) **he lent me**.（これが彼が貸してくれた本です）〈形容詞節〉
- He was out **when I called him**.（私が電話したとき彼は留守だった）〈副詞節〉

不定詞・動名詞・分詞は，次のように名詞句・形容詞句・副詞句を作る（→ p. 208）。

	名詞句	形容詞句	副詞句
不定詞	○	○	○
動名詞	○		
分詞		○	○

- **Getting up early** is good for your health.（早起きするのは健康によい）〈名詞句〉
- I bought a T-shirt **made in China**.（私は中国製のTシャツを買った）〈形容詞句〉
- I'm going to the library **to return a book**.（本を返しに図書館へ行くところです）〈副詞句〉

UNIT 5

態

「〜される」という意味を表す動詞の形を学ぼう

Introduction	108
1 受動態の基本的な用法	110
1-1 〈by＋動作主〉をともなう受動態	110
1-2 〈by＋動作主〉のない受動態	110
2 受動態の述語動詞の形	111
2-1 助動詞を含む受動態	111
2-2 完了形の受動態	112
2-3 進行形の受動態	113
3 文構造と受動態	114
3-1 受動態の否定文	114
3-2 受動態の疑問文	114
3-3 群動詞の受動態	116
3-4 SVOO の文の受動態	117
3-5 SVOC の文の受動態	118
3-6 It is said that 〜（〜だそうだ）など	118
4 注意すべき受動態	120
4-1 受動態と前置詞	120
4-2 混同しやすい能動態と受動態	121
チェック解答	124

Using Grammar in Context
Talking about Recycling 125

Introduction

■ 態とは

態は，述語動詞（V）の形を「〜する」「〜される」という意味の違いによって区別したものです。態には次の2種類があります。

能動態	「〜する」という意味を表す
受動態	「〜される」という意味を表す

受動態は，**〈be動詞＋過去分詞〉** の形で表します。

■ 能動態と受動態の関係と意味の違い

 (a) Bell **invented** the telephone.
   （ベルは電話を発明した）〈能動態〉
 (b) The telephone **was invented** by Bell.
   （電話はベルによって発明された）〈受動態〉

(a)と(b)の形には，次のような違いがあります。

 (a) **Bell invented the telephone**.
    S   V   O

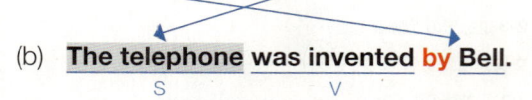

 (b) **The telephone was invented by Bell.**
     S   V

  ▶ by は後ろに**動作主**（動作を行う人など）を置いて「〜によって」の意味を表します。

2つの文の関係は，次のように表せます。

> 受動態 ＝ 能動態の O（目的語）を S（主語）にして言い換えた形

したがって，Oのない能動態（例：He worked hard.）を受動態で言い換えることはできません。

表す事実は同じでも，能動態と受動態とでは「何を話題にしているか」が異なります。一般に，話し手が語りたいテーマは主語によって表されるので，(a)と(b)の文の意味の違いは次のようになります。

(a)は「ベル」という人物について語っている。話し手は「ベルは**何をしたのか**」を伝えようとしている。
(b)は「電話」について語っている。話し手は「電話は**誰によって**発明されたのか」を伝えようとしている。

(a) 意味の中心（何を）　　(b) 意味の中心（誰に）

複雑な形の受動態

受動態の形〈be動詞＋過去分詞〉は，様々な時制・助動詞・準動詞と組み合わせることができます。

　　... **will be made** ... （作られるだろう）〈助動詞＋受動態〉（→p.111）
　　... **have been made** ... （作られたところだ）〈完了形＋受動態〉（→p.112）
　　... **being made** ... （作られること）〈動名詞＋受動態〉（→p.177）

動詞の前後が複雑な形になっているときは，その中に〈be＋過去分詞〉（～される）の形が含まれているかどうかに注意しましょう。

Next, Putting it into Action!

様々な形の受動態や，能動態と混同しやすい受動態など，詳しい用法を見ていきましょう。

UNIT 5 態

1 受動態の基本的な用法

1-1 〈by＋動作主〉をともなう受動態

050 This park **was designed by** a famous artist.
この公園はある有名な芸術家によって設計された。

ポイント 動作主を明らかにしたいときは，〈be動詞＋過去分詞〉の後ろに〈by＋動作主〉（〜によって）を置く

「Sは…される」という受動態の文を作るには，Sに続く述語動詞を〈be動詞＋過去分詞〉の形にする。**動作主を明らかにしたいときは，後ろに〈by＋動作主〉（〜によって）を置く。**
能動態と受動態の文を比較してみよう。

能　A famous artist designed this park.（ある有名な芸術家がこの公園を設計した）
　　　　S　　　　　　V　　　　O

受　This park **was designed by** a famous artist.（050）
　　S
　　この公園は　設計された　　　ある有名な芸術家によって

▶〈by＋動作主〉をともなう受動態では，動作主に意味の重点がある。(050)は，「この公園は誰によって設計されたか」を伝えようとしている。

1-2 〈by＋動作主〉のない受動態

051 Our school **was built** 120 years ago.
私たちの学校は120年前に建てられた。

ポイント 動作主を明らかにする必要がないときは，〈by＋動作主〉は省略する

動作主が重要な情報ではないときや、動作主を特定するのが難しいときは、by 以下は省かれる。一般的に言えば、受動態の後ろに〈by ＋動作主〉を置かない文のほうが多い。

能 They built our school 120 years ago.
　　　((人々は) 私たちの学校を120年前に建てた)

受 Our school was built 120 years ago ~~by them~~. (**051**)

▶ **能** の They は「当時の人たち」をばくぜんと指している (→ p.357)。**受** は「学校が120年前に建てられた」ことを伝えようとしており、誰が建てたかは重要な情報ではない。このような場合、by them は省略される。

- English **is spoken** in many countries. (英語は多くの国々で話されている)
  ▶ English **is spoken** ~~by people~~ in many countries. の意味だが、by people ((一般の) 人々によって) は重要な情報ではないので省略される。
- The criminal **was arrested**. (犯人は逮捕された)
  ▶ The criminal was arrested ~~by the police~~. の意味だが、「逮捕する」という動作の主体が警察であることは言わなくても明らかなので、by the police (警察によって) は省略される。

✓ チェック 017

各組の文がほぼ同じ内容を表すように、(　)に適語を入れなさい。

(1) They sell a lot of books online now.
　　A lot of books (　　) (　　) online now.
(2) A bridge connects the two islands.
　　The two islands (　　) (　　) (　　) a bridge.
(3) A hurricane hit the town.
　　The town (　　) (　　) (　　) a hurricane.

2 受動態の述語動詞の形

2-1 助動詞を含む受動態

052 Glass bottles **can be reused**.
　　　ガラスのビンは再利用 (されることが) できる。

| ポイント | 助動詞を含む受動態 ＝ 助動詞 ＋ be ＋ 過去分詞 |

能 We **can reuse** glass bottles. (私たちはガラスのビンを再利用することができる)

受 Glass bottles **can be reused**. (052)
　　　　S　　〈助動詞＋be＋過去分詞〉

- This rule **should be changed**. (この規則は変えられるべきだ)
- The game **may be canceled**. (試合は中止されるかもしれない)
- The work **will be finished** by tomorrow. (その仕事は明日までに終えられるだろう)

2-2 完了形の受動態

053 Many famous movies have been made in this studio.
このスタジオでは多くの有名な映画が作られてきた。

| ポイント | 完了形の受動態 ＝ **have/has/had** ＋ **been** ＋ 過去分詞 |

完了形と受動態を組み合わせて使うことができる。(053)は「作られ(受動態)＋てきた(現在完了)」という意味を表している。

能 They **have made** many famous movies in this studio.
　　　　　　　　　　　　　　O　　(人々はこのスタジオで多くの有名な映画を作ってきた)

受 Many famous movies **have been made** in this studio. (053)
　　　　　S　　　　〈have＋been＋過去分詞〉

次のように「足し算」で考えると理解しやすい。

　　完了形　　　　　　　受動態　　　　　　　　完了形の受動態
　[have＋過去分詞] ＋ [be動詞＋過去分詞] → [have been＋過去分詞]
　　　　　　　└── been ──┘
　　　　　　　(be動詞の過去分詞)

- Many flights **have been canceled** because of the typhoon.
(多くの便が台風で欠航になった)
- The room **had been cleaned** before we arrived.
(その部屋は私たちが着く前にはすでに掃除されていた)

2-3 進行形の受動態

054 A new stadium **is being built** for the Olympics.
新しい競技場がオリンピックのために建設されているところだ。

ポイント　進行形の受動態＝**be動詞＋being＋過去分詞**

進行形と受動態を組み合わせて「～されているところだ」という意味を表すことができる。

能　They **are building** a new stadium for the Olympics.
　　（人々はオリンピックのために新しい競技場を建設しているところだ）

受　A new stadium **is being built** for the Olympics. （054）
　　S　〈be動詞＋being＋過去分詞〉

▶能動態の主語 (they) は複数なので be動詞は are。受動態の主語 (a new stadium) は単数なので be動詞は is になる。

(053) と同様に,「足し算」で考えると理解しやすい。

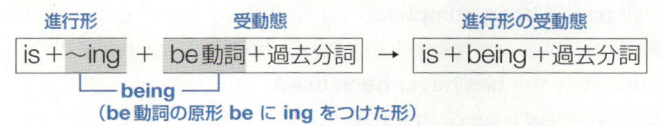

　進行形　　　　　受動態　　　　　進行形の受動態
　is＋～ing　＋　be動詞＋過去分詞　→　is＋being＋過去分詞
　　　　　being
　　　（be動詞の原形 be に ing をつけた形）

- The documents **are being copied** now, so please wait a minute.
  （書類は今コピー中［←コピーされているところ］ですので, 少しお待ちください）
- The tower **was** still **being built** when I last saw it.
  （私が最後に見たとき, そのタワーはまだ建設中［←建てられているところ］だった）

✓チェック 018

各組の文がほぼ同じ内容を表すように,（　）に適切な語句を入れなさい。
(1) You should keep the money in the safe.
　　The money (　　　　　　　　　　　) in the safe.
(2) They are repairing my car at the garage now.
　　My car (　　　　　　　　　　　) at the garage now.
(3) We have changed the schedule.
　　The schedule (　　　　　　　　　　　).

3 文構造と受動態

3-1 受動態の否定文

055 We **weren't invited** to the party.
私たちはパーティーに招待されなかった。

ポイント 受動態の否定文＝ **be動詞＋not＋過去分詞**

受動態の否定文では，be動詞の後ろに not を置く。

| 肯定文 | We **were invited** to the party. (私たちはパーティーに招待された) |
| 否定文 | We **weren't invited** to the party. (055) |

〈be動詞＋not＋過去分詞〉

参考 複雑な形の受動態の否定文
述語動詞が2語以上から成るときは，その最初の語の後ろに not を置く（→ p. 32）。
- The star **can't be seen** with the naked eye. (その星は肉眼では見られない)
  ▶述語動詞（can be seen）の最初の語（can）の後ろに not を加える。
- The work **hasn't been completed** yet. (その仕事はまだ終えられていない)
  ▶述語動詞（has been completed）の最初の語（has）の後ろに not を加える。
- This emergency exit **has never been used**.
  （この非常口は一度も使われたことがない）
  ▶否定の意味を表す never, hardly なども, not と同じ位置に置く。

3-2 受動態の疑問文

Yes/No で答える疑問文の場合

056 "Is French spoken in Canada?" "Yes, it is."
「カナダではフランス語が話されていますか」「はい，そうです」

ポイント Yes/No 疑問文の受動態＝ **be動詞＋S＋過去分詞 ...?**

受動態を疑問文にするときは，be動詞を文頭に置く。

| 肯定文 | French **is spoken** in Canada. (カナダではフランス語が話されている) |
| 疑問文 | "**Is** French **spoken** in Canada?" "Yes, it is." (056) |

〈be動詞＋S＋過去分詞〉

参考 複雑な形の受動態の疑問文

述語動詞が2語以上から成るときは、その最初の語を主語の前に出す（→ p. 33）。

- **Will** the work **be finished** by tomorrow?
  （その仕事は明日までに終えられるだろうか）
  ▶ 述語動詞 (will be finished) の最初の語 (will) を主語の前に出す。
- **Has** the elevator **been repaired**?（エレベーターの修理は終えられていますか）
  ▶ 述語動詞 (has been repaired) の最初の語 (has) を主語の前に出す。

疑問詞で始まる疑問文の場合

057 "**When was** this temple **built**?"
"It was built 300 years ago."
「この寺はいつ建てられましたか」「300年前に建てられました」

疑問詞で始まる疑問文の受動態は、肯定文をもとにして考えるとよい。

when など（疑問副詞）を使う場合：疑問詞＋ be 動詞＋ S ＋過去分詞 …?
This temple was built 300 years ago.（この寺は300年前に建てられた）
　　　S　　be動詞 過去分詞

When was this temple built?（057）
　　　be動詞　 S　　　過去分詞

what など（疑問代名詞）が主語の場合：疑問詞＋ be 動詞＋過去分詞 …?
The light bulb was invented by Edison.（電球はエジソンによって発明された）
　　　S　　　be動詞 過去分詞

What was invented by Edison?（何がエジソンによって発明されましたか）
　S　 be動詞 過去分詞

▶ S（主語）のはたらきをする what の後ろに V (was invented) を置いた形（→ p. 521）。

＋プラス　動作主を尋ねる疑問文

「誰によって」と動作主を尋ねる文は、次のように作る。
The light bulb was invented by Edison.（電球はエジソンによって発明された）
　　　S　　　be動詞 過去分詞

Who was the light bulb invented **by**?（電球は誰によって発明されましたか）
　　　be動詞　　　S　　　　　過去分詞

▶ 書き言葉では、by を文頭に置く **By whom** [× who] was the light bulb invented? という形もある。話し言葉では、前置詞を文頭に置く形はあまり使わない（→ p. 532）。

3-3 群動詞の受動態

058 The cause of the accident **was looked into** by the police.
その事故の原因は警察によって調査された。

> **ポイント** 群動詞は**全体を1つの動詞**とみなして受動態にする

動詞で始まる2つ以上の語句がまとまって，1つの動詞と同じはたらきをすることがある。このようなものを群動詞という（→ p.325）。(058) では look into（〜を調査する）を1つの動詞と考え，受動態は be looked into（調査される）という形を作る。

能 The police **looked into** the cause of the accident.（警察はその事故の原因を調査した）
     S   V   O

受 The cause of the accident **was looked into** by the police. (058)
              S

▶動作主を示す場合，前置詞・副詞の直後に by が置かれる点に注意。

- The old lady **was taken care of** *by* her relatives.
  （その老婦人は彼女の親戚に世話をしてもらった）
  能 Her relatives took care of the old lady.
  ▶take care of 〜 ＝〜の世話をする
- The game **was called off** because of the rain.
  （その試合は雨のため中止された）
  能 They called off the game because of the rain.
  ▶call off 〜 ＝〜を中止する

次のような群動詞も，同様の受動態を作ることができる。
deal with 〜（〜に対処する），**do away with** 〜（〜を廃止する），**laugh at** 〜（〜を笑う），**look after** 〜（〜の世話をする），**make use of** 〜（〜を利用する），**put off** 〜（〜を延期する），**run over** 〜（(車が)〜をひく），**throw away** 〜（〜を捨てる），**turn down** 〜（〜を断る）

3-4 SVOOの文の受動態

059
(a) Mariko **was given** first prize.
マリコは一等賞を与えられた。
(b) First prize **was given** to Mariko.
一等賞はマリコに与えられた。

ポイント　2つのO(目的語)のどちらか一方を受動態の主語にする

SVOOの文からは、2つのO(目的語)をそれぞれ主語にして、2通りの受動態の文を作れる場合がある。

能　They gave Mariko first prize.（彼らはマリコに一等賞を与えた）
　　S　V　マリコに(O₁) 一等賞を(O₂)

受1　Mariko **was given** first prize.（059-a）
　　　S

受2　First prize **was given to** Mariko.（059-b）
　　　S

▶ 受1 は O₁(人)を、受2 は O₂(物)を主語にした形。
▶ 受2 では、原則として to をつける。They gave first prize to Mariko. を受動態にした形とも考えられる。

参考　buy型の動詞の受動態

SVOO の形で使う主な動詞は、give 型 (**059-ab**) と buy 型とに大別できる (→ p. 317, 318)。buy 型の動詞 (buy, make, cook など) は「O(人)のために〜してあげる」という意味をもち、能動態と受動態は次のようになる。

能1　Eric made Tom a tree house.
能2　Eric made a tree house **for** Tom.
　　（エリックはトム(のため)に木の上の家を作ってやった）
受　A tree house was made for Tom by Eric.
　　（木の上の家がエリックによってトムのために作られた）

このように、buy 型の動詞は 能2 を受動態にする。for を省略することはできない。
能1 から ✕ Tom was made a tree house by Eric. のような(〈人〉を主語にした)受動態を作ることは、原則としてできない。

3-5 SVOCの文の受動態

060 The cat **was named** Smokey by my grandmother.
その猫は私の祖母からスモーキーと名づけられた。

ポイント 能動態のO＋be動詞＋過去分詞＋C（＋by＋動作主）

SVOCの文からは、O（目的語）を主語にした受動態の文を作ることができる。

能 My grandmother named the cat Smokey. （私の祖母はその猫をスモーキーと
　　　　 S　　　　　 V　　　O（その猫を）　C 　　　名づけた）

受 The cat was named Smokey by my grandmother. （060）
　　S

能動態のO（the cat）を、受動態のS（主語）にする。C（Smokey）を主語にした受動態を作ることはできない。
　　× Smokey was named the cat by my grandmother.

● New York **is called** the Big Apple. （ニューヨークはビッグアップルと呼ばれている）
　▶ 能動態は People call New York the Big Apple. （人々はニューヨークをビッグアップルと呼ぶ）。
● The door **was left** open. （ドアは開けっぱなしにされていた）
　▶ 能動態は Someone left the door open. （誰かがドアを開けっぱなしにした）。Cが形容詞（open）などの場合も、Oを主語にした受動態の文を作ることができる。

＋プラス What is S called ...? （Sは何と呼ばれますか）
　● "**What is** this flower **called** in English?" "It's called 'cherry blossom'."
　（「この花は英語で何と呼ばれますか」「チェリーブロッサムと呼ばれます」）
　▶ This flower **is called** 'cherry blossom' in English. のような文の下線部を what で尋ねる形。述語動詞（is called）の最初の語（is）を主語（this flower）の前に置く。

3-6 It is said that ～ （～だそうだ）など

061 (a) It is said that green tea is good for your health.
(b) Green tea is said to be good for your health.
緑茶は健康にとってよいと言われている。

say（言う）を使って「～だそうだ」の意味を表すには、次の3つの形がある。①は能動態、②③は受動態。

① **They say (that)** green tea is good for your health.
　▶ they は「一般の人」を表し、特定の「彼ら」という意味ではない（→p.357）。

② **It is said that** green tea is good for your health. (061-a)〈書き言葉〉
　　S　V　　　　　　S'　　V'
　　▶ it は that 以下を指す形式主語（→ p.362）。「〜ということが言われている」という意味になる。

③ Green tea **is said to be** good for your health. (061-b)
　　　S　　　V　　不定詞
　　▶ ①の that 節中の主語 (green tea) を文全体の主語にして，〈be 動詞＋過去分詞〉の後ろに不定詞を置いた形。

①②③のような形で使う動詞には，say のほか次のようなものがある（→ p.148）。

(A)「思う」など：**believe**（信じる），**expect**（期待する），**feel**（思う），**know**（知っている），**prove**（証明する），**think/suppose/consider**（考える）
(B)「言う」など：**report**（報告する），**rumor**（うわさする）　▶ rumor は①の形では使わない。

参考… その他の文構造と受動態

その他の文構造でも，基本的に能動態のOが受動態のSになる。能動態でOの後ろにある要素は，受動態では〈be 動詞＋過去分詞〉の直後に置く。

〈S＋V＋O＋前置詞句〉の受動態

　能　A thief robbed Linda of her money .（泥棒がリンダから金を奪った）

　受　Linda **was robbed** of her money by a thief.
　　（リンダは泥棒に金を奪われた）

〈S＋V＋O＋to *do*〉の受動態（→ p.141）

　能　The boss allowed him to take a vacation .（上司が彼が休暇をとることを許した）

　受　He **was allowed** to take a vacation (by the boss).
　　（彼は休暇をとることを（上司に）許された）

〈S＋V＋O＋that 節〉の受動態

　能　They told us that the 9:30 train had already left .
　　　　　　　　　　（9時30分発の電車はもう出た，と彼らは私たちに言った）
　受　We **were told** that the 9:30 train had already left .
　　（9時30分発の電車はもう出た，と私たちは言われた）

✓ チェック 019

各組の文がほぼ同じ内容を表すように，（　）に適切な語句を入れなさい。

(1) What languages do they speak in Switzerland?
　　What languages (　　　　　　　　　　　)?
(2) A strong wind blew off the roof of my house.
　　The roof of my house (　　　　　　　　　　) a strong wind.
(3) Someone has left the door open.
　　The door (　　　　　　　　　).

4 注意すべき受動態

4-1 受動態と前置詞

062 The road **was covered with** snow.
道路は雪でおおわれていた。

ポイント 〈be動詞＋過去分詞〉の後ろに **by以外の前置詞**が続く場合がある

動作主を表すためにbyの代わりに別の前置詞を使う場合がある。

[能] Snow covered the road. （雪が道路をおおっていた）

[受] The road **was covered with** snow. （062）
　　　　　　受動態　　　　　byの代わりに with を使う

▶「～される」という意味が薄れて過去分詞が形容詞化しているときは，by以外の前置詞が使われる。
▶be covered with ～ 「～におおわれている」という慣用表現として覚えてもよい。

次の例でも動作主を表すためにby以外の前置詞を使っている。
- I'm **interested in** volunteer work. （私はボランティア活動に興味をもっている）
  ▶能動態は Volunteer work interests me. （ボランティア活動は私の興味を引く）。interestedは「興味がある」という意味の形容詞と考えてもよい。
- The station **was crowded with** commuters. （駅は通勤客で混雑していた）
- We **were caught in** a traffic jam. （私たちは交通渋滞にあった [巻きこまれた]）

＋プラス be made from 型の表現（前置詞＋動作主ではない語句）

〈be動詞＋過去分詞〉の後ろに，動作主（～によって）以外の語句を続ける場合がある。
- *Sake* **is made from** rice. （酒は米から作られる）
  ▶能動態は They make *sake* from rice. （人々は米から酒を作る）。riceは動作主ではないから by は使わない。
- This table **is made of** wood. （このテーブルは木でできている）
  ▶材料の形が製品に残っていなければ from, 製品を見て材料がわかる場合は of を使う。
- This story **is based on** facts. （この物語は事実に基づいている）
- His job **is related to** education. （彼の仕事は教育に関連している）

> **表現**　**be known に続く前置詞**

be known（知られている）の後ろには, to, for, as などを置く。

be known to ～ ＝ ～〈人〉に知られている
- This area **is** (well) **known to** tourists.
  ≒ Tourists know this area (well).
  （この地域は観光客に（よく）知られている）

be known for ～ ＝ ～〈事物〉で知られている
- Kyoto **is known for** its old temples and shrines. （京都は古いお寺や神社で知られている）

be known as ～ ＝ ～として知られている
- Louis XIV **is known as** the 'Sun King'. （ルイ14世は『太陽王』として知られている）

4-2　混同しやすい能動態と受動態

063　I**'m satisfied** with my exam results.
　　　私は試験の結果に満足しています。

> **ポイント**　**感情を表す表現**は受動態を使うことが多い

英語の感情表現は,「〈人〉を～の気持ちにさせる」という意味の他動詞を受動態にして,「（人が）～の気持ちにさせられる」という形で表し, 能動態はふつう使わない。

能　My exam results satisfy me. （試験の結果は私を満足させている）
　　　　S　　　　　　V　　　 O　　▶ satisfy ＝～〈人〉を満足させる

受　I **am satisfied** with my exam results.（063）
　　（私は試験の結果に満足している [←満足させられている]）

このような感情を表す他動詞の過去分詞は,「～される」という意味が薄れて**形容詞化**したものが多い（→ p. 409）。その場合は by 以外の前置詞が使われる。
- I'm **scared** [**frightened**] of snakes. （私はヘビがこわい）▶ of ＝～に対して
- I **was tired** of studying all day long. （私は1日中勉強するのに飽きていた）
- We **were surprised** at [by] the news. （私たちはその知らせに驚いた [驚かされた]）
  ▶「驚かされた」という意味の受動態と考えれば by も使える。

> **参考**　感情を表す〈be動詞＋過去分詞（形容詞）〉に続く前置詞
>
> 感情を表す他動詞の過去分詞（形容詞）には, **confused**（混乱している）, **disappointed**（失望している）, **excited**（興奮している）, **pleased**（喜んでいる）, **worried**（心配している）などがある。これらの後ろには, **by** のほかに **at**（～を見て [聞いて]）, **about/over/with**（～について）などを置く。分詞と前置詞との間に強い連語関係はなく, さまざまな前置詞を使える場合が多い。

➕プラス 「〜する」という意味を受動態で表す例

日本語では「〜する」という場合でも，英語では事故やけがなど（〈被害〉の意味）は受動態で表すことがある。

- The train **was delayed** because of heavy snow.
  （列車は大雪のために遅れた）
- Lots of people **were injured** in the accident.
  （その事故で多くの人々がけがをした）
- Many people **were killed** in the war. （多くの人々がその戦争で死んだ）
  ▶ ほかに **be hurt**（けがをする），**be wounded** [wúːndid]（〈戦争などで〉負傷する），**be defeated** [beaten]（敗れる），**be drowned**（溺れる）などの表現もある。

次のような場合にも，「〜する［している］」の意味を〈be動詞＋過去分詞（形容詞）〉で表す。これらの文では「〜される」という意味は薄れている。
- I **was born** in Osaka. （私は大阪で生まれた）
- The shop **was closed**. （店は閉まっていた）
- My sister **is married** to an actor. （姉は俳優と結婚している）（→ p.123）
- His office **is located** in the center of the town.
  （彼の職場は町の中心に位置している）

参考… 受動態と間違えやすい表現

物が「〜される」という意味を，英語では能動態で表す場合がある。

> ・**sell well**（よく売れる）　　　・**wash well**（洗濯がきく）
> ・**cut easily**（たやすく切れる）

- Their new album is **selling well**. （彼らの新しいアルバムはよく売れている）

注意！≫ 誤って受動態を使いやすいその他の例

- That restaurant **closes** [×is closed] at 11 p.m.
  （あのレストランは午後11時に閉店する）
  ▶ is closed は「午後11時には閉店している」。「閉店時刻が11時だ」の意味にはならない。同様に「開店する」は opens [×is opened]，「開店している」は is open と言う。
- This exam **consists** [×is consisted] **of** four parts.
  ≒ This exam **is composed of** four parts. 〈書き言葉〉
  （この試験は4部から成る）
- This shirt **needs washing** [×being washed].
  （このシャツは洗濯する必要がある）（→ p.178）

4技能Tips　Speaking & Writing　動作を表す受動態

〈be動詞＋過去分詞〉の形の受動態は，次の２つの意味をもつ。
① 「〜される」〈動作〉　　② 「〜されている」〈状態〉
次の例で，意味の違いを考えてみよう。

- The rat **was caught** in a trap.　　①ねずみはわなにかかった。〈動作〉
　　　　　　　　　　　　　　　　　　　②ねずみはわなにかかっていた。〈状態〉

①と②のどちらの意味になるかは文脈によるが，**be動詞をget（〜になる）に置き換えることによって**①の〈動作〉の意味を明らかにすることができる。主に話し言葉で使われる。

- The rat **got caught** in a trap.（ねずみはわなにかかった）

getの代わりにbecomeを使うこともある。

- The singer **became known** around the world.
　（その歌手は世界中で有名に[知られるように]なった）
　▶ becameの代わりにwasを使うと「有名だった」〈状態〉の意味になる。

表現　get/become＋過去分詞（から派生した形容詞）

be動詞（状態）とget/become（動作）の対比は，次のような表現にも見られる。

be dressed（服を着ている）	←→	**get dressed**（服を着る）
be lost（道に迷っている）	←→	**get lost**（道に迷う）
be married（結婚している）	←→	**get married**（結婚する）（→ p.315）
be excited（興奮している）	←→	**get/become excited**（興奮する）
be interested（興味をもっている）	←→	**get/become interested**（興味をもつ）
be tired（疲れている）	←→	**get/become tired**（疲れる）　など

✓ チェック 020

日本語の意味に合うように，（　）に適語を入れなさい。

(1) 机の上はほこりまみれだった。
　　The desk (　　) (　　) (　　) dust.
(2) 私は帰り道でにわか雨にあった。
　　I (　　) (　　) (　　) a shower on my way home.
(3) けがをした人々は病院へ送られた。
　　The people who (　　) injured (　　) sent to the hospital.

論文に多く見られる受動態

受動態は論文などの文章に多く見られます。次の例を見てみましょう。
(a) I conducted a survey and I found that the most popular sport in this class is baseball.
（私は調査を行って，私はこのクラスの最も人気のスポーツが野球だということを見つけた）
(b) A survey was conducted and it was found that the most popular sport in this class is baseball.
（調査が行われ，このクラスの最も人気のスポーツが野球であることが明らかにされた）

(a)の能動態の文では，主語である私（I）を入れることで，「誰が調査を行ったのか，また誰がこの発見をしたのか」を伝えようとしています。一方，報告書や論文などの客観的文章では，「誰がそれを行ったのか」よりも「どんな事実が明らかになったのか」のほうが大切な情報です。そのため，こうした文章では，(b)のような受動態を利用した文体が好まれるのです。

チェック 解答

017 (1) are sold (2) are connected by (3) was hit by
018 (1) should be kept (2) is being repaired (3) has been changed
019 (1) are spoken in Switzerland (2) was blown off by
　　　(3) has been left open (by someone)
020 (1) was covered with (2) was [got] caught in (3) were [got], were

Using Grammar in Context

UNIT 5 態

Talking about Recycling

(An ALT from the U.K. is talking with some students.)

ALT : Why have all these cans been brought here? ▼057
Toru : They were collected by our class. ▼050
ALT : Oh? What for?
Toru : These cans will be used for our school festival. ▼052 We're making a model of Tokyo Skytree with them.
ALT : Wow! Then what happens to those cans after the festival?
Toru : They are recycled. ▼051
Ikuko : How about in Britain? Is recycling popular in Britain?
ALT : Yes. Bottles have been recycled for a long time ▼053 … and cans are also recycled now. ▼051 Recycling is being taken more seriously now. ▼054 We have 'Bottle Banks' in every town in the U.K.
Ikuko : Sorry? What did you say? Bottle …?
ALT : 'Bottle Banks'. They are big containers to collect used bottles. You can see them outside supermarkets and other places. People are pleased with this system, ▼063 because they can throw their bottles away any time.
Toru : How about plastic bottles? Are PET bottles used in the U.K.? ▼056
ALT : Yes, but you use them more in Japan! And they are not recycled in this way. ▼055 We don't only use Bottle Banks. In most towns, each house is given a box for recycling ▼059 plastic, paper and cans, too. People put the box outside their house and it gets collected each week. ▼063 表現 It is often said that recycling is not difficult in Britain because ▼061 we have Bottle Banks, but still some people do not recycle things. I think that in Japan now, people are very interested in recycling, ▼063 and maybe that's why the streets are kept clean here. ▼060 Even so, new ways to recycle materials need to be thought up. ▼058
Toru : Yes. One good idea recently is making clothes from recycled materials. Did you know that fleece jackets are made from plastic bottles? ▼062 プラス I was so surprised by that fact! ▼063

和訳

リサイクルについての話
（イギリス出身の ALT の先生が生徒と話しています。）

ALT：どうしてこんなにたくさんの缶がここに集められたのですか。

トオル：それらは私たちのクラスによって集められたのです。

ALT：え？ 何のために？

トオル：これらの缶は私たちの学園祭のために使われます。それらを使って東京スカイツリーのモデルを作るのです。

ALT：すごい！ それで，学園祭の後この缶はどうなるのですか。

トオル：リサイクルされます。

イクコ：イギリスではどうですか。イギリスではリサイクルは一般的ですか。

ALT：はい。ビンは長い間リサイクルされていて…それに，缶も今ではリサイクルされます。今では，リサイクルは，より真剣に考えられています。イギリスではどの街にも「ボトルバンク」があるんです。

イクコ：え，何ですって？ 何て言ったのですか。ボトル…？

ALT：「ボトルバンク」ですよ。それらは使用済みのびんを集めるための大きな容器です。それらはスーパーマーケットの外やほかの場所に見られます。人々はこのシステムには喜んでいます，なぜならいつでもビンを捨てることができるからです。

トオル：プラスチックのビンはどうですか。ペットボトルはイギリスでは使われていますか。

ALT：はい，でも日本のほうが使いますよ。それに，このようにはリサイクルされません。私たちはボトルバンクだけを使うのではないのです。ほとんどの町では，それぞれの家にプラスチックや紙や缶をリサイクルするための箱も配られます。人々はそれを家の外に置き，それは毎週集められます。ボトルバンクがあるので，イギリスではリサイクルは難しくないとよく言われますが，まだリサイクルしない人もいます。今日本では，人々はリサイクルにとても興味をもっていると思います。そしてそれが，たぶん，ここ日本では通りがとてもきれいに保たれている理由でしょう。それにもかかわらず，物をリサイクルする新しい方法を考え出すことは必要ですね。

トオル：はい。最近の1つのよいアイデアは，リサイクルした素材から服を作ることです。フリースのジャケットがプラスチックのビンからできていることを知っていましたか。ぼくはその事実にとても驚きました。

Bottle Bank

UNIT 6

不定詞

不定詞は名詞・形容詞・副詞などのはたらきをもつ

Introduction 128

1 **名詞的用法** 130
  1-1 主語や補語になる 130
  1-2 目的語になる 131

2 **形容詞的用法** 132
  2-1 「名詞＝不定詞の主語」の関係 132
  2-2 「名詞＝不定詞の目的語」の関係 133
  2-3 不定詞の後ろに前置詞がつく例 133
  2-4 〜という名詞（内容を説明する不定詞）
     134

3 **副詞的用法** 136
  3-1 〈目的〉を表す 136
  3-2 〈感情の原因〉を表す 137
  3-3 〈判断の根拠〉を表す 137
  3-4 〈結果〉を表す 138

4 **不定詞の意味上の主語** 139
  4-1 意味上の主語を〈for＋人〉で表す ... 139
  4-2 意味上の主語を〈of＋人〉で表す ... 140

5 **S＋V＋O＋to** *do* 141
  5-1 ask 型の動詞 141
  5-2 believe 型の動詞 142

6 **不定詞と否定語** 143

7 **自動詞＋不定詞，完了形の不定詞など** ... 145
  7-1 come 型の動詞 145
  7-2 seem 型の動詞 146
  7-3 完了形の不定詞 146

8 **進行形と受動態の不定詞** 149
  8-1 進行形の不定詞 149
  8-2 受動態の不定詞 150
  8-3 不定詞の様々な形のまとめ 150

9 **原形不定詞** 151
  9-1 知覚動詞＋O＋原形不定詞 151
  9-2 使役動詞＋O＋原形不定詞 151
  9-3 help＋O＋(to) *do* 153

10 **不定詞を含む重要表現** 155
  10-1 be easy to *do* など 155
  10-2 be willing to *do* など 156
  10-3 be supposed to *do* 156
  10-4 too 〜 to *do* 157
  10-5 〜 enough to *do* 158
  10-6 疑問詞＋to *do* 159
  10-7 be 動詞＋to *do* 160
  10-8 代不定詞 161
  10-9 独立不定詞 161

チェック解答 163

Using Grammar in Context
  DEBATE: 'Is TV Good or Bad?' 165

Introduction

不定詞とは

不定詞の基本形は〈to＋動詞の原形〉で，この形を**「to不定詞」**ともいいます。

不定詞の3用法

不定詞は，**名詞・形容詞・副詞**のはたらきをします。

(a) I want **to buy** this laptop. （私はこのノートパソコンを買いたい）
　　S　V　　　　O　　to buy「買うこと」 名詞的用法

(b) I'm looking for *someone* **to help** me. （私は私を助けてくれる人を探しています）
　　　　　　　　　　　　　　　to help「助けるための」 形容詞的用法

(c) I studied hard **to pass** the test. （私は試験に合格するために一生懸命に勉強した）
　　　　　　　　　　　　　to pass「合格するために」 副詞的用法

不定詞の基本的なイメージ

不定詞の to は，もともと「〜(のほう)へ」を意味する前置詞の to と同じものなので，不定詞は**「〜のほうへ」**という意味を本来的にもっています。

　　　　　　　　　前置詞＋名詞　　　　　不定詞
●I went **to the station** **to meet** my friend. （私は友人に会うために駅に行った）
　　　　　　　↑　　　　　　　　↑
　　　　　目的地を表す　　　　目的を表す

to meet（会うために）は，「(心が)会うほうへ向いている」ということ。

(a)〜(c)の不定詞も,同じように考えることができます。

(a) I want **to buy** this laptop.
   to buy → (したい気持ちが)買うほうへ向いている

(b) I'm looking for someone **to help** me.
   to help → (誰かが)助けるほうへ向いている

(c) I studied hard **to pass** the test.
   to pass → (勉強することが)合格するほうへ向いている

様々な形の不定詞

不定詞には,次のような形もあります。

種類	to 不定詞	原形不定詞 (p. 151)	完了形の不定詞 (p. 146)	進行形の不定詞 (p. 149)	受動態の不定詞 (p. 150)	否定語＋不定詞 (p. 143)
例	to eat	eat	to have eaten	to be eating	to be eaten	not to eat

Next, Putting it into Action!

不定詞の基本的なイメージをもとに,様々な不定詞の用法を見ていきましょう。

UNIT 6 不定詞

1 名詞的用法

名詞的用法の不定詞は「～すること」の意味を表し，主語(S)，補語(C)，目的語(O)のはたらきをする(→p.106)。

1-1 主語や補語になる

主語(S)になる

> **064** It is useful **to learn** a foreign language.
> 外国語を学ぶことは役に立つ。

名詞的用法の不定詞を主語として使う場合，(064)のように形式主語の形にするのがふつう。

　　　To learn a foreign language is useful.
　　　　　　S　　　　　　　　　　V　　C

　→　It is useful **to learn** a foreign language . (064)
　　　形式主語　　　　　　　　　真の主語（外国語を学ぶこと）

英語では，主語が長い文を避ける傾向があるので，不定詞で始まる長い主語は後ろへ回し，代わりに文の最初に it を置いた形を使うことが多い。この it を「形式主語」，後ろの不定詞を「真の主語」という(→p.362)。
(064)は，動名詞を使って **Learning** a foreign language is useful. とも言い換えられる(→p.170)。

補語(C)になる

> **065** My dream is **to become** a scientist.
> 私の夢は科学者になることです。

名詞的用法の不定詞は，be動詞の後ろに置いてC(補語)として使うことができる。

　　　My dream is **to become** a scientist. (065)
　　　　S　　　　V　　　　　　C

　　　私の夢(S) = 科学者になること(C)

1-2 目的語になる

目的語（O）になる

066 I want **to visit** Greece some day.
私はいつかギリシャを訪ねたい。

名詞的用法の不定詞は，他動詞の後ろに置いてO（目的語）として使うことができる。

I want **to visit** Greece some day.（066）
S　V　　　　O
　～を望む　いつかギリシャを訪ねること

不定詞を目的語とする主な動詞

基本的なもの：decide（決める），hope / want / wish / would like（望む）
その他　　　：afford（（金銭的な）余裕がある），agree（同意する），learn（学ぶ），
　　　　　　　intend / mean（～するつもりである），manage（どうにか～する），plan（計画する），
　　　　　　　pretend（ふりをする），promise（約束する），refuse（拒む）

▶ 不定詞の to は〈方向〉の意識を含む（→ p.128）ため，不定詞は一般に「これから行う（まだ完了していない）動作」を表す（→ p.174）。したがって，不定詞を目的語とする動詞には，「望む」「決める」など未来に向けた意識を表すものが多い。
▶ 後ろに不定詞と動名詞の両方を置ける動詞については，p.173 を参照。

- I **decided to study** abroad.（私は留学する決心をした）
- I **want to** [I'd like to] **buy** an electronic dictionary.（電子辞書を買いたい）
- I **can't afford to travel** abroad.（私には外国旅行をする（金銭的な）余裕はない）
  ▶ can afford to *do* ＝ ～する（金銭的）余裕がある

形式目的語 it が後ろの不定詞を受ける

067 I found it easy **to use** the software.
そのソフトを使うのは簡単だとわかった［使ってみたら簡単だった］。

SVOCの文で，Oの位置に置かれた it（形式目的語）が後ろの不定詞（真の目的語）を受ける形がある（→ p.363）。

I found it easy **to use** the software.（067）
S　V　O　C　　真の目的語（そのソフトを使うこと）
　　　形式目的語

次のような動詞を，この形で使うことができる。

> find（〜とわかる，思う），make（〜にする），think/consider（〜と思う）

- I **find** *it* impossible **to understand** all the functions of a smartphone.
  （私はスマートフォンのすべての機能を理解するのは不可能だと思う）
- He **makes** *it* **a rule to jog** every morning. 〈書き言葉〉
  （彼は毎朝ジョギングすることにしている）
  ▶ make it a rule to *do* は「〜することにしている」の意味。

✓ チェック 021

日本語の意味に合うように，与えられた語を並べかえて英文を完成しなさい。
(1) 電気を節約することは大切だ。
    (is / save / to / it / important) electricity.
(2) 彼の目標は会社を経営することだ。
    His aim (a / run / is / company / to).
(3) 私は望遠鏡で星を観察することはおもしろいと思う。
    I (interesting / stars / it / find / observe / to) through the telescope.

2 形容詞的用法

形容詞的用法の不定詞は，前の名詞（や代名詞）を修飾するはたらきをする。

$$\boxed{名詞} + \text{to } do = \begin{cases} \text{〜する（という）} \boxed{名詞} \\ \text{〜するための［すべき］} \boxed{名詞} \end{cases}$$

前の名詞を修飾する

2-1 「名詞＝不定詞の主語」の関係

068 My grandmother needs someone **to look after** her.
祖母には世話をしてくれる人が必要です。

不定詞が前の名詞・代名詞を修飾して，「〜する 名詞 」の意味を表す。

My grandmother needs someone **to look after** her. (068)
　　　　　　　　　　　　　誰か　　　　彼女の世話をする

修飾される名詞と不定詞との間には，〈**S＋V**〉の関係がある。

Someone looks after her. (誰かが彼女の世話をする)
　S　　　V

→ someone to look after her (彼女の世話をする誰か)

➕プラス the firstなど＋名詞＋不定詞

不定詞の前の名詞には，**序数詞 (first, second, ...), last, only** など（強い限定を表す形容詞）がつくことも多い。

- The astronaut was *the first* person **to land** on the moon.
  (その宇宙飛行士は，月に最初に降り立った人だ)
- He would be *the last* person **to tell** a lie. (彼は決してうそをつかない人だろう)
  (→p. 554)

2-2 「名詞＝不定詞の目的語」の関係

069 I have lots of homework to do today.
今日はしなければならないたくさんの宿題がある。

不定詞が前の名詞・代名詞を修飾して，「〜するための［すべき］名詞」の意味を表す。

　　　I have lots of homework **to do** today. (069)
　　　　　　　　　　　宿題　　　　今日するための［すべき］

名詞と不定詞との間には，〈**V + O**〉の関係がある。

　　　do homework (宿題をする) → homework to do (すべき宿題)
　　　V　　O

➕プラス -thing＋不定詞

この用法の不定詞は，しばしば **-thing** で終わる語の後ろに置かれる。

- I'd like *something* **to eat**. (何か食べる物が欲しい)
- There is *nothing* **to eat** in the refrigerator. (冷蔵庫には食べる物が何もない)

2-3 不定詞の後ろに前置詞がつく例

070 I need something to write with.
私は何か書く道具が必要だ。

> **ポイント**　形容詞的用法の不定詞は，前置詞で終わる場合がある

「修飾される名詞・代名詞は後ろの前置詞の目的語」という関係になる。

I need something **to write with**. (070)
何か ← (それを使って) 書くための

以下のように，〈動詞＋前置詞＋名詞〉の形を利用して，**〈名詞＋to＋動詞の原形＋前置詞〉**という形を作ることができる。

write with a pen（ペンで書く）
→ a pen to write with（書くためのペン）
→ something to write with（書くための何か（＝道具））

4技能Tips　Writing　前置詞の有無の見分け方

「動詞＋名詞」の語順に直せば，不定詞の後ろに前置詞が必要かどうかを判断できる。

- Do you have something **to write on**? ← write **on** something（何か（紙など）の上に書く）
  （何か書くもの（紙）を持っていますか）
  ▶ something to write（← write something）だと「何か書くこと（＝題材）」の意味になる。
- This is a nice city **to live in**. ← live **in** a city（都市に住む）
  （ここは住みよい都市だ）
- He has many friends **to talk to**. ← talk **to** friends（友人と話す）
  （彼は話し相手になる友人が多い）

2-4　〜という 名詞 （内容を説明する不定詞）

071　I've finally made *the decision* **to study** abroad.
　　　　私はついに留学する決心をした。

不定詞が前の名詞の内容を説明して，「〜するという…」の意味を表すことがある。

I've finally made the decision to study abroad. (071)
　　　　　　　　　　名詞（決心）　← 留学するという

〈**動詞[形容詞]＋to do**〉の形で使う**動詞**や**形容詞**から**派生した抽象名詞**に続く不定詞は，この意味を表す。

decide to study abroad → decision to study abroad
　動詞　　　　　　　　　　　　抽象名詞

- Teachers need the *ability* **to understand** students.
  （教師は生徒を理解する能力を必要とする）
  ▶ be able to understand students（生徒を理解することができる）
  　→ the ability to understand students
- He has no *desire* **to become** rich.
  （彼は金持ちになりたいという望みをまったくもっていない）
  ▶ desire to become rich（金持ちになることを望む）→ the desire to become rich

参考 その他の〈名詞 + to *do*〉

形容詞的用法の不定詞は，次のような名詞の後ろにも置くことができる。

- It's *time* **to go**. (もう行く時間だ)
- Studying abroad is a good *way* **to learn** a foreign language.
（留学は外国語を習得するためのよい方法だ）
- I didn't have a *chance* **to see** him. (彼に会う機会がなかった)

注意! 形容詞的用法の不定詞が使えない場合

不定詞は一般に「これから行うこと」（未完了の行為）を表す（→ p.131）。形容詞的用法の不定詞が表す〈義務〉〈必要性〉〈目的〉などにもそれは当てはまる。たとえば something to eat は「これから食べるもの」であり，a chance to see him は「これから彼に会う機会（まだ会っていない）」の意味を表す。したがって，次のような場合には不定詞は使えない。

- 「私には北海道に住むおじがいる」
  → ○ I have an uncle **living** [**who lives**] in Hokkaido.
  　× I have an uncle to live in Hokkaido.
- 「彼は古本を売る店で働いている」
  → ○ He works at a shop **selling** [**that sells**] second hand books.
  　× He works at a shop to sell second hand books.
  ▶ 下の文は「彼は古本を売るためにある店で働いている」という意味になる。

✓ チェック 022

(　) に適切な語句を入れて，英文を完成しなさい。

(1) 電車の中で読むものを何か買います。
　 I'll buy (　　　　　　　　　　　　　) on the train.
(2) あなたは何も恐れることはありません。
　 You have nothing (　　　　　　　　　　).
(3) 私たちはその問題を解決するよい方法を見つけた。
　 We've found (　　　　　　　　　　　) the problem.

3 副詞的用法

副詞的用法の不定詞は，主に動詞や形容詞を修飾する。

3-1 〈目的〉を表す

「～するために」

> **072** I'm saving money **to buy** a new smartphone.
> 私は新しいスマートフォンを買うために貯金している。

副詞的用法の不定詞は，(072)のように「～するために」〈目的〉の意味を表す場合が最も多い。

I'm saving money **to buy** a new smartphone. (072)
貯金している ← 目的 新しいスマートフォンを買うために

4技能Tips Reading 名詞の後ろに置かれた不定詞の意味の識別

次の2つの文の不定詞は，どちらも名詞 (knife) の直後に置かれているが，はたらきが異なる。修飾関係を正しくとらえよう。

(a) This is the best knife **to cut** meat. 〈形容詞的用法〉

（これは肉を切るための最高のナイフだ）▶ to cut は knife を修飾する。

(b) I use this knife **to cut** meat. 〈副詞的用法〉

（私は肉を切るためにこのナイフを使う）▶ to cut は use を修飾する。

〈目的〉の意味を明らかにする

> **073** I'm going to college **in order to become** a P.E. teacher.
> 私は体育の先生になるために大学へ行くつもりだ。

ポイント **in order to** *do* / **so as to** *do* ＝ ～するために

不定詞は様々な意味をもつので，「～するために」という〈目的〉の意味を明らかにしたい場合は，この形がしばしば使われる。

I'm going to college **in order to become** a P.E. teacher. (073)
大学へ行くつもりだ　　体育の先生になるために
目的 の意味を明らかにする

≒ I'm going to college **so as to become** a P.E. teacher. 〈書き言葉〉
≒ I'm going to college **so that I can become** a P.E. teacher. (→p. 482)

3-2 〈感情の原因〉を表す

074 I was glad **to get** higher grades this year.
今年は成績が上がってうれしかった。

感情を表す形容詞の後ろに不定詞を置いて，〈感情の原因〉を表すことができる。

I was **glad to get** higher grades this year. (074)
　　　感情　　　　　　理由
　うれしかった　　今年は（去年）より高い成績をとって

≒ I was **glad that** I got higher grades this year.
▶ that は〈感情の原因〉を表す副詞節を作る（→p. 410）。

後ろに〈感情の原因〉を表す不定詞を置く形容詞には，次のようなものがある。p. 410 も参照。

感情を表す主な形容詞
excited（わくわくしている），glad/happy（うれしい），relieved（安心している），sad（悲しい），sorry（残念に［申しわけなく］思っている），surprised（驚いている）

- You'll be *sad* **to finish** school next month.
  （来月はもう学校を卒業だなんて悲しいでしょう）
- We were *surprised* **to hear** the news. （私たちはその知らせを聞いて驚いた）

注意！ 〈感情の原因〉を表す不定詞の前には形容詞が必要
〈感情の原因〉を表す不定詞は，必ず**形容詞とセットで使う**。
○(a) She was surprised **to hear** the news. （彼女はその知らせを聞いて驚いた）
×(b) She began to cry **to hear** the news. （彼女はその知らせを聞いて泣き出した）
▶ (a) は前に感情を表す形容詞（surprised）があるので正しいが，(b) は誤り。
→ She began to cry **when she heard** the news. と訂正する必要がある。

3-3 〈判断の根拠〉を表す

075 We are lucky **to have** you on our team.
きみをチームに迎えられて我々は幸運だ。

〈話し手の判断〉を表す表現の後ろに不定詞を置いて，〈判断の根拠〉を表すことができる。この意味の不定詞は，（判断や評価を表す）形容詞の後ろに置くことが多い（→p.140）。

We are lucky **to have** you on our team. (075)

判断 → 根拠

我々は幸運だ　　　きみをチームに迎えて

must be (〜にちがいない) を使った文や感嘆文とも結びつく。
- He must be *rich* **to be able to** own a mansion.
  (大邸宅を持つことができるとは，彼は金持ちにちがいない)
- How *careless* I was **to forget** my purse! (財布を忘れるとは，私は何と不注意だったのだろう！)

3-4 〈結果〉を表す

076 I woke up to find that it was snowing heavily.

目覚めると，大雪だった [←大雪が降っているのがわかった]。

不定詞が「その結果〜する」という〈結果〉を表す場合がある。

I woke up **to find** that it was snowing heavily. (076)

目覚めた　　結果　大雪が降っているのがわかった

➕ プラス　〈結果〉を表す不定詞のその他の例

- She grew up **to be** a famous writer.
  ≒ She became a famous writer when she grew up.
  (彼女は成長して有名な作家になった)
  ▶「成長して（その結果）有名な作家になった」ということ。
- I ran to the drugstore **only to find** it was closed.
  (私は走って薬局へ行ったが，休みだ（とわかっただけだ）った)
  ▶ ... only to *do* = …したが（結局）〜する結果に終わった
- *Titanic* left the British port of Southampton, **never to return**.
  (タイタニック号はイギリスのサウサンプトン港を出港し，二度と戻らなかった)
  ▶ ... never to *do* = …して（その結果）決して〜することはなかった

副詞的用法の不定詞には，〈程度〉を表すもの（→p.157）や，独立不定詞（→p.161）も含まれる。

✓ チェック 023

日本語の意味に合うように，（　）に適語を入れなさい。
(1) 彼はいい仕事を手に入れるためにニューヨークへ行った。
　　He went to New York (　　　) (　　　) (　　　) get a good job.
(2) 私はその災害の話を聞いて悲しかった。
　　I was sad (　　　) (　　　) about the disaster.
(3) 私は駅に着いたが，結局電車は運休していた。
　　I got to the station (　　　) (　　　) find the train had been canceled.

4 不定詞の意味上の主語

不定詞が表す動作や状態の主体（動作を行う人など）を，「**不定詞の意味上の主語**」という。「文の主語」と「不定詞が表す動作や状態の主体」が一致しないときは，不定詞の前に〈意味上の主語〉を置く（→ p.208）。

4-1 意味上の主語を〈for＋人〉で表す

077 It is important **for students** to think about their future.
学生が［にとって］自分の将来について考えることは大切だ。

ポイント　It is ～ **for** ＋ **人** ＋ **to** *do* ＝〈人〉が［にとって］…することは～だ

形式主語を使った文（→ 064）で，不定詞が表す動作や状態の主体を明らかにしたいときは，不定詞の前に〈**for＋目的格の名詞・代名詞**〉を置く。

　　　　　　　　　　　意味上の主語
It is important **for students** to think about their future.（**077**）
　　　　　　　　　　　学生が　　　自分の将来について考えること

- ▶「考える」という動作の主体（意味上の主語）は「学生」。It（形式主語）は for students to think about their future を指す。
- ▶ It ＝ to think about their future ととらえて，「自分の将来を考えることは，学生にとって大切だ」と考えてもよい。

次の例も同様。
- It will be difficult **for** her **to become** a professional singer.
（彼女がプロの歌手になるのは難しいだろう）
- It is necessary **for** you **to see** a doctor.
（きみは医者にみてもらう必要がある）

参考 意味上の主語の省略
〈不定詞の意味上の主語＝一般の人〉の場合は，省略することができる。
It is useful **to learn** a foreign language.（**064**）（外国語を学ぶことは役に立つ）
- ▶「誰にとっても役に立つ」という意味だから，「～にとって」とわざわざ言わなくてよい。

注意!　〈for＋人〉の〈人〉を主語にした文は誤り
〈It is＋形容詞＋for＋人＋to *do*〉を，〈人＋is＋形容詞＋to *do*〉で言い換えることはできない（→ p.155）。
　○ **It is necessary for you to see** a doctor.（きみは医者にみてもらう必要がある）
　× You are necessary to see a doctor.

➕プラス 〈for＋人＋to *do*〉の様々な使い方

〈for＋人＋to *do*〉の形は，次のような使い方もできる。
- They thought it best **for** him **to study** abroad.
  ▶ it：形式目的語，to study：名詞的用法
  （彼らは彼が留学するのを最善だと考えた）
- There is no reason **for** me **to apologize**.
  ▶ to apologize：形容詞的用法
  （私が謝罪すべき理由はない）
- I stepped aside **for** her **to pass**.
  ▶ to pass：副詞的用法
  （私は彼女が通れるようにわきへ寄った）

4-2 意味上の主語を〈of＋人〉で表す

078　It was kind **of him** to help us.
私たちを手伝ってくれるとは，彼は親切だった。

ポイント
It is＋人の性質を表す形容詞＋of＋人＋to *do*
＝…するとは〈人〉は〜だ

この形の文は，ある人の行為を〈判断の根拠〉として，その人の性質を評価する場合に使われる。不定詞の意味上の主語は〈**of**＋人〉で表す。

　　　　　　　　　意味上の主語
　　　It was kind **of him** to help us. (078) ≒ He was kind *to help us*.
　　　彼は親切だった ◀── 判断の根拠　私たちを手伝ってくれるとは

「手伝う」という動作の主体（意味上の主語）は「彼」。to help us は，「彼は親切だった」という話し手の〈判断の根拠〉を表す。

人の性質を表す主な形容詞
brave（勇敢な），careless（不注意な），childish（子どもっぽい），clever/smart（利口な），considerate（思いやりがある），cruel（残忍な），foolish/silly/stupid（愚かな），generous（気前がいい），good/kind/nice（親切な），impolite/rude（無作法な），polite（礼儀正しい），sensible（分別がある），wise（賢明な）

- It was careless **of** her **to lose** her house key.
  （家のカギをなくすとは，彼女は不注意だった）
- It was very generous **of** you **to donate** to the charity.
  （慈善事業に寄付するとは，きみはとても気前がよかった）

✓ チェック 024

日本語の意味に合うように，与えられた語に1語を補い，並べかえて英文を完成しなさい。

(1) 自分自身の非を認めることは誰にとっても難しい。
(to / anyone / admit / is / it / difficult) his or her own faults.

(2) 自転車のカギをかけ忘れるとは，きみは不注意だった。
(careless / you / it / forget / to / was) to lock your bicycle.

5 S＋V＋O＋to *do*

〈S＋V＋O＋to *do*〉という形の文では，下線部に「Oが〜する」という関係が成り立つ。つまり，Oが不定詞の意味上の主語のはたらきをしている。

5-1 ask型の動詞

079 Jimmy **asked** his father **to take** him to the ballpark.

ジミーはお父さんに野球場へ連れて行ってほしいと頼んだ。

ポイント　ask＋O＋to *do* ＝ Oに〜するように頼む

〈V＋O＋to *do*〉の形で使う動詞がある。(079) では，O (his father) は述語動詞 (asked) の目的語であると同時に，後ろの不定詞 (to take) の意味上の主語のはたらきをしている。

　　　　Jimmy **asked** │his father│ **to take** him to the ballpark. (079)
　　　　　S　　 V　　　　O　　　「父親が連れて行く」というS＋Vの関係

〈S＋V＋O＋to *do*〉の形で使う主な動詞

基本的なもの：	ask (Oに〜するように頼む)，tell (Oに〜するように言う)，want/would like (Oに〜してほしい)
その他 ：	advise (Oに〜するよう忠告する)，allow/permit (Oが〜するのを許す)，cause (Oが〜する原因となる)，enable (Oが〜するのを可能にする)，encourage (Oを励まして[促して]〜させる)，expect (Oが〜するだろうと思う)，force (Oにむりやり〜させる)，get (Oに〜させる[してもらう])，order (Oに〜するよう命じる)，persuade (Oを説得して〜させる)

▶不定詞の to は〈方向〉を表す前置詞の to に由来する (→p.128) ことから，「**Oを〜する方向へ向ける→Oが〜するようはたらきかける[望む]**」という意味を表すものが多い。

- I **told** *him* **to pay** the money. (私は彼にその金を払うように言った)
- I **want** [**I'd like**] *you* **to come** with me. (きみにいっしょに来てもらいたい)
- The doctor **advised** *him* **to lose** weight. (医者は彼に減量するよう忠告した)
- My father won't **allow** *me* **to buy** a motorcycle.
  (父はぼくがオートバイを買うのを許そうとしない)
- The heavy rain **caused** *the river* **to flood**. (大雨が原因で川が氾濫した)
- I **expect** *the team* **to win** the championship.
  (私はそのチームが優勝すると思っている)
- I **persuaded** *my father* **to quit** smoking. (私は父を説得してタバコをやめさせた)

> **注意!** 〈S＋V＋O＋to *do*〉の形では使えない動詞
>
> **hope**(望む)や **suggest**(提案する)などは、〈S＋V＋O＋to *do*〉ではなく、〈S＋V＋that節〉の形で使う (→ p. 323)。
>
> ○ He suggested that I stay at his house.
> × He suggested me to stay at his house.
> (彼は自分の家に泊まってはどうかと私に提案した)

> **プラス** ask型の動詞の受動態
>
> 〈S＋V＋O＋to *do*〉の形の文からは、Oを主語にした受動態ができる。
>
> | 能 | People **expect** this book **to become** a best-seller. |
> | | S V   O |
> | | (人々はこの本がベストセラーになると思っている) |
> | 受 | This book **is expected** to become a best-seller. |
> | | S be動詞＋過去分詞 (この本はベストセラーになると思われている) |

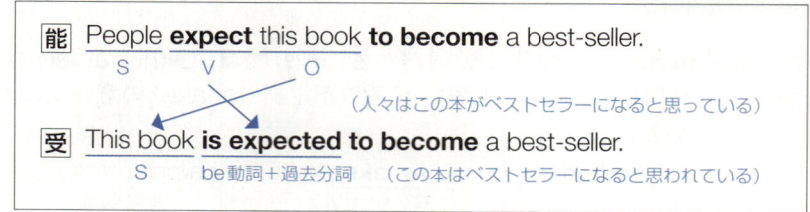

- I **was asked to mail** this letter. (私はこの手紙をポストに入れるよう頼まれた)
- He **was allowed to go** home. (彼は家へ帰ることを許された)
- We **were told** [× **said**] **to clean** our classroom by the teacher.
  (私たちは教室を掃除するよう先生に言われた)
  ▶ say は〈V＋O＋to *do*〉の形では使わないから、上のような受動態にもできない。

5-2 **believe** 型の動詞

080 I **believe** this **to be** the best solution to the problem.
私はこれがその問題の一番よい解決策だと信じている。

ポイント **believe ＋ O ＋ (to be) ＋ C ＝ O が C だと思う**

「～と思う，考える」などの意味を表す動詞は後ろに that 節を置くことが多いが，〈S + V + O + (to be) + C〉の形で使うこともある。(080) では，O (this) と C (the best solution) の間には「O は C だ」という関係が成り立つ。

I believe this to be the best solution to the problem. (080) 〈書き言葉〉
S   V   O   C   「これが一番よい解決策だ」という〈O = C〉の関係

≒ I believe [(that) this is the best solution to the problem]. 〈話し言葉〉
　S V   O

〈S + V + O + (to be) + C〉の形で使う主な動詞
believe (O が C だと思う), feel (O が C だと感じる [思う]), find (O が C だとわかる),
think/suppose/consider (O が C だと思う)

- I **consider** *his idea* (**to be**) impractical. (私は彼の考えは実用的ではないと思う)
- Eight **is thought to be** a lucky number in Japan.
  (日本では 8 は縁起のいい数字だと考えられている)

6 不定詞と否定語

不定詞を否定するには，否定語 (**not/never**) を **to** の直前に置く（→ p. 209）。

「～しないこと」〈名詞的用法〉

081　We decided not to go camping.
私たちはキャンプには行かないことに決めた。

ポイント　　*not*/*never* to *do* ＝ ～しないこと

We decided **not to go** camping. (081)
S   V   O　キャンプに行かないこと

- I tried **not to think** about it. (私はそのことについて考えないようにした)

「～しないように」〈副詞的用法〉

082　They spoke quietly in order not to wake the baby.
彼らは赤ちゃんを起こさないように静かに話した。

ポイント　　in order [so as] not to *do* ＝ ～しないように

〈目的〉を表す副詞的用法の不定詞（→ 073）の否定形。not は to の直前に置く。

————— notはtoの直前

They spoke quietly **in order not to** wake the baby. (082) 〈書き言葉〉
≒ They spoke quietly **so as not to** wake the baby. 〈書き言葉〉
≒ They spoke quietly **so that** they **would not** wake the baby. (→ p. 482)

次の例も同様。
- I left early **in order [so as] not to** be late on the first day of school.
  (私は学校の初日に遅刻しないように早く出た)
- She played the electric piano with headphones on **in order [so as] not to** disturb her neighbors.
  (近所の迷惑にならないように，彼女はヘッドフォンをして電子ピアノを弾いた)

注意! 》 「～しないように」の表し方

not to *do* は，原則として「～しないため[よう]に」の意味では使えない。ただし，「注意する」の意味を表す **be careful** や **take care** の後ろにnot to *do*を置いて「～しないように注意する」という形を作ることはできる。

○ Be careful **not to fall**. (転ばないように注意しなさい)
× Take notes *not to forget*. (忘れないようにメモを取りなさい)
→ ○ Take notes **in order [so as] not to forget**.
   ○ Take notes **so that you won't forget**. (→ p. 482)

✓ チェック 025

日本語の意味に合うように，(　) に適語を入れなさい。
(1) 私は彼に医者にみてもらうよう忠告した。
   I advised (　　　) (　　　) see a doctor.
(2) クミはその犬の世話をするようにと言われた。
   Kumi (　　) (　　) (　　　) look after the dog.
(3) 私はその番号を忘れないように手に書いた。
   I wrote the number on my hand (　　) (　　) (　　) to forget it.

7 自動詞＋不定詞, 完了形の不定詞など

7-1 come 型の動詞

083 You'll soon come [get] to like living here.
あなたはここに住むのがすぐに気に入るようになるでしょう。

> **ポイント**　come [get] to *do* ＝（自然に）〜するようになる

〈他動詞＋to *do*〉は「〜することを…する」の意味を表す（→p.131）。一方, come や get (〜になる) のような**自動詞の後ろに不定詞を置く形**もある。くだけた話し言葉では get が使われる。

- As he grew older, he **came to understand** the importance of good health.
（年をとるにつれて, 彼は健康の重要性を理解するようになった）

4技能 Tips　Writing　「〜するようになる」の表現

「〜になる」は become だが, become の後ろに不定詞は置けない。したがって,「〜するようになる」は come to *do* で表す。一方, ×〈come to be ＋形容詞・名詞〉という形はなく, 代わりに become を使う。
- I **came** [× became] **to know** her better after working together for a while.
（彼女といっしょにしばらく仕事をして, 私は彼女をもっと知るようになった）
- I **became** [× came to be] impatient with him.
（私は彼にいらいらするようになった）

＋プラス　〈自動詞＋to *do*〉のその他の動詞

tend to *do* ＝ 〜する傾向がある
- Many students **tend to make** this mistake.
（多くの生徒がこのミスをしがちだ）

bother to *do* ＝ わざわざ〜する
- Don't **bother to meet** me at the station.
（わざわざ駅まで私を迎えに来なくてけっこうです）

hesitate to *do* ＝ 〜するのをためらう
- Please do not **hesitate to call** me any time.
（遠慮なくいつでも私にお電話ください）

7-2 seem型の動詞

084 He **seems** (to be) tired.
彼は疲れているようだ。

ポイント　S **seem** [appear] + (to be) C / to *do*
　　　　　= S は C である [〜する] ように思われる [見える]

seem は「(主観的に) 〜のように思われる，〜らしい」，appear は「(客観的に) 外見が〜に見える」という意味。後ろに〈to be + C〉の形を置くことが多い。to be は省略できる。

参考　It を主語にした言い換え
seem/appear to *do* の文は，that 節を使って次のような言い換えができる (→ p. 313)。

He **seems** (to be) tired. (084) → It **seems** that he is tired.

▶ It seems/appears that S + V. =「S は〜するように思われる [見える]」

次の例も同様。

● My brother **appears to know** the man. (兄 [弟] はその男性を知っているようだ)
　≒ **It appears that** *my brother knows* the man.

プラス　seem型のその他の動詞
seem/appear と同様に that 節に言い換えができる動詞 (句) には，**happen** (たまたま〜する)，**turn out** (〜だとわかる) などがある。

● I **happened to see** Ruby in the library.
　≒ **It happened that** *I saw* Ruby in the library.
　(私は図書館で偶然ルビーに会った)

● The rumor **turned out to be** false.
　≒ **It turned out that** *the rumor was* false.
　(そのうわさは間違いだとわかった)

7-3 完了形の不定詞

085 Da Vinci **seems to have painted** this picture.
ダ・ヴィンチがこの絵を描いたらしい。

ポイント　S **seem to have** + 過去分詞 = S は〜したように思われる

述語動詞から見た「過去または現在完了」のことがらは，完了形の不定詞〈to have

＋過去分詞〉で表す。(085)では，話し手が「～のように思われる (seems)」と判断しているのは「現在」のことだが，「ダ・ヴィンチがこの絵を描いた」のは「過去」のことである。その時間の「ずれ」を，完了形の不定詞 (to have painted) で表す。

to have painted
（絵を描いた）

seems
（～のように思われる）

過去　　　　　　　　　　現在

〈It seems that S＋V.〉の形で書き換えると (→p.146参照)，述語動詞と不定詞の表す「時」が食い違っていることがわかる。

Da Vinci **seems to have painted** this picture. (085)
　　　　　現在形　　完了形の不定詞

→ **It seems that** Da Vinci **painted** this picture.
　　現在形　　　　　　　過去形

完了形の不定詞 (to have painted) が表す「時」は，この文では「現在完了」ではなく「過去」である点に注意。不定詞の to の後ろには〈動詞の原形〉を置く必要があるので，× to painted（過去形）ではなく to have painted（完了形）とする。この完了形は「**述語動詞から見て過去のこと**」を表す (→p.209)。

＋プラス　述語動詞と不定詞が表す「時」の関係

述語動詞と不定詞が表す「時」の組み合わせには，次の4通りがある。

(a) He **seems to be** happy.
　→ It **seems** that he **is** happy. 〈現在＋現在〉
　　（彼は（今）幸福なようだ）

(b) He **seems to have been** happy.
　→ It **seems** that he **was** happy. 〈現在＋過去〉
　　（彼は（以前）幸福だったようだ）

(c) He **seemed to be** happy.
　→ It **seemed** that he **was** happy. 〈過去＋過去〉
　　（彼は（そのとき）幸福なようだった）

(d) He **seemed to have been** happy.
　→ It **seemed** that he **had been** happy. 〈過去＋過去完了〉
　　（彼は（それ以前に）幸福だったようだった）

述語動詞から見て過去のことを表す

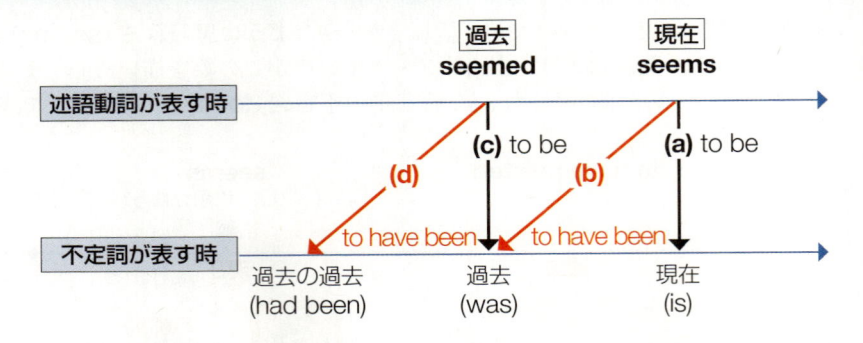

```
            過去              現在
           seemed            seems
述語動詞が表す時 ─────────────────────────────────▶
              (c) to be      (a) to be
         (d)            (b)
不定詞が表す時 ──to have been──to have been──────▶
           過去の過去         過去           現在
           (had been)      (was)         (is)
```

(b)(d)では, seems/seemed (〜のように思われる／思われた) の時点から見て「幸福だった」のは過去のこと。完了形の不定詞はこのような場合に使う。

参考 〈to have＋過去分詞〉が「述語動詞から見た現在完了」を表す場合

〈to have＋過去分詞〉が現在完了の内容を表す場合もある。

　　It **seems** that they **have finished** their work.
　　　　現在形　　　　　　　現在完了形

　≒ They **seem to have finished** their work. （彼らは仕事を終えたようだ）
　　　　　　　完了形の不定詞

＋プラス 「〜と言われている」などの表現

〈It is＋過去分詞＋that S＋V.〉という形で使う動詞のグループがある。このグループの動詞は, seemと同様に不定詞を使った文を作ることもできる。

● Four-leaf clovers **are said to bring** good luck.
　　　　　　　　　　　　　that節中の主語を文頭に置いて, 後ろに不定詞を使う

　≒ **It is said that** four-leaf clovers **bring** good luck.
　　（四つ葉のクローバーは幸運をもたらすと言われている）

　▶ It は, that節を指す形式主語。

このような形で使う動詞には, say (言う) のほかに次のようなものがある。

| believe (思う), estimate (見積もる), report (報じる), rumor (うわさする), think (思う) |

● A monster **was believed to live** in the lake.
　≒ **It was believed that** a monster **lived** in the lake.
　（その湖には怪物が住んでいると考えられていた）

● In those days the earth **was thought to be** flat.
　≒ In those days **it was thought that** the earth **was** flat.

(当時, 地球は平らだと考えられていた)

述語動詞と不定詞の表す「時」がずれているときは, 完了形の不定詞を使う。
- The festival **is said to have begun** in the 17th century.
  現在形　　完了形の不定詞

≒ **It is said that** the festival **began** in the 17th century.
  現在形　　　　　　　　　　過去形

(その祭りは17世紀に始まったと言われている)

✓ チェック 026

各組の文がほぼ同じ内容を表すように, (　　) に適語を入れなさい。

(1) It happened that I found an interesting article on frogs yesterday.
　　I happened (　　　) (　　　) an interesting article on frogs yesterday.
(2) It seems that I have left my wallet at home.
　　I (　　　) (　　　) (　　　) left my wallet at home.
(3) It is believed that the animal died out long ago.
　　The animal (　　　) (　　　) (　　　) (　　　) died out long ago.

8 進行形と受動態の不定詞

8-1 進行形の不定詞

086　The typhoon seems **to be heading** this way.
　　　　台風はこちらへ向かっているらしい。

ポイント　進行形の不定詞 = **to be** + *-ing*

不定詞が「〜している」という〈進行中の動作〉を表すときは,〈**to be** + *-ing*〉の形を使う。

　　The typhoon seems **to be heading** this way. (086)
　　　　　　　　〜らしい　向かっているところだ

≒ It seems that the typhoon is heading this way.

- This system doesn't **appear to be working** well.
  (このシステムはうまくいっているようには見えない)
  ▶ appear to be + *-ing* = 〜しているように見える
- I **happened to be watching** TV then. (そのとき私はたまたまテレビを見ていた)
  ▶ happen to be + *-ing* = たまたま〜している

149

8-2 受動態の不定詞

087 This cake needs **to be eaten** today.
このケーキは今日食べる必要がある。

ポイント 　受動態の不定詞＝ **to be** ＋ 過去分詞

不定詞が「～される」という〈受動〉の意味を含むときは，〈**to be**＋過去分詞〉の形を使う。

This cake needs **to be eaten** today. (087)
S　　　V　　O 「食べられること」〈名詞的用法〉

▶〈need to *do*〉は「～することを必要とする」。〈need to be ＋過去分詞〉は「～されることを必要とする」という意味になる。

受動態の不定詞は，名詞的用法以外で使うこともできる。
- The only sound **to be heard** was a dog barking in the distance. 〈書き言葉〉
  S　　　　　　　　　　　　　V　　C

（聞こえる音は遠くで犬がほえる声だけだった）〈形容詞的用法〉
▶ to be heard（聞かれる（べき））が前の名詞（sound）を修飾している。

8-3 不定詞の様々な形のまとめ

形	例	意味（名詞的用法の場合）
否定語＋不定詞 (6)	not to make	作らないこと
完了形の不定詞 (7-3)	to have made	作ったこと
進行形の不定詞 (8-1)	to be making	作っていること
受動態の不定詞 (8-2)	to be made	作られること

▶次のように，これらを組み合わせた形もある。

- Be careful **not to be taken in**.
  （だまされないように気をつけなさい）〈否定語＋受動態〉
- I pretended **not to have heard** the news.
  （私はその知らせを聞いていなかったふりをした）〈否定語＋完了形〉
- Paper is said **to have been invented** in ancient Egypt.
  （紙は古代エジプトで発明されたと言われている）〈完了形＋受動態〉

また，to と動詞の原形の間に副詞が置かれた形の不定詞がある。
- It is difficult for me **to accurately describe** the situation.
  ≒ It is difficult for me to describe the situation *accurately*.
  （その状況を正確に説明することは私には難しい）

9 原形不定詞

to のつかない不定詞（動詞の原形）を**原形不定詞**という。

9-1 知覚動詞＋O＋原形不定詞

088 I **heard** someone **call** my name.
誰かが私の名前を呼ぶのが聞こえた。

ポイント　知覚動詞＋O＋原形不定詞＝Oが〜するのを…する

hear（聞こえる），see（見る），feel（感じる）など，知覚や感覚を表す動詞を**知覚動詞**という。知覚動詞の後ろには，〈O＋原形不定詞〉の形を置くことができる。

　　I **heard** someone **call** my name. (088)
　　S　V　　　O　　　　C〈原形不定詞＝動詞の原形〉
　▶ hear＋O＋do＝Oが〜するのが聞こえる

主な知覚動詞
feel（感じる），listen to（聞く），look at（見る），notice（気づく），observe（見る，気づく），see（見る，見える），watch（（じっと）見る）

- I **felt** the house **shake**.（私は家が揺れるのを感じた）
- I want to **see** the band **perform** live.（私はそのバンドが生演奏をするのを見たい）

9-2 使役動詞＋O＋原形不定詞

089 Our coach **makes** us **practice** hard.
コーチは私たちに熱心に練習をさせる。

ポイント　**make/let/have**＋O＋原形不定詞＝Oに〜させる

make/let/have は「〜させる」という〈**使役**〉の意味をもつ。使役動詞の後ろには〈O＋原形不定詞〉の形を置く。

　　Our coach **makes** us **practice** hard. (089)
　　　S　　　　V　　O　　C〈原形不定詞〉
　▶ make＋O＋do＝Oに（むりやり）〜させる

プラス make / let / have の意味の違い

make＝強制的に～させる
- My parents **make** me **go** to bed early.（私の両親は私を早寝させる）
- Onions **make** my eyes **water**.（玉ねぎのせいで涙が出る）
  ▶ 無生物を主語にすることもできる（→p. 581）。

let＝～することを許可する
- You should **let** your son **decide** for himself.
  （あなたは息子さんに自分で決めさせてあげるべきだ）

have＝（当然の権利として）～してもらう［させる］
- I'll **have** someone **carry** this case.
  （この箱を誰かに運んでもらいます［運ばせます］）

参考 〈使役〉の意味を表す have と get

「（人に）～してもらう」の意味を表すには、haveのほかにgetを使うこともできる。両者には次のような違いがある。

① **have＋O＋原形不定詞**
② **get＋O＋to不定詞**

haveは「**（当然の権利として）～してもらう**」の意味であり、目上の人が目下の人に、あるいは客が店員などに「～してもらう」という場合に使う。getは「手に入れる」という原義からもわかるとおり「**（頼んだり説得したりして）～してもらう**」の意味で使う。

× I **had** my teacher **correct** my essay.
○ I **got** my teacher **to correct** my essay.
　（私は先生に作文を添削してもらった）
▶ haveを使うと「私は先生に（強制して）私の作文を直させた」の意味に近くなる。

プラス 受動態にすると、原形不定詞が to do になる

知覚動詞や使役動詞を受動態にすると、原形不定詞は to do になるので注意。

知覚動詞（see, hear など）
能 The witness **saw** the suspect **enter** the building.
　（目撃者は容疑者がその建物に入るのを見た）
受 The suspect **was seen to enter** the building by the witness.
　（容疑者はその建物に入るのを目撃者に見られた）
▶ watchは受動態にできない。

使役動詞（make）
能 Our coach **makes** us **practice** hard.（コーチは私たちに熱心に練習させる）
受 We **are made to practice** hard (by our coach).
　（私たちは（コーチによって）熱心に練習させられる）
▶ let, haveは受動態にできない。

4技能 Tips　Speaking 〈Let me ＋ 原形不定詞〉

〈**Let me ＋ 原形不定詞**〉の形は会話でよく使われる。決まった言い方が多いので，そのまま覚えていつでも使えるようにしよう。
- **Let me** *introduce* myself.（自己紹介をさせてください）
- **Let me** *have* a look at it.（ちょっとそれを見せてよ）
- **Let me** *tell* you something.（ひとこと言っておくよ）
- **Let me** *see*. ≒ **Let's** *see*.（ええと…）　▶see ＝ 考える
  ▶Let's go.（＝ Let us go.）は「私たちを行かせてください」がもとの意味。

9-3　help ＋ O ＋ (to) *do*

090　I **helped** my father (to) **wash** his car.
私は父が車を洗うのを手伝った。

ポイント　　**help** ＋ O ＋ (to) *do* ＝ O が～するのを手伝う［～するのに役立つ］

help の後ろでは，〈**O ＋ to** *do*〉または〈**O ＋ 原形不定詞**〉の形を使う。

　　I **helped** my father **(to) wash** his car.　（090）
　　S　　V　　　O　　　　　C

▶アメリカ英語では to を省略するのがふつう。イギリス英語ではどちらの形も使う。

- Coffee will **help** you (to) **stay** awake.
（コーヒーを飲めば目を覚ましていられる［←覚ましておくのに役立つ］でしょう）
- Exercise **helps** people (to) **lose** weight.（運動は体重を減らすのに役立つ）
  ▶Exercise helps (to) lose weight.（運動は体重を減らすのに役立つ）のように，O のない形でも使う。

表現　原形不定詞を使うその他の例

原形不定詞（動詞の原形）は，次のような形でも使われる。

can't [cannot] help but ＋動詞の原形＝～せずにはいられない
- I **can't help but feel** sorry for the victims.
  ≒ I **can't help feeling** sorry for the victims.〈一般的な表現〉(→ p. 180)
  （私はその被害者たちを気の毒に思わないではいられない）
  ▶I can't but feel ... とも言うが，help を入れるほうがふつう。

以下の形については，「前に do があれば to は不要」と覚えておくとよい。

All S can do is (to) ＋動詞の原形＝Sができるすべてのことは～することだ
　　　　　　　　　　　　　　　　　→ S は～するしかない (→ p. 378)
- **All I can do now is wait** for the exam results.
  （私に今できることは，試験の結果を待つことだけだ）

do nothing but ＋動詞の原形＝～ばかりする
- My little brother **does nothing but play** video games.（弟はテレビゲームばかりしている）

There is nothing to do but ＋動詞の原形＝～せざるをえない
- **There is nothing to do but wait** and **see**.（成り行きを見守るしかない）
  ≒ There is nothing for it but **to wait** and see.
  ≒ There is [We have] no choice but **to wait** and see.
  ▶「～する以外に選択肢［ほかの方法］がない」の意味。

✓ チェック 027

日本語の意味に合うように，与えられた語句を並べかえて英文を完成しなさい。ただし，不要な語（句）が 1 つ含まれています。

(1) この規則は変える必要がある。
　　This (is / to / rule / be / needs / changed).

(2) 私は彼に私の車を運転させてあげよう。
　　I'll (drive / car / him / let / my / to).

(3) スープを味見させてよ。
　　(the / taste / let / soup / make / me).

10 不定詞を含む重要表現

10-1 be easy to do など

091 This book is **easy to read**.
この本は読みやすい。

ポイント 文末の(不定詞中の)動詞の**目的語を文頭に置く形**

〈It is ... to do.〉の形式主語構文(→p.130)を次のように言い換えることができる。

It **is easy** to read this book . (この本を読むのは簡単だ)

↓

This book **is easy** to read. (091)
S　　　　　　　　　　　「この本を読む」というV+Oの関係がある

▶不定詞(to read)で終わり,文の主語(this book)が不定詞の意味上の目的語のはたらきを兼ねる文。

➕プラス 文末が〈自動詞+前置詞〉で終わる文

文末の不定詞が他動詞ではなく〈自動詞+前置詞〉の場合もある。主語が文末の前置詞の目的語を兼ねる。

- This office is comfortable **to work in**. (このオフィスは働くのに快適だ)
  ≒ It is comfortable to work in this office.
- That river is dangerous **to swim in**. (あの川で泳ぐのは危険だ)
  ≒ It is dangerous to swim in that river.

easy 型の主な形容詞

difficult/hard(難しい), impossible(不可能な), comfortable(心地よい), dangerous(危険な), interesting(おもしろい), pleasant(楽しい), convenient(便利な)

▶形式主語構文で使うこれら以外の形容詞は,上のような言い換えができない(→p.362)。

- It is necessary to remember the password. (そのパスワードを覚える必要がある)
  → ✗ The password is necessary to remember.
  ▶necessary, important, possible などは〈S is +形容詞+ to do.〉の形では使えない。

参考… 主語に注意

このタイプの形容詞は,**原則として〈人〉を主語にできない**。
- ○ **It is difficult** for him to solve the problem.
- ✗ He is difficult to solve the problem.
  (彼がその問題を解くのは難しい)

ただし,文頭の〈人〉が文尾の目的語のはたらきを兼ねる場合は,〈人〉を主語にできる。

○ He is easy to please. ≒ It is easy to please him.
（彼を喜ばせるのはやさしい［彼は扱いやすい人だ］）

10-2 be willing to do など

092 I'm willing to help you.
　　　喜んでお手伝いします。

形容詞の後ろに不定詞を置いた慣用表現がある。be willing to do は「喜んで〜する」, be unwilling to do は「〜したくない」という意味を表す。

● He seems (to be) unwilling to do the job.（彼はその仕事をしたくなさそうだ）

表現 〈be ＋形容詞＋ to do〉のその他の慣用表現

be apt to do ＝〜しがちだ
● He **is apt to get** angry easily.（彼はすぐに腹を立てがちだ）

be sure [certain] to do ＝必ず〜する
● **Be sure [certain] to lock** the door.（必ずドアにカギをかけなさい）

be eager [anxious/dying] to do ＝〜することを切望している
● She **was eager to get** a full-time job.（彼女は常勤の職につくことを切望していた）

be welcome to do ＝自由に〜してよい
● You**'re welcome to ask** me if you have any questions.
　≒ **Feel free to ask** me if you have any questions.
　（質問がありましたら気軽にお聞きください）

be good to do ＝〜するのに適している
● The water from this well **is good to drink**.（この井戸の水は飲むのに適している）

be likely to do ＝〜しそうだ
● It**'s likely to rain** later.（後で雨が降りそうだ）

be quick [slow] to do ＝〜するのがすばやい［遅い］
● She **is quick [slow] to answer** e-mails.
　（彼女はメールに返信するのがすばやい［遅い］）

10-3 be supposed to do

093 Our bus is supposed to arrive at 10:30.
　　　私たちのバスは10時30分に着くことになっている。

ポイント　　be supposed to do ＝「〜することになっている」〈予定〉・
　　　　　　　　　　　　　　　　　「〜しなければならない」〈義務〉

suppose は「思う (think)」の意味で，be supposed to *do* はもともと「〜すると思われている」ということ。「〜することになっている」〈予定〉，「〜しなければならない」〈義務〉の意味で使う。(093)は〈予定〉の意味。

- My class **is supposed to finish** at 4 p.m.
  (私の授業は午後4時に終わることになっている)〈予定〉
- You **are supposed [required] to show** your passport here.
  (ここではパスポートを見せることになっています)〈義務〉
  ▶〈義務〉の意味では，be required to *do* で言い換えられる。

10-4 too 〜 to *do*

094　I'm **too** tired **to study** tonight.
今夜は疲れているので勉強できない。

ポイント　too ＋形容詞／副詞＋ to *do*
　　　　　　＝…するには〜すぎる・〜すぎて…できない

too（〜すぎる）は〈程度〉を表す副詞で，後ろの形容詞・副詞を修飾する。その後ろに副詞的用法の不定詞を置くと，「…するには〜すぎる」という意味になる。

　　I'm **too tired to study** tonight. (094)
　　　　疲れすぎている　　　　勉強するには
　　▶ to study（副詞的用法の不定詞）が too tired を修飾する。

プラス　〈so 〜 that ...〉を使った言い換え
　　　too を使った文は，**so 〜 that S can't V**（とても〜なので S は V できない）で言い換えることができる（→ p. 481）。
　　　(094) ≒ I'm **so** tired **that** I **can't** study tonight.
　　　　　　　　(私はとても疲れているので，今夜は勉強できない)

注意!　〈too 〜 to *do*〉に関する注意

①不定詞の前に〈意味上の主語〉を置くことがある
　不定詞の前に置く意味上の主語は〈for ＋人〉を使う。
- This piano music is **too** difficult **for me to play**. (このピアノ曲は私には難しすぎる)
　　　　　　　　　　　　　　　　　　私が　　弾くには
　▶文の主語は「このピアノ曲」，不定詞（to play）の意味上の主語は「私」。

②書き換えた文との目的語の違いに注意
　①の文では，主語（This piano music）が文末の動詞（play）の意味上の目的語のはたらきを兼ねている。これを〈so 〜 that ...〉で書き換えると，次のようになる。

- This piano music is **so** difficult **that** I **can't** play it .
  (このピアノ曲はとても難しいので，私は**それを**弾くことができない)
  ▶ that (接続詞) の後ろには完成した文の形を置くので，play の目的語 (it) が必要。

③ 否定文の **not too ～ to do** は「～すぎて…できないというわけではない」という意味を表す

- It is **not too** late **to apply** to the college.
  (その大学へ出願するのはまだ間に合う［遅すぎて出願できないことはない］)

10-5 ～ enough to *do*

095 My neighbor is fit **enough to run** marathons.
私の隣人はマラソンを走れるくらい元気だ。

ポイント
形容詞／副詞＋ **enough to *do***
＝…する［できる］ほど（十分に）～だ

enough（十分に）は〈程度〉を表す副詞で，前の形容詞・副詞を修飾する。その後ろに副詞的用法の不定詞を置くと，「…する［できる］ほど（十分に）～だ」という意味になる。

My neighbor is **fit enough to run** marathons. (095)
　　　　　　　　十分に元気だ　　　　走(れ)るほど
▶ to run (副詞的用法の不定詞) が fit enough を修飾する。

参考 〈so ～ that ...〉を使った言い換え
enough を使った文は，〈**so ～ that S can [could] *do***〉（とても～なのでSは…できる（だろう））で言い換えることができる (→ p. 481)。

(095) ≒ My neighbor is **so** fit **that** he **can** [**could**] run marathons.
(私の隣人はとても元気なので，マラソンを走ることができる（だろう）)

注意! 〈～ **enough to *do***〉に関する注意
① 不定詞の前に〈意味上の主語〉を置くことがある
- This room is **large enough for us to have** a big party.
　　　　　　　　　　　　　　私たちが 開けるほど
  (この部屋は私たちが盛大なパーティーを開けるくらい広い)
  ≒ This room is **so** large **that** we **can** have a big party.
  (この部屋はとても広いので，私たちは盛大なパーティーを開ける)

② 〈**so ～ as to *do***〉で言い換えられる
- The ibis is rare **enough to be protected** by law.
  ≒ The ibis is **so** rare **as to be protected** by law. 〈書き言葉〉
  (トキは法律で守られるほど希少である)
  ▶ enough を使うほうがふつう。

10-6 疑問詞＋to do

096 I don't know **what to give** Maya for her birthday.
マヤの誕生日に何をあげればいいかわからない。

ポイント　〈疑問詞＋to do〉は「〜すべきか」の意味を含む

疑問詞の後ろに不定詞を置いて，「〜すべきか」の意味を表す名詞のかたまりを作ることができる。

I don't know **what to give** Maya for her birthday. (096)
S　　V　　　O　　　≒ what I should give（何をあげるべきか）

▶ what to give 以下が know の目的語のはたらきをしている。

表現　〈疑問詞＋to do〉の様々な形

how to do ＝どのようにして〜すべきか，〜のしかた
- Do you know **how to use** this printer?
（このプリンタをどうやって使えばいいか [このプリンタの使い方] を知っていますか）

when to do ＝いつ〜すべきか
- The question is **when to start**. （問題はいつ出発するかだ）

which ＋名詞＋ to do ＝どの…を〜すべきか
- Tell me **which class to take**. （どの授業を選択すればいいか私に教えてください）

whether to do ＝〜すべきかどうか（**whether** は接続詞）
- I can't decide **whether to buy** a new dictionary (or not).
（私は新しい辞書を買うべきかどうか決められない）

参考… 名詞／形容詞＋疑問詞＋to do

名詞や形容詞の後ろに，前置詞を省いて〈疑問詞＋to do〉を置く場合がある。

- I have no **idea where to go**. （どこへ行けばよいのか全然わからない）
　　　　　　名詞

- I'm not **sure where to get** a ticket. （どこで切符を買えばよいのかよくわからない）
　　　　　形容詞

　▶ 2文とも where の前に about [of] が省略されている。have no idea about [of] 〜は「〜についてまったくわからない」，be sure about [of] 〜 は「〜について確信をもっている」の意味。

10-7 be動詞 + to do

097 Shinji **is to make** the first speech at the contest.
シンジはコンテストで最初のスピーチをする予定です。

ポイント　〈be動詞 + to do〉が表す意味 = 〈予定〉〈可能〉〈義務〉

〈be動詞 + to do〉が様々な助動詞に準じた意味を表すことがある。主に書き言葉で使われる。

- The Van Gogh exhibition **is to be held** in September.
  = is going to be held〈予定〉
  (ヴァン・ゴッホ展は9月に開かれる予定です)
- Not a star **was to be seen** in the sky. (空には星は1つも見えなかった)
  = could be seen〈可能〉
  ▶ この〈可能〉の意味では受動態の不定詞を使うことが多い。
- You **are to show** your ticket at the entrance.
  = must show〈義務〉
  (入り口でチケットを見せねばなりません[見せてください])

参考…　〈be動詞 + to do〉のその他の意味
〈be動詞 + to do〉は、〈運命〉や〈意図〉なども表す。
- A few years later I **was to meet** him again in Sapporo.
  (数年後に私は彼と札幌で再会する運命だった)〈運命〉
- If you **are to become** a lawyer, you must study harder.
  (もし弁護士になるつもりなら、きみはもっと熱心に勉強しなければならない)〈if節中で：意図〉
  ▶ この形は話し言葉でも使われる。

注意!　be動詞の後ろに名詞的用法の不定詞を置く場合
〈S is to do.〉が「Sは~することだ」の意味になる場合もある。
- He **is to become** the president of this company.
  (彼はこの会社の社長になる予定だ)〈予定〉
- His dream **is to become** the president of this company.
  (彼の夢はこの会社の社長になることだ)〈名詞的用法〉(→ p.130)

10-8 代不定詞

> **098** "Have you ever climbed Mt. Fuji?" "No, but I'd love **to**."
> 「富士山に登ったことがありますか」「いいえ、でも登ってみたいです」

ポイント 不定詞の **to** の後ろを全部省略することがある

同じ言葉のくり返しを避けるために、**to** に続く語句を省略する場合がある。これを「代不定詞」という。

"Have you ever climbed Mt. Fuji?"
　　　　　　　　　　同じ言葉
"No, but I'd love **to** (climb it [Mt. Fuji])." (098)
　　　　　　　　　　省略する

プラス not ＋代不定詞

代不定詞の否定形は、**not to** の形になる。

- He bought the used car, even though I advised him **not to**
  　　　同じ言葉
  (buy the used car).
  　　　省略する

（私は買わないよう彼に忠告したのに、彼はその中古車を買った）

注意! to be ... の代不定詞

to に続く動詞が be の場合、be は省略しないのがふつう。

- I'm not rich, and I don't want **to be**.

（私は金持ちではないし、金持ちになりたいとも思わない）
▶ to be の後ろには rich が省略されている。

10-9 独立不定詞

> **099** **To be honest**, I don't really want to go.
> 正直に言って、私はあまり行きたくありません。

ポイント 不定詞を使って**文全体を修飾する**慣用表現がある

副詞的用法の不定詞の一種で、（文中のほかの要素から独立して）文全体を修飾し、話し手の判断を表す表現がある。これを「**独立不定詞**」という。(099) の to be honest は「正直に言えば、正直なところ」の意味。to be perfectly honest（まったく正直なところ）ともいう。

表現　その他の独立不定詞

- **To tell (you) the truth**, I really don't want to go.
（本当のことを言うと，私は本当に行きたくありません）
- **To be perfectly frank**, I have no intention of going.
（正直に話すと，私は行く気がまったくありません）
  ▶ To be perfectly frank が最も直接的な表現。To be honest が最もソフトな表現。To tell (you) the truth は中間。
- Losing my wallet was annoying, **to put it mildly**.
（控えめに言っても財布をなくしたことにはいらいらする）
  ▶ put は「述べる」の意味。it は言おうとしている内容をばくぜんと指し（→p.361），後ろには **simply**（簡単に），**another way**（別の方法で）など様々な副詞（句）を置くことができる。
- **Needless to say**, smoking is bad for your health.
（言うまでもなく，喫煙は健康に悪い）
- **To begin with**, I'd like to say a few words of welcome.
（まず最初に，歓迎の言葉を少々述べたいと思います）
- It was very cold, and **to make matters worse**, it started raining.
（とても寒く，さらに悪いことに雨が降り出した）

Sue's Advice

to 不定詞を主語にする文について

名詞的用法の不定詞は，原則として文の最初には置きません。
　△ To learn English is interesting.（英語を学ぶことはおもしろい）

このような形は不自然で，実際に使うことはありません。ふつうは次のような形を使います。
　○ It is interesting to learn English.〈形式主語〉
　○ Learning English is interesting.〈動名詞〉

現代英語では，少数の例を除いて，不定詞を文頭に置いて主語として使うことはありません。実際の英文で見られる to で始まる文の多くは，「〜することは」を意味するのではなく，「〜するために」という目的を表す副詞的用法です。

To become a good pianist, you need to practice every day.
（ピアノがじょうずになるためには，あなたは毎日練習する必要がある）

✓ チェック 028

日本語の意味に合うように，(　)に適語を入れなさい。

(1) 今日は雪が降りそうだ。
　　It's (　　　　) to snow today.
(2) ここでは靴を脱いでください。
　　You are (　　　　) to take off your shoes here.
(3) 疲れすぎてテニスができない。
　　I'm (　　　　) tired (　　　　) play tennis.
(4) どうしたらいいかわからない(=何をしたいかわからない)。
　　I don't know (　　　　) (　　　　) do.
(5) この食べ物は赤ちゃんでも食べられるくらい柔らかい。
　　This food is soft (　　　　) (　　　　) a baby to eat.

✓ チェック 解答

021 (1) It is important to save　(2) is to run a company
　　　(3) find it interesting to observe stars
022 (1) something to read　(2) to be afraid of　(3) a good way to solve
023 (1) in order to [so as to]　(2) to hear　(3) only to
024 (1) It is difficult for anyone to admit　(2) It was careless of you to forget
025 (1) him to　(2) was told to　(3) in order [so as] not
026 (1) to find　(2) seem to have　(3) is believed to have
027 (1) rule needs to be changed　(2) let him drive my car
　　　(3) Let me taste the soup
028 (1) likely　(2) supposed　(3) too, to　(4) what to　(5) enough for

column
アメリカ英語とイギリス英語（1）

英語は世界の多くの国々で使われているので，地域ごとに様々な違いがある。アメリカ英語とイギリス英語の間にもいくつかの点において違いが見られる。ただしこれらは絶対的なものではなく，アメリカ人でもイギリス流の英語を使う人もおり，その逆の場合もある。また，オーストラリアやニュージーランドでは主にイギリス英語を使うが，アメリカ英語の影響も大きい。ここでは，つづり字と発音を中心にアメリカ英語とイギリス英語の違いを見てみよう。

つづり字が異なる

意味	アメリカで使う語	イギリスで使う語
中央	center	centre
劇場	theater	theatre
色	color	colour
お気に入りの	favorite	favourite
プログラム	program	programme
文明	civilization	civilisation
宝石類	jewelry	jewellery

イギリスの劇場

発音が異なる

語	アメリカでの発音	イギリスでの発音
leisure	[líːʒər]	[léʒə]
tomato	[təméɪtoʊ]	[təmáːtəu]
vase	[véɪs]	[váːz]
zebra	[zíːbrə]	[zébrə]

Using Grammar in Context

UNIT 6　不定詞

DEBATE: 'Is TV Good or Bad?'

Mr. Mori : Today, we're going to talk about TV, in order to decide if TV is good or bad. Mika, what is your opinion?

Mika : It's great fun to watch TV. One of the best ways to relax is to watch TV. In fact, I think everyone likes to watch TV.

Mr. Mori : Thank you. Mika thinks most people enjoy TV. Jun, how about you?

Jun : I agree with Mika. I really like TV, but we have homework almost every night. I sometimes watch too much TV to do my homework. I often find it difficult to stop watching TV once I start. Probably, I'm not the only person to watch too much TV.

Mr. Mori : Thank you, Jun. Does anyone else have a problem with TV like Jun?

Masaki : Well, my parents often make me stop watching TV and tell me to read more books. But I like watching TV. To be honest, I want to watch TV all the time. TV is a problem for me, but some people need it. For example, my father often feels stressed after working all day. Comedy programs on TV help him (to) forget about his work.

Mr. Mori : Yes, Masaki. That's a good example. Ken, what do you think?

Ken : As Mika and Masaki said, many people watch TV to relax, and I think that's important. But, also I was glad to hear about Jun's and Masaki's problems. We should try hard not to watch too much TV. Also, I really think that we should choose good TV programs to watch. Now I usually try to watch the news, because it's important for us to know what's happening around the world. In this sense, TV is very useful.

Mr. Mori : Thank you, Ken. It's sensible of you to watch the news. So, Ken believes TV to be important in our daily lives. Any other ideas? Keiko?

Keiko : TV seems to have good points and bad points. But I think there are more problems than benefits. For example, TV is said to cause bad eyesight. Also, people won't communicate enough with their family if they watch too much TV.

Mr. Mori : Thank you, Keiko, and thank you, everyone. It was interesting to hear your views. You have told us some positive and negative points about watching TV. It's true that TV is useful, and if you want to, you can learn a lot from TV programs. But, good TV programs are sometimes difficult to choose. We often tend to watch TV without thinking. Therefore, we should think carefully about which programs to watch. I'm sure you're now old enough to know what TV programs are suitable!

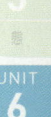

和訳

ディベート「テレビはよいか悪いか」

モリ先生： 今日はテレビがよいか悪いか判断するために，テレビについて，話し合いをします。ミカさん，あなたの考えは？

ミカ： テレビを見るのはすごくおもしろいです。リラックスする最もよい方法のひとつはテレビを見ることです。実際，誰もがテレビを見るのが好きだと思います。

モリ先生： ありがとう。ミカさんは，ほとんどの人がテレビを楽しんでいると考えています。ジュン君，あなたはどうですか。

ジュン： ミカさんに賛成です。ぼくはとてもテレビが好きですが，ぼくたちは，ほとんど毎晩宿題があります。ぼくはテレビを見すぎて宿題ができないことがときどきあります。一旦見始めると，テレビを見るのをやめるのが難しいと思うことがよくあるんです。たぶん，テレビを見すぎるのはぼくだけではないと思います。

モリ先生： ありがとう，ジュン君。テレビのことでジュン君のように困っている人は，ほかにいますか。

マサキ： ええっと，ぼくがテレビを見ることを，両親が止めることがよくあって，彼らはぼくにもっと本を読むように言います。でも，ぼくはテレビを見るのが好きです。正直言って，いつもテレビを見ていたいのです。テレビはぼくにとっては問題ですが，人によってはそれを必要とします。たとえばぼくの父は一日中働いた後ストレスを感じることが多いのです。テレビのコメディー番組は，父が仕事のことを忘れるのを助けるのです。

モリ先生： そうです，マサキ君。それはよい例ですね。ケン君，どう思いますか。

ケン： ミカさんやマサキ君が言ったように，多くの人はリラックスするためにテレビを見ます。そしてそれは重要なことだと思います。でも，ぼくはまたジュン君やマサキ君の問題について聞いてうれしかったです。ぼくたちはテレビを見すぎないように努力すべきです。それに，ぼくはよいテレビ番組を選ぶべきだと強く思います。今ぼくは，ふだんはニュース番組を見るようにしています。なぜなら，ぼくたちが世界で何が起こっているか知ることは大切だからです。この意味で，テレビはとても役に立ちます。

モリ先生： ありがとう，ケン君。きみがニュースを見るのは賢明ですね。ケン君は，テレビは私たちの日常生活に重要だと信じています。ほかに考えは？　ケイコさん？

ケイコ： テレビは，よい点と悪い点があるようです。でも，私は利益よりも問題のほうが多いと思います。たとえば，テレビは視力の低下を引き起こすと言われています。また，テレビを見すぎると，人は家族と十分コミュニケーションをとらないでしょう。

モリ先生： ありがとう，ケイコさん，そしてみなさんありがとう。あなたたちの考えを聞くのは，とてもおもしろかったです。みなさんはテレビを見ることのよい点，悪い点を話してくれました。確かにテレビは役に立ちますし，もし学びたければ，みなさんは，テレビ番組から多くのことを学ぶことができます。しかし，よいテレビ番組は，時に選ぶのが難しいです。私たちは考えもせずテレビを見てしまいがちです。したがって，私たちはどの番組を見るべきか注意深く考えるべきです。私は，みなさんがどのテレビ番組が適切であるかを知るのに十分な年齢であることを確信しています。

UNIT 7

動名詞

> 動名詞は「～すること」という意味を表す

Introduction ……………………………………………… 168

1 動名詞のはたらき ……………………………………… 170
    1-1 主語・補語・目的語になる ………………………… 170
    1-2 前置詞の目的語になる ……………………………… 170
2 〈V＋動名詞〉と〈V＋不定詞〉 ……………………… 172
    2-1 後ろに動名詞しか置けない動詞 …………………… 172
    2-2 後ろに動名詞も不定詞も置けるが意味が異なる動詞 … 174
3 動名詞の意味上の主語 ………………………………… 175
4 動名詞の様々な形 ……………………………………… 177
    4-1 動名詞の否定形 ……………………………………… 177
    4-2 受動態の動名詞 ……………………………………… 177
    4-3 完了形の動名詞 ……………………………………… 178
    4-4 動名詞の形のまとめ ………………………………… 179
5 動名詞を含む慣用表現 ………………………………… 179
チェック解答 …………………………………………………… 180

Using Grammar in Context
    What Are Your Hobbies? ……………………………… 181

Introduction

■ 動名詞とは

〈動詞の原形＋ *-ing*〉で「〜すること」の意味を表す形です。「動詞を名詞に変えたもの」と考えるといいでしょう。現在分詞（進行形の *-ing* など）（→ UNIT 8）と同じ形ですが，はたらきが異なります。

■ 動名詞のはたらき

名詞と同じように，主語（S），目的語（O），補語（C），前置詞の目的語のはたらきをもちます。

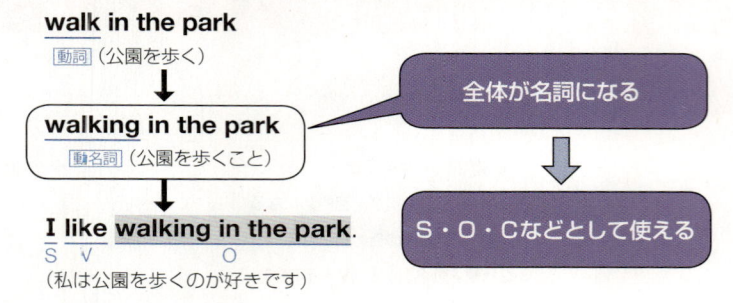

walk in the park
　動詞（公園を歩く）

↓

walking in the park
　動名詞（公園を歩くこと）

↓

I like walking in the park.
S　V　　　　O
（私は公園を歩くのが好きです）

全体が名詞になる
↓
S・O・Cなどとして使える

■ 動名詞と不定詞（名詞的用法）の違い

たとえば「働くこと」は，working（動名詞）または to work（不定詞の名詞的用法）（→ UNIT 6）で表すことができます。しかし，このような言い換えがいつでも可能とは限りません。

① **前置詞の後ろには動名詞しか置くことができない**

　○ We're thinking *about* buying a house.（私たちは家を買うことについて検討している）
　× We're thinking *about* to buy a house.

② **目的語として動名詞・不定詞のどちらか一方しか使えない動詞がある**

　(a) They **started working**.（彼らは働き始めた）　→　○ They started to work.
　(b) They **enjoyed working**.（彼らは働くのを楽しんだ）→　× They enjoyed to work.

(a)の start は動名詞・不定詞のどちらも目的語にできます。一方，(b)の enjoy は動名詞しか目的語にできません。

動名詞と不定詞との基本的な意味の違いは，次のように表すことができます。

動名詞		不定詞
① 抽象的な「ことがら」を表す。 ② 一般論・習慣を表す。	⇔	① 具体的な「行為」を表す。 ② 未来へ向かう意識を表す。

(a) I like **listening** to music. （私は音楽を聞くのが好きだ）
(b) I want **to listen** to music. （私は音楽を聞きたい）

(a)の listening to music は「（習慣的に）音楽を聞くこと」という意味です。一方(b)の to listen to music は「（これから）音楽を聞くこと」という具体的な行為を表しています。

Next, Putting it into Action!

動名詞の用法と，不定詞との使い分けについて詳しく見ていきましょう。

UNIT 7 動名詞

1 動名詞のはたらき

1-1 主語・補語・目的語になる

100
(a) **Making** cakes is interesting.　ケーキを作ることはおもしろい。
(b) My hobby is **making** cakes.　私の趣味はケーキを作ることです。
(c) I like **making** cakes.　私はケーキを作ることが好きです。

> **ポイント**　動名詞は主語（S）・補語（C）・目的語（O）としてはたらく

動名詞で始まる語句は，全体として「～すること」という名詞のかたまりになり，文中で主語（S）・補語（C）・目的語（O）のはたらきをする。

(a) 主語（S）になる　　**Making** cakes is interesting.（100-a）
　　　　　　　　　　　　　　　S　　　　　V　　　C
　　　　　　　　　　　　　ケーキを作ること

> **参考**　it（形式主語）が後ろの動名詞を受ける形
> 不定詞の名詞的用法（→p.130）と同じように，形式主語のitが後ろの動名詞を指す場合がある。
> ● **It** was nice **meeting** you.（あなたにお会いできたことがよかったです）
>
> ▶初対面の人との最初のあいさつには，Nice to meet you. などを使う。上の文は，しばらく話した後で別れ際に「あなたにお会いできてうれしかった」と言う場合に使う。

(b) 補語（C）になる　　My hobby is **making** cakes.（100-b）
　　　　　　　　　　　　　　　S　　　　V　C　ケーキを作ること

(c) 目的語（O）になる　I like **making** cakes.（100-c）
　　　　　　　　　　　　　S　V　O　ケーキを作ること

1-2 前置詞の目的語になる

前置詞＋動名詞

101
I'm thinking **about working** in the U.S.
私はアメリカで働くことを考えている。

> **ポイント**　動名詞は前置詞の後ろに置くことができる

前置詞の後ろには名詞のはたらきをする語句を置くので，**動名詞も置くことができる**。

I'm thinking about **working** in the U.S. (**101**)
前置詞　動名詞　アメリカで働くこと
　　　～について

▶動名詞は前置詞の目的語になっている（→ p. 488）。

注意! ≫ 前置詞の後ろに不定詞を置くことはできない

前置詞の後ろに置けるのは，名詞・代名詞・動名詞。不定詞は置けない。

× I'm thinking about to work in the U.S.
　　　　　　　前置詞　不定詞

プラス 〈前置詞＋動名詞〉の様々な例

- Yuka is good *at* **making** speeches in English.
（ユカは英語でスピーチをするのがじょうずだ）
- My aunt makes a living *by* **writing** novels.
（私のおばは小説を書くことによって生計を立てている）
- Yuta played video games *instead of* **studying**.
（ユウタは勉強しないで［←勉強する代わりに］テレビゲームをした）

to（前置詞）＋動名詞

102 I'm looking forward **to seeing** [× see] him.
私は彼に会うのを楽しみにしている。

ポイント　**to（前置詞）の後ろに -ing（動名詞）を置く形がある**

look forward to ～（～を楽しみに待つ）の **to は前置詞**。前置詞の後ろには名詞（に相当する語句）を置くので，動名詞（seeing）を使う。

- I'm looking forward to ┌ the party.（私はパーティーを楽しみにしている）
　　　　　　　　　　　　│ 名詞　パーティー
　　　　　　　　前置詞　└ seeing him.（**102**）
　　　　　　　　　　　　　動名詞　彼に会うこと

▶不定詞の to と混同して，× look forward to see としてはならない。

表現 〈to（前置詞）＋動名詞〉を使った慣用表現

be used [accustomed] to *-ing* ＝ ～することに慣れている
- I'**m used to getting** up early.（私は早起きするのに慣れている）
  ▶話し言葉では used を使うことが多い。accustomed は主に書き言葉で使う。助動詞の used to などとの区別については，p.96 を参照。

get used [accustomed] to *-ing* ＝ ～することに慣れる
- I've **got used to working** here.（私はここで働くのに慣れた）

devote O to *-ing* ＝ O を～することに向ける［捧げる］
- She **devoted** *all her free time* **to studying** English.
  （彼女は空き時間すべてを英語を勉強することに向けた）

object to *-ing* ＝ ～することに反対する
- I **object to having** loud music at the table.
  （私は食事中に騒がしい音楽がかかっているのはお断りだ）

prefer A(-*ing***) to B(**-*ing***)** ＝ B することよりも A することを好む
- I **prefer** *playing* tennis **to watching** it.
  （私はテニスは見るよりもプレイするほうが好きだ）

when it comes to *-ing* ＝ ～すること［話］になれば
- **When it comes to speaking** English, Naoko is the best in my class.
  （英語を話すことにかけては，ナオコがクラスで一番だ）

What do you say to *-ing***?** ＝ ～するのはどうですか（→ p.535）

✓ チェック 029

日本語の意味に合うように，与えられた語句を並べかえて英文を完成しなさい。ただし，下線の動詞は必要に応じて適切な形に変えること。

(1) 馬に乗るのはサイクリングよりずっと難しい。
   (a horse / much harder / is / ride / than / cycling).

(2) 私たちを夕食に招待していただいてありがとうございます。
   Thank (to / for / us / invite / you) dinner.

(3) 私は人前でスピーチをすることに慣れていない。
   I'm (make / to / not / a speech / used) in front of people.

2 〈V＋動名詞〉と〈V＋不定詞〉

2-1 後ろに動名詞しか置けない動詞

103 He **enjoys reading** [× to read] detective novels.
彼は推理小説を読むのを楽しむ。

reading（動名詞）と to read（不定詞の名詞的用法）は，どちらも「読むこと」の意味を表す。次の文ではどちらを使ってもよい（→p.131）。

- I like **reading** [**to read**] detective novels.
  （私は推理小説を読むのが好きだ）

一方，(103) の enjoy は後ろに動名詞しか置けない動詞の1つで，〈enjoy + *-ing*〉の形で「～することを楽しむ」の意味を表す。×〈enjoy + to *do*〉は誤り。

> **動名詞を目的語とする主な動詞**
>
> 基本的なもの：enjoy（楽しむ），finish（終える），stop（やめる→ p.175）
>
> その他　　　：admit（認める），avoid（避ける），consider（考慮する），deny（否定する），
> 　　　　　　　dislike（きらう），escape（免れる），give up（あきらめる），imagine（想像する），
> 　　　　　　　mind（いやがる），miss（避ける，免れる），practice（練習する），
> 　　　　　　　postpone/put off（延期する），quit（やめる），suggest（提案する）

▶ 不定詞を目的語とする主な動詞については，p.131 を参照。

- I haven't **finished eating** [×to eat] yet.（まだ食べ終わっていません）
- I don't **mind sleeping** [×to sleep] on the sofa.（私はソファーで眠るのは平気だ）
- I often **practice reading** [×to read] English aloud.
  （私はよく声に出して英語を読む練習をする）
- I sometimes **put off doing** [×to do] my homework until the last minute.
  （私はときどきぎりぎりまで宿題をしないでおく [←するのを延ばす]）
- He **suggested taking** [×to take] a break.（彼は休憩しようと [←することを] 提案した）

> **参考** 後ろに動名詞しか置けない動詞の意味
>
> 後ろに不定詞しか置けない動詞には「未来へ向けての行動」を意味する（→p.131）ものが多いのに対して，後ろに動名詞しか置けない動詞には〈回避〉〈延期〉などの意味を表すものが多い。また，動名詞そのものは「**すでに終わったこと**」（→p.174）を表すので，finish, stop, give up など「終わる，やめる」という意味の動詞と結びつきやすい。

> **参考** 後ろに動名詞も不定詞も置くことができて，意味がほとんど変わらない動詞
>
> **begin/start**（始める）や **like/love**（好む）は，後ろに動名詞と不定詞の両方を置くことができる。どちらを使っても意味にほとんど変わりはない。
>
> - The baby **started crying**. ≒ The baby **started to cry**.
>   （赤ちゃんは泣き始めた）

2-2 後ろに動名詞も不定詞も置けるが意味が異なる動詞

104
(a) I **remember sending** the e-mail to all the members.
私はそのメールをメンバー全員に送ったのを覚えています。
(b) **Remember to send** the e-mail to all the members.
そのメールをメンバー全員に忘れずに送りなさい[←送ることを覚えておきなさい]。

ポイント 後ろに動名詞と不定詞のどちらを置くかで意味が変わる動詞がある

remember（覚えている），**forget**（忘れる）の後ろに置く動名詞は，完了した（＝すでに終わった）動作を表し，不定詞は未完了の（＝これから行う）動作を表す。
(104-a)は，〈remember＋-ing〉なので「～したことを覚えている」という意味になる。

I **remember sending** the e-mail to all the members. (104-a)
　　　　　　　（すでに）送ったこと〈完了した動作〉

一方(104-b)は，〈remember＋to do〉なので「(これから)～することを覚えておく」の意味。

Remember to send the e-mail to all the members. (104-b)
　　　　　　（これから）送ること〈未完了の動作〉

remember と forget を使った文の意味の違い		
	＋動名詞〈完了した動作〉	＋不定詞〈未完了の動作〉
forget	～したことを忘れる※	～し忘れる
remember	～したことを覚えている	～することを覚えておく

※ I'll never forget -ing（私は～したことを決して忘れない）の形で使うことが多い。

- I'll never **forget visiting** Rome.（私はローマを訪れたことを決して忘れない）
　　　　　　　完了した動作
- I **forgot to turn off** the computer.（コンピュータの電源を切り忘れた）
　　　未完了の動作

➕プラス try と stop

〈try ＋ -ing〉と〈try ＋ to do〉

	＋動名詞〈完了した動作〉	＋不定詞〈未完了の動作〉
try	試しに～してみる	～しようとする[努める]

- I **tried calling** the number, but there was no answer.
　　　完了した動作
（私は試しにその番号に電話してみたが，誰も出なかった）

- I **tried to call** you, but my battery was dead.
  　　　未完了の動作
  (きみに電話しようとしたけれど，(携帯電話の)電池が切れていた)
  ▶ 1つ目の文は「実際に電話してみた」，2つ目の文は「実際には電話しなかった」という意味である点に注意。

〈stop ＋ -ing〉 と 〈stop ＋ to do〉

	＋動名詞	＋不定詞（副詞的用法）
stop	〜するのをやめる	止まって[落ち着いて]〜する

- He **stopped smoking**.（彼は禁煙した［←タバコを吸うのをやめた］）
  S　V＝他動詞　　O
- He **stopped to smoke**.（彼はタバコを吸うために立ち止まった［手を休めた］）
  S　V＝自動詞　〈目的〉を表す副詞的用法の不定詞
- Let's **stop to think** about this problem.
  (この問題について落ち着いて考えてみよう［×考えるのをやめよう］)

✓ チェック 030

(　)内の語句のうち，正しいほうを選びなさい。
(1) He seems (liking / to like) sweets.
(2) I practice (listening / to listen) to English every day.
(3) I managed (getting / to get) the book online.
(4) Why don't we go fishing if it stops (raining / to rain)?
(5) I remember (reading / to read) this novel before.
(6) I'm sorry I forgot (calling / to call) you last night.

3 動名詞の意味上の主語

> **105**　My father doesn't like **me [my] using** his computer.
> 父は私が父のコンピュータを使うのをいやがります。

ポイント　意味上の主語（目的格・所有格）＋動名詞（-ing）＝…が〜すること

動名詞が表す動作の主体が文全体の主語と異なるときは，動名詞の前に「意味上の主語」を置く。意味上の主語には目的格または所有格を使えるが，**現代英語では目的格を使うのがふつう**（→p.20）。

　　　　　My father doesn't like **me using** his computer.（105）
　　　　　文の主語　　　　　　意味上の主語（ 私が 使うこと）
　　　　　　▶文全体の主語は「私の父」だが、「使う」という動作の主体は「私」。このような場合は、動名詞 (using) の前に意味上の主語 (me) を置く。

一方,〈文の主語＝動名詞の意味上の主語〉のときは、動名詞の前に何も置かない。
- I don't like using his computer.（私は彼のコンピュータを使うのが好きではない）
　　▶文の主語 (I) が using の意味上の主語を兼ねている。

➕プラス　意味上の主語は目的格？所有格？
　　　　動名詞の意味上の主語は、話し言葉ではふつう**目的格**を使う。
- Do you mind **me sitting** here?
　　　　　　　目的格　　▶me sitting＝私が座ること
　（私がここに座ってもかまいませんか [←あなたは私がここに座ることをいやがりますか]）
　　　　　　　　　　　　　　　　　　　　　　　　　　　　（→p. 297）
　　　　▶mind (〜を気にする) は他動詞なので、後ろの人称代名詞は目的格 (me) にする。sitting を一種の名詞とみなせば my sitting（私の着席）となるが、話し言葉では所有格はふつう使わない。

- I can't imagine **my father singing** in front of people.
　　　　　　　　　目的格　　▶my father singing＝父が歌うこと
　（父が人前で歌を歌うところは想像できない）
　　　　▶書き言葉では所有格 (my father's) を使うこともある。

- He complained about **the TV being** too loud.
　　　　　　　　　前置詞＋目的格＋動名詞　▶the TV being 〜＝テレビが〜であること
　（彼はテレビの音が大きすぎると苦情を言った）
　　　　▶〈前置詞＋意味上の主語＋動名詞〉という形もある。

✓ チェック 031
日本語の意味に合うように、与えられた語句を並べかえて英文を完成しなさい。
(1) 私はいとこが遊びに来るのを楽しみにしている。
　　I'm (my cousin / to / looking / coming / forward) over to see me.
(2) そのパーティーは彼女が何も知らないうちに準備された。
　　The party was arranged (anything / her / about / without / knowing) it.

4 動名詞の様々な形

4-1 動名詞の否定形

> **106** I'm sorry for **not answering** your e-mail.
> あなたのメールに返事を出さなくてすみません。

ポイント　**not** + **-ing** = 〜しないこと

動名詞に否定の意味をもたせるには，否定語（**not/never**）を動名詞の直前に置く。

　　　　I'm sorry for **not answering** your e-mail.（**106**）
　　　　〜をすまなく思う　あなたのメールに返事を出さないこと

- Would you mind **not smoking** here?（ここではタバコを吸わないでいただけますか）
  ▶ 直訳は「あなたはここでタバコを吸わないことをいやがるでしょうか」（→p. 297）。
- The teacher praised Sam for **never being** late for school.
  （先生は学校に決して遅刻しないことでサムをほめた）

4-2 受動態の動名詞

> **107** My sister hates **being treated** like a child.
> 私の妹は子ども扱いされるのが嫌いです。

ポイント　受動態の動名詞＝**being** ＋ 過去分詞 ＝〜されること

動名詞で「〜されること」という〈受動〉の内容を表したい場合は，受動態の動名詞〈**being**＋過去分詞〉の形を使う。

　　　　My sister hates **being treated** like a child.（**107**）
　　　　　　S　　　V　　　O　子ども扱いされること
　　　▶ 受動態の動名詞が hates（〜をいやがる）の目的語になっている。

- He made a serious mistake, but *avoided* **being fired**.
  （彼は重大なミスをしたが，解雇されることは免れた）
  ▶ avoid（〜を免れる）の後ろに〈being ＋過去分詞〉の形が置かれたもの。fire（〜を解雇する）→ be fired（解雇される）→ being fired（解雇されること）。

プラス need + -ing = 〜される必要がある

need (〜を必要とする) の後ろに続く動名詞は「〜されること」という〈受動〉の意味を含む。

- My jeans **need washing**. ≒ My jeans **need to be washed**.
  　　　　　必要とする　　　　　　洗われること

（私のジーンズは洗う [←洗われる] 必要がある）

▶ × My jeans need *being washed*. や × My jeans need *to wash*. は誤り。

4-3 完了形の動名詞

> **108** He is proud of **having competed** in the Olympics.
> 彼はオリンピックで戦ったことを誇りに思っている。

ポイント　完了形の動名詞 = **having** + 過去分詞 = 〜したこと

述語動詞から見た過去（または現在完了）のことがらは、原則として完了形の動名詞〈**having** + 過去分詞〉で表す（→ p. 209）。

　　　He is proud that he competed in the Olympics.
　　　　現在形　　　　　　過去形

　　　He is proud of **having competed** in the Olympics. (108)
　　　　　　　　　　完了形の動名詞

▶ of の後ろには「戦ったこと」という意味の動名詞を置きたいが、過去形の competed に -ing をつけることはできない。そこで、代わりに〈have + 過去分詞〉の have に -ing をつけた形を使う。

- I wasn't aware of **having lost** my wallet.
  ≒ I wasn't aware that I had lost my wallet.

（私は財布をなくしたことに気づいていなかった）

参考…　完了形の動名詞を使わなくてもよい場合

意味の上から明らかに述語動詞よりも前のことだとわかる場合は、完了形の動名詞を使わなくてもよい。

- Thank you for **sending** me the lovely flowers.
  （すてきなお花を送ってくれてありがとう）

4-4 動名詞の形のまとめ

形	例	意味
動名詞の否定形（4-1）	not making	作らないこと
受動態の動名詞（4-2）	being made	作られること
完了形の動名詞（4-3）	having made	作ったこと

▶次のようにこれらを組み合わせた形もある。

- All the candidates are afraid of **not being elected**.
  （候補者たちはみんな選ばれないことを恐れている）〈否定語＋受動態〉
- I regret **not having watched** the movie.
  （私はその映画を見なかったことを後悔している）〈否定語＋完了形〉
- He is happy about **having been chosen** as the project leader.
  （彼はプロジェクトリーダーに選ばれたことをうれしく思っている）〈完了形＋受動態〉
- He complained about **not having been invited** to the party.
  （彼はパーティーに招待されなかったことに苦情を言った）〈否定語＋完了形＋受動態〉

✓ チェック 032

日本語の意味に合うように，(　　)に適語を入れなさい。

(1) 先生は教室の掃除をしないことで彼らをしかった。
　　The teacher scolded them for (　　　) (　　　) the classroom.
(2) 食事中に誰かに見られるのは好きではありません。
　　I don't like (　　　) (　　　) at while I'm eating.
(3) 私はもっと熱心に勉強しなかったことを後悔している。
　　I regret (　　　) (　　　) studied harder.

5 動名詞を含む慣用表現

109　It is no use trying to persuade him.
彼を説得しようとしてもむだだ。

ポイント　It is no use -ing ＝ 〜してもむだだ

no use は useless（役に立たない）の意味で，It は後ろの動名詞 trying 以下を受ける形式主語。(109) は次のように言い換えられる。

(109) ≒ It is useless to try to persuade him.
　　　≒ There is no point (in) trying to persuade him.

表現　動名詞を含むその他の慣用表現

can't help -ing ＝〜せずにはいられない（→ p.154）
- I **can't help worrying** about the result of the exam.（試験の結果を心配しないではいられない）

feel like -ing ＝〜したい気がする
- I don't **feel like studying** on such a sunny day.
  （こんなに晴れた日には勉強をする気にならない）

How [What] about -ing? ＝〜するのはどうですか
- **How [What] about going** shopping tomorrow?（明日買い物に出かけるのはどう？）

It goes without saying that ... ＝…ということは言うまでもない
- **It goes without saying that** health is more important than wealth.
  ≒ Needless to say, health is more important than wealth.（→ p.162）
  （健康が富に勝るということは言うまでもない）

on -ing ＝〜するとすぐに（→ p.473）〈書き言葉〉
- **On entering** the room, he became aware of a strange smell.
  ≒ As soon as he entered the room, he became aware of a strange smell.
  （部屋に入るとすぐに，彼は変なにおいに気づいた）▶主に小説などで使われる。

There is no -ing ＝〜することはできない
- **There is no knowing** what will happen tomorrow.
  ≒ It is impossible to know what will happen tomorrow.
  （明日何が起こるか知ることはできない）

be worth -ing ＝〜する価値がある
- The botanical garden **is worth visiting**.（その植物園は訪れる価値がある）

✓ チェック 033

日本語の意味に合うように，（　　）に適語を入れなさい。

(1) 彼と議論してもむだだ。
　　（　　　　）is（　　　　）use arguing with him.

(2) こんな寒い日には外出したくない。
　　I don't（　　　）（　　　　）going out on such a cold day.

(3) 私たちは彼の変な衣装を見て笑わずにいられなかった。
　　We couldn't（　　　）（　　　　）at his funny costume.

✓ チェック 解答

029 (1) Riding a horse is much harder than cycling　(2) you for inviting us to
　　　(3) not used to making a speech
030 (1) to like　(2) listening　(3) to get　(4) raining　(5) reading　(6) to call
031 (1) looking forward to my cousin coming　(2) without her knowing anything about
032 (1) not cleaning　(2) being looked　(3) not having
033 (1) It, no　(2) feel like　(3) help laughing

Using Grammar in Context

UNIT 7　動名詞

What Are Your Hobbies?

(Saki and Hideo are talking with Kate, an exchange student from the U.S.)

Kate : Did you paint these pictures? They are so beautiful.
Saki : Thank you. Painting pictures is one of my hobbies.
Kate : I really like them! You are a very good artist. Do you have any other hobbies?
Saki : I like reading books, especially science fiction novels. Oh, and I belong to the photography club.
Hideo : Saki is really good at taking photos.
Kate : Really? Can I see some of your photos, Saki?
Saki : OK. I'll bring some tomorrow.
Kate : Sounds great! I'm looking forward to seeing your photos. Actually, I'm interested in taking photos, too. On weekends I often go out with my camera. I really enjoy taking photos of traditional Japanese buildings. Please remember to bring your photos tomorrow.
Saki : I'd like to see some of your photos too, Kate! How about bringing some of your photos tomorrow as well?
Kate : OK, I will. How about you, Hideo? What are your hobbies?
Hideo : My main hobby is playing tennis, but it is more than just a hobby. I want to be a professional tennis player. But my parents don't like me practicing tennis all the time. They think I should study hard for the university entrance exams instead.
Kate : Ah, right. In Japan, you have entrance exams to get into college, don't you?
Hideo : Yes, but I hate being kept indoors. I don't feel like studying at home all day. I can't help wanting to play tennis on sunny days!
Kate : But I think it's worth studying hard when you are at school.
Hideo : It's no use trying to persuade me! I really want to be a professional tennis player. Besides, now I'm so used to playing tennis, so I can't imagine not playing tennis even for a single day.
Kate : Right. But studying will be useful for you in various ways, even when you become a famous tennis player! I remember a Japanese golfer speaking good English when she was interviewed on TV.
Hideo : OK ... I suppose you are right. I'll study harder now.

和訳

あなたの趣味は？

(サキとヒデオが，アメリカからの交換留学生のケイトと話しています。)

ケイト：これらの絵はあなたが描いたの？ すごくきれいだわ。

サキ：ありがとう。絵を描くことは，私の趣味の1つなの。

ケイト：私，これらの絵大好きだわ。あなたはとても絵がじょうずね。ほかにも趣味があるの？

サキ：本を読むことが好き。特にSF。あっ，それに私は写真部に入っているわ。

ヒデオ：サキは本当に写真を撮るのがうまいよ。

ケイト：本当？ サキ，あなたの写真を見せてもらえない？

サキ：いいわ。明日何枚か持ってくるわ。

ケイト：すてきだわ！ あなたの写真を見るのが楽しみだわ。実は，私も写真には興味があるの。週末にはよくカメラを持って出かけるの。伝統的な日本の建物の写真を撮るのが本当に楽しいわ。明日写真を持ってくるのを忘れないでね。

サキ：あなたの写真も見たいな，ケイト。あなたも明日写真を持ってくるのはどう？

ケイト：いいわ。そうするわね。ヒデオ，あなたはどうなの？ 趣味は何なの？

ヒデオ：ぼくの一番の趣味はテニスなんだ。でも，それは単なる趣味じゃないんだ。プロのテニス選手になりたいんだ。でも，両親は，ぼくがいつもテニスの練習ばかりしているのが好きじゃないんだ。彼らは，テニスの代わりに，大学入試のために一生懸命に勉強すべきだと思っているんだ。

ケイト：ああ，そうね。日本では，大学に入るのに入学試験があるのよね？

ヒデオ：そうだよ。でも家の中に閉じ込められるのはごめんだよ。一日中家で勉強をする気にはならないよ。天気のよい日はテニスをしたくてたまらないんだ。

ケイト：でも，学生のときはしっかり勉強する価値があると思うわ。

ヒデオ：ぼくを説得しようとしてもむだだよ。ぼくは本当にプロテニス選手になりたいんだ。それに，今はテニスをすることにとても慣れているから，1日でもテニスをしないなんて想像できないよ。

ケイト：そうね。でも，たとえあなたが有名なテニス選手になったときでも，勉強は，いろいろな点であなたに役立つわよ。日本人ゴルファーがインタビューされたとき，英語をじょうずに話していたのを覚えているわ。

ヒデオ：わかったよ…きみの言うとおりだと思うよ。これからもっと一生懸命勉強するよ。

Sue's Advice

不定詞と動名詞の違い

次の2つの例文は不自然です。その理由がわかりますか？

(a) 私の趣味はピアノを弾くことです。

　　× My hobby is to play the piano.

(b) 私の夢は宇宙飛行士になることです。

　　× My dream is becoming an astronaut.

これらの文は，不定詞と動名詞の用法に問題があります。p.131, 169にあるように，不定詞は「未来に起こること」を意味することが多く，一方で動名詞は「現在習慣的に行っていること」などを表します。この観点から2つの文をもう一度見てみましょう。

(a)では，「趣味」は「一般論・習慣」ですから，動名詞を使って次のように書くのが自然です。

　　My hobby is **playing** the piano.

一方，(b) では，「夢」は，「未来において実現すること」ですから，不定詞を使って次のように書きます。

　　My dream is **to become** an astronaut.

このような理由から，wantやhopeは後ろに不定詞を置き，動名詞を置かないのです。

UNIT 8

分詞

分詞は形容詞・副詞のはたらきをもつ

Introduction ·········· 184

1 名詞を修飾する分詞（限定用法） ·········· 186
   1-1 現在分詞＋名詞 ·········· 186
   1-2 過去分詞＋名詞 ·········· 186
   1-3 名詞＋現在分詞句 ·········· 188
   1-4 名詞＋過去分詞句 ·········· 188
   1-5 名詞を修飾する分詞のまとめ ·········· 189

2 補語のはたらきをする分詞（叙述用法） ·········· 190
   2-1 SVCのCとしてはたらく分詞 ·········· 190
   2-2 SVOCのCとしてはたらく現在分詞 ·········· 191
   2-3 SVOCのCとしてはたらく過去分詞 ·········· 193

3 分詞構文 ·········· 195
   3-1 分詞構文の形とはたらき ·········· 195
   3-2 現在分詞で始まる分詞構文 ·········· 196
   3-3 過去分詞で始まる分詞構文 ·········· 199
   3-4 分詞構文の否定形 ·········· 200
   3-5 完了形の分詞構文 ·········· 200
   3-6 独立分詞構文 ·········· 201
   3-7 付帯状況を表す with ·········· 202
   3-8 分詞構文を使った慣用表現 ·········· 202

4 現在分詞を使った様々な表現 ·········· 203
   4-1 go + *-ing* ·········· 203
   4-2 be busy + *-ing* ·········· 204
   4-3 spend + O + *-ing* など ·········· 204

チェック解答 ·········· 205

Using Grammar in Context
   A Sleeping Panda ·········· 206

準動詞の用法（まとめ） ·········· 208

Introduction

分詞とは

分詞は，不定詞や動名詞と同じように，動詞の性質をもちながらほかの品詞のはたらきをします。「動詞から分かれてできた言葉(詞)」と考えるとよいでしょう。

分詞の形と特徴

分詞には，**現在分詞**と**過去分詞**とがあります。それぞれの基本的な意味は次のようになります。時制における「現在」「過去」とは異なる点に注意しましょう。

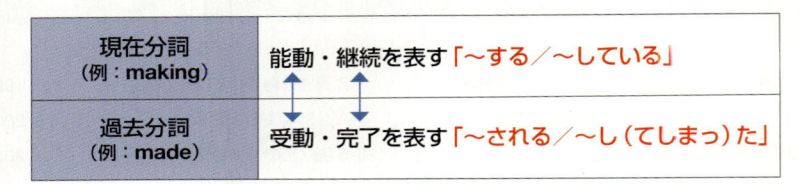

現在分詞 (例：making)	能動・継続を表す**「～する／～している」**
過去分詞 (例：made)	受動・完了を表す**「～される／～し(てしまっ)た」**

make を例にすると，現在分詞の **making** は「作る」〈能動〉・「作っている」〈継続〉の意味をもちます。また，過去分詞の **made** は「作られる」〈受動〉・「作り終えた」〈完了〉の意味をもちます。

分詞のはたらき

分詞は，次の2つのはたらきをもちます。

① 形容詞としてのはたらき
　一般の形容詞と同じように，名詞を修飾したり，補語になったりします。

- What's that **burning** *smell*? (あのこげくさいにおいは何？)
  ▶現在分詞が名詞を修飾する

- She threw away the **broken** *vase*. (彼女はこわれた花瓶を捨てた)
  ▶過去分詞が名詞を修飾する

- She kept **waiting** for a letter from him. （彼女は彼からの手紙を待ち続けた）
  S   V   C ▶現在分詞が補語になる

- The gate remained **closed**. （門は閉まったままだった）
  S   V   C ▶過去分詞が補語になる

② 副詞としてのはたらき

分詞で始まる語句が副詞のはたらきをするときがあります。これを**分詞構文**といいます。

- **Walking** down the street, he saw an old friend.

（道を歩いていたら，彼は古い友人に出会った） ▶下線部＝副詞のはたらき

Next, Putting it into Action!

分詞のはたらきや分詞構文の意味など，詳しい用法を見ていきましょう。

UNIT 8 分詞

1 名詞を修飾する分詞（限定用法）

分詞は，形容詞と同じように，名詞を修飾するはたらきをもつ（→p. 404）。分詞のこのような用法を「限定用法」という。

1-1 現在分詞＋名詞

110 The news reported an **approaching** typhoon.
ニュースは近づきつつある台風を報じた。

ポイント　自動詞の現在分詞＋名詞＝〜している○○

名詞を修飾する1語の現在分詞は，名詞の前に置く。この形で使う現在分詞は基本的に「〜している，〜しつつある」〈進行中の動作〉の意味を表す。

形容詞　名詞		現在分詞　名詞
a big typhoon	形容詞と同じように現在分詞を名詞の前に置く	an approaching typhoon
大きな台風		近づいている台風

an *approaching* typhoon ≒ a typhoon *that is approaching*（→ UNIT 9）

- Put the pasta into **boiling water**. （パスタを熱湯［←わいている水］に入れなさい）
- You can see the **setting sun** from that hill.
（あの丘から夕日［←沈みつつある太陽］を見ることができる）

参考　「〜する〈能動〉」の意味を表す現在分詞
名詞の前の現在分詞が「〜する」の意味を表す場合もある。
- The number of **working mothers** has been increasing.
（働く母親の数が増えている）　▶ working mothers ≒ mothers who work

1-2 過去分詞＋名詞

111 We have lots of **frozen** food in the freezer.
冷凍庫にはたくさんの冷凍食品が入っている。

ポイント　他動詞の過去分詞＋名詞＝〜された○○，〜され（てい）る○○

名詞を修飾する1語の過去分詞は，形容詞と同じように名詞の前に置く。この形で使う過去分詞は，「～された」〈受動〉の意味を表す。

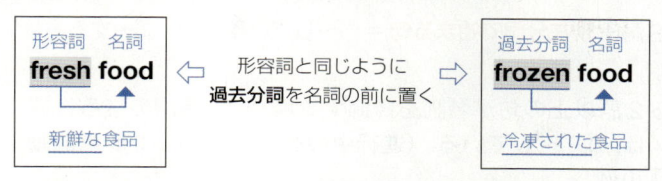

```
形容詞  名詞              過去分詞  名詞
fresh food    ⇐ 形容詞と同じように ⇒ frozen food
              過去分詞を名詞の前に置く
新鮮な食品                        冷凍された食品
```

frozen food ≒ food *that is* [*was*] *frozen*   ▶ frozen = freeze（冷凍する）の過去分詞

- My **stolen bike** hasn't been found yet.（私の盗まれた自転車はまだ見つかっていない）
- There are many differences between **spoken English** and **written English**.
  （英語の話し言葉 [←話される言葉] と書き言葉 [←書かれる言葉] には多くの違いがある）

➕プラス　分詞の形容詞化

(111) の frozen food の frozen は，「冷凍の」という意味の形容詞と考えることもできる。次のような過去分詞も，本来の「～された」〈受動〉の意味がうすれ，形容詞と考えることができる。このような形容詞を「分詞形容詞」と呼ぶ（→p. 409）。

　　a **used car**（中古車）
　　a **broken window**（割れた窓）
　　an **unexpected result**（予想外の結果）

参考… 自動詞の過去分詞＋名詞

ここでは他動詞の過去分詞「～された」について述べてきたが，〈**自動詞の過去分詞＋名詞**〉という形もある。この形で使う過去分詞は，〈**完了**〉の意味を表す。ただし，例はあまり多くない。

- The road is covered with **fallen** leaves.（道路は落ち葉でおおわれている）
  ▶ fallen leaves ≒ leaves that have fallen（落ち[てしまっ]た葉）
- My uncle is a **retired** policeman.（おじは引退［定年退職］した警官だ）
  ▶ a retired policeman ≒ a policeman who has retired

4技能 Tips　Speaking　アイスコーヒーは ice coffee ではない

〈過去分詞＋名詞〉の形の英語が日本語のカタカナ表現（和製英語）として定着する際，しばしば語尾の (e)d の音が脱落する。「アイスコーヒー」に当たる英語は **iced coffee** で，「氷で冷やされたコーヒー」ということ。スクランブルエッグ（**scrambled egg** = かきまぜられたタマゴ），プロセスチーズ（**processed cheese** = 加工されたチーズ）なども同様。

1-3 名詞＋現在分詞句

112 The students **dancing on the stage** are my classmates.
ステージでおどっている生徒たちは私のクラスメイトです。

ポイント 名詞＋現在分詞で始まる句＝①〜している〇〇　②〜する〇〇

現在分詞で始まる2語以上の句が名詞を修飾する場合は，名詞の後ろに置く。この形で使う現在分詞は，①「〜している」〈進行中の動作〉，②「〜する」〈能動〉の意味を表す。(112)は①の例。

The students **dancing** *on the stage* are my classmates. (112)
生徒たち　　　　　　ステージでおどっている〈進行中の動作〉

≒ The students **who are dancing** *on the stage* are my classmates.
× The dancing students *on the stage* are my classmates.

次は②の「〜する〇〇」〈能動〉の例。
- Anyone **wishing to become a lawyer** must study hard.
誰でも　　　　　弁護士になりたいと思う〈能動〉

≒ Anyone who wishes [× is wishing] to become a lawyer must study hard.
（弁護士になりたいと思う人は誰でも，熱心に勉強しなければならない）
▶ wish は進行形にできない動詞（→ p. 43）なので，wishing は〈進行中の動作〉ではない。

- I received an e-mail from Sally **saying that she is coming to Japan next month**.

（私はサリーから来月日本に来ると書いてあるメールを受け取った）
▶ 名詞と現在分詞句の間に副詞句 (from Sally) が挿入された形。

1-4 名詞＋過去分詞句

113 The language **spoken in Brazil** is Portuguese.
ブラジルで話されている言語はポルトガル語です。

ポイント 名詞＋過去分詞で始まる句＝〜された〇〇，〜され（てい）る〇〇

過去分詞で始まる2語以上の句が名詞を修飾する場合も，名詞の後ろに置く。この形で使う過去分詞は，「〜された，〜され（てい）る」〈受動〉の意味を表す。

The language **spoken** *in Brazil* is Portuguese. (113)
言語　　　　　　ブラジルで話されている

≒ The language **which is spoken** *in Brazil* is Portuguese.

- The painting **stolen from the museum** was found recently.

（美術館から盗まれた絵が最近発見された）

▶ stolen from the museum が the painting を修飾し,「美術館から盗まれた絵」の意味を表す。

1-5 名詞を修飾する分詞のまとめ

名詞の前後に置く分詞の例をまとめると，次のようになる。

		現在分詞	過去分詞
1語の分詞＋名詞	他動詞	an exciting game（わくわくする試合）（→ p. 409）	a boiled egg（ゆでタマゴ） excited fans（興奮したファン）
	自動詞	boiling water（熱湯）	fallen leaves（落ち葉）
名詞＋分詞句		my uncle living in Kobe（神戸に住んでいるおじ）	a cat named Tama（タマと名づけられた猫）

参考 動名詞と現在分詞の見分け方

〈-ing＋名詞〉の形では，-ing は現在分詞とは限らない。
次の例では，(a)の sleeping は進行中の動作を表すが，(b)は「**眠っている**車両」では意味が通じない。(b)の sleeping は動名詞で，「眠るための」〈用途・目的〉という意味を表す。どちらの意味になるかは，後ろの名詞との意味的なつながりから考えよう。

(a) a **sléeping báby** ≒ a baby who is sleeping
　　眠っている赤ん坊　　　　　進行中の動作 (sleeping＝現在分詞)

(b) **sléeping car** ≒ a car for sleeping [× a car that is sleeping]
　　寝台車＝眠るための車両　〈用途・目的〉を表す (sleeping＝動名詞)

✓ チェック 034

下から1つずつ動詞を選び，適切な形に変えて（　）に入れなさい。

(1) I'm looking for an apartment (　　　) south.
(2) Don't touch the pieces of (　　　) glass.
(3) The road (　　　) to the stadium was crowded with people.
(4) The people (　　　) in the accident were taken to the hospital.
(5) A (　　　) number of Japanese companies have opened branches in India.

[break / face / grow / injure / lead]

2 補語のはたらきをする分詞（叙述用法）

分詞は補語（C）として使うこともできる。分詞のこのような用法を「叙述用法」という。

2-1 SVCのCとしてはたらく分詞

114 He **kept making** the same mistakes.
彼は同じ間違いをし続けた。

ポイント　S＋keep＋C（分詞）＝ Sは〜している[されている]ままである

〈S＋V＋分詞〉の形でVをbe動詞で置き換えても文が成り立つときは，分詞はC（補語）だと考えられる。SVCのCはS（主語）を説明するはたらきをもつ。

　　　S　V　　　C
　　He **kept making** the same mistakes.（114）
　　〜のままだった＋同じ間違いをする（→同じ間違いをし続けた）

　　He **was making** the same mistakes.（彼は同じ間違いをしていた）

同様に「〜のままである」という意味を表す remain や stay も，SVCのCの位置に現在分詞・過去分詞を置くことができる。

- The old part of the city **remains unchanged**.（その旧市街は変わらないままだ）
  ← The old part of the city is unchanged. の状態のままである (remains)
- **Stay tuned**.（（チャンネルを変えずに）そのままお楽しみください）
  ▶テレビやラジオで使われる表現。tune は「（周波数など）を同調させる」という動詞で，「tuned（同調させられている状態）のままにしなさい (Stay)」ということ。

＋プラス　〈S＋V＋C（分詞形容詞）〉

SVCのCが分詞形容詞になっている例はよく見られる。この場合も，Vをbe動詞に置き換えて考えればよい。

- He **looked surprised** to hear the news.
  （彼はその知らせを聞いて驚いたように見えた）
  ← He was surprised. の状態のように見えた (looked)
- The mouse **got broken**, so I can't use the computer properly.
  （マウスがこわれてちゃんとパソコンが使えない）
  ← The mouse was broken. の状態になった (got)

プラス 〈S＋V〉＋分詞

keep などのように後ろに必ず補語が必要な動詞のほか，〈S＋V〉の形で使う動詞（**come, go, lie, run, sit, stand, walk** など）の後ろにも分詞を置くことがある。この場合の分詞は修飾語（副詞）のはたらきをする。**現在分詞なら「～しながら」，過去分詞なら「～されながら [～された状態で]」の意味になる。**

- A huge dog **came running** toward us.
  　　S　　　V　　走りながら

  （大きな犬が私たちのほうへ走ってきた）

- The singer **stood surrounded** by his fans.
  　　S　　　V　　囲まれた状態で

  （その歌手はファンたちに囲まれて立っていた）

2-2 SVOC の C としてはたらく現在分詞

知覚動詞＋O＋現在分詞

115 I **heard** the church bell **ringing**.

教会の鐘が鳴っているのが聞こえた。

ポイント　知覚動詞＋O＋現在分詞＝【Oが～しているところ】を…する

hear（聞こえる），see（見る），feel（感じる）などの後ろに〈O＋現在分詞〉の形を置くことができる。

hear ＋ O＋現在分詞 ＝【Oが～しているところ】が聞こえる

　　I **heard** the church bell **ringing**.（115）
　　S　V　　　O　　　　　　　C
　　私は 聞こえた　教会の鐘が鳴っているところ

SVOC の C は O（目的語）を説明するはたらきをもち，〈S＋V〉の関係が成り立つ。上の文では，O と C の間に the church bell was ringing（教会の鐘が鳴っていた）という関係がある。

- She **felt** *her heart* **beating** wildly.
  （彼女は心臓が激しく打っているのを感じた）
- He **watched** *his daughter* **practicing** ballet.
  （彼は娘がバレエの練習をしているのをじっと見た）

参考 知覚動詞＋O＋原形不定詞

知覚動詞の後ろには，(b)のように〈O＋原形不定詞〉を置くこともできる（→p.151）。

(a) I **saw** *a dog* **barking** at my brother.
（私は1匹の犬が兄［弟］に向かってほえているのを見た）

(b) I **saw** *a dog* **bark** at my brother.
（私は1匹の犬が兄［弟］に向かってほえるのを見た）

(a)は「犬がほえている（途中の）**瞬間**を見た」ということ。(b)は「犬がほえる」という**行為**を1つの**まとまり**としてとらえた言い方。

その他の動詞＋O＋現在分詞

116 Who left the water running?
水を流しっぱなしにしたのは誰だ。

ポイント　V＋O＋現在分詞＝【Oが～している状態】を…する

get, keep, leave などの後ろにも，〈O＋現在分詞〉を置くことができる。Oと現在分詞との間には，「**O が～している**」という〈S＋V〉の関係がある。

leave ＋ O＋現在分詞 ＝【Oが～している状態】を放置する

Who **left** the water **running**?（116）
　S　 V　　 O　　　C
誰が 放置した 水が流れている状態

get ＋ O ＋ -ing ＝ O を～している状態にする
- He **got** *the computer* **working** again.
（彼はパソコンを再び作動するようにした）
←【パソコンが作動している状態】を手に入れた (got)

keep ＋ O ＋ -ing ＝ O を～している状態にしておく
- I'm sorry to have **kept** *you* **waiting**.〈フォーマル〉
（お待たせしてしまい申しわけありません）
←【あなたが待っている状態】を保っていた (have kept)

catch ＋ O ＋ -ing ＝ O が～しているのを見つける
- The teacher **caught** *him* **cheating**.
（先生は彼がカンニングをしているのを見つけた）
←【彼がカンニングをしている状態】をとらえた (caught)

2-3 SVOCのCとしてはたらく過去分詞

知覚動詞＋O＋過去分詞

117 I saw *Hamlet* performed in London.
私はロンドンで『ハムレット』が演じられるのを見た。

ポイント　知覚動詞＋O＋過去分詞＝【Oが～されるところ】を…する

知覚動詞の後ろには，〈O＋過去分詞〉を置くことができる。Oと過去分詞との間には，「Oが～される」という〈S＋V〉の関係がある。

　　I saw *Hamlet* performed in London. (117)
　　S　V　　O　　　　C
　　私は　見た　『ハムレット』が上演される　　ロンドンで

▶ OとCの間に *Hamlet* was performed（『ハムレット』が演じられた）という〈受動〉の関係がある。

● I **heard** our flight number **announced**.
（私たちの乗る航空機の便の番号がアナウンスされるのが聞こえた）
▶〈hear＋O＋過去分詞〉＝Oが～されるのが聞こえる

その他の動詞＋O＋過去分詞

118 She kept the door locked.
彼女はドアにカギをかけておいた。

ポイント　V＋O＋過去分詞＝【Oが～された状態】を…する

get, have, keep, leave などの後ろにも，〈O＋過去分詞〉を置くことができる。

keep ＋ 　O＋過去分詞　 ＝【Oが～された状態】を保つ

　　She kept the door locked. (118)
　　S　　V　　O　　　C
　　彼女は　保った　ドアがカギをかけられた状態

● Please **keep** *me* **informed** on the matter.
（その件については私に常に知らせるようにしてください）
← 【私がその問題について知らされた状態】を保つ (keep)

get＋O＋過去分詞
① O〈もの〉を〜された状態にさせる［してもらう］
- I **got** [**had**] *my hair* **cut** at the beauty salon.
  （美容院で髪を切ってもらった）〈使役〉

② O〈体の一部〉を〜される
- I **got** *my fingers* **caught** in the door.（ドアに指をはさまれた）〈被害〉

③ O を〜された状態にする
- I'll **get** [**have**] *this work* **finished** by 5.（この仕事は5時までに終わらせます）〈完了〉

have＋O＋過去分詞
① O〈もの〉を〜された状態にさせる［してもらう］
- I **had** [**got**] *my car tires* **checked**.（車のタイヤを調べてもらった）〈使役〉

② O〈自分の持ち物〉を〜される
- He **had** [**got**] *his bike* **stolen**.（彼は自転車を盗まれた）〈被害〉

leave＋O＋〈un＋過去分詞〉＝ O が〜されていない状態に（放置）する
- He **left** *his car* **unlocked**.（彼は車のカギをかけなかった）
  ←【車のカギがかけられていない状態】を放置する (leave)

➕プラス 〈make oneself＋過去分詞〉の形の慣用表現

make oneself understood ＝自分の言いたいことを伝える
- I was able to **make myself understood** in English.
  （私は英語で自分の意思を伝えることができた）
  ←【自分が理解される状態】を作る (make)

make oneself heard ＝自分の声を届かせる
- It was very noisy, so she couldn't **make herself heard**.
  （とても騒がしかったので，彼女の声は届かなかった）

✓チェック035
日本語の意味に合うように，与えられた語を並べかえて英文を完成しなさい。ただし，下線の動詞は必要に応じて適切な形に変えること。

(1) 彼は怒っていたけれどほほえみ続けた。
　　He (smile / he / keep / was / though) angry.

(2) 何かが腕に触れているのを感じた。
　　I (touch / feel / something) my arm.

(3) 散髪屋で髪を切ってもらった。
　　I (cut / hair / have / my) at the barber's.

(4) 私の中国語は通じなかった。
　　I couldn't (in / understand / myself / make) Chinese.

Sue's Advice

「自転車が盗まれた！」という表現

あなたの大切な自転車が誰かに盗まれてしまったとき，英語でどのように表現しますか？
　I had my bicycle stolen yesterday.
　（私はきのう自転車を盗まれた）

この英文は，文法的には正しいのですが，実際にはあまり使われません。自分の自転車が盗まれた場合は，次のような表現のほうが自然です。
　My bicycle was stolen yesterday. / Someone stole my bicycle yesterday.
　（きのう私の自転車が盗まれた）　　（きのう誰かが私の自転車を盗んだ）
〈had ＋ O ＋過去分詞〉の形には，「O を～される」のほかに「O を～させる［してもらう］」の意味もあるため，最初の英文では「この人はわざわざ『自転車を盗んでもらった』のだろうか」と受け取られる可能性があります。
ただし，他人の自転車が盗まれたことを伝える場合は〈had ＋ O ＋過去分詞〉もよく使われます。
　Sarah had her bicycle stolen yesterday.
　（サラはきのう自転車を盗まれた）

3 分詞構文

3-1 分詞構文の形とはたらき

分詞で始まる語句が全体として**副詞のはたらき**をするものを，分詞構文という。
- She is in the kitchen, making a cake. （彼女は台所にいて，ケーキを作っている）
　　　　　　　　　　　　　分詞構文

分詞構文には，次の基本的な特徴がある。
①分詞が「接続詞」と「（述語）動詞」のはたらきをもつ
　▶ただし，分詞構文が常に特定の接続詞で言い換えられるとは限らない。
②同時または引き続いて起こる動作や状態を表す

分詞構文を使って，シンプルな文を作ることができる。
(a) She is in the kitchen. She is making a cake.　←２つの文
　　（彼女は台所にいるよ。ケーキを作っているんだ）

この2つの文を接続詞で結びつけると、たとえば次のようになる。

(b) She is in the kitchen **and she is making** a cake.　←接続詞で結びつけた場合
　　　　　　　　　　　　接続詞＋S＋V

　　（彼女は台所にいて，ケーキを作っているんだ）

これを分詞構文を使って表現すると、次のようになる。分詞構文では分詞が接続詞のはたらきを兼ねるので、接続詞 (and) は使わない。

(c) She is in the kitchen, **making** a cake.　←分詞構文を使った場合
　　　　　　　　　　　　　　　　分詞構文

　　（彼女は台所にいるよ，ケーキを作りながらね）

(b) と (c) が表す実質的な意味に違いはないが、ニュアンスは異なる。(b) が and の前後を対等の関係で結びつけている (→p.458) のに対して、(c) の making a cake は**修飾語（副詞句）**であり、**説明をつけ加える**はたらきをもつ。つまり、「彼女は台所にいる」という状態に「ケーキを作っている」という（同時に行われる）動作が加わっていることを表している。

分詞構文は様々な意味を表すため、特定の接続詞で言い換えられない場合も多い (→p.198)。したがって分詞構文を理解するには、2つの独立した文に分けて、意味的なつながりを考えるようにするとよい。

- She cooks **using** lots of herbs.
  → She cooks. ＋ She uses lots of herbs.
  　彼女は料理をする　　彼女は多くのハーブを使う
  →「彼女は多くのハーブを使って料理をする」

3-2 現在分詞で始まる分詞構文

同時に行う動作

119　I stayed in bed, **reading** a book.
　　　　私は本を読みながらベッドにいた。

ポイント　《(コンマ＋)現在分詞》が，「～しながら」の意味を表すことがある

I stayed in bed (**, reading** a book). (119)
私はベッドにいた　　　本を読みながら

(119)は（　）内の説明を分詞構文で加えた形。2つの文に分けると次のようになる。

→ I stayed in bed. ＋ I was reading a book.

➕プラス　接続詞＋分詞構文（現在分詞）

意味を明らかにするために，分詞構文（現在分詞）の前に接続詞を置くことがある。

- He broke his leg **while playing** soccer.
  ≒ He broke his leg **playing** soccer.
  （彼はサッカーをしていて足を骨折した）
  ▶ while を加えることで「同時に行う動作」であることを明らかにしている。while (he was) playing soccer の he was が省略された形と考えてもよい（→p.573）。

注意！》 進行形で使わない動詞も，分詞構文なら -ing 形にできる

- I rushed to the station, **hoping** (that) I would catch the last train.
  → I rushed to the station. ＋ I hoped (that) I would catch the last train.
  （最終電車に間に合うことを願いながら，私は駅へ急いで行った）（→p.44）

引き続いて起こること

120 My neighbors were talking loudly after midnight, **disturbing** my sleep.
となりの人たちが夜中過ぎに大声で話していて，私の睡眠をさまたげた。

ポイント　〈コンマ＋現在分詞〉は補足説明を加えるはたらきをし，「そして～」の意味を表すことがある

分詞構文（disturbing my sleep）が，前の内容に**引き続いて起こること**を補足的に説明している。

My neighbors were talking loudly after midnight, **disturbing** my sleep. (120)
となりの人たちが夜中過ぎに大声で話していた　　　　　（そして）私の睡眠をさまたげた

4技能 T i p s　Reading　新聞記事などでよく使われる分詞構文

新聞記事や説明文中で現在分詞を使った分詞構文のほとんどは，「そして」の意味だと考えてよい。

- Differences in culture or language can create misunderstandings, **making** communication difficult.
  （文化や言語の違いが誤解を生み出す場合があり，それがコミュニケーションを難しくする）
- A plane crashed, **resulting** in over 200 deaths.
  （飛行機が墜落して，200人以上の死者が出た）

▶この文は A plane crashed, which resulted in over 200 deaths. とほぼ同じ意味を表す。which は前の内容を受ける〈継続用法〉の関係代名詞（→ p.230）。

原因・理由など

121 Being so tired, he went straight to bed.
とても疲れて（いたので），彼はまっすぐにベッドへ行った。

ポイント 文頭の現在分詞が「〜なので」〈原因・理由〉などの意味を表すことがある

<u>Being</u> so tired, he went straight to bed. （121）
とても疲れて（いたので）　　彼はまっすぐにベッドへ行った

≒ <u>As he was so tired</u>, he went straight to bed.

▶being は was（be動詞）の現在分詞。

参考… being の省略

〈being ＋形容詞・名詞〉の形の分詞構文では，being が省略されることがある。主に書き言葉で使う。

● (Being) **Unable** to decide for herself, Ann asked her friends for advice.
（自分で決めることができなかったので，アンは友人たちに助言を求めた）

表現　文頭に置かれる分詞構文

分詞構文を文頭に置く形は小説や随筆などで使われる。〈原因・理由〉のほか，〈時〉を表す接続詞に近い意味や，「同時に行う動作」，「引き続いて起こること」などを表す場合もある。

● **Hearing** him sing 'Ave Maria', she was reminded of her wedding.
 ≒ **When** she heard him sing 'Ave Maria', she was reminded of her wedding.
（彼が「アヴェマリア」を歌うのを聞いたとき，彼女は自分の結婚式を思い出した）
▶「聞いた」という動作と「思い出した」という動作が**同時**に起きたことを表す。

● **Leaving** the motorway at junction 20, take the A64 to York.
 ≒ **After** you leave the motorway at junction 20, take the A64 to York.
（20番のジャンクションで高速道路を降りた後は，ヨークまでA64号線を通ってください）
▶「高速道路を降りる」という動作に**引き続いて**「A64号線を通る」という動作が起きることを表す。

以下は，接続詞で言い換えにくい分詞構文の例。これらの形は話し言葉でよく使う。

● **Going** back to what we were talking about yesterday, I think we should buy a new sofa.
（きのう私たちが話していた話題に戻るけど，新しいソファを買うべきだと思うわ）

● **Looking** back, I really enjoyed junior high school.
（振り返ってみると，中学校時代は本当に楽しかった）

● **Thinking** about the flight, we need to book it soon.
（飛行機のことを考えてみると，私たちはすぐに予約する必要がある）

3-3 過去分詞で始まる分詞構文

122 **Seen** from space, the earth looks like a blue ball.
宇宙から見ると，地球は青いボールのように見える。

> **ポイント**　過去分詞で始まる分詞構文は「～される」〈受動〉の意味を含む

過去分詞で始まる分詞構文は「～される」〈受動〉の意味を含み，補足説明などを加えるはたらきをする。接続詞で言い換えられる場合もある。

　　　Seen from space, the earth looks like a blue ball.（122）
　　　宇宙から見る [←見られる] と　　　地球は青いボールのように見える
　　≒ When it is seen from space, the earth looks like a blue ball.
　　▶文の主語 (the earth) をもとにして考えると，分詞構文は「地球が宇宙から見られるとき」の意味を表すことがわかる。Seeing だと「地球が見る」という不自然な関係になるので誤り。

現在分詞の場合と同様に，過去分詞で始まる分詞構文も，引き続いて起こる動作・状態や補足説明を表す。

- Ben came in first, **followed** by Fred.
（ベンが1着になり，フレッドがそれに続いた）
→ Ben came in first.　＋　He was followed by Fred.
- **Founded** in 1980, the volunteer group has played an active role in the community.
≒ The volunteer group, (which was) **founded** in 1980, has played an active role in the community.
（1980年に設立されたそのボランティア団体は，地域社会で積極的に活動してきた）
▶補足説明を加える分詞構文は，継続用法の関係詞（→p.228）に近いはたらきをする。

➕プラス　接続詞＋分詞構文（過去分詞）

意味を明らかにするために，過去分詞の前に接続詞を置くことがある（→119プラス）。

- **If taken** regularly, this medicine will lower your blood pressure.
（規則正しく飲めば，この薬はあなたの血圧を下げるだろう）
▶Taken regularly, ... とも言えるが，if を加えることで〈条件〉の意味を明らかにしている。If (it is) taken regularly の it is が省略された形とも考えられる（→p.573）。

3-4 分詞構文の否定形

123 **Not knowing** what to do next, she asked her father for some advice.

次に何をしてよいかわからなかったので, 彼女は父親にアドバイスを求めた。

ポイント 分詞構文の否定形は〈**not / never** + 分詞〉で表す

分詞構文の否定形は分詞の前に否定語 (not / never) を置いて表す (→ p. 209)。この場合も2つの文に分けて考えればよい。

Not knowing what to do next, she asked her father for some advice. (**123**)
次に何をしてよいかわからなかったので　　　彼女は父親にアドバイスを求めた

→ She did **not** know what to do next. + She asked her father for some advice.
　彼女は次に何をしてよいかわからなかった　　彼女は父親にアドバイスを求めた

3-5 完了形の分詞構文

124 **Having won** many contests, she is regarded as Japan's best pianist.

多くのコンテストで優勝したので, 彼女は日本一のピアニストと考えられている。

ポイント 〈**having** + 過去分詞〉で述語動詞よりも前のことを表す

述語動詞 (is regarded) の時点より前の出来事ということ (→ p. 209)
Having won many contests, she is regarded as Japan's best pianist. (**124**)
→ She **won** many contests. + She is regarded ...
　　過去形　　　　　　　　　　　　現在形

▶ 述語動詞 (is regarded) の時制は現在形だが「優勝した」のは過去のこと。このように「述語動詞から見た過去」を表すには, 完了形の分詞 (having + 過去分詞) を使う。前半は She has won many contests. (彼女は多くのコンテストに優勝したことがある) という現在完了形の意味と考えてもよい。

➕プラス 完了形の分詞構文の否定形〈**not / never** など + 完了形〉
完了形の分詞構文を否定形にするには, having の前に否定語を置く。
● **Not having heard** from him for a while, I assumed he was ill.
　〈not + 完了形〉
　(彼からしばらく便りがなかったので, 私は彼が病気だと思った)

- **Never having lived** away from home before, John became homesick.
  〈never＋完了形〉
  (家から離れて暮らしたことがそれまで一度もなかったので、ジョンはホームシックになった)
  ▶ not は必ず分詞の前に置くが、never の場合は Having never lived ... とも言う。

注意！ having been の省略

完了形の分詞構文の having been は省略されるのがふつう。

- (Having been) **Born and brought up** in London, Kelly speaks British English.
  → Kelly was born and brought up in London. ＋ Kelly speaks British English.
  (ロンドンで生まれ育った(ので、)ケリーはイギリス英語を話す)

3-6 独立分詞構文

分詞構文では、原則として「分詞の意味上の主語」は「文全体の主語」と一致しているので、ふつうは意味上の主語を示すことはない。**独立分詞構文**とは、この原則に当てはまらないため、**分詞の前に意味上の主語**(分詞が表す動作や状態の主体)**を置いた形**のことをいう(→p.208)。(小説などで使われるフォーマルな表現)

> **125** The damaged car was left on the road, its engine still running.
> 壊れた車は路上に放置されており、エンジンはまだ動いていた。

ポイント 分詞の前に意味上の主語を置くことがある

2文で示すとそれぞれの文の主語が異なるため、分詞構文の意味上の主語が必要になる。

　　　　　　　文全体の主語
The damaged car was left on the road,
意味上の主語　　　　　　　現在分詞
its engine still **running**. (125)
その(車の)エンジンが ＋ まだ動いている状態で

→ **The damaged car** was left on the road. ＋ **Its engine** was still **running**.
▶「〜の状態で」というつながりを表す分詞構文(running)の前に、意味上の主語(its engine) が加わった形。 ..., with its engine still running とも表せる(→3-7)。

参考 様々な独立分詞構文の例

〈完了形の独立分詞構文〉

- **The sun having set**, the workers left the fields.
  (日が沈んだので、労働者たちは畑を後にした)

〈There で始まる独立分詞構文〉
- **There being** little time left, he wrote his final will.
  (ほとんど時間が残されていない状況で，彼は遺言を書いた)
  ▶ final will は「遺言」。

3-7 付帯状況を表す with

126 He listened to music **with** his eyes **closed**.
彼は目を閉じて音楽を聞いた。

ポイント　**with** ＋名詞／代名詞＋分詞 ＝ …が〜して［されて］いる状態で

独立分詞構文が「〜の状態で」というつながり（これを「付帯状況」という）を表すとき，前に with を置くことができる。(126) では「His eyes were closed. の状態で」ということ。× with closing his eyes は誤り。

　　　　　　　　　　　　　　名詞　　　　　過去分詞
He listened to music **with his eyes closed**. (126)
　　　　　　　　　〜の状態で　彼の目が　閉じられている
　　　　　　　　　この部分が独立分詞構文と同じ形

- Don't sit **with** your legs **crossed** on a crowded train.　▶ crossed ＝過去分詞
  (込んだ電車で足を組んで座ってはいけない)

参考　分詞を使わずに付帯状況を表す表現
- Some animals can sleep **with their eyes open**.　▶ open ＝形容詞
  (動物のなかには目を開けたまま眠れるものもいる)
- I fell asleep **with the TV on**.　▶ on ＝副詞
  (私はテレビをつけたままで眠りこんだ)
- She read the letter **with tears in her eyes**.　▶ in her eyes ＝前置詞句
  (彼女は目に涙をためてその手紙を読んだ)

3-8 分詞構文を使った慣用表現

分詞構文を使った次のような慣用表現がある。これらは会話でよく使われる。
p. 476, 514 も参照。

compared to 〜 ＝〜と比べれば
- **Compared to** last year, this summer is much hotter.
  (去年に比べると，今年の夏のほうがずっと暑い)

considering 〜 ＝〜を考慮すれば
- **Considering** it was only 1,000 yen, it is a very good watch.

（わずか1,000円だったことを考慮すれば，それはとてもよい腕時計だ）

all things considered ＝ すべてのことを考慮すれば
- **All things considered**, the event was successful.
（あらゆることを考慮に入れれば，そのイベントは成功だった）

depending on ～ ＝ ～しだいで，～によって（は）
- We'll change our schedule, **depending on** the weather.
（私たちは天気しだいで予定を変更するつもりだ）

judging from ～ ＝ ～から判断すれば
- **Judging from** his accent, he may be from Australia.
（発音から判断して，彼はオーストラリア出身かもしれない）

speaking [talking] of ～ ＝ ～と言えば
- **Talking of** traveling, have you ever been to China?
（旅行と言えば，今までに中国へ行ったことがありますか）

generally speaking ＝ 一般的に言って
- **Generally speaking**, women live longer than men.
（一般的に言って，女性は男性よりも長生きだ）

  ▶ 〈副詞＋speaking〉で「～な言い方をすれば」の意味。**frankly**（率直に），**historically**（歴史的に），**roughly**（おおまかに），**strictly**（厳密に）などの副詞も同様に使える。

weather permitting ＝ 天候が許せば（＝ if the weather permits）
- **Weather permitting**, we'll go on a picnic tomorrow.
（天候が許せば，私たちは明日ピクニックに行くつもりだ）

4 現在分詞を使った様々な表現

以下の表現では，現在分詞で始まる語句が**副詞のはたらき**をしている。これらの現在分詞の代わりに不定詞を使うことはできない点に注意。

4-1 go ＋ -ing

127 We **went skiing** in Nagano on our school trip.
私たちは学校の遠足で長野へスキーに行った。

ポイント　go ＋ -ing ＝ ～しに行く

go の後ろに現在分詞を置いて，「（娯楽や野外活動などを）しに行く」という意味を表すことができる。主に話し言葉で使う。

go shopping (at a department store) ＝（デパートへ）買い物に行く
go camping (in the mountains) ＝（山へ）キャンプに行く
go fishing (in the river) ＝（川へ）釣りに行く
go swimming (in the sea) ＝（海へ）泳ぎに行く

注意! **go -ing の後ろの前置詞に注意**
-ing の後ろの前置詞は to ではない。たとえば「海へ泳ぎに行く」という日本語から ✗ go swimming to the sea としたくなるが，go（行く）＋ swimming in the sea（海で泳ぎに）と考えて in を使うのが正しい。

4-2 be busy ＋ -ing

128 We are busy preparing for the school concert.
私たちは学校の音楽会の準備で忙しい。

ポイント be busy ＋ -ing ＝ ～して［するのに］忙しい

この形の -ing（現在分詞）は「～しながら，～していて」の意味を表す。

　　　We are busy **preparing** for the school concert.（128）
　　　私たちは忙しい　　　　　　　学校の音楽会の準備をしながら［していて］

参考 busy の後ろに名詞を置くときは，with を使う
● I'm **busy doing** my homework. ≒ I'm **busy with** my homework.
　（私は宿題をするのに忙しい）　　　　　（私は宿題で忙しい）

4-3 spend ＋ O ＋ -ing など

129 I spent last night surfing the Internet.
ゆうべはインターネットで検索をして過ごした。

ポイント spend ＋ O ＋ -ing ＝ ～しながら［して］O（時間）を過ごす

この形の -ing（現在分詞）は「～しながら」の意味を表す。

　　　I spent last night **surfing** the Internet.（129）
　　　私は昨夜を過ごした　　　　　インターネットで検索をしながら［して］

UNIT 8　分詞　現在分詞を使った様々な表現

> 参考… **spend A on B =「AをBに費やす」**
> ● The university **spent** *a lot of time and money* **on** the research.
> （大学はその研究に多くの金と時間を費やした）

表現　現在分詞を使ったその他の慣用表現

have trouble [difficulty] -ing ＝ 〜するのに苦労する
● We **had trouble finding** a good place to eat.
（私たちは食べるのによいところを探すのに[探しながら]苦労した）

have a good [hard] time -ing ＝ 〜して楽しい[つらい]時を過ごす
● We **had a good time cycling** around the lake.
（私たちは湖のまわりをサイクリングして[しながら]楽しく過ごした）

✓ チェック 036

[　]内の語句を適切な形に変えて（　）に入れなさい。
(1) I enjoyed lying on the white beach (　　　) out over the blue ocean.　[look]
(2) (　　　) in easy English, this newspaper is suitable for high school students.　[write]
(3) (　　　) what to say, I remained silent.　[not know]
(4) (　　　) the newspaper, I knew about the accident.　[have read]
(5) They were wearing T-shirts with the word "PEACE" (　　　) on them.　[print]
(6) (　　　) to the director's first film, the second one isn't as exciting.　[compare]

✓ チェック 解答

034　(1) facing　(2) broken　(3) leading　(4) injured　(5) growing
035　(1) kept smiling though he was　(2) felt something touching　(3) had my hair cut
　　　(4) make myself understood in
036　(1) looking　(2) Written　(3) Not knowing　(4) Having read　(5) printed　(6) Compared

Using Grammar in Context

UNIT 8 分詞

A Sleeping Panda

(*Miki is a university student studying about animals. She goes to the Ueno Zoo with one of her friends, Shu-Hsin from China.*)

Miki: Look at that panda over there ... the sleeping one. It's so cute. It's a pity that there aren't many pandas in Japan.

Shu-Hsin: But there are not many pandas living in the wild in China, either.

Miki: Why is it so hard for them to survive?

Shu-Hsin: Wild pandas usually eat only bamboo. But, because people keep cutting down the forests, it has become difficult for pandas to get food. That's why there are now special programs to protect them, and now the number of pandas is gradually going up.

(*Later in Miki's room*)

Miki: Last year I went to Australia to learn more about koalas. I think koalas and pandas are in a similar situation, because they are both protected animals. People usually can't see koalas living in the wild now. I was so lucky, because I saw a wild koala when I went camping with my friends.

Shu-Hsin: So, why are koalas decreasing in number?

Miki: Well, according to a book written by my professor .... Here it is. I'll read it to you.

> 'For a long time, until the early 20th century, koalas were hunted. Being slow in movement, they were easily caught. Hunting koalas was very popular. Hunted in large numbers, the koala population declined. More recently, because roads divide their habitat, many koalas are not able to move around freely. Not being able to find enough food, they have been dying from hunger. Fortunately, people have realized that the number of koalas is rapidly decreasing, and Australians are now making serious attempts to preserve koalas. If protected properly, koalas are expected to increase in number.'

Shu-Hsin: Yes, people must try to leave the forests untouched, so that animals can find plenty to eat. You said that you studied in Australia. Did you enjoy living there?

Miki: Yes, but to be honest, I couldn't make myself understood well in English at first. That's why I studied English very hard. At the university, I was so busy reading books. Also, I spent lots of time writing essays. And of course, I often had them corrected by my native-speaker friends.

Shu-Hsin: It sounds like you worked all the time!

Miki: Almost! But I was able to learn a lot about koalas. ▼3-8 Considering how many species have already died out, I really want to do something to save the koalas.

和訳

眠っているパンダ

(ミキは動物について学んでいる大学生です。彼女は友人の1人である中国人のシューシンといっしょに，上野動物園へ出かけました。)

ミキ：向こうにいるパンダを見て…ほら，眠っているパンダ。すごくかわいい。日本にあまりパンダがいないのは残念だわ。

シューシン：でも，中国にも野生で生活しているパンダはあまりいないの。

ミキ：彼らが生き延びるのはどうしてそんなに難しいの？

シューシン：野生のパンダはたいてい竹しか食べないわ。でも，人々は森を切り開き続けるので，パンダが食料を手に入れることが難しくなったの。そういうわけで，今は彼らを保護するための特別なプログラムがあって，今はパンダの数がゆっくりと増えているの。

(その後，ミキの部屋で)

ミキ：昨年私はコアラについてもっと学ぶためにオーストラリアに行ったの。私はコアラやパンダは似た状況にあると思う。というのも，どちらも保護動物だから。今では，野生のコアラを見ることは，ふだんはできないわ。私はとても運がよかったの。なぜなら友だちとキャンプに行ったときに野生のコアラを見たから。

シューシン：それで，なぜコアラは，数が減っているの？

ミキ：そうね，私の教授に書かれた本によると…あ，ここだわ。読むわね。

　　　長い間，20世紀の初めまで，コアラは狩られていた。コアラは動きが遅いため簡単につかまえられた。コアラを狩ることはとても人気があった。大量に狩られたため，コアラの数は減少した。最近では，道路が彼らの生息地を分断しているため，多くのコアラは自由に移動することができないでいる。十分な食料を見つけることができないため，彼らは飢えて命を落としている。幸いにも，人々はコアラの数が急速に減っていることに気づいた。そして，オーストラリアの人々は，今コアラを保護することに真剣な努力をしている。もし，適切に保護されればコアラの数が増えることが期待される。

シューシン：そうよ，人々は森をそっとしておいてあげるように努めなくちゃ。そうすれば，動物たちは十分な食べ物を見つけられるわ。あなたはオーストラリアで勉強したって言ったわね。そこでの生活は楽しかった？

ミキ：ええ，でも正直言って最初は英語がうまく通じなかったの。それで，英語を一生懸命勉強したわ。大学では，本を読むことでとても忙しかった。それに，エッセイを書くのに多くの時間がかかったわ。そして，もちろんネイティブの友人に，それらをよく直してもらっていたわ。

シューシン：あなたは四六時中勉強していたようね。

ミキ：たいていね！ でもコアラについて多くのことを学ぶことができたわ。どれだけの（動植物の）種がすでに絶滅してしまったか考えると，私はコアラを救うために，本当に何かしたいの。

準動詞の用法（まとめ）

不定詞，動名詞，分詞をまとめて準動詞という。準動詞は動詞の形を変えたもので，述語動詞以外のはたらきをする。したがって準動詞は，S, O, C, 修飾語として使うことができる。ここで準動詞の使い方をまとめて見てみよう。

準動詞の種類	基本的な形の例	はたらき		
		名詞的 (S, O, C)	形容詞的 (C, 修飾語)	副詞的 (修飾語)
不定詞	to speak	○（話すこと）	○（話すための）	○（話すために）
動名詞	speaking	○（話すこと）	×	×
分詞	speaking spoken	×	○（話している） （話される）	○（分詞構文）

▶不定詞に「3用法」があるように，動名詞と分詞は補完しあってその3つの用法をもつ（→p.106）。

また，準動詞には次のような共通点がある。

ポイント① 準動詞の前に〈意味上の主語〉を置くことがある

下のそれぞれの(a)(b)を比べてみよう。(a)では準動詞の〈意味上の主語〉が「文全体の主語」と一致している。一方，(b)では準動詞の前に〈意味上の主語〉が置かれている。

不定詞の意味上の主語（→p.139）
 (a) I need something **to drink**.（何か飲み物が必要です）
 (b) I need something **for my children to drink**.
　　　（何か子どもたちの飲み物［←子どもたちが飲むためのもの］が必要です）

動名詞の意味上の主語（→p.175）
 (a) He insisted on **paying** the bill.（彼は自分が勘定を払うと言い張った）
 (b) He insisted on **me paying** the bill.（彼は私が勘定を払うよう言い張った）

分詞の意味上の主語（→p.201）
 (a) **Being** on a diet, he only ate vegetables.
　　（ダイエットしていたので，彼は野菜しか食べなかった）
 (b) **His wife being** on a diet, he only ate vegetables, too.
　　（妻がダイエットしていたので，彼も野菜しか食べなかった）

ポイント② 準動詞を否定するときは，否定語（**not**など）を準動詞の直前に置く

- The teacher told him **not to be** late for school.
  （先生は学校に遅刻するなと彼に言った）〈not＋不定詞〉（→p.143）
- I'm sorry for **not answering** your letter.
  （手紙の返事を出さなくてすみません）〈not＋動名詞〉（→p.177）
- **Not having** a map, we got lost.
  （地図を持っていなかったので，私たちは道に迷った）〈not＋分詞〉（→p.200）

ポイント③ 準動詞の表す〈時〉が述語動詞よりも前の場合は，完了形を使う

準動詞の完了形（have＋過去分詞）は，述語動詞の表す〈時〉よりも前の〈時〉を表すことに注意。

- Edison is thought **to have been** a genius.
  　　　　述語動詞　　準動詞（述語動詞よりも前の出来事）
  （エジソンは天才だったと考えられている）〈完了形の不定詞〉（→p.146）
- I regret **having been** lazy at school.
  （私は学校で怠け者だったことを後悔している）〈完了形の動名詞〉（→p.178）
- **Having lost** her purse, she was unable to pay.
  （財布をなくしたので，彼女は支払いをすることができなかった）〈完了形の分詞構文〉（→p.200）

4技能Tips Reading 分詞・動名詞のはたらきの見分け方

eaten と eating を例にとって，これらの語が文中でどんなはたらきをしているかを判断するプロセスを考えてみよう。

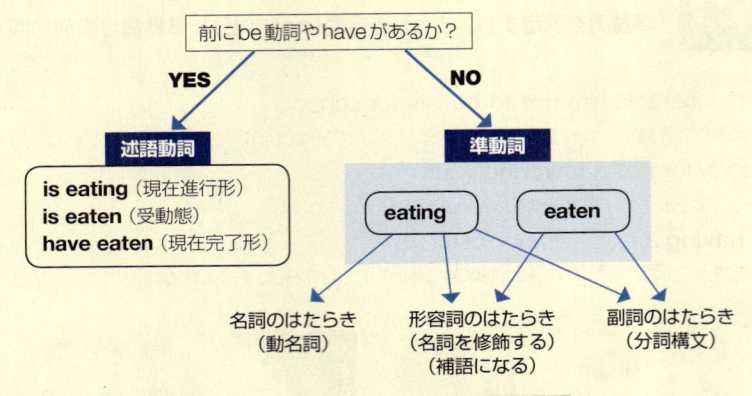

```
              前にbe動詞やhaveがあるか？
                YES          NO
                 ↓            ↓
              述語動詞       準動詞
                              ↓
         is eating（現在進行形）   eating    eaten
         is eaten（受動態）
         have eaten（現在完了形）
                        ↓        ↓        ↓
                   名詞のはたらき  形容詞のはたらき  副詞のはたらき
                    （動名詞）   （名詞を修飾する）  （分詞構文）
                              （補語になる）
```

The boy is eating ice cream ... → ①isがあるから下線部は 述語動詞
　　　　　　　　　　　　　　　　 → ②is eatingは現在進行形

The boy eating ice cream ...　 → ①前にisがないから下線部は 準動詞
　　　　　　　　　　　　　　　　 → ②eatingは形容詞のはたらき（分詞の限定用法）

Eating ice cream is ...　　　 → ①前にisがないから下線部は 準動詞
　　　　　　　　　　　　　　　　 → ②Eatingは名詞のはたらき（動名詞）

実際の英文に，この見分け方のプロセスを応用してみよう。（　　の部分がS）

● The people **injured** in the accident **were taken** to the hospital.
　　　　　　　準動詞　　　　　　　　　　　述語動詞

（その事故でけがをした人々は病院へ運ばれた）

● Most of the people **living** in apartments **say** that they miss **having** a yard.
　　　　　　　　　　　準動詞　　　　　　　　述語動詞　　　　　　　　　準動詞

（アパートに住む人々の大部分は，庭がないのを寂しく思うと言う）
　▶ living や having は述語動詞になれない。では，述語動詞はどこにあるのか？と考える。

● **Getting** along well with others **brings** harmony into our lives.
　　準動詞　　　　　　　　　　　　述語動詞

（他人と仲よくしていくことは，私たちの生活に調和をもたらす）

準動詞の用法（まとめ）

UNIT 9 関係詞

2つの文を結びつける関係詞の用法を学ぼう

Introduction ……………… 212

1 関係代名詞 ……………… 214
  1-1 主格の関係代名詞 ……………… 214
  1-2 目的格の関係代名詞 ……………… 216
  1-3 目的格の関係代名詞の省略 ……………… 217
  1-4 所有格の関係代名詞 ……………… 219
  1-5 前置詞+関係代名詞 ……………… 220

2 関係副詞 ……………… 222
  2-1 関係副詞の種類と先行詞との関係 ……… 222
  2-2 when ……………… 222
  2-3 where ……………… 223
  2-4 why ……………… 225
  2-5 how ……………… 226
  2-6 関係代名詞・関係副詞の省略のまとめ … 227

3 関係詞の継続用法 ……………… 228
  3-1 関係詞の2つの用法 ……………… 228
  3-2 関係代名詞の継続用法 ……………… 229
  3-3 関係副詞の継続用法 ……………… 231
  3-4 関係詞 that のまとめ ……………… 231

4 関係代名詞の what ……………… 232
  4-1 関係代名詞 what の基本的な用法 …… 232
  4-2 関係代名詞 what の注意すべき表現 … 234

5 特殊な関係詞 ……………… 236
  5-1 関係代名詞のはたらきをする as …… 236
  5-2 関係代名詞の後ろに〈S + V〉がはさみこまれた形 ……………… 237
  5-3 関係形容詞 ……………… 238

6 複合関係詞 ……………… 239
  6-1 複合関係詞の種類 ……………… 239
  6-2 名詞節を作る複合関係詞 ……………… 239
  6-3 副詞節を作る複合関係詞 ……………… 240
  6-4〈譲歩〉の意味を表す副詞節を作る複合関係詞 ……………… 240

チェック解答 ……………… 242

Using Grammar in Context
  Visiting an Old Friend ……………… 243

Introduction

関係詞とは

関係詞の基本的なはたらきは，名詞を修飾する節（主語と動詞を含む意味のかたまり）を作ることです。
次の3つの例では，どれも下線部が book という名詞を修飾しています（→p.106）。

(a) an <u>expensive</u> book （高価な本）▶下線部＝形容詞
(b) a book <u>with a red cover</u> （赤い表紙の本）▶下線部＝形容詞句
(c) a book **that** <u>I bought yesterday</u> （私がきのう買った本）▶下線部＝形容詞節

形容詞節を作る(c)の that が関係詞です。このように，関係詞を使うことで，名詞の後ろに長い修飾語を加えることができます。

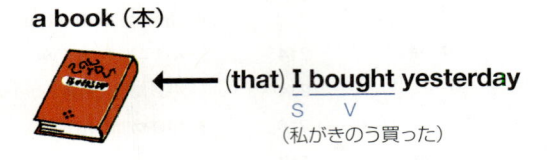

a book（本）　←── (that) I bought yesterday
　　　　　　　　　　　　　　　S　　V
　　　　　　　　　　　　（私がきのう買った）

関係詞の種類とはたらき

主な関係詞には，次のようなものがあります。

種類	そのはたらきをする主な関係詞
関係代名詞	that, which, who, whom, whose, what
関係副詞	when, where, why, how

この表からわかるとおり，that 以外の関係詞は疑問詞（→UNIT 20）と同じ形をしています。このことは，that以外の関係詞がもともと疑問詞だったことと関係しています。

● I have an <u>aunt</u> **who lives** in Paris. （私にはパリに住むおばが1人います）

疑問詞の who（誰）と関連づけて考えると，上の文は次のような意味をもつことがわかります。
「私にはおばが1人います。**その人が誰かと言えば**，パリに住んでいる人です」

A I have an <u>aunt</u>. ＋ B She lives in Paris.
　　　　　　　　　　 who

このとき, who は次の2つのはたらきをしています。
① Bの文をAに関係づけるはたらき
② Bの文の中でSとなる(代名詞の)はたらき

そのことから, この who のような語を「関係代名詞」といいます。同じように, 関係副詞は副詞のはたらきをあわせもっています。

先行詞と関係詞節

関係詞によって修飾される名詞を「先行詞」, 関係詞が作る節を「**関係詞節**」といいます。関係代名詞は, 先行詞と格 (→p.20) の違いに応じて次のように使い分けます。

先行詞	主格	所有格	目的格
人	who / that	whose	who(m) / that
人以外	which / that	whose	which / that

関係詞節中で主語としてはたらくのが主格, 目的語としてはたらくのが目的格の関係代名詞です。whose は 〈whose + 名詞〉の形で所有の意味を表します。

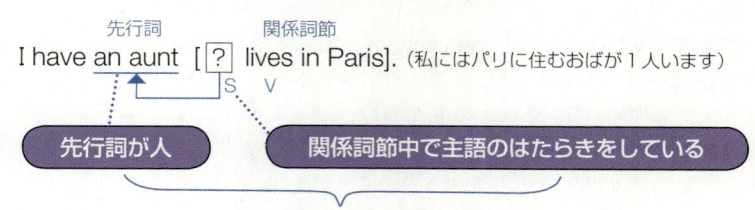

　　　　　　先行詞　　　　関係詞節
I have an aunt [? lives in Paris]. (私にはパリに住むおばが1人います)
　　　　　　　　　　　　S　V

先行詞が人　　　**関係詞節中で主語のはたらきをしている**

この2つの条件から, ? に入る関係代名詞は **who** (または that) になります。

関係副詞にも, the place where のように先行詞に応じた形があります。また, 先行詞をもたない関係代名詞 (what) もあります。

Next, Putting it into Action!

基本的な関係詞の使い方や, 様々な種類の関係詞を, 詳しく見ていきましょう。

UNIT 9 関係詞

1 関係代名詞

1-1 主格の関係代名詞

先行詞〈人以外〉＋ which/that ＋ V

130 I want a house which [that] has a large kitchen.
私は、大きな台所のある家が欲しい。

ポイント 先行詞〈人以外〉＋ **which/that ＋ V …** ＝ ～する○○

〈人以外〉のものを先行詞とする主格の関係代名詞（which/that）は、次の2つのはたらきをもつ。
① 先行詞を修飾する形容詞節を作る。（関係詞としてのはたらき）
② 関係詞節中で主語になる。（代名詞としてのはたらき）

I want a house [**which** has a large kitchen]. (130)
S　V　　O（先行詞）　　　S'　　V'　　　　O'

▶① 関係詞節（which has a large kitchen）が先行詞（a house）を修飾し、「家」の内容を詳しく説明している。
▶② which は関係詞節中で has の主語のはたらきをしている。
▶ 関係詞節中の動詞（has）は、先行詞（a house）の数・人称に一致させる。
▶ 話し言葉では、which よりも that を使うことが多い。

参考 2つの文に分けて考える

関係詞を含む文は、関係詞を先行詞に置き換え、2つの文に分けて考えると理解しやすい。

I want a house [**which** has a large kitchen].

I want a house .　＋　It [The house] has a large kitchen.
私は家が欲しい　　　　　それ [その家] には大きな台所がある

プラス 主語＋関係詞節

（130）は目的語（O）の後ろに関係詞節を加えた形である。次のように、主語（S）の後ろに関係詞節が続く形もある（→p.218）。
● The street **which** [**that**] leads to the park is very narrow.
　← The street is very narrow. ＋ It [The street] leads to the park.
　（その公園へ通じる通りはとても狭い）

先行詞〈人〉＋ who/that ＋ V

131 I have a friend **who** [**that**] can speak German.
私にはドイツ語を話せる友人が（1人）いる。

ポイント　　先行詞〈人〉＋ | **who/that** ＋ **V** ... | ＝ 〜する○○

〈人〉を先行詞とする主格の関係代名詞（who/that）も，（130）で示した①②の2つのはたらきをもつ。

I have a friend [**who** can speak German]. (131)
S　V　O（先行詞）　　S'　　V'　　　O'

▶①関係詞節（who can speak German）が先行詞（a friend）を修飾し，「友人」がどんな人物かを詳しく説明している。
▶②who は関係詞節中で can speak の主語のはたらきをしている。
▶先行詞が人のときは，that よりも who を使うことが多い。

参考…　2つの文に分けて考える
（130）と同様に，関係代名詞を先行詞に置き換え，2つの文に分けて考えるとよい。

I have a friend [**who** can speak German].

I have a friend． ＋ He/She [The friend] can speak German.
私には1人の友人がいる　　彼（女）［その友人］はドイツ語を話すことができる

＋プラス　主語＋関係詞節
次の例では，主語の後ろに関係詞節が続いている。
● A person **who** advises people about laws is called a lawyer.
← A person is called a lawyer. ＋ He/She [The person] advises people about laws.
（法律に関して人々に助言する人は弁護士と呼ばれる）

参考…　先行詞から離れた位置にある関係詞節
次の例のように，先行詞と関係代名詞の間に副詞句などが置かれていることもある。
● I have an uncle in Chiba **who** runs a coffee shop.

（私には喫茶店を経営するおじが千葉にいます）

4技能Tips　Writing　関係代名詞を使う場合を見極める

関係代名詞を使った次の英文を見てみよう。
- △(a) **China is the country** which has the largest population in the world.
  （中国は世界一の人口をもつ国です）
- △(b) **My uncle is a man** who often goes abroad on business.
  （私のおじは仕事でよく外国へ行く人です）

これらの文は文法的には正しいが，次のように，もっと簡潔に表すことができる。
- ○(a') China has the largest population in the world.
  （中国は世界一の人口をもつ）
- ○(b') My uncle often goes abroad on business.
  （私のおじは仕事でよく外国へ行く）

(a)(b) の文の問題点は，太字の部分にある。「中国は国である」「私のおじは人［男性］である」は自明の事実であり，情報的な価値がほとんどない。(b)を次の文と比べてみよう。
- ○(c) My uncle is an engineer who works for a computer company.
  （私のおじはコンピュータ会社で働く技師です）

この文は，下線部が意味のある情報を伝えているので自然である。英作文で関係代名詞を使おうとするときは，「もっとシンプルに表現できないだろうか」と考える習慣をつけておくとよい。

1-2 目的格の関係代名詞

先行詞〈人以外〉＋ which/that ＋ S ＋ V

132　This is the bag **which** [**that**] I bought yesterday.
これが私がきのう買ったかばんです。

ポイント　　先行詞〈人以外〉＋ **which/that** ＋ S ＋ V ... ＝ S が〜する○○

〈人以外〉のものを先行詞とする目的格の関係代名詞（which/that）は，次の2つのはたらきをもつ。
① 先行詞を修飾する形容詞節を作る。（関係詞としてのはたらき）
② 関係詞節中で目的語になる。（代名詞としてのはたらき）

This is the bag [**which** I bought yesterday]. （132）
　S　V　C（先行詞）　　O'　S'　V'

← This is the bag. ＋ I bought it [the bag] yesterday.
　これはかばんだ　　　　私はそれ［そのかばん］をきのう買った

▶① 関係詞節（which I bought yesterday）が先行詞（the bag）を修飾し，「（その）かばん」の内容を詳しく説明している。
▶② which は関係詞節中で bought の目的語のはたらきをしている。

▶この文の which/that は，話し言葉では省略するのがふつう（→ 134）。

➕プラス　主語＋関係詞節
主語（S）の後ろに関係詞節を置いた形もある。
- Movies **which** [**that**] Kurosawa directed are very popular abroad.
  ← Movies are very popular abroad. ＋ Kurosawa directed <u>them</u> [the movies].
  （クロサワが監督した映画は海外でとても人気がある）

先行詞〈人〉＋ who(m)/that ＋ S ＋ V

133 Today I'm going to meet an old friend **who(m)** [**that**] I haven't seen for years.
今日私は何年も会っていない旧友に会う予定だ。

ポイント　先行詞〈人〉＋ **who(m)/that ＋ S ＋ V ...** ＝ Sが～する○○

先行詞が〈人〉のとき，目的格の関係代名詞は who(m) または that を使う。
Today I'm going to meet <u>an old friend</u> (**who(m)** [**that**]) I haven't seen for years. (**133**)
← Today I'm going to meet an old friend. ＋ I haven't seen <u>him/her</u> [the old friend] for years.
▶whom は（疑問詞の場合と同様に）who で代用できる。上の文の who(m)/that は，話し言葉では省略するのがふつう。

1-3 目的格の関係代名詞の省略

134 This is the book (**that**) my grandfather wrote.
これが祖父の書いた本です。

ポイント　**目的格**の関係代名詞（**that/which/who(m)**）は**省略できる**

目的格の関係代名詞は省略できる。話し言葉では省略するのがふつう。

This is　the book　[(**that**)　my grandfather　wrote]. (**134**)
　　　　　　　　　　　O'　　　　　S'　　　　　V'
　　　　　　　　　　省略

▶関係代名詞が省略された結果，〈先行詞＋S＋V〉（Sが～する○○）という形になる。

4技能Tips　Reading　省略された関係代名詞の見抜き方

次の2つの形の違いを区別することが大切である。

(a) I bought the book → 「私はその本を買った」
　　S　V　　　O
(b) the book [I bought] → 「私が買ったその本」

(a)は〈SVO〉という基本的な「文」の形になっている。しかし，(b)の〈OSV〉という語順を，(a)と同じ意味に解釈することはできない。(b)のような「先行詞＋S＋V」の構造を見抜くには，次の点を意識しておくとよい。

> 名詞の直後に〈主格の名詞・代名詞〉が続いているときは，その間に関係代名詞を補ってみる。

「主格の名詞・代名詞」とは，主語のはたらきをすることのできる名詞・代名詞のこと。

- The movie ◆ I saw yesterday was exciting.（きのう見た映画はわくわくするほどおもしろかった）
　名詞　　　　主格の代名詞
　　　　　　関係代名詞（which/that）が省略されている。

- Who's that man ◆ your wife is talking to?（あなたの奥さんが話しているあの男性は誰ですか）
　　　　名詞　　　　主格の名詞
　　　　　　　　　関係代名詞（who(m)/that）が省略されている。

以下の例でも，◆の位置に目的格の関係代名詞（that/which）が省略されている。

- I'm reading a book ◆ I borrowed from the library.
  （図書館から借りた本を読んでいるところです）
- Is this the key ◆ you were looking for?
  （これはあなたが探していたカギですか）

4技能Tips　Speaking & Writing　関係詞節の作り方

英文中の特定の名詞を先行詞Ａとして，関係詞節の作り方を練習しよう。

①Ａが文の最初にあるとき → Ａの後ろに主格の関係代名詞（who/that）を入れる

- The movie got an award. → the movie **that** got an award
  その映画は賞をとった　　　　　賞をとった映画　〈that＝主格の関係代名詞〉

  ▶「先行詞が人なら who，人以外なら that を使う」と覚えておけばよい。

②Ａが文の途中にあるとき → Ａを前に出し，残った語句をその後ろに置く

- I saw the movie yesterday. → the movie I saw yesterday
  私はきのうその映画を見た　　　　私がきのう見た映画　〈目的格の関係代名詞が省略された形〉

この要領で，様々な文を使って〈先行詞＋関係詞節〉の形を作ってみるとよい。
①の例（主格の関係代名詞）

- A dog is barking.　→ a dog **that** is barking
  （1匹の犬がほえている）　（ほえている1匹の犬）
- The woman wears glasses. → the woman **who** wears glasses
  （その女性はめがねをかけている）（めがねをかけているその女性）

②の例（目的格の関係代名詞の省略）
- My mother made a cake. → a cake my mother made
  （母はケーキを作った）　　（母が作ったケーキ）
- My father bought a camera for me. → a camera my father bought for me
  （父がカメラを私に買ってくれた）　　（父が私に買ってくれたカメラ）

> **参考…** 目的格以外の関係代名詞の省略
> 主格の関係代名詞が省略されることがある（主に話し言葉）。
> **(a)** 〈There[Here] is[are]＋先行詞〉〈It[That] is＋先行詞〉の後ろの who/which/that
> - There are lots of people (**who**[that]) disagree with him.
>   （彼に賛成しない人がたくさんいる）
> **(b)** there[here] is[are] の前に置かれた who/which/that
> - He ate everything (**that**) there was on the table.
>   （彼はテーブルの上にあったものを全部食べた）
> **(C)** 節中で C（主格補語）のはたらきをする that（→ p. 232 ③）

1-4 所有格の関係代名詞

135 I have a friend **whose** brother is a professional soccer player.
私には，お兄さんがプロサッカー選手をしている友人がいます。

ポイント 先行詞＋**whose**＋名詞（＋S）＋V

whose は「〜〈先行詞〉の」の意味を含む所有格の関係代名詞で，常に**後ろの名詞とセット**で使う。先行詞は〈人〉でも〈人以外〉のものでもよい。

I have a friend [**whose** brother is a professional soccer player]. (135)
　　　　　　　　　　　　S'　　V'　　　　　C'

← I have a friend. ＋ His [Her] brother is a professional soccer player.
▶「私には友人がおり，その人のお兄さんはプロサッカー選手だ」ということ。whose brother が1つの関係代名詞のはたらきをしている。
▶ whose 以下は「〜をもつ…」という意味になる場合も多い。(135) は「私にはプロサッカー選手のお兄さんをもつ友人がいます」ということ。

プラス 関係代名詞の whose を使ったその他の例
先行詞が〈人〉の場合
- Students **whose** scores were below 50 must take the test again.
  （得点が50点未満だった生徒は，テストを再受験しなければならない）

▶主語 (Students) の後ろに関係詞節を置いた形。文全体の述語動詞は must take。
- There were some people at the conference **whose** faces I recognized.
（会議には，私が顔を見知っていた人が何人かいた）
▶先行詞と関係詞節が離れている形。

先行詞が〈人以外〉の場合
- The textbook **whose** cover is torn is mine. （表紙が破れている教科書は私のです）

書き言葉では〈人以外＋whose〉の形も使われるが，話し言葉では，〈人以外＋whose〉の形はできるだけ避けるほうがよい。たとえば上の文は，次のように言い換えることができる。
≒ The textbook **with** a torn cover is mine.

参考 the＋名詞＋of which

先行詞が〈人以外〉のものの場合，書き言葉ではwhoseの代わりに〈**the＋名詞＋of which**〉の形を使うことがある。
- The police are investigating an accident **the cause of which** is not clear yet.
≒ The police are investigating an accident **whose cause** is not clear yet.
（警察は原因がまだ明らかになっていない事故を調査している）
▶ The police are investigating an accident. ＋ The cause of it [Its cause] is not clear yet. と考える。話し言葉では，2文に分けて（または and でつないで）表すことが多い。

1-5 前置詞＋関係代名詞

136 The house **in which** Mozart was born is now a museum.
モーツァルトが生まれた家は，今では博物館になっている。

ポイント 先行詞＋前置詞＋**which/whom**＋S＋V

前置詞を関係代名詞（which/whom）の前に置くことがある。

The house ◆ is now a museum. (136)
　　　　　　　その家は今では博物館だ
in which Mozart was born
　　　→ Mozart was born in the house.
　　　　モーツァルトはその家で生まれた

▶ which を先行詞 (the house) に置き換えて考える。in which の代わりに in that を使うことはできない (→p. 232⑤)。in which は where (関係副詞) で言い換えられる (→p. 224)。

注意! **話し言葉では前置詞を後ろに置く**

〈前置詞＋which/whom〉の形は，主に書き言葉で使われる。話し言葉では次のように前置詞を後ろに置いて which/whom を省略した形を使うのがふつう。

(136) ≒ The house Mozart was born **in** is now a museum.
▶先行詞 (The house) の後ろに，in の目的語のはたらきをする (目的格の) 関係代名詞 which/that を補って考える。

プラス 〈前置詞＋which/whom〉の形を使ったその他の例

● The company **for which** I work started to export products to South Korea.〈書き言葉〉
≒ The company I work **for** started to export products to South Korea.
〈話し言葉〉
← The company started to export products to South Korea. ＋ I work for the company.
(私が働いている会社は韓国へ製品を輸出し始めた)

● She interviewed an actor **about whom** [× who] she did not know very much.〈書き言葉〉
≒ She interviewed an actor she didn't know very much **about**.〈話し言葉〉
← She interviewed an actor. ＋ She didn't know very much about him.
(彼女は本人についてよく知らない俳優にインタビューをした)
▶先行詞が〈人〉のときは〈前置詞＋whom〉の形を使う。この場合，whom の代わりに who を使うことはできない。

参考 〈抽象名詞＋前置詞＋which〉の表現

主に書き言葉で，〈前置詞＋抽象名詞〉の形の副詞句を利用した次のような表現がある。

● The speed **at which** technology develops is surprising.
(科学技術が進歩する速度は驚くべきものだ)

次のように考えればよい。

The speed ▲ is surprising. ＋ Technology develops **at the speed**.
その速度は　　驚くべきものだ　　科学技術がその速度で進歩する　　〈前置詞＋抽象名詞〉
　　　　　　　　　　　　　　　　　　　　　　　　　　　　　　　at which

● The tutor was surprised at the ease **with which** the student solved the problem.
(生徒が簡単にその問題に答えたので家庭教師は驚いた)
← The tutor was surprised at the ease. ▲ ＋ The student solved the problem **with ease**.
with which ＝ **easily** (たやすく)
▶with と結びついて副詞句を作る抽象名詞 (**care, courage, delight, ease, fluency, rapidity** など) は，この形で使える (→ p. 341)。

参考　前置詞＋関係代名詞＋to *do*

前置詞つきの形容詞的用法の不定詞と同じ意味を表すのに，書き言葉では次のような形も使われる。
- I need something **with which to write**. (私は何か書くためのもの[道具]が必要だ)
  ≒ I need something to write with. 〈話し言葉〉
- This is a nice city **in which to live**. (ここは住むのに快適な都市だ)
  ≒ This is a nice city to live in. 〈話し言葉〉

✓ チェック 037

日本語の意味に合うように，与えられた語を並べかえて英文を完成しなさい。
(1) 彼にはニュージーランド出身の友人がいます。
    He (a / who / friend / is / has) from New Zealand.
(2) あなたが読んでいる本のタイトルは何ですか。
    What (of / the / are / book / reading / the / you / is / title)?
(3) 自転車を盗まれたその男の子は警察署へ行った。
    (bike / the / stolen / boy / was / whose) went to the police station.

2 関係副詞

2-1 関係副詞の種類と先行詞との関係

先 行 詞	時を表す語	場所を表す語	理由を表す語 (the reason)	
関係副詞	when	where	why	how ※

※how は先行詞をもたない。

2-2 when

137 I remember the day **when** I first met you.
私は初めてきみに会った日を覚えている。

ポイント　先行詞〈時〉＋ **when ＋ S ＋ V ...** ＝ S が～する○○[時]

when は〈時〉を表す名詞を先行詞とする関係副詞で，次の 2 つのはたらきをもつ。
① 先行詞を修飾する形容詞節を作る。(関係詞としてのはたらき)
② 関係詞節中で副詞(修飾語)のはたらきをする。(副詞としてのはたらき)

I remember the day [**when I first met you**]. (137)
　　　　　　　先行詞〈時〉　　　　S'　　V'　　O'

← I remember the day. ＋I first met you then [on the day].
　私はその日を覚えている　　　私はそのとき [その日に] 初めてきみに会った

▶①関係詞節 (when I first met you) が先行詞 (the day) を修飾し,「どんな日か」を詳しく説明している。
▶② when は関係詞節中で副詞（「その日に」）のはたらきをしている。

➕プラス　when（関係副詞）のその他の使い方

関係副詞または先行詞の省略
話し言葉では，when または先行詞 (the time [day] など) を省略することがある。
- Mondays and Thursdays are **the days when** the garbage is collected.
  → Mondays and Thursdays are **the days** the garbage is collected.
  　　〈関係副詞の省略〉
  → Mondays and Thursdays are **when** the garbage is collected.
  （月曜日と木曜日はゴミが収集される日だ）　　〈先行詞の省略〉

〈前置詞＋which〉を使った言い換え
書き言葉では，関係副詞を〈前置詞＋which〉で言い換えることがある。
when は in [on] which で言い換えられる (→ 136)。
- 1964 was the year **when** the Olympic Games were first held in Japan.
  → 1964 was the year **in which** the Olympic Games were first held in Japan.
  （1964年は日本で最初にオリンピックが開かれた年だ）

先行詞から離れた位置にある when
先行詞と when が離れていることがある。
- The time will come **when** your dream will come true.

（きみの夢が実現する時が来るだろう）

2-3 where

138　I need a room where I can study quietly.
私は静かに勉強できる部屋が必要だ。

ポイント　先行詞〈場所〉＋ where ＋ S ＋ V ... ＝ S が〜する○○[場所]

where は〈場所〉を表す名詞を先行詞とする関係副詞で，次の2つのはたらきをもつ。
　①先行詞を修飾する形容詞節を作る。（関係詞としてのはたらき）
　②関係詞節中で副詞（修飾語）のはたらきをする。（副詞としてのはたらき）

I need a room [**where** I can study quietly]. (138)
　　　先行詞〈場所〉　　　　　　S'　　V'

← I need a room. + I can study quietly there [in the room].
　　私は部屋が必要だ　　　私はそこで [その部屋で] 静かに勉強できる

▶ ①関係詞節 (where I can study quietly) が先行詞 (a room) を修飾し,「どんな部屋か」を詳しく説明している。

▶ ② where は関係詞節中で副詞 (「その部屋で」) のはたらきをしている。

➕プラス　where (関係副詞) のその他の使い方

関係副詞または先行詞の省略

話し言葉では, where または先行詞 (the place) を省略することがある。
　(a) That's the place **where** the accident happened.
→ (b) That's **where** the accident happened. 〈先行詞の省略〉
→ (c) That's **the place** the accident happened. 〈関係副詞の省略〉
　　　　(そこがその事故の起きた場所です)

▶ (c)のように where が省略できるのは, 先行詞が the place の場合のみ。

関係代名詞を使った言い換え

「ここが私の生まれた家です」という日本文の英訳は, 次の4つの形が可能。
　(a) This is the house **where** I was born. 〈関係副詞〉
　　← This is the house. + I was born there.
　(b) This is the house **in which** I was born. 〈前置詞＋関係代名詞〉〈書き言葉〉
　　← This is the house. + I was born in the house.
　(c) This is the house **which**[**that**] I was born **in**. 〈関係代名詞＋前置詞〉
　　▶ (b)の in を文末に置いた形。この文では that も使える。
　(d) This is the house I was born **in**. 〈関係代名詞の省略〉
　　▶ (c)の which (目的格の関係代名詞) を省略した形。

次のような文は誤りなので注意すること。
✕ This is the house in that I was born.
　▶〈前置詞＋that〉の形は誤り (→ p. 232 ⑤)。
✕ This is the house that I was born.
　▶ that を where の代わりに使うことはできない。
✕ This is the house I was born.
　▶ where は原則として省略できない。

〈場所以外〉の先行詞 ＋ where

先行詞が〈場所以外〉の名詞でも, 関係副詞として where を使う場合がある。

- There are many cases **in which** medicines for flu do not work.
  └── where も可能

  ← There are many cases. + Medicines for flu do not work in the cases.
   多くの場合がある　　　　　　インフルエンザの薬はその場合には効かない
  （インフルエンザの薬が効かない多くの場合がある）

  case（場合）のほか，先行詞が **situation/circumstances**（状況），**point**（点）などの後ろに where を置くことがある。この where は in [on] which で言い換えられる。
- That's the point **where** [**on which**] we disagree.
  （そこが私たちの意見が違っている点［ところ］だ）

2-4 why

139 Do you know the reason **why** the dinosaurs died out?
恐竜が絶滅した理由を知っていますか。

ポイント　　the reason（理由）＋ | **why** ＋ S ＋ V ... | ＝ S が〜する理由

why は (the) **reason**（理由）を先行詞とする関係副詞で，関係詞節中では「その理由で (**for the reason**)」の意味を表す。

Do you know the reason [**why** the dinosaurs died out]?（139）
　　　　　　　　　　↑　　　＝ **for which** the dinosaurs died out
← Do you know the reason? + The dinosaurs died out for the reason.
　　理由を知っていますか　　　　　　その理由のために恐竜が絶滅した

➕プラス　why（関係副詞）のその他の使い方

関係副詞または先行詞の省略

the reason と why は，どちらか一方を省略することもできる。
(139) ≒ Do you know **the reason** the dinosaurs died out?〈関係副詞の省略〉
　　 ≒ Do you know **why** the dinosaurs died out?〈先行詞の省略〉
▶下の文は間接疑問と考えるのがふつう（→p. 531）。

That [This] is why 〜 ＝ そう[こう]いうわけで〜

why の前の the reason が省略された，次のような慣用的な表現がある。
- Eri is moving to Canada.　**That's why** she's studying English so hard.
　　　　　　　　　　　　　　　　↑
　　　　　　　　　　　　　　そのこと（＝カナダに引っ越すこと）が〜の理由である

（エリはカナダに引っ越す予定である。そういうわけで彼女はとても熱心に英語を勉強している
［←**それ**が彼女がとても熱心に英語を勉強している**理由だ**］）
▶That は前文の内容を受ける。

参考 ▶ That's why ... と That's because ...

That's because ... は「それは…だからだ」の意味。why を because で置き換えると、因果関係が逆になる。

- He is a vegetarian. **That's why** he doesn't eat meat. 〈前文は理由〉
  （彼は菜食主義者だ。そういうわけで肉を食べない [←そのことが肉を食べない理由だ]）
- He doesn't eat meat. **That's because** he is a vegetarian. 〈前文は結果〉
  （彼は肉を食べない。それは彼が菜食主義者だからだ）

2-5 how

140 I exercise regularly. That is how I stay healthy.
私は定期的に運動をします。そのようにして私は健康でいます。

ポイント　That [This] is how + S + V ... .
＝その [この] ようにしてSは〜する。

関係副詞の how は〈how + S + V〉の形で使い，「**Sが〜する方法**」という意味の名詞節を作る。もともとの先行詞は the way（方法）だが，× the way how とは言わない。

I exercise regularly.
　↓ 私は定期的に運動する
That is how I stay healthy. （140）
　S　V　C 「私が健康でいる方法」
　　↓ そのこと（定期的に運動すること）
　〈前文の内容を受ける〉

＋プラス　how ≒ the way

〈the way + S + V〉も「Sが〜する方法」という意味を表す。
(140) ≒ That is **the way** I stay healthy.
ただし，the way と how を並べて使うことはできない。
× This is the way how I persuaded him.
○ This is **the way** I persuaded him.
○ This is **how** I persuaded him.
　（私はこのようにして彼を説得した [←これが私が彼を説得した方法だ]）

参考 ▶ the way の後ろに in which または that が置かれることがある
This is **the way in which** [**that**] I persuaded him. 〈書き言葉〉
←This is the way. + I persuaded him in the way. （私はその方法で彼を説得した）

2-6 関係代名詞・関係副詞の省略のまとめ

関係詞や先行詞が省略される場合を，まとめて見てみよう。

関係代名詞	主格（who/which/that）	原則として省略不可
	目的格（who(m)/which/that）	省略することが多い
	所有格（whose）	省略不可
関係副詞	先行詞 when ...	先行詞（the time など）と when のどちらかを省略可能
	先行詞 where ...	省略不可。ただし，先行詞が the place のときは，the place と where のどちらかを省略可能
	the reason why ...	the reason と why のどちらかを省略可能
	× the way how ...	the way と how のどちらか一方を必ず省略する

▶この表は限定用法の関係詞に関するものであり，継続用法には当てはまらない。

Advanced Grammar　関係代名詞と関係副詞の識別

〈時〉や〈場所〉を表す先行詞の後ろに，関係副詞ではなく which/that（関係代名詞）を置く場合がある。

① 〈時〉を表す先行詞 + which

(a) 1945 is a year **which** is important in Japanese history.
（1945年は日本の歴史のなかで重要な年である）

← 1945 is a year. + **It** [The year] is important in Japanese history.
　　　　　　　　　　　which　それ [その年] は日本の歴史の中で重要だ

▶2つの文に分けて考えると，□ に入る語が関係詞節中で主語のはたらきをすることがわかる。したがって（〈人以外〉を先行詞とする）主格の関係代名詞（which/that）を使う。関係副詞（when）は主語としては使えない。

(b) 1945 is the year **when** the war ended.
（1945年はその戦争が終わった年である）

← 1945 is the year. + The war ended **in the year**.
　　　　　　　　　　　　　　　　　　　　when　その年に戦争が終わった

▶ □ には「その年に（in the year）」という意味の副詞句のはたらきをする関係副詞（when）が入る。

② 〈場所〉を表す先行詞 + which

次の文の □ には，where と which のどちらが入るだろうか？

● This is a place □ many tourists visit.（ここは多くの観光客が訪れる場所です）
　　　　　　　　O　　　　　S　　　　V

← This is a place. + Many tourists visit **it** [the place].

▶2つの文に分けて考えると，□ には，（〈人以外〉を先行詞とする）目的格の関係代名詞（which）が入る。目的語になるのは名詞・代名詞だから，関係副詞（where）は使えない。

✓ チェック 038

( )に入る適切な関係詞を，下から1つずつ選びなさい。(各語を1回ずつ使うこと)
(1) I want to work for a company (　　　) I can use English.
(2) The country (　　　) I want to visit most is Italy.
(3) Let me know the season (　　　) you want to come to Japan.
(4) I left my cell phone at home. That was (　　　) I couldn't contact her.
(5) I ate only fruit and vegetables. That was (　　　) I lost weight.

[how / when / where / which / why]

3 関係詞の継続用法

3-1 関係詞の2つの用法

関係詞の用法は，次の2つに大別できる。

①**限定用法（先行詞の内容を限定する）**　← **1** ・ **2** で説明した用法
　(a) I have an aunt [**who** lives in Chicago]. （私にはシカゴに住んでいるおばが1人います）
　　　　　　　　　　▶どんな「おば」なのかを限定するはたらき
　　▶限定用法は制限用法とも呼ばれる。

②**継続用法（先行詞に補足説明を加える）**
　(b) I have an aunt , **who** lives in Chicago.
　　　　　　　　　≒ **and she** lives in Chicago　▶「おば」について説明を加えるはたらき
　　（私にはおばが1人おり，その人はシカゴに住んでいます）
　　▶継続用法は非限定用法（または非制限用法）とも呼ばれる。

2つの用法には次のような違いがある。

	限定用法	継続用法
関係詞の前のコンマ (,) の有無	コンマなし	コンマあり
関係詞の省略の可否	省略が可能な場合あり	省略不可

▶継続用法で使う関係代名詞は **which/who/whom/whose**，関係副詞は **when/where**。that は継続用法では使えない。
▶継続用法の関係詞は，(b)のように〈接続詞＋（先行詞を受ける）代名詞［副詞］〉で言い換えられることが多い。

3-2 関係代名詞の継続用法

関係代名詞の一般的な継続用法

> **141** Last week I read *I Am a Cat*, **which** was very interesting.
> 先週私は『吾輩は猫である』を読んだが、それはとてもおもしろかった。

ポイント コンマのついた関係詞節は、**先行詞に説明を加えるはたらき**をする

次の2つの文を比較してみよう。
(a) Last week I read *I Am a Cat* **which** I borrowed from my brother.
　　　　　　　　　　　　　　　　　└─ which 以下は先行詞の意味を限定する〈限定用法〉
　　（先週私は兄から借りた『吾輩は猫である』を読んだ）
(b) Last week I read *I Am a Cat*, **which** was very interesting. (141)
　　　　　　　　　　　　　　　　　　　= and it
　　　これで文の意味が完結　　　which 以下は先行詞を補足説明する〈継続用法〉

▶ (a) の which 以下は、先行詞（*I Am a Cat*）に対して「どんな本なのか」と説明する（意味を限定する）はたらきをしている。(b) ではコンマの前までで「先週『吾輩は猫である』を読んだ」という意味が完結しており、which 以下は補足的な（後から加えた）情報になっている。

継続用法で使う関係代名詞

which/who/whom/whose は、継続用法で使うことができる。

● My brother**, who** is a chef, sometimes teaches me how to cook. 〈主格〉
　（私の兄はシェフで、ときどき私に料理を教えてくれる）
　▶ このように関係詞節が文中に挿入される場合がある。

● At the restaurant I saw a colleague**, whose** name I didn't remember. 〈所有格〉
　　　　　　　　　　　　　　　　= and [but] I didn't remember **his/her** name
　（そのレストランで私は同僚を見かけたが、彼（女）の名前を思い出せなかった）

● Her mother**, who(m)** I know well, called me today. 〈目的格（人）〉
　（彼女のお母さんは私がよく知っている人だが、今日私に電話をくれた）

● I bought a detective novel**, which** I found very interesting. 〈目的格（物）〉
　　　　　　　　　　　　　= and I found **it** very interesting
　（私は推理小説を買ったが、それはとてもおもしろかった）

注意！ **that は継続用法では使えない**
● This novel**, which** [× that] was written in the Meiji Era, is still popular.
　（この小説は明治時代に書かれたもので今でも人気がある）

> **注意！** 固有名詞の後ろには継続用法の関係詞を置く
>
> 固有名詞の後ろに関係代名詞を置くときは，必ずコンマをつけて継続用法にする。
>
> ○ I'm studying the works of Monet**, who** is famous for his style of Impressionism.
> （私はモネの作品を研究しているが，彼は印象主義の作風で有名だ）〈継続用法〉
> ▶ この文はコンマの前までで意味が完結しており，who 以下はモネという（特定の）人物に対する補足説明になっている。
>
> × I'm studying the works of Monet **who** is famous for his style of Impressionism.
> ▶ この文では who 以下が先行詞（Monet）の内容を限定するはたらきをもち，「複数のモネのうちで，印象主義の作風で有名なモネ」という不自然な意味になるので誤り。

> **プラス** 数量・部分を表す語＋ of which［whom］
>
> 〈**数量・部分を表す語＋ of which［whom］**〉が，ひとまとまりの関係代名詞のはたらきをすることがある。「数量・部分を表す語」とは，**数詞**, **all**, **both**, **many**, **most**, **either**, **neither**, **none**, **some** などのこと。常に継続用法で（前にコンマを置いて）使う。
>
> ● She wrote five books**, all of which** were best sellers.
>   = and all of them [the five books]
> （彼女は5冊の本を書き，そのすべてがベストセラーになった）〈書き言葉〉
>
> ● He has two daughters**, neither of whom** [× who] is married.
>   = and neither of them
> （彼には2人の娘がおり，2人とも結婚していない）〈書き言葉〉
> ▶ of の後ろの whom を，who で代用することはできない。

> **参考** 継続用法で使う，〈前置詞＋関係代名詞〉
>
> 継続用法の関係詞には，次のような形もある。
>
> ● He bought a telescope**, with which** he observed stars every night.
> （彼は望遠鏡を買い，それを使って毎夜星を観察した）〈書き言葉〉

前の内容を先行詞とする which

142 We went skiing in Hokkaido**, which** was great fun.
私たちは北海道へスキーをしに行ったが，それはとても楽しかった。

> **ポイント** 継続用法の **which** は，前の内容（全体または一部）を先行詞とすることがある

関係詞は原則として名詞を先行詞とするが，継続用法の **which** は「前の内容」を先行詞とすることがある。「〜，（そして）そのことは［を］…」という意味になる。

<u>We went skiing in Hokkaido</u>, **which** was great fun.
この部分全体が先行詞 ┗━ and that ━┛ (142)

▶ which の先行詞は Hokkaido ではなく，「北海道へスキーに行ったこと」，あるいは「北海道でスキーをした」という内容。

3-3 関係副詞の継続用法

143
(a) I left home early this morning, **when** everyone else was still asleep.
私はけさ早く家を出たが，そのときほかのみんなはまだ眠っていた。

(b) We went to Izu, **where** we found a nice restaurant.
私たちは伊豆へ行き，そこですてきなレストランを見つけた。

ポイント
(a) コンマ + when ... = そしてそのとき… (and then)
(b) コンマ + where ... = そしてそこで… (and there)

関係副詞の when と where も，継続用法で使うことができる。関係代名詞の場合と同じように前にコンマを置き，前から意味を考えるとよい。

I left home early <u>this morning</u>, **when** everyone else was still asleep.（143-a）
　　　　　　　　 先行詞〈時〉　 ┗━ = and then

▶ コンマの前までで意味が完結しており，when 以下（「そしてそのとき…」）は補足説明。when を接続詞（ほかのみんながまだ眠っていたとき）と考えると意味が通じないので注意。

We went to <u>Izu</u>, **where** we found a nice restaurant.（143-b）
　　　　 先行詞〈場所〉　┗━ = and there

▶ コンマの後ろが「そしてそこ［伊豆］で…」という補足説明になっている。

3-4 関係詞 that のまとめ

これまでに出てきた説明も含めて，関係詞の that の用法をまとめておこう。
① 限定用法の関係代名詞として，**which/who**(**m**) と同じように使う。
② 先行詞の前に強い限定を表す形容詞など（例：**the first**, **the last**, **the only**, **the same**, 最上級, **all**, **every**, **any**, **no**）があるときは，which よりも that のほうが好まれる。

● This is **the best** ice cream (**that**) I've ever eaten.
（これは，これまで私が食べた一番おいしいアイスクリームです）

▶ 先行詞が all や everything などの代名詞の場合も同様。

③先行詞が人そのものではなく性格・地位・職業などを指している場合，関係代名詞は who ではなく that（または which）を使う。この用法の関係代名詞は，be 動詞の補語のはたらきをする。省略されることも多い。
- She isn't the singer (**that**) she used to be.
  （彼女はかつてのような歌手ではない）

④関係副詞として，when, why, あるいは the way に続く in which の代わりに使うことがある。
- I remember the day **that** [when] I first met you.
  （私はあなたに初めて会った日のことを覚えている）

⑤前置詞の後ろに置くことはできない。
- The style **in which** [✕ that] Renoir painted is called Impressionism.
  （ルノアールが描いた作風は印象主義と呼ばれる）

⑥継続用法では使えない。
- He said he was sick, **which** [✕ that] was actually an excuse.
  （彼は病気だと言ったが，実際にはそれは言い訳だった）

✓ チェック 039

日本語の意味に合うように，(　　) に適語を入れなさい。
(1) 私は1年中スキーを楽しめるカナダで暮らしたい。
   I want to live in Canada, (　　　　) I can enjoy skiing all year round.
(2) ぼくにはいとこが3人いるが，みんなぼくよりも年上だ。
   I have three cousins, all of (　　　　) are older than me.
(3) 私は彼女のメールの返事を出し忘れて，それで彼女は怒ってしまった。
   I forgot to reply to her e-mail, (　　　　) made her angry.

4 関係代名詞の what

4-1 関係代名詞 what の基本的な用法

144 **What** he said is true.
彼が言ったことは本当です。

ポイント　what ... = the thing(s) that ... = 〜する[である]もの[こと]

関係代名詞の what の前には先行詞を置かない。what には「もの[こと]」という**先行詞の意味が含まれている**。

(144)の what は，次のはたらきをしている。
①関係詞節（what he said）が，文全体の主語（S）になっている。
What he said is true.（144）≒ The thing (that) he said is true.
　　S　　　V　C

②関係詞節（what he said）中で，what が said の目的語（O）になっている。
he said the thing → the thing (that) he said
S　V　　O　　　　　　　= what　　　S　V
彼はそのことを言った　　　彼が言ったこと

このように，関係代名詞の what は基本的に次の2つのはたらきをもつ。
① **what** で始まる節（名詞節）は，文の中で **S**，**O**，**C** のどれかのはたらきをする
② **what** は関係詞節中で **O** または **S** のはたらきをする
　O のはたらき　what＋S＋V ... =「Sが～するもの［こと］」
　S のはたらき　what＋V ... =「～するもの［こと］」

この2つのはたらきを例文で確認してみよう。
　　　whatは関係詞節中でisの主語のはたらきをしている
● **What** is important is to do your best in everything.
　　S（文全体の主語）　V　　　　C
（大切なことは，何事にも全力を尽くすことだ）

● Don't forget **what** I told you.（私がきみに言ったことを忘れてはいけない）
　　　　　　　　O（文全体の目的語）

● This tool is just **what** I need.（この道具はまさしく私が必要としているものだ）
　　　　　　　　　C（文全体の補語）

➕プラス　前置詞＋whatの節

what で始まる関係詞節が，前置詞の後ろに置かれることもある。
● I'm sorry *for* **what** I did.（私は**自分がしたことを**申しわけなく思います）
　　　　　　前置詞　関係詞節

参考　前置詞の後ろの what

前置詞の後ろに置かれた what は，the thing(s) that では言い換えられない場合もある。次のような what の使い方にも慣れておこう。

● I waited *for* **what** seemed like hours.（私は何時間にも思えるほど（の間）待った）
● Jesus Christ was born *in* **what** is now Israel.
　（イエス・キリストは，現在のイスラエルで生まれた）
● He drove *in* **what** he believed to be the right direction.
　（彼は自分が正しいと思う方向に車を走らせた）
● On that day the station was almost empty *during* **what** would normally be the rush hour.（その日の駅には，ふだんならラッシュアワーの時間にほとんど人がいなかった）

4-2 関係代名詞 what の注意すべき表現

what + S + be動詞

145 Student life today is different from **what it was**.
今日の学生生活は以前とは違っている。

> **ポイント** **what S was [used to be]** = 以前のS（の状態[姿]）

「Sが（以前）そうであったもの」ということ。(145) の what it was は「それ（＝学生生活）が以前そうであったもの→以前の学生生活」という意味になる。

Student life today is different from **what it was [used to be]**. (145)

▶ used to be を使うと「今はそうではない」という意味が強調される（→ p.96）。

- I owe **what I am** to my education. （現在の私が（こうして）あるのは教育のおかげだ）
  ▶ what I am = 現在の私（の姿）
- From a distance things sometimes look quite different from **what they really are**. （遠くから見ると，物が実際の姿とはまったく違って見えることがときどきある）
  ▶ what S really is = Sの実際[本当]の姿

what is called

146 He is **what is called** an abstract artist.
彼はいわゆる抽象画家だ。

> **ポイント** **what is called** + 名詞 = いわゆる○○

「～と呼ばれるもの→いわゆる～」の意味を表す慣用表現。〈what we [they] call + 名詞〉とも言う。

　　　　　　　　～であるもの
He is **what is called** an abstract artist. (146)
S　V　　　　　　　C　抽象画家と呼ばれるもの → いわゆる抽象画家

≒ He is **what we [they] call** an abstract artist.
▶ 直訳は「彼は私たち[人々]が抽象画家と呼ぶものだ」。

表現　関係代名詞 what を含むその他の慣用表現

what is ＋比較級＝さらに～なことには

- He is sometimes late, and **what is worse**, he often sleeps in class.
  ≒ He is sometimes late, and **to make matters worse**, he often sleeps in class.
  （彼はときどき遅刻するし，さらによくないことに授業中によく居眠りをする）
- She works hard, and **what is more**, she makes few mistakes.
  （彼女は熱心に働くし，そのうえ間違いをほとんどしない）

この形を使った次のような表現もある。

what is (still) better ＝さらによいことには
what is more important ＝さらに重要なことには
what is more surprising ＝さらに驚くべきことには

A is to B what C is to D ＝AとBの関係はCとDの関係と同じだ

- <u>Cent</u> <u>is to</u> dollar <u>what</u> <u>penny</u> <u>is to</u> pound.
  　S　V　　　　　　　C
  （セントとドルの関係はペニーとポンドの関係と同じである）
  ▶直訳は「A（セント）はB（ドル）に対して，C（ペニー）がD（ポンド）に対するものである」。

チェック 040

日本語の意味に合うように，与えられた語を並べかえて英文を完成しなさい。

(1) きみに今必要なものは十分な休息だ。
　　(need / is / you / now / what) a good rest.

(2) そのバスケットボール選手は以前とは違う。
　　The basketball player (not / to / what / is / be / used / he).

(3) これはいわゆる世代間の断絶の例だ。
　　This is an example of (a / gap / is / what / generation / called).

5 特殊な関係詞

5-1 関係代名詞のはたらきをする as

147 The new train line will open next year, **as** is scheduled.
新しい電車の路線は、予定どおり来年開業する。

ポイント **as** は前後の内容を先行詞として「〜のよう［とおり］に」の意味を表す

as を関係代名詞として使うことがある。(147) の as は主格の関係代名詞で、コンマの前の内容が先行詞になっている。

The new train line will open next year, **as** is scheduled. (147)
　　　　　先行詞　　　　　　　　　　　　　予定されているように

▶ as is scheduled は「そのこと（＝新しい電車の路線が来年開業すること）は予定されている（ように）→予定されているように、予定どおりに」の意味。As is scheduled, the new train line ... のように、as の節を文頭に置くこともできる。

表現 **as を使ったその他の表現**

次の文中の as も、関係代名詞として使われている。
- **As is often the case with** teenage girls, Hiromi likes to wear fashionable clothes.
（十代の女の子にはよくあることだが、ヒロミは流行の服を着るのが好きだ）
▶ As ... の直訳は「(そのことは) 十代の女の子に関してはしばしば実情 (the case) である（ように）」。
- He is Australian, **as** [**which**] you can tell from his accent.
＝ **As** [×Which] you can tell from his accent, he is Australian.
（発音から判断できるとおり、彼はオーストラリア人である）
▶ which にも前の内容を先行詞とする用法があるが、which を文頭に置くことはできない (→ 142)。

そのほか、as you know（ご存知のように）や as (is) expected（予想どおりに）のような表現もある。これらの as は接続詞とも考えられる。

プラス **the same** などがついた名詞を先行詞とする **as**

先行詞の前に **as, so, such, the same** がついているときは、as を関係代名詞として使い、「…であるような〜」「…と同じ〜」などの意味を表す。
- This is **the same** dictionary **as** I used twenty years ago.
（これは私が20年前に使ったのと同じ辞書だ）
▶ 〈the same 〜 as ...〉は「…と同じ〜」の意味。接続詞・前置詞の as もこの形で使う。

参考 関係代名詞の than
- Try not to use **more** electricity **than** is necessary.
  (必要以上の電気を使わないように努めなさい)
  ▶ 比較級を含む先行詞の後ろでは，関係代名詞は than を使う。

5-2 関係代名詞の後ろに〈S＋V〉がはさみこまれた形

148 This is the temple **which the guidebook says** was built in the 7th century.
これは，ガイドブックによれば7世紀に建てられたお寺です。

(148) は，次の2つの文に分けて考えることができる。

This is the temple ◆. (これはお寺です)
　　　　　先行詞
　　　　　　　which
The guidebook says (that) **it** was built in the 7th century.
　　　S₁　　V₁　　　　S₂　　V₂
(ガイドブックにはそれが7世紀に建てられたと書いてあります)

このように，〈S₁＋V₁ (that) S₂＋V₂〉の S₂ が**関係代名詞 (which/who) に置き換わった形**がある。この形の V₁ としてよく使われる動詞は，**believe, fear, find, hear, know, remember, say, think** などである。

- There is a girl in my class **who I think** ◆ may become a famous pianist.
  先行詞　　　　　　　　　　　　　　ここに先行詞（＝she）を補って考える
  (私のクラスに，有名なピアニストになるかもしれないと私が思っている女の子がいる)

プラス what (＋S＋V) ＋V
関係代名詞の what の後ろにも，同様の形が続くことがある。
- You should do **what** you believe is right.
  (きみは自分が正しいと思うことをすべきである)

what 以下は次のように考えるとよい。

　　　　　　　　which に置き換えて先行詞の後ろに置く

You should do the thing. ＋ You believe it is right.
きみはそのことをすべきだ　　　きみはそのことが正しいと思う

→ You should do **the thing which** you believe is right.
　　　　　　　　　　＝ what

5-3 関係形容詞

149 She lived in Madrid for a year, during which time she learned Spanish.

彼女はマドリッドに1年間住み，その間にスペイン語を学んだ。

> **ポイント** 継続用法の〈, +前置詞＋which＋名詞〉が，関係副詞のはたらきをすることがある

(149) の which は，後ろの名詞 (time) を修飾するはたらきをもつことから，関係形容詞と呼ばれる。関係形容詞の which は常にこのような形で使い，接続詞と the のはたらきをあわせもっている。

[..., **during which time** she learned Spanish.]
(そして) その時間の間に (≒ and during the time)

関係形容詞の which は書き言葉で使われることが多いが，次の表現は会話でもよく使われる。

- It may rain this weekend, **in which case** the event will be canceled.
  (この週末は雨になるかもしれない。その場合には，そのイベントは中止されるだろう)
  ▶ in which case ＝ その場合には (雨の場合には)

＋プラス　関係形容詞の what

what にも関係形容詞としての用法がある。

- I lent him **what** (little) **money** I could.
  ≒ I lent him all the money I could.
  (私は (少ないものの) 貸せるだけのお金を全部彼に貸した)
  ▶ what は「全部の」の意味を含み，〈what (＋little/few)＋名詞 ...〉≒〈all the＋名詞＋that ...〉と言い換えられる。この形では，little/few がなくても「わずかばかりの〜」の意味が含まれることが多い。

✓ チェック 041

日本語の意味に合うように，与えられた語句を並べかえて英文を完成しなさい。

(1) 男の子にはよくあることだが，トムは危険なことをするのが好きだ。
(the / boys / as / with / case / often / is), Tom likes to do dangerous things.

(2) ハルカには将来きっとプロの歌手になりそうなお姉さんがいる。
Haruka has (I'm / a sister / become / who / sure / will) a professional singer in the future.

(3) 彼は読書が大好きだったので，持っていたわずかなお金を全部本に使った。
He loved reading, so he spent (money / had / what / he / little) on books.

6 複合関係詞

6-1 複合関係詞の種類

疑問詞に **-ever** がついた形の関係詞を「複合関係詞」という。複合関係詞は先行詞をもたず，それ自体が代名詞・形容詞・副詞のはたらきをする。
複合関係詞には2つのはたらきがあり，それぞれ次のような意味になる。

	名詞節を作る	譲歩の副詞節を作る
whatever	～するものは何でも	たとえ何が [を] ～しても
whichever	～するどちら (の…) でも	たとえどちら (の…) が [を] ～しても
who(m)ever	～する人は誰でも	たとえ誰が [を] ～でも
	副詞節を作る	譲歩の副詞節を作る
whenever	～するときはいつでも	たとえいつ～しても
wherever	～する所ならどこへ [に] でも	たとえどこへ [に] ～しても
however		たとえどんなに～しても

▶左の列の意味では，**any**（どんな～でも）を使って言い換えることができる。
▶右の列の意味では，〈**no matter** ＋疑問詞〉で言い換えることができる。

6-2 名詞節を作る複合関係詞

150 **Whoever** leaves last must turn off the lights.
　　　最後に出る人は誰でも明かりを消さねばならない。

> **ポイント**　　whoever ＋ V ＝ ～する人は誰でも（≒ anyone who ＋ V）

名詞節を作る複合関係詞は，**any**（どんな～でも）を使って言い換えることができる。

　　　Whoever leaves last must turn off the lights. (150)
　　　　　　S　　　　　　V　　　　　O
　≒ Anyone who leaves last must turn off the lights.
　　　　最後に出る人は誰でも

▶ whoever leaves last は名詞節で，文中でS（主語）のはたらきをしている。

➕プラス　名詞節を作るその他の複合関係詞
- You can invite **who(m)ever** you want to the party.
  （あなたが来てほしい人なら誰でもパーティーに招待してかまわない）
  ▶ who(m)ever ＝ anyone who(m)。実際には whoever を使うことが多い。
- **Whatever** the commentators say ought to be true.
  （ニュース解説者の言うことは何でも本当であるべきだ）

▶ whatever the commentators say ≒ anything (that) the commentators say
- Choose **whichever** color you like.
  （どれでも好きな色を選びなさい）
  ▶ whichever color you like ≒ any color (that) you like
- I'll lend this book **to whoever** wants to read it.
  （この本は，読みたいと思っている人なら誰にでも貸してあげます）
  ▶ whoever wants to read it ≒ anyone who wants to read it。前置詞の後ろに複合関係詞を置くこともある。

6-3 副詞節を作る複合関係詞

151　Come and see us **whenever** you are in Tokyo.
東京にいるときにはいつでも私たちに会いに来てください。

ポイント　whenever + S + V = S が～するときはいつでも

whenever は「～するときはいつでも」の意味。接続詞と考えることもできる。

　　　Come and see us **whenever** you are in Tokyo.（151）
　　　　　V　　　　O　あなたが東京にいるときにはいつでも〈副詞節〉
　　≒ Come and see us (at) any time you are in Tokyo.

プラス　wherever + S + V =「S が～するところならどこでも」
- People in that country were helpful **wherever** we went.
  ≒ People in that country were helpful (at) any place we went.
  （私たちがどこへ行っても，その国の人たちは親切でした）

6-4 〈譲歩〉の意味を表す副詞節を作る複合関係詞

whoever など

152　**Whoever** calls me, I'm not going to answer.
たとえ誰が電話をしてきても，私は電話に出るつもりはない。

ポイント　whoever + V = たとえ誰が～しても（≒ no matter who + V）

複合関係詞が「たとえ～しても」という〈譲歩〉の意味の副詞節を導くことがある。この場合は，〈**no matter** +疑問詞〉で言い換えられる。

　　　Whoever calls me, I'm not going to answer.（152）
　　たとえ誰が電話をしてきても〈副詞節〉S　　　　V

≒ No matter who calls me, I'm not going to answer.
▶ 書き言葉では，Whoever [No matter who] **may** call me, ... のように may を使うこともある。

➕プラス　〈譲歩〉の意味を表す副詞節を作るその他の複合関係詞

- **Whatever** [**No matter what**] my father says, I won't change my mind.
  （たとえ父が何と言おうと，私は考えを変えるつもりはありません）
- **Whichever** [**No matter which**] route you take, it will take at least an hour.
  （どちらの経路を利用しても，少なくとも1時間はかかるだろう）
- **Wherever** [**No matter where**] you go this weekend, there'll be heavy traffic.
  （この週末は，どこへ出かけても交通渋滞があるだろう）
- **Whenever** [**No matter when**] you come, you'll be welcome.
  （いついらっしゃっても歓迎します）

however

153　**However busy you are, you must eat lunch.**
たとえどんなに忙しくても，昼食を食べなければいけない。

ポイント　however（≒ no matter how）の後ろには，形容詞・副詞を置く

「たとえどんなに〜でも」の意味を表す however（≒ no matter how）は，形容詞・副詞とセットで使う。

However busy you are, you must eat lunch.（153）
たとえどんなに忙しくても〈副詞節〉　S　V　O
　　　　　　　　　　busy の位置に注意

≒ **No matter how** busy you are, you must eat lunch.

▶ ✗ However [No matter how] you are busy の語順は誤り。感嘆文の how に続く語順と同様に考えるとよい。

- He is **very busy**.（彼はとても忙しい）
  → **How busy** he is!（彼は何と忙しいのだろう！）（→p.35）

✓ チェック 042

日本語の意味に合うように，(　　)に適語を入れなさい。

(1) それを最も必要とする人にあげます。
　　I'll give it to (　　　　) needs it most.
(2) どちらでも好きなほうの問題に答えてよろしい。
　　You can answer (　　　　) question you like.
(3) 父はどんなに遅く帰宅してもお風呂に入る。
　　My father takes a bath (　　　) (　　　) (　　　) late he comes home.

Sue's Advice

whom の使用について

Gill is the blonde woman whom you met at Dave's house.
（ジルはあなたがデイブの家で会った金髪の女性です）

この文では関係代名詞 whom が使われています。文法的には可能ですが，書き言葉以外ではあまり使われません。会話文の場合は，whom を使わずに次のように言うのが自然です。
(a) Gill is the blonde woman who you met at Dave's house.
(b) Gill is the blonde woman that you met at Dave's house.
(c) Gill is the blonde woman you met at Dave's house.

(a) では whom の代わりに who を使っています。また (b) のように that を使うこともできます（ただし弱く発音します）。しかし，最も自然なのが (c) で，whom は会話文の場合は省略するのが一番です。

✓ チェック 解答

037 (1) has a friend who is　(2) is the title of the book you are reading
　　　(3) The boy whose bike was stolen
038 (1) where　(2) which　(3) when　(4) why　(5) how
039 (1) where　(2) whom　(3) which
040 (1) What you need now is　(2) is not what he used to be
　　　(3) what is called a generation gap
041 (1) As is often the case with boys　(2) a sister who I'm sure will become
　　　(3) what little money he had
042 (1) whoever　(2) whichever　(3) no matter how

Using Grammar in Context

UNIT 9 関係詞

Visiting an Old Friend

(Mr. Sakai, an English teacher, wrote about his trip to Spain in his school newsletter.)

This summer I went to Barcelona in Spain. It is a city which has an interesting history, but I didn't visit it as a tourist. I have a friend who lives there. He is a person I met at an English language school in London ten years ago. The course I took was very interesting. I met many people whose backgrounds were very different from mine. One of them was Jordi, a Spanish engineer. On the first day at school, he sat next to me, and we introduced ourselves. He showed me some beautiful photos which he took in Spain.

Near the school, there was a cafe where Jordi and I often met after class. We would talk there for hours. I remember the day when I left London to go back home. Jordi came to the station to say goodbye to me. We have kept in touch with each other ever since then. That is how we became good friends. And this is why I went to Spain to visit him this summer.

When I arrived in Barcelona, we were so happy to see each other. The next day was Saturday, when he didn't have work, so we went out together to see the city. Among the modern concrete buildings, I noticed beautiful old buildings, which had been there for centuries.

Barcelona is famous for some great artists. One of them is Picasso, who lived there for some time. My friend and I visited the Picasso Museum, where I learned many interesting things. What I already knew about him was his unusual style of painting. He is what is called an abstract artist. I'm sure that whoever sees his paintings will find his works interesting. However, when he was young, he painted everything realistically. His style gradually changed as he became older and his paintings became abstract.

We had a very good time wherever we went, and of course, we really enjoyed talking to each other. We are not native speakers of English, but we were able to understand each other. The reason why people should learn English is to communicate with people around the world. Wherever you are from, you can communicate with each other through English.

和訳

長年の友人を訪ねる

（英語科のサカイ先生が，学校の広報に，彼のスペイン旅行について書きました。）

　今年の夏，私はスペインのバルセロナへ行きました。それは，興味深い歴史のある都市です。でも，私は観光客として訪れたのではありません。私にはそこに住む友人がいるのです。彼は私が10年前にロンドンの英語学校で出会った人です。私が取ったコースはとてもおもしろいものでした。私とはとても異なる経歴をもった多くの人たちに出会いました。そのなかの1人が，スペイン人のエンジニアであるジョーディでした。学校の初日に彼は私のとなりに座りました。そして，私たちは自己紹介をし合いました。彼は彼がスペインで撮った美しい写真を見せてくれました。

　学校の近くに，ジョーディと私が放課後よく会ったカフェがありました。私たちはそこで何時間も話したものでした。私は家へ帰るためにロンドンを離れた日のことを覚えています。ジョーディは私にさよならを言うために駅まで来てくれました。私たちはそれ以来お互いに連絡をとってきました。そのようにして私たちはとてもよい友だちになりました。そして，私はこういうわけで今年の夏に，彼を訪れるためにスペインへ行ったのです。

　私がバルセロナに着いたとき，私たちはお互いに会えてとてもうれしい気持ちでした。次の日は土曜日で，その日彼は仕事はなかったので，私たちはいっしょに市内観光に出かけました。現代的なコンクリートの建物の間にある，美しく古い建物に気づきました。それらは何世紀もそこにあったのです。

　バルセロナは偉大な芸術家たちで有名です。彼らの1人がピカソで，彼はそこにしばらく暮らしていました。友人と私はピカソ美術館を訪れました。そこで私は多くの興味深いことを学びました。彼について私がすでに知っていたことは彼の特異な画風でした。彼はいわゆる抽象画家です。誰が彼の絵を見ても，きっと彼の作品をおもしろいと思うでしょう。しかし，若かったとき，彼はすべてを写実的に描いたのです。彼の画風は，年をとるにつれて徐々に変わり，彼の絵は抽象的になったのです。

　私たちはどこへ行っても楽しい時を過ごしました。そしてもちろん，私たちはお互いの会話を本当に楽しみました。私たちの母語は英語ではありませんが，私たちはお互いに理解し合うことができました。人が英語を学ぶべき理由は世界中の人々とコミュニケーションをとるためです。たとえどこの出身であっても，お互いに英語を通じてコミュニケーションをとることができるのです。

バルセロナ旧市街

UNIT 10

比較

複数のものを比べる形を学ぼう

Introduction ……………… 246

1 原級を使った比較 ……………… 248
  1-1 原級を使った比較の基本形（肯定文）‥ 248
  1-2 原級を使った比較の基本形（否定文）‥ 250
  1-3 比べる対象に注意すべき例 ………… 251
  1-4 比べる対象が省略された形 ………… 252
  1-5 倍数の表現 ……………………… 252
  1-6 as ＋原級＋ as ＋数詞 ………… 254

2 比較級を使った比較 …………………… 255
  2-1 比較級を使った比較の基本形 ……… 255
  2-2 比べる対象に注意すべき例 ………… 256

3 最上級を使った比較 …………………… 258
  3-1 最上級を使った比較の基本形 ……… 258
  3-2 最も〜なものの1つ ……………… 259
  3-3 〜番目に…な ……………………… 260

4 不規則な形の比較級と最上級 ………… 261
  4-1 more/most のはたらき …………… 261
  4-2 less/least のはたらき …………… 261
  4-3 その他の不規則な形の比較級・最上級 262

5 比較級と最上級の強調 ………………… 264
  5-1 比較級を強調する表現 …………… 264
  5-2 最上級を強調する表現 …………… 266

6 比較級の注意すべき用法 ……………… 267
  6-1 the ＋比較級 …………………… 267
  6-2 more[less] than 〜 など ……… 268
  6-3 比較級＋ and ＋比較級 ………… 270
  6-4 「〜よりも」を to で表す表現 ……… 271

7 比較の慣用表現 ………………………… 272
  7-1 原級を含む慣用表現 ……………… 272
  7-2 比較級を含む慣用表現 …………… 273
  7-3 最上級を含む慣用表現 …………… 274

8 最上級の意味を表す原級・比較級 …… 276
  8-1 〜ほど…なものはない …………… 276
  8-2 ほかのどんな〜よりも…だ ……… 276

チェック解答 ……………………………… 277

Using Grammar in Context
The Size and the Population of Countries ………………………………… 278

Introduction

比較の3つの基本形

2つ以上のものの性質や状態などを比較するには，形容詞・副詞を変化させた形を使います。
比較の表現で使う形容詞・副詞の形には，**原級・比較級・最上級**の3つがあります。

| 原級 | **A ... as＋原級＋as B** ＝AはBと同じくらい〜だ |

2つのものを比べて「同じくらい〜だ」と言いたい場合に使います。

Kumi is **as tall as** Beth.
（クミはベスと同じくらいの身長だ）

| 比較級 | **A ...＋比較級＋than B** ＝AはBよりも〜だ |

2つのものを比べて，どちらかが「より〜だ」と言いたい場合に使います。

Emma is **taller** than Beth.
（エマはベスより背が高い）

| 最上級 | **A ...＋最上級＋of [in]＋名詞** ＝Aは最も〜だ |

3つ以上のものを比べて，どれかが「最も〜だ」と言いたい場合に使います。

Emma is **the tallest** of the three.
（エマは3人の中で最も背が高い）

比較級・最上級の作り方

原級は形容詞・副詞をそのままの形で使います。比較級・最上級は次のように形を変化させます。

作り方	原級	比較級	最上級
① 語尾に er/est をつける	tall	tall**er**	tall**est**
	large	larg**er**	larg**est**
	big	big**ger**	big**gest**
	early	earl**ier**	earl**iest**
② 前に more/most を置く	beautiful	**more** beautiful	**most** beautiful
③ 特殊な形になる	good	better	best

▶ ②のように長い単語の場合は，その単語の前に more, most を置きます。③は p. 262 を参照。

比較の表現では，原則として左ページの3つの形のうちのどれかを使います。

× I like soccer than baseball. (私は野球よりサッカーが好きです)

この文は，「比較級」が欠けているので誤りです。than は「～よりも」の意味ですが，必ず比較級（の形容詞・副詞）とセットで使います。正しい文は次のようになります。

○ I like soccer **better than** baseball. (→ p. 262)

Next, Putting it into Action!

比較には，基本パターンのほかに様々な形や慣用表現があります。それぞれの用法を詳しく見ていきましょう。

UNIT 10 比較

1 原級を使った比較

1-1 原級を使った比較の基本形（肯定文）

形容詞の原級を使った比較

> **154** Japan is **as large as** Germany.
> 日本はドイツと同じくらいの大きさだ。

ポイント A ... **as**＋形容詞の原級＋**as** B＝「AはBと同じくらい～だ」(A＝B)

(154)は〈A＋be動詞＋as＋形容詞の原級＋as B〉の形で，形容詞が表す〈性質〉や〈状態〉について，「AとBが同じ程度」であることを表している。

Japan is **as large as** Germany (is). (154)
　A　　　形容詞の原級　　B

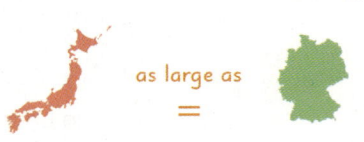

▶ Aは日本，Bはドイツ。AとBの**広さ**（←large）の程度が同じくらいだという意味を表す。

＋プラス 2つ目の as の後ろの形

2つ目の as は接続詞なので，本来は〈as＋S＋V〉の形で使う。(154)の Germany (is) の is のように，V が省略されることもある。
- My cousin is as old **as I** (am). (私のいとこは私と同い年だ)
  ▶ ... as I am old とは言えない。... I am old だと「私は年寄りだ」の意味になる(→p.249 4技能Tips)。

ただし日常会話では ... as I とは言わず，as を前置詞のように使って，後ろの人称代名詞は**目的格**にするのがふつう。
- My cousin is as old **as me**. (私のいとこは私と同い年だ)

注意！ 形容詞の後ろに名詞がある場合（**a/an**の位置に注意）

2つの as の間は，〈形容詞＋a/an＋名詞〉の語順になる。
- Hiromi is **as good a singer as** her sister.
  　　　　aの位置に注意（→p.397）
  (ヒロミはお姉さんと同じくらい歌がじょうずだ)

> **注意！** 比べる対象は対等の形にする
>
> × The climate here is as mild as Okinawa.
>   A   B
>
> ○ The climate here is as mild as **that of** Okinawa.
>   = the climate
>
> （当地の気候は沖縄と同じくらい温暖です）
>
> ▶ A は**当地の気候**(**the climate here**) だから，比べる対象である B は「沖縄」という地名ではなく**沖縄の気候**(**the climate of Okinawa**) にする。the climate がくり返されることになるので, that of Okinawa と言い換える (→ p. 368)。

4技能 Tips　Speaking　as old as が表す2つの意味

次の2つの文には，大きな違いがある。

　(a) Mark is as **old** as John.
　(b) Mark is as **young** as John.

(b)は「マークはジョンと同じくらい**若い**」, つまり「**2人とも若い**」ことを意味する。一方(a)には, 次の2つの意味がある。

　①マークはジョンと**同じくらい年寄りだ**。
　②マークはジョンと**同じくらいの年齢 [同い年]** だ。

(a)は実際には②の意味で使う。つまり(a) (as old as)は，2人が子どもであっても使える。このとき old は,「年寄りだ」ではなく「**〜の年齢だ**」という意味（年齢の尺度）を表す。

> tall/short や big/small のように相反する意味をもつ2つの形容詞のうち, プラスの意味をもつほう (tall, big) を原級・比較級で使うと,〈尺度〉を表すことができる。

プラスの意味をもつ形容詞とは,「**大きい**」「**長い**」「**高い**」「**強い**」などの意味を表すものをいう。次の文も同じように考えることができる。

　(c) Sarah is **taller** than Aki.

この文はふつう「サラはアキよりも身長が高い」の意味であり, 2人が必ずしも長身でなくても使える。つまり, この文は Sarah is tall. (サラは背が高い) という文が変化してできたのではない。

副詞の原級を使った比較

155　Eri speaks English **as fluently as** a native speaker.
　　　エリはネイティブスピーカーと同じくらい流ちょうに英語を話す。

ポイント　**A ... as** + 副詞の原級 + **as B**
　　　＝「A は B と同じくらい〜に…する」(A＝B)

(155) は〈**A ＋一般動詞＋ as ＋副詞の原級＋ as B**〉の形で，副詞が表す〈程度〉について「A と B が同じくらい」であることを表している。

<u>Eri</u> speaks English **as fluently as** <u>a native speaker</u> (does). (155)
　A　　　　　　　　副詞の原級　　　　　　B

▶ A はエリ，B はネイティブスピーカー。2 人が英語を話す流ちょうさ（←fluently）が同程度だという意味を表す。2 つ目の as の後ろには S（＋ V）の形を置き，V を省略しないときは do/does/did などを使う。上の文の does は speaks English を言い換えたもの（→ p. 30）。

1-2 原級を使った比較の基本形（否定文）

156 Japan is **not as large as** France.
日本はフランスほど大きくはない。

ポイント　　**A ... not ＋ as [so] ＋原級＋ as B ＝「A は B ほど〜ではない」（A ＜ B）**

〈A ... as ＋原級＋ as B〉（A は B と同じくらい〜だ）を否定文にすると，「A は B よりも程度が小さい」ことを表す。

<u>Japan</u> is **not as large as** <u>France</u>. (156)
　A　　　　　　原級　　　B
　　（A の大きさ＜ B の大きさ）

▶ A が日本，B がフランス。両者の大きさ（← large）の程度を比べて，「A は B よりも小さい」という意味を表す。

プラス　1 つ目の as の代わりに so を使う場合もある

否定文では，1 つ目の as の代わりに so を使うこともある。
- Japan is**n't so [as]** large **as** France.
  （日本はフランス**ほど**大きくは**ない**）
  ▶ ただし，ふつうは so よりも as を使うことが多い。

注意!　原級の否定は，〈A ≠ B〉ではなく〈A ＜ B〉の関係

Japan is **not as** large **as** France. → 日本はフランスと同じくらい大きくない。
　　　　　　　　　　　　　　　　　　　　　　　　　　　　ほど

原級の肯定文（as 〜 as ...）は〈A ＝ B〉の関係を表す。一方，否定文（**not as 〜 as ...**）が表すのは〈A ≠ B〉ではなく，〈**A ＜ B**〉の関係である。

1-3 比べる対象に注意すべき例

157 It's **as warm** today **as** (it was) yesterday.
今日はきのうと同じくらい暖かい。

比べる対象は主語どうしとは限らない。比べる対象が何であっても，原級は「2つのものの程度が同じくらいだ」という意味を表す。

   It's **as warm** today **as** (it was) yesterday. (**157**)
   ▶ today と yesterday はともに副詞。

この文は，「今日の暖かさ（今日が warm である程度）」と「きのうの暖かさ（きのうが warm であった程度）」とが同じくらいだという意味を表している。

否定文は次のようになる。

- It's **not as warm** today **as** (it was) yesterday.
 （今日はきのうほど暖かくはない）
 ▶ 否定文の場合は，「今日の暖かさ＜きのうの暖かさ」と考えればよい。

➕プラス 原級を使った様々な形

- I do**n't** like dogs **as much as** cats.
 （私は犬が猫ほど好きではありません）
 ▶「私が犬を好きな程度＜私が猫を好きな程度」ということ。

- This story is **as** impressive **as** (it is) sad.
 （この物語は悲しいのと同じくらい感動的だ［悲しくもあり感動的でもある］）
 ▶「この物語が感動的な程度＝この物語が悲しい程度」ということ。主語のもつ性質どうしが比べられている。

参考… 〈as + S + V〉の V が，前の動詞とは違う形になることがある

- I can't run **as fast as** I did when I was in junior high school.
 （私は中学時代ほど速くは走れない）
 ▶「私が現在走れる速さ＜私が中学時代実際に走った速さ」ということ。did は同じ語（run）をくり返して使うことを避けるために使う（→ p. 30）。

- The test wasn't **as difficult as** I thought (it would be).
 （そのテストは私が思ったほど難しくはなかった）
 ▶「そのテストの実際の難しさ＜私が思っていたそのテストの難しさ」ということ。it would be (difficult) の difficult は必ず省略される（✗ He is as tall as I am tall. と言わないのと同様）。

1-4 比べる対象が省略された形

> **158** I used to run 100 meters in around 12 seconds.
> Now I can't run **so [as]** fast.
> 以前は 100 メートルをだいたい 12 秒で走っていた。今はそれほど速く走れない。

比べる対象が明らかなときは，2つ目の as 以下は省略されることが多い。

Now I ca**n't** run **so [as]** fast (<u>as I could</u>). (158)
　　　　　　　　　　　　　　　└── 省略される

▶「**現在**の速さ」と「**以前**の速さ」とを比べていることが文脈から明らかなので，as I could は省略されている。

▶so と as にはニュアンスの違いがあり，so fast なら「現在はあまり速くない→遅い」の意味を含み，as fast なら「まだ速いが<u>以前と同じではない</u>」という意味を含んでいる。

参考…「今 [これ] ほど〜なことはない」

● I've **never** been **so angry** (<u>as I am now</u>).
　　　　　　　　　　　　　　└── 省略される

▶「私は今ほど怒ったことは今までに一度もない→今が**一番怒っている**」ということ。「今」と比べていることが状況から明らかなので，as I am now が省略されている。この文は原級の否定文だが，実質的に**最上級の意味**を表している（→p 276）。「私は (あまり) 怒ったことがない」と意味を取り違えないこと。

● **Nothing** could be **so** absurd. (これほどばかげたことはない)

▶文末に as this を補って考える。

✓ チェック 043

日本語の意味に合うように，(　)に適語を入れなさい。
(1) 今年の冬は去年の冬と同じくらい寒い。
　　It's (　　) (　　) this winter (　　) it was last winter.
(2) 私はあなたほどじょうずに歌えません。
　　I can't sing (　　) (　　) (　　) you.
(3) こんなにうれしいことは今までになかった。
　　I've never been (　　) happy.

1-5 倍数の表現

> **159** Tokyo Skytree is about **twice as tall as** Tokyo Tower.
> 東京スカイツリーは東京タワーの約2倍の高さだ。

ポイント	A ... 数詞 + times as ～ as B = A は B の…倍～だ A ... twice as ～ as B = A は B の2倍～だ

「…倍」を表すには，1つ目の as の前に〈数詞 + times〉を置く。「2倍」のときはふつう twice を置く。

➕ プラス 「…倍の数[量]の～」は，many [much] を名詞の前に置く

- This fruit contains **twice as much vitamin C as** a lemon.
  × This fruit contains vitamin C twice as much as a lemon.
  (この果物はレモンの2倍のビタミンCを含んでいる)

➕ プラス 「半分」「～分の1」の表し方

「A は B の半分(の)～だ」は，half と原級を組み合わせて表す。

- Tokyo Tower is about **half as tall as** Tokyo Skytree.
  (東京タワーは東京スカイツリーの約半分の高さだ)

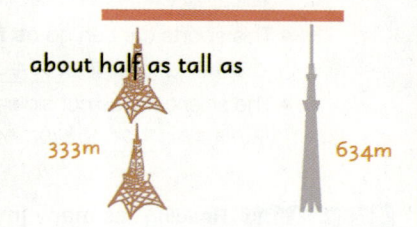

about half as tall as
333m　　634m

分数を使った倍数表現もある (→p. 425)。

- There are **a quarter as many** girls **as** boys in this class.
  (このクラスには男子の4分の1の人数の女子がいる)

参考 抽象名詞を使った言い換え

〈as + 原級 + as〉の代わりに抽象名詞を使って表現することもできる。

Tokyo Skytree is about **twice as tall as** Tokyo Tower. (159)

tall (～の高さだ) を height (高さ) に置き換える

≒ Tokyo Skytree is about **twice the height of** Tokyo Tower.

- This national park is about **one-third as large as** Shikoku.
  ≒ This national park is about **one-third the size of** Shikoku.
  (この国立公園は四国のおよそ3分の1の広さだ) (→p. 425)
  ▶ age, length, number, weight, width などの抽象名詞も，この形で使える。

参考 比較級を使った倍数の表現

原級の代わりに比較級を使うこともできる。

- Italy is about **three times as large as** South Korea.
  ≒ Italy is about **three times larger than** South Korea.
  (イタリアは韓国のおよそ3倍の大きさだ)
  ▶ ただし，「2倍」は〈twice + 比較級 + than〉ではなく，〈twice as + 原級 + as〉あるいは〈two times + 比較級 + than〉で表す。

1-6 as＋原級＋as＋数詞

160 As many as 10,000 people took part in the marathon.
1万人もの人々がそのマラソンに参加した。

数詞の前に原級を置くと，その数が強調されて「〜もの」という意味になる。
As many as 10,000 people took part in the marathon. (160)
　　〜もの

as many as が後ろの数(10,000)を強調して，「1万もの」という意味になる。

参考 〈as＋原級＋as＋数詞〉のその他の例
- I had to wait **as long as** *two* hours.
  （私は2時間も待たなければならなかった）
- This sports car can go **as fast as** *250* kilometers an hour.
  （このスポーツカーは時速250キロもの速さで走れる）
- The scientist was considered a genius **as early as** at the age of *ten*.
  （その科学者は早くも10歳のころには天才とみなされていた）

4技能Tips　Reading　as many [much] の意味と使い方

as many [much] ... には次のような使い方がある。

〈as many [much] as＋数詞＋名詞〉 「〜もの数[量]の…」	● I read **as many as** five books in a week. （私は1週間で5冊も本を読んだ） ● The repairs cost **as much as** 50,000 yen. （修理には5万円もかかった）
〈as many [much]（＋名詞）＋as 〜〉 ①「〜と同じ数[量]の…」 ②「〜するだけの数[量]の…」	● Ben ate **as many** hamburgers **as** his father.　…① （ベンは父親と同じ数のハンバーガーを食べた） ● You can take **as many** candies **as** you want.　…② （欲しいだけキャンディーを取っていいよ） ● You can eat **as much as** you want for 3,000 yen.　…② （3千円で食べたいだけ食べられます）

▶後ろに不可算名詞を置くときは，many でなく much を使う。much は〈量〉や〈程度〉を表す。

✓チェック 044

日本語の意味に合うように，与えられた語を並べかえて英文を完成させなさい。
(1) 今日の気温は 38 度にまで上昇した。
　　Today's temperature rose to (degrees / high / as / as / 38).
(2) その修理には私たちが予想した3倍のお金がかかった。
　　The repairs cost (as / as / times / much / three) we expected.

2 比較級を使った比較

2-1 比較級を使った比較の基本形

形容詞の比較級を使った比較

161 The Nile is **longer than** the Amazon.
ナイル川はアマゾン川よりも長い。

ポイント　A ... 形容詞の比較級 + than B =「AはBよりも〜だ」(A > B)

（161）は〈A + be動詞 + 形容詞の比較級 + than B〉の形で，形容詞が表す〈性質〉や〈状態〉について，「AのほうがBよりも程度が大きい」ことを表している。

The Nile is **longer than** the Amazon. (161)

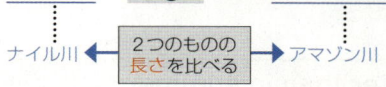

ナイル川 ← 2つのものの長さを比べる → アマゾン川

参考…　比較級の否定文

比較級は〈A > B〉の関係を表すので，否定文にすると〈A ≦ B〉の関係を表すことになる。〈A ... not + 比較級 + than B〉は「AはBよりも〜だということはない」という意味になる。

- Your suitcase **isn't heavier than** mine.
  （きみのスーツケースはぼくのより重いということはない）
  ▶「きみのスーツケースはぼくのと同じくらいの重さか，またはぼくのよりも軽い」ということ。

副詞の比較級を使った比較

162 My mother drives **more slowly than** my father.
母は父よりもゆっくり車を運転する。

ポイント　A ... 副詞の比較級 + than B =「AはBよりも〜に…する」(A > B)

（162）は〈A + 一般動詞 + 副詞の比較級 + than B〉の形で，副詞が表す〈程度〉について「AのほうがBよりも程度が大きい」ことを表している。

My mother drives **more slowly than** my father. (162)
　　A　　　　　　　　　　　　　　　　B

- Women generally live **longer than** men.（女性は一般に男性よりも長く生きる）
- I arrived five minutes **earlier than** Steve.（私はスティーブより5分早く着いた）

プラス than 以下のない比較級

比べる相手が明らかな場合には，than 以下を省略することが多い。

- This route will be **quicker**. (このルートで行くほうが早いよ)
  ▶ほかのルートで行った場合と「迅速さ」で比較。
- It's getting **colder**, isn't it? (寒くなってきたね)　▶今より前と「寒さ」で比較。
- I should have left home **five minutes earlier**.
  (あと5分早く家を出ればよかった)　▶実際に家を出た時刻と「早さ」で比較。
- Would you speak **a little more slowly**, please?
  (もう少しゆっくり話してもらえますか)　▶現状と「速さ」で比較。
- This shirt is a bit small for me. Do you have a **bigger** one?
  (このシャツは私には少し小さいです。もっと大きいのはありますか)
  ▶このシャツと「大きさ」で比較。

2-2 比べる対象に注意すべき例

163 Our hotel is b■sier in winter than in summer.
当ホテルは夏よりも冬のほうが忙しい。

比べる対象が何であっても，比較級は「一方の程度は他方の程度よりも大きい」という意味を表す。

Our hotel is **busier** <u>in winter</u> **than** <u>in summer</u>. (163)
▶in winter と in summer はともに副詞句。

この文は，「私たちのホテルの冬の忙しさ（busyの程度）＞私たちのホテルの夏の忙しさ」という意味を表している。

プラス 比較級を使った様々な形

- My son speaks <u>German</u> **better than** <u>English</u>.
  (息子は英語よりもドイツ語のほうがじょうずだ)
  ▶「息子のドイツ語を話すじょうずさ＞息子の英語を話すじょうずさ」ということ。
- She is **more** <u>angry</u> **than** <u>disappointed</u>.
  ≒ She is <u>angry</u> **rather than** <u>disappointed</u>.
  (彼女はがっかりしているというよりむしろ，怒っている)
  ▶「彼女が怒っている程度＞彼女が落胆している程度」ということ。主語のもつ性質どうしが比べられている。この形のときは，1音節の語でも語尾に -er をつけずに more を前に置く。
    ×She is angrier than disappointed.

> **参考…** ⟨than + S + V⟩の V が前の動詞とは違う形になることがある

- Our teacher looks **younger than** he really is.
  （私たちの先生は実際より若く見えます）
  ▶「先生の見かけの若さ＞先生の実際の若さ」ということ。than he really is は「彼が実際にそうであるよりも」の意味。
- The test was **easier than** I had expected.（そのテストは予想したよりもやさしかった）
  ▶「テストの実際のやさしさ＞私が予想したテストのやさしさ」ということ。than I had expected（私が予想していたよりも）はよく使われる表現。

> **参考…** 比較的〜なほうの…⟨比較級＋名詞⟩
> 名詞の前に置かれた比較級が，比較の対象を明示せず，ばくぜんと「程度が大きい」という意味を表す場合がある。たとえば，**higher education**（高等教育），**the upper class**（上流階級），**the younger generation**（青年層）など。

4 技能 Tips Writing 比べる対象は対等なもの

原級や比較級を使ってＡとＢを比べる場合，両者は「対等なもの」でなければならない。英作文で，次のような誤った文がよく見られるので注意しよう。下線部がそれぞれＡ・Ｂに当たるが，どれも「対等のもの」ではないので，原級・比較級を使って表現することはできない。

- ✗ My grandmother is **older than** 70. → ○ My grandmother's over 70.
  （祖母は70歳を超えている）
  ▶「祖母」という人間と「70歳」という年齢を比べることはできない。
- ✗ She looks **younger than** her age. → ○ She looks young for her age.
  （彼女は年齢よりも若く見える）　　　　　　　　　　〜の割に

一方の副詞（句）が（言わなくてもわかるので）省略された結果，形の上では「主語と副詞（句）の比較」であるかのように見える場合がある。このタイプの文は正しい。

- ○ I am (now) **richer than** (I was) ten years ago.（私は10年前よりも金持ちだ）
- ○ It's **warmer** (today) **than** (it was) yesterday.（（今日は）きのうより暖かい）
- ○ My grades are**n't as good** (this semester) **as** (they were) last semester.
  （私の成績は前学期ほどよくない）

✓ チェック 045

日本語の意味に合うように，与えられた語句を並べかえて英文を完成させなさい。
(1) 8月は7月より暑い。
　　It's (in / in / August / July / than / hotter).
(2) バスで行くよりタクシーで行くほうが速い。
　　It's (by bus / by taxi / go / to / than / quicker).
(3) 私たちは思っていたよりも早くホテルに着いた。
　　We arrived at the hotel (expected / than / earlier / had / we).

3 最上級を使った比較

3-1 最上級を使った比較の基本形

形容詞の最上級を使った比較

> **164** Mont Blanc is **the highest** mountain **in** the Alps.
> モンブランはアルプス山脈で最も高い山だ。

ポイント　A ... **the**＋形容詞の最上級（＋名詞）＝ A は最も（〜な）…だ

Mont Blanc is **the highest** mountain **in** the Alps.（164）

▶「最も高い山」は 1 つに特定されるので、the が必要（→ p.391）。

プラス　最上級の後ろの名詞を省略することがある

形容詞の最上級の前の the は、後ろの名詞についている。ただし、その名詞が省略されていることもある。

- He is **the tallest** (player) of all the players.
  ▶ the は省略された player についている。

（彼は全選手のうちで最も背が高い）

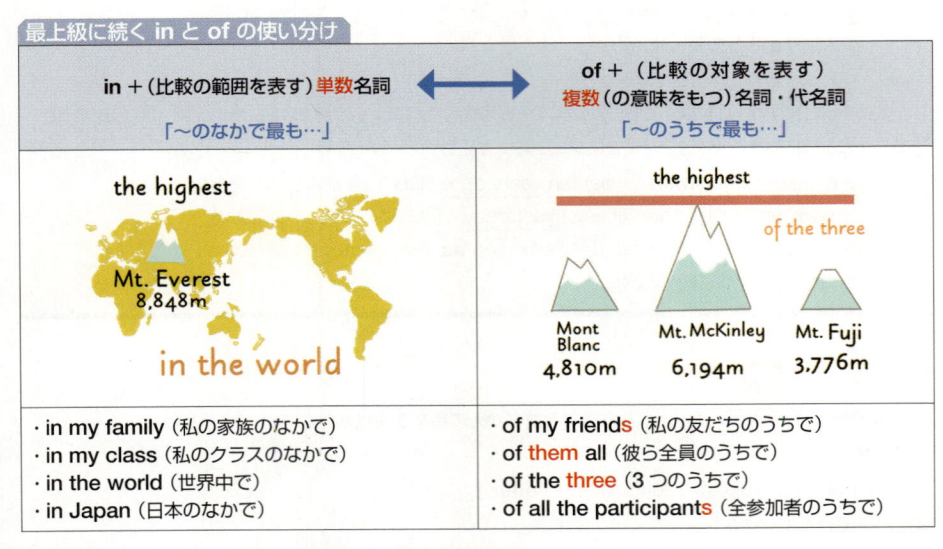

最上級に続く in と of の使い分け

in＋（比較の範囲を表す）**単数**名詞	**of**＋（比較の対象を表す）**複数**（の意味をもつ）名詞・代名詞
「〜のなかで最も…」	「〜のうちで最も…」
the highest Mt. Everest 8,848m **in the world**	the highest of the three Mont Blanc 4,810m　Mt. McKinley 6,194m　Mt. Fuji 3,776m
・**in** my family（私の家族のなかで） ・**in** my class（私のクラスのなかで） ・**in** the world（世界中で） ・**in** Japan（日本のなかで）	・**of** my friend**s**（私の友だちのうちで） ・**of** them all（彼ら全員のうちで） ・**of** the three（3 つのうちで） ・**of** all the participant**s**（全参加者のうちで）

- This is the highest mountain **in the world**.（これは世界中で最も高い山だ）
- This is the highest mountain **of the three**.（これは 3 つのうちで最も高い山だ）

副詞の最上級を使った比較

165 He runs (the) fastest of all the players.
彼は全選手のうちで最も速く走る。

ポイント　A ...（the ＋）副詞の最上級 ＝ Aは最も〜に…する

副詞の最上級（fastest）の後ろには名詞が省略されているわけではないので，the はつけなくてもよい。ただし，実際には the をつけることも多い。

He runs (**the**) **fastest** (✗ players) **of** all the players. (**165**)

▶ fastest は runs を修飾している。

● He runs **fastest in** my class.（彼はクラスのなかで最も速く走る）

プラス　形容詞の最上級の前に the をつけない場合
同一（人）物の別々の部分や状態などを比べて「最も〜だ」という場合は，最上級の前に the をつけない。
● I'm **busiest** on Friday.（私は金曜日が一番忙しい）
▶「金曜日の私の忙しさ」と「その他の曜日の私の忙しさ」を比べている。「私」とほかの人を比べているのではない（I'm the busiest person. の意味ではない）から the はつかない。

(a) This lake is **the deepest** in Japan.（この湖は日本で一番深い）
(b) This lake is **deepest** at that point.（この湖はあの地点が一番深い）
▶ (a)の deepest の後ろには lake を補うことができるので the がつく。(b) の deepest の後ろには名詞を置けないので the はつかない。

3-2 最も〜なものの1つ

166 New York is one of the largest cities in the world.
ニューヨークは世界最大の都市の1つだ。

ポイント　one of the ＋ 最上級 ＋ 複数形の名詞 ＝ 最も〜なものの1つ

〈the ＋形容詞の最上級＋複数形の名詞〉は，「最も〜なもののグループ」という意味を表す。その前に one of を置けば「最も〜なものの1つ[1人]」という意味になる。

New York is **one of the largest cities** [✗ city] in the world. (**166**)

▶「最も大きな都市のグループ」のなかの一都市であることを表している。

3-3 〜番目に…な

167 Mt. Hotaka is **the third highest** mountain in Japan.
穂高岳は日本で3番目に高い山だ。

ポイント　the＋序数詞＋最上級＝〜番目に…な

「(上[下]から数えて)〜番目(に)…な」は，〈the＋序数詞 (first/second/...)＋最上級〉の形で表す (→p. 424)。

Mt. Hotaka is **the third highest** mountain in Japan. (167)
　　　　　　　　　3番目に　最も高い

- Canada is **the second largest** country in the world.
  （カナダは世界で2番目に広い国だ）
- He is **the fifth richest** person in Japan. （彼は日本で5番目に金持ちだ）

✓ チェック 046

日本語の意味に合うように，英文を完成しなさい。

(1) 利根川は日本で最も長い川の1つだ。
　　The Tone River is (　　　　　　　　　　) in Japan.
(2) ナオコは私のクラスメイト全員のうちで一番熱心に勉強する。
　　Naoko studies (　　　　　　　　　　) classmates.
(3) 横浜は日本で2番目に大きな都市だ。
　　Yokohama is (　　　　　　　　　　) city in Japan.

4 不規則な形の比較級と最上級

4-1 more/most のはたらき

168 My sister has **more** CDs than me.
妹は私よりたくさんの CD を持っている。

more/most には次のはたらきがある。(**168**)は③の例である。

	more	most
比較級・最上級を作る記号の役割	①より〜だ	②最も〜だ
many/much の比較級・最上級	③より多い[多く]	④最も多い[多く]

①②の more/most は，形容詞・副詞の前に置く(→p. 247)。
- Speak **more slowly**, please. (もっとゆっくり話してください) …①
  └── 比較級・最上級を作る記号の役割

- The last question was **the most difficult**. (最後の問いが一番難しかった) …②

③④の more/most は，名詞の前に置くことが多い。
  My sister has **more CDs** than me. …③ (**168**)
  └── many（形容詞）の比較級

- Who ate **the most bread**? (誰が一番たくさんパンを食べたの？) …④
  └── much（形容詞）の最上級

4-2 less/least のはたらき

169 My sister spends **less** money on clothes than I do.
妹は私ほど服にお金を使わない。

less は more, least は most の反対の意味を表す語で，次のはたらきがある。(**169**)は③の例である。

	less	least
比較級・最上級を作る記号の役割	①より〜でない	②最も〜でない
little の比較級・最上級	③より少ない[少なく]	④最も少ない[少なく]

①②の less/least は，形容詞・副詞の前に置く。
- Children play outdoors **less often** today (than before). …①
  (今日では子どもたちは（以前ほど）外で遊ばなくなった)
  ▶ less often は more often の反対の意味で，「今日の子どもたちが外で遊ぶ頻度＜以前の子ども

たちが外で遊んでいた頻度」という関係を表している。

- The team is **the least likely** to win the championship. …②
  (そのチームは最も優勝しそうにない)
  ▶ the least likely to do (最も〜しそうにない) は, the most likely to do (最も〜しそうだ) の反対の意味を表す。

③④の less/least は, 名詞の前に置くことが多い。

- My new car consumes **less fuel** (than the old one). …③
  └── little (形容詞) の比較級

(私の新しい車は燃料の消費量が (前の車より) 少ない)

- I don't have **the least** idea what to do. …④
  └── little (形容詞) の最上級

(どうしたらよいのかさっぱりわからない)　▶ not ... the least 〜 = 少しの〜も…ない

参考 … less の使い方

less を使った文は, 原級の否定文で言い換えられる

My sister spends **less** money on clothes **than** I do. (169)
≒ My sister does**n't** spend **as much** money on clothes **as** I do.

「比較級を作る less」は, 会話ではあまり使わない

表の①の less は, 会話では原級を使って表現することが多い (less には「〜より劣っている」という響きがあるため)。ただし, less expensive (より安価だ) のように好ましい意味になる表現はふつうに使われる。

○ I'm **not as rich as** him. (私は彼ほど金持ちではない)
△ I'm less rich than him.

4-3 その他の不規則な形の比較級・最上級

170 Today's exam result was **worse** than last time.
今日の試験の結果は前回より悪かった。

(170) の worse は bad の比較級である。このように, 比較級・最上級が不規則な変化をする形容詞・副詞がある。

不規則な変化をする比較級・最上級

原級		比較級	最上級
good (よい) / well (元気な, じょうずに)		better (よりよい)	best (最もよい)
bad (悪い) / badly (ひどく) / ill (具合が悪い)		worse (より悪い)	worst (最も悪い)
late	〈時間が〉遅い	later (より遅い)	latest (最新の)
	〈順序が〉後の	latter (より後の)	last (最後の, 直近の)
far (遠い)		farther / further (より遠い, さらに)	farthest / furthest (最も遠い)

- Which do you like **better**, soccer or baseball?
  (サッカーと野球のどちらのほうが好きですか)〈better = well の比較級〉
- She is **the best** player in the team.
  (彼女はチームで最高の選手だ)〈best = good の最上級〉
- He looks **worse** than he did yesterday.
  (彼はきのうよりも具合が悪そうだ)〈worse = ill の比較級〉
- Today was **the worst** day of my life.
  (今日は人生最悪の日だった)〈worst = bad の最上級〉
- I left home **later** than usual today.
  (今日はふだんより遅く家を出た)
- The **latter** half of his speech was more interesting.
  (彼のスピーチの後半はよりおもしろかった)
  ▶「後半」は，話し言葉では the second half と言うことが多い。「前半」は the first half。
- The director's **latest** movie might be his **last**.
  (その監督の最新の映画が彼の最後の作品になるかもしれない)
- I want to investigate the subject **further** [**farther**].
  (その課題をさらに調査したい)

✓ チェック 047

[　　] 内の語を適切な形に変え，必要に応じて the を加えて，文中の適切な位置に補いなさい。

(1) 旅行中に彼女は私よりたくさんお金を使った。 [much]
　　She spent money than me during the trip.
(2) 私たちは彼らよりも勝つチャンスが少ない。 [little]
　　We have chance of winning than they do.
(3) その作家の最新の小説は，彼の全作品中で最高の出来だ。 [late] [good]
　　The author's novel is of all his works.

5 比較級と最上級の強調

5-1 比較級を強調する表現

…よりもずっと〜だ

171　My suitcase is **much heavier** than yours.
　　私のスーツケースはきみのよりもずっと重い。

ポイント　　**much**/far/a lot ＋ 比較級 ＝ずっと〜だ

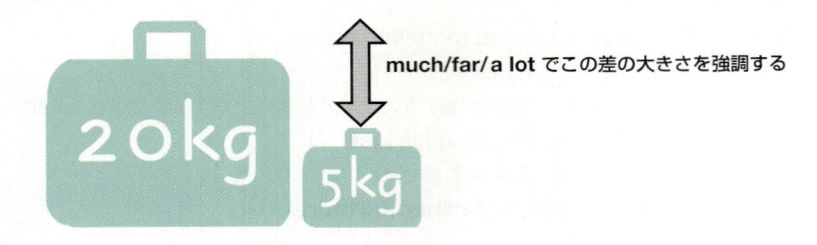

much/far/a lot でこの差の大きさを強調する

My suitcase is **much [far/ a lot] heavier** than yours.（171）
▶比較級を強調するには，much を使うことが多い。また，くだけた会話では a lot もよく使われる。

注意! 比較級の前に very を置くことはできない
- Steve is **much [a lot] taller** than me.（スティーブは私よりもずっと背が高い）
  × Steve is <u>very</u> taller than me.
  ▶Steve is <u>very much</u> taller than me. ように very で much を強調することは可能。

プラス　even/still ＋ 比較級

even や still を比較級の前に置くと，「さらにいっそう〜だ」の意味になる。
- It's cold today, and it will be **even [still] colder** tomorrow.
  （今日は寒いが，明日はさらに寒くなるだろう）

…よりもずっと多くの〜

172 She bought **many more souvenirs** than me.
彼女は私よりもずっとたくさんのおみやげを買った。

ポイント　　many/much more ＋ 名詞 ＝ ずっと多くの〜

「…よりもずっと多くの〜」という意味を表す場合，**数えられる名詞**には〈many more ＋名詞〉を使う。

　　　She bought **many more souvenirs** than me.（172）
　　　　　　　　　└── much は誤り

次のように考えるとよい。

　　　She bought three more souvenirs than me.
　　　　　　　　└── この数字を many に置き換える
　　　（彼女は私より3つ多くのおみやげを買った）

一方，数えられない名詞には〈much more ＋名詞〉を使う。
- She spent **much more** (**money**) than me.
（彼女は私よりもずっとたくさんのお金を使った）
  ▶ この文では money を省略することもできる。

表現　「相手との差を表す語句」の位置

比較級の前には，〈程度や差を表す語句〉を置くことができる。

この差を表す語句を**比較級の前**に置く
└── much（ずっと），a little（少し），two years（2歳）など

- It's **a little** [**bit**] **colder** today than yesterday.（今日はきのうより少し寒い）
- My sister is **two years older** [**younger**] than me.（姉[妹]は私より2歳年上[年下]です）
- Let's wait **a few more** minutes.（もう数分待とうよ）
- Would you like **some more** tea?（お茶をもう少しいかが）
- **How much more time** do you need?（あとどのくらいの時間が必要ですか）

（171）のような比較級を強調する much なども，この形の一種と考えればよい。原級や最上級を使った比較の場合も同様に，〈程度や差を表す語句〉は比較表現の前に置く。
- Germany is **nearly as large as** Japan.（ドイツは日本とほぼ同じくらいの大きさだ）
- My father is **three times as old as** me.（父は私の3倍の年齢です）

5-2 最上級を強調する表現

173 That building is **by far the highest** in this city.
あのビルはこの都市のなかでずばぬけて高い。

ポイント **by far** / **much** + **the** + 最上級 = ずばぬけて [だんぜん] 〜だ

(173) では，by far が後ろの最上級 (the highest) の意味を強めて「すばぬけて高い」の意味を表す。最上級を強調するときは much よりも **by far** を使うことが多い。

That building is **by far the highest** in this city. (173)

by far でこの差の大きさを強調する

参考 the very best + 名詞
● This is **the very best** dictionary of all. ≒ This is **by far the best** dictionary of all.
　　　　　　　　　　　　　　　　　語順の違いに注意
（これはすべてのなかでまさしく最高の辞書だ）

✓ チェック 048

（　）内の語句のうち，正しいほうを選びなさい。
(1) 第2問は第1問よりもずっと難しい。
　The second question is (more much / much more) difficult than the first question.
(2) お祭りには去年よりもずっと多くの人がいた。
　There were (many / much) more people than last year at the festival.
(3) 彼はそのチームでだんぜん最高の選手だ。
　He is by (much / far) the best player on the team.

6 比較級の注意すべき用法

6-1 the＋比較級

2つ[人]のうちで〜なほう

174 Sarah and Kate are sisters. Sarah is the taller of the two.
サラとケイトは姉妹だ。サラは2人のうちで背の高いほうだ。

ポイント the＋比較級＋of the two＝2つ[人]のうちで〜なほう

Sarah is **the taller** (girl) **of the two**. (174)
▶ the は（省略された）名詞につく。
▶「2人のうちで背の高いほう」はどちらか一方に特定できるので，the（定冠詞）をつける。

〜すればするほど…

175 The more I see this movie, the more I like it.
この映画は見れば見るほど，ますます好きになります。

ポイント the＋比較級＋S_1＋V_1, the＋比較級＋S_2＋V_2
＝S_1が〜すればするほど，ますますS_2は…する

The more I see this movie, **the more** I like it. (175)
　　　　　S_1 V_1　　　　　　　　　　S_2 V_2
▶ 2つの more は much（副詞）の比較級。

注意! 〈the＋比較級，the＋比較級〉の語順
〈more＋形容詞・副詞〉を含む場合は，語順に特に注意が必要。
○ The more I read the manual, **the more confused** I got.
× The more I read the manual, the more I got confused.
（そのマニュアルを読めば読むほど私は混乱した）
▶ more confused（より混乱している）はこれで1つの比較級だから，切り離すことはできない。

プラス SやVを省略した形
SやVを省略した形もよく使われる。多くは慣用表現に見られる。
● **The sooner**, **the better**. （早ければ早いほどよい）〈S＋Vの省略〉
● **The higher** their wages, **the better** their standard of living.
（彼らの賃金が高ければ高いほど，生活水準もよくなる）〈V（be動詞）の省略〉

> **参考…** **as を使った書き換え**
>
> この形は，接続詞の as（〜するにつれて）を使って次のように書き換えられる。
>
> - **The older** we grow, **the weaker** our eyesight usually becomes.
>   ≒ **As** we grow older, our eyesight usually becomes weaker.
>   （年をとればとるほど，私たちの視力はふつう弱くなる）

表現　〈the ＋比較級〉のその他の例

(all) the ＋比較級＋ for [because] 〜 ＝ 〜なのでそれだけますます…
- I like him (**all**) **the more for** his poor jokes.
  ≒ I like him (**all**) **the more because** he tells poor jokes.
  （彼のへたな冗談のために私はますます彼が好きだ）

none the less for [because] 〜 ＝ 〜だがそれでもなお…
- I like her **none the less for** her faults.
  ≒ I like her **none the less because** she has faults.
  （彼女には欠点があるが，それでも私は彼女が好きだ）

6-2 more [less] than 〜 など

〜より多くの [少ない] …

176
(a) I studied for more than ten hours yesterday.
きのうは 10 時間よりもっと勉強した。
(b) I slept for less than three hours last night.
ゆうべは 3 時間も眠っていません。

〈**more than** ＋数詞〉は「〜より多くの…」の意味を表す。
　　I studied for **more than** ten hours yesterday.（176-a）
　　　　　　　　　10よりも多くの　　　▶10は含まない

〈**less than** ＋数詞〉は「〜より少ない…」の意味を表す。
　　I slept for **less than** three hours last night.（176-b）
　　　　　　　　3より少ない　　　▶3は含まない

表現　「以上」「以下」などの表し方

before/after, over/under, above/below, more than/less than などの〈範囲〉や〈限界〉を区切る語句は，後に置かれる数字をその範囲に含まないことに注意すること。たとえば before 10 o'clock は「10時より前」の意味で，10時を含まない。次の表で日本語と英語の関係を確認しよう。

日本語	英語	
6未満	under 6	less than 6
6以下	6 or [and] under	6 or less
6より上	over 6	more than 6
6以上	6 or [and] over	6 or more

▶ under の代わりに below, over の代わりに above も使える。

- We need **more than two** [×three] cars.（私たちには3台以上の車が必要だ）
  ≒ We need **three or more** cars.
- The student thinks that he will get a score of **80 or less** [**below**] on the test.
  （その生徒は自分がテストで80点以下をとるだろうと思っている）
- Children **under six** can't ride this roller coaster.
  （6歳未満のお子さまはこのジェットコースターには乗れません）
- People in Japan aged **20 or** [**and**] **over** have the right to vote.
  （日本の20歳以上の人には選挙権がある）

参考 大きな数字の場合

数字が大きく，実質的な意味に差がないときは，〈more [less] than ～ ≒ ～以上 [以下]〉と考えてよい。
- This theater can seat **more than** 1,000 people.（この劇場は千人以上を収容できる）

～しかない／～もある

177 (a) **No more than** five students passed the exam.
5人の生徒しか試験に合格しなかった。
(b) The repairs will cost **no less than** 50,000 yen.
修理には5万円もかかる。

ポイント
(a) **no more than** ～ ＝ ～しかない
(b) **no less than** ～ ＝ ～もある

〈**no more than** ＋数詞〉は「～よりも決して多くない→～しかない」という意味を表す。〈**no less than** ＋数詞〉はその逆で，「～もある」という意味になる。ただし，これらの表現は話し言葉ではあまり使わない。

No more than five students passed the exam.（177-a）
≒ **Only** five students passed the exam. ▶合格者は5人。
The repairs will cost **no less than** 50,000 yen.（177-b）
≒ The repairs will cost **as much as** 50,000 yen. ▶費用は5万円。
▶原級は「～も（多く）の」の意味を表す（→p.254）。

参考 **not more [less] than ～**

no を not で置き換えると，違った意味になる。これらも主に書き言葉で使われる。

- **Not more than** 12 people are allowed in the elevator.
  （そのエレベーターに乗れるのは多くても12人だ） ▶定員は12人かそれ以下。
  ≒ **At most** 12 people are allowed in the elevator. ▶ふつうの言い方。
- The repairs will cost **not less than** 50,000 yen.
  （修理には少なくとも5万円かかるだろう） ▶費用は5万円かそれ以上。
  ≒ The repairs will cost **at least** 50,000 yen. ▶ふつうの言い方。

参考 **no more ～ than ...**

A is no more ～ than B (is). の形で「AはBと同様に～ではない」の意味を表す。ただし，現代英語ではあまり使わない，やや古い表現である。

- Tom is **no more** a genius **than** I am. （トムは私と同じように天才ではない）
  ▶「トムが天才である程度は，私が天才である程度よりも決して大きくない[どちらの程度も小さい]」ということ。

表現 〈no ＋ その他の比較級 ＋ than ～〉

〈no ＋ 比較級 ＋ than ～〉は，〈as ＋ 反意語の原級 ＋ as ～〉で言い換えられることが多い。これらの表現は主に書き言葉で使われる。
- **No fewer than** [≒ **As many as**] ten students are absent with the flu.
  （10人もの生徒がインフルエンザで欠席している）
- The device is **no bigger than** [≒ **as small as**] a cell phone.
  （その装置は携帯電話ほどの大きさしかない）
- Finish your report **no later than** June 30.
  （レポートを6月30日までに終えなさい）

6-3 比較級 ＋ and ＋ 比較級

178 My dog is getting **fatter and fatter**.
　　　私の犬はますます太ってきている。

ポイント 比較級 ＋ and ＋ 比較級 ＝ ますます[しだいに] ～

比較級をandでつなげてくり返すと，「ますます[しだいに]～」と変化が積み重なる感じを表現することができる。
- **More and more** people have their own computer.
  （自分のコンピュータを持つ人がますます増えている） ▶more and more ～ ＝ ますます多くの～

- My father gets **less and less** exercise.
（父はますます運動しなくなっている）　▶less and less 〜＝ますます少ない〜
- It's getting **warmer and warmer**.（ますます暖かくなってきた）
　▶get warmer（より暖かくなる）がくり返されている感じ。

6-4 「〜よりも」を to で表す表現

B よりも A を好む〈prefer A to B〉

179 I **prefer** coffee **to** tea.
　　　私は紅茶よりもコーヒーのほうが好きです。

to が「〜よりも」の意味を表す場合がある。

　　I **prefer** coffee **to** tea.（179）≒ I **like** coffee **better than** tea.
　　　　　〜よりも　　　　　　　　　　　比較級　〜よりも

▶prefer（〜のほうを好む）に〈比較〉の意味が含まれている。

参考…　prefer A to B の A・B に動名詞が使われることもある
- I **prefer** jogging in the park **to** doing exercise at the gym.
　　A（動名詞）　　前置詞　　　B（動名詞）

✗ I **prefer** jogging in the park **to** do exercise at the gym.
（スポーツジムで運動をするより，公園でジョギングするほうが好きです）
▶to（〜よりも）は前置詞なので，後ろには動名詞を置く（→p.171）。

A は B よりも優れている〈A is superior to B〉

180 The new model is **superior to** the previous one in several ways.
　　　新モデルは旧モデルよりも，いくつかの点で優れている。

superior（より優れている）は「比較級」ではないから，「〜より優れている」を superior than とはいえない。代わりに**前置詞**の **to（〜よりも）を使う**。同様の表現には，次のようなものがある。

- A is **superior to** B.　↔　- A is **inferior to** B.
　（A は B よりも優れている）　　　（A は B よりも劣っている）
- A is **senior to** B.　↔　- A is **junior to** B.
　（A は B よりも年上だ，先輩だ）　（A は B よりも年下だ，後輩だ）

✓ チェック 049

日本語の意味に合うように,(　)に適語を入れなさい。
(1) 数学は勉強すればするほどわからなくなる。
　　The (　　　) I study math, the (　　　) I understand it.
(2) 浜辺まで歩いても10分もかかりません。
　　It takes (　　) (　　　) ten minutes to walk to the beach.
(3) 職を失う人がますます増えている。
　　(　　　) and (　　　) people are losing their jobs.

7 比較の慣用表現

7-1 原級を含む慣用表現

できるだけ〜

181 He ran **as fast as possible**.
　　彼はできるだけ速く走った。

ポイント　　**as** + 原級 + **as possible** = できるだけ〜

〈as + 原級 + as S can〉の形でもほぼ同じ意味を表すことができる。
　　He ran **as** fast **as possible**. (181)
　　≒ He ran **as** fast **as he could**.
　　▶述語動詞の時制が過去形なので, can を could にする。

4技能 Tips　Writing　「できるだけ早く」

メールや手紙などで,できるだけ早く返事をもらいたいときなどに,次のような表現がよく使われる。
- Please give me an answer **as soon as possible**.
　(できるだけ早くお返事ください)
　▶as soon as possible の頭文字をとって, A.S.A.P. や ASAP と表現することもある。読み方は「エイ・エス・エイ・ピー」または「アサップ」。

A というよりもむしろ B だ

182 Music was **not so much** a hobby **as** a career for him.
　　彼にとって,音楽は趣味というよりもむしろ仕事だった。

ポイント　　**not so much** A **as** B = A というよりもむしろ B

Music was **not so much** a hobby **as** a career for him. (182)
　　　　　　　　　　　　　　A　　　　B

(182)は「音楽が趣味である程度＜音楽が仕事である程度」と考えればよい(→p. 250)。
▶この表現は主に書き言葉で使う。

プラス rather than による書き換え

B rather than A（A よりもむしろ B）でほぼ同じ意味を表すことができる。こちらのほうがよく使われる。

Music was **not so much** a hobby **as** a career for him. (182)

入れ替わる点に注意する

≒ Music was a career **rather than** a hobby for him.
▶ Music was rather [more] a career than a hobby for him. とも言う。

表現 原級を含むその他の慣用表現

- Shakespeare is **as** great a playwright **as ever lived**.
  （シェークスピアは史上まれにみる偉大な劇作家だ）
- My father is **as** busy **as ever**.（父はあいかわらず忙しい）
- This work is **as good as** finished.（この仕事は終わったも同然だ）
- He is a useless cook — he can**not so much as** boil an egg!
  （彼は料理がだめだ。彼はタマゴをゆでることすらできない！）
- He left **without so much as** saying goodbye.（彼は別れのあいさつもせずに出ていった）

7-2 比較級を含む慣用表現

もはや～ない〈not ～ any longer〉

183 I ca**n't** trust him **any longer**.
もう彼を信頼できない。

〈**no longer**〉または〈**not ～ any longer**〉は「もはや［これ以上］～ない」の意味。

I ca**n't** trust him **any longer**. (183)
≒ I can **no longer** trust him. ▶ no = not + any (→ p. 546)

プラス no more / no further

no more や **no further** も同様の意味を表す。
- I have **no more** [**further**] questions.（これ以上の質問はありません）
  ≒ I do**n't** have **any more** [**further**] questions.
- **No more** excuses.（言い訳はもうたくさんだ）

～しないだけの分別をもつ〈know better than to *do*〉

184 I **know better than to** believe such a story.
そんな話を信じるほどばかじゃないよ。

know better than to *do* は「～しないだけの分別をもつ，～するほどばかではない」という意味の慣用表現。than の後には不定詞が続く。

I **know better than to** believe such a story. (184)
　　　　　　　　　　└──── 不定詞

表現　比較級を含むその他の慣用表現

- I **more or less** understand what you mean.
  （きみの言いたいことはだいたいわかるよ）
- **Sooner or later** the truth will come out.
  （遅かれ早かれ真実がわかるだろう）　▶× later or sooner とは言わない。
- It was very cold. **What was worse**, it started snowing.
  （すごく寒かった。さらに悪いことに雪が降ってきた）（→ p. 235）
- I could**n't** agree (with you) **more**. （きみに大賛成だ）
  ▶直訳は「きみにこれ以上賛成することはできない（だろう）」。形は否定文だが，肯定の内容を表している点に注意。couldn't は仮定法過去で「（たとえやろうとしても）できないだろう」ということ。
- I can't afford to buy a used car, **much** [**still**] **less** a new car.
  （私は中古車を買うお金もないし，まして新車は買えない）
  ▶〈否定文＋ much [still] less ～〉の形で「まして～ない」の意味を表す。
  上の文は日常会話では次のように言うことが多い。
  ≒ I can't afford to buy a used car, **let alone** a new car.
  ≒ I can't afford to buy a used car, **not to mention** a new car.
- The situation is **changing for the better**.（状況は好転してきている）
- Things are **going from bad to worse**.（事態はますます悪化している）
- I'm **better** [**worse**] **off** than I was ten years ago.（私は10年前よりも裕福だ［貧しい］）
  ▶ well [badly] off（裕福だ［貧しい］）の比較級。

7-3 最上級を含む慣用表現

今までに…したことのある最も～な

185 This is **the most interesting** book (that) I have **ever** read.
これは私が今までに読んだことのある最もおもしろい本だ。

〈the ＋形容詞の最上級＋名詞＋ (that) S have ever ＋過去分詞〉の形で，「S が今までに…したことのある最も～な」の意味を表す。such ～ as ...（…ほど～な）を使っ

て，原級で言い換えることができる。

最上級 This is **the most interesting** book (that) I have **ever** read. (185)

―― 違いに注意 ――

原級 I have **never** read **such** an interesting book (**as** this).
（私はこんなにおもしろい本を一度も読んだことがない）
▶ as 以下は省略可能。never と ever の使い分けに注意。

「少なくとも〜」「多くとも〜」など

186 **At least** 5,000 people took part in the demonstration.
少なくとも5千人がそのデモに参加した。

ポイント at (the) + 最上級 = 最も〜でも〈数の限度〉

〈**at** (**the**) + 最上級〉は，次のように**数字の限度**を表す。

	most	least	best	worst	earliest	latest
at (the) +	多くても	少なくとも	よくても	悪くても	早くても	遅くとも

- I can eat two bowls of rice **at** (**the**) **most**.
（私は多くても［せいぜい］ご飯を2杯しか食べられない）
- My grade will be 70% **at best**. （ぼくの点数はせいぜい［よくても］70点だろう）
- I'll come at five thirty **at the latest**. （遅くとも5時半にはうかがいます）

表現　最上級を含むその他の慣用表現

- I'll **do** [**try**] **my best** on the exam.
（私は試験に全力を尽くす［全力でやってみる］つもりです）
- **Make the most of** your chances to speak English.
（英語を話す機会を最大限に利用しなさい）
  ▶ 似た表現に **make the best of** があるが，こちらは「厳しい状況のなかで可能な機会を最大限に利用する」の意味。
- Among all his novels, I like *Botchan* **most of all**.
（私は彼のすべての小説のなかで，『坊っちゃん』が一番好きだ）
- I love all kinds of flowers, but I like roses **best of all**.
（私はすべての種類の花が大好きだが，とりわけバラが好きです）
  ▶ **least of all**（何より少ないことに），**worst of all**（何より悪いことに）もある。
- His habits are strange, **to say the least** (**of it**).
（控えめに言っても，彼のくせはふつうではない）
- **To the best of my knowledge**, he still lives abroad.
（私が知るかぎり，彼はまだ外国に住んでいます）

8 最上級の意味を表す原級・比較級

8-1 ～ほど…なものはない

187 **Nothing is as** relaxing **as** a hot bath.
熱いおふろほどくつろげるものはない。

> **ポイント**　**nothing is as** ＋原級＋ **as** ～＝～ほど…なものはない

nothingと原級を組み合わせることにより，最上級の意味を表すことができる。
(187)とほぼ同じ内容を最上級と比較級を使って表すと次のようになる。

最上級　A hot bath is **the most relaxing** (thing).
（熱いおふろは一番くつろげる）

比較級　**Nothing** (else) is **more relaxing than** a hot bath.
（熱いおふろよりもくつろげるものは（ほかに）ない）
A hot bath is **more relaxing than anything else**.
（熱いおふろはほかの何よりもくつろげる）（→ p. 372 参考）

There is nothing like ～（～に勝るものはない，～が一番だ）という表現もある。
- **There is nothing like** a hot bath after skiing.
（スキーをした後の熱いおふろに勝るものはない）

8-2 ほかのどんな～よりも…だ

188 Soccer is **more popular than any other sport**.
サッカーはほかのどのスポーツよりも人気がある。

> **ポイント**　比較級＋ **than any other** ＋単数形の名詞＝ほかのどんな～よりも…だ

比較級を使って最上級の意味を表したいときは，thanの後に〈any other ＋単数形の名詞〉（ほかのどんな～）を置く。ただし，話し言葉では最上級を使うのがふつう。
(188)とほぼ同じ内容を最上級・比較級・原級を使って，次のように表すことができる。

最上級　Soccer is **the most popular** sport.（サッカーは最も人気があるスポーツだ）

比較級　**No** (**other**) sport is **more popular than** soccer.
（ほかの）どの～も…ない　より人気がある
（（ほかの）どのスポーツもサッカーより人気がない）→ サッカーが最も人気がある

原級　**No** (**other**) sport is **as popular as** soccer.
（ほかの）どの～も…ない　ほど人気がある
（（ほかの）どのスポーツもサッカーほどは人気がない）→ サッカーが最も人気がある

✓ チェック 050

日本語の意味に合うように，(　　　)に適語を入れなさい。

(1) 嵐の日にサーフィンに行くようなばかなまねはやめなさい。
   You should know (　　　) (　　　) to go surfing on a stormy day.
(2) こんなにわくわくする映画は今までに見たことがない。
   This is (　　　) (　　　) exciting movie I have (　　　) seen.
(3) 私たちは少なくとも1週間前にテーブルを予約する必要がある。
   We have to reserve a table (　　　) (　　　) a week in advance.
(4) これは音楽というよりもむしろ騒音だ。
   This is not (　　　) (　　　) music as just noise.

✓ チェック 解答

043 (1) as cold, as   (2) as [so] well as   (3) so
044 (1) as high as 38 degrees   (2) three times as much as
045 (1) hotter in August than in July   (2) quicker to go by taxi than by bus
   (3) earlier than we had expected
046 (1) one of the longest rivers   (2) (the) hardest of all my   (3) the second largest [biggest]
047 (1) She spent more money than me during the trip.
   (2) We have less chance of winning than they do.
   (3) The author's latest novel is the best of all his works.
048 (1) much more   (2) many   (3) far
049 (1) more, less   (2) less than   (3) More, more
050 (1) better than   (2) the most, ever   (3) at least   (4) so much

Using Grammar in Context

UNIT 10 比較

The Size and the Population of Countries

(Leah is an exchange student from Germany. She is living with Mai's family.)

Leah : What are you doing, Mai?

Mai : I'm learning about the size and the population of different countries around the world. For example, do you think Japan is as large as France? ▼154

Leah : Hmm ... I'm not sure. Japan and Europe are on separate pages in atlases, so I can't compare them easily. Can you tell me which is the bigger of the two, then? ▼174

Mai : Yes. France is about twice as big as Japan. ▼159 Then, how about Germany? Do you think Japan is not as big as Germany? ▼156

Leah : I thought Japan was smaller than France, and ... I should know about it, because I'm from Germany ... but I'm not sure. ▼161

Mai : Look! They are similar in size, but Japan is a little larger than Germany. ▼161 By the way, you speak English as fluently as you speak German. ▼155 How can you speak two languages so well?

Leah : Well, German people usually learn English faster than Japanese people, because ▼162 German and English are similar languages. So, for us, learning English needs less time than learning Japanese. ▼169 In contrast, Japanese is very different from English and German. That's why English is much easier than Japanese for German speakers. ▼171

Mai : I envy you. Now then, do you know which country is the biggest? ▼164 プラス

Leah : I think Russia is the largest country in the world. ▼164

Mai : Correct! And Canada is the second largest country. ▼167

Leah : I knew that! But what about the populations? Do many people live in those countries?

Mai : Actually, not in most of the largest countries, except China. China has by far the largest population among those countries. ▼173 Can you guess how many people live in China?

Leah : I don't know, but I would imagine that at least one billion people live there. ▼186

Mai : Close! More than 1.3 billion people live in China. ▼176

Leah : Really? Does that mean more people live in China than in any other country in the world? ▼188

Mai : Yes. That's right.

Leah : What about the U.S.? Doesn't that country have a large population?

Mai : The U.S. comes third, but China has a much bigger population than the U.S. ▼171 OK, next: do you know how many people live in Russia?

Leah : I have no idea — Oh, no! I don't want to play this game any longer! ▼183 Probably about nine hundred million?

Mai : Surprisingly, only one hundred and forty million people live in Russia. It is interesting to learn about the population and the size of different countries, isn't it? I'm studying geography at school, and ▼175 the more I learn about geography, the more I like it. ▼164 I think geography is the most interesting of all the subjects.

Leah : Really? ▼179 I prefer literature to geography. To me, ▼187 nothing is as enjoyable as reading books.

Mai : No wonder you always carry books around with you. And I noticed ▼165 you can read English books fastest in the class. You really like books, don't you?

Leah : Yes, I love books! And ▼178 books are more and more interesting to me these days. Look! ▼185 This is the most interesting book I have ever read.

Mai : What is it?

The World's Largest Countries in area
（単位：square kilometers）

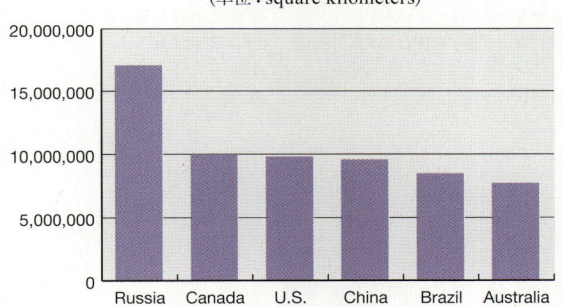

Country	Area
Russia	~17,000,000
Canada	~10,000,000
U.S.	~9,800,000
China	~9,600,000
Brazil	~8,500,000
Australia	~7,700,000

(Source: *CIA The World Factbook*)

和訳

国の面積と人口

（リアはドイツからの交換留学生です。彼女はマイの家族といっしょに暮らしています。）

リア：マイ，何しているの？

マイ：世界のいろいろな国の面積と人口について学んでいるの。たとえば，日本はフランスと同じくらいの大きさだと思う？

リア：うーん，わからないわ。日本とヨーロッパは地図帳では異なるページにあるから簡単には比べられないもの。それで，どちらのほうが大きいか教えてくれる？

マイ：ええ。フランスは日本の2倍くらいの大きさなの。次に，ドイツはどう？ 日本はドイツほど大きくないと思う？

リア：日本はフランスよりも小さいと思ったわ。そして…それについては知っているべきよね。私はドイツの出身だもの…でもわからないわ。

マイ：見て！ どちらも同じくらいの大きさだわ。でも日本はドイツより少し大きいの。ところで，あなたはドイツ語を話すのと同じくらい英語を流ちょうに話すのね。どうしたら2か国語をそんなにじょうずに話せるの？

リア：そうね，ドイツ人はたいてい日本人より速く英語を覚えるわ。それはドイツ語と英語はお互いに似た言語だからよ。だから私たちにとって，英語を学ぶことは日本語を学ぶことより時間を必要としないの。対照的に，日本語は，英語やドイツ語とはとても違っているの。そういうわけで英語はドイツ語を話す人にとっては日本語よりずっと簡単なの。

マイ：うらやましいわ。さて，それじゃ，どの国が一番大きいか知っている？

リア：ロシアが世界で一番大きい国だと思うけど。
マイ：正解！ そしてカナダが2番目に大きい国なの。
リア：それは知っていたわ！ でも，人口はどうなの？ それらの国には多くの人が住んでいるの？
マイ：実際のところ，中国以外のほとんどの大きな国ではそうでないわ。中国はそれらの国の中ではとびぬけて人口が多いの。中国に何人住んでいるか想像できる？
リア：わからないわ。でも少なくとも10億人はいるだろうと思うわ。
マイ：近い！ 13億人以上の人が中国には住んでいるの。
リア：本当？ それって，世界のほかのどの国よりも多くの人が中国に住んでいるってことなの？
マイ：ええ，そのとおりよ。
リア：アメリカはどうなの？ アメリカの人口は多くない？
マイ：アメリカは3番目よ。でも，中国はアメリカよりはるかに人口が多いの。よし，じゃあ次ね。ロシアには何人住んでいるか知っている？
リア：わからないわ。ああ，だめ！ これ以上このゲームしたくないわ。たぶん9億人くらいかしら？
マイ：驚くべきことに，ロシアには1億4千万人しかいないの。いろいろな国の大きさや人口を学ぶのはおもしろいでしょう？ 私は学校で地理を学んでいるの。そして地理は学べば学ぶほど好きになるの。私は，地理はすべての学科の中で一番おもしろいと思うわ。
リア：本当？ 私は地理より文学のほうが好きだわ。私にとっては本を読むことほど楽しいことはないわ。
マイ：どうりであなたはいつも本を持ち歩いているわけね。それに私気づいたのだけれど，あなたはクラスで英語の本を読むのが一番速いわ。あなたは本当に本が好きなのね？
リア：そうよ。本が大好き！ それに最近私には，本がますますおもしろくなってきたわ。見て！ これは私が読んだなかで最もおもしろい本よ。
マイ：それは何？

Sue's Advice

「年上」と「年下」の表現について

「彼は私より3歳年上[年下]です」という意味は，次のような形で表すことができます。
  (a) He is three years older [younger] than me.
  (b) He is older [younger] than me by three years.

年齢の上下を表す場合，もっともふつうの言い方は(a)です。年齢の差を強調したいときは，前置詞 by (〜の差で) を使って(b)のように言うこともできます。

また，ラテン語が語源の senior/junior は，△He is three years senior [junior] to me. のように年齢の上下を表すのにはふつう使わず，次の文のように大学や会社などでの「先輩」「後輩」の関係を表すのに使うのが一般的です。
  She was two years senior [junior] to me at college.
  (彼女は大学で2つ先輩[後輩]だった)

UNIT 11 仮定法

事実と異なる願望などの表しかたを学ぼう

Introduction ··· 282

1 if を使う仮定法 ·· 283
    1-1 仮定法過去（「現在の事実」の反対を表す）························ 283
    1-2 仮定法過去完了（「過去の事実」の反対を表す）···················· 284
    1-3 if 節は過去，主節は現在のことを述べる仮定法 ··················· 285
    1-4 未来のことを表す仮定法 ······································ 286

2 仮定法を含む慣用表現 ····································· 288
    2-1 I wish ＋仮定法 ·· 288
    2-2 If only ＋仮定法 ··· 289
    2-3 as if ＋仮定法 ··· 289
    2-4 It's time ＋仮定法過去 ······································ 291
    2-5 if it were not for ～ / if it had not been for ～ ················ 291

3 if を使わずに「もしも」の意味を表す仮定法 ················ 293
    3-1 if 節以外に仮定の意味が含まれる例 ··························· 293
    3-2 if の省略による倒置 ··· 295
    3-3 if 節が省略された仮定法 ····································· 296

4 仮定法を使ったていねいな表現 ····························· 297

チェック解答 ··· 301

Using Grammar in Context
    If I Could Stay Longer ... ···································· 302

Introduction

法とは

話し手の気分を表すための述語動詞の形を「法」といいます。主な法には，次の2つがあります。

直説法	ことがらを事実として述べる形（これまでに学んできた動詞の形）
仮定法	ことがらを事実ではなく仮定や願望として述べる形

▶これら以外の法として，命令文で使う動詞の原形（命令法）があります。

仮定法の形と特徴

直説法と仮定法の使い方を比べてみましょう。

(a) If he **likes** soccer, I **will give** him this ticket. 〈直説法〉
（もし彼がサッカーを好きなら，このチケットをあげるつもりだ）

(b) If he **liked** soccer, I **would give** him this ticket. 〈仮定法〉
（もし彼がサッカーを好きなら，このチケットをあげるのに）

(a)の話し手は，「(彼がサッカーを好きかどうかは知らないが)もし好きなら…」と事実をありのままに述べています。一方(b)の話し手は，彼がサッカーを好きではないと知っており，「彼がサッカー好きならこのチケットをあげるのに(そうでないのが残念だ)」という気分を表しています。

(b)では，過去形(liked/would)を使って「**現在の事実とは反対の願望**」を表しています。このような形を「**仮定法過去**」といいます。「現実世界から離れた仮想の世界」という「心理的なへだたり」を「時間のへだたり」に置き換えて，現在から離れた時点を表す言葉(過去形)を使った言い方です。日本語で「(今)お金があったら」のように言うのと同じ心理がはたらいていると考えられます。

If I **had** enough money, I **would buy** a new car.（もし十分なお金を持っていたら，新しい車を買うのに）
　　　　if節　　　　　　　　　主節

▶if（もしも）を含む仮定法の文には，if に続く節（if節[条件節]）と，もう一方の節（主節[帰結節]）とがあります。

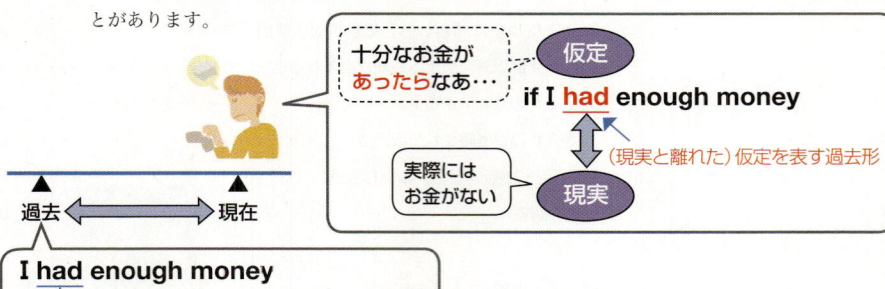

十分なお金が **あったらなあ…**　　仮定
if I **had** enough money
実際にはお金がない　　現実
（現実と離れた）仮定を表す過去形

過去 ⟷ 現在

I **had** enough money
　　　過去の事実を表す〈一般的な過去形〉

Next, Putting it into Action!

仮定法の基本形や仮定法を含む表現を，詳しく見ていきましょう。

UNIT 11 仮定法

仮定法の基本的な形には，次の２つがある。

仮定法過去	過去形を使って，現在の事実の反対を仮定する。
仮定法過去完了	過去完了形を使って，過去の事実の反対を仮定する。

仮定法には「**直説法の時制を１つ前にずらす**」という特徴がある。

	直説法	仮定法
現在のことを述べる形	現在形	過去形
過去のことを述べる形	過去形	過去完了形

1 ifを使う仮定法

1-1 仮定法過去（「現在の事実」の反対を表す）

if 節中で一般動詞を使う場合

> **189** If I **had** a garden, I **would grow** vegetables.
> もし庭を持っていたら，野菜を育てるのに。

ポイント　**If S ＋ 過去形 , S ＋ would ＋ 動詞の原形**
　　　　　　＝もしも（今）〜なら，…だろう（に）

（189）は，「庭を持っていない」という**現在の事実の反対のことを仮定して**述べるときの動詞の形である。「（庭がないから）野菜を育てない（のが残念だ）」という話し手の気持ちを表している。

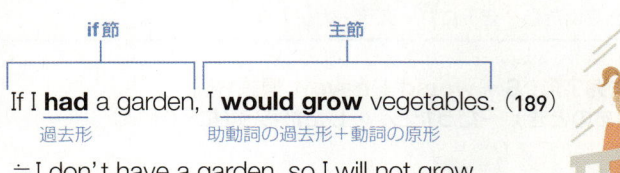

if節　　　　　　　　**主節**
If I **had** a garden, I **would grow** vegetables.（189）
　　過去形　　　　　　助動詞の過去形＋動詞の原形
≒ I don't have a garden, so I will not grow vegetables.
　（私は庭を持っていないので，野菜を育てない）〈直説法〉

＋プラス　主節の助動詞は could, might も使う
● If I **knew** her e-mail address, I **could contact** her.
　（彼女のメールアドレスを知っていれば，彼女に連絡を取ることができるのに）

283

● If he **studied** harder, he **might pass** the test.
（もっと熱心に勉強すれば，彼はそのテストに合格するかもしれない）

> **参考…** 直説法で言い換えると，肯定と否定が逆になる
>
> |仮定法| If I **didn't have** a cold, I **could go** camping. ←事実に反する仮定
>   否定   肯定
> （もしかぜをひいていなければ，キャンプに行けるのに）
>
> |直説法| Because I have a cold, I can't go camping. ←現在の事実
>   肯定   否定
> （かぜをひいているので，キャンプに行けない）

if 節中で be 動詞を使う場合

190 If I **were** you, I **would buy** this laptop.
もしぼくがきみなら，このノートパソコンを買うよ。

> **ポイント** 仮定法過去の if 節中の be 動詞は，原則として **were** を使う

仮定法過去の if 節中の be 動詞は，主語にかかわらず **were** を使うのが原則。くだけた表現では was も使う（主語が you 以外で単数のとき）。

If I **were** you, I **would buy** this laptop. (190)
　am を仮定法過去にした形

1-2 仮定法過去完了（「過去の事実」の反対を表す）

191 If I **had known** your address, I **would have sent** you a birthday card.
もしきみの住所を知っていたら，きみにバースデーカードを送ったのに。

> **ポイント** If S ＋ 過去完了形, S ＋ would ＋ have ＋ 過去分詞
> ＝もしも（あのとき）〜だったら，…しただろう（に）

(191) は，「（あのとき）住所を知らなかった」という**過去の事実の反対のことを仮定**して，「だからカードを送らなかった（のが残念だ）」という話し手の気持ちを表している。

If I **had known** your address, I **would have sent** you ... (191)
　　過去完了形　　　　　　　　助動詞の過去形＋have＋過去分詞
≒ I didn't know your address, so I didn't send you ...〈直説法〉
（私はきみの住所を知らなかったので，バースデーカードを送らなかった）

➕プラス 主節の助動詞は could, might も使う

仮定法過去と同様に，主節の助動詞は could, might も使う。

- If I**'d had** a camera with me, I **could have taken** some photos of the flowers.（もしカメラを持っていたら，私はその花の写真をとれたのに）
  ▶ had had は発音しづらいので，会話ではふつう短縮形（I'd had）を使う。
- If I **had looked** at the map, I **might not have got** lost.
  （もし地図を見ていたら，私は道に迷わなかったかもしれない）

✓ チェック 051

日本語の意味に合うように，（　）に適語を入れなさい。
(1) もし私があなたの立場にいたら，その申し出を受け入れるだろう。
　　If I (　　　) you, I (　　　) accept the offer.
(2) もっと時間があったら，私はその問題を解くことができたのに。
　　If I'd (　　　) more time, I (　　　)(　　　) solved the problem.
(3) もしシートベルトをしていたら，その運転手はけがをしなかったかもしれない。
　　The driver (　　　) not (　　　)(　　　) injured if he (　　　)(　　　) wearing a seatbelt.

1-3 if 節は過去，主節は現在のことを述べる仮定法

> **192** If I **had caught** the train, I **would be** at home now.
> もしその電車に間に合っていたら，私は今ごろ家にいるのに。

ポイント　If S ＋ 過去完了形, S ＋ would ＋ 動詞の原形 (now).
＝もしも（あのとき）〜だったら，（今）…だろう（に）

if 節は仮定法過去完了を使って「あのとき〜だったら」という過去の事実の反対を仮定し，主節は仮定法過去を使って「**今は…だろう**（が実際はそうではないのが残念だ）」という意味を表している。この場合，主節は **would be** の形になることが多く，時間の関係を明らかにするために，**now** や **by now**（今ごろは）を入れるのがふつう。

If I **had caught** the train,　　I **would be** at home now. (192)
　仮定法過去完了　　　　　　　　仮定法過去
　　過去　　　　　　　　　　　　現在

23:15　　　　　　　　　　　　　now　　23:45

あのとき｜電車に間に合っていたら　　今は｜家にいるだろう

285

≒ I didn't catch the train, so I am not at home now. 〈直説法〉
(私はその電車に間に合わなかったので，今は家にいない[帰宅していない])

- If I **hadn't eaten** so much, I **wouldn't feel** sick now.
(あんなにたくさん食べなければ，今気分が悪くなっていないのに)

1-4 未来のことを表す仮定法

まだ起きていない(未来の)ことを仮定する場合，次のような形がある。このうち②と③で仮定法が使われる。

if 節の動詞の形	主節の助動詞の形（例）	話し手が感じる実現の可能性
①動詞の現在形（直説法）	現在形（will）	実現の可能性が(半分)ある
②should + 動詞の原形	現在形・過去形（will/would）	実現の可能性が低い
③were to + 動詞の原形	過去形（would）	実現の可能性が極めて低いものから十分に実現の可能性があるものまで様々

▶一般的な形の仮定法過去（→p.283）も，未来の事柄を表すのに使うことがある。
　If you **told** the truth to your mother, she **might be shocked**.
　(もしきみが真実を話したら，お母さんはショックを受けるかもしれない)

if 節中で should を使う（実現の可能性が低い仮定）

193 If it **should rain**, the festival **would**[will] **be canceled**.
万一雨が降ったら，お祭りは中止になるだろう。

ポイント　if S should + 動詞の原形 = 万一 S が～すれば

should は，実現の可能性が低い（と話し手が思っている）ことを仮定する場合に使う。主節の助動詞は，現在形(will)でも過去形(would)でもよい。

　If it **should rain**, the festival **would be** canceled. (193)
　　実現の可能性が低い仮定　　　　would/will + 動詞の原形
▶if 節中の should は主に書き言葉で使う。

次のように，主節が命令文になることもある。
- If I **should be** late, **start** the meeting without me.
(万一私が遅れるようなら，私なしで会議を始めてくれ)

if 節中で were to を使う（実現しそうにない仮定／実現の可能性がある仮定）

194 If I **were to win** the lottery, I **would travel** around the world.
もし宝くじが当たるようなことがあれば，私は世界一周旅行をします。

ポイント
if S were to ＋動詞の原形 ＝ もしSが～するようなことがあれば

If I **were to win** the lottery, I **would travel** around the world. （194）
　実現しそうにない仮定　　　　　　would ＋動詞の原形
▶ were to の代わりに was to を使うこともある（主語が you 以外の単数のとき）。

（194）を直説法で表すと，次のようになる。
（194）≒ If I **win** the lottery, I **will travel** around the world.
▶ 本人が「宝くじが当たるかもしれない」と思っていれば直説法を使い，「当たる可能性は低い」と思っていれば were to（や should）を使う。

参考… were to がもつ様々な意味
● If she **were to** hear of your marriage, she **would be** surprised.
（彼女がきみの結婚のことを聞けば驚くだろう）
▶ were to は「十分に起こりうること」を仮定する場合にも使われる。
● If you **were to** change seats, we **could talk** to each other.
（もし席を代わっていただけたら，私たちは互いに話ができるのですが）
▶ 控えめな提案をする場合にも使われる（→ p. 295）。

✓ チェック 052
日本語の意味に合うように，（　）に適語を入れなさい。
(1) もし朝食を食べていたら，今こんなに空腹ではないだろうに。
　　If I (　　　) (　　　) breakfast, I (　　　) (　　　) so hungry now.
(2) 私の外出中に万一彼がここに来たら，私に電話するよう伝えなさい。
　　If he (　　　) come here while I'm out, tell him to call me.
(3) 明日雨が降るようなことがあれば，私たちは予定を変更しなければならないだろう。
　　If it (　　　) to rain tomorrow, we (　　　) have to change our schedule.

2 仮定法を含む慣用表現

2-1 I wish ＋ 仮定法

I wish ＋ 仮定法過去（現在の事実と反することについての願望）

> **195** I wish I were a rock star.
> ぼくがロックスターならいいのに。

ポイント　　I wish ＋ 仮定法過去 ＝ （今）〜ならいいのに

wish に続く節中では，常に仮定法を使う。〈I wish ＋ 仮定法過去〉は，現在の事実とは反対の願望を表す。(195) は「実際にはロックスターではない」という現在の事実に対して，「自分がロックスターならいいのに」という願望を表す。

　　　　I wish I were a rock star. (195)
　　　　　　仮定法過去 → 〜ならいいのに

　▶ 〈wish ＋ that 節〉の形だが，that は常に省略される。くだけた表現では，主語が you 以外で単数のとき，were の代わりに was も使われる。am や will be は使えない。

I wish ＋ 仮定法過去完了（過去の事実と反することについての願望）

> **196** I wish I had seen a doctor earlier.
> もっと早く医者にみてもらえばよかった。

ポイント　　I wish ＋ 仮定法過去完了 ＝ （あのとき）〜だったらよかったのに

〈I wish ＋ 仮定法過去完了〉は，過去の事実とは反対の願望を表す。(196) は「実際には医者にみてもらうのが遅れた」という過去の事実に対して，「あのとき，もっと早くみてもらえばよかったのに」という願望を表す。

　　　　I wish I had seen a doctor earlier. (196)
　　　　　　仮定法過去完了 → 〜ならよかったのに

earlier

プラス　〈I wish ＋ 助動詞の過去形〉

　　　wish に続く節中では，助動詞の過去形も使える。
　　● I wish my mother **would increase** my allowance.
　　　（お母さんが私の小遣いを増やしてくれたらいいのに）

- "Why don't you join us?"
  "**I wish** I **could**, but I have to go to the dentist."
  (「私たちといっしょに来ない？」「行ければいいんだけど，歯医者に行かなければならないの」)
  ▶〈I wish＋仮定法過去〉は，相手の誘いをていねいに断る場合にも使う。
- **I wish** we **could have spent** more time together.
  (もっと長い時間をいっしょに過ごせればよかったのに)
  ▶仮定法過去完了の部分は〈助動詞の過去形＋have＋過去分詞〉の形になることもある。

2-2 If only＋仮定法

197 If only I didn't have so much homework!
こんなにたくさんの宿題さえなければいいのに！

ポイント　If only＋仮定法過去 [過去完了] ＝〜でさえあればいい [よかった] のに

I wish の代わりに If only を使って，**より強い願望**を表すことができる。文の最後には感嘆符 (!) を置くことが多い。

　　　　If only I **didn't have** so much homework!（197）
　　　　〜でさえあればいいのに＋仮定法過去

▶この文は，次のように主節が省略された形と考えることもできる。
(197) ≒ If only I didn't have so much homework(, how happy I would be)!
(こんなにたくさんの宿題さえなければ（どんなに幸せだろう）！)

I wish と同様に，後ろに仮定法過去完了を置くこともできる。
- **If only** I **had known** about the problem earlier!
  (その問題をもっと早くに知ってさえいたらなあ！)

2-3 as if＋仮定法

as if＋仮定法過去（現在の事実と反対のたとえ）

198 They treat me as if I were one of the family.
彼らは私をまるで家族の一員のように扱ってくれる。

ポイント　as if [though] ＋仮定法過去＝まるで〜であるかのように

〈as if＋仮定法過去〉は，**主節と同時点**（(198)では現在）**の事実の反対**を仮定して，「（実際はそうではないのだが）まるで〜であるかのように」の意味を表す。(198)は

「私は家族の一員ではない」という現在の事実の反対を述べて,「私がまるで家族の一員であるかのように」という意味になる。

They treat me **as if [though]** I **were** one of the family. (198)
まるで (〜であるか) のように＋仮定法過去

as if ＋ 仮定法過去完了 (過去の事実と反対のたとえ)

199 He talks about New York **as if** he **had lived** there.

彼はまるでそこに住んでいたかのようにニューヨークのことを話す。

ポイント　**as if [though]** ＋仮定法過去完了
＝ (以前) まるで〜であったかのように

〈as if ＋仮定法過去完了〉は，主節より前の時点 (199 では過去) の事実の反対を仮定して,「(実際はそうではなかったのだが) まるで〜であったかのように」の意味を表す。(199) は「彼はニューヨークに住んでいなかった」という過去の事実に対して反対のことを仮定して,「まるで住んでいたかのように」という意味になる。

He talks about New York **as if [though]** he **had lived** there. (199)
まるで (〜であったか) のように＋仮定法過去完了

注意! **as if 節中の時制**

as if 節中の動詞の形は, 次のようになる。

主節と同じ時点のことを述べるときは過去形

● He **talks [talked]** as if he **were** her boyfriend.
主節と同じ時点のこと〈仮定法過去〉

(彼はまるで彼女のボーイフレンドであるかのように話す [話した])

▶ talks を使った文は,「(現在) 彼女のボーイフレンドであるかのように話す」という意味。talked の場合も,「話した」のと同じ時点で「彼女のボーイフレンドであるかのように」という意味。

主節よりも前の時点のことを述べるときは過去完了形

● He **talks [talked]** as if he **had been** her boyfriend.
主節より前の時点のこと〈仮定法過去完了〉

(彼はまるで彼女のボーイフレンドだったかのように話す [話した])

▶ talks を使った文は,「(以前) 彼女のボーイフレンドだったかのように (現在) 話す」という意味。talked を使った文は,「(それ以前に) ボーイフレンドだったかのように (そのとき) 話した」という意味になる。

参考 look as if + 直説法

〈look as if ～〉は「(まるで)～であるかのように見える」という意味。as if 節中では、話し手が事実だと思っていることを表す場合は直説法を使う。
- You **look as if** you **need** a vacation. (あなたは休暇が必要に見える)

look のほか、appear/seem (～のように思われる)、feel (～のような気がする)、sound (～のように聞こえる) などに続く as if 節中でも、直説法を使うことがある。

2-4 It's time + 仮定法過去

200 It's time we bought a new TV.
私たちはもう新しいテレビを買ってもよいころだ。

ポイント It's [It is] time + 仮定法過去 = (もう)～してもよいころだ

仮定法過去が、「～するころだ(が実際にはしていない)→早く～しよう[しなさい]」という話し手の気持ちを表す。(200) は「早く新しいテレビを買おうよ」ということ。

It's time we **bought** a new TV. (200)
～してもよいころだ + 仮定法過去

プラス It's ～ time + 仮定法過去

time の前に、about や high などを入れて、話し手の気持ちをより詳細に表すことがある。
- **It's about time** you **went** to bed.
  (そろそろ寝る時間だよ[早く寝なさい])
  ▶about time は「そろそろ…してよいくらいの時間」の意味。
- **It's high time** we **got** back to work.
  (私たちはとっくに仕事に戻る時間だ[早く仕事に戻ろう])
  ▶high time は「とっくに…しなければならない時間」の意味。

2-5 if it were not for ～ / if it had not been for ～

「もし(今)～がなければ」

201 If it were not for that tall building, we could see the fireworks.
もしあの高いビルがなければ、花火が見えるのに。

ポイント if it were not for ～ = 「もし(今)～がなければ」〈仮定法過去〉

現在の事実の反対を仮定して，「もし (今) ～がなければ」という場合に使う。主節では〈助動詞の過去形＋動詞の原形〉を使う。

If it were not for that tall building, we **could see** the fireworks. (201)
　もし(今)～がなければ　　　　　　　　　　　　仮定法過去の主節

▶ without や but for などを使って言い換えられる (→ p.294)。

「もし (あのとき) ～がなかったなら」

202 **If it had not been for** the typhoon, we **would have had** a better harvest.
　もし台風が来なかったなら，私たちはもっと豊作に恵まれていただろう。

ポイント　**if it had not been for ～**
　　　　　 ＝「もし (あのとき) ～がなかったなら」〈仮定法過去完了〉

過去の事実の反対を仮定して「もし (あのとき) ～がなかったなら」という場合に使う。主節では〈助動詞の過去形＋have＋過去分詞〉を使う。

If it had not been for the typhoon, we **would have had** a better harvest. (202)
　もし (あのとき) ～がなかったなら　　　　　　仮定法過去完了の主節

Advanced Grammar　仮定法現在

主節に続くthat節中で，（主節の時制とは関係なく）常に動詞の原形を使うことがある。このような動詞の原形の使い方を「仮定法現在」という。仮定法現在は，主に次の２つの場合に使われる。

①提案・要求・命令などを表す動詞に続くthat節中
- The teacher **suggested** that she **study** [× studied] art at college.
  （先生は彼女が大学で美術を学ぶよう勧めた）
  ▶ that 節中の動詞は時制の一致 (→ p.70) を受けず，原形を使う。また原形なので３単現の -s もつかない。
- They **demanded** that the law **be** [× is] changed.
  （彼らはその法律が変更されることを要求した）〈書き言葉〉

これらの文では原形を使うのが一般的だが，書き言葉では〈should＋原形〉が使われることもある。
- The professor **insisted** that we **(should) hand in** the report by Friday.
  （教授は私たちが金曜日までにレポートを提出するよう求めた）

提案・要求・命令などを表す次のような動詞が，この形で使われる (→ p.323)。
　advise(忠告する)，**ask/demand/require/request**(要求する)，**decide**(決心する)，

desire（願う）, insist（主張する）, intend（意図する）, order/command（命令する）, propose/suggest（提案する）, recommend（勧める）, urge（強く促す）

② 〈It is ＋形容詞（要求・必要・願望などを表す）〉に続く that 節中
- It is necessary that this plan **be** changed.（この計画は変更される必要がある）
  ▶ that 節中では〈should ＋動詞の原形〉を使う場合もある。
  この形の文は主に書き言葉で使う。話し言葉では，次のように to 不定詞を使うことが多い。
- It is necessary for this plan to be changed.
- It is necessary to change this plan.

✓ チェック 053

(　　) に適切な語句を入れて，英文を完成しなさい。

(1) ここにもっと長く滞在できればいいのに。
　　I wish I (　　　　　　　　　　　) longer.
(2) 彼はまるでその事故を見たかのように話した。
　　He talked (　　　　　　　　　　　) the accident.
(3) もしその地図がなかったら，私たちは道に迷っていただろう。
　　If it (　　　　　　　　　　　) the map, we would have got lost.

3 if を使わずに「もしも」の意味を表す仮定法

3-1 if 節以外に仮定の意味が含まれる例

with/without

203 With a little more time, I could have solved the problem.
　　もう少し時間があれば，私はその問題を解くことができたのに。

ポイント　　with ～ ＝もし～があれば [あったら]

副詞句が if 節の代わりをすることがある。〈with ～〉は「もし～があれば」の意味を表し，仮定法過去・仮定法過去完了のどちらにも使うことができる。

　　With a little more time, I **could have solved** the problem.（203）
　　もし～があれば　　　　　　　仮定法過去完了の主節
　　　　副詞句が if 節の代わりをする

この文は，次のように言い換えられる。
≒ **If** I'd [I had] **had** a little more time, I could have solved the problem.
≒ **If** there **had been** a little more time, I could have solved the problem.

プラス　without ～ / but for ～

〈without ～〉は「もし～がなければ」の意味を表す。〈but for ～〉などで言い換えることもできる。

- **Without [But for]** that tall building, we could see the fireworks.
  ≒ **If it were not for** that tall building, we could see the fireworks. (201)
  (もしあの高いビルがなければ，花火が見えるのに)
  ▶but for は文語的な表現で，話し言葉ではふつう使わない。

otherwise

204 I fell over near the end of the race. **Otherwise, I could have won.**
私はレースの最後あたりで転んでしまった。そうでなければ勝てたのに。

ポイント　otherwise＝そうでなければ

otherwise は「（もし）そうでなければ」の意味の副詞で，直前の内容と反対のことを仮定するのに使う。1語で if 節の代わりをするので，話し言葉ではよく使われる。

I fell over near the end of the race.
　↓
Otherwise, I could have won. (204)
　└→ If I hadn't fallen over ...

▶otherwise（もしそうでなければ）＝「もし私が転ばなかったら…」

表現　if 節の代わりをするその他の表現

そのほかにも，次のような表現が「もし～」の意味を含むことがある。これらの文では，主節に助動詞の過去形が使われていることから，仮定法と判断できる。

- **To hear** him speak English, you **would** take him for a native speaker.
  ＝ If you heard him speak English
  (彼が英語を話すのを聞いたら，きみは彼をネイティブスピーカーだと思うだろう)
  ▶副詞的用法の不定詞が〈条件〉を表す。
- **A minute later, and** he **would** have drowned.
  (あと1分遅ければ，彼はおぼれていただろう)
  ▶副詞(句)が仮定を表す。and は「そうすれば」の意味。〈命令文, and ～〉の使い方と同様（→p. 461）。

- **In your place**, I **would** do it in a different way.
  = If I were [was] in your place　▶If I were you とも言う。
  (もし私がきみの立場なら，違うやり方をするだろう)
  ▶前置詞句が〈仮定〉を表す。
- **An honest person would** have given the wallet to the police.
  (正直な人なら，その財布を警察に届けただろう)　▶主語が〈仮定〉の意味を含む。

3-2 if の省略による倒置

205 **Should you have** any further questions, do not hesitate to contact me.
もしほかにご質問があれば，遠慮なく私にご連絡ください。

ポイント　仮定法の if が省略されると，〈(助)動詞＋主語〉の語順になる

仮定法を倒置形で表すことがある。この形は会話ではあまり使わないが，フォーマルな書き言葉（手紙やメールなど）でよく見られる。

　　　If you should **have** any further questions, ...

　省略　**Should you have** any further questions, ... (205)

▶ if が省略されると，you should have が should you have の語順になる。should を使う（実現の可能性が低い仮定の形にする）ことで，相手に対する「控えめな気持ち」を表すことができる。

このような倒置で前に出る語は，**were**, **should**, **had**（過去完了形）に限られる。
- **Were I** a lawyer, I **could give** you advice on this matter.
  = If I were
  (私が弁護士なら，この件についてあなたに助言をしてあげられるのだが)
- I **would have visited** you **had I known** you were in the hospital.
  　　　　　　　　　　　　　= if I had known
  (きみが入院していると知っていたら，お見舞いに行ったのに)

プラス　**if it were not for ~ / if it had not been for ~ の倒置**
2-5の if it were not for ~ （もし~がなければ）なども，if を省略して倒置形にできる。
- **Were it not for** that tall building, we **could see** the fireworks.
  = If it were not for
  (もしあの高いビルがなければ，花火が見えるのに)(→ 201)

- **Had it not been for** the traffic jam, we **could have got** home by six.
  = If it had not been for
  (もし交通渋滞がなかったら，私たちは6時までに帰宅できたのに)

3-3 if 節が省略された仮定法

206 I **could have asked** my father for help, but I didn't.
私は父に助けを求めることもできたが，そうしなかった。

ポイント 仮定法の if 節が省略されて，**主節だけになる**ことがある

仮定法のif節が（言わなくてもわかるので）省略され，主節だけが残った形の表現がある。(206)は「もし私がそうしたかったら［その気になれば］」という意味のif節が省略されていると考えられる。

I **could have asked** my father for help 省略 , but I didn't. (206)
　求めることができただろう
　仮定法過去完了の主節

if I **had wanted** to do so
もし私がそうしたかったなら

プラス if 節の省略の例（ていねいな申し出・依頼・勧誘など）

- **I'd [I would] like** a glass of water. (水を1杯いただきたいのですが) (→p.98)
  ▶ 文末に if you wouldn't mind（もしあなたがいやがらないのなら）を補って考える。仮定法を使うことで，ていねいな依頼になる。

- You look very busy. I **could help** you.
  (とても忙しそうですね。お手伝いできますよ)
  ▶ if you wanted me to do so（もしあなたが私にそうしてほしいと思うなら）を補って考える。仮定法を使うことで押しつけがましさが薄れる。

- I **would have gone** to the party, but I had a lot of homework.
  ((ほかに用事がなければ) パーティーに行ったんだけど，宿題がたくさんあったんだ)
  ▶ 「実際には宿題がたくさんあったので，パーティーに行かなかった」ということ。仮定法を使うことで「自分には行く気があったのに」という言い方になる。

✓チェック 054

各組の文がほぼ同じ内容を表すように，（　）に適語を入れなさい。

(1) Thanks to his help, I was able to install the software.
　　(　　　　) his help, I (　　　　) (　　　　) installed the software.

(2) I can't write French sentences without this electronic dictionary.
　　(　　　　) (　　　　) not for this electronic dictionary, I couldn't write French sentences.

(3) We were caught in a traffic jam. Otherwise, we would have caught the flight.
　　If we (　　　) (　　　) caught in a traffic jam, we would have caught the flight.

4 仮定法を使ったていねいな表現

mind を使ったていねいな表現

207 **Would you mind if I turned the TV on?**
　　　テレビをつけてもかまいませんか。

ポイント　　**Would you mind if I ＋動詞の過去形？＝～してもかまいませんか**

控えめに相手の許可を求める場合に使う表現。仮定法を使うことで「(実際にはしないのですが) もし私が～したら，あなたはいやがるでしょうか」という遠回しなニュアンスになり，**相手に対する遠慮がちな気持ち**を表すことができる。

　　直説法　Do you mind if I turn the TV on?
　　仮定法　Would you mind if I turned the TV on? (207)

　　　　　あなたはいやでしょうか　　もし私がテレビをつけたら
　　　　　〈仮定法過去の主節〉　　　〈仮定法過去の if 節〉　　▶ mind ＝～をいやがる，気にする

プラス　　〈mind ＋動名詞〉を使った表現
(207) の文は，次のように言い換えられる (→ p.175)。
● **Do [Would] you mind me turning the TV on?**
　　　　　　　　　　　　　意味上の主語＋動名詞

　　▶直訳は「あなたは私がテレビをつけることをいやがりますか」。Do よりも Would を使うほうがていねいな言い方。

相手に何かをしてほしいと頼むときは，次のように言う。
● **Do [Would] you mind calling me later?**
　　(後で私に電話していただけますか)
　　▶直訳は「あなたは後で私に電話することをいやがりますか」。動名詞 (calling) の主語は文の主語 (you) と同じだから，意味上の主語は必要ない。

● Excuse me, but **would you mind not smoking**?
　　(すみませんが，タバコは吸わないでいただけますか)
　　▶「～しないでいただけますか」は，not を動名詞の前に置いて表す (→ p.177)。

注意! **mindを使った問いへの答え方**

Would [Do] you mind ～? という問いに「いいですよ」と答えるときは，(「かまわない，いやではない」の意味で) 否定の形を使う。

- "**Would you mind** helping me?" "**No (, I don't mind)**."
 (「手伝ってもらってもかまいませんか」「ええ (かまいません)」)

このほか，**Not at áll. / Cértainly. / Of cóurse not.** などとも言う。また，**All right. / OK. / Sure.** なども使われる。

一方，「かまいませんか」という問いに対して「いいえ，やめてください」と答えるときは，yes を使うと「はい，いやです [気にします]」という意味を表すことになる。

- "Do you mind me [my] turning the TV on?" "(**Yes,**) **I do mind.** I'm studying now." (「テレビをつけてもかまわない?」「だめだよ。今勉強中なんだ」)

ただし，Yes. (いやです) という答えは直接的すぎるので，親しい間柄以外では使わない。ふつうは yes を使わずに sorry や would rather not などを使って控えめに断ることが多い。

- "Would you mind helping me?" "**Sorry, I'm busy now.**"
 (「手伝ってもらってかまわない?」「ごめん，今忙しいんだ」)
- "Would you mind if I smoked?" "(Well,) **I'd rather you didn't.**" (→ p.299)
 (「タバコを吸ってもかまいませんか」「できればやめていただきたいのですが」)

wonder if を使ったていねいな表現

208 **I wonder if you could give me some advice.**
私にアドバイスをいただければと思うのですが。

ポイント wonder if S ＋ 仮定法過去 ＝ ～していただけるでしょうか

動詞 wonder は「～だろうかと思う」の意味だが，後ろに〈if ＋仮定法の節〉が続くと「～していただけるでしょうか」「～してよろしいでしょうか」という意味を表す。

I **wonder if** you **could** give me some advice. (208)
  ～だろうかと思う＋仮定法過去

▶ if の後ろに直説法を用いて I wonder if you can give me some advice. と言うこともできるが，仮定法を使うほうがよりていねいになる。

参考 **wonderの過去形・過去進行形で「遠慮がちな気持ち」を表す**

（仮定法に限らず）過去形が**遠慮がちな気持ち**を表すことがある。

- I **wondered if** you could give me some advice.
  （私にアドバイスをいただければと思ったのですが）
▶ wonder を過去形にすると現在形よりもていねいな表現になる。

- I **was wondering if** you could give me some advice.
  （私にアドバイスをいただければと思っていたのですが）
▶ 過去進行形にすると，さらにていねいな表現になる。進行形を使うことで「まだ決心がついていない」という遠慮がちな気持ちを表す。

表現　仮定法を使ったその他のていねいな表現

仮定法を使ったていねいな言い方には，次のようなものもある。

Would it be all right if I ～ ? ＝ ～してかまわないでしょうか

- **Would it be all right if I** borrowed this dictionary?
  （この辞書をお借りしてよろしいでしょうか）

I would appreciate it if you would [could] ～ ＝ ～していただけましたら幸いです

- **I would appreciate it if you would [could]** reply by Friday.
  （金曜日までにご返事をいただけましたら幸いです）
▶ 手紙などでよく使われるフォーマルな依頼の表現。直訳は「もしあなたが～するつもりなら［できるなら］，私は（そのことに）感謝します」となる。

I'd [I would] rather ＋仮定法過去 ＝（むしろ）～だとありがたいのですが

- I'm busy tomorrow. **I'd rather** you came on Wednesday.
  （明日は忙しいのです。水曜日に来ていただきたいのですが）
▶ 相手からの打診や誘いをていねいに断る場合などに使われる。

- "Shall I turn on the air-conditioner?" "**I'd rather** you didn't."
  （「エアコンをつけましょうか」「つけないでいただきたいのですが」）

✓ チェック 055

日本語の意味に合うように，(　　) に適語を入れなさい。

(1)　「ここに座ってもかまいませんか」「いいですよ」
　　"Would you mind (　　　　) I (　　　　) here?" "Of course (　　　　)."

(2)　私を手伝っていただけないかと思うのですが。
　　I wonder (　　　　) you (　　　　) help me.

(3)　「窓を開けましょうか」「開けないでいただきたいのですが」
　　"Shall I open the window?" "I'd (　　　　) you (　　　　)."

4技能Tips Speaking 助動詞の過去形を使って表現力を豊かにする

仮定法過去は，必ずしも「**現在の事実の反対**」を意味するわけではない。

(a) You **can be** in time if you **take** a taxi. 〈直説法〉
　　（タクシーに乗れば間に合いますよ）
(b) You **could be** in time if you **took** a taxi. 〈仮定法過去〉
　　（タクシーに乗れば間に合うかもしれませんよ）

(b) は「しかし実際にはあなたはタクシーには乗らないから間に合わない」という意味ではない。仮定法は，**現在や未来に起こりえることを仮定する**場合にも使うことができる。
では，(a) と (b) の違いはどこにあるのだろうか。
(a) の if 節は「あなたがタクシーに乗る可能性」と「乗らない可能性」を五分五分と考えている。一方 (b) の if 節は「あなたはたぶんタクシーには乗らないでしょうが，もし乗るのなら…」という (形式的には現在の事実の反対を仮定した) 言い方をすることによって，「私があなたの行動を推測するのは失礼なのですが」という「遠慮がちな気持ち」を表している。さらに，(b) の if 節を省略すると次の文ができる。

(c) You **could be** in time. （間に合うかもしれませんよ）

この文で省略されている if 節の内容は，「タクシーに乗れば」「その気になれば」「もっと急げば」「うまくいけば」など，状況に応じていろいろなことが考えられる。同時にこの文は，You can be in time. よりも控えめな言い方になる。このように，(if 節をともなわない) **仮定法過去がもとになった助動詞の過去形**は，基本的に次の2つのはたらきをもっている。

① 「もし〜なら」のニュアンスを含む。
② 相手に対する遠慮がちな気持ちを表す。

次の2つの文の would は，①②の両方のはたらきをもつ。

● Most people **would say** this is a great movie.
　（(もし尋ねたら) ほとんどの人がこれはすばらしい映画だと言うだろう）
● You **wouldn't be** able to persuade him.
　（(たとえやってみたとしても) きみは彼を説得することはできないだろう）

一方，①の (仮定の) 意味が薄れて，助動詞の過去形が実質的に②の (相手に対する遠慮がちな気持ちを表す) はたらきだけをもつ場合も多い。次の例で考えてみよう。

(d) **Will** you open the window, please?
　　（窓を開けてくれませんか [開けてください]）
(e) **Would** you open the window, please?
　　（(もしよろしければ) 窓を開けていただけますか）

(e) の would は仮定法過去の助動詞で，if you didn't mind (もしかまわなければ) を補って考えることができる。頼みごとをしたり誘ったりするとき，日本語でも「もしよろしければ，おいでになりませんか」などと言うのと同じである。したがって，(d) よりも (e) のほうがていねいな言い方になる。I want と I would like の違いもこれに近い。このように助動詞の過去形は，〈ていねいな依頼〉や〈控えめな推量〉を表すことができる。次の例も同様に考えればよい。

- The cashier **could have made** a mistake.（レジ担当者が間違えたのかもしれません）
  ▶控えめな推量を表す言い方。「断言はできないが，言えるとすれば」という遠慮が入っていると考えられる（→p. 93）。

このように，仮定法過去がもとになった助動詞の過去形をうまく活用すれば，特に会話の場面での表現力を豊かにすることができる。

Sue's Advice

パーティーに来てほしい！

「次の土曜日，私の誕生日パーティーに来てほしいのだけれど」という意味を表そうとした，次のような誤った英文がときどき見られます。
　× I wish you can come to my birthday party next Saturday.

正しくは次のようになります。
　I hope you can come to my birthday party next Saturday.
hope の代わりに wish を使った誤りは少なくありません。日本語ではどちらも「願う」と訳されるため，使い方を誤ってしまうのでしょう。では，wish を正しく使った例を見てみましょう。
　I wish you could come to my birthday party next Saturday.
　（次の土曜日，あなたが私の誕生日パーティーに来られなくて残念です [←来られればいいのに]）

このように「望むことが実現しなくて残念」という気持ちを伝えたいときに，wish を使って，can を過去形 could（仮定法）にした英文にするのです。

✓ チェック 解答

051 (1) were, would　(2) had, could have　(3) might, have been [got], had been

052 (1) had had [eaten], wouldn't be　(2) should　(3) were, would

053 (1) could stay here　(2) as if [though] he had seen　(3) had not been for

054 (1) Without, couldn't have　(2) Were it　(3) hadn't been

055 (1) if, sat, not　(2) if, would [could]　(3) rather, didn't

Using Grammar in Context

UNIT 11 仮定法

If I Could Stay Longer ...

(Aya, a university student, is visiting Sarah, one of her friends in the U.K. They are now in Edinburgh, the capital of Scotland.)

Aya : This is such a beautiful city. I'm so glad we came here today. If I had more time, I would stay here longer ... and if I were rich, I would buy a house here. Oh, some tourists are looking at a building over there. Is it famous?

Sarah : Oh, yes. That's the cafe where J.K. Rowling wrote her first book in the *Harry Potter* series. Lots of tourists still visit it. If she had not written *Harry Potter*, the cafe wouldn't have become famous.

Aya : Oh, I wish she were here in the cafe now. I'm a great fan. I've read all of her books and seen all the films. I wouldn't be studying children's literature at college if I hadn't read her books.

Sarah : Oh! I wish I had known that. I would have shown you some places used in the films.

Aya : Really? Weren't those films made only with computer graphics and on studio sets?

Sarah : No. Lots of real places were in the films, such as a real station, a castle, a cathedral, ... oh, a cathedral is a big church ....

Aya : How interesting! If only I could visit those places. By the way, you talk as if you were in the films!

Sarah : Actually, not me, but one of my cousins acted in one of the films. He was an 'extra', and he told me about the film many times.

Aya : Wow! I'd like to hear more about it, but it's about time we went back to the station. It's a pity I have to go back to Japan tomorrow, and go back to college. Otherwise, I could have stayed here for one more day. If it were not for my classes, I would visit some of the places used in the *Harry Potter* films ... and if it had not been for your help, I wouldn't have had such a good time. Thank you so much.

Sarah : You could come back again next year.

Aya : Thank you ... but you've shown me around a lot here, so I wonder if you could come to Japan next summer. Without you, I wouldn't have seen so many interesting places here in Britain, so I would be glad to be a tour guide for you next time. I'd like to take you to Kyoto. It is an ancient capital city, and there are still lots of traditional old buildings.

Sarah : It sounds great! I've always wanted to visit Japan. Would you mind if my brother came as well? He's also really interested in Japanese culture.

和訳

もし，もう少しいられたら…
（大学生のアヤは，イギリスにいる友人の1人であるサラを訪ねています。彼女らは今スコットランドの首都，エジンバラにいます。）

アヤ：ここはとても美しい街ね。今日ここへ来てとてもうれしいわ。もしもっと時間があったらもっと長くここにいるのに…それに，もし私がお金持ちならここに家を買うのに。あら，観光客が何人かあそこの建物を見ているわ。あそこは有名なの？

サラ：ええ，そうよ。あそこはJ.K.ローリングが『ハリー・ポッター』シリーズの最初の本を書いたカフェなの。今でも多くの観光客が訪れるわ。もし，彼女が『ハリー・ポッター』を書かなかったら，あのカフェは有名にはならなかったでしょうね。

アヤ：わあ，彼女が今このカフェにいたらなあ。私は大ファンなの。彼女の本は全部読んだし，映画は全部見たわ。もし彼女の本を読んでいなかったら，大学で児童文学を勉強してはいないわ。

サラ：え！ それを知っていたらなあ。あなたを映画で使われた場所へ案内したのに。

アヤ：本当？ あれらの映画ってコンピュータグラフィックスと，スタジオのセットだけで作られたんじゃないの？

サラ：いいえ。映画には実際の場所がたくさん出てくるわ。たとえば，実際の駅とか，お城とか，大聖堂とか，…あ，大聖堂って大きな教会のことで…

アヤ：わあ，おもしろい！ そういった場所を訪れることができたらいいのになあ。ところで，あなたってまるで映画に出ているように話すのね！

サラ：実際には，私ではなくて，いとこの1人が，映画の1つに実際に出演したの。彼は「エキストラ」だったのよ。それで私にその映画のことを何度も話してくれたの。

アヤ：すごい！ もっとその話を聞きたいわ。でも，もう駅に戻る時間だわ。明日，日本に戻らなくちゃいけなくて，そして大学に戻らなくちゃいけないのは残念だわ。 そうでなければ，もう1日いられたのに。もし，授業がなければ『ハリー・ポッター』の映画で使われた場所のいくつかを訪れるのに…そしてもしあなたの助けがなかったら私はこんなに楽しく過ごすことはなかったわ。本当にありがとう。

サラ：来年戻ってこられるわ。

アヤ：ありがとう…でも，あなたはここでたくさんの場所を案内してくれたわ。だから，来年の夏はあなたが日本に来られないかしら。あなたがなかったら，私は，ここイギリスで，こんなに多くのおもしろい場所を見ることはなかったもの。 だから，次回は喜んであなたの案内をするわ。私はあなたを京都に連れて行きたいわ。京都は古い都で，今もたくさんの伝統的な古い建物が残っているの。

サラ：すごくおもしろそう！ 私はずっと日本に行きたいと思っていたの。弟もいっしょに行っていいかしら。弟も日本の文化にとても興味をもっているの。

column
英和辞典の使い方

英和辞典は**表記のしかた**や**記号**などがそれぞれ異なるので，自分が使っている辞書の冒頭の説明を読んでおこう。辞書をひく場合には，次のような点に注意するとよい。

①使用頻度をチェックする
多くの辞書では，単語の使用頻度を数段階に分け，色分け・記号・文字の大きさなどによって区別している。たいていは**最も使用頻度の高い 1,000 〜 3,000 語程度が目立つ形で示されている**ので，これらの語は重点的に意味を覚えるようにしよう。

②前のほうに書かれている意味を重点的に見る
1 つの単語が様々な意味をもつ場合，多くの辞書では「**頻度の高い順**」に意味が並んでいる。たとえば『ロングマン英和辞典』で **pass** という動詞を調べると 27 個の意味があげられているが，「〜を通り過ぎる」「〜を追い越す」「通る」などが最初のほうに出てくる。pass はこれらの意味で使われることが多い。後ろのほうには「（痛みなどが）治まる」「発言する」などの頻度の低い意味が並んでいるが，それらはたいてい無視してかまわない。

③熟語は「より狭い意味をもつ語」で調べる
複数の語が組み合わさった熟語や慣用表現は，「内容語のほう」「より具体的な［狭い］意味をもつほう」で調べる。次の例で考えてみよう。

(a) The winter vacation will be over **before long**.
　　（もうすぐ冬休みが終わる）　▶ before long ＝まもなく
(b) We **took advantage of** the good weather to attempt the summit.
　　（私たちは好天を利用して頂上を目指した）　▶ take advantage of 〜＝〜を利用する

(a) の **before long** という熟語は，辞書ではふつう before ではなく **long** のほうに見出し語として載っている。これは，before（前置詞＝機能語）よりも long（形容詞＝内容語）のほうが**具体的な意味をもつ**からである（→ p. 598）。(b) では take よりも **advantage** のほうが意味の範囲が狭い（take は様々な意味で使う）ので，advantage で調べればよい。

④動詞・形容詞は「使い方」に注意
単語には，「意味を知っていることが重要なもの」と「（意味に加えて）使い方も知っておくべきもの」とがある。名詞の場合は，たとえば「**electricity ＝電気**」のように，意味を知っていればその使い方に困ることはないだろう。一方，たとえば「**afraid ＝怖い**」という意味を覚えているだけでは，「私はヘビが怖い」という意味を英語で表現することはできない。このように動詞や形容詞は，「**後ろにどんな形を置くか**」を辞書の例文で確認し，ノートに書くなどして実際に文を作れるようにしておこう。

この本では，英文法学習の上で必要な項目を，次のような順序で解説しています。
全体の流れのなかで，「自分が今学習しているのはどの部分か」を
意識しながら取り組んでいきましょう。

「英語の基本的なルール」を理解しよう

- [ ] **UNIT 0** 品詞 　　　　　　単語のはたらきをグループごとに理解しよう
- [ ] **UNIT 1** 英語の語順ルール　英語と日本語の語順の違いを理解しよう
- [ ] **UNIT 2** 文の種類　　　　　英文のしくみを理解しよう

基本的な文の形を学ぼう

- [ ] **UNIT 3** 時制
  「時」を表す動詞の形を学ぼう
  I **eat** breakfast every day. / I **have** already **eaten** breakfast.

- [ ] **UNIT 4** 助動詞
  助動詞は動詞を助けて「気持ち」や「判断」を表す
  Can I play a video game? / You **must** do your homework first!

- [ ] **UNIT 5** 態
  「〜される」という意味を表す動詞の形を学ぼう
  This park **was designed by** a famous artist. /
  A new stadium **is being built** for the Olympics.

- [ ] **UNIT 6** 不定詞
  不定詞は名詞・形容詞・副詞などのはたらきをもつ
  I want **to buy** this laptop. / I'm looking for someone **to help** me. /
  I studied hard **to pass** the test.

- [ ] **UNIT 7** 動名詞
  動名詞は「〜すること」という意味を表す
  Making cakes is interesting. /
  I'm thinking about **working** in the U.S.

- [ ] **UNIT 8** 分詞
  分詞は形容詞・副詞のはたらきをもつ
  The news reported an **approaching** typhoon. /
  Walking down the street, he saw an old friend.

- [ ] **UNIT 9** 関係詞
  2つの文を結びつける関係詞の用法を学ぼう
  I want a house **which** [**that**] has a large kitchen.
  I remember the day **when** I first met you.

- [ ] **UNIT 10** 比較
  複数のものを比べる形を学ぼう
  Japan is **as large as** Germany. / The Nile is **longer than** the
  Amazon. / He runs **(the) fastest of** all the players.

- [ ] **UNIT 11** 仮定法
  事実と異なる願望などの表しかたを学ぼう
  If I **had** a garden, I **would grow** vegetables. /
  If I **had known** your address, **I would have sent** you a birthday card.

文を作る要素を詳しく学ぼう

- [ ] **UNIT 12　動詞と文型**　「動詞のタイプ」が文の形を決める
  She is **running** in the park. / She is **making** a salad.

- [ ] **UNIT 13　名詞**　名詞は「数えられるかどうか」がポイント
  I ate two **sandwiches** and an **apple** in the **cafeteria**.

- [ ] **UNIT 14　代名詞**　どんな名詞の代わりをしているかを見極めよう
  I have an American friend. **She** is from Texas.

- [ ] **UNIT 15　冠詞**　冠詞が伝える新・旧の情報をつかもう
  I want **a** new cellphone.

- [ ] **UNIT 16　形容詞**　形容詞には2つの使いかたがある
  Sally has **long** hair. / This soup tastes **good**.

- [ ] **UNIT 17　副詞**　語句や文を修飾する副詞のはたらきを学ぼう
  The train stopped **suddenly**.

- [ ] **UNIT 18　接続詞**　2つの文を結びつける接続詞の用法を理解しよう
  I got up at six **and** left the house at seven.

- [ ] **UNIT 19　前置詞**　前置詞はコアになるイメージを使って理解しよう
  The people **in** our office are friendly. /
  Twenty people work **in** our office.

- [ ] **UNIT 20　疑問詞と疑問文**　様々な疑問詞と疑問文の語順に注意しよう
  Where did you find this key? / **Who** won the marathon?

「英語特有の表現」を学ぼう

- [ ] **UNIT 21　否定**　「～ない」を表す様々な語や形を学ぼう
  Tom did**n't** ask his father to help him. /
  I have decided **not** to buy a new watch.

- [ ] **UNIT 22　強調と倒置**　意味を強めたりする場合の特殊な文の形を学ぼう
  He **does look** happy today. /
  Never have I seen such a moving film.

- [ ] **UNIT 23　特殊構文**　情報をつけ加えたりする場合の特殊な文の形を学ぼう
  Life is, **in a sense**, a journey. /
  The snow stopped us from going out.

- [ ] **UNIT 24　文の転換**　ルールに従って同じ意味の英文に言い換えてみよう
  The game was canceled **because it rained**. /
  The game was canceled **because of the rain**.

UNIT 12
動詞と文型

「動詞のタイプ」が文の形を決める

- **Introduction** ················· 306
  - 自動詞と他動詞 ················· 307
- **1 第1文型で使う動詞** ················· 308
  - 1-1 S＋自動詞（＋副詞(句)）················· 308
  - 1-2 There＋be動詞〜 ················· 309
- **2 第2文型で使う動詞** ················· 311
  - 2-1 be動詞 ················· 311
  - 2-2 「〜になる」の意味を表す動詞 ······· 312
  - 2-3 五感を表す動詞 ················· 312
  - 2-4 keep/remain/stay ················· 313
  - 2-5 seem/appear など ················· 313
  - 2-6 第2文型で使う主な動詞（be動詞以外のもの）のまとめ ················· 314
- **3 第3文型で使う動詞** ················· 315
- **4 第4文型で使う動詞** ················· 317
  - 4-1 give型の動詞 ················· 317
  - 4-2 buy型の動詞 ················· 318
  - 4-3 save型の動詞 ················· 319
  - 4-4 SVO₁O₂のO₂になる主な要素 ······ 320
- **5 第5文型で使う動詞** ················· 320
  - 5-1 call型の動詞（C＝名詞）················· 320
  - 5-2 make型の動詞（C＝形容詞）········ 321
  - 5-3 see型の動詞（C＝原形不定詞・分詞など）················· 322
  - 5-4 SVOCのCになる主な要素 ········ 322
- **6 動詞に続く要素** ················· 323
  - 6-1 動詞＋that節 ················· 323
  - 6-2 動詞＋〈人〉＋that節／疑問詞節 ···· 323
  - 6-3 前置詞と結びつけて使う動詞 ········ 324
  - 6-4 群動詞 ················· 325
  - 6-5 述語動詞の後ろに置く要素 ········ 325
- **7 形がまぎらわしい動詞など** ················· 326
  - 7-1 形がまぎらわしい動詞 ················· 326
  - 7-2 使い方に注意すべきその他の動詞 ···· 327
- チェック解答 ················· 330

Using Grammar in Context
  Tricky Verbs ················· 331

Introduction

UNIT 1で説明したとおり，英語の文は〈S＋V〉の順が基本形です。ここでは，Vのはたらきをする品詞である「動詞」の使い方を詳しく学習します。

動詞の特徴

①動詞には，主語や時制に応じた**活用形**があります。
- He **likes** sports.（彼はスポーツが好きだ）〈3単現のs〉
- I **met** her last year.（私は去年彼女に出会った）〈meetの過去形〉

②動詞の形を変化させて，**準動詞**（不定詞・分詞・動名詞）を作ることができます。
③動詞は，意味や使い方に応じて様々なグループに分類できます。

動詞の分類

意味による動詞の分類には，次のようなものがあります。
動作動詞と状態動詞（→p. 41）
- I **walk** to school.（私は歩いて学校へ行く）
〈動作動詞〉
- I **live** in Yokohama.（私は横浜に住んでいる）
〈状態動詞〉

知覚動詞・使役動詞など（→p. 151）
- I **saw** him jogging.（私は彼がジョギングしているのを見た）〈知覚動詞〉
- I **had** him help me.（私は彼に手伝わせた）〈使役動詞〉

また，動詞は「後ろに目的語を置くかどうか」によって次の2つに分類できます。
自動詞と他動詞（→p. 24）（5文型とは，この分類をさらに細分化したもの）
- I **waited** for an hour.（私は1時間待った）〈自動詞〉
- I **bought** a dictionary.（私は辞書を買った）〈他動詞〉

Next, Putting it into Action!

動詞のグループ分けとそれぞれの使い方を知ることによって，英文の意味が正しくつかめるようになります。動詞と文型の関係などを見ていきましょう。

UNIT 12 動詞と文型

■ 自動詞と他動詞

自動詞とは，後ろに目的語を置かない動詞のこと。他動詞とは，後ろに目的語を置く動詞のこと。

(a) <u>She</u> <u>is running</u> <u>in the park</u>. （彼女は（公園で）走っている）〈run＝自動詞〉
　　 S　　 V　　　（修飾語句）

(b) <u>She</u> <u>is making</u> <u>a salad</u>. （彼女はサラダを作っている）〈make＝他動詞〉
　　 S　　 V　　　 O

(a) は She is running. （彼女は走っている）だけでも意味が通じる。一方 (b) は She is making. （彼女は作っている）だけでは情報が足りず，「何を作っているのか」を補う必要がある。

自動詞と他動詞の例	
自動詞	**come**（来る），**talk**（話す），**swim**（泳ぐ），**walk**（歩く）
他動詞	**have**（～を持っている），**like**（～を好む），**want**（～が欲しい）

多くの動詞は，自動詞としても他動詞としても使うことができる。
- The game **started**. （試合が始まった）　▶ start＝始まる（自動詞）
- They **started** the game. （彼らは試合を始めた）　▶ start＝～を始める（他動詞）

5文型と自動詞・他動詞との関係は，次のようになる。

文型	Vの区別
第1文型（SV）	自動詞
第2文型（SVC）	
第3文型（SVO）	他動詞
第4文型（SVOO）	
第5文型（SVOC）	

自動詞の後ろに名詞（または代名詞）を置くときは，前置詞を必要とすることが多い。他動詞の後ろには前置詞を置かない（群動詞の場合を除く→6-4）。一般的に次のことが言える。

文の形	動詞の種類	文型
S＋V（＋前置詞＋名詞）.	V＝自動詞	SV〈第1文型〉
S＋V＋名詞.	V＝他動詞	SVO〈第3文型〉

自動詞と他動詞がよく似た意味をもつ場合もある。
- Scott **arrived** *at* the South Pole in 1912.　▶arrive＝到着する（自動詞）
- Scott **reached** the South Pole in 1912.　▶reach＝〜に到着する（他動詞）
（スコットは1912年に南極に着いた）
- I **listened** *to* the radio.（私はラジオを聞いた）　▶listen＝聞く（自動詞）
- I **heard** the news.（私はその知らせを聞いた）　▶hear＝〜を聞く（他動詞）

1 第1文型で使う動詞

第1文型 (**SV**) の文では，V の後ろに修飾語（副詞・副詞句）を置くことが多い。1-2 の There で始まる文は第1文型と考える。

1-1 S＋自動詞（＋副詞（句））

209　The rain **stopped**.　雨がやんだ。
　　　　　S　　　V

動作や物の動きを表す自動詞は，〈S＋V〉だけの文を作ることができる。〈S＋V〉の後ろに副詞（句）を置くことも多い。以下の文中の _____ 部は副詞（句）。
- The phone **is ringing**.（電話が鳴っている）
- It **snows** a lot in Niigata.（新潟ではたくさん雪が降る）
- I **walked** for an hour in the park.（私は公園で1時間歩いた）

プラス　状態を表す自動詞

状態を表す自動詞は，原則として後ろに副詞（句）を必要とする。
- My cousin **lives** in Canada.（私のいとこはカナダに住んでいる）
　　S　　　　V　　　副詞句
　▶My cousin lives. だけでは意味をなさない。
- The castle **stands** on a hill.（その城は丘の上に立っている）〈書き言葉〉
- I **stayed** (at) home all day today.（今日は1日中家にいた）

1-2 There + be動詞 ～

There + be動詞 + S + 場所を表す副詞（句）

> 210　**There is** a bakery near my house.　私の家の近くにパン屋がある。
> 　　　　V　　S　　　　副詞句

〈There + be動詞 + S + 場所を表す副詞（句）〉の形で「S〈物・人〉が～（場所）にある［いる］」という意味を表す。〈There + be動詞〉の後ろにあるものが主語であり、there は「そこ」の意味ではない。次の点にも注意。

① be動詞を過去形にすれば、「S があった［いた］」の意味になる。
- **There were** three boys in the classroom. (教室には3人の男の子がいた)

② 否定文は be動詞の後ろに not を置く。
- **There isn't** a restroom on this floor. (この階にはトイレはありません)

③ 疑問文は there と be動詞を入れ換える。答えるときは there を使う。
- "**Is there** a convenience store near here?" "No, **there** isn't."
（「この近くにコンビニはありますか」「いいえ，ありません」）

④ have/has を使って言い換えられる場合がある。
- **There are** twelve months in a year. ≒ A year **has** twelve months.
（1年は12か月ある）

4技能 Tips　Speaking & Writing　〈There + be動詞〉の後ろには「初めて話題に出すもの」を置く

次の2つの文を比べてみよう。(a)のような文のSは〈特定の物・人〉、(b)のように There で始まる文のSは〈不特定の物・人〉である。

(a) **The bakery is** near my house.
　　[× There is the bakery near my house.]
　　（そのパン屋は私の家の近くにある）
　▶パン屋のことがすでに話題になっている状況で、話し手は「そのパン屋がどこにあるのか」を伝えようとしている。

(b) **There is** a bakery near my house.
　　[× A bakery is near my house.]
　　（私の家の近くに（1軒の）パン屋がある）
　▶話し手はパン屋のことを初めて話題に出し、「自分の家の近くに何があるのか」を伝えようとしている。

英語では、「話し手が新たに示す情報」を文の最初に置く形は少ない。(b)は，There is でワンクッションを置いてから新たな情報 (a bakery) を示そうという心理がはたらいたもの。

プラス there に続く be 動詞の様々な形

there に続く be 動詞に助動詞などがついて，複雑な形になることがある。

- **There will be** snow tomorrow morning.
  （明日の朝は雪が降るだろう）〈未来を表す will〉
- **There have been** arguments about the matter.
  （その問題に関しては論争が続いている）〈現在完了形〉
- **There seems to be** something wrong with this PC.
  （このパソコンはどこか具合が悪いようだ）
  ▶ seem to be ＝〜であるように思われる（→ p.146）
- **There used to be** a theater here.
  （以前ここには劇場があった） ▶ used to be ＝以前は〜だった（→ p.96）

There ＋ be 動詞 ＋ S ＋ 分詞句

211 There are a lot of students studying in the library.
　　　　V　　　　S　　　　　　　　　分詞句
図書館では多くの生徒が勉強している。

There で始まる文で，場所を表す副詞句の位置に分詞句を置くことがある。

There are a lot of students **studying** in the library.（211）

≒ A lot of students **are studying** in the library.

▶ (211) は現在分詞を使った例。最初にワンクッション (there are) を置こうとする心理がはたらいている（→ p.309 4 技能 Tips）。

現在分詞のほか，過去分詞を使うこともある。

- **There is** a car **parked** in front of the gate.
  （門の前に車が 1 台止まって［駐車されて］いる） ▶ park ＝〜を駐車する
- **There isn't** much time **left**.（あまり多くの時間が残って［残されて］いない）

参考 There ＋ 自動詞 ＋ S ...

書き言葉では，次のように there の後ろに be 動詞以外の自動詞を置く表現もある。

- **There lived** a witch in the woods.（森に 1 人の魔女が住んでいた）
  ▶ A witch lived in the woods. → There lived a witch in the woods. と考える。
- **There remained** nothing more to say.（もう何も言うことはなかった）

✓ チェック 056

日本語の意味に合うように，与えられた語を並べかえて英文を完成しなさい。
(1) 私たちは修学旅行について大いに語り合った。
　　We (about / talked / our / lot / a) school trip.
(2) 3人の男の子が川で泳いでいた。
　　(three / swimming / were / boys / there) in the river.
(3) 最近はたくさん雪が降る。
　　(a / of / has / snow / there / been / lot) recently.

2 第2文型で使う動詞

第2文型（**SVC**）の文には，意味上〈**S＝C**〉の関係が含まれる。したがって，この文型で使う動詞は，**be動詞**で置き換えても文が成り立つという特徴がある。
- She became sick.（彼女は病気になった）→ She was sick.

2-1 be動詞

212　**We are a family of four.**　わが家は4人家族です。
　　　　　S　V　　C

〈S＋be動詞＋C〉の形で「SはCだ」の意味を表す。Cは名詞または形容詞（のどちらかに相当する語句）。
- **I'm** hungry.（おなかがすいた）　▶C＝形容詞
- This question **is** difficult. ≒ This **is** a difficult question.
  （この問題は難しい）　　　　　　（これは難しい問題だ）
  ▶左の文はC＝形容詞，右の文はC＝名詞句。

4技能Tips　Speaking 「私はコーヒー」≠ I'm coffee.

(212) を Our family is four. とは言えない。「家族」と「4」（数字）とはイコールではないからである。この文は「私たちの家族は4歳です」の意味になってしまう。
海外旅行をした日本人が，「私はコーヒー（をください）」という注文を，I'm coffee. のように誤って言うことがある（正しくは○Coffee, please.）。〈S is C.〉の形では，S＝Cの関係が成り立たねばならない点に注意しよう。次の例も同様。

　　「私の仕事はコンピュータ技師です。」
　→ × My job is a computer engineer.
　　○ I'm a computer engineer.
　▶「仕事」はもの，「技師」は人だから，イコールの関係にならない。

2-2 「〜になる」の意味を表す動詞

213 The signal **turned** red.　信号は赤になった。
　　　　S　　　　 V　　 C

「〜になる」の意味を表す動詞には，become, get, grow, turn などがある。これらの動詞の後ろには形容詞を置く。ただし，become だけは後ろに名詞を置くこともできる。
- Ann **became** an astronaut. (アンは宇宙飛行士になった)
- I **got** tired after working all day. (私は1日働いたので疲れた)
- Peter Pan never **grew** old. (ピーター・パンは決して年をとらなかった)

プラス 「〜になる」の意味を表す慣用表現
次のような動詞は，特定の形容詞と結びついて「〜になる」の意味を表す。
- Your dream will **come true**. (きみの夢は実現する [本当になる] だろう)
- He **fell ill** during his trip. (彼は旅行中に病気になった)
- The milk has **gone bad**. (ミルクが腐った [悪くなった])
- We're **running short** of sugar. (砂糖が足りなくなってきた)

ほかに **fall asleep** (寝入る)，**go bankrupt** (破産する)，**turn pale** (青ざめる) などの表現もある。

2-3 五感を表す動詞

214 This soup **smells** good.　このスープはいいにおいがする。
　　　　 S　　　　V　　 C

feel (〜に感じる), **look** (〜に見える), **smell** (〜なにおいがする), **sound** (〜に聞こえる), **taste** (〜な味がする) などの五感を表す動詞は，後ろに形容詞を置く。
- I **felt** happy. (私はうれしく感じた)
- Your hair **looks** nice. (きみの髪はすてきに見える)
- This fruit **tastes** sour. (この果物はすっぱい味がする)
- (That) **Sounds** great. (それはとてもいい考えだ) (→p. 89)

参考 五感を表す動詞のその他の使い方
①後ろに名詞を置くときは，like や of を使うことが多い
- The rock **looks like** a human face. (その岩は人間の顔のように見える)
- This soap **smells of** [**like**] lemon. (この石けんはレモンの香りがする)
- That **sounds like** fun. (おもしろそうだね)

②後ろにはふつう **to be** を置かない
- That sounds (×to be) interesting. (それはおもしろそうだ)
  ▶ただし look については，He looks to be the best player. (彼は最高の選手のようだ) のように後ろに to be を置くこともある。

③後ろに **as if** を置く場合もある (→p. 289)
- He **looks as if** he had seen a ghost. (彼はまるで幽霊を見たかのような顔をしている)

④**sound** 以外は他動詞として「(自分の意志で)…を～する」の意味でも使う
- The cat **is smelling** the cheese. (その猫はチーズのにおいをかいでいる) ⟨SVO⟩

2-4 keep/remain/stay

215 Please **keep** quiet in the library.
　　　　　　V　　　C　　　　　　　　図書館の中では静かにしていてください。

⟨keep/remain/stay＋形容詞⟩で「～のままでいる」の意味を表す。
- He **remained** single all his life. (彼は一生独身のままだった)
- The restaurant **stays** open until 11 p.m. (そのレストランは午後11時まで開いている)

2-5 seem/appear など

216 The tourist **appeared** (to be) lost.
　　　　　S　　　　　V　　　　　C　　　その旅行者は道に迷っているようだった。

seem/appear (～のように思われる[見える])，prove [turn out] (～だとわかる) などは，C の前に to be を置くことがある。
- He **seems** (to be) sick. (彼は具合が悪いようだ)
  ▶⟨seem [appear] (to be) ＋ C⟩＝「C のように思われる[見える]」
- The rumor **proved** [**turned out**] (to be) true. (そのうわさは本当だとわかった)
  ▶⟨prove [turn out] (to be) ＋ C⟩＝「C だとわかる」

> **参考** look, seem, appear の違い
> **look** ：「外見が～に見える」という意味。(→p. 312)
> **seem** ：話し手の主観で「～らしい，～に思われる」という意味。
> **appear**：客観的に「～に見える[思われる]」という意味。「～のように見えるが，実際はそうでないかもしれない」という含みをもつことがある。

> **プラス** it を主語にした言い換え
> これらの動詞は，it を主語にした文で言い換えることができる。
> - **Things seem to be** changing for the better.
>   ≒ **It seems that** things are changing for the better.

（事態は好転しているように思われる）（→ p.146）

- **The missing climbers turned out to be** alive.
  ≒ **It turned out that** the missing climbers were alive.
  （行方不明の登山者たちは生きていることがわかった）

2-6 第2文型で使う主な動詞（be動詞以外のもの）のまとめ

SVCの意味	主な動詞
Cになる	become, come, fall, get, go, grow, turn
Cの感じがする	feel, look, smell, sound, taste
Cのままである	keep, remain, stay
Cに思われる［見える］	seem, appear
Cだとわかる	prove, turn out

4技能Tips　Reading　複雑化した文構造〈S is C.〉の見抜き方

英語の文章中には、S is C.（S は C である）という構造をもち、S や C が長い句や節になっている文がしばしば出てくる。「**文全体の V（述語動詞）はどこにあるのか？**」と考えながら読む習慣をつけておけば、is [was] の前にある語句全体が S（主語）だと見抜くことができる。

(A) S が複雑化した例

① S が名詞句・名詞節になっているもの

- Riding a motorcycle without a helmet **is** against the law.
  （ヘルメットをつけずにオートバイに乗るのは法律違反だ）〈動名詞句〉
- What impressed me most in Okinawa **was** the blue sea.
  （沖縄で最も印象深かったのは青い海だった）〈関係詞節〉

② S に修飾語句が加わったもの

- The first man to walk on the moon **was** an American.
  （月面を最初に歩いた人間はアメリカ人だった）〈名詞＋形容詞的用法の不定詞〉
- The language spoken by the largest number of people **is** Chinese.
  （最も多くの人々によって話されている言語は中国語だ）〈名詞＋過去分詞句〉
- The restaurant where we had lunch **was** not very good.
  （私たちが昼食をとったレストランはあまりよくなかった）〈名詞＋関係詞節〉

(B) S と C の両方が複雑化した例

- All we can do **is** (to) call the police as soon as possible.
  （私たちにできることは、できるだけ早く警察を呼ぶことだけだ）（→ p.378）
- What amazes me **is** how she managed to save such a large sum of money.
  （私が驚くのは、彼女がどうやってそんな大金を貯金できたのかということだ）
- The best way to learn a foreign language **is** to live in a country where it is spoken.
  （外国語を学ぶ最善の方法は、その言葉が話されている国に住むことだ）

✓ チェック 057

日本語の意味に合うように，（　）に適語を入れなさい。文字が与えられているときは，その文字で始まる語が入ります。

(1) 私は彼に腹を立てた。　　I (　　　　) angry with him.
(2) 彼らの夢は実現した。　　Their dream (　　　　) true.
(3) その島々は宝石のように見える。　The islands (　　　　) (　　　　) jewels.
(4) 天気は1日中曇ったままだった。　The weather (r　　　　) cloudy all day.
(5) 彼はうれしそうな様子だった。　He (a　　　　) (　　　　) (　　　　) happy.

3 第3文型で使う動詞

この文型で使う動詞は他動詞で，「〇 を…する」という意味を表すことが多いが，そうでない場合もある。5つの文型を使用頻度の面から見ると，第3文型（**SVO**）の文が最も多い。

217　I ate pasta for lunch.　　私は昼食にパスタを食べた。
　　　　S V　　O

（217）の ate は，eat「～を食べる」という意味の他動詞の過去形。他動詞の多くは「～を…する」という意味をもち，第3文型（SVO）で使うことができる。一方，自動詞の後ろには，日本語の「を」以外の意味を表す語句が続くことが多い。

● We **sang** a song.（私たちは歌を歌った）〈sing＝他動詞〉
● We **swam in** the river.（私たちは川で泳いだ）〈swim＝自動詞〉

しかし，次のように「他動詞＝～を」「自動詞＝それ以外の助詞」という区別が当てはまらない場合もある。

注意! 　自動詞と混同しやすい他動詞

「～を」の意味ではない他動詞がある。誤って前置詞を入れやすいので注意しよう。

answer (×to) a question	質問に答える
approach (×to) the town	その町に近づく
attend (×to) a conference	会議に出席する
discuss (×about) a problem	問題について議論する（≒ talk about a problem）
enter (×into) the room	部屋に入る（≒ go into the room）
follow (×after) him	彼について行く
marry (×with) the man	その男性と結婚する（≒ get married to the man）
mention (×about) the matter	その件について述べる（≒ refer to the matter）
reach (×at) the station	駅に到着する（≒ arrive at [get to] the station）
resemble (×to) *one's* mother	母親に似ている

注意! **他動詞と混同しやすい自動詞**

自動詞のなかには、前置詞をともなって「～を」の意味を表すものがある。

ask for advice	アドバイスを求める
graduate from university	大学を卒業する
hope [**wish**] **for** success	成功を望む
knock on [**at**] a door	ドアをノックする

参考 **日本語からの類推で誤りやすい動詞**

次のような表現では、日本語につられて誤った動詞を使いやすいので注意すること。

損害を与える	**do** [×give] **damage**
夢を見る	**have** [×see] **a dream**
パーティーを開く	**have/hold** [×open] **a party**
クラブに入る	**join** [×enter] **a club** ▶enter は「(場所)に入る」。
幸福な生活を送る	**lead** [×send] **a happy life**
医者にみてもらう	**see** [×meet] **a doctor**
薬を飲む	**take** [×drink] **medicine**
風呂に入る	**take/have** [×enter] **a bath**
駅までの道を彼に教える	**tell/show** [×teach] him **the way** to the station
	▶teach は「(勉強など)を教える」の意味。

O(目的語)の位置には、名詞・代名詞のほかに、次のような名詞に相当する語句を置く。

SVO の O になる主な要素

O になる要素	例 文
不定詞	I decided to go.（行くことに決めた）
動名詞	I stopped smoking.（禁煙した）
that 節	I think that she's kind.（彼女は親切だと思う）
疑問詞節	I don't know who he is.（彼が誰だか知らない）
if [whether] 節	I don't know if he is married.（彼が結婚しているかどうか知らない）

✓ **チェック 058**

(　　)に必要に応じて前置詞を入れなさい。何も入らないときは×で答えなさい。

(1) We discussed (　　) the topic for two hours.
(2) We arrived (　　) the hotel at seven.
(3) My sister married (　　) a Chinese businessman.
(4) My brother will graduate (　　) college next year.
(5) A big typhoon is approaching (　　) Tokyo.
(6) I called my uncle to ask (　　) his advice.

4 第4文型で使う動詞

第4文型の文（**SVO₁O₂**）の文では，「**O₁＝人**」「**O₂＝物**」であることが多い。第4文型の動詞は，次の3つのタイプに分類される。

種類	言い換え
give 型	SVO₁O₂ ⇔ SVO₂ **to** O₁
buy 型	SVO₁O₂ ⇔ SVO₂ **for** O₁
save 型	O₁ と O₂ の位置を入れ換えることはできない。

▶ O₁ を「間接目的語」，O₂（物）を「直接目的語」という。
▶ 下線部は副詞句（修飾語）なので，言い換えた文は第3文型（SVO）になる。

4-1 give 型の動詞

218 My father gave me a nice present.
　　　　S　　　V　　O₁　　O₂　　父は私にすてきなプレゼントをくれた。

give 型の動詞は「**O₁ に対して O₂ を～する**」の意味をもち，次のように言い換えることができる。

My father gave **me a nice present**. (218)

→ My father gave **a nice present to me**.

第4文型で使う次のような動詞は，to を使って第3文型に言い換えられる。

give（与える），hand/pass（手渡す），lend（貸す），offer（提供する），owe（（お金を）借りている），pay（支払う），sell（売る），send（送る），show（見せる），teach（教える），tell（言う，伝える），write（（手紙などを）書く）

● I **sent** Carol a short e-mail. → I **sent** a short e-mail **to** Carol.
（私はキャロルに短いメールを送った）
● **Show** the staff your ticket. → **Show** your ticket **to** the staff.
（係員にチケットを見せなさい）

4技能 Tips　Speaking & Writing　「人」が先か，「物」が先か？

「〈人〉に〈物〉を～する」という場合，「人」と「物」のどちらを先に置くかは状況によって異なる。**「ぼくはフレッドに自転車を貸してあげた」**という文を作ってみよう。
　① 「ぼくがフレッドに貸したのは，**自転車**だった」と言いたいとき
　　→ I lent Fred **my bíke**.
　② 「ぼくが自転車を貸した相手は，**フレッド**だった」と言いたいとき
　　→ I lent my bike to **Fréd**.

それぞれの文では下線部が最も重要な情報であり，その部分を強く読む。このように，**最も伝えたいことを最後に置けば，自然な英文になる**。具体的な対話の例で確認してみよう。

"Who did you lend your bike to?" "I **lent it to Fred**."
（「自転車を誰に貸したの？」「フレッドだよ」）

返答は「貸した相手にフレッドだ」という意味だから，②のように Fred を最後に置く。単に To Fred. でもよいが，上の状況では ×I lent Fred it [my bike]. とは言わない。

表現　do ~ good など

do が特定の名詞と結びつくと「もたらす，与える」の意味を表し，第4文型で使われる。

do ~ good（~のためになる）　▶good ＝利益（名詞）
- Exercise does you good.（運動はあなた（の体）のためになる）
  S　　　　V　　O₁　O₂

do ~ harm [damage]（~に害[損害]を与える）
- Smoking **does** your health great **harm**. ≒ Smoking **does** great **harm** to your health.
  （喫煙はあなたの健康に大きな害を与える）

do ~ a favor（~に親切にする，~の願い事を聞き入れる）
- Would [Could] you **do** me **a favor**?（（1つ）お願いしていいですか）
  ▶直訳は「私に1つの親切な行為をしてもらえますか」。決まり文句として覚えておくとよい。
  次のようにも言う。
  ≒ May I **ask** you **a favor**?
  （お願いをしてもよろしいですか［←あなたに1つの親切な行為を頼んでもいいですか］）

4-2 buy型の動詞

219　My grandfather bought me a bike.
　　　　　　S　　　　　V　　　O₁　O₂　　祖父は私に自転車を買ってくれた。

buy型の動詞は「**O₁のために O₂を~してやる**」の意味をもち，次のように言い換えることができる。

My grandfather bought **me a bike**. (219)

→ My grandfather bought **a bike for me**.

第4文型で使う次のような動詞は，for を使って第3文型に言い換えられる。

- **buy**（買う），**choose**（選ぶ），**cook**（料理する），**find**（見つける），**get**（手に入れる），**make**（作る），**sing**（歌う）

参考 give型の動詞と buy型の動詞との違い
buy型の動詞は「〈人〉のために」の意味で使う。次のように覚えておくとよい。
　　動作の相手を必要とする動詞 → **give**型（**to** で言い換える）
　　1人でできる動作を表す動詞 → **buy**型（**for** で言い換える）
たとえば give/buy him a bike の場合，「自転車を与える」だけでは情報が足りない（誰に与えるのかわからない）ので，give a bike to him と言い換える。一方「自転車を買う」はこれだけで意味が完結する（相手は必ずしも必要ない）ので，buy a bike for him と言い換える。

4-3 save型の動詞

220 Online shopping can **save** you time and money.
　　　　　　　S　　　　　　V　　　O₁　　O₂
オンラインショッピングであなたは時間とお金の節約ができる。

第4文型で使う次のような動詞は，to や for を使って O₁ と O₂ の位置を入れ換えることができない。

answer（答える），**ask**（尋ねる），**cost**（(費用・犠牲を)要する），**envy**（うらやむ），**save/spare**（(金・労力などを)省いてやる），**take**（(時間などを)要する），**wish**（願う）

× Online shopping can save <u>time and money</u> to [for] <u>you</u>.

- May I **ask** you a question? [× May I ask a question to you?]（質問してもいいですか）
- The computer **cost** him a month's salary.
（そのコンピュータを買うのに彼は1か月分の給料がかかった）（→ p. 365）
- The research **took** them a month.（彼らはその調査に1か月かかった）（→ p. 365）
- I **wish** you a happy birthday.（誕生日おめでとう）
- His visit **spared** me the trouble of writing to him.
（彼が訪ねてきたので，私は手紙を書く手間が省けた [←彼の訪問は，私に手紙を書く手間を省いてくれた]）

参考 SVOOの形で使えそうだが使えない動詞
次の動詞は SVOO の形では使えないので，〈人〉の前に to が必要。

- Eric **complained to me** that his apartment was too small.
  （エリックは自分のアパートがせますぎると私にぐちをこぼした）
- The instructor **explained to me** how to connect my computer to the Internet.
  （インストラクターはコンピュータをインターネットに接続する方法を私に説明してくれた）
- The school nurse **suggested to Mariko** that she should not skip breakfast.
  （保健の先生はマリコに朝食を抜かないよう勧めた）

  ▶どの例文も，〈V＋O＋to＋人〉のOが長いので下線部が前に出た形。

4-4 SVO₁O₂ の O₂ になる主な要素

第4文型（**SVO₁O₂**）の O₂ の位置には，名詞・代名詞のほかに，次のような要素を置ける。

O₂ になる要素	例　文
that 節	He told me that he was sick.（気分が悪いと彼は私に言った）
疑問詞節	I asked him where he was from.（どこの出身かと私は彼に尋ねた）
if [whether] 節	I asked him if he could speak Japanese.（私は彼に日本語を話せるかどうか尋ねた）

✓ チェック 059

日本語の意味に合うように，与えられた語句を並べかえて英文を完成しなさい。ただし，不要な語句が1つ含まれています。

(1) おばは私たちにケーキを作ってくれた。
   My aunt (us / to / a cake / for / made).
(2) ハリケーンは作物に大きな害を与えた。
   The hurricane (the crops / harm / gave / did / great).
(3) トムはその修理に 80 ドル払った。
   (Tom / 80 dollars / for / the repairs / cost).

5 第5文型で使う動詞

第5文型（**SVOC**）の文には，意味上〈**O＝C**〉の関係が含まれる。

5-1 **call** 型の動詞（**C**＝名詞）

221 We **call** our dog Shiro.
　　　 S　V　　O　　　C　　私たちはわが家の犬をシロと呼びます。

appoint（任命する），**call**（呼ぶ），**choose/elect**（選ぶ），**name**（名づける）などは SVOC の形で使い，C には名詞・代名詞を置く。(221) では，O と C の間に O (our

dog) = C (Shiro) という関係がある。
- They **named** the baby Ann. (彼らはその赤ん坊をアンと名づけた)
- Ms. Kobayashi was **appointed** chairperson. (コバヤシさんは議長に任命された)
  ▶ They **appointed** Ms. Kobayashi chairperson. の受動態 (→p.118)。

5-2 make型の動詞 (C＝形容詞)

222 Cigarette smoke makes me sick.
　　　　　S　　　　　V　　O　C　私はタバコの煙をかぐと気分が悪くなる。

「〜にする」などの意味を表す動詞の後ろには，〈O＋形容詞〉の形を置くことができる。

Cigarette smoke **makes** me sick. (222)
　　S　　　　　　V　　O　C

(222) は次のように考えるとよい。

　S は O＝C (の状態) を作る
　→ タバコの煙は「私は気分が悪い (I'm sick) という状態」を作る
　→ 私はタバコの煙をかぐと気分が悪くなる

C に形容詞を置く主な動詞とその意味は，次のとおり。

動詞	VOCの意味	動詞	VOCの意味
get	[O＝C(の状態)] を得る	leave	[O＝C(の状態)] を放置する
have	[O＝C(の状態)] をもつ	let	[O＝C(の状態)] にする
keep	[O＝C(の状態)] を保つ	make	[O＝C(の状態)] を作る

- I'll **get** the bath ready. (お風呂のしたくをします)
- I always **keep** my room tidy. (私はいつも部屋を整頓している)
- It was hot last night, so I **left** the window open.
  (ゆうべは暑かったので，私は窓を開けたままにしておいた)

ただし，make は C の位置に名詞を置くこともできる。
- The novel **made** her a famous writer. (その小説が彼女を有名な作家にした)

> 参考　C に形容詞を置くその他の動詞
> believe, find, think などもこの形で使う。
> - They **found** the medicine effective. (彼らはその薬が効果的だとわかった)
> - The manager **thought** the employee efficient.
>   (部長はその社員が有能だと思った) 〈書き言葉〉

5-3 see型の動詞（C＝原形不定詞・分詞など）

> **223** I heard someone singing.
>   S   V   O   C
> 私は誰かが歌っているのが聞こえた。

5-2であげた動詞や,「見る, 聞く, 感じる」などの意味を表す動詞（知覚動詞）の後ろには,〈O＋分詞〉の形を置くことができる。また, 知覚動詞と使役動詞（make, let, have）の後ろには,〈O＋原形不定詞〉も置ける。

- I **saw** a dog barking at my brother.（犬が弟にほえているのが見えた）（→p.191）
- I **heard** my name called.（自分の名前が呼ばれるのが聞こえた）（→p.193）
- I **felt** something touch my arm.（何かが私の腕に触れるのを感じた）（→p.151）
- **Let** me check my schedule.（予定を確認させてください）（→p.151）

5-4 SVOCのCになる主な要素

第5文型（**SVOC**）のCの位置には, 名詞・代名詞・形容詞のほか, 次のような要素を置ける。

Cになる要素	例文
不定詞（to *do*）	I want her to come.（彼女に来てほしい）（→p.141）
to be ＋形容詞／名詞	I believe the story to be true.（その話は本当だと思う）（→p.142）
原形不定詞	I'll have my son go.（息子を行かせます）（→p.151）
現在分詞	I saw a bird flying.（鳥が飛んでいるのを見た）（→p.191）
過去分詞	Keep the door locked.（ドアにカギをかけておきなさい）（→p.193）

参考 複数の文型で使う動詞

基本動詞のなかには, 複数の文型で使えるものが多い。

- I **called** (him), but he was out.（（彼に）電話したが, 彼は外出中だった）〈SV(O)〉
- **Call** me a taxi, please.（私にタクシーを（1台）呼んでください）〈SVOO〉
- My name is Hidenori. Please **call** me Hide.
  （私の名前はヒデノリです。ヒデと呼んでください）〈SVOC〉

✓ チェック 060

与えられた語を並べかえて, 意味の通る英文を完成しなさい。

(1) I (cat / Kuro / my / call).
(2) I (calling / someone / heard / me).
(3) This (made / him / invention / rich).
(4) My mother (ready / is / dinner / getting).
(5) It's cold this evening. (windows / closed / the / keep).
(6) (the / left / refrigerator / open / who)?

6 動詞に続く要素

6-1 動詞＋that節

224 I think (that) the first plan is the best.
第一案が最善だと私は思う。

「考える」「言う」など，〈思考・認識・判断〉などを表す動詞の後ろには，「～ということ」の意味を表すthat節を置くことができる。thatは省略可能。この形で使える主な動詞には，次のものがある（that節中では直説法を使う）(→p.282)。

| 基本的な動詞：believe（思う），expect（だろうと思う），feel（感じる），find（わかる），hope（望む），know（知っている），remember（覚えている），say（言う），think（考える） |
| その他の動詞：admit（認める），argue（主張する），assume（仮定する），conclude（結論づける），confirm（確認する），consider（考える），deny（否定する），dream（夢見る），fear（心配する），guess（推測する），imagine（想像する），judge（判断する），mean（意味する），realize（気づく），suppose（思う） |

▶ that節中で仮定法を使う動詞（demandなど）もある（→p.292）。

6-2 動詞＋〈人〉＋that節／疑問詞節

225 The secretary told me that he was out.
秘書は彼が外出中だと私に言った。

「知らせる」などの意味をもつ動詞の後ろには〈〈人〉＋that節／疑問詞節〉を置く。このタイプの動詞には，次の3種類がある。

動　詞	＋〈人〉＋that節	＋〈人〉＋疑問詞節
ask（尋ねる）	×	○
inform（知らせる），remind（思い出させる），show（示す），teach（教える），tell（伝える）	○	○
assure（保証する），convince/persuade（納得させる），warn（予告[警告]する）	○	×

▶「疑問詞節」にはwhether/if節を含む。

- I **asked** her **if** she was free (on) Saturday evening.
  （土曜日の晩は空いているかどうか私は彼女に尋ねた）
- The e-mail **informed** me **where** he was staying.
  （そのメールは彼がどこに滞在しているかを私に知らせてきた）〈書き言葉〉
- The teacher **warned** Charlie **that** he should not be late again.
  （先生はチャーリーに再び遅刻しないよう警告した）

6-3 前置詞と結びつけて使う動詞

他動詞のなかには，〈**V**＋**O**＋前置詞＋名詞［代名詞/*-ing*］〉という形で使うものがある。

talk 型の他動詞
この型の動詞は into/out of と結びつき，「～させる［させない］」〈説得〉の意味を表す。
- He **talked** his father **into** buying a new digital camera.
  （彼は父親を説得して新しいデジカメを買わせた）
  ▶ **persuade**（説得する），**deceive/cheat**（だます）なども，この形で使うことがある。
- My friend tried to **talk** me **out of** going.（友だちは私が行くのをやめさせようとした）

keep 型の他動詞
この型の動詞は from と結びつき，「～させない」〈妨害・禁止〉の意味を表す。
- Bad weather **kept** [**prevented**] them **from** reaching the summit.〈書き言葉〉
  （悪天候のために彼らは山頂に到達できなかった［←悪天候が彼らを山頂に到達させなかった］）
  ▶ **discourage**（思いとどまらせる），**prohibit**（禁止する），**stop**（やめさせる）なども，この形で使うことがある（→p.580）。

blame 型の他動詞
この型の動詞は for と結びつき，人の行動・業績などに対する反応や評価を表す。
- They **blamed** him **for** the accident.（彼らはその事故のことで彼を責めた）
  ▶ **admire/praise**（称賛する），**criticize**（批判する），**excuse/forgive**（許す），**punish**（罰する），**reward**（報酬を与える），**scold**（しかる），**thank**（感謝する）などもこの形で使う。
- I **apologized to** him **for** the delay.（私は遅れたことを彼にわびた）
  ▶ apologize は自動詞なので後ろに to が必要。

deprive 型の他動詞
この型の動詞は of と結びつき，「O から～を引き離す」という意味を表す。
- The accident **deprived** him **of** his sight.（その事故で彼は視力を失った）〈書き言葉〉
  ▶ **clear**（O（場所）から～（物）を取り除く），**cure/heal**（O（人）の～（病気など）を治す），**relieve/ease**（O から～（重荷など）を取り除いて楽にする）なども，この形で使う。

regard 型の他動詞
この型の動詞は as（～として）と結びつき，「O を～だと考える」などの意味を表す。
- Many people **describe** him **as** the world's greatest writer.
  （多くの人々が彼を世界最高の作家だと言う［表現する］）
- We **regarded** the situation **as** serious.（私たちは事態が深刻だと考えた）〈書き言葉〉
  ▶ as の後ろには形容詞も置ける。regard の代わりに **look on/think of/consider** も使い，会話では think of が最もふつうに使われる。

▸ **classify**（分類する）, **define**（定義する）, **identify**（確認する）, **imagine**（想像する）, **interpret**（解釈する）, **recognize**（認める）, **see/view**（みなす, 考える）, **take**（みなす）なども, この形で使う。〈思考〉や〈認識〉を表す動詞が多い。

6-4 群動詞

「動詞＋前置詞／副詞」などが1つの動詞に相当する意味を表すものを, 群動詞（または句動詞）という。群動詞は, 1語の動詞で言い換えられる場合もある。

他動詞の意味を表す群動詞
● Haruka **takes after** her mother.〈動詞＋前置詞〉
　　S　　　　V　　　　O
　（ハルカは母親に似ている）　▸ take after ≒ **resemble**（～に似ている）
● I can't **make out** what he is saying.〈動詞＋副詞〉
　（彼の言っていることが理解できない）　▸ make out ≒ **understand**（～を理解する）
● I can't **put up with** this behavior.〈動詞＋副詞＋前置詞〉
　（この行為にはがまんできない）　▸ put up with ≒ **endure/stand**（～に耐える）
● We **caught sight of** a ship in the distance.〈動詞＋名詞＋前置詞〉
　（私たちは遠くに船が見えた）

自動詞の意味を表す群動詞
● He **showed up** thirty minutes late.〈動詞＋副詞〉
　S　　　V
　（彼は30分遅れて現れた）　▸ show up ≒ **appear**（現れる）
● The accident **took place** at that corner.〈動詞＋名詞〉
　（その事故はあの角で起こった）　▸ take place ≒ **happen/occur**（起こる）
● How about **going for a walk**?〈動詞＋前置詞＋名詞〉
　（散歩に行かない？）

6-5 述語動詞の後ろに置く要素

英文の意味を理解する上では, それぞれの動詞の使い方を知っておくことが大切である。次の例で考えてみよう。
　(a) He **went** to the supermarket (**to buy** some food).
　　　（彼は（食べ物を買うために）スーパーマーケットへ行った）
　(b) He **allowed** his son **to buy** a motorcycle.
　　　（彼は息子がオートバイを買うのを許した）

(a) では went と to buy との間に構造上のつながりはなく, to buy 以下を省略しても文が成り立つ。一方 (b) では, allowed と to buy が構造的に結びついており,

to buy 以下を省略した文は成り立たない。つまり，(b)では〈allow + O + to *do*〉が「Oが〜するのを許す」という意味のまとまりを作っている（→p.141）。この文の意味を考える場合，「**allow**の後ろには不定詞があるはずだ」と予想することが大切である。

述語動詞に続く様々な形

形	例
V + to *do*	I **managed** *to catch* the bus.（どうにかバスに間に合った）
V + *-ing*	We **enjoyed** *skiing*.（私たちはスキーをして楽しんだ）
V + 過去分詞	The door **remained** *closed*.（ドアは閉まったままだった）
V + O + to *do*	I **asked** *him to help* me.（彼に手伝ってくれるよう頼んだ）
V + O + *-ing*	I **heard** *someone singing*.（誰かが歌っているのが聞こえた）
V + O + 過去分詞	I **got** *my bike stolen*.（自転車を盗まれた）
V + O + 原形不定詞	**Help** *me wash* the dishes.（お皿を洗うのを手伝ってよ）
V + that 節	I **think** (**that**) *he's over 40*.（彼は40歳を超えていると思う）
V + O + that 節	He **told** *me* (**that**) *he was sad*.（彼は私に悲しいと言った）
V + 疑問詞節※	I **wonder** *why he is late*.（どうして彼は遅れているのだろう）
V + O + 疑問詞節※	I **asked** *her* **if** *she was tired*.（疲れているかどうか彼女に尋ねた）
V + O + 前置詞+〜	I **prefer** *English* **to** *math*.（数学より英語のほうが好きだ）

※「疑問詞節」は if/whether 節を含む。

✓ チェック 061

（　）に入る適語を下から1つずつ選びなさい。（1語1回限り）

(1) I (　　　) that I had got on the wrong bus.
(2) She (　　　) me what I wanted for my birthday.
(3) Tommy (　　　) his father into taking him to the ballpark.
(4) Many people (　　　) him as the best guitarist in Japan.
(5) She (　　　) sight of him in the crowd.

[asked / caught / realized / regarded / talked]

7 形がまぎらわしい動詞など

7-1 形がまぎらわしい動詞

多くの動詞は，begin（始まる，〜を始める）のように，自動詞・他動詞の両方のはたらきをもつ（→p.307）。一方，自動詞と他動詞の形が異なる動詞がごく少数ある。

動詞と意味	過去形	過去分詞	現在分詞
lie [láɪ]（自 横になる，ある）	lay [léɪ]	lain [léɪn]	lying [láɪɪŋ]
lay [léɪ]（他 ～を横たえる，置く）	laid [léɪd]	laid [léɪd]	laying [léɪɪŋ]
【参考】lie [láɪ]（自 うそをつく）	lied [láɪd]	lied [láɪd]	lying [láɪɪŋ]

- The cat **lay** by the fire.（その猫は火のそばで寝そべった）
- There was a dog **lying** on the grass.（芝生の上には1匹の犬が寝ていた）
- She **laid** the baby in his bed.（彼女は赤ちゃんをベッドに寝かせた）
- She can't have **lied**.（彼女がうそをついたはずがない）

動詞と意味	過去形	過去分詞	現在分詞
rise [ráɪz]（自 上がる，増える）	rose [róʊz]	risen [rízn]	rising [ráɪzɪŋ]
raise [réɪz]（他 ～を上げる，育てる）	raised [réɪzd]	raised [réɪzd]	raising [réɪzɪŋ]

- The number of students studying abroad is **rising**.（留学する学生の数が増えている）
- **Raise** your hand if you have any questions.（質問があれば手をあげなさい）

7-2 使い方に注意すべきその他の動詞

appreciate/thank

- I **appreciate** your support. ≒ I **thank** you **for** your support.
（あなたのご支援に感謝します）
  ▶ appreciate は「（ことがら）に感謝する」，thank は「（人）に感謝する」の意味。

borrow/lend/rent/use

- Kaori **lent** me this book. ≒ I **borrowed** this book from Kaori.
（カオリは私にこの本を貸してくれました≒私はこの本をカオリから借りました）
  ▶ lend（貸す）と borrow（借りる）の混同がよく見られるので注意。
- You can **rent** [×borrow] a bicycle for 500 yen a day.
（自転車は1日500円で借りられます）
  ▶ borrow は「無料で借りる」の意味。「有料で借りる」は rent や hire を使う。
- May I **use** [×borrow] the bathroom?（トイレをお借りできますか）
  ▶ borrow は「借りて持っていく」場合に使うのがふつう。固定されているものなどをその場で借りて使う場合は use を使う。

celebrate/congratulate

- Let's **celebrate** her birthday.（彼女の誕生日をお祝いしよう）
- We **congratulated** them **on** their marriage.（私たちは彼らの結婚を祝福した）
  ▶ celebrate は「（ことがら）を祝う」，congratulate は「（人）を祝福する」の意味。

come/go, bring/take
- What time shall I **come** [× go] to your house?（何時にきみの家へ行こうか）
  ▶「相手のところへ行く」ときは go でなく come を使う。
- It's started to rain. **Take** [**Bring**] in the laundry.
  （雨が降り出したわ。洗たく物を取り込みなさい）
  ▶話し手が家の外にいるときは「（家の中に）持っていく」の意味で take を使う。家の中にいるときは「（家の中に）持ってくる」の意味で bring を使う。

doubt/suspect
- I **doubt** if [whether] he is the criminal.（彼が犯人かどうか疑わしい）
- I **suspect** that he is the criminal.（彼が犯人ではないかと思う）
  ▶doubt if [whether] は「～かどうか疑わしいと思う」。suspect that は「～ではないかと疑う［思う］」。

draw/paint/write
- Would you **draw** [× write] a map of how to get to your house?
  （きみの家までの地図を描いてくれるかい）
  ▶write は「文字を書く」, draw は「（鉛筆・ペンなどを使って）線で〈図〉を描く」の意味。「（絵の具で）〈絵〉を描く」場合は paint を使う。

fail/succeed
- I **failed in** persuading [to persuade] him.
  （私は彼を説得することができなかった）
- I **succeeded in** persuading [× to persuade] him.
  （私は彼を説得することに成功した）　▶succeed to do は誤り。

	+ in ~	+ to *do*
fail	○	○
succeed	○	×

grow/grow up/bring up
- They **grow** various kinds of vegetables in the fields.
  （彼らは畑で様々な種類の野菜を栽培している）
  ▶他動詞の grow は「～を栽培する」の意味。
- I was born and **grew up** in this town.（私はこの町で生まれ育った）
- I was **brought up** by my grandmother.（私は祖母に育てられた）
  ▶grow up は「育つ, 成長する」。bring up は「～を育てる（raise）」。

help
- My brother **helped** me **with** my homework. [× My brother helped my homework.]
  　　　　　　　　　人　　　　　ことがら
  （兄は私の宿題を手伝ってくれた）
  ▶help（手伝う）の目的語は〈人〉。次のように言い換えられる。
  ≒ My brother **helped** me (to) do my homework.（→ p.153）

hope/want

- I **hope** (that) you (will) come. [× I hope you to come.]
  （きみが来てくれればいいと思う）
- I **want** you to come. [× I want (that) you'll come.]
  （きみに来てほしい）

	+ that 節	+ O + to *do*
hope	○	×
want	×	○

learn/study

- I want to **learn** [× study] to ski.（スキー（のしかた）を習いたい）
  ▶ learn の後ろには不定詞や that 節を置ける。
- We remember **studying** [× learning] together in this classroom.
  （私たちはこの教室でいっしょに学んだことを覚えています）
  ▶ study「（科目などを）勉強する」は自動詞・他動詞の両方に使える。learn「（知識や技能）を身につける」は他動詞として使うのが原則。

put on/wear

- I **put on** [× wore] my coat and went out.（私はコートを着て外出した）
- Our teacher always **wears** [× puts on] a tie.（私たちの先生はいつもネクタイをしている）
  ▶ put on は「〜を身につける［着る］」という〈動作〉を，wear は「〜を身につけて［着て］いる」という〈状態〉を表す（→ p. 45）。

rob/steal

- They **robbed** the bank **of** gold.
  （彼らは銀行から金を奪った）
  ▶〈rob A of B〉で「A から B を奪う」の意味。A と B の語順に注意（→ p. 324）。
- They **stole** gold **from** the bank.
  （彼らは銀行から金を盗んだ）
  ▶〈steal A from B〉で「B から A を（こっそり）盗む」の意味。

say/speak/talk/tell

say （言う）	say (to +人) that ... ＝（〜に）…と言う
speak （話す）	①自動詞として使う：〈to [with] +人〉〈about +ことがら〉など ②他動詞として使う：speak English のように，後ろに言語名を置く
talk （話す）	①自動詞として使う：〈to [with] +人〉〈about +ことがら〉など ②他動詞として使う：〈+人+ into [out of]〉〜（→ p. 324）
tell （伝える）	① tell +人+ to *do* ＝〜に…するように言う［命じる］ ② tell +人+ that ... ＝〜に…だと言う

- He **said** (**that**) he wouldn't go.（行かないと彼は言った）
- They **spoke** in low voices.（彼らは小声で話した）
- May I **speak** [**talk**] **to** Kenta?（ケンタくんと話せますか）〈電話で〉
- Let's **talk about** our schedule.（予定について話そう）
- I **told** him to clean the room.（私は彼に部屋をそうじするように言った）
- I **told** him that I had cleaned the room.（私は彼に部屋をそうじしたと言った）

Sue's Advice

finish の使い方に注意！

みなさんは，相手に「昼食を食べ終えましたか？」と聞く場合，次のような文を作りませんか？
　Have you finished your lunch (yet)?
finish は「済ませる，終わらせる」の意味で，すぐに思い浮かぶ基本語ですが，実は落とし穴があります。さて，この表現を使うとき，あなたは相手といっしょに昼食を食べていますか，それともまだでしょうか。それが動詞を選ぶ際の大きなポイントになります。finish は「すでに取りかかっていることを終える」という意味です。したがって，その行為をまだ始めていないときには finish を使うことはできません。ですから，ここでは「今食事をしている人」に対してのみ使うことが可能なのです。
　相手をお昼に誘うために聞く場合は，動詞の have を使って次のように言うとよいでしょう。
　Have you had your lunch (yet)?

✓ チェック 062

(　　) 内から正しい語を選びなさい。

(1) He (lied / lay / laid) on the sofa and fell asleep.
(2) Gas prices have (rose / risen / raised) recently.
(3) Tourists can (borrow / lend / rent) bicycles for free at the station.
(4) If you don't mind, I'll (come / leave / take) to your house tomorrow.
(5) I (help / hope / want) you will come to see us this summer.
(6) I'll (say / talk / tell) her you want to join us.

✓ チェック 解答

056 (1) talked a lot about our　(2) There were three boys swimming
　　　(3) There has been a lot of snow
057 (1) became [got]　(2) came　(3) look like　(4) remained　(5) appeared to be
058 (1) ×　(2) at　(3) ×　(4) from　(5) ×　(6) for
059 (1) made a cake for us　(2) did the crops great harm　(3) The repairs cost Tom 80 dollars
060 (1) call my cat Kuro　(2) heard someone calling me　(3) invention made him rich
　　　(4) is getting dinner ready　(5) Keep the windows closed
　　　(6) Who left the refrigerator open
061 (1) realized　(2) asked　(3) talked　(4) regarded　(5) caught
062 (1) lay　(2) risen　(3) borrow　(4) come　(5) hope　(6) tell

Using Grammar in Context

UNIT 12　動詞と文型

Tricky Verbs

ALT : What are you doing, Takeshi?

Takeshi : Oh, Mr. Appleby. I'm preparing for my presentation.

ALT : I see. By the way, you don't need to call me 'Mr. ...'. My first name is Kenneth. But it's usually shortened to 'Ken', so please call me Ken.

Takeshi : OK. Ken. That sounds like a Japanese name.

ALT : Yes it does, doesn't it? Anyway, you said you're making a presentation. What's your topic?

Takeshi : I'll probably talk about what I want to challenge in the future.

ALT : Er? Don't you mean 'try'? The verb 'challenge' is not appropriate in this case. We usually 'challenge someone to do something', or 'challenge someone's ideas'.

Takeshi : Really? I didn't know that. Can you tell me some more words Japanese people sometimes make mistakes with?

ALT : All right. Let's see .... Actually, there are lots of them. How about 'meet' and 'see'? These are very different verbs, but lots of Japanese people probably think they are the same.

Takeshi : How are they different?

ALT : Well, 'meet' is used when you meet someone for the first time, or for a planned meeting with someone. But, if you happen to see a friend of yours walking toward you by chance and say hello to each other, you should say 'I saw him in town', not 'I met him in town'.

Takeshi : I see. That's interesting. Any other problematic words?

ALT : Yes. What do you think about this sentence? 'My grandparents grew six children.'

Takeshi : I think it's OK. Is there any problem?

ALT : Yes! The word 'grow' can't be used in this case. 'My grandparents brought up, or raised, six children.' is correct. 'Grow' is used for plants, not people or animals, as in 'You can grow flowers or grow vegetables'. This word is very tricky, though, because you can sometimes use it for people, as in the example: 'I grew up in Tokyo.'

Takeshi : I'm becoming very interested in your explanations. Can you think of some more, please?

ALT : OK ... 'pick up' is another problem.

Takeshi : Why?

ALT : I often hear people in Japan say, for example, 'Pick up the correct answer from the list'. You could use 'pick out' to mean 'choose', but it is easier to just say 'pick the correct answer'. Anyway, back to your presentation — what exactly are you going to talk about?

Takeshi : You've found me an interesting topic. I'm going to talk about these problematic verbs, because I don't think many students know about what you've just told me. I want to let them know about these things.

ALT : Good luck, then!

和訳

やっかいな動詞

ALT： タケシ，何をしているの？
タケシ： あ，ミスター・アプルビー。ぼくは発表の準備をしています。
ALT： なるほど。ところで，私をミスターで呼ぶ必要はないですよ。私の名前はケネスです。でも，ふつうは短く「ケン」としますから，ケンと呼んでください。
タケシ： わかりました。ケン。日本人の名前のようですね。
ALT： ええ，そうですね。ところで，あなたは発表をすると言いましたね。トピックは何ですか。
タケシ： たぶん，将来挑みたいことについて話します。
ALT： えっ？ 挑戦してみたいという意味ですか。動詞のchallengeはこの場合は適切ではありません。(challengeは) ふつう，「人に何かをするよう挑む (促す・要求する)」または「人の考えに挑む (異論を唱える)」と使います。
タケシ： 本当ですか。知りませんでした。日本人がときどき間違える，ほかの語を教えてくれませんか。
ALT： いいですよ。ええと…実際，たくさんありますね。meet と see はどうでしょう？ これらはとても異なる動詞ですが，多くの日本人の方がおそらくそれを同じだと思っているでしょう。
タケシ： どう違うのですか。
ALT： そうですね，meetはあなたが誰かに初めて会うときに使われるか，または，計画されて誰かに会う場合に使われます。でも，もしあなたが，友だちの1人が偶然あなたのほうに歩いてくるのをたまたま見かけて，あいさつをかわすとしたら，あなたは「街で彼に会った (saw)」と言うべきで，「街で彼に会った (met)」とは言うべきではないのです。

タケシ： なるほど。おもしろいですね。ほかに問題のある語はありますか。
ALT： ええ。この文をどう思いますか。「私の祖父母は6人の子どもを育てた」
タケシ： その文は正しいと思います。問題があるのですか。
ALT： ええ！「grow (育てる)」という語はこの場合は使えないのです。「私の祖父母は6人の子どもを育てた (brought up)」または「私の祖父母は6人の子どもを育てた (raised)」と言うのが正しいのです。grow は，「あなたは花や野菜を育てることができます」のように，植物に使い，人や動物には使いません。でも，この語はとてもやっかいです。それは「私は東京で育った (grew up)」という例のように，時には人に使うことができるからです。
タケシ： あなたの説明がとても興味深くなってきました。ほかにも考えられますか？
ALT： いいですよ。pick up も問題になります。
タケシ： なぜですか。
ALT： 私はよく，日本人が，たとえば，「表から正しい答えをpick upしてください」と言うのを聞きます。「選ぶ」の意味ならpick outは使えるのですが，単に，pick the correct answer (正しい答えを選びなさい) と言うほうが簡単です。それはそうと，あなたのプレゼンテーションに話は戻りますが，具体的には何について話すのですか。
タケシ： あなたは私におもしろいトピックを見つけてくれました。私はこれらの問題になりそうな動詞について話します，というのは，多くの生徒はあなたが今私に話してくれたことを知らないと思うのです。私はみんなにこれらのことを知らせてあげたいのです。
ALT： それじゃ，うまくいくことを祈っています！

UNIT 13 名詞

名詞は「数えられるかどうか」がポイント

Introduction	334
1 名詞の種類と基本的な用法	336
1-1 普通名詞	336
1-2 集合名詞	336
1-3 物質名詞	339
1-4 抽象名詞	340
1-5 固有名詞	341
1-6 不可算名詞を可算名詞として扱う例	342
2 名詞の単複	344
2-1 名詞の複数形	344
2-2 複数形を使った様々な表現	345
2-3 名詞の単複に関するその他の注意	346
2-4 主語と述語動詞の数の一致	347
3 名詞に関するその他の注意	348
3-1 名詞の所有格	348
3-2 意味のまぎらわしい名詞	349
チェック解答	350

Using Grammar in Context
Two Coffees, Please. ……………………………… 351

Introduction

英語の名詞と日本語の名詞の違い

英語と日本語の名詞には，形の上で次の２つの大きな違いがあります。

① 英語の名詞には，単数形と複数形がある。

a **dog**（単数形）　　　　two **dogs**（複数形）
（1匹の犬）　　　　　　　（2匹の犬）

② 英語の名詞の前には，しばしば冠詞（a/an/the）を置く。

This is a dog.（これは犬です）／ The dog is small.（その犬は小さい）

名詞の種類

英語の名詞は，大きく次の２種類に分けられます。

名詞の種類	特徴	例
数えられる名詞 （可算名詞）	a/an を前に置ける 複数形がある	a boy（1人の少年） two boys（2人の少年）
数えられない名詞 （不可算名詞）	a/an を前に置けない 複数形はない	water（水） × a water ／ × waters

▶ 数えられない名詞の前には，the や数量を表す形容詞（some, much など）を置くことはできます。

日本語では「1つ」「2つ」と数えるのに，それに相当する英語が数えられない場合があるので注意が必要です。一定の形をもたないもの，つまり「1つ」「2つ」と識別できないものは数えられない名詞です。

▶ 数えられる名詞を C（= countable），数えられない名詞を U（= uncountable）の記号で表している辞書もあります。

さらに詳しくいうと，名詞は次の5種類に分けられます。

名詞の種類		表すもの	例	
			単数形	複数形
数えられる名詞 （可算名詞）	普通名詞	形があって数えられるもの	house（家）	houses
	集合名詞	人や物の集合体・集団	family（家族）	families
数えられない名詞 （不可算名詞）		集合体の総称	furniture（家具）	
	物質名詞	一定の形をもたない自然物など	oil（油）	
	抽象名詞	目に見えない抽象的な性質など	peace（平和）	
	固有名詞	人名・地名など固有の名前	Japan（日本）	

集合名詞と物質名詞は，「数えられる名詞」か「数えられない名詞」かについて特に間違いやすいので注意が必要です。

また，同じ名詞が可算名詞と不可算名詞の両方のはたらきをもつこともあります。次の例で考えてみましょう。

　　　①　　　　　　　　②　　　　　　　　③
　　可算名詞　　　　　可算名詞　　　　　不可算名詞

カラに入ったタマゴ（①）は可算名詞であり，an egg, two eggsのように数えることができます。カラを割って中身を出した状態（②）でも，「1個のタマゴ」と識別できるから可算名詞です。しかし③のように溶きタマゴにすると，水やミルクと同様に不可算名詞として扱います。つまり，①②の egg は普通名詞，③の egg は物質名詞です。

　(a) I ate <u>two fried eggs</u> this morning.（けさは目玉焼きを2つ食べた）
　(b) You've got <u>some egg</u> on your shirt.（シャツにタマゴがついているよ）

(a) は②の状態の可算名詞，(b) は③の状態の不可算名詞。

Next, Putting it into Action!

英語では，名詞の「数」のとらえ方が重要です。名詞の種類や数え方など，詳しい用法を見ていきましょう。

UNIT 13 名詞

1 名詞の種類と基本的な用法

1-1 普通名詞

226 I ate two **sandwiches** and an **apple** in the **cafeteria**.
私はそのカフェテリアでサンドウィッチを2つとリンゴを1つ食べた。

ポイント 普通名詞は「1つ」「2つ」と数えることができる

一定の形をもつものなどを表し，同じ種類のものに共通して使える名詞を「普通名詞」という。普通名詞（(226)のサンドウィッチなど）は**可算名詞**であり，単数形と複数形がある。単数形の前には冠詞(a/an/the)などを置く（→p.386）。

注意! 形のないものを表す普通名詞
具体的な形がなくても，「数えられる」「同じ種類のものに共通して使える」という性質をもつ名詞は普通名詞である。たとえば **day**（日）は一定の区切りがあり「1日」「2日」と数えることができる。また，日曜日でも月曜日でも共通して day と言うことができるので，day は普通名詞である。**event**（行事），**subject**（科目）なども同様。
- There are seven **days** in a **week**. (1週間は7日ある)

1-2 集合名詞

227 I have two pieces of **baggage**.
私は手荷物を2つ持っている。

ポイント 集合名詞は，〈人〉か〈物〉かで使い方が異なる

〈人の集団〉や〈物の総称〉を表す名詞を「集合名詞」という。たとえば(227)の baggage は集合名詞で，スーツケースやハンドバッグなど様々な種類の「手荷物」の総称である。集合名詞は，次の3つのタイプに分けることができる。
▶ baggage は主にアメリカ英語で使い，イギリスでは luggage を使うことが多い。

① **family** 型の集合名詞
〈人の集団〉を表す多くの集合名詞はこのタイプで，次の特徴をもつ。
- 単数形を複数扱いする
- 普通名詞としても使う（複数形にもできる）

<集合名詞としての使い方>
- My **family** *are* all interested in gardening.
  （私の家族はみんなガーデニングに興味がある）
  ▶ 家族を構成する1人1人に重点を置いて，形は単数でも複数扱いする（be動詞はareで受ける）ことがある。

<普通名詞としての使い方>
- He has *a* large **family**. （彼のところは大家族だ）
- Many **families** *enjoy* camping in summer.
  （夏には多くの家族がキャンプを楽しむ）
  ▶ family（家族）を数えられる1つの集団としてとらえている。

＋プラス family 型のその他の集合名詞
audience（聴衆），**class**（クラス），**crew**（乗組員），**club**（クラブ），**staff**（係員・関係者），**team**（チーム）など，〈人の集団〉を表す集合名詞の多くがこのタイプ。なお，これらの語はアメリカ英語では単数扱いするのがふつう。

② **police** 型の集合名詞
〈人の集団〉を表す名詞のうち，**police**（警察）と **people**（人々）は，次の特徴をもつ。
- 単数形で使うが，複数扱いする

これらの語が主語になるとき，動詞は複数で受ける。また，これらの語を指す人称代名詞は they/their/them を使う。
- **The police** *are* [✗ is] investigating the case.
  （警察はその事件を調査している）
  ▶「警察官（police officer）の集合体」と考えればよい。
- **People** *are* spending more on food nowadays.
  （人々は今日，以前よりも多くのお金を食べ物に使っている）
  ▶「people = person（人）の複数形」と考えることもできる。なお，「people ＝民族，国民」の意味のときは，普通名詞として扱う。

- There are various **peoples** living in this region.
  (この地域には様々な民族が暮らしている)

③ **baggage** 型の集合名詞

〈物の総称〉を表すこのタイプの集合名詞は，次の特徴をもつ。
- ・常に単数形で使い，単数扱いする
- ・前に a/an をつけることはできない

たとえば，「1つの手荷物」を ×a baggage と言うことはできない。このタイプの集合名詞を数えるときは，〈a[one] piece of ～〉〈two pieces of ～〉などの形を使う。
× I have a baggage. / ○ I have one piece of **baggage**. (私は手荷物を1つ持っている)
▶下線部を「2つの」にすると，I have two pieces of baggage. (227) になる。量の多少は much, little などを使って表す。

プラス baggage 型のその他の集合名詞
clothing（衣類），**furniture**（家具），**laundry**（洗たく物），**software**（(パソコンなどの) ソフト），**stationery**（文房具）など，〈物の総称〉を表す名詞の多くは baggage と同様の使い方をする。
- I had **three pieces of** *furniture* in my room at that time.
  (当時，私の部屋には3つの家具があった)

参考 fish, food, fruit
fish（魚），**food**（食べ物），**fruit**（果物）は「～全般」の意味を表すときは集合名詞（複数形にしない）。種類を問題にするときは普通名詞（複数形にできる）。
- Many people eat fast **food** [×foods]. (多くの人たちはファストフードを食べる)
- They sell various *kinds* of **foods** at the market.
  (その市場では様々な種類の食品を売っている)
  ▶meat（肉）も同様の使い方をする。vegetable（野菜）は普通名詞で，ふつう複数形 (vegetables) で使う。

集合名詞の3つのタイプのまとめ

集合名詞のタイプ	人の集団		物の総称
	family (家族)	police (警察)	baggage (手荷物)
前に a/an を置ける，複数形にできる	○	×	×
単数形を複数扱いする	○	○	×

注意! 》 まぎらわしい集合名詞と普通名詞

次の集合名詞と普通名詞は混同しやすいので注意。「**y で終わるものは集合名詞（数えられない）**」と覚えておいてもよい。

集合名詞		普通名詞	
mail	郵便	e-mail	（個々の）メール
jewelry	宝石類	jewel	（個々の）宝石
machinery	機械類	machine	（個々の）機械
poetry	詩歌	poem	（個々の）詩
scenery	風景（全体）	scene	（個々の）景色

▶ clothing [klóuðiŋ]（衣類）〈集合名詞〉, clothes [klóuz]（衣服）〈集合名詞〉, cloth [klɔ́ːθ]（布）〈物質名詞〉の違いにも注意。

1-3 物質名詞

228 Can I have a sheet of paper, please?
紙を1枚もらえますか。

ポイント　物質名詞は一定の形をもたない物質を表す

一定の形をもたない物質を表す名詞を「物質名詞」という。**物質名詞は数えられない名詞**で、a/an をつけず、複数形にもしない。量の多少は much, little を使って表す。たとえば **water**（水）, **air**（空気）, **glass**（ガラス）, **wood**（木材）など。(228) の **paper**（紙）や, **bread**（パン）, **soap**（石けん）など「天然物を加工して作られた製品」で、一定の形をもっていないものも物質名詞である。

「一定の形をもっていない」とは、「人によって思い浮かべる形が違う」ということ。たとえば, **sandwich**（サンドウィッチ）からは誰もが同じ（一定の）形の食べ物を想像できる。一方, **bread**（パン）から思い浮かべる形は人によって異なる。したがって, sandwich は普通名詞, bread は物質名詞である。

注意! 》 普通名詞と混同しやすい物質名詞

chalk（チョーク）, **cheese**（チーズ）, **cloth**（布）, **money**（お金）, **sugar**（砂糖）, **toast**（トースト）などは物質名詞。普通名詞と混同しやすいので注意しよう。

➕プラス 物質名詞の数え方

物質名詞は一定の形をもたないので，それ自体を数えることができない。数えるときは次のような表現を使う。

形を表す名詞を数える	容器を表す名詞を数える	単位を表す名詞を数える
a slice of cheese （1切れのチーズ） **a sheet of** paper （1枚の紙） **two pieces of** chalk （2本のチョーク）	**a bottle of** wine （1本のワイン） **a glass of** water （1杯の水） **three cups of** tea （3杯のお茶）	**five kilos of** rice （5キロの米） **100 grams of** sugar （100グラムの砂糖） **three liters of** water （3リットルの水）

1-4 抽象名詞

229 This database contains a lot of **information** [×informations].
このデータベースにはたくさんの情報が入っている。

> **ポイント** 抽象名詞は不可算名詞で，常に単数扱いにする

「一定の形がなく，見たり触れたりすることができないもの」を表す名詞を「抽象名詞」という。(229)の **information**（情報）や **kindness**（親切），**pleasure**（喜び），**size**（大きさ）など。原則的に前にa/anをつけたり，複数形にしたりすることはできない（→p.343）。

> **注意!** 普通名詞と混同しやすい抽象名詞
>
> **advice**（忠告），**fun**（楽しみ），**homework**（宿題），**music**（音楽），**news**（知らせ），**progress**（進歩），**weather**（天気），**work**（仕事）なども抽象名詞である。これらの前にa/anをつけたり，複数形にしたりすることはできないので注意。
>
> ● He always gives me good **advice** [×advices].
> 　（彼はいつも私によい助言をしてくれる）
> ● It is (×a) **fun** to listen to (×a) **jazz**.
> 　（ジャズを聴くのは楽しい）

➕プラス 抽象名詞の数え方

抽象名詞は一定の形をもたないので，それ自体を数えることができない。数えるときは **a piece of ～** を使うことが多い。

● He gave me **a** *good* **piece of advice**.
　（彼は私に1つのよいアドバイスをしてくれた）
　▶ piece の前に形容詞（ここでは good）を置くこともできる。

> **参考** 前置詞＋抽象名詞
>
> 〈前置詞 (of / with) ＋抽象名詞〉が形容詞や副詞のはたらきをすることがある。
>
> **of** (great) **importance** ≒ (very) important　　（非常に）重要な
> **of** (great) **value** ≒ (very) valuable　　（非常に）貴重な
> **of** (great) **use [help]** ≒ (very) useful [helpful]　　（非常に）役立つ
> **of** no **use** ≒ useless　　まったく役に立たない
> **of** little **use** ≒ almost useless　　ほとんど役に立たない
>
> ● The discovery was **of** great **importance** for the scientific world.〈形容詞〉
> 　（その発見は科学界にとって非常に重要だった）
>
> **with care** ≒ carefully　注意して　　**with ease** ≒ easily　容易に
>
> ● Drive **with care**.（気をつけて運転しなさい）〈副詞〉
> 　▶前置詞を含むその他の形容詞句・副詞句については，UNIT 19 および p.605 〜を参照。

1-5 固有名詞

230 **Ben** is an exchange student from **the University of California**.
ベンはカリフォルニア大学からの交換留学生だ。

ポイント　固有名詞は**この世に1つしかないもの**を表す

人名や地名など，「この世に1つしかないもの」を表す名詞を「固有名詞」という。固有名詞は文中でも大文字で始める。前に the をつける場合もある（→p.390）。

> **参考** 複数の語から成る固有名詞
>
> 複数の語から成る固有名詞は，それぞれの語を大文字で始める。ただし，the や前置詞は（文頭以外では）小文字にする。
> （例）**Mt. Fuji**（富士山），the **United Kingdom**（イギリス），
> 　　　the **University** of **California**（カリフォルニア大学）

> **プラス** 国名を表す固有名詞とその派生語
>
> 国名を表す固有名詞から，「〜の」「〜人［語］」という意味の派生語が作れる。
> ● "Where are you from?" "I'm from **Germany** [I'm **German**]."
> 　（「どちらのご出身ですか」「ドイツです」）
> 　▶Germany は「ドイツ」（国名）。German は「ドイツ語［人］」（名詞）または「ドイツ（人［語］）の」（形容詞）。例文の German は前に a がないので形容詞。
> ● I'm going to **Thailand** [× Thai] this summer.
> 　（私は今年の夏にタイへ行く予定です）
> 　▶Thailand は「タイ」（国名）。その派生語 Thai は「タイ人［語］」（名詞），「タイ（人［語］）の」（形容詞）。

国名を表す語と派生語の例

国　名		国民・国語名／形容詞	
Japan	名 日本	Japanese	名 日本人［語］／形 日本（人［語］）の
Germany	名 ドイツ	German	名 ドイツ人［語］／形 ドイツ（人［語］）の
Greece	名 ギリシャ	Greek	名 ギリシャ人［語］／形 ギリシャ（人［語］）の
Holland ※	名 オランダ	Dutch	名 オランダ人［語］／形 オランダ（人［語］）の
Switzerland	名 スイス	Swiss	名 スイス人／形 スイス（人）の
Canada	名 カナダ	Canadian	名 カナダ人／形 カナダ（人）の

※公式名は the Netherlands。

1-6 不可算名詞を可算名詞として扱う例

231 The boy threw a stone into the pond.
男の子は池に石を投げ入れた。

不可算名詞である物質名詞・抽象名詞・固有名詞のなかには，普通名詞（可算名詞）としても使うものがある。

普通名詞としても使う物質名詞

このタイプの語は，次のように使い分ける。
- 「一定の形をもたず，数えられないもの」と考えるとき → 物質名詞
- 「一定の形をもち，1つ2つと数えられるもの」と考えるとき → 普通名詞

- Castles in Europe are made of **stone**. 〈物質名詞〉
  （ヨーロッパの城は石でできている）
  ▶ 材料としての「石」は一定の形をもたず，数えることもできない。
- The boy threw a **stone** into the pond. (231) 〈普通名詞〉
  ▶「1つの石」という具体的な（一定の形をもつ）ものを表す。

プラス 物質名詞か普通名詞かで意味が異なる語

上の例の stone は，どちらも「石」の意味を表す。一方，次のような語は，物質名詞と普通名詞とで意味が異なるので注意しよう。

物質名詞		普通名詞	
(×a) chicken	とり肉	a chicken	ニワトリ
(×a) fish	魚肉	a fish	魚
(×a) glass	ガラス	a glass	グラス，コップ
(×a) paper	紙	a paper	新聞
(×a) fire	火	a fire	火事

> **参考** 普通名詞化した物質名詞
> もともとは物質名詞だったものが，普通名詞のように使われることがある。
> - *Two* **coffees**, please.（コーヒーを2つください）
>   ▶ coffee は物質名詞なので，Two cups of coffee, please. が正確な言い方。会話では，言葉を短くするために普通名詞のように使うこともある。
> - This is *a French* **wine**.（これはフランス産のワインだ）
>   ▶ 物質名詞（ここでは wine）の前に形容詞があると，「具体的な[特定の種類の]もの」と考えて普通名詞と同様に a/an をつけることがある。

普通名詞としても使う抽象名詞

抽象名詞が「具体的な行為」を表すときは，普通名詞として扱うことがある。
- Thank you for your *many* **kindnesses**.（いろいろとご親切にありがとうございます）〈フォーマル〉

> **注意!** 抽象名詞の前に **a/an** をつけるか
> 次の2つのタイプがある。
> ① 前に形容詞があれば，a/an をつける（普通名詞として扱う）もの
>   - How much **experience** do you have?〈抽象名詞〉
>   （経験はどのくらいおもちですか）
>   - It was *a good* **experience** for me.〈普通名詞〉
>   （それは私にとってよい経験になりました）
> ② 前に形容詞があっても，a/an をつけることができないもの
>   p. 340 であげた「普通名詞と混同しやすい抽象名詞」の多くは，こちらのタイプ。× a good news や × a fine weather は誤りで，a をつけてはならない。

> **プラス** 抽象名詞か普通名詞かで意味が異なる語
> 次の語は抽象名詞としても普通名詞としても使い，意味が異なるので注意すること。
>
> | 抽象名詞 | | 普通名詞 | |
> |---|---|---|---|
> | (× a) room | 余地 | a room | 部屋 |
> | (× a) work | 仕事 | a work | 作品 |
>
> - This plan leaves a lot of **room** [× rooms] for improvement.
>   （この案には大いに改善の余地がある）

普通名詞としても使う固有名詞

固有名詞を普通名詞のように使うことがある。
- There are three **Suzukis** in my class.
  （私のクラスにはスズキさんが3人います）
  ▶ Suzuki を「スズキという名前の人物」という意味の普通名詞とみなした言い方。

- *The **Browns** are coming to my house tonight.*
  (ブラウンさん夫妻［一家］が今夜うちに来ます)
  ▶ 〈the ＋名字の複数形〉は「～夫妻［一家］」の意味。

✓ チェック 063

( ) 内の語のうち，正しいほうを選びなさい。
(1) How many pieces of (baggage / baggages) can I take on the plane?
(2) The police (has / have) found the stolen car.
(3) He painted a picture of a beautiful mountain (scene / scenery).
(4) I need a (sheet / slice) of paper and something to write with.
(5) They haven't done their (homework / homeworks) yet.
(6) This sports car is made in (German / Germany).

2 名詞の単複

2-1 名詞の複数形

232 Where shall I put these **knives** and **forks**?
これらのナイフとフォークはどこに置きましょうか。

可算名詞の複数形には，規則的なものと不規則なものとがある。

規則複数（語尾に -(e)s をつけるもの）
名詞の複数形は，語尾に -(e)s をつけて作るのが原則。
　dog（犬）→ **dogs**　　　name（名前）→ **names**

そのほか，単数形の語尾の形に応じて次のようなルールがある。

単数形の語尾	複数形の作り方	例	
s/sh/x/ch	-es をつける	bus（バス）→ buses box（箱）→ boxes	dish（皿）→ dishes watch（時計）→ watches
子音字 + y	-y → -ies	baby（赤ちゃん）→ babies	
子音字 + o	-(e)s をつける	tomato（トマト）→ tomatoes photo（写真）→ photos	
-f(e)	-f(e) → -ves	knife（ナイフ）→ knives	

▶ 語尾の -(e)s の発音には，[s][z][iz] の3種類がある。詳しくは〈付録〉(→ p.595) を参照。

不規則複数

〈語尾が不規則な形に変わるもの〉

child（子ども）	→**children**	foot（足．フィート）	→**feet**
man（男の人）	→**men**	mouse（ネズミ）	→**mice**
tooth（歯）	→**teeth**	woman（女の人）	→**women**

- He has ten **grandchildren**. （彼には10人の孫がいる）
- I'm really scared of **mice**. （私は本当にネズミがこわい）

〈単数形と複数形とが同じ形のもの〉

たとえば sheep（羊）は複数形も **sheep** なので，「2匹の羊」は two sheep [×sheeps] と言う。次の * の名詞も同様。誤って -s をつけないこと。

- two **Japanese*** （2人の日本人）↔ two Americans（2人のアメリカ人）
- a hundred **yen*** （100円）↔ a hundred dollars（100ドル）

2-2 複数形を使った様々な表現

233 I always change **trains** [×train] at Shinjuku.
私はいつも新宿で電車を乗り換える。

2つのもの[2人の人]が関係する行為を表す表現では，名詞を複数形にする。(233)では，「乗り換える」ためには2つの電車が必要だから，train を複数形にする。次のような表現も同様。

- **change jobs**（転職する）
- **make friends with** ～（～と仲良くなる）
- **shake hands (with** ～ **)**（(～と)握手する）
- **be on good [bad] terms with** ～（～とよい[悪い]関係である）▶term＝間柄

＋プラス　常に複数形で表す名詞

〈一対(いっつい)の部分から成るもの〉を表す次のような名詞は，原則として複数形で表す。

> glasses（めがね），gloves（手袋），jeans（ジーンズ），
> pants〈米〉/trousers〈英〉（ズボン），scissors（はさみ），shoes（靴）

- Your **scissors** *are* [×is] on the desk. （きみのはさみは机の上にあるよ）
  ▶品物としては1つだが，形が複数形なのでareで受けることに注意。

これらの名詞を数えるときは，**a pair of** ～（一対の～）を使う。

- I have two **pairs of** tennis shoes. （私はテニスシューズを2足持っている）
  ▶「片方の靴[手袋]」は a shoe [glove] という。

参考 名詞の複数形に関するその他の注意

単数形と複数形で意味が異なる名詞

次のような名詞は，複数形にすると意味が変わるので注意。

- **arm**（腕）－ **arms**（武器）
- **cloth**（布）－ **clothes**（衣服）
- **glass**（ガラス）－ **glasses**（めがね）
- **good**（善，利益）－ **goods**（商品）
- **manner**（方法）－ **manners**（作法）
- **wood**（木材）－ **woods**（森）

-sで終わるが単数扱いする名詞

① -icsで終わる，学問名を表す名詞（常に単数扱い）

economics（経済学），**mathematics**（数学），**physics**（物理学）など

- **Mathematics** *is* [× are] my favorite subject.

（数学は私の好きな科目です）

② 単数形と複数形が同じ形の名詞

means（手段），**series**（連続，続き物），**species**（(生物の)種）など

- I've been watching *a* new drama **series** on TV.

（私はテレビで新しいドラマのシリーズをずっと見ている）

2-3 名詞の単複に関するその他の注意

234 Tokyo to Moscow is a **ten-hour** [× ten-hours] flight.

東京からモスクワへは飛行機で10時間かかる。

ポイント 〈数詞-名詞〉の形で1つの形容詞を作る場合，名詞は<u>単数形</u>にする

(234)の場合，「10時間」は ten hour**s** だが，「10時間の」（形容詞）は ten-hour のように名詞を単数形にして表す。次の例も同様。

- My father took a **two-week** [× two-weeks] vacation this summer.

（今年の夏，父は2週間の休暇を取った）

▶ハイフンを使わずに two weeks(') vacation のように言うこともできる。

- She has a **five-year-old** [× five-years-old] son.

（彼女には5歳の息子がいる）

参考 「およその数」を表す複数形

年齢や時代について「～代」という意味を表すには，複数形の名詞を使う。

- The writer lived in India in his **twenties**.

（その作家は20代のときにインドに住んでいた）

- The late **teens** are the most important time in life.

（10代後半は人生で最も重要な時期だ）

▶日本語の「ロー［ハイ］ティーン」に当たる表現は early [late] teens である。

- The rock band became popular **in the 1990s**.
（そのロックバンドは1990年代に人気を集めた）

2-4 主語と述語動詞の数の一致

235 The number of lions **is** [× are] decreasing in Africa.
アフリカではライオンの数が減っている。

ポイント 〈**the number of** ＋ 複数形の名詞〉が主語のとき，動詞は**単数**で受ける

直前の複数形（lions）にまどわされないこと
The number of lions is decreasing in Africa.（235）
S「ライオンの数」　　V

▶主語は「ライオンの<u>数</u>」であり，number は単数だから動詞は is を使う。

参考 increase/decrease の主語として使う名詞
increase（増加する）や **decrease**（減少する）は，「数量」の概念を含む名詞を主語として使う。たとえば（235）の **number**（数）のほか，**amount**（量），**income**（収入），**population**（人口），**rate**（比率）など。
- **The birthrate** has been **decreasing** in Japan in recent years.
（近年日本では出生率が低下している）

注意！ 〈**a number of** ＋ 複数形の名詞〉が主語のとき，動詞は複数で受ける
〈a number of ＋ 複数形の名詞〉は「いくつかの〜，多くの〜」という意味。この形が主語のとき，動詞は**複数形**で受ける。
- *A number of people* **are** using the social networking service.
（何人かの人がその SNS を利用している）

プラス 主語を単数・複数のどちらで扱うかに注意すべきその他の例
単数扱いする主語
〈**one of** ＋ 複数形の名詞〉が主語のとき，動詞は単数で受ける（→ p.371）。
- **One of** *my classmates* **is** [× are] going to study in Finland next year.
（クラスメイトの1人が来年フィンランドへ留学する予定だ）
▶「クラスメイトの1人」は内容的に単数だから。

〈数字＋複数形の名詞〉を1つのまとまりと考え，単数扱いすることがある。
- I really enjoyed my stay in the U.S., but *two weeks* **was** too short.
（アメリカ滞在は本当に楽しかったが，2週間は短すぎた）

複数扱いする主語
1つのグループや団体でも，**形が複数形なら複数扱いする**。
- *The Beatles* **are** [✕ is] still very popular.
  (ビートルズは今でもとても人気がある)

✓ チェック064
(   )内の語句のうち，正しいほうを選びなさい。
(1) He decided to change (a job / jobs).
(2) I bought two (pair / pairs) of jeans at the store.
(3) This is (rare / a rare) species of tropical fish.
(4) My father is going to take a (two-week / two-weeks) vacation this summer.
(5) The number of homeless people (has / have) increased after the war.
(6) The Tigers (is / are) leading by 3 to 2.

3 名詞に関するその他の注意

3-1 名詞の所有格

> **236** The **teacher's** advice was helpful to me.
> 先生の助言は私の役に立った。

名詞の所有格(「～の」の意味を表す形)は，語尾に〈's〉をつけて作る。ただし，-sで終わる名詞には〈'〉だけをつける。
- **Tom's** room is untidy. (トムの部屋は散らかっている)
- My **grandparents'** [✕ grandparents's] house is in Hiroshima.
  (私の祖父母の家は広島にある)

> **参考** 名詞の所有格の使い方
> 名詞の所有格は，人や生物について使う。無生物には of を使って「～の」の意味を表すのがふつう。
> - The doors **of** the house are painted blue. (その家のドアは青く塗られている)
> ただし，どちらの形を使ってもよい場合もある。
> - the **dog's** owner ≒ the owner **of** the dog (その犬の飼い主)
> 無生物(〈時〉を表す名詞など)に〈's〉をつけることもある。
> - I haven't read **today's** paper yet. (今日の新聞をまだ読んでいない)
> - The park is ten **minutes'** walk from here. (公園まではここから歩いて10分です)
>   ▶ minutes (複数形) に〈's〉をつけると，✕ minutes's ではなく ○ minutes' になる。
>   ▶ the **earth's** surface (地球の表面)，the **world's** population (世界の人口)，the **school's** guidelines (学校の指針) なども，無生物に〈's〉をつける例。

プラス 所有格に関するその他の注意

所有格の後ろの名詞を，くり返しを避けるために省略することがある
- That bike is **Tommy's** (bike). (あの自転車はトミーの(自転車)です)

所有格の後ろの「家」や「店」などを表す名詞が省略されることがある
- I stayed at **my aunt's** (house). ≒ I stayed with my aunt
  (私はおばの家に泊まった)
- He went to **the barber's** (shop). (彼は床屋へ行った)

所有格が〈主格関係〉や〈目的格関係〉を表すことがある
- He was happy about **his wife's** *promotion*. 〈主格関係＝～が…すること〉
  (彼は妻の昇進[妻が昇進したこと]がうれしかった)
- He is very interested in **his son's** *education*. 〈目的格関係＝～を…すること〉
  (彼は息子の教育[息子を教育すること]にとても関心がある)

〈a/an＋名詞＋of＋所有格〉で「～の…」の意味を表すことがある
- Mr. Ogawa was *a classmate of* **my father's**.
  (オガワ先生は父のクラスメイトの1人だった) (→ p. 398)

3-2 意味のまぎらわしい名詞

237 There are always lots of **customers** in this restaurant.
このレストランにはいつも大勢の客がいる。

意味が似ている名詞でも，使い分けが必要な場合がある。たとえば「客」を表す場合，「パーティーの招待客」は guest,「自宅への訪問客」は visitor,「買い物客」は customer という。(237) の「レストランの客」も customer で表す。

「客」などの意味を表す名詞
audience (聴衆), client ((専門職への)依頼人), customer (店の顧客),
guest (招待客, ホテルの宿泊客), passenger (乗客), spectator (観衆), visitor (訪問者, 観光客)

「料金」などの意味を表す名詞
admission (入場料), charge ((サービスに対する)料金), cost (費用), fare (運賃)
fee (報酬, 授業[入場]料), price (価格)

プラス 使い分けに注意が必要なその他の名詞

次のような名詞も，使い方を誤りやすいので注意しよう。

- I have an **appointment** [×a promise] at three this afternoon.
  (今日の午後3時に約束がある) ▶appointment＝面会の約束
- This hall has a seating **capacity** [×ability] of 3,000.
  (このホールは3,000人収容できる) ▶capacity＝収容能力
- Keep my advice in **mind** [×heart]. (私の忠告を心に留めておきなさい)
  ▶同じ「心」でも，mind は「知能」，heart は「感情のはたらき」を表す。
- Bad **weather** [×climate] spoiled our holiday. (悪天候で休暇が台無しになった)
  ▶weather は「(その時々の) 天気，空模様」，climate は「(特定の地域における長期的な) 気候」。
- We went on a **trip** [×travel] to Kyushu. (私たちは九州へ旅行に行った)
  ▶travel (不可算名詞) は主に「遠距離の (海外) 旅行」の意味で使う。一般的な「旅行」は trip (可算名詞)。また，tour (可算名詞) は「(団体での) 周遊旅行」の意味。
- He has been *out of* **work** [×job] for six months. (彼は6か月間失業している)
  ▶work (仕事，労働) は不可算名詞。out of work で「失業中で」という意味を表す。job (職，仕事) は可算名詞。

✓ チェック 065

(　) 内の語句のうち，正しいほうを選びなさい。

(1) I saw a friend of my (sister / sister's) at the bookstore.
(2) We got to the beach after ten (minute's / minutes') walk.
(3) The hotel was full of (customers / guests).
(4) I have (an appointment / a promise) with the dentist at three.
(5) The bus (fare / cost) was raised, so I go to school by bike now.
(6) I can't do such a difficult (job / work) alone.

✓ チェック 解答

063 (1) baggage (2) have (3) scene (4) sheet (5) homework (6) Germany
064 (1) jobs (2) pairs (3) a rare (4) two-week (5) has (6) are
065 (1) sister's (2) minutes' (3) guests (4) an appointment (5) fare (6) job

Using Grammar in Context

UNIT 13　名詞

Two Coffees, Please.

(Cathy and Sho bump into each other in town and decide to have coffee together.)

  Sho : Oh, the waiter is coming to take our order. Have you decided what you'd like?
Cathy : Yes. I'll have ▼228 coffee and cake.
  Sho : Sounds good to me. I think I'll have the chocolate cake.
Waiter : Are you ready to order?
Cathy : Yes. Can we have ▼231 参考 two coffees, please? And also one chocolate cake and one cheese cake, please.
Waiter : OK. I'll be right back with your order.

(while eating)

Cathy : Are you enjoying your stay here in Canada?
  Sho : Yes, very much. I really like it here. I've ▼233 made friends with lots of new people. And I think living here suits me …. Anyway, what did you do yesterday?
Cathy : I went shopping for furniture with my family. We need a new ▼226 sofa and a table. There wasn't ▼227 much furniture in the store, because it was the last day of the sale, so we didn't buy anything. Then before lunch, we went to a shoe store, and I bought ▼233 プラス a new pair of shoes.
  Sho : Where did you go for lunch?
Cathy : We went to an ▼230 Italian restaurant. It was a very good restaurant. I'd only eaten ▼228 プラス one slice of toast for breakfast, so I was really hungry. I ordered ▼231 a pizza and it was delicious! And the price was reasonable. The chef is from ▼230 Italy. The ▼236 restaurant's name is Little Italy. It's near the station. You should try it.
  Sho : That's ▼229 プラス a useful piece of information. I really like ▼228 pasta and pizza. I'll remember that.
Cathy : By the way, how do you like this cafe?
  Sho : It seems to be very popular. There are a lot of ▼237 customers in this cafe, and the waiters look very busy.
Cathy : Actually, this is my favorite cafe here in Vancouver. It is particularly popular with young ▼232 women, because the cakes are so beautifully decorated. It's a nice place to go on a date, too ….
  Sho : That's another ▼229 プラス useful piece of information!

和訳

コーヒー2つお願いします。
（キャシーとショウは街でばったり出会い，いっしょにコーヒーを飲むことにしました。）

ショウ： あ，ウェイターが注文をとりに来るよ。何にするか決めた？
キャシー： ええ。コーヒーとケーキにするわ。
ショウ： ぼくもそうしよう。ぼくはチョコレートケーキにしようと思う。
ウェイター： ご注文はお決まりですか。
キャシー： はい。コーヒー2ついただけますか。それから，チョコレートケーキ1つとチーズケーキ1つをお願いします。
ウェイター： はい。すぐにお持ちします。

（食べながら）

キャシー： ここカナダでの生活を楽しんでいる？
ショウ： うん。すごく。ここがとても気に入っているよ。たくさんの新しい人たちと友だちになれたし。それに，ここでの生活はぼくに合っていると思うんだ。ところできのうは何をしたの？
キャシー： 私は，家族といっしょに家具を買いに出かけたわ。新しいソファとテーブルが必要なの。お店にはあまりたくさんの家具がなかったわ。というのはセールの最終日だったから。それで，何も買わなかったわ。それから，お昼にする前に，私たちは靴屋に行って，そこで私は新しい靴を1足買ったわ。
ショウ： お昼にはどこへ行ったの？
キャシー： イタリア料理店へ行ったの。とてもよい店だったわ。私は朝食にトースト1枚しか食べていなかったから，すごくおなかがすいていたの。ピザを注文したのだけれど，とてもおいしかった！　それに手ごろな値段だったし。シェフはイタリアの出身なの。レストランの名前はリトルイタリーっていうの。駅の近くよ。このレストランを試してみるべきだわ。
ショウ： それは役立つ情報だね。ぼくはパスタやピザが大好きなんだ。覚えておくよ。
キャシー： ところで，このカフェ，どう思う？
ショウ： すごくはやっているようだね。お客さんが多いし，ウェイターはとても忙しそう。
キャシー： 実のところ，ここバンクーバーで私のお気に入りのカフェなの。特に若い女性に人気よ。それはケーキのデコレーションがとてもきれいだから。デートで来るのにもいい場所だし…
ショウ： それも役立つ情報だ！

UNIT 14

代名詞

どんな名詞の代わりをしているかを見極めよう

Introduction ································ 354

1 人称代名詞 ································ 355
 1-1 人称代名詞の格と基本的な用法 ······ 355
 1-2 所有代名詞 ···························· 357
 1-3 再帰代名詞 ···························· 358

2 it の用法 ································ 360
 2-1 前にある語句などを指す ············ 360
 2-2 時・天候などを表す文で使う ······· 361
 2-3 状況を表す it ·························· 361
 2-4 形式主語の it ·························· 362
 2-5 形式目的語の it ······················· 363
 2-6 it を含むその他の重要構文 ··········· 365

3 指示代名詞 ································ 367
 3-1 this/that などの基本的な用法 ········ 367
 3-2 同じ名詞のくり返しを避ける that/those ································ 368
 3-3 その他の注意すべき用法 ············ 368

4 不定代名詞 ································ 370
 4-1 one ·· 370
 4-2 another/other など ····················· 371
 4-3 both/either/neither など ············· 374
 4-4 all ·· 377
 4-5 none ······································ 379
 4-6 some/any ······························· 379
 4-7 someone/nothing など ··············· 381

チェック解答 ································ 382

Using Grammar in Context
 Shopping Therapy ···················· 383

Introduction

代名詞のはたらき

代名詞は,「名詞の代わりに使う言葉」です。

I saw **a movie** yesterday. **It** was exciting. (きのう映画を見た。それはわくわくするものだった)
　　　　名詞　　　　　　　　代名詞

2つ目の文の it は,同じ名詞(a movie)のくり返しを避けるために使われています。英文の中では,代名詞がどの名詞の代わりをしているのか見極めることが大切です。

代名詞の種類

主な代名詞には,次のようなものがあります。

名称	使い方	例
人称代名詞	「私」「あなた」「それ以外の人や事物」を表す	I, you, he, they, it
指示代名詞	事物や前に出てきた語句を指す	this, that, such, so
不定代名詞	不特定の人・もの・数量などを表す	one, some, any

▶このほかに,疑問代名詞(→UNIT 20)や関係代名詞(→UNIT 9)があります。

人称代名詞は,人称・数・格に応じて使い分けます。
● **She** is **our** teacher. (彼女は私たちの先生です)

指示代名詞は,「これ」「あれ」「それ」のように,人や事物を指し示すのに使います。
● **This** is my bike. **That** is my brother's.
　(これは私の自転車です。あれは私の兄の自転車です)

不定代名詞は,不特定の数量や「全部」「両方」などの意味を表します。
● They invited **all** of us. (彼らは私たちみなを招待した)

Next, Putting it into Action!

指示代名詞や不定代名詞は,ほかの品詞(形容詞・副詞など)としても使われます。まとめて詳しく見ていきましょう。

UNIT 14 代名詞

1 人称代名詞

1-1 人称代名詞の格と基本的な用法

人称代名詞は，文中でのはたらきに応じて次のように形が変化する。

人称・数		主格	所有格	目的格	所有代名詞	再帰代名詞
1人称	単数	I	my	me	mine	myself
	複数	we	our	us	ours	ourselves
2人称	単数	you	your	you	yours	yourself
	複数					yourselves
3人称	単数	he	his	him	his	himself
		she	her	her	hers	herself
		it	its	it	—	itself
	複数	they	their	them	theirs	themselves

主格の人称代名詞

238 **I** have an American friend. **She** is from Texas.
  私にはアメリカ人の友人がいる。彼女はテキサス出身だ。

(238)の I と she のように，主格の人称代名詞は主語(S)として使う。

> **4技能Tips** Speaking 人称代名詞の順序
>
> 人称代名詞は「2人称－3人称－1人称」の順に並べるのが原則。相手に敬意を表して you を最初に言い，自分はへりくだって I [we] を最後に言う．
> - **You and I** [×I and you] have a lot in common. （あなたと私は共通点が多いですね）
> - **My sister and I** both like swimming. （姉と私は2人とも水泳が好きです）

所有格の人称代名詞

239 Kevin washed **his** car yesterday.
  ケヴィンはきのう自分の車を洗った。

所有格の人称代名詞は名詞の前に置き，主に「～が持っている…」という〈所有〉の意味を表す。(239)の his car は「彼が持っている車→彼の車」ということ。

4技能Tips Reading 〈所有〉以外の関係を表す所有格

〈所有格＋形容詞／動詞から派生した抽象名詞〉が次のような意味を表すことがある（→ p. 349）。

① 「〜が…する [である] こと」〈主格関係〉
- I didn't notice **her** *absence*. ≒ I didn't notice (that) *she was absent*.
  （彼女の不在 [彼女がいないこと] に私は気づかなかった）
  ▶ 右の文のほうが一般的。フォーマルな場面では Her absence was not noticed. ともいう。

② 「〜を…すること」〈目的格関係〉
- Penicillin is now widely used, but **its** *discovery* was made by chance.
  （ペニシリンは今や広く使われているが，その発見は偶然なされた）
  ▶ its discovery ＝ それ (penicillin) を発見すること

目的格の人称代名詞

240 I asked her to go to the concert with me.
私はコンサートにいっしょに行ってくれるよう彼女に頼んだ。

ポイント 目的格の人称代名詞は，**動詞や前置詞の目的語**として使う

(240) では，目的格の人称代名詞 (her, me) が，それぞれ他動詞 (ask) と前置詞 (with) の目的語のはたらきをしている。前置詞の後ろでは主格の代名詞は使えない。
- This is **between** you and me [×I]. （これはここだけ [あなたと私の間] の話です）
  　　　前置詞　目的格　目的格
  ▶ between A and B の形では，A も B も目的格を使う (between you and me ≒ between us)。

プラス 人称代名詞の使い方

be 動詞の補語として使う人称代名詞の形

人称代名詞が be 動詞の補語となる場合，文法的には主格を使うのが正しいが，話し言葉では目的格を使うことが多い。
- "Who is it?" "It's **me**." （「どなたですか」「私です」）
  ▶ It's I. とは言わない。

人称代名詞を名詞より前に置く場合

人称代名詞が指す名詞はふつうは前にあるが，書き言葉では〈代名詞−名詞〉の順にすることもある。
- After **he** graduated from high school, **Takeshi** worked for his father's
  　　代名詞　　　　　　　　　　　　　　　名詞
  company.
  （高校を卒業した後，タケシは父親の会社に勤めた）

「一般の人々」を表す we / you / they

241 They say (that) we'll have a warmer winter this year.
今年は暖冬になるだろうと言われている。

> **ポイント** we / you / they が「一般の人々」を表す場合がある

(241) の they はばくぜんと**一般の人々**を表しており,「彼らは」とは訳さない。**They say (that) ...** は「一般の人々が…と言っている→…だそうだ」の意味。we や you も「一般の人々」を表すことができる。話し手が自分を含めて言うときは we, 聞き手を含めて言うときは you を使う。

- As **we** know, English is used as an international language.
  (ご存知のとおり[←私たちが知っているように], 英語は国際語として使われている)
- **You** can't judge a book by its cover.
  (本の表紙で本(の中身)を判断することはできない) → (人は見かけによらない)〈ことわざ〉

> **参考…** They say (that) ... の言い換え
> (241) は, 次のようにも表現できる。
> - **It is said** (**that**) we'll have a warmer winter this year. (→ p.118)
> - **I hear** (**that**) we'll have a warmer winter this year.

1-2 所有代名詞

242 Your car is more economical than mine (= my car).
あなたの車は私の(車)よりも経済的だ。

> **ポイント** 所有代名詞は〈所有格＋名詞〉の意味を表す

所有代名詞(→p.355)は, 同じ名詞のくり返しを避けるために使われる。たとえば(242)は than my car とも言えるが, car という名詞が前にあるので, my car を mine(私のもの＝私の車)と言い換えている。

- My opinion is different from **yours** [×you].
  (私の意見はあなたの(意見)とは違う)
  ▶ yours = your opinion
- I'm going to visit a friend of **mine** [×me] in Kenya this summer.
  (私はこの夏にケニアにいる友人(の1人)を訪れるつもりだ) (→p.398)

1-3 再帰代名詞

目的語として使う

243 She cut **herself** on a piece of paper.
彼女は紙で(指を)切った。

> **ポイント**　他動詞＋再帰代名詞＝自分自身を〜する

再帰代名詞は，前にある名詞・代名詞を受けて「自分自身」の意味を表す。S(主語)とO(目的語)が同じ人・もののときは，Oは再帰代名詞になる。

```
  S   V      O
She cut herself on a piece of paper. (243)
     └───=───┘
```
彼女は自分自身を切った → 彼女は切り傷を負った

- *I*'d like to introduce **myself**. (自己紹介したいと思います)
- *You* can be proud of **yourself**. (きみは自分自身を誇りに思ってよい)
  ▶再帰代名詞は前置詞の目的語としても使われる。

➕プラス　「自分自身の〜」

「自分自身の〜」は〈one's own＋名詞〉または〈名詞＋of one's own〉で表す。
- I don't have **my own** computer.
  ≒ I don't have a computer **of my own**.
  (私は自分のコンピュータを持っていない)

名詞や代名詞を強調する

244 Did you paint this picture **yourself**?
あなたは自分でこの絵を描いたのですか。

> **ポイント**　再帰代名詞＝(ほかの人・ものではなく)自分(が)

(244) の yourself は「(ほかの人ではなく)あなた自身」という意味で，you を強調するために同格的に使われている。この用法の再帰代名詞は強く読む。
- The printer **itself** is [is **itself**] all right, but there's no paper inside.
  (プリンタ自体は故障していないが，中に紙が入っていない)
  ▶itself は「それ(プリンタ)自体」。

〈前置詞 + oneself〉の慣用表現

245 I like traveling **by myself**.
私はひとりで旅行するのが好きだ。

ポイント
by oneself ＝ ひとりで，独力で

前置詞と再帰代名詞を組み合わせた慣用表現がある。(245) の by myself は「(ほかの人といっしょではなく) 私ひとりで」の意味。

I like traveling **by myself**. (245) ≒ I like traveling **alone** [**on my own**].
▶ by oneself は，alone や on one's own で言い換えられる。

表現　〈前置詞 + oneself〉のその他の慣用表現

for oneself ＝ 自分で，自分のために
- Don't ask me. You must decide **for yourself**.
 (私に聞かないで。あなたは自分で決めなくてはいけません)

in itself ＝ それ自体は，本来は
- Passing an entrance examination is not an end **in itself**.
 (入学試験に合格することは，それ自体が目的ではない)

beside oneself ＝ われを忘れて
- The girl was **beside herself** with joy. (その少女は喜びにわれを忘れた)

〈他動詞 + oneself〉の慣用表現

246 We **enjoyed ourselves** at the festival.
私たちはお祭りで楽しく過ごした。

ポイント
enjoy oneself ＝ 楽しく過ごす

〈他動詞 + oneself〉が自動詞に相当する意味を表すことがある。(246) は enjoy oneself で「自分自身を楽しませる→楽しむ」という意味になる。

behave oneself（行儀よくする），**express oneself**（自分の考えを述べる），**hurt oneself**（けがをする）などもこの例である。

参考　他動詞 + oneself ＝ be 動詞 + 過去分詞
このタイプの動詞には〈be 動詞 + 過去分詞〉で言い換えられるものがある。たとえば，seat oneself は「自分自身を座らせる」→ be seated「座る」と言い換えられる。
- She **seated herself** before the interviewer. 〈書き言葉〉
 ≒ She **was seated** before the interviewer. (彼女は面接官の目の前に座った) 〈書き言葉〉

次の動詞も同じように言い換えられる。

devote oneself to 〜 ＝ be devoted to 〜 「〜に身をささげる」
engage oneself in 〜 ＝ be engaged in 〜 「〜に従事する」

表現　〈他動詞＋oneself〉を含むその他の慣用表現

help oneself to 〜 ＝ 〜を自由に取って飲食する
- **Help yourself to** the cakes.（ケーキを自由に取って食べてください）
  ▶ help には「（食べ物などを）〈人〉に取ってあげる, 給仕する」という意味がある。

take care of oneself ＝ 体[健康]に気をつける
- Please **take care of yourself** [× your body].（体に気をつけてください）

make oneself at home ＝ くつろぐ
- Please **make yourself at home**.（どうぞくつろいでください）

can't bring oneself to *do* ＝ 〜する気になれない
- I **can't bring myself to tell** him the bad news.
  （彼にその悪い知らせを伝える気にはなれない）

✓ チェック 066

日本語の意味に合うように, 与えられた語を並べかえて英文を完成させなさい。ただし, 不要な語が1つ含まれています。

(1) 自己紹介させてください。
　　(I / me / myself / introduce / let).
(2) 私のパソコンは彼のよりも高価だ。
　　My computer (his / him / expensive / is / than / more).
(3) クッキーを自由に取って食べてください。
　　(yourself / have / help / the / cookies / to).

2 it の用法

2-1 前にある語句などを指す

247　"What's this?" "**It**'s [× This is] tomato and banana juice."
「これは何ですか」「トマトとバナナのジュースです」

ポイント　すでに話題になっている（1つの）ものは, **it**（それ）で受ける

this/that を使った疑問文に答えるときは **it** を使う。逆に, 疑問文のほうで（これから話題にするものに対して）it を使うことはできない。

- "What's **that** [✕ it]?"
  "**It**'s tomato and banana juice." (247)
  (「それ [あれ] は何ですか」「トマトとバナナのジュースです」)

プラス 前の内容を指す it

it は「そのこと」(=前の内容)の意味でも使う。また，その場の状況で何を指すかがわかっていることがらにも使う。

- I'm not rich, but **it** doesn't matter.
  (私は金持ちではないが，それは問題ではない) ▶ it = 私が金持ちではないこと

2-2 時・天候などを表す文で使う

248 **It**'s already eight thirty.
もう8時半だ。

it は〈時・天候・寒暖・明暗・距離〉などを表す文の主語として使う場合がある。この it は文の形を整えるため(形の上だけ)の主語であり，「それ」とは訳さない。(248)のように時刻を表す文の主語として使うほか，次のような言い方もできる。

- **It**'s Friday today. ≒ Today is Friday. (今日は金曜日です)〈時〉
- **It**'s windy, isn't it? (風が強いですね)〈天候〉
- **It**'s cold for April. (4月にしては寒い)〈寒暖〉
- **It**'s getting dark. (暗くなってきた)〈明暗〉
- How far is **it** to the beach? (浜辺までどれくらい距離がありますか)〈距離〉

2-3 状況を表す it

249 "Would you like some tea?" "If **it**'s OK, I'd rather have coffee."
「お茶をいかがですか」「もしよければ，コーヒーをください」

it は「その場の状況」などをばくぜんと表すときにも使う。(249)の it は特定のものを指すのではなく，(相手にもわかっている)現在の状況を表している。次のような文で使われる it も同様。

- **It**'s strange. (変だな)
- **It**'s my turn. (今度は私の番だ)
- **It**'s too late. (もう手遅れだ)
- How's **it** going? (調子はどう？)
- **It** can't be helped. (どうしようもない [←避けられない])

361

2-4 形式主語の it

it が後ろの不定詞を指す

250 It is interesting to read about history.
歴史についての本を読むのはおもしろい。

ポイント It is ... to *do*. ＝ 〜することは…だ

主語が長い句や節の場合は，it を主語の位置に置き，真の主語は後ろに回す。このような it を「形式主語の it」という。

It is interesting to read about history.（250）
　　　おもしろい　　歴史についての本を読むこと

It is ... to *do* で使う主な形容詞
difficult/hard（難しい），easy（やさしい），impossible（不可能だ），interesting（おもしろい），necessary（必要だ），pleasant（楽しい），possible（可能だ）

it の後ろには，be 動詞以外の動詞を置くこともできる。
- Thanks to the cellphone, **it** *has become* easier for people **to contact** each other.
（携帯電話のおかげで，人々はお互いに連絡を取るのが容易になった）

it が後ろの動名詞を指す

251 It is fun talking to people from different countries.
違った国々の人たちと話すのは楽しい。

ポイント It is ... *-ing*. ＝ 〜することは…だ

形式主語の it が後ろの動名詞を指す場合もある。不定詞より例は少ない。

It is fun talking to people from different countries.（251）
　　　楽しい　　違った国々の人たちと話すこと
▶ talking の代わりに to talk も使える。

it が後ろの that 節を指す

252 It is clear that smoking is bad for your health.
喫煙が健康に悪いことは明らかだ。

ポイント It is ... that ＋ S ＋ V ＝ S が〜する［である］ことは…だ

形式主語の it が後ろの that 節を指す場合もある。

|It| is clear |that smoking is bad for your health|. (252)
　　明らかだ　　喫煙が健康に悪いということ

It is の後ろに名詞を置くこともある。
- **It**'s *a pity* **that** you missed the concert yesterday.
（あなたがきのうのコンサートを聞き逃したのは残念です）（→ p. 410）
- **It** is *a well-known fact* **that** women often live longer than men.
（女性が男性よりも長生きすることが多いというのはよく知られた事実だ）

➕プラス　It is ... 疑問詞＋S＋V

形式主語の it が，後ろの疑問詞［whether/if］節を指す場合もある。
- **It** is clear **why** the band is popular among young women.
（そのバンドがなぜ若い女性に人気があるかは明らかだ）
- **It** is doubtful **whether** this film deserves an award.
（この映画が受賞に値するかどうか疑わしい）

2-5 形式目的語の it

it が後ろの不定詞を指す

253　The Internet has made **it** easier **to find** information.
　　　インターネットが情報の発見をより簡単にした。

> **ポイント**　make it ... to *do* ＝ 〜することを…にする

SVOC（第5文型）のOが長い句や節の場合は，itを目的語の位置に置き，長いOは後ろに回す。この it を「形式目的語の it」という（→ p. 131）。

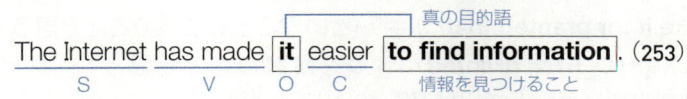

　　　　　　　　　　　　　　　真の目的語
The Internet has made |it| easier |to find information|. (253)
　　S　　　　V　　　O　　C　　情報を見つけること

▶ 〈make ＋ O ＋ C〉は「OをCにする」。make it easier は「it (＝情報を見つけること)をより簡単にする」という意味になる。

例は少ないが，形式目的語の it が後ろの動名詞を指す場合もある。
- Many people find **it** enjoyable **living** in the city.
（多くの人々が都会で暮らすのは楽しいと思う）

it が後ろの that 節を指す

> **254** I find **it** surprising **that** this small factory is world-famous.
> この小さな工場が世界的に有名だとは驚きだ。

ポイント find it ... that ＋ S ＋ V ＝ S が〜する［である］ことを…だと思う

形式目的語の it が後ろの that 節を指す場合がある。

I find **it** surprising **that this small factory is world-famous**.（254）
　S　V　O　　 C　　　　　この小さな工場が世界的に有名だということ

　▶ 〈find ＋ O ＋ C〉は「O が C だとわかる［思う］」。find it surprising は「it (that 節の内容)
　　が驚くべきことだとわかる［思う］」という意味になる。

find のほか，第 5 文型で使う動詞 (believe, make, think, suppose, consider など) は，同様の形で使うことができる (→ p. 320)。
- He **made it** clear **that** he would run for the next election.
（彼は次の選挙に出馬することを明らかにした）
　▶ make it clear that ... は「it (that 節の内容) を明らかにする」の意味。
- We often **hear it** said **that** Japanese society is aging rapidly.
（日本社会は急速に高齢化していると私たちはよく耳にする）
　▶ hear it said は「it (that 節の内容) が言われるのを聞く」の意味。

次のような慣用表現もある。
- **See** (**to it**) **that** you turn off all the lights.
（すべての明かりを必ず消しなさい）
　▶ see to it that ... は「…するよう取り計らう」の意味。to it は省略することもある。

プラス take it for granted that ... ＝ …ということを当然のことと思う
〈**take ＋ O ＋ for granted**〉は「**O を当然のことと思う**［←認められた (granted) ものとして受け取る (take)］」の意味。
- We **take** clean water **for granted**.
（私たちは清潔な水は当然なことと考えている）

この形をもとに，it が後ろの that 節を指す文を作ることができる。
- I **took it for granted that** there would be a restaurant in my hotel.

（ホテルにはレストランが当然あるものだと私は思った (が実際にはなかった)）
　▶「私は it (that 節の内容) を当然のことだと思った」ということ。

2-6 it を含むその他の重要構文

It takes（＋〈人〉）＋時間＋ to *do*

255 It took (me) five days to read the book.
その本を読むのに(私は)5日かかった。

ポイント
It takes（＋〈人〉）＋時間＋ to *do*.
＝（〈人〉が）〜するのに…（の時間が）かかる

この take は「(時間など)を要する」という意味。(255)は次のようにも表せる。
≒ **It took** five days (**for me**) **to read** the book.
≒ **I took** five days **to read** the book.
≒ **The book took** (**me**) five days **to read**.

「どのくらい(の時間がかかる)か」は，How long で尋ねる。
● **How long** [**How many days**] did it take ((for) you) to read this book?
((あなたが)この本を読むのにどのくらいの時間が[何日間]かかりましたか)

It costs（＋〈人〉）＋金額＋ to *do*

256 It cost (him) eight dollars to send the package.
その小包を送るのに(彼は)8ドルかかった。

ポイント
It costs（＋〈人〉）＋金額＋ to *do*.
＝（〈人〉が）〜するのに…（の金額が）かかる

cost は「(金額)を要する」という意味。(256)は次のようにも表せる。
≒ **The package cost** (**him**) eight dollars **to send**.
▶ cost は〈人〉を主語にした文では使えない。

「どのくらい(の金額が)かかるか」は，How much で尋ねる。
● **How much** did it cost ((for) him) to send the package?
(その小包を送るのに(彼は)どのくらいお金がかかりましたか)

It doesn't matter ＋疑問詞 [whether/if] 節

257 It doesn't matter (to me) whether we have rice or pasta.
ライスでもパスタでも（私は）かまいません。

> **ポイント**
> It doesn't matter ＋疑問詞 [whether/if] 節
> ＝（たとえ）～でもかまわない

matter は「重要である」という意味の自動詞で，**It doesn't matter …**（否定文）の形で「**重要ではない，かまわない**」という意味を表す。

(257) は，次のようにも言い換えられる。
≒ **It makes no difference** (to me) **whether** we have rice or pasta.
　▶ make no difference ＝ 差が出ない，同じことだ
≒ **It is all the same** (to me) **whether** we have rice or pasta.
　▶ all the same ＝ 同じことだ (all は強調の副詞)

この形の文では，疑問詞 [whether/if] 節は「たとえ～でも」という〈譲歩〉の意味を表すことが多い。
● **It doesn't matter if** it **rains** [×will rain] tomorrow.（明日雨が降っても問題ない）
　▶ 節中の動詞は，未来のことであっても現在形を使う（→ p. 479）。

次の文は，疑問詞 (how long) を使った例。
● **It doesn't matter how long** we live; it's how we live that matters.
　（どれだけ長く生きるかが重要ではなく，どのように生きるかが重要だ）
　▶ it を含むその他の重要表現については，それぞれ次のページを参照。
　　・It seems that … など → p. 313 (UNIT 12)　・It is said that … など → p. 118 (UNIT 5)
　　・It is ～ since … など → p. 471 (UNIT 18)　・It is ～ that …（強調構文）→ p. 560 (UNIT 22)

✓ **チェック 067**
日本語の意味に合うように，与えられた語句を並べかえて英文を完成しなさい。
(1) ベンはそのパズルを解くのに2時間かかった。
　　(two hours / Ben / to / took / solve / it) the puzzle.
(2) 彼は当然車を運転できると私は思っていた。
　　I (that / it / took / granted / for) he could drive a car.
(3) 誰がその賞をもらっても私はかまいません。
　　(to / who / it / me / matter / doesn't) wins the prize.

3 指示代名詞

3-1 this/that などの基本的な用法

258 I like **this**, but do you have it in **that** color instead?
これが気に入っていますが,あの色で(これと同じものは)ありますか。

this/that は,代名詞または形容詞として使う。

I like **this**, but do you have it in **that** color instead? (**258**)
　　　代名詞　　　　　　　　　　　　形容詞

this/that の基本的な意味と用法

	単　数	複　数
(空間的・時間的に)近くにあるものを指す	this これ／この〜	these これら(の〜)
(空間的・時間的に)遠くにあるものを指す	that あれ[それ]／あの[その]〜	those あれら[それら](の〜)

空間的な位置を表す例

- **This** is Ms. Ikeda, our teacher. (こちらが私たちの先生のイケダ先生です)
- **These** shoes are mine. **Those** are my sister's. (この靴は私のです。あれが妹のです)

時間上の位置を表す例

- It was cold **this** [**that**] morning. (けさ[その朝]は寒かった)
- **This** is the age of globalization. (現代[←この時代]は国際化の時代だ)

4技能Tips　Reading　前の内容を指す this/that

this や that が**前の内容**を指し,「この[その]こと」の意味を表す場合がある。下の文の this, that はそれぞれ下線部の内容を指している。

- His taxi got caught in a traffic jam. **That** was why he missed the flight.
(タクシーが渋滞に巻きこまれた。それで彼は飛行機の便に遅れた) (→ p. 225)
- There is evidence that TV does in fact lead people to accept more violence in everyday life. How could **this** not happen when it presents violent acts, often with guns and knives, as normal and common occurrences?
(テレビを通じて人々は実際に日常生活においてより多くの暴力を容認するようになるという証拠がある。テレビがしばしば銃やナイフを使った暴力行為を正常でありふれた出来事として放映している現在,こうしたこと(テレビの影響による暴力容認の風潮)が起こらないわけがない)

参考… this が次に述べる内容を指す場合がある
- I'm sorry to say **this**, but the party has been canceled.
  (こんなことを言うのは残念ですが、パーティーは中止になりました)

3-2 同じ名詞のくり返しを避ける that/those

> **259** The population of Japan is larger than **that** of the U.K.
> 日本の人口はイギリスの人口よりも多い。

(259) では「日本の人口」と「イギリスの人口」を比べており、the population (人口) のくり返しを避けるために that が使われている。

The population of Japan is larger than **that** of the U.K. (259)
　　　　　　　　　　　　　　　　　　　= the population of the U.K.
　日本の人口　←――――――→　イギリスの人口

この that は〈that of ～〉の形になることが多いが、of 以外の前置詞も使える。
- The situation is quite different from **that** *in* the U.S.
  (状況はアメリカ(の状況)とはまったく違います)　▶ that = the situation

〈the ＋複数形の名詞〉の代わりには those を使う。
- Second-hand books, especially **those** sold online, are very cheap.
  (古本、特にインターネット上で売られているものはとても安い)
  ▶ those = second-hand books

3-3 その他の注意すべき用法

> **260** All **those** (who were) present agreed with the decision.
> 出席者は全員その決定に賛成した。

ポイント　　**those** who ... = (the) people who ... (…する[である]人々)

those の後ろに関係代名詞の who を置くと、「…する[である]人々」の意味になる。主に新聞やニュースなどの書き言葉で使われる。(260) の **those** (who were) present は、「出席した[その場に居合わせた]人々」の意味(→ p. 406)。
- **Those** (*who were*) *injured in the crash* were taken to the hospital.
  (その衝突事故で負傷した人々は病院へ運ばれた)
  ▶ those に続く who are [were] はしばしば省略される。

4技能Tips Reading thoseが指すものを見極める

those は①「前にある複数形の名詞」，②「人々（**people**）」の2つの意味をもつ点に注意。

- The cave paintings recently discovered in Spain differ greatly in style from **those** (= cave paintings) previously found in France.
  （最近スペインで発見された洞窟壁画は，以前フランスで発見された洞窟壁画とは様式が大きく異なる）
- There are several reasons why the lifestyle of **those** (= people) in rural areas is often considered ideal by **those** (= people) living in the city.
  （田舎に住む人々の生活様式が都会に住む人々からしばしば理想的だと考えられることには，複数の理由がある）

表現　this/thatなどを含む慣用表現

- First, fold the paper in half **like this**. （最初に紙をこのように半分に折ってください）
- Things **like that** hardly ever happen here. （そのようなことはここではめったに起きない）
- Hello. **Is this** [**that**] Mr. Brown? **This is** [**It's**] [×I'm] Ken Tanaka.
  （もしもし。ブラウンさんのお宅ですか。こちらは）タナカ・ケンです）〈電話で〉
- **Who is this** [**it**] [×Who are you], please? （どちらさまですか）〈電話で〉
- I'm very busy **these days**. （このごろとても忙しい）
- Things were different **in those days** [**at that time**]. （当時は事情が違っていた）

> **参考** this/that ＋ 形容詞・副詞 ＝ これ [それ] ほど～ （≒ so）
> 主に話し言葉で，「これほど」という意味で so（副詞）の代わりに this/that を使うことがある。この意味の this/that は強く読まれる。
> - I didn't think the test was **thát** difficult.
>   （私はそのテストがこんなに難しいとは思わなかった）
> - The fish I caught yesterday was **thís** big.
>   （私がきのう釣った魚はこんなに大きかった）　▶手で大きさを示しながら話している状況。

✓ チェック 068

日本語の意味に合うように，（　　）に適語を入れなさい。

(1) マレーシアの気候は日本とはかなり違っている。
　　The climate in Malaysia is quite different from (　　　) (　　　) Japan.

(2) 出席者全員がその提案に賛成した。
　　All (　　　) present agreed with the proposal.

(3) こんなチャンスは決して二度とありませんよ。
　　You will never get a chance (　　　) (　　　) again.

4 不定代名詞

4-1 one

> **261** I want a new camera, but I don't have enough money to buy **one**.
> 私は新しいカメラが欲しいけれど，買うのに十分なお金がない。

ポイント　one =（同じ種類の）**不特定**の１つのもの

代名詞の one は，どの名詞を指すのかがわかっている状況で使われる。one を単独で使う場合と，one の前に修飾語などがつく場合とがある。

単独で使う one
数えられる名詞のくり返しを避けるために使い，〈a/an ＋名詞〉の意味を表す。
　I want a new camera, but I don't have enough money to buy **one**.（261）
　　　　　　　　　　　　　　　　　　　　　　　　　　　　　　　　　　　　　　＝ a camera

この one は「（**不特定の**）どれか１つのもの」の意味。決まった１つのものは it で表す。
- I want the latest model, but **it** [＝ the latest model] is very expensive.
  （私は最新機種が欲しいけれど，それはとても高価だ）

修飾語・冠詞をともなう one
one の前に修飾語や冠詞をつけると，「**特定の（～な）もの**」という意味になる。状況から何を指すかが明らかなときは，前に名詞がなくても使うことができる。
- My bike is *the* **one** *near the gate*.
  （私の自転車は門のそばにあるものです）　▶ one = bike
- My new shoes are more comfortable than *the old* **ones**.
  （私の新しい靴は，古いのよりもはき心地がよい）　▶ ones = shoes。複数のものは ones で受ける。
- "*Which* **one** would you like?" "*This* **one**, please."
  （「あなたはどれが欲しいですか」「これをもらいます」）
  ▶ one が具体的に何を指すかがお互いにわかっている状況で使う。

注意! ≫　one が使えない場合

　one はもともと「１つのもの」の意味だから，数えられない名詞の代わりには使えない
- I prefer raw fish to *cooked fish* [✗ *cooked one*].
  （私は，料理した魚より生魚のほうが好きだ）

　ones は単独では使えない
- "Do they have elephants in the zoo?" "Yes, I saw **some** [✗ ones]."
  （「動物園にはゾウはいるかい」「うん，何頭か見たよ」）

▶ I saw some big ones. のように修飾語をつけた形なら使えるが，ones だけでは使えない。

➕プラス　one のその他の使い方

「一般の人」を表す one 〈書き言葉〉
- **One** cannot have **one**'s cake and eat it too. 〈ことわざ〉
  （ケーキは食べたら手元に残らない）→（一度に２つのものは手に入らない）

〈**one of ＋複数形の名詞**〉＝〜のうちの１つ[人]
- **One of** my classmates has [✕ have] moved to Kyushu.
  （私のクラスメイトの１人が九州へ引っ越した）
  ▶〈one of ＋複数形の名詞〉が主語のとき，動詞は**単数**で受ける。

参考　形容詞の one
- **One** morning I found a puppy on my way to school.
  （ある朝，学校へ行く途中で子犬を見つけた）
  ▶ 後ろに morning があるので，この one は形容詞。one day（ある日），one time（あるとき）なども同様。

4-2　another/other など

another

262 This tie is too plain. Could you show me another, please?
このネクタイは地味すぎます。別のを見せてください。

> **ポイント**　another ＝ ほかの不特定の１つ[人]

another ＝ an（１つの）＋ other（ほかの）で，「ほかの（不特定の）どれか１つ」の意味を表す。(**262**) の another は「ほかのどれか１本のネクタイ」。

参考　形容詞の another
- Would you like **another** cup of tea?
  （お茶をもう１杯いかがですか）　▶ この another は「もう１つ[別]の」の意味の形容詞。

＋プラス another の後ろに複数形の名詞を置く例

another の後ろに〈数詞＋複数形の名詞〉を置いて,「さらに～」の意味を表すことがある。
- We need **another** *two weeks* to finish this work.
  （私たちはこの仕事を終えるのにさらに2週間必要だ）

the other

263 They are twins, but one is a boy and the other is a girl.
彼らは双子だが，1人は男の子でもう1人は女の子だ。

ポイント the other＝2つ[人]のうちの残りの1つ[人]

the は「特定の（1つに決まる）もの」の前につく。(263)では，2人のうち一方を one，残りの一方を the other で表している。

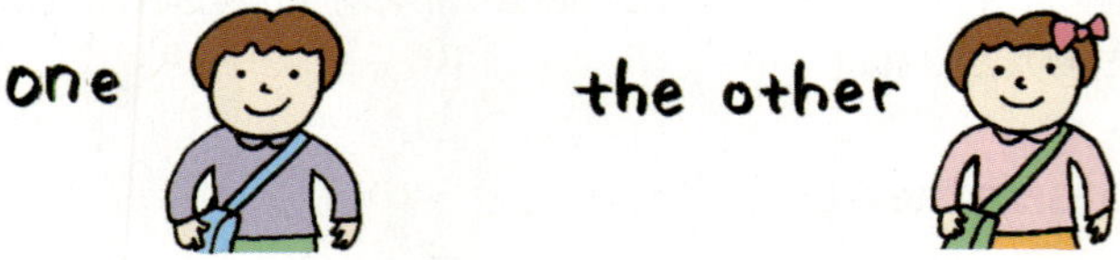

参考 other と else
- There is a convenience store on the **other** side of that street.
  （あの通りの反対側にコンビニがある）
  ▶「残りの一方の側」ということ。other は side を修飾する形容詞。
- Where is your **other** shoe?（きみのもう片方の靴はどこにあるの？）
  ▶ the other の the の代わりに，所有格を使うこともある。

some-/any-/no- で始まる語に「ほかの」の意味を加える場合は，else を使う。
- I'll ask *someone* **else**, if you can't go.
  （もしあなたが行けないのなら，ほかの誰かに頼みます）
  ▶ else は副詞で，修飾する語の直後に置くことに注意。

others

264 In their country, some people speak English, and others speak French.
彼らの国では英語を話す人もいれば，フランス語を話す人もいる。

ポイント some ～, (and) others ...＝～なものもあれば…なものもある

others は「ほかの不特定の複数のもの」を表す。another の複数形と考えればよい。(264) のように some とセットで使うことが多い。

➕プラス 「他人 (other people)」の意味で使う others

- My parents always told me to be kind to **others**.
  (私の両親は他人に親切にするようにといつも言っていた)
  ▶「ほかの不特定の人々」の意味なので the はつけない。

the others

265 One of the kittens is white, and the others are black.
子猫たちのうちの1匹は白く、そのほかの子猫は全部黒い。

ポイント　the others ＝ 残りの全部

ある集団の中で1つ(または複数)のものを除いた「残りの全部」を意味する。(265) では、複数の子猫のうち「(1匹を除いた)残りの全部」を表している。

表現　another/other などを使った慣用表現

each other ＝ お互い (one another)
- We communicate *with* **each other** through the Internet.
  (私たちはインターネットを通じてお互いに連絡を取り合う)
  ▶each other [one another] で代名詞なので、自動詞 communicate の後には前置詞が必要。

in other words ＝ 言い換えれば
- You are dehydrated. **In other words**, you need to drink a lot.
  (あなたは脱水症状を起こしている。言い換えれば、水をたくさん飲む必要がある)

on the other hand ＝ 他方では、その一方で
- I want to be a musician. **On the other hand**, I really like science.

（私はミュージシャンになりたい。その一方で科学が大好きだ）
▶ on one hand（一方では）とともに使われることも多い。

one after another ＝ 次々に
- New video games are coming out **one after another**.
（新しいテレビゲームが次々に発売されている）

the other day ＝ 先日，数日前
- I bought a digital camera **the other day**.（先日デジタルカメラを買った）

✓ チェック 069

(　　)内の語句のうち，正しいほうを選びなさい。
(1) My father's car is (one / the one) parked near the gate.
(2) This suitcase is too small. Can you show me (other / another), please?
(3) I was the only one who swam in the sea. (Others / The others) swam in the pool at the hotel.
(4) I heard someone calling me from (another / the other) side of the street.
(5) I've never seen them talking (each other / to each other).

4-3 both/either/neither など

both ＝（2つ［人］のうちの）どちらも

266 Both of my children like school.
私の子どもたちはどちらも学校が好きだ。

both of ～ は「～の両方」の意味を表し，後ろには複数形の名詞や代名詞を置く。（266）は次のようにも表せる。
≒ **Both** my children like school.　▶ both は形容詞。
≒ My children **both** like school.　▶ both を前の名詞（my children）と同格的に使った形。

> 参考… 形容詞の both
> - Hold the kitten in **both** hands.（その子猫は両手で持ちなさい）

both A and B ＝ AとBの両方

267 Both blue and black jeans are popular.
青のジーンズも黒のジーンズも人気がある。

both は and と結びつけて使うこともある。この形が主語のとき，動詞は複数で受ける。（267）は次のようにも表せる。

≒ *Blue and black jeans* are **both** popular.
   ▶both を前の名詞 (blue and black jeans) と同格的に使った形。

both A and B の A と B には，名詞のほかに形容詞や動詞も置くことができる。
- This new model is **both** *small* **and** *light*. (この新しいモデルは小さいし軽い)
- You can **both** *ski* **and** *swim* at this resort. (このリゾートではスキーも水泳もできます)

either =（2つ[人]のうちの）どちらか一方

> **268** Here are two questions. Answer either of them.
> ここに2つの質問があります。それらのどちらかに答えなさい。

ポイント　either =（2つ[人]のうちの）どちらか一方

either は「(2つ[人]のうちの)どちらか一方」の意味を表す。(268) の either of them は，either of the two questions (2つの質問のうちどちらか一方) ということ。

参考　形容詞の either
「(2人のうち)どちらかの生徒」は，次の形で表せる。
①**either of** the students (生徒たちのうちどちらか) 〈either =代名詞〉
②**either** student (どちらかの生徒) 〈either =形容詞〉
▶後ろの名詞が①では複数形 (students)，②では単数形 (student) になる点に注意。

プラス　either のその他の意味

〈**not + either**〉は「どちらも～ない」の意味
- I did**n't** see **either** of her parents. ≒ I saw **neither** of her parents.
  (私は彼女の両親のどちらにも会わなかった)　▶not + either = neither (→p.376)

either が「どちらでも」「両方」の意味を表す場合がある
- "Which CD shall I play?" "**Either** is OK."
  (「どちらのCDをかけましょうか」「どちらでもかまいません」)
- There are shops on **either side** of the street.
  ≒ There are shops on **both sides** of the street.　▶一般的な表現
  (通りの両側に店があります)
  ▶hand/side (側), end (端) など，2つで一対になっている語の前の either は「両方の」の意味を表す。後ろには単数形の名詞を置く。

either A or B ＝ AかBかどちらか

269 I'll have a haircut **either** today **or** tomorrow.
私は今日か明日髪を切ってもらいます。

either は or と結びつけて使うこともある。(269)は〈either A or B〉のAとBが副詞で,「今日か明日か(どちらか一方の日に)」の意味になる。

次の文は, AとBが動詞の例。
- You can **either** *buy* the book **or** *borrow* it from the library.
  (きみはその本を買ってもよいし, 図書館から借りてもよい)

neither ＝ (2つ[人]のうちの)どちらも〜ない

270 **Neither** of my parents agreed with my idea.
両親とも私の考えに賛成しなかった。

neither は「(2つのうち)両方とも〜ではない」の意味を表す。not の意味を含んでいるので,(270)は実質的には否定文になる。

neither は次のようにも使う。
- "Which would you like, pork or chicken?" "**Neither**."
  (「豚肉ととり肉のどちらにしますか」「どちらもいりません」)
  ▶ (I'd like) neither (of them). のカッコ内が省略されたもの。

> **参考…** 形容詞の neither
> - **Neither** answer [✕ answers] is [✕ are] correct. (どちらの答えも正しくない)
>   ▶ この文の neither は形容詞。後ろに単数形の名詞(answer)を置き, 動詞は単数で受ける。

neither A nor B ＝ AもBもどちらも〜ない

271 My father **neither** drinks **nor** smokes.
父は酒を飲まず, タバコも吸いません。

neither は nor と結びつけて使うこともある。(271)は〈neither A nor B〉のAとBが動詞で, 両方を否定している。

both/either/neither の用法のまとめ

	①代名詞としての用法	②形容詞としての用法	③接続詞としての用法
both	**both**(**of A**(複数)) (Aのうち)両方	**both A**(複数) 両方のA	**both A and B** AもBも両方とも
either	**either**(**of A**(複数)) (Aのうち)どちらか	**either A**(単数) どちらかのA	**either A or B** AかBかどちらか
neither	**neither**(**of A**(複数)) (Aのうち)どちらも〜ない	**neither A**(単数) どちらのAも〜ない	**neither A nor B** AもBもどちらも〜ない

▶副詞の either/neither については p. 564 を参照。

これらの語句が主語のとき，動詞は次のようになる。
- **both** は①②③とも**複数**で受ける。
- **either/neither** を受ける動詞は次のとおり。
  ①かたい表現では**単数**，くだけた表現では**複数**で受ける。
  - **Neither** (of the questions) is [are] easy. (どちら(の問い)もやさしくない)
  ②**単数**で受ける (後ろの名詞が単数形だから)。
  - **Neither** question is [×are] easy. (どちらの問いもやさしくない)
  ③**B**に一致させる。くだけた表現では**複数**で受ける。
  - **Neither** this question **nor** the next is [are] easy. (この問いも次の問いもやさしくない)

4-4 all

all = すべて(のもの[人])

> **272** Please answer **all** of the questions.
> すべての質問に答えてください。

代名詞の all は「すべて(のもの[人])」の意味で，**3つ[人]以上のもの**について使う。(272) の all of the questions は「(3つ以上の)質問のすべて」の意味。質問が2つなら both of the questions (その質問の両方) という。

➕プラス 代名詞の all と語順

all を名詞・代名詞の後ろに置くこともある。
(a) *We* **all** enjoyed the barbecue.
≒(b) **All of** *us* [× **All** *us*] enjoyed the barbecue.
(私たちはみんなバーベキューを楽しんだ)
▶(a)では we と all が〈同格〉の関係になっている。(b)のように all の後ろに代名詞を置くときは of が必要。

- *My friends* are **all** soccer fans. ≒ **All** of my friends are soccer fans.
(私の友だちはみんなサッカーファンです)
▶左の文では my friends と all が〈同格〉の関係になっている。

- The news surprised *them* **all** [× **all** *them*]. (その知らせは彼ら全員を驚かせた)
  ▶ The news surprised **all of** *them*. でもよい。

> **参考** 形容詞・副詞の all
> - **All** *my* [× *My* **all**] family are well. (私の家族は全員元気です) (→ p. 397)
>   ▶ the, 所有格, these などは all (形容詞) の後ろに置く。
> - My grandmother lives **all** *alone* in a large house.
>   (祖母は大きな家にたったひとりで住んでいる)
>   ▶ all は「まったく, すっかり (completely)」の意味の副詞。副詞 alone を修飾している。

all を使った慣用的な表現

273 All (that) I want is a quiet life with my family.
私が欲しいのは，家族との静かな暮らしだけだ。

ポイント all を含む文が「～だけ」という意味を表すことがある

<u>All (that) I want</u> <u>is</u> <u>a quiet life with my family.</u> (273)
　　　S　　　　　　 V　　　　　　C

「私が欲しいすべてのもの」＝「家族との静かな暮らし」

「私が欲しいすべてのものは，家族との静かな暮らしだ」とは，「私が欲しいのは，家族との静かな暮らしだけだ」ということ。したがって，次のように言い換えられる。

(273) ≒ I **only** want a quiet life with my family.

> **表現**　「～だけ (only)」の意味を表す all を使った文
> - This is **all** (that) I can do for you.
>   (私があなたにしてあげられるのはこれだけです)
>   ▶直訳は「これが，私があなたにしてあげられるすべてのことです」。
>
> **All S can do is (to)** *do* ＝「S にできるのは～することだけだ」(→ p. 154)
> - **All we can do is** (to) *wait* for his response.
>   (私たちにできるのは彼の返事を待つことだけだ)
>
> **All S have to do is (to)** *do* ＝「S は～しさえすればよい」
> - **All you have to do is** (to) *copy* these documents.
>   ≒ You **only have to** *copy* these documents.
>   (きみはこれらの書類をコピーするだけでよろしい)

4-5 none

274 He answered **none** of the questions.
彼は質問のどれにも答えなかった。

ポイント　**none** =（3つ[人]以上のうちで）どれ[誰]も～ない

neither（2つ[人]のうちのどちらも～ない）に対して，none は「3つ以上のもののうちのどれ[誰]も～ない」という意味を表す。(274) は次のように言い換えられる。
≒ He did**n't** answer **any** of the questions.　▶ not ～ any = 1つも～ない

➕ プラス　その他の用法

none は不可算名詞の前に置いて「少しも～ない」の意味でも使う
- Fortunately, **none of** the furniture was damaged.
 （幸運なことに，家具はどれも傷んでいなかった）

no one は人にしか使わないが，**none** は人にも物にも使う
- **None of** the students have [has] studied abroad before.
 （以前留学したことがある生徒は1人もいない）
  - ▶ none が主語のとき，動詞は単数または複数で受ける。

4-6 some/any

some

275　(a) We're out of eggs. I need to get **some**.
　　　　タマゴがなくなった。買わなくちゃ。
　　　(b) I need to get **some** eggs.
　　　　タマゴを（いくつか）買わなくちゃ。

ポイント　**some** =（不特定の）いくつか[いくらか]の（もの）〈肯定文で〉

(261) で「不特定の1つのもの」を表す one を学んだが，「不特定のいくつかのもの」は some で表す。(275-a) の some は代名詞。(275-b) の some は形容詞。

　　We're out of eggs. I need to get **some**. (275-a)
　　　　　　　　　　　　　　　　　　＝ some eggs

▶「そのタマゴ (the eggs)」の意味ではないから，some の代わりに them は使えない。

このように，「ばくぜんとした数量」を表す some は原則として肯定文で使う。

- There are **some** tomatoes in the fridge.（冷蔵庫に（いくつかの）トマトがある）
  - ▶数を問題にしないでばくぜんと「いくつかの」と言うときに some を使う。some が表す数量は，a few/little（少し）よりも多く，many/much（多い）よりも少ない程度と考えればよい。
- **Some of** the pieces of the puzzle are missing.
  （パズルのピースのいくつかがなくなっている）
  - ▶some = some pieces。some（代名詞）の指す名詞が前に出ていない場合もある。
- There's **some** bread in the kitchen.（台所に（いくらかの）パンがあるよ）
  - ▶some（形容詞）は，不可算名詞（単数形）の前に置くこともできる。any も同様。

> **参考…** 「ばくぜんとした数量」以外の意味を表す some
>
> some には次のような意味もある。これらの some は [sʌ́m] と強く読み，否定文・疑問文中でも使うことができる。
>
> **(なかには)〜なものもある**
> - **Sóme** didn't agree with him.（彼に賛成しない人たち**も**いた）
>   - ▶some = some people。(264) の others とともに使うこともある。
>
> **ある，何かの**
> - There must be **sóme** reason for his absence.
>   （彼が欠席したのは何かの理由があるにちがいない）
>   - ▶some reasons なら「いくつかの理由」の意味になる。

any

276
(a) She has lots of pets, but I don't have **any**.
　彼女はたくさんペットを飼っているが，私は1匹も飼っていない。
(b) I don't have **any** pets.
　私は1匹もペットを飼っていない。

> **ポイント** any＝1つ［1人，少し］（の〜）もない〈否定文で〉

「ばくぜんとした**数量**」を表す場合，否定文・疑問文では主に any を使う。(276) の any は，(a)では代名詞，(b)では形容詞として使われている。

　She has lots of pets, but I don't have **any**. (276-a)
　　　　　　　　　　　　　　　　　　　　　　＝ any pets

  - ▶否定文での any は「1つ[1人，少し]も〜ない」の意味を表す。〈not + any = no〉だから，... but I have **no** pets. とも言える（→ p.546）。
- We need some ice. Is there **any** in the freezer?
  （私たちには（いくらかの）氷が必要です。冷凍庫にいくらかありますか）　▶any = any ice

注意! 疑問文で any ではなく some を使う場合

〈勧誘・依頼〉の表現や，相手から肯定の返答を期待する文では，疑問文でも some を使う。

- I've just made some coffee. Would you like **some**?
  （今コーヒーを入れたよ。飲むかい？）
- Have you brought **some** lunch with you?
  （お昼を持ってきた(よね)？）

参考… if 節中で使う any

「ばくぜんとした数量」を表す any は，if 節中でも使う。

- Please ask me questions, *if* you have **any**. 〈any＝代名詞〉
  ≒ *If* you have **any** questions, please ask me. 〈any＝形容詞〉
  （もし何か質問があれば，私に尋ねてください）

「ばくぜんとした数量」を表す some/any の用法のまとめ

	肯定文中 (some)	否定文中 (any)	疑問文中 (any)
可算名詞の代わり	いくつか(の)	1つ[人](の〜)もない	いくつか(の)
不可算名詞の代わり	いくらか(の)	少し(の〜)もない	いくらか(の)

参考… 「ばくぜんとした数量」以外の意味を表す any

肯定文中で any を使うと，「どんな〜[もの]でも」という意味になる。この any は [éni] と強く読む。

- You can ask **ány** of the teachers for help. 〈any＝代名詞〉
  （どの先生にも助けを求めることができる）
- You can use **ány** dictionary. （どの辞書を使ってもよろしい）〈any＝形容詞〉

4-7 someone/nothing など

277
(a) **Someone** stole my bicycle.
誰かが私の自転車を盗んだ。
(b) There is **nothing** interesting on TV tonight.
今夜はテレビでは何もおもしろいものがない。

-one/-body は〈人〉を意味する接尾辞で，some などと組み合わせて次のような代名詞を作る。(a) の someone は「誰か」の意味。

	some	any	no	every
-one -body	someone somebody 誰か	anyone anybody 誰か／誰でも	no one nobody 誰も〜ない	everyone everybody みんな

これらの代名詞は**単数**として扱う。
- **Is** [✕ Are] **anybody** in? （どなたか(中に)おられますか）

- **Nobody has** [× have] ever solved the mystery.
  (その謎を解いた者は今までに誰もいない)

-thing は〈もの〉を意味する接尾辞で，some などと組み合わせて次のような代名詞を作る。

	some	any	no	every
-thing	something 何か	anything 何か／何でも	nothing 何も～ない	everything 全部

〈no ＝ not ＋ any〉なので，（277-b）は次のように言い換えられる（→p. 546）。
　There is **nothing** interesting on TV tonight.（277-b）
　≒ There is**n't anything** interesting on TV tonight.

- Can you smell **something** burning?（何かこげるにおいがしませんか）
  ▶疑問文ではふつう anything を使うが，肯定の答えを想定した問いでは something になる（→ p. 381）。
- You can get **everything** [**anything**] you want in this market.
  (この市場では欲しいものはすべて[何でも]手に入る)

✓ チェック 070

日本語の意味に合うように，（　　）に適語を入れなさい。
(1) 私の両親は2人とも東京出身です。
　　(　　　) (　　　) my parents are from Tokyo.
(2) あなたは電車でもバスでもどちらでも行けます。
　　You can go (　　　) by train (　　　) by bus.
(3) 私が彼女について知っていることはこれだけだ。
　　This is (　　　) I know about her.

✓ チェック 解答

066　(1) Let me introduce myself　(2) is more expensive than his
　　　(3) Help yourself to the cookies
067　(1) It took Ben two hours to solve　(2) took it for granted that
　　　(3) It doesn't matter to me who
068　(1) that in　(2) those　(3) like this
069　(1) the one　(2) another　(3) The others　(4) the other　(5) to each other
070　(1) Both of　(2) either, or　(3) all

Using Grammar in Context — UNIT 14 代名詞

Shopping Therapy

Emily : I like your jacket. Where did you buy it?

Yoko : I bought it in that new store in front of the station. They sell very fashionable clothes and shoes. And fortunately, it doesn't cost too much to buy most of them! I went there yesterday with my sister. She also bought a jacket, but I think mine is nicer.

Emily : I'd really like to have a look. It's 11:10 now, so the store should be open. Do you mind going there again?

Yoko : Of course not!

(in the store)

Yoko : Is there anything in particular you want?

Emily : Yes. I'm looking for a dress. I need a new one.

Yoko : Right. Oh, how about this dress? I think it'll suit you. Would you like to look at yourself in the mirror? It's over there.

Emily : This isn't bad, but how about that one?

Yoko : That's nice as well. I think it would look good on you.

Emily : I like it, but I'm not sure about the color. *(to the clerk)* Excuse me. Do you have this dress in any other colors? If so, I'd like it in purple.

Clerk : I'm sorry. There are only two colors; one is green and the other is red.

Emily : OK. In that case, I think I prefer the green one. Which color do you like, Yoko?

Yoko : I like both of them. Green is my favorite color, but I think red is better for this dress. It's hard to decide. I like both green and red. Actually, I think I want to buy this dress, too.

Emily : Really? But you've already got lots of dresses!

Yoko : I know. I have some nice dresses, but I'd like another! The problem is I don't have any money today. That's because I spent all of my pocket money on this jacket yesterday! I'll get some money from either my mom or dad again next week, though, so maybe I'll buy it another day. But window shopping is fun, even if we don't buy anything, isn't it?

Emily : Yes. I think it's nice to go shopping with friends. But also, I sometimes like to go shopping by myself. I suppose it's a kind of therapy.

Yoko : Yes, it is. We all need some ways to relax — nowadays, everyday life seems to cause a lot of stress!

Emily : That's true. I've recently heard about 'animal therapy'. Also, I know someone who has an interesting therapy. She says that she can get rid of her stress by walking in the forest. She calls it 'forest therapy'. So ... which would you like to try?

Yoko : Neither! For me, there's nothing better than shopping therapy!

和訳

ショッピングセラピー

エミリー： あなたのジャケットいいわね。どこで買ったの？

ヨウコ： 駅前のあの新しい店よ。とてもおしゃれな服や靴を売っているの。それに，ありがたいことに，ほとんどのものが買うにしてもあまり高くないのよ！　私はきのうそこに妹と行ったの。妹もジャケットを買ったのだけど，私のジャケットのほうがいいと思うわ。

エミリー： その店すごく見てみたいわ。今11時10分だから，店は開いているはずだわ。もう一度そこへ行くのってだめかしら？

ヨウコ： もちろんいいわよ！

（店内で）

ヨウコ： 何か特に欲しいものはある？

エミリー： ええ。ワンピースを探しているの。新しいものが必要なの。

ヨウコ： なるほど。あ，このワンピースはどう？　あなたに似合うと思うわ。鏡で自分の姿を見てみたい？　鏡は向こうにあるわ。

エミリー： これは悪くないわね。でもあっちのはどう？

ヨウコ： あれもすてきだわ。あなたに似合うと思う。

エミリー： それがいいわ。でも色はどうかな。（店員に）すみません。このワンピースで，ほかの色はありますか。もしあれば，紫色がいいのですが。

店員： 申しわけございません。2色しかないのです。1つが緑で，もう1つは赤です。

エミリー： わかったわ。それなら緑のほうがいいと思うわ。ヨウコ，どちらの色が好き？

ヨウコ： 両方とも好きよ。緑は私のお気に入りの色だけど，このワンピースなら赤のほうがいいと思うわ。決めるのは難しいわ。私は緑も赤もどちらも好きだわ。実は，私もこのワンピースを買いたいと思っているの！

エミリー： 本当？　でも，あなたはもうワンピースをたくさん持っているじゃない！

ヨウコ： わかっているわ。すてきなワンピースを何着か持っているけど，もう1つ欲しいわ！
　問題は今日お金をまったく持っていないことなの。それは，きのうお小遣いの全部をこのジャケットに使ってしまったからなの！だけど，来週にはママかパパからまたお金をもらえるから，たぶんそれを別の日に買うわ。でも，ウィンドーショッピングは，たとえ何も買わなくても楽しいわよね？

エミリー： ええ。友だちとショッピングに行くのっていいわね。でも，時にはひとりで行くのも私は好きよ。それは一種のセラピーだと思うわ。

ヨウコ： ええ，そうよ。私たちはみなリラックスする方法が必要よ。近ごろは，毎日の生活が多くのストレスをもたらしているようだわ。

エミリー： そのとおりよ。私は最近「アニマルセラピー」のことを聞いたの。それに私は，おもしろいセラピー方法をもっている人を知っているわ。彼女は森の中を歩くことでストレスを解消できるって言うの。彼女はそれを「森林セラピー」と呼んでいるわ。それで…あなたはどちらを試してみたい？

ヨウコ： どちらも結構よ！　私にはショッピングセラピーに勝るものはないもの。

UNIT 15

冠詞

冠詞が伝える新・旧の情報をつかもう

Introduction ··· **386**

1 不定冠詞 ··· **387**
    1-1 基本的な用法 ··· 387
    1-2 注意すべき用法 ··· 389

2 定冠詞 ··· **389**
    2-1 基本的な用法 ··· 389
    2-2 注意すべき用法 ··· 392

3 無冠詞 ··· **393**
    3-1 基本的な用法 ··· 393
    3-2 注意すべき用法 ··· 394

4 冠詞の位置 ··· **397**
    4-1 形容詞と冠詞の注意すべき語順 ····································· 397
    4-2 副詞と冠詞の注意すべき語順 ······································· 397
    4-3 a friend of mine 型の表現 ··· 398

チェック解答 ··· **399**

Using Grammar in Context
    Dr. Wong, the Astronomer ··· 400

Introduction

冠詞とは

冠詞は名詞の前に置く言葉で，次の2種類があります。

種類	はたらき	例
不定冠詞（**a/an**）	「不特定の1つのもの」の前につける	**a dog**（1匹の犬）
定冠詞（**the**）	「特定のもの」の前につける	**the dog**（その犬）

a dog（不特定の1匹の犬）　　**the dog**（特定の犬）

名詞と冠詞の関係

UNIT13で学んだ可算名詞・不可算名詞と，冠詞の基本的な関係をまとめると，次のようになります。

		a/an +	the +	無冠詞
可算名詞	単数形	**a dog**（1匹の犬）	**the dog**（その犬）	×**dog** ①
	複数形	×**a dogs** ②	**the dogs**（その犬たち）	**dogs**（犬一般）
不可算名詞		×**a music** ③	**the music**（その音楽）	**music**（音楽一般）

▶ ①可算名詞は，原則として「無冠詞・単数形」では使えません（go to school などの場合を除く）。
▶ ②③可算名詞の複数形や不可算名詞の前に a/an をつけることはできません。

Next, Putting it into Action!

冠詞は短い単語ですが，大きな役割をもっています。冠詞の使い分けと，冠詞の違いに応じて文の意味がどのように変わるかを見ていきましょう。

UNIT 15 冠詞

1 不定冠詞

1-1 基本的な用法

a と an の使い分け

278 We walked around the lake for **an** hour.
私たちは湖のまわりを1時間歩いた。

ポイント 　**母音**で始まる語の前では，a ではなく **an** を使う

(278) では，hour [áuər] の**語頭の h は発音されない**ため，最初の音は母音 ([au]) になる。したがって，不定冠詞は an を使う。
▶ an と後ろの語は，音をつなげて読む。たとえば an hour は「アナウア」，an apple は「アナポゥ」，an exciting game は「アネクサイティン(グ)・ゲイム」と聞こえる。

4技能 Tips　Speaking & Listening　「母音字」と「母音」

「母音字」とは，**a, e, i, o, u** の5つの文字のこと。アルファベットのうちそれ以外の文字は「子音字」という。「母音」とは，日本語の「**あ・い・う・え・お**」に近い音のこと。日本語では「母音＝あいうえお（母音字）の5つの音」だが，英語ではたとえば a（母音字）が [æ] [ʌ] [ei] [ɔː] など様々な母音の発音をもつ。このように，英語の「母音字」は5つだが，「母音」の種類はそれよりもずっと多い。

注意!　a と an を間違えやすい例

たとえば「司会者」を意味する MC の M は子音字だが，発音 ([ém síː]) は母音の [e] で始まるため，「1人の司会者」は an MC と言う。逆に，最初の文字が母音字でも a をつける場合もある。
● My sister works at **a** [×an] **university**. （姉は大学に勤めています）
　▶ university の発音は [jùːnəvə́ːrsəti]。[j] は「半母音」で，母音ではない。
そのほか，**useful** [júːsfl]（役に立つ），**UFO** [júːefoʊ]（ユーフォー），**European** [jùərəpíːən]（ヨーロッパの），**year** [jíər]（年）なども，最初の音が母音ではないので，an でなく a をつける。

a/an の基本的なはたらき

279 I want **a** new cellphone.
私は新しい携帯電話が欲しい。

ポイント 　a/an は「**不特定の1つのもの**」の前に置く

(279)のaは「携帯電話が(2台以上ではなく)1台欲しい」という数を問題にしているのではなく,「新しい携帯電話が(どれでもいいから)1台欲しい」という意味を表している。このようなa/anは,「後ろに単数の可算名詞がある」ということを知らせるための一種の記号と考えてよい。

注意! ≫ a/anと可算名詞・不可算名詞との関係

単数形の可算名詞の前には,a/anまたはtheが必要

(279)のcellphoneは可算名詞だから,×I want new cellphone.ように,単数形の前に冠詞がつかない形は誤り。I want **the** new cellphone.なら「その新しい携帯電話が欲しい」という意味になる(→p.386)。

〈a/an＋不可算名詞〉は誤り

a/anはもともとone(1つの)の意味だから,不可算名詞の前に置くことはできない。

- We have never seen (×a) snow since we moved here.
 (ここに引っ越してきて以来,私たちは雪を見たことがない)

参考… a/anとsomeの関係

「不特定の(数えられる)単数のもの」の前にa/anを置くのに対して,「不特定の複数のもの」や「数えられないもの」の前にはsome(いくつか[いくらか]の〜)を置く(→p.379)。

- She bought **some** tomatoes and **some** meat in the supermarket.
  　　　　　　可算名詞(複数形)　　　不可算名詞

 (彼女はスーパーで(いくつかの)トマトと(いくらかの)肉を買った)
 ▶2つのsomeはばくぜんとした数量を表し,a/anに近いはたらきをしている。

参考… a/anが伝える情報

a/anの基本的なはたらきは,「新しい話題を出す」ということである。次の2つの文を比べてみよう。

(a) I saw **a** small cat in the park.
(b) I saw the small cat in **a** park.
 ▶話し手は,(a)ではa small catを,(b)ではin a parkを新しい話題として示している。つまり,2つの文が伝えようとしているのは次の内容である。
　(a)＝私がその公園で見たのは,**ある小さな猫**だった。
　(b)＝私がその小さな猫を見た場所は,**ある公園**だった。

1-2 注意すべき用法

> **280** You should take this medicine three times **a** day.
> 1日に3回この薬を飲みなさい。

ポイント　a/anは「～につき（≒ per）」の意味でも使う

（280）は，a day で「1日につき」という意味になる。次の例も同様。

- I go to the convenience store several times **a** week.（私は週に数回コンビニを利用する）
  ▶ (280) やこの文のような話し言葉では，per ではなく a/an を使うのがふつう。a week の代わりに in a week とも言える。
- This copier can copy 30 pages **a** [per] minute.
  （このコピー機は1分間に30枚コピーできる）
  ▶ per は，機械の説明や sixty kilometers per hour（時速60キロメートル）のような定型表現で使われる。

＋プラス　a/an のその他の使い方

1つの～（≒ one）
- She didn't say **a** word.（彼女は一言も言わなかった）

ある～（≒ a certain）
- You are right in **a** sense.（あなたはある意味では正しい）

参考　**a full moon** などの表現

「月」は **the moon** だが（→ 282），「満月」は **a full moon**，「半月」は **a half moon** と言う。これは，(満ち欠けにより)月にいくつかの形があることを意識した言い方である。このように，本来は数えない名詞であっても，形容詞が加わって「種類」が意識されるようになると，前に a/an がつく場合がある。a delicious lunch（おいしい昼食）なども同様。

2 定冠詞

2-1 基本的な用法

the の基本的なはたらき

> **281** Pass me **the** remote, please.
> リモコンを取ってもらえますか。

ポイント　**the** は「特定のもの」の前に置く

the は「特定のもの」、つまり「何を指すかが相手にもわかると話し手が考えているもの」の前に置く。次の2つの文の意味の違いを考えてみよう。

(a) Pass me **that** remote, please.
(b) Pass me **the** remote, please. (281)

(a)は、話し手から離れた位置にあるリモコンを**実際に見ながら**「あそこのリモコンを取って」と言う場合に使う（→p.367）。
(b)は、リモコンが話し手の**視界に入っている必要はなく**、「どのリモコンを指すかが聞き手にわかる」と話し手が思っている場合に使う。
「どのリモコンか」を相手が特定できない場合には、(b)は使えない。たとえば、部屋の中に複数のリモコン（テレビ、DVDプレーヤー、エアコンなど）がある状況で(b)を使うと、"Which one?"（どれ？）と聞き返されるかもしれない。その場合はPass me the TV remote.（テレビのリモコンを取って）のように言う。

次の例も同様。
- The game was canceled because of (the) rain.
 （試合は（その）雨で中止された）
 ▶ game に the がついているのは、聞き手も知っている「その（特定の）試合」だから。rain については、単に「雨で」と言うときは the をつけない。「（きみも知っている）そのときの雨で」と言うときは the をつける。

the ＋この世に1つしかないもの

282 **The earth** moves around **the sun**.
地球は太陽のまわりを回っている。

この世に1つしかないものや、常識的に考えて1つに特定できるものの前には the をつける。(282)の「地球」や「太陽」は1つしかなく、誰にとっても「特定のもの」だから the をつける。**the sky**（空）、**the world**（世界）、**the government**（政府）などの the も同様。

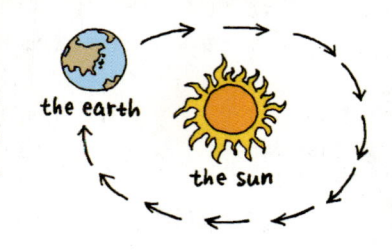

注意！ ≫ 母音の前の the の読み方
the はふつう [ðə] と（軽く）読むが、earth [ə́ːrθ] のように母音で始まる語の前の the は [ði] と読む。

> **参考…** 定冠詞と固有名詞
> 固有名詞には the をつけないことが多いが,慣用的に the をつける場合もある。
> **the をつける固有名詞：海・川・山脈・公共の建造物など**
> 普通名詞を含む固有名詞には, the をつけることが多い。
> **the** Japan Sea（日本海）, **the** British Museum（大英博物館），
> **the** United Nations（国連）
> また, **the** Hudson (River)（ハドソン川）, **the** Pacific (Ocean)（太平洋）のように,後ろに普通名詞が省略されている場合にも the をつける。
> **the をつけない固有名詞：人名・国名・都市名・空港・公園・駅名・山・湖など**
> ● I met her at (×the) **Shibuya Station**.（渋谷駅で彼女に会った）
> 山や湖は, Mt. Everest（エベレスト山）, Lake Biwa（琵琶湖）のように表す。

the ＋ 名詞を１つに限定する形容詞＋名詞

283 P.E. is the only subject I don't like.
体育は，私が好きではないただ１つの科目です。

最上級の形容詞,序数詞（**first/second/third** など），**only**（唯一の〜），**same**（同じ〜）などのついた名詞は「特定のもの」なので,前に the（または this/that,所有格など）を置く。
● We are from **the same** junior high school.（ぼくたちは同じ中学の出身です）
● This is **the singer's first** album.（これはその歌手の最初のアルバムです）

the ＋ 名詞＋修飾語句

284 Most of the people [× Most people] watching the movie began to cry.
その映画を見ていた人々のほとんどが泣き出した。

後ろの修飾語句によって名詞が「特定のもの」になれば,その名詞の前に the をつける。(284)では,「映画を見ていた人々」は特定の人々だから, people の前に the がつく。次の文と比較してみよう。
● **Most children** like ice cream.（ほとんどの子どもはアイスクリームが好きだ）（→p. 449）
  ▶修飾語句がなく,子ども一般を指すときは the はつかず, most of the children とは言わない。

> **参考…** 修飾語句があっても名詞が「特定のもの」にならない場合
> 名詞の後ろに修飾語句があっても, the をつけない場合もある。
> ●「私は洋書を売っている書店（のどれか）を探しています」
>   → I'm looking for **a** [× the] bookstore that sells foreign books.
>   ▶「洋書を売っている書店ならどこでもいいから（そのうちの１つを）探している」と言いた

いときはaを使う。英作文などでこうした冠詞の誤りがよく見られるので注意。その地域に洋書を売っている書店が1軒しかないときは，店が特定されるので the を使う。

2-2 注意すべき用法

「特定のもの」ではない名詞の前に置く the

> **285** She plays the violin in the school orchestra.
> 彼女は学校のオーケストラでバイオリンを弾く。

特定のものでなくても，慣用的に the をつける名詞がある。〈**play＋the＋楽器名**〉は「〜を演奏する」の意味。(285)の the violin は「(聞き手も知っている)特定のバイオリン」という意味ではないが，慣用的に the をつける。

by the ＋ 単位を表す名詞

> **286** People working part-time are paid by the hour.
> アルバイトの人たちは時間単位で給料を支払われる。

〈by the ＋単位を表す名詞〉が「〜単位で」の意味を表すことがある。(286)の **by the hour** は「時間単位[時給]で」の意味。hour の代わりに **day**(日)，**week**(週)，**month**(月)を入れれば「日[週，月]単位で」の意味になる。**by the pound**(ポンド単位で)など，〈数量・単位〉を表す名詞をこの形で使うことができる。
- Pencils are sold **by the dozen**. (鉛筆はダース単位[1ダース当たりいくら]で売られている)

「身体の一部を〜する」の表し方

> **287** Someone tapped me on the [× my] shoulder.
> 誰かが私の肩をたたいた。

ポイント　V＋人＋前置詞＋the＋身体の部分＝〈人〉の〈身体の部分〉を〜する

次の2つの文は同じ事実を表すが，意味の重点が異なる。
(a) Someone tapped **my shoulder**.
(b) Someone tapped **me** on the shoulder. (287)

(a)は「誰かが私の肩を(軽く)たたいた」という意味。意味の重点は my shoulder にある。(b)は Someone tapped me (誰かが私をたたいた)とまず言ってから，on the shoulder (肩の部分を)という説明を加えている。(b)のような文では，所有格の代わりに the を使う。

同様の表現には，次のようなものがある。

- catch [hold/seize/take] ＋人＋ by the arm（〜の腕をつかむ）
- hit [strike] ＋人＋ on the head（〜の頭をなぐる）
- kiss ＋人＋ on the cheek（〜のほおにキスする）
- look ＋人＋ in the face [eye(s)]（〜の顔[目]をじっと見る）

プラス the ＋形容詞[分詞] ＝ 〜な人々

〈the ＋形容詞[分詞]〉が「〜な人々」の意味を表すことがある。

- They are building a new facility for **the elderly**.
  （彼らは高齢者のための新しい施設を建てている）
  ▶ the elderly ＝ elderly people（高齢の人々）。**the rich**（お金持ちの人々），**the poor**（貧しい人々），**the young**（若者），**the unemployed**（失業者）なども同様。

✓チェック 071

日本語の意味に合うように，(　　　)に a, an, the のどれかを入れなさい。

(1) 私は週に１回ジムに行く。
　　I go to the gym once (　　　) week.
(2) これはぼくのと同じ携帯電話だ。
　　This is (　　　) same mobile phone as mine.
(3) これは役に立つ辞書だ。
　　This is (　　　) useful dictionary.
(4) その市場ではブドウはキログラム単位で売られている。
　　Grapes are sold by (　　　) kilogram at the market.
(5) その犬は私の目を見つめた。
　　The dog looked me in (　　　) eye.

3 無冠詞

3-1 基本的な用法

「〜というもの」〈総称〉は無冠詞

288 My mother likes **cats** very much.
　　　母は猫が大好きです。

「〜一般，〜というもの」〈総称〉は，名詞の前に冠詞をつけずに（無冠詞で）表すのが原則。(288) の likes cats は「猫一般が好きだ」という意味を表す。

プラス 〈総称〉の表し方

「〜一般」を表すには，**可算名詞は無冠詞複数形，不可算名詞は無冠詞単数**

形を使うのが一般的。

	主語の位置	目的語の位置
可算名詞 （catなど）	Cats are cute. （猫はかわいい）	I like cats. （私は猫が好きだ）
不可算名詞 （musicなど）	Music is fun. （音楽は楽しい）	I like music. （私は音楽が好きだ）

ただし，定義を述べる文で可算名詞が主語の位置にあるときは，次の形も使う。

- **A cat** is a cute animal. 〈a/an＋単数形〉
- ≒ **The cat** is a cute animal. 〈the＋単数形〉
  （猫はかわいい動物だ）

「～一般」を表す場合，名詞の前に the をつけないよう注意しよう。
- (✕ The) **Fish bones** are rich in calcium. （魚の骨にはカルシウムが豊富だ）
- I like playing (✕ the) **video games**. （私はテレビゲームをするのが好きだ）
- (✕ The) **Water** is essential to life. （水は生きていくのに不可欠だ）
- It's important to save (✕ the) **energy**. （エネルギーを節約することは大切だ）

参考… 〈総称〉を表す the
(285)の play the violin などは，〈the＋名詞〉が「～というもの」の意味を表す例である。そのほか，工業製品や発明品（例：computer）も，前に the をつけて〈総称〉の意味で使うことがある。
- When was **the computer** invented? （コンピュータはいつ発明されましたか）
  ▶ the computer は「その（特定の）コンピュータ」ではなく「コンピュータという機械」〈総称〉の意味を表す。

3-2 注意すべき用法

抽象的な目的や機能などを表す名詞は無冠詞

> **289** It's time to go to bed.
> もう寝る時間だよ。

抽象的な目的や機能を表す名詞には冠詞をつけない。(289)の go to bed（寝る）の bed は，物としてのベッドではなく，「寝る場所」という抽象的な意味を表す。このような場合は，go to the bed のように冠詞はつけない。
▶ go to the bed は「そのベッドのところへ行く」という意味にしかならない。

同様に **go to school**（学校へ行く）の school は，具体的な建物ではなく「**勉強する場所**」という**抽象的な意味**を表す。また，**watch television**（テレビを見る）も，見るのは物としてのテレビ受像機ではなく「放送される番組」である。このように，普通名詞を抽象的な意味で使うときには無冠詞にする。

交通・通信などの手段を表す名詞は無冠詞

> **290** I usually come to school **by bus**.
> 私はふだんバスで通学しています。

ポイント　〈**by** ＋ 交通・通信〉などの手段を表す名詞には冠詞をつけない

(290)の bus は，具体的な乗り物ではなく「バスという手段」という抽象的な意味を表す。このような場合は冠詞をつけない。**by car [plane/ship/taxi/train]**（車[飛行機／船／タクシー／電車]で）などの交通手段や，次のような例も同様。
- Can I contact him **by phone [mail/e-mail]**?
  （彼に電話[郵便／(電子)メール]で連絡を取ることができますか）
- This sweater must be washed **by hand**.（このセーターは手で洗わなければならない）

役職などを表す名詞は無冠詞

> **291** She was elected (as) **mayor**.
> 彼女は市長に選ばれた。

ポイント　C(補語)のはたらきをする役職・身分などを表す名詞には冠詞をつけない

この用法でよく使われる動詞には，次の2つがある。as は省略可能。
elect ＋ O ＋ (as) C ＝ O を C に [として] (選挙で) 選ぶ（291）
appoint ＋ O ＋ (as) C ＝ O を C に [として] 任命する
- He was **appointed (as) chairperson** of the committee.
  （彼は委員会の議長に任命された）

参考　**as** ＋ 役割などを表す無冠詞の名詞
　　　　as（～として）の後ろの名詞が役割などを表すときは，the を省いて無冠詞にすることが多い。
- She acted **as** (the) **interpreter** at the conference.
  （彼女はその会議で通訳を務めた）
  ▶「彼女」が会議での唯一の通訳のときは冠詞をつけないことが多い。複数いる通訳のうちの1人のときは，as an interpreter と言う。

対句は無冠詞

292 She read the book **from cover to cover** in one night.
彼女はその本を最初から最後まで一晩で読み終えた。

対句（同じ語や対になる意味をもつ語を組み合わせたフレーズ）では，名詞に冠詞をつけないことが多い。(292)の from cover to cover は，「(本の)表紙から(裏)表紙まで→最初から最後まで」という意味を表す。次のような対句も同様。

- This tunnel measures 5.8 kilometers **from end to end**.
  （このトンネルは端から端まで5.8キロメートルです）
- My mother works **from morning till night**.（母は朝から晩まで働いている）
- **Rain or shine**, farmers work outside.
  （雨が降ろうが日が差そうが，農家の人は外で働きます）
- They worked **night and day** to meet the deadline.
  （彼らは締め切りに間に合わせるために昼夜を問わず働いた）
- I prefer talking **face to face** to talking on the phone.
  （私は電話でよりも(直接)向かい合って話をするほうがよい）

➕プラス　慣用的に無冠詞で使うその他の名詞

次のような名詞には，ふつう冠詞をつけない。

スポーツ名	Let's play (×the) **tennis** after school.（放課後テニスをしよう）
食事名	What did you have for (×the) **breakfast**?（朝食に何を食べましたか）
学問名	I want to study (×the) **psychology** in college. （大学で心理学を学びたい）
病　名	My grandfather died of (×the) **cancer**.（祖父はガンで死んだ）
その他	**Mom** is out shopping now.（ママは今，買い物に出ているよ） I have a headache, **Doctor**.（頭が痛いんです，先生） ▶家族や呼びかけに使う名詞は固有名詞に近いので，冠詞をつけない。

✓ チェック 072

日本語の意味に合うように，(　)にa, an, theのどれかが入るときはその語を入れなさい。何も入らないときは×で答えなさい。

(1) 私は1日に約1時間テレビを見る。
　　I usually watch (　　　) TV for about (　　　) hour (　　　) day.

(2) 弟は学校のバスケットボール部の主将に任命された。
　　My brother was elected (　　　) captain of (　　　) school basketball club.

(3) 私たちは放課後サッカーをした。
　　We played (　　　) soccer after (　　　) school.

4 冠詞の位置

4-1 形容詞と冠詞の注意すべき語順

> **293** All the [×The all] students passed the test.
> 全生徒がそのテストに合格した。

ポイント 〈**all** + **the** + 名詞〉などの語順に注意

一般の形容詞は，a big house（大きな家）のように冠詞と名詞の間に置く。一方，**all**（全部の），**both**（両方の），**double**（2つの），**half**（半分の）や倍数詞（**twice**，**three times** など）は，冠詞の前に置く。

- We've had **double** [twice] **the average** rainfall this month.
  （今月は平均雨量の2倍の雨が降った）
- We waited for **half an** [×a half] **hour**. （私たちは30分待った）
- The estimate was **three times the amount** I expected.
  （見積もりは私が予想した3倍の額だった）

プラス 冠詞と同じ位置に置く語

指示代名詞（this/that/these/those）や所有格（my/your/Tom's など）も，冠詞と同様のはたらきをする（名詞の前に置いて名詞の意味を限定する）。これらの語も冠詞と同じ位置に置く。
- Copy **all these** documents.（これらの書類を全部コピーしなさい）
- **Both my** [×My both] parents are from Tokyo.
  （私の両親はどちらも東京の出身だ）
- Annie's husband is nearly **twice her** age.（アニーの夫は彼女のほぼ2倍の年齢だ）

4-2 副詞と冠詞の注意すべき語順

> **294** This is too good a chance to miss.
> こんないいチャンスを逃すことはできない。

ポイント 〈**as/how/so/too** + 形容詞 + **a/an** + 名詞〉の語順に注意

too などの副詞は後ろの形容詞とセットで使うため，次のような特殊な語順になる場合がある。

This is **a** <u>very good</u> **chance**. (これはすごくよいチャンスだ)

This is **too good** a chance to miss. (294)
- ▶〈too ～ to *do*〉の構文（→p.157）で,「よすぎる」という意味を強調するために too good がまとまって前に出た形。直訳は「これは逃すにはよすぎるチャンスだ」。
- ▶この語順では a/an が必要。たとえば「熱すぎるお茶」を ✕ too hot tea と言うことはできない。

> **注意！》** 別の表現での言い換え
>
> 特に話し言葉では，このような特殊な語順を避けて，別の表現を使うことが多い。次の例では，どちらも右側がふつうの言い方（→p.35, 444）。
>
> △ It was **so beautiful a flower**. ↔ ○ It was **such a beautiful flower**.
> （それはとても美しい花だった）
>
> △ **How careless a mistake** I made! ↔ ○ **What a careless mistake** I made!
> （私は何と不注意な間違いをしたのだろう）

4-3 a friend of mine 型の表現

295 **A friend of mine is a librarian.**
私の友だちの1人は図書館職員だ。

> **ポイント**　〈a/an ＋ 名詞 ＋ of ＋ mine〉 などの語順に注意

冠詞と，冠詞に準じるはたらきをする語（所有格・this など）を**並べて使うことはできない**。(295)では,「私の友だちの1人」を ✕ a my friend と言うと a と my が並ぶことになるので, my を of mine (所有代名詞) の形にして後ろへ回す。

✕ A <u>my</u> friend is a librarian.

○ A friend **of mine** is a librarian. (295)
　　　　　〈of＋所有代名詞〉

次の例も同様。

✕ This Ken's pen was made in Germany.
○ **This pen of Ken's** was made in Germany. (ケンのこのペンはドイツ製だ)
- ▶名詞の場合は〈of＋所有格〉の形を後ろに置く（→p.349）。

✕ I'll show you <u>my some</u> [some my] photos.
○ I'll show you **some of my photos**. (私の写真の何枚かを見せてあげよう)
- ▶some, any, no, every, each なども，冠詞と並べて使うことはできない。

4技能Tips Writing 「冠詞」「this/that など」「所有格」を2つ以上並べて使わないこと

英作文などで，これらの語を2つ以上並べて使わないよう気をつけよう。**「this/that や所有格があるときは冠詞は不要」**と覚えておくとよい。

- 「これは私が大好きな曲です」
  - → ✕ This is <u>a</u> <u>my</u> favorite song. / ○ This is <u>my</u> favorite song.
- 「私はハワイでこの写真を撮りました」
  - → ✕ I took <u>a</u> <u>this</u> picture in Hawaii. / ○ I took <u>this</u> picture in Hawaii.

✓ チェック 073

日本語の意味に合うように，(　　) に適語を入れなさい。

(1) 私の服は全部中国製です。
　　(　　　　) (　　　　　) clothes are made in China.

(2) 私は姉ほど料理がじょうずではありません。
　　I'm not (　　　　) (　　　　) (　　　　) cook as my sister.

(3) 彼女のあの犬はとてもかわいい。
　　(　　　　) dog (　　　　) (　　　　　) is very cute.

✓ チェック 解答

071 (1) a　(2) the　(3) a　(4) the　(5) the
072 (1) ✕, an, a　(2) ✕, the　(3) ✕, ✕
073 (1) All my　(2) as good a　(3) That, of hers

Using Grammar in Context

UNIT 15　冠詞

Dr. Wong, the Astronomer

(Dr. Wong, an astronomer from Malaysia, visits Kenta's school to talk about the universe. After the lecture, some students are asking him questions.)

Kenta : Dr. Wong, you are an astronomer. When did you first become interested in learning about the universe?

Dr. Wong : When I was at elementary school, my father bought me a telescope. Through the telescope I saw the moon. At school, I learned why there are 24 hours in a day and 365 days in a year. This is because the earth rotates once a day, taking 24 hours, while it moves around the sun, which takes 365 days, or one year. I had never imagined that the earth was moving, so I was very excited. This was the starting point of my interest in the universe. I went to university after graduating from high school, and I majored in astronomy.

Miyuki : You said that you are now studying the possibility of life on other planets in the universe. What are you hoping to find?

Dr. Wong : Well, I'm trying to find the same type of planet as the earth, or similar planets, where some form of life may exist. The earth is in the solar system, and so far it is the only planet we know of where life exists. But the universe is huge, and outside the solar system there are countless stars and planets. Air and water are essential for living things. That's why I'm now looking for planets which may have air and water.

Hideo : That's very interesting. But may I ask you about something different from your work?

Dr. Wong : Sure!

Hideo : What do you do to relax? Or are you always thinking about your studies?

Dr. Wong : I don't work all the time! I sometimes play the piano. I'm not very good, but when I play the piano I can forget about my work and just relax.

Ayumi : Really? What else do you do?

Dr. Wong : I often go to the beach by bicycle. And I enjoy spending time with my dog. I like dogs, but my dog is more than just a pet. He is a friend of mine. He also likes looking at stars. Maybe it's true that pets become more and more like their owners!

和訳

天文学者のウォン博士

（マレーシア出身の天文学者であるウォン博士がケンタの学校を訪れて宇宙について語ります。講演終了後，何人かの生徒たちが質問をしています。）

ケンタ：ウォン博士，あなたは天文学者です。あなたが最初に宇宙について学ぶことに興味をもったのはいつですか。

ウォン博士：私が小学生だったときに，私の父が望遠鏡を買ってくれました。私は望遠鏡で月を見ました。私は学校で，なぜ1日が24時間で1年が365日なのかを学びました。これは地球が1日に1回自転していて，24時間かかるためです。その一方，地球は太陽の周りを公転していて，これには365日，つまり1年かかるためです。私は地球が動いているなんてまったく想像していませんでしたので，とてもわくわくしました。これが宇宙に対する私の興味の始まりです。私は高校を卒業して大学に行き天文学を専攻したのです。

ミユキ：宇宙のほかの惑星における生命の可能性について研究しているとおっしゃいました。何を発見することを期待されていますか。

ウォン博士：そうですね。私は地球と同じタイプの惑星または似た惑星を見つけようとしています。そこではある種の生命が存在するかもしれないのです。地球は太陽系にあります。地球は，今のところ私たちが知る，生命が存在する唯一の惑星です。でも，宇宙は広大で，太陽系の外には数えられないほどの恒星や惑星があります。空気と水は生き物には不可欠です。そういうわけで，私は今，空気や水をもつ可能性のある惑星を探しているのです。

ヒデオ：それはとても興味深いですね。でも，何かあなたのお仕事とは違うことについて質問してもいいですか。

ウォン博士：もちろんです！

ヒデオ：リラックスするために何をしますか。それとも，いつも自分の研究のことを考えているのですか。

ウォン博士：ずっと研究ばかりをしているわけではありません！　私はときどきピアノを弾きます。私はそれほどじょうずではありませんが，ピアノを弾くと仕事のことを忘れてリラックスすることができます。

アユミ：そうですか。ほかには何をなさいますか。

ウォン博士：よく自転車で浜辺へ行きます。そして自分の犬と過ごす時間を楽しむのです。私は犬が好きですが，でも私の犬は単なるペット以上の存在なのです。彼は私の友人の1人です。彼もまた星を見るのが好きなのです。おそらく，ペットはだんだん飼い主に似てくるというのは本当でしょう！

column
新情報と旧情報

言葉によるコミュニケーションは，**話し手**（情報を伝えようとする人）と**聞き手**（その情報を受け取る人）との間で行われる。話し手の目的は，「**聞き手にとって新しい情報を示すこと**」である。

1つの文には，次の2種類の情報が含まれていることが多い。

新情報	話し手が新たに示す [聞き手にとって新しい] 情報
旧情報	お互いがすでに知っている [聞き手がすでに知っている] 情報

次の対話で考えてみよう。

(a) **Whát** did you have for lunch? — (b) I had a **hámburger**.
　　新情報　　旧情報　　　　　　　　旧情報　　新情報
((a)「昼食に何を食べたの？」 (b)「ハンバーガーだよ」)

(a)の発言中の新情報は What。疑問詞で始まる疑問文では，その疑問詞が新情報となる。(a)の話し手は(b)が昼食を食べたことを知っており，何を食べたのかを尋ねようとしている。一方，(b)の発言中では，I had は ((a)の did you have を受けているので) 旧情報であり，a hamburger が新情報になる。

英語の文（平叙文）は，(b)のように「お互いが知っていることを最初に確認する」→「大切な情報を後ろに置いて強調する」という基本構造をもっている。

> **ポイント**
> ① 新情報は原則として後ろに置く
> ② 新情報は強く読む (→ p. 598)

次に，冠詞の使い分けと関連づけて考えてみよう。一般に，**a/an は新情報を，the は旧情報を表す**。

(a) I bought **a camera** yesterday.（私はきのうカメラを買った）
　　　　　　　新情報
(b) I bought **the camera** yésterday.（私はそのカメラをきのう買った）
　　　　　　　旧情報　　　新情報

(a)では a camera が新情報であり，話し手は「私がきのう何を買ったかといえば，それはカメラだ」という情報を伝えようとしている。一方，(b)の the camera は旧情報，つまり「（きみも知っている）そのカメラ」の意味であり，カメラのことはすでに話題になっている。新情報は文の最後に置かれた yesterday であり，話し手は「私がそのカメラをいつ買ったのかといえば，それはきのうだ」という情報を伝えようとしている。このように「大切な情報を後ろに置く」「その情報を強く読む」という点を意識すれば，自然な英文を書いたり話したりするのに役立つ。

UNIT 16 形容詞

> 形容詞には2つの使い方がある

Introduction …… 404	5-7 likely/unlikely …… 416
	5-8 same …… 417
1 限定用法 …… 405	6 形・意味に注意すべき形容詞 …… 418
1-1 形容詞＋名詞 …… 405	6-1 形のまぎらわしい形容詞 …… 418
1-2 名詞・代名詞＋形容詞 …… 405	6-2 意味のまぎらわしい形容詞 …… 419
2 叙述用法 …… 406	7 数量を表す形容詞 …… 419
2-1 SVC の C となる形容詞 …… 406	7-1 many/much/a lot of など …… 419
2-2 SVOC の C となる形容詞 …… 407	7-2 a few/a little と few/little …… 420
2-3 限定用法と叙述用法の識別 …… 407	7-3 a large number of など …… 422
3 形容詞のはたらきをもつ分詞（分詞形容詞） …… 409	7-4 large/small など …… 423
	8 数詞・数量の表し方 …… 424
4 形容詞＋ that 節 …… 410	8-1 数詞の種類 …… 424
4-1 S〈人〉＋ be 動詞＋形容詞＋that 節 …… 410	8-2 大きな数 …… 425
4-2 It is ＋形容詞＋ that 節 …… 411	8-3 ばくぜんとした多数 …… 425
5 使い方に注意すべき形容詞 …… 413	8-4 分数・小数 …… 425
5-1 主語に注意すべき形容詞 …… 413	8-5 時を表す表現 …… 427
5-2 afraid …… 414	8-6 具体的な長さや大きさなどを表す表現 …… 427
5-3 alike/similar …… 414	**チェック解答** …… 428
5-4 certain/sure …… 414	
5-5 every …… 415	**Using Grammar in Context**
5-6 each …… 416	The Tour Guide …… 429

Introduction

形容詞の2つの用法

形容詞は，**名詞の状態・性質・数量**などを表します。形容詞には次の2つの使い方があります。

使い方	例
名詞を修飾する（限定用法）	This is a **big** cat.（これは大きな猫だ）
補語（C）になる（叙述用法）	This cat is **big**.（この猫は大きい） 　S　V　C

多くの形容詞は，このように両方の使い方ができます。どちらかの使い方だけをもつ形容詞や，使い方によって意味が異なる形容詞もあります。

用法・形・意味がまぎらわしい形容詞

使い方や意味を誤りやすい形容詞に注意しましょう。

主語に注意すべき形容詞の例
- Is tomorrow **convenient** for you? [✕ Are you convenient tomorrow?]
（あなたは明日都合がいいですか）（→p. 413）

形や意味がまぎらわしい形容詞の例
- He looks **respectable** [✕ respectful/respective] in a suit.
（彼はスーツを着ると立派に見える）（→p. 418）

Next, Putting it into Action!

形容詞の2つの用法や，個々の形容詞の使い方などについて詳しく見ていきましょう。

UNIT 16 形容詞

1 限定用法

1-1 形容詞＋名詞

296 Sally has **long** hair.
サリーは長い髪を持っている。

形容詞が名詞を修飾する用法を限定用法という。
限定用法の形容詞は，原則として名詞の前に置く。

　　　　　　形容詞 名詞
Sally has **long** hair.（296）
　　　　　「長い」　　「髪」

プラス　2つ以上の形容詞の並べ方

名詞の前に2つ以上の形容詞を並べて置くときは，名詞との意味的なつながりが強い形容詞ほど名詞の近くに置く。具体的には次のような順になる。

数	主観的な評価	形・状態	本来の性質	＋名詞
first, three など	good, nice, pretty など	big, long, new, sick など	American, red, wooden など	

▶冠詞・所有格・this/that などは，形容詞の前に置く。

- Sally has **beautiful long black** hair.
（サリーは美しく長い黒髪を持っている）
　▶「美しい」（主観的な評価），「長い」（一時的な状態），「黒い」（本来持っている性質）は，この順に名詞（hair）との意味的な結びつきが強い。

1-2 名詞・代名詞＋形容詞

297 Is there anything **cold** to drink?
何か冷たい飲み物はありますか。

-thing や -one/-body で終わる代名詞を修飾する場合，形容詞はその後ろに置く。

　　　　　　代名詞　　形容詞
Is there *anything* **cold** to drink?（297）
　　　　　「何か」　　　「冷たい」

- "What did you do last Sunday?" "*Nothing* **special**."
（「先週の日曜日には何をしたの？」「特に何もしなかったよ」）
- *Somebody* **neutral** should decide.（誰か中立な人が決めるべきだ）

➕プラス 形容詞を名詞の後ろに置くその他の例

名詞＋-able などで終わる形容詞

available（利用できる），**imaginable**（想像できる，考えうる），**possible**（可能な）など，主に -able や -ible で終わる形容詞は名詞の後ろに置く。

- I called the hotel, but there were no rooms **available**.

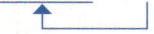

（私はそのホテルに電話したが，空室（←利用できる部屋）がなかった）

▶ 名詞の前に all, every, no や最上級の形容詞を置いて使う。

〈名詞＋形容詞〉の慣用句

present（出席している，居合わせている），**concerned**（関係している）などは，名詞の後ろに置く。

- The people **present** were shocked at the news.
  （居合わせた人々はその知らせにショックを受けた）（→ p. 408）〈書き言葉〉

▶ The people (who were) present ... と考えてもよい。次の例も同様。

- All the parties **concerned** attended the conference.
  （関係者たちは全員その会議に出席した）〈書き言葉〉

名詞＋2 語以上から成る形容詞句

形容詞にほかの修飾語句が加わっているときは，名詞の後ろに置く。

- Our school has a swimming pool **50 meters long**.
  （私たちの学校には長さ50メートルのプールがあります）

▶ a swimming pool (that is) 50 meters long と考えてもよい。

2 叙述用法

2-1 SVC の C となる形容詞

298 This soup tastes good.
このスープはおいしい（味がする）。

形容詞が補語（C）となる用法を叙述用法という。叙述用法の形容詞は，SVC の C として使われる（→ p. 312）。

This soup tastes good. (298)
  S   V   C

▶ S＝C (This soup is good.) の関係が成り立つ。

> **注意!** C のはたらきをする形容詞を，名詞や副詞で置き換えることはできない
>
> - The suspect remained **silent** [✕ silence（名詞）]. （容疑者は黙ったままだった）
>   S   V   C
> - These roses smell **sweet** [✕ sweetly（副詞）]. （これらのバラは甘い香りがする）
>   S   V   C

2-2 SVOC の C となる形容詞

299 I found the question **easy**.
私はその問題が簡単だとわかった。

叙述用法の形容詞は，SVOC の C としても使われる（→p. 321）。

　　I found the question **easy**.（**299**）
　　S　V　　　O　　　　C

▶ 〈find + O + C〉で「O が C だとわかる」の意味。O = C (the question was easy) の関係が成り立つ。

- I found the office **easily**.（私はそのオフィスを簡単に見つけた）
  S　V　　O　　　副詞

▶ 〈find + O〉の後ろには，副詞を置くこともある。その場合の find は「見つける」の意味。

2-3 限定用法と叙述用法の識別

300 This fish is still **alive**. I can't eat a **live** fish.
この魚はまだ生きています。私は生きている魚は食べられません。

| ポイント | 限定用法・叙述用法の**どちらか一方だけで使う**形容詞がある |

形容詞の多くが，限定用法と叙述用法のどちらでも使われるが，どちらか一方の用法しかもたない形容詞がある。（**300**）では，**alive** も **live** [láiv] も「生きている」という意味を表すが，alive は叙述用法で，live は限定用法で使う。

　　This fish is still **alive** [✕ live]. ▶叙述用法では alive を使う。
　　I can't eat a **live** [✕ an alive] fish.（**300**）
　　≒ I can't eat a living fish.
　　▶限定用法では live（または living）を使う。

＋プラス　限定用法と叙述用法の使い分けに注意すべき形容詞

限定用法のみをもつ形容詞

名詞の前には置けるが，C としては使わない形容詞がある。
- This is a **wooden** desk.（これは木製の机です）
  ✕ This desk is wooden.

このタイプの主な形容詞は，次のとおり。

| **daily**（毎日の），**elder**（年上の），**former**（前の），**live**（生きている），**main**（主要な），**nearby**（すぐ近くの），**only**（唯一の），**weekly**（毎週の），**wooden**（木製の） |

叙述用法のみをもつ形容詞

Cとしては使うが，名詞の前には置くことができない形容詞がある。
- The baby is **asleep**. (その赤ちゃんは眠っている)
  × That asleep baby is his daughter.
  ○ That sleeping baby is his daughter. (あの眠っている赤ちゃんは彼の娘だ)

このタイプの形容詞は，a- で始まるものが多い。主なものは次のとおり。

> **afraid**（恐れている），**alike**（似ている），**alive**（生きている），**alone**（ひとりである），
> **asleep**（眠っている），**awake**（目覚めている），**glad**（うれしい），**well**（元気な）

限定用法と叙述用法とで意味が異なる形容詞

次のような形容詞は，限定用法と叙述用法とで意味が異なる。

形容詞	叙述用法（Cのはたらき）	限定用法（名詞の前に置く）
certain	確信している	ある～／いくぶんかの
late	遅れている	後半の／今は亡き
present	出席して [居合わせて] いる	現在の～

- I feel **certain** that you will succeed.
  （あなたが成功すると私は確信している）
- This medicine is effective to a **certain** extent.
  （この薬はある程度効果がある）
- He is probably in his **late** fifties. (彼はたぶん50代後半だ)
- Today is my **late** husband's birthday. (今日は私の亡くなった夫の誕生日です)
- Only four students were **present** for the lesson.
  （たった4人の生徒しか授業に出席しなかった）
- His **present** position is sales manager. (彼の現在の地位は営業部長だ)

✓ チェック 074

(　　) 内の語句のうち，正しいほうを選びなさい。
(1) Is there (interesting anything / anything interesting) in the newspaper?
(2) The fruit smelled (sweet / sweetly).
(3) The nurse smiled (sweet / sweetly).
(4) I came home and found the door (open / openly).
(5) I can't touch (a live / alive) fish.

3 形容詞のはたらきをもつ分詞（分詞形容詞）

現在分詞・過去分詞が，実質的に**形容詞と同じはたらき**をすることがある。これを**分詞形容詞**と呼ぶ。ここでは，〈感情〉を表す分詞形容詞の使い分けを取り上げる。

> **301**
> (a) The children were **excited** to see the pandas in the zoo.
> 　　子どもたちは動物園でパンダを見て大喜びした。
> (b) The view from the mountain was **amazing**.
> 　　その山からのながめはすばらしかった。

〈感情〉を表す他動詞の**過去分詞**は，「〈人が〉～の気持ちをもっている」という意味の形容詞のはたらきをする。一方，**現在分詞**は「〈人を〉～の気持ちにさせるような」という意味の形容詞のはたらきをする。

　　The children were **excited** to see the pandas in the zoo. (301-a)
　　　　　　　　　　興奮させられた → 興奮し（てい）た
　　The view from the mountain was **amazing**. (301-b)

〈感情〉を表す分詞形容詞のうち，**過去分詞タイプは〈人〉**と，**現在分詞タイプは〈物〉**と結びつけて使うのが原則。

	限定用法	叙述用法
人と excited の結びつき	The **excited** fans screamed at the band.（興奮したファンはそのバンドに歓声を上げた）	I'm **excited** about the concert.（私はコンサートにわくわくしている）
物と exciting の結びつき	This is an **exciting** novel.（これはわくわくする小説だ）	The movie was **exciting**.（その映画はわくわくした）

表現　〈感情〉を表す分詞形容詞の使い分け

動詞	人と結びつく	物と結びつく
bore（～を退屈させる）	bored（退屈している）	boring（退屈な）
disappoint（～を失望させる）	disappointed（失望している）	disappointing（期待外れの）
excite（～を興奮させる）	excited（興奮している）	exciting（わくわくする）
interest（～の興味を引く）	interested（興味がある）	interesting（興味深い）
surprise（～を驚かせる）	surprised（驚いている）	surprising（驚くべき）
amaze（～を驚かせる）	amazed（驚いている）	amazing（驚くべき）
confuse（～を当惑させる）	confused（当惑している）	confusing（まぎらわしい）
disturb（～を不安にする）	disturbed（不安な）	disturbing（不安にさせる）
frighten（～を怖がらせる）	frightened（怖がっている）	frightening（怖い）
please（～を喜ばせる）	pleased（喜んでいる）	pleasing（楽しい）※
satisfy（～を満足させる）	satisfied（満足している）	satisfying（満足な）※

※ pleasing/satisfying は，それぞれ pleasant/satisfactory も使える。

4 形容詞＋that 節

〈形容詞＋不定詞〉は p.155,〈形容詞＋ if [whether] 節〉は p.466 を参照。

4-1 S〈人〉＋ be 動詞＋形容詞＋ that 節

happy など

> **302** I'm happy that my aunt is coming to see us.
> おばが遊びに来てくれるので私はうれしいです。

ポイント 〈感情〉を表す形容詞＋ that ... ＝…して〜の気持ちをもつ

I'm **happy** (**that**) my aunt is coming to see us.（302）
　　　　　　　　感情の原因「〜して」

▶ that は省略されることもある。

この形で使う主な形容詞
anxious/worried（心配している）, disappointed（失望している）, glad/happy/pleased（喜んでいる）, satisfied（満足している）, surprised（驚いている）

▶ これらの形容詞の後ろには，不定詞を置くこともできる（→ p.137）。

sorry

> **303** I'm sorry (that) I'm late. ≒ I'm sorry for being late.
> 遅れてすみません。

ポイント be sorry ＋ that ... ≒ be sorry for ＋（動）名詞

sorry（残念に［すまなく，気の毒に］思っている）は，人を主語にして使う。後ろには happy などと同様に that 節を置くが，〈**for ＋（動）名詞**〉や不定詞を置くこともできる。

- He is **sorry for** what he has done.（彼は自分のしたことをすまなく思っている）
- I'm **sorry** to trouble you.（ご迷惑をおかけしてすみません）
- I'm **sorry** to hear that.（それを聞いてお気の毒に思います）
- I'm **sorry** (**that**) you can't come.（あなたが来られないのが残念です）
  ≒ **It's a pity** [✕ It's sorry] (**that**) you can't come.
  ▶ 物や it を主語にした文では，sorry は使えない。a pity は「残念なこと」の意味。

sureなど

304 Mr. Morita is **sure** (that) he will succeed.
≒ Mr. Morita is **sure of** his success [succeeding].
モリタ氏は自分が成功すると確信している。

ポイント   be **sure** + that ... ≒ be **sure of** + 〈動〉名詞

後ろの **that**節を〈**of**+〈動〉名詞〉で言い換えられる形容詞のグループがある（→p. 589）。この形で使う形容詞には，次のようなものがある。

この形で使う主な形容詞
be afraid + that ... ≒ be afraid of *-ing*（…ということを恐れている）（→p. 414）
be ashamed + that ... ≒ be ashamed of *-ing*（…ということを恥じている）
be aware [conscious] + that ... ≒ be aware [conscious] of *-ing*（…ということに気づいて[を意識して]いる）
be certain [sure] + that ... ≒ be certain [sure] of *-ing*（…ということを確信している）（→p. 414）
be confident + that ... ≒ be confident of *-ing*（…ということに自信がある）
be proud + that ... ≒ be proud of *-ing*（…ということを誇りに思っている）

● I was **aware that** *someone was following me*.
≒ I was **aware of** *someone following me*.
（私は誰かが自分の後をついてきているのに気づいていた）

4-2 It is＋形容詞＋that節

要求・必要・願望などを表す形容詞

305 It is **important** (that) we (should) **save** energy.
私たちはエネルギーを節約することが大切だ。

ポイント   It is＋〈要求・必要・願望〉などを表す形容詞＋that S＋原形

〈要求・必要・願望〉などを表す形容詞に続くthat節中では，仮定法現在（または〈should＋動詞の原形〉）を使う（→p. 96, 292）。（**305**）のimportant（重要だ）もその例。

この形で使う主な形容詞
advisable/desirable（望ましい），appropriate/proper（適切だ，妥当だ），
essential/indispensable（絶対に必要だ），important（重要だ），necessary（必要だ）

参考… 〈It is＋形容詞＋(for ...) to *do*.〉への書き換え
上のグループの形容詞の多くは，〈It is＋形容詞＋(for ...) to *do*.〉の形で使える。
It is **important** (that) we (should) **save** energy. (**305**) 〈書き言葉〉
≒ It is **important for** us **to** save energy. (→p. 362) 〈話し言葉〉

〈感情・判断〉などを表す形容詞

306 It is **strange** (**that**) Mr. Tanaka is [**should be**] late for class.
タナカ先生が授業に遅れるとは不思議だ。

ポイント　**It is**＋〈感情・判断〉などを表す形容詞／名詞＋**that** S＋直説法 [**should**＋原形]

話し手の〈感情・判断〉などを表す形容詞に続くthat節中では，直説法または〈should＋動詞の原形〉（主に書き言葉）を使う。(305)とは異なり，**仮定法現在は使わない。**

　　It is **strange** (**that**) Mr. Tanaka is [should be / ✕ be] late for class. (306)
　≒ It is **strange for** Mr. Tanaka **to** be late for class.
　　▶このグループの形容詞は，しばしば不定詞を使って言い換えられる。

この形で使う主な形容詞／名詞
fortunate/lucky（幸運だ），natural/no wonder（当然だ），regrettable/a pity/a shame（残念だ），sad（悲しい），strange（奇妙だ），surprising（意外だ）

プラス　**It is**＋〈可能性〉などを表す形容詞＋**that** S＋直説法

〈可能性・真実性〉などを表す次のような形容詞も，itを主語にした文を作ることができる。that節中では直説法を使い，〈It is＋形容詞＋(for ...) to *do*.〉の形で言い換えることはできない。

clear/obvious（明らかだ），true（本当だ），certain（確実だ），likely（〜しそうだ），possible（ありうる），probable（ありそうだ）

　○ It is **probable** *that* the project will be successful.
　✕ It is **probable** *for* the project *to* be successful.
　（その計画はたぶん成功するだろう）

✓ チェック 075

（　　）内の語のうち，正しいほうを選びなさい。

(1) I was (disappointing / disappointed) at the results of the test.
(2) It was (surprising / surprised) that the team won the championship.
(3) The (exciting / excited) fans didn't want to leave the stadium.
(4) This is a (boring / bored) drama. Let's change the channel.
(5) I'm proud (that / of) I'm a graduate of this school.　＊graduate＝卒業生
(6) It is necessary (that / for) you to start studying for the exam.

5 使い方に注意すべき形容詞

5-1 主語に注意すべき形容詞

307
It is **convenient** for me on Friday.
≒ Friday is **convenient** for me.
私は金曜日が都合がよいです。

convenient（都合がよい）は，〈人〉を主語にして使うことはできない。
　　　（307）→ ✗ I'm convenient on Friday.

Advanced Grammar　主語に注意すべきその他の形容詞

able/capable/possible
　これらの語は「可能な，できる」の意味を表すが，使い方が次のように異なる。反意語のunable/incapable/impossibleも同様。

①**able/unable**は〈人〉を主語にする。後ろには不定詞を置く
- The teacher is **able** [✗ capable/possible] *to speak* three languages.
  （その先生は3か国語を話せる）

②**capable/incapable**は〈人〉も〈物〉も主語にできる。後ろには〈**of** +（動）名詞〉を置く〈書き言葉〉
- This team is **capable** *of winning* the championship.（そのチームは優勝することができる）
- He is **incapable** *of managing* a company. ≒ He is **unable** *to manage* a company.
  （彼には会社を経営する能力はない）

③**possible/impossible**は，形式主語の**it**とともに使うことが多い。〈人〉は（原則として）主語にできない（→ p.155）
- It is **possible** [✗ able] for Beth to win the race.
  ≒ Beth is able [✗ possible] to win the race.
  （ベスがレースに勝つことは可能だ）
- It is **impossible** that he told me a lie. ≒ He can't have told me a lie.
  （彼が私にうそをついたということはありえない）
  ▶後ろにthat節を置くと，possibleは「ありえる」，impossibleは「ありえない」という〈可能性〉の意味を表す（→ p.412）。

happy/glad
　happy/gladは，〈人〉しか主語にできない。
- It was fortunate [✗ happy] (that) it didn't rain.
  （雨が降らなかったのは幸いだった）

5-2 afraid

308 I'm afraid it will rain tomorrow.
残念ながら明日は雨が降りそうだ。

ポイント I'm afraid (that) ... ＝残念ながら…ではないかと思います

好ましくないことを予想するときに使う表現。話し言葉ではthatは省略する。that節中の主語がIやweのときは，「すみませんが…（I'm sorry ...）」の意味になることが多い。好ましいことを期待するときは，I hope (that) ... を使う。
- **I'm afraid** I can't come on Friday.（すみませんが金曜日にはうかがえません）
- **I hope** it will be sunny tomorrow.（明日は晴れるといいなあ）

プラス afraidに続く形
- He is **afraid** (that) *he will fail*. ≒ He is **afraid of** *failing*.
  （彼は失敗することを恐れている）（→p. 411）
- I'm **afraid** *to travel alone*.（私は一人旅は怖くてできない）
  ▶ be afraid to *do* は「怖くて〜できない」の意味。

5-3 alike/similar

309 Hideki's way of speaking is similar [× alike] to his father's.
ヒデキの話し方はお父さんに似ている。

ポイント similar to 〜 ＝ 〜に似ている（≒ like）

alikeは叙述用法で使う（→p. 407）。ただし後ろに前置詞は置けず，「〜に似ている」はsimilar toまたはlikeで表す。similarは限定用法でも叙述用法でも使える。
　　　（309）≒ Hideki's way of speaking is **like** his father's.
- The two houses are **alike** [**similar**].（その2軒の家は似ています）
- There are several **similar** [× alike] houses in our street.
  （私たちの通りには何軒か似た家があります）

5-4 certain/sure

310 Midori is certain to win the public speaking contest.
ミドリはきっと弁論大会に勝つだろう。

ポイント certain/sure ＝〈人が〉確信している，〈事柄が〉確実だ

(310)は次のように言い換えられる。
≒ I am **certain** [**sure**] *that* Midori will win the public speaking contest.
≒ I am **certain** [**sure**] *of* Midori winning the public speaking contest.
　　（ミドリが弁論大会で勝つことを私は確信している）　▶会話では sure が多く使われる。

ミドリ本人が確信している場合は，次のように言う。
- Midori is **certain** [**sure**] **that** she will win the public speaking contest.
　≒ Midori is **certain** [**sure**] **of** winning the public speaking contest.
　　（ミドリは自分が弁論大会で勝つことを確信している）

It is certain that ... は「…することは確実だ」の意味を表す。sure は使えない。
≒ It is **certain** [×sure] *that* Midori will win the public speaking contest.
　　（ミドリが弁論大会で勝つ（という）ことは確実だ）　▶It は that 節を指す形式主語。

➕プラス　sureを使った様々な表現

be sure [certain] to *do* 〈命令文〉＝必ず～しなさい
- **Be sure** [**certain**] **to** turn off the computer when you have finished.
　≒ Don't forget to turn off the computer when you have finished.
　（使い終わったら必ず［忘れずに］パソコンの電源を切りなさい）

make sure (that) ... ＝…ということを確かめる，必ず…する
- **Make sure** (**that**) the computer is (turned) off.
　（パソコンの電源が切れているかどうか確かめなさい）

5-5 every

311　I have read **every** book in this bookcase.
　　私はこの本箱のすべての本を読みました。

ポイント　every ＋ 単数形の名詞 ＝ すべての～

「すべての～」はall またはeveryで表す。all が全体をひとまとめにしてとらえるのに対して，every は「個々の要素に同時に目を向ける」という感覚で使われる。したがって，every の後ろには**単数形の名詞**を置く。

　　I have read **every book** [× books] in this bookcase. (311)
　　≒ I have read **all the books** [× book] in this bookcase.

〈every ＋ 名詞〉や everyone などが主語のときは，**動詞は単数で受ける**。
- **Every** player on the team is tall. ≒ **All** the players on the team are tall.
　　単数扱い　　　　　　　　　　　　　　　複数扱い
　（そのチームの選手は全員背が高い）
　▶every の前（後）には冠詞をつけない（× The every player ... とは言わない）。

➕プラス 「～ごとに」の意味を表す every

every は「～ごとに」「～おきに」の意味でも使う。

〈**every** ＋数詞＋名詞（複数形）〉＝ ～ごと[おき]に…

- The shuttle bus runs **every** ten minutes.
  (シャトルバスは10分おきに走っています)

〈**every other** ＋名詞（単数形）〉＝ １つおきの～

- This magazine is published **every other** [second] month.
  (この雑誌は隔月で発行されます)

5-6 each

312 **Each** student has to make a presentation.
それぞれの生徒が発表しなければならない。

> **ポイント**　**each** ＋ 単数形の名詞 ＝ それぞれの～

each は「個々の要素に１つずつ目を向ける」という感覚。every と同様に，後ろには**単数形の名詞**を置く。〈each ＋名詞〉が主語のときは，**動詞は単数**で受ける。

- **Each** house **is** [×are] painted a different color.
  (それぞれの家は異なる色に塗られている)
  ▶ each の前(後)には冠詞をつけない (×The each house … とは言わない)。

➕プラス 代名詞・副詞の each

every は形容詞の用法しかもたないが，each は代名詞・副詞としても使う。

- **Each** [×Every] **of** the students gave their opinion.
  (生徒のそれぞれが意見を述べた)　▶ each ＝代名詞
  ▶〈each (＋名詞)〉や〈every ＋名詞〉を受ける代名詞は，男性なら he，女性なら she，男女の両方を含むときは he or she や they を使う。
- The children were given two candies **each**.
  (子どもたちはそれぞれ２つずつキャンディをもらった)　▶ each ＝副詞

5-7 likely/unlikely

313 The swimmer is likely to set a new record.
その水泳選手は新記録を出しそうだ。

> **ポイント**　S is likely to *do*. ≒ It is likely that S will *do*. ＝「Sは～しそうだ」

likely は「～しそうだ」の意味を表し，次のような言い換えができる。

The swimmer is **likely** to set a new record. (313)

It is likely (**that**) the swimmer will set a new record.
▶ The swimmer will **likely** set a new record. とも言う。この likely は副詞。

unlikely は「～しそうもない」の意味を表す。
- This rain is **unlikely** to stop soon. ≒ **It is unlikely** (**that**) this rain will stop soon.
（この雨はすぐにはやみそうにない）

5-8 same

314 This is **the same** computer **as** mine.
これは私のと同じ（種類の）パソコンです。

ポイント　**the same** ＋名詞＋ **as** ... ＝ …と同じ～

〈**the same** ＋名詞〉は「同一[同じ種類]の～」という意味。しばしば as と結びつけて使う。
- He is wearing **the same** tie **as** yesterday.
（彼はきのうと同じネクタイをしている）
- I have used **the same** PC for ten years.
（私は10年間同じパソコンを使ってきた）▶ 比べる相手がないときは as 以下は不要。

参考　代名詞としての same
the same は「同じもの[こと]」という意味の代名詞としても使う。
- I'll have **the same**.（私も同じものをいただきます）〈レストランなどで〉

✓ チェック 076

（　）内の語句のうち，正しいほうを選びなさい。
(1) This cellphone is (able / capable) of recording sound.
(2) What time (are you convenient / is convenient for you)?
(3) "Can you join us?" "(I'm afraid / I hope) I can't."
(4) Be sure (of locking / to lock) the door when you leave the room.
(5) This sport is (alike / similar) to tennis.
(6) (All / Each) player was practicing hard to win the tournament.

6 形・意味に注意すべき形容詞

6-1 形のまぎらわしい形容詞

> **315** I am **sensitive** [× sensible] to cigarette smoke.
> 私はタバコの煙に敏感です。

1つの名詞や動詞から，意味の異なる2つ以上の形容詞が作られる場合がある。(315)の2つの形容詞は，どちらも sense「感覚，分別」という名詞から派生したもの。sensitive は「敏感な」，sensible は「分別がある」という意味なので，この文では sensitive を使う。形が似ているので注意すること。

- It is **sensible** of you to give up smoking. (禁煙するとはあなたは分別がある)

形のまぎらわしい形容詞

元の語（名詞・動詞）	形容詞・その他の派生語
consider（考慮する）	be **considerate** of others（他人に思いやりがある） a **considerable** amount of money（かなりの額の金）
letter（文字・学識）	computer **literacy**（コンピュータを使いこなす能力） a **literal** translation（直訳[←文字どおりの翻訳]） He was **literally** penniless.（彼は文字どおり一文無しだった） **literary** works（文学作品）
imagine（想像する）	an **imaginative** writer（想像力の豊かな作家） an **imaginable** solution（考えうる解決方法） an **imaginary** animal（想像上[架空]の動物）
respect（尊敬する／点）	**respectable** behavior（ちゃんとした[立派な]態度） be **respectful** of tradition（伝統を重んじる） their **respective** views（彼らのそれぞれの意見）
succeed（成功する／継続する）	be **successful** in business（商売に成功している） three **successive** holidays（3連休） ▶名詞形は **success**（成功），**succession**（継続）。

参考 -ful と -able の違い

接尾辞の -ful と -able は，それぞれ次の意味をもつ。

-ful =〜で満ちている，〈人が〉〜しがちな，〈事物が〉〜の性質をもつ
-able =〈事物が〉〜されるに値する[されることができる]

- He was **regretful** [× regrettable] for causing the accident.
  （彼は事故を起こしたことを後悔していた）
- It is **regrettable** [× regretful] that the singer died young.
  （その歌手が若くして死んだのは残念だ）
  ▶regretful は「後悔で満ちている」，regrettable は「後悔されるに値する」の意味。

6-2 意味のまぎらわしい形容詞

> **316** Flu is very common [× popular] in winter.
> インフルエンザは冬にとてもよく見られる。

意味のまぎらわしい形容詞を誤って使わないこと。popular は「人気がある」という意味なので，(316)のように病気を形容する場合には使えない。common（ふつうの，よくある）を使う。

➕プラス　使い方を誤りやすい形容詞

日本語からの類推で，形容詞の使い方を誤る場合があるので注意する。
- This apartment is too **small** [× narrow] for us.
 （このアパートは私たちには狭すぎる）　▶ narrow は「幅が狭い」の意味。
- I'd like my coffee **strong** [× thick].
 （コーヒーは濃くしてください）　▶「薄いコーヒー」は weak [× thin] coffee。
- I took the **wrong** [× mistaken/false/incorrect] bus.
 （私は乗るバスを間違えた）
- a **capital** [× big] **letter** 大文字　　● the **initial** [× head] **letter** 頭文字
- **heavy** [× big] **rain** 大雨　　● **heavy** [× much] **traffic** 激しい交通
- in a **low/quiet voice** 小声で　　● in a **loud voice** 大声で
- a **serious** [× heavy] **illness** 重病

参考　〈形容詞＋名詞〉の結びつき

形容詞と名詞が慣用的に結びついて，決まり文句として使われることがある。
- an **even number** 偶数　　● an **odd number** 奇数
- a **narrow escape** 危機一髪　　● a **reasonable price** 手ごろな値段
- a **sore throat** のどの痛み

7 数量を表す形容詞

7-1 many/much/a lot of など

many/much

> **317** (a) **Many** students come to school by train.
> 　　　多くの生徒が電車で学校に来ている。
> (b) We didn't have **much** rain last month.
> 　　　先月はあまり雨が降らなかった。

「たくさんの〜」を表す場合，**可算名詞**（数えられる名詞）の前には many を使い，

419

不可算名詞(数えられない名詞)の前には much を使う。

Many student**s** come to school by train. (317-a)
　　　可算名詞

We didn't have **much** rain last month. (317-b)
　　　　　　　　　　　不可算名詞

▶ 〈not + much〉は「あまり〜ない」の意味を表す。
much は否定文・疑問文で使うことが多く，肯定文ではあまり使わない。

> **参考**　代名詞としての many と much
> ● **Many** of my classmates walk to school.
> 　（私のクラスメイトの多くは歩いて通学しています）
> ● Don't eat too **much**. (あまり(多く)食べすぎてはいけません)

a lot of / lots of

318　**A lot of** tourists visit this city in spring.
　　　春にはたくさんの観光客がこの市を訪れる。

a lot of や lots of の後ろには，複数形の名詞も単数形の(不可算)名詞も置ける。

　　A lot of (= **Many**) tourist**s** visit this city in spring. (318)

● We had **a lot of** [**lots of**] snow last year. (昨年はたくさん雪が降った)
　▶ lots of は a lot of よりもくだけた言い方。

> **参考**　名詞・副詞としての a lot
> a lot は「たくさんのもの」「とても」の意味で使う。
> ● Three thousand yen is **a lot** for me. (3千円は私には大金だ)　▶ a lot = 名詞
> ● My town has changed **a lot**. (私の町はずいぶん変わった)　▶ a lot = 副詞

7-2 a few / a little と few / little

a few / a little

319　(a) I bought **a few** CDs yesterday.
　　　　　　私はきのう数枚のCDを買った。
　　　(b) We have **a little** time left.
　　　　　　私たちには少し時間が残っている。

a few は「少し[いくつか]の〜(がある)」という**肯定的な意味**を表し，後ろには複数形の可算名詞を置く。不可算名詞(数えられない名詞)の前では **a little** を使う。

I bought **a few** CD**s** yesterday. (319-a)
　　　　　　　可算名詞
We have **a little** time left. (319-b)
　　　　　　不可算名詞

a few　　a little

参考 代名詞・副詞としての a few/a little など
a little は「少し」という意味の代名詞や副詞としても使う。話し言葉では **a bit, a little bit** もよく使われる。
- I know **a little** [**a (little) bit**] about the author.　▶a (little) bit ＝代名詞
  (私はその作家について少し知っている)
- It's **a bit** cold, isn't it? (少し寒いですね)　▶a bit ＝副詞

quite a few [little] は「かなり多くの〜」の意味。
- I made **quite a few** mistakes on the math test.
  (私は数学のテストでかなり多くの間違いをした)

few/little

320
(a) **Few** people study Latin these days.
　　最近ラテン語を勉強する人はほとんどいない。
(b) He has **little** chance of winning a prize.
　　彼が賞を取る見込みはほとんどない。

ポイント　　**few [little]** ＋名詞＝〜がほとんどない

前に a をつけずに **few/little** を使うと、「ほとんどない」という**否定的な意味**を表す。話し言葉では **only a few [little]**「ほんの少しだけの〜」と言うことが多い。

(320-a) ≒ **Only a few** people study Latin these days.

▶few の後ろには複数形の名詞を置く((320-a)の people は person (人)の複数形)。little の後ろには、(320-b)の chance のような単数形の(不可算)名詞を置く。

参考　〈hardly any ＋名詞〉
「ほとんど〜ない」は、〈hardly any ＋名詞〉でも表せる。この形は話し言葉でよく使われる。
- The team has **hardly any** chance of winning.
  (そのチームが勝つ見込みはほとんどない)

few / little のまとめ	＋可算名詞（friends など）	＋不可算名詞（money など）
少し〜（がある）	a few	a little
ほとんど（〜ない）	few only a few (hardly any)	little only a little (hardly any)

7-3 a large number of など

321
A large number of electric fans were sold this summer.
今年の夏はたくさんの扇風機が売れた。

ポイント　a large number of ＋複数形の名詞 ＝ たくさん(の数)の〜

可算名詞の数の大小は，次の形でも表せる。これらは主に書き言葉で使われる。

a ＋ 形容詞 ＋ number of ＋可算名詞（複数形）
　　　large/great/huge (巨大な数の), good (かなりの数の), small (少ない数の) など

- **An increasing number of** *art lovers* are visiting the museum.
  （その美術館にはますます多くの美術愛好家が訪れている）
  ▶ an increasing number of 〜 ＝ ますます多くの〜
- There are **a number of** *historical sites* in this area.
  （この地区にはいくつかの史跡がある）
  ▶ a number of 〜 ＝ いくつかの〜，かなり多くの〜
  ▶ the number of 〜 は「〜の数」の意味（→p. 347）。

322
Pompeii was buried under **a large amount of** ash in 79 A.D.
ポンペイは西暦79年に大量の灰の下に埋まった。

ポイント　a large amount of ＋単数形の名詞 ＝ たくさん(の量)の〜

不可算名詞の量の大小は，次の形でも表せる。これらも主に書き言葉で使われる。

a ＋ 形容詞 ＋ 量を表す名詞 ＋ of ＋不可算名詞（単数形）
　　　　　　　amount/deal/quantity (量), sum (金額) など
　　　large/great/huge (巨大な量の), good (かなりの量の), small (少ない量の) など

- There has been **a good deal of** *discussion* about the matter.
  (その問題についてはこれまでにかなりの議論があった)
- **A large sum of** *money* was spent on the renovation of the temple.
  (相当な金額のお金がその寺の改修に使われた)
- This recipe makes only **a small quantity of** *curry*.
  (このレシピではほんの少しのカレーしか作れない)

many/much の意味を表す表現

多くの数の (**many**)	多くの量の (**much**)
a lot of / lots of / plenty of / a great [large] number of / quite a few	a lot of / lots of / plenty of / a large amount of / a great deal [quantity] of / quite a little

7-4 large/small など

323 He performed in front of a **large** audience.
彼は多くの観客の前で演奏した。

ポイント 数量の大小を, large/small や high/low で表す名詞がある

(323) の audience (観客) は**全体を1つの集団**と考え,「多くの観客」は a large audience (大きな観客) という。× many [much/a lot of] audience とは言わない。このように,「多い」「少ない」を many や much で表すことのできない名詞がある。主なものは次のとおり。

名詞	多い	少ない
audience (聴衆), population (人口) number (数), amount (量), sum (金額)	large	small
income (収入), salary (給料), cost (費用)	large/high	small/low
price (値段), rent (家賃), tax (税金)	high	low

- ○I can't live on such a **low** [**small**] salary.
  ×I can't live on such a [little/cheap] salary.
  (私はこんな安い給料では暮らしていけない)
- You can get the book at a **lower** [×cheaper] price online.
  (その本はオンラインならもっと安い値段で買えます)
  ▶「安価[高価]な本」は cheap [expensive] book だが,「安い[高い]値段」は low [high] price「低い[高い]値段」という。

✓ チェック 077

( ) 内の語のうち, 正しいほうを選びなさい。

(1) It is (regretful / regrettable) that the event was canceled.
(2) Cancer is a (common / popular) disease among elderly people.　＊cancer ＝ガン
(3) Too (many / much) exercise can be bad for your health.
(4) There were a (few / little) people in the lobby.
(5) This project requires a great (number / amount) of money.　＊require ＝～を必要とする

8 数詞・数量の表し方

8-1 数詞の種類

数詞には, 次の3種類がある。

	基数詞（数を表す）	序数詞（順番を表す）	倍数詞（～倍[回]）
1	one	first	once
2	two	second	twice
3	three	third	three times
4	four	fourth	four times
5	five	fifth	five times

3以上は, 倍数詞はすべて「基数詞＋times」。6以上の基数詞・序数詞は次のとおり。

	基数詞	序数詞		基数詞	序数詞
6	six	sixth	21	twenty-one	twenty-first
7	seven	seventh	22	twenty-two	twenty-second
8	eight	eighth	23	twenty-three	twenty-third
9	nine	ninth	30	thirty	thirtieth
10	ten	tenth	40	forty	fortieth
11	eleven	eleventh	50	fifty	fiftieth
12	twelve	twelfth	60	sixty	sixtieth
13	thirteen	thirteenth	70	seventy	seventieth
14	fourteen	fourteenth	80	eighty	eightieth
15	fifteen	fifteenth	90	ninety	ninetieth
16	sixteen	sixteenth	100	one[a] hundred	one hundredth
17	seventeen	seventeenth	200	two hundred	two hundredth
18	eighteen	eighteenth	1,000	one[a] thousand	one thousandth
19	nineteen	nineteenth	10,000	ten thousand	ten thousandth
20	twenty	twentieth	100,000	one[a] hundred thousand	one hundred thousandth

8-2 大きな数

324 The distance between the earth and the moon is **384,400 kilometers.** <three hundred (and) eighty-four thousand, four hundred>
地球と月との間の距離は 384,400 キロメートルです。

ポイント 大きな数は，3けたずつ区切る

384,400 は，「384×thousand（千）＋ 400」と考える。大きな数も読んでみよう。

```
1,234,567,890,123
```
↑ trillion（一兆）　↑ billion（十億）　↑ million（百万）　↑ thousand（千）

〈one **trillion**, two hundred (and) thirty-four **billion**, five hundred (and) sixty-seven **million**, eight hundred (and) ninety **thousand**, one hundred (and) twenty-three〉

▶（　）内を読むのは主にイギリス英語。

8-3 ばくぜんとした多数

325 There are **thousands** of types of insects on this island.
この島には何千種類もの昆虫がいます。

hundred, thousand, million や dozen（ダース）などが「**特定の数**」を表すときは，**複数形にしない**。たとえば「200」は **two hundred** [×hundreds] という。一方，これらの語を使って「**ばくぜんとした多数**」を表すときは，(325) の **thousands of ~**（何千もの~）のように複数形を使う。

「ばくぜんとした多数」を表す主な表現

dozens of ~（何十もの~）	hundreds of ~（何百もの~）
thousands of ~（何千もの~）	tens of thousands of ~（何万もの~）
millions of ~（何百万もの~）	hundreds of millions of ~（何億もの~）

● I have seen that movie **dozens of** times.（私はその映画を何十回も見た）
　▶「2ダースの鉛筆」は two dozen [×dozens] (of) pencils.

8-4 分数・小数

分数

326 Over **two(-)thirds** of the students in this school are boys.
この学校の生徒の3分の2以上は男子です。

> **ポイント**　分数は，「①**分子**（基数詞）⇒②**分母**（序数詞）」の順で読む

3以上の序数詞(third, fourth, fifth, ...)は，「～分の1」の意味をもつ。たとえば，3分の1は，a [one(-)] third という。**分子が2以上のときは分母の序数詞を複数形にする。**(326)の「3分の2」は分母を thirds [×third] にして　two(-)thirds という。「3分の1が2つ」と考えればよい。

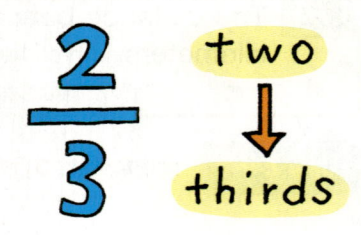

$\dfrac{2}{3}$　two → thirds

- The moon has only **one(-)sixth** of the earth's gravity.
 （月の重力は地球の6分の1しかない）

＋プラス　分数を表すその他の表現

「2分の1」は **(a) half**，「4分の1」は **(a) quarter**。half は形容詞としても使う。
- I got this ticket at **half** price.（このチケットは半額で買った）
- We ate **three quarters** of the watermelon.
 （私たちはスイカの4分の3を食べた）
- We walked for **half an** *hour*.（私たちは30分歩いた）
 ▶語順に注意。
- I studied for *one and* **a half** *hours*. ≒ I studied for *an hour and* **a half**.
 （私は1時間半勉強した）　▶「1＋0.5時間」と考えて hour を複数形にする。

参考　数詞を含む主語と動詞の一致

①〈数詞＋期間・距離・金額などを表す複数形の名詞〉を，（ひとまとまりのものと考えて）単数として扱うことがある（→ p. 347）。
- *Two years* **is** [×are] a long time to wait.（2年は待つには長い時間だ）

②〈分数など＋**of**＋名詞〉が主語のとき，名詞が複数形なら動詞は複数，単数形なら動詞は単数で受ける。
- About two(-)thirds of *the employees* **are** men.（従業員の約3分の2は男性だ）
- About two(-)thirds of *the work* **has** been finished.
 （仕事の約3分の2が終わっている）

小数

327　The temperature today is **28.5 degrees**. <twenty-eight point five>
　今日の気温は28.5度です。

小数点は point と読み，小数点以下の数字は1けたずつ読む。
- The runner won the race by **0.03** of a second. **<(zero) point zero [oh] three>**
 ≒ The runner won the race by **three (one-)hundredths** of a second.
 （そのランナーは0.03 [100分の3] 秒の差でレースに勝った）

8-5 時を表す表現

時刻

328 **This train leaves at 6:20.** <six twenty>
この電車は6時20分に出ます。

時刻は，次のように表す。
- It's **eleven (o'clock) in the morning.** / It's **eleven a.m.** (午前11時です)
- It's **three in the afternoon.** / It's **three p.m.** (午後3時です)
- It's **eight in the evening.** / It's **eight p.m.** (午後8時です)
- It's **nine fifteen.** / It's **(a) quarter past nine.** (9時15分です)
  ▶「○時○分」は，一般的には〈時＋分〉で表す。past（〜を過ぎて）を使う表現もある。
  ▶「15分」は (a) quarter（1時間の4分の1）とも言う。会話では a をつけないことが多い。
- It's **nine thirty.** / It's **half past nine.** (9時半です)
  ▶「30分」は half（1時間の半分）とも言う。
- It's **nine fifty.** / It's **ten (minutes) to ten.** (9時50分です)
  ▶2つ目の文は「10時まで10分だ→10時10分前だ」の意味。

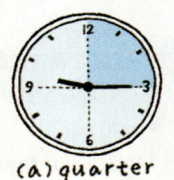

(a) quarter

年号

329 **My sister was born in 1995.** <nineteen ninety-five>
私の姉は1995年に生まれました。

年号の一般的な読み方は，次のとおり。2000年より前は，2けたずつ区切って読む。

1900	nineteen hundred	1902	nineteen hundred (and) two / nineteen oh two
2000	two thousand	2012	two thousand (and) twelve / twenty twelve

＋プラス 日付の表し方

日付は次のように表すのが一般的。
- My birthday is **September 15**. (私の誕生日は9月15日です)
  ▶読み方は September the fifteenth．（主に）アメリカ英語では September fifteen，イギリス英語では the fifteenth of September と読むこともある。
  ▶月の名前は，Sep.（9月），Nov.（11月）のように略記することもある。

8-6 具体的な長さや大きさなどを表す表現

330 **That building is 20 meters high.**
あのビルは20メートルの高さです。

長さ・高さ・大きさ・年齢などは，〈S is ＋数詞＋単位を表す名詞＋形容詞〉で表す

ことができる。また、名詞を使って表すこともできる。たとえば、(330)は次のようにも言い換えられる。

(330) ≒ That building is 20 meters **in height**. (あのビルは高さの点で20メートルです)
　　　 ≒ **The height of** that building is 20 meters. (あのビルの高さは20メートルです)
▶会話では(330)を使うのがふつう。

単位や尺度を表す様々な形容詞を、この形で使うことができる（→1-2 プラス）。
● This road is **10 meters wide**. (この道路の幅は10メートルです)
　▶下線部を尋ねる → **How wide** is this road?
● This bridge is **500 meters long**. (この橋の長さは500メートルです)
　▶下線部を尋ねる → **How long** is this bridge?
● This lake is **50 meters deep**. (この湖の深さは50メートルです)
　▶下線部を尋ねる → **How deep** is this lake?

> **参考** 差や程度を表す数詞
>
> 〈差〉や〈程度〉を表す数詞は、形容詞の前に置く。by（〜の差で）を使って表すこともできる（→p. 265）。
> ● Mariko is **a few centimeters** *taller* than Sayaka.
> 　≒ Mariko is *taller* than Sayaka **by a few centimeters**.
> 　（マリコはサヤカよりも数センチ背が高い）
> ● Our bus was **thirty minutes** *late*.
> 　（私たちのバスは30分遅れた）

✓ チェック 078
日本語の意味に合うように、(　)に適語を入れなさい。
(1) 何百人もの人々　　(　　　)(　　　) people
(2) 5分の3　　　　　three (　　　)
(3) 1.23　　　　　　one (　　) (　　) (　　)
(4) 7時15分　　　　(　　) (　　)
(5) 1998年　　　　　(　　) (　　)

✓ チェック 解答
074 (1) anything interesting (2) sweet (3) sweetly (4) open (5) a live
075 (1) disappointed (2) surprising (3) excited (4) boring (5) that (6) for
076 (1) capable (2) is convenient for you (3) I'm afraid (4) to lock (5) similar (6) Each
077 (1) regrettable (2) common (3) much (4) few (5) amount
078 (1) hundreds of (2) fifths (3) point two three (4) seven fifteen
　　　 (5) nineteen ninety-eight

Using Grammar in Context
UNIT 16 形容詞

The Tour Guide

(Hitomi is studying Turkish at university. Last summer she studied in Istanbul, where she met Sultan, a Turkish university student. Sultan is now visiting Japan. Hitomi is showing her around Kyoto.)

Sultan : Look at that big red gate.

Hitomi : Yes. It's called a *torii*, and it's the entrance to Heian Jingu Shrine. It's one of the most beautiful shrines in Kyoto. Shall we go in and look around?

Sultan : Yes, let's, but can I have something cold to drink first?

Hitomi : Yes, of course .... and I feel a bit hungry. How about you?

Sultan : I'm hungry, too. What about having lunch first?

Hitomi : Good idea!

(after eating)

Sultan : I'm so excited to be here in Japan. Everything I see here is amazing to me. I've seen Japanese temples, shrines and beautiful gardens on TV in Turkey, and I found them so unique and artistic. Many people in Turkey are interested in Japanese culture. But unfortunately, we don't get much information about Japan. But now, I can see it with my own eyes! And you are a very good guide, Hitomi. You know a lot of things about Kyoto.

Hitomi : Thanks. To be honest, I only knew a little about Kyoto, so I read some guidebooks before you came. And I have a friend who is a professional tour guide, so I asked her a few questions about places to visit.

Sultan : Then, could you tell me a little more about this shrine, please?

Hitomi : Sure. This shrine was built in 1895. The gate, *torii*, is 24.2 meters high. There is a very famous festival at this shrine, which is called the *Jidai Matsuri*. It is held every October. Kyoto has three main festivals. They are the *Aoi*, *Gion*, and *Jidai* festivals. Each one is very famous in Japan, and a large number of tourists come to see them. Heian Jingu Shrine is also famous for its beautiful garden. It has an area of over 30,000 square meters.

Sultan : Wow! I'm very impressed by how much you know about this shrine. I hear that there are thousands of temples and shrines here in Kyoto. Is it true?

Hitomi : Actually, there are about 2,500 temples and shrines in Kyoto. Where else shall we go? What about going to Kiyomizudera Temple next?

Sultan : Can we walk there?

Hitomi : I'm afraid it would take too much time. We should go by bus. Let me check the time for the next bus. (*looking at the timetable*)

Sultan : Is there one soon?
Hitomi : Yes. It's 2:20 now, so the next bus will come in ten minutes.
Sultan : Did you do some research about Kiyomizudera Temple, too?
Hitomi : Of course! I stayed up all night learning about Kyoto!

和訳

ツアーガイド
(ヒトミは大学でトルコ語を学んでいます。この前の夏，彼女はイスタンブールに留学しました。そしてそこで，トルコの大学生であるサルターンに会いました。サルターンは今日本を訪れています。ヒトミは彼女に京都を案内しています。)

サルターン：あの大きな赤い門を見て。
ヒトミ：ええ。それは「鳥居」と呼ばれていて，平安神宮の入口なの。それは京都で最も美しい神社のひとつよ。入って見てみましょうか。
サルターン：ええ，そうしましょう。でも，まず何か冷たい飲み物をいただけないかしら？
ヒトミ：ええ，もちろんよ…それに少しおなかがすいたわ。あなたはどう？
サルターン：私もおなかがすいたわ。まずお昼を食べるのはどう。
ヒトミ：いい考えだわ！

(食事の後)

サルターン：私は，ここ日本にいることにとても興奮しているわ。ここで見るものすべてが私には驚きよ。私は日本の神社仏閣や美しい庭をトルコのテレビで見たことがあるけれど，それらは本当に独特で芸術的だと思ったの。多くのトルコ人が日本の文化に興味をもっているわ。でも，残念ながら私たちには日本の情報はあまり入ってこないの。でも，今私はそれを自分の目で見ているわ！　それに，あなたはとてもよいガイドだわ，ヒトミ。あなたは京都について多くのことを知っているわ。
ヒトミ：ありがとう。正直なところ，私は京都のことをほんの少ししか知らないその。それであなたが来る前にガイドブックを何冊か読んでおいたの。それに，プロのツアーガイドをしている友人がいて，それで彼女に，訪れるべき場所についていくつか質問をしたの。
サルターン：それでは，この神社についてもう少し話していただけるかしら？
ヒトミ：いいわよ。この神社は1895年に建てられたの。その門である鳥居は24.2メートルの高さよ。この神社ではとても有名なお祭りが開かれるわ。それは「時代祭」と呼ばれるの。毎年10月に行われるわ。京都には3つの主要なお祭りがあるの。それらは，葵祭，祇園祭，そして時代祭よ。それぞれが日本ではとても有名で，とても多くの観光客がこれらの祭りを見に来るわ。平安神宮はまた，その美しい庭園でも有名なの。それは30,000平方メートル以上の面積があるわ。
サルターン：わあ！　私はどんなにあなたがこの神社のことを知っているか，すごく感動したわ。私は，ここ京都には何千という神社仏閣があるって聞いているわ。それは本当なの？
ヒトミ：実際のところ，京都には約2,500の神社仏閣があるわ。ほかにはどこに行きましょうか。次に清水寺に行くのはどうかしら？
サルターン：そこまで歩けるの？
ヒトミ：時間がかかりすぎると思うわ。バスで行ったほうがいいわ。次のバスの時刻を確認するわね。(時刻表を見る)
サルターン：すぐにバスは来るの？
ヒトミ：ええ。今2時20分だから，次のバスは10分後に来るわ。
サルターン：あなたは清水寺についても何か調べたの？
ヒトミ：もちろんよ！　私は一晩中起きていて京都のことを勉強したのよ！

UNIT 17

副詞

語句や文を修飾する副詞のはたらきを学ぼう

Introduction ……………………… 432

1 副詞の主な意味と位置 …………… 433
   1-1 様態を表す副詞 ………………… 433
   1-2 時を表す副詞 …………………… 433
   1-3 頻度を表す副詞 ………………… 434
   1-4 程度を表す副詞 ………………… 434
   1-5 副詞の基本的な位置のまとめ … 435

2 副詞のはたらき …………………… 436
   2-1 句や節を修飾する副詞 ………… 436
   2-2 名詞を修飾する副詞 …………… 436
   2-3 文を修飾する副詞 ……………… 437

3 注意すべき副詞 …………………… 438
   3-1 -lyで終わる副詞 ………………… 438
   3-2 名詞と混同しやすい副詞 ……… 440

4 副詞と前置詞など ………………… 440
   4-1 前置詞としてもはたらく副詞 … 440
   4-2 補語のはたらきをする副詞 …… 441
   4-3 動詞＋代名詞＋副詞 …………… 442

5 副詞の注意すべき用法 …………… 443
   5-1 very/much ……………………… 443
   5-2 so/such ………………………… 444
   5-3 ago/before ……………………… 445
   5-4 already/yet/still ………………… 446
   5-5 ever/once ……………………… 447
   5-6 almost …………………………… 449
   5-7 even ……………………………… 449
   5-8 only/just ………………………… 450
   5-9 その他の副詞 …………………… 451

チェック解答 …………………………… 453

Using Grammar in Context
    Robots and Humans ……………… 454

Introduction

副詞のはたらき

副詞は，原則として「名詞以外のもの」を修飾します。

- She speaks English **very well**. (彼女は英語をとてもじょうずに話す)

very (副詞) が well (副詞) を修飾
very well (全体として副詞) が speaks (動詞) を修飾

このように，副詞や副詞のかたまりが何を修飾しているかを考えることによって，文の意味を正確につかむことができます。

副詞の表す意味

副詞は，次のように様々な意味を表します。

意味	例
場所	**away** (離れて), **here** (ここに), **near** (近くに), **abroad** (外国へ)
時	**now** (今), **then** (そのとき), **today** (今日), **ago** (〜前)
頻度	**always** (いつも), **usually** (ふだん), **often** (しばしば), **sometimes** (ときどき)
程度	**almost** (ほとんど), **completely** (完全に), **very** (非常に)
様態	**fast** (速く), **hard** (熱心に), **well** (じょうずに), **quickly** (すばやく)

副詞の形

副詞を形容詞と形の面から比べると，主に次の3つのタイプがあります。

①形容詞としても使う副詞	**early** (形早い／副早く), **fast** (形速い／副速く) など
②形容詞＋ly＝副詞	**kind** (形親切な) → **kindly** (副親切に) **careful** (形注意深い) → **carefully** (副注意深く) など
③対応する形容詞をもたない副詞	**already** (副すでに), **often** (副しばしば) など

形容詞の多くは，②のように語尾にlyをつけると副詞になります。また，形は同じでも副詞と形容詞とでは意味が異なる場合もあるので注意しましょう。

Next, Putting it into Action!

副詞の意味や使い方を詳しく見ていきましょう。

UNIT 17 副詞

1 副詞の主な意味と位置

1-1 様態を表す副詞

331 The train stopped **suddenly**.
電車は突然止まった。

〈様態(動作がどのように行われるか)〉を表す副詞は，(331)のような**自動詞**の場合はその**後ろ**に，**他動詞**の場合は**目的語の後ろ**に置くことが多い。
- She read the directions **carefully**. (彼女は説明書を慎重に読んだ)
      V   O

副詞を動詞の前に置くこともある。
- The train **suddenly** stopped between stations. (電車は駅と駅の間で突然止まった)
                        V

1-2 時を表す副詞

332 We have our school festival **next month**.
来月，学園祭があります。

> **ポイント**　〈時〉を表す副詞(句)は**文尾**または**文頭**に置く

〈時〉を表す副詞(句)には，**now**(今)，**then**(そのとき)，**two days ago**(2日前)などがあり，**文尾**に置くのが原則。次のように文頭に置くこともある。
(332) ≒ **Next month** we have our school festival.

〈時〉を表す副詞の例

this (今〜)	this morning (けさ)	this summer (今年の夏に)
last (この前の〜)	last Sunday (先週の日曜日に)	last year (去年)
next (この次の〜)	next Tuesday (今度の火曜日に)	next year (来年)
every (毎〜)	every night (毎晩)	every week (毎週)
その他	yesterday morning (きのうの朝) the day before yesterday (おととい)	tomorrow night (明日の夜) the day after tomorrow (あさって)

▶ this morning のように，名詞句が副詞のはたらきをする例はよく見られる。

4技能Tips Speaking every/last/next/this/that の前に前置詞は不要

年月日や曜日の前に every/last/next/this/that があるとき,前置詞は不要(前置詞で始まるものは UNIT 19 を参照)。

- I play tennis (×on) **every Saturday**. (私は毎週土曜日にテニスをします)
- He lost his job (×in) **last month**. (彼は先月失業した)

注意! **next や last の前の the の有無**

現在を基準にして「次の～」は next ～,「前の～」は last ～ という (the は不要)。一方,**過去や未来のある時点を基準にして**「その次の」は the next ～,「その前の」は the last ～ で表す。

- He lost his job, but he found a new one **the next month**.
  (彼は仕事を失ったが,その翌月に新しい仕事を見つけた)

1-3 頻度を表す副詞

333 I often go shopping with my sister.
私は姉といっしょによく買い物に行きます。

〈頻度〉を表す副詞の位置は,ほかの副詞とは異なる。このタイプの副詞は一般動詞の前(be動詞や助動詞があるときはその後ろ)に置く。

　　　I **often** go shopping with my sister. (333)
　　　　　V ▶V＝一般動詞

- He is **often** late for school. (彼はよく学校に遅刻する)
　　V ▶V＝be動詞

〈頻度〉を表す副詞の例

always (いつも), usually (ふだんは), often/frequently (よく,しばしば), many times (何度も,多く), sometimes/occasionally/ from time to time/ now and again/ (every) now and then (ときどき), once (一度), seldom/rarely (めったに～ない), never (決して～ない)

1-4 程度を表す副詞

334 Wait until the paint is completely dry.
ペンキが完全に乾くまで待ちなさい。

状態や動作などの〈程度〉を表す副詞は,ふつうは修飾する形容詞や副詞の前に置く。
- My mother drives **very** slowly. (母はとてもゆっくり車を運転する)
- I'm **a little** sleepy. (少し眠い)
- I've been **incredibly** busy this week. (今週は信じられないほど忙しい)

〈程度〉を表す副詞の例

very/greatly（非常に）, absolutely/completely/entirely（完全に）, almost/nearly（ほとんど）, remarkably（著しく）, exactly/precisely（正確に，まさに）, about/approximately（およそ）

注意！ **enough の位置**

enough（十分に）は，形容詞・副詞の後ろに置く。（→ p.158）

- This room isn't *big* **enough** [× **enough** *big*] for a meeting.
（この部屋は会議ができるほど（十分）広くはない）

表現 〈程度〉の副詞を使った応答表現

- "So, you cook for yourself every day." "**Exactly**."
（「それでは，あなたは毎日自分で料理するのですね」「そのとおり」）
- "Can I have a snake as a pet?" "**Absolutely not**." （「ヘビをペットにしてもいい？」「絶対にだめ」）

1-5 副詞の基本的な位置のまとめ

副詞の位置は，副詞のもつ意味や何を修飾するかなどによっておおよその決まりがある。一般的な位置は次の表のとおり。

副詞の種類		その副詞が置かれる位置
動詞を修飾する副詞	〈様態〉を表す副詞	①動詞（＋目的語）の後ろ
	〈時〉を表す副詞	②文尾または文頭
	〈頻度〉を表す副詞	③一般動詞の前※
形容詞・副詞を修飾する副詞		④修飾する語の前
文を修飾する副詞（→ 2-3）		⑤文頭または一般動詞の前※

※ be 動詞・助動詞があればその後ろに置く。

① Her English ability *increased* **rapidly**. （彼女の英語力は急速に伸びた）
② It was cloudy **yesterday**. （きのうは曇りだった）
③ I *can* **usually** sleep anytime, anywhere. （私はたいてい，いつでもどこでも寝られる）
④ This question is **very** *difficult*. （この問いはとても難しい）
⑤ **Fortunately**, I passed the test. （幸運にも，私はテストに合格した）

4技能 Tips Writing　同じ種類の副詞(句)を並べる場合

同じ種類の副詞(句)を並べるときは，単位の小さいほうを前に置く。たとえば日本語では「年・月・日・時刻」と並べるが，英語では「時刻・月日・年」のように小さいほうの単位を前に置く。

- America became independent on **July 4**, **1776**. （アメリカは1776年7月4日に独立した）
　　　　　　　　　　　　　　　　　　月日　　年

住所も「番地・町・市・県」のように小さいほうの単位を前に置く。

- My home address is **5-16**, **Chuo-kita 2-chome**, **Mito City**, **Ibaraki Prefecture**.
　　　　　　　　　　番地　　　　町　　　　　　　市　　　　　県

（私の家の住所は，茨城県水戸市中央北2丁目5－16です）　▶手紙の宛名も，このような順で書く。

✓ チェック 079

（　）に入る適切な副詞（句）を，下から1つずつ選びなさい。
(1) I (　　　　) go to the rental shop to rent CDs.
(2) The manager told her to check the list (　　　　).
(3) I felt (　　　　) sleepy, so I stopped driving and had a rest.
(4) I had (　　　　) forgotten that it was my father's birthday.
(5) I'm surprised that this town looks (　　　　) the same as it did fifty years ago.

[a little / carefully / completely / exactly / often]

2 副詞のはたらき

2-1 句や節を修飾する副詞

335 The fire alarm went off soon after the lesson started.
授業が始まってまもなく［すぐに］，火災報知器が鳴った。

副詞は，語だけでなく句や節を修飾することもできる。

The fire alarm went off **soon** *after the lesson started*. 〈節〉(335)
　　　　　　　　　　　　　　　　　　　　S　　V

(335)では，副詞(soon)が後ろの副詞節(after the lesson started)を修飾して，「授業が始まったすぐ後に」という意味を表している。

- We usually reserve plane tickets **long** *before the summer vacation*. 〈句〉
  （私たちはふだん飛行機の切符を夏休みのずっと前に予約する）
  ▶副詞 (long)が後ろの副詞句 (before the summer vacation)を修飾している。

2-2 名詞を修飾する副詞

336 I like listening to music, especially jazz.
私は音楽，特にジャズを聞くのが好きだ。

名詞・代名詞は原則として形容詞で修飾するが，副詞で修飾する場合もある。

　　　　　　　　　　　　　　　　　▶especially (副詞) は jazz (名詞) を修飾
I like listening to music, **especially** jazz. (336)

- That's **just** *a rumor*. （それは単なるうわさにすぎない）
- The participants were **mainly** *college students*. （参加者は主に大学生だった）

名詞や代名詞を修飾する副詞の例

also/too/ as well (〜もまた)，even (〜さえ)，just/merely/only/simply (〜だけ)，chiefly/mainly/mostly (主に)，especially/ in particular (特に)，at least (少なくとも)

2-3 文を修飾する副詞

文頭に置かれる副詞

337 **Unfortunately**, the game was canceled yesterday.
残念なことに、きのう試合は中止された。

文頭に置かれた副詞が、文全体を修飾する場合がある。文全体を修飾する副詞は、「〜なことに(は)」などの意味を表すことが多い。

Unfortunately, the game was canceled yesterday.（337）
▶ unfortunately は the game 以下の文全体を修飾

文全体を修飾する副詞の多くは、it（形式主語）を使って言い換えられる（→ p.412）。
(337) ≒ **It was unfortunate that** the game was canceled yesterday.
（きのう試合が中止されたのは残念だった）

▍文を修飾する副詞の例
apparently（見たところ）, clearly/evidently/obviously（明らかに）,
fortunately/happily/luckily（幸い[幸運]にも）, frankly（率直に言えば）, honestly（正直なところ）,
hopefully（願わくは、できれば）, importantly（重要なことに）, naturally（当然なことだが）,
strangely [oddly] (enough)（不思議なことに）

▶ however（しかし）など、副詞が文と文を結びつける接続詞に近いはたらきをする場合がある（→ p.601）。

文中に置かれる副詞

338 The new product will **probably** sell well.
その新製品はおそらくよく売れるだろう。

「たぶん」「きっと」など〈可能性・確信の度合い〉を表す副詞は文全体を修飾し、文中に置かれることが多い。

プラス 可能性の度合いを表す副詞の例
可能性が高い順に並べると次のようになる。

高い	← 可能性の度合い →		低い
certainly	probably/likely	perhaps/maybe	possibly
確実に	おそらく、たぶん	もしかすると	ひょっとすると

これらの副詞は、しばしば〈It is ＋形容詞＋ that 〜〉の形で言い換えられる。
(338) ≒ **It is probable that** the new product will sell well.
● The typhoon may **possibly** hit Kyushu tomorrow.
≒ **It is possible that** the typhoon will hit Kyushu tomorrow.
（台風はひょっとしたら明日九州に上陸するかもしれない）

✓ チェック 080

（　）に入る適切な副詞を，下から1つずつ選びなさい。

(1) It began to rain (　　　) after I got off the bus.
(2) (　　　) all the tickets were sold out, so we couldn't go to the concert.
(3) I'm interested in Korean culture, (　　　) K-pop.
(4) The two singers look very much alike. (　　　) they are sisters.
(5) She's among the top singers in Japan and is (　　　) becoming popular abroad.

[also / especially / just / perhaps / unfortunately]

3 注意すべき副詞

3-1 -ly で終わる副詞

339 The wind was blowing so **hard** that I could **hardly** walk.
風がとても強く吹いていたので，私はほとんど歩けなかった。

多くの語では〈形容詞＋ly＝副詞〉の関係になっている（→p.432）が，そうでないものもある。たとえば，(339)の hard と hardly はどちらも副詞で，意味が異なっている。

-ly の有無で意味が異なる副詞の例

-lyのない形		-lyがついた形	
close	副近くに（形近い，綿密［緊密］な）	closely	副綿密［緊密］に
hard	副熱心に（形熱心な，難しい）	hardly	副ほとんど～ない
high	副高く（形高い）	highly	副非常に，大いに
late	副遅く（形遅い）	lately	副最近
near	副近くに（形近い）	nearly	副ほとんど

- Come **close** to the fire. (火のそばに寄りなさい)
- Examine the point more **closely**. (その点をもっと綿密に調べなさい)
- My father has been busy **lately**. He comes home **late** every night.
（最近父は忙しい。毎晩遅く帰宅する）
- My grandfather is **nearly** 80. (私の祖父は80歳近い［←ほとんど80歳だ］)
- It is **highly** likely that he will be elected. (彼が当選する可能性はかなり高そうだ)

プラス　副詞と形容詞が同じ形の語

形容詞と同じ形の副詞には次のようなものがある。

> early（早く）, enough（十分に）, fast（速く）, loud（大声で（= loudly））,
> slow（ゆっくり（= slowly））, straight（まっすぐ）, wide（広く（= widely））

- The bus arrived **early**. （バスは早く着いた）
- Open your mouth **wide**. （口を大きく開けなさい）

形は同じだが，形容詞と副詞で異なる意味をもつ場合がある。

hard = ①難しい，固い（形容詞）②熱心に（副詞）
- This is a **hard** *question*. （これは難しい質問だ）…①
- He works **hard**. （彼は熱心に働く）…②

pretty = ①かわいい，美しい（形容詞）②かなり，相当に（副詞）
- Look at that **pretty** *dress* she is wearing!
  （彼女の着ているかわいいドレスを見て！）…①
- She is **pretty** good at math. （彼女は数学がかなり優秀だ）…②
  ▶副詞の pretty は，主にくだけた話し言葉で使う。

参考　-ly で終わる形容詞

次のような語は，-ly で終わるが形容詞として使う。

> daily（毎日の）, elderly（年配の）, friendly（親しい）, lively（発音は [láivli]）（活発な）,
> lovely（美しい）, lonely（孤独な）, weekly（毎週の）

- She gave me a **friendly** *smile*. （彼女は私に親しげにほほえんだ）

表現　意味に注意すべきその他の副詞

- My grades were **far** below (the) average.
  （私の成績は平均よりずっと低かった）
  ▶ far = 遠く離れて。差を強調する言い方。
- Children under five can travel **free** (**of charge**) [for free].
  （5歳未満の子どもは無料で乗車できます）
  ▶ free = 無料で。free ticket（無料のチケット）のように形容詞としても使う。
- The castle is situated **some** *ten* miles north of the city.
  （その城は市から約10マイル北に位置しています）
  ▶ some + 数字 = およそ，約（≒ about）。主に書き言葉で使う。
- The baby is **sound** *asleep*. （赤ん坊はぐっすり眠っている）
  ▶ sound asleep = ぐっすり眠っている
- We didn't have personal computers **way** back in the 1960s.
  （はるか前の，1960年代にはパソコンはなかった）
  ▶ way = ずっと，はるかに。くだけた話し言葉で使う。

3-2 名詞と混同しやすい副詞

340 I'll drive you home [× to home].
私があなたを家まで車で送りましょう。

ポイント 副詞の前には前置詞をつけない

名詞と混同しやすい副詞に注意しよう。

I'll drive you **home**. (340)
　　車に乗せて行く　家へ(副詞)
　　　　　　　　▶ home は drive を修飾

(340) の home は「家」という意味の名詞ではなく，「家へ[に，で]」の意味の副詞で，前置詞の意味が含まれている。したがって前に前置詞はつけない。

名詞と混同しやすい副詞の例
abroad (外国へ[に，で]), **home** (家へ[に，で]), **overseas** (海外へ[に，で]),
downtown (中心街へ[に，で]), **upstairs** (上の階へ[に，で]), **downstairs** (下の階へ[に，で])

● I'm going **abroad** this summer. (私はこの夏に外国へ行きます)

✓ チェック 081

(　　) 内の語のうち，正しいほうを選びなさい。
(1) I studied very (hard / hardly) before the test, so I got a perfect score.
(2) I got this ticket (free / freely).
(3) We must build (friend / friendly) relationships with other countries.
(4) I haven't been able to sleep well (late / lately) because of noise from the construction site.
(5) The bus was delayed, so it was (near / nearly) eight o'clock when I got (home / to home).

4 副詞と前置詞など

4-1 前置詞としてもはたらく副詞

341 He took off his jacket and sat **down**.
彼はジャケットを脱いで座った。

in/out, on/off, up/down などは，前置詞としても副詞としても使う。これらの語

は，「後ろに何もなければ副詞」「後ろに名詞・代名詞があれば前置詞」と考えてよい。(341) の down は副詞。次の文の down は，後ろに名詞があるから，前置詞である。

- He turned and ran **down** the stairs. (彼は振り向いて階段を走って降りた)

以下の文の太字の語は，後ろに名詞がないのですべて副詞である。

- Come **in**. (入りなさい)
- Get **out**. (出て行け)
- Stand **up**. (立ちなさい)
- Turn the TV **on** [**off**]. (テレビをつけ[消し]なさい)

▶一般に前置詞には強勢を置かないが，副詞は Come ín. のように強く読む。

＋プラス 副詞と前置詞の意味の違い

副詞が前置詞とは違う意味をもつこともある。

- I was tired, but walked **on**. (私は疲れていたが，歩き続けた)
  ▶ on＝続けて〈副詞〉
- The mid-term exams are coming **up**. (もうすぐ中間試験だ)
  ▶ up＝近づいて〈副詞〉
- He used **up** all his savings to travel around the world.
  (彼は世界中を旅するのに貯金を使い果たした) ▶ up＝完全に〈副詞〉

注意！ 前置詞としては使えない副詞

aside (わきへ[に，で])，away (離れて，去って)，ahead (前方へ[に，で])，back (戻って，後ろへ) などは副詞の用法しかもたず，前置詞としては使えない。

- He put the book **aside** and went to sleep. (彼は本をわきへ置いて眠った)
- The bird flew **away** when a cat appeared. (猫が現れたとき，その鳥は飛び去った)
- Look straight **ahead**. (まっすぐ前を見なさい)
- Please put the magazine **back** on the shelf. (その雑誌を棚に戻してください)

4-2 補語のはたらきをする副詞

342 Is the computer **on**?
コンピュータの電源は入っていますか。

副詞が be 動詞の補語のはたらきをすることがある。

<u>Is</u> <u>the computer</u> <u>**on**</u>? (342)
V　　S　　　　C　▶ on＝電源が入って

- I'm sorry. He's **out** [He isn't **in**] at the moment.
  (すみません。彼は今外出しています[不在です])
  ▶電話の応答で使う慣用的な表現。
- I'm **off** on Saturdays and Sundays.
  (私は土曜日と日曜日は休みです)
- Is the air conditioner **off** [**on**]? (エアコンの電源は切れて[入って]いますか)
- The game is **over**. (試合は終わった)

4-3 動詞＋代名詞＋副詞

343 I like this dress. Can I **try it on** [×try on it], please?
私はこのドレスが気に入りました。着てみてもいいですか。

〈動詞＋副詞〉が1つの他動詞の意味を表すとき，**目的語が代名詞のときは動詞と副詞の間に置く**。(343) の try on (〜を試着する) の on は，「身につけて」の意味の副詞。目的語が名詞のときは，次のどちらの語順でもよい。

- Can I **try on** this dress? ≒ Can I **try** this dress **on**? (このドレスを着てみてもいいですか)

一方，(343) のように**目的語が代名詞** (it) のときは，動詞と副詞の間に置く。

　　×Can I **try on** it? → ○ Can I **try it on**?

〈動詞＋代名詞＋副詞〉の形で使う群動詞の例
carry out (〜を実行する), **give up** (〜をあきらめる), **put off** (〜を延期する), **put on** (〜を着る), **see off** (〜を見送る), **take off** (〜を脱ぐ), **turn on [off]** (〜のスイッチを入れる[切る])

- He **took** his coat **off**. ≒ He **took off** his coat. (彼はコートを脱いだ)
- He **took** it **off**. / ×He took off it. (彼はそれを脱いだ)

✓ チェック 082

日本語の意味に合うように，(　　) に適語を入れなさい。

(1) エアコンのスイッチを切りなさい。
　　Turn (　　　　) the air conditioner.
(2) パーティーは10時までに終わった。
　　The party was (　　　　) by ten.
(3) それを着てみなさい。
　　Try (　　　　) (　　　　).
(4) 私たちは深夜まで話し続けた。
　　We talked (　　　　) until the middle of the night.
(5) この本を図書館に返しに行きます。
　　I'll take this book (　　　　) to the library.

5 副詞の注意すべき用法

5-1 very/much

> **344** The director is **very** proud of his latest film.
> その監督は自分の最新映画をとても誇りに思っている。

very も much (副詞) も「とても〜」の意味を表すが、修飾するものが異なる。基本的には「**形容詞・副詞は very で、動詞は much で修飾する**」と覚えておくとよい。very much の用法は much に準ずる。

very +	形容詞・副詞の原級
(very) much +	動詞／(受動態の)過去分詞
	形容詞・副詞の比較級・最上級

▶形容詞には分詞形容詞 (exciting など) を含む。
▶比較級・最上級を強調する much は UNIT 10 を参照。

(344) では、very が形容詞 (proud) を修飾して「とても誇りにしている」の意味になる。much や very much は使えない。

    (344) → ✗ The director is proud of his latest film **very much**.

- I sometimes study until **very** [✗ much] *late* at night.
  (私はときどきとても夜遅くまで勉強する)
  ▶副詞の原級 (late) は very で修飾する。
- I *like* comics **very much**. (私はマンガが大好きです)
  ▶動詞 (like) は much で修飾する。肯定文では very much の形で使うことが多い。
- He was (**very**) **much** *involved* in the writing of the dictionary.
  (彼はその辞書の執筆にとても深く関わった)
  ▶(受動態の)過去分詞は much で修飾する。

> **参考** **very** の特殊な意味
> ① 最上級またはそれに相当する形容詞 (first, last, same など) を強め、「まさに、最高に、本当に」などの意味をもつ。
> - This is the **very** *last* time I will help you. (きみを助けるのもこれが本当に最後だ)
> ②「まさにその〜」の意味の形容詞として使う。
> - This is the **very** *book* I wanted to read.
>   (これはまさしく私が読みたかった本だ) (→ p. 266)

5-2 so/such ▶接続詞の so/such は UNIT 18 を参照。

so ＋ 形容詞／副詞

345 Thank you **so** [very] much.
たいへんありがとうございます。

ポイント　so ＋ 形容詞／副詞 ＝ ①とても（≒ very）②それ［これ］ほど

(345) の so は①「とても」の意味。この意味では very を使うことが多い。②の意味の so は，**否定文・疑問文**で使うことが多い。
- You shouldn't drive **so** fast. (そんなに速く運転しないほうがよい)

プラス　so を含む表現
- He got up early **so as to** see the sunrise. 〈書き言葉〉
  (彼は日の出を見るために早起きした)（→p.136）
- I was **so** tired **that** I didn't do my homework.
  (私はとても疲れていたので宿題をしなかった)（→p.481）
- "I like soccer." "**So** do I." (「私はサッカーが好きです」「私もです」)（→p.564）

such ＋ 名詞

346 We had **such** a great time at the beach.
私たちは浜辺ですばらしい時を過ごした。

ポイント　such a/an ＋ 形容詞 ＋ 名詞 ＝ そんなに［とても］…な〜

so が形容詞・副詞を修飾するのに対して，such は（形容詞＋）名詞を修飾する。
　　We had **such** a great time at the beach. (346)
　　　　　　　冠詞 形容詞 名詞

- Don't say **such** a thing. (そんなことを言ってはいけない)
  ▶ such の後ろに形容詞のない形もある。
- There are many **such** websites nowadays. (今日ではそのようなサイトがたくさんある)
  ▶ such の前には some, many, all, no などを置くことができる。

参考　such と as を結びつけた形
原級による比較（→p.250）で，〈so 〜 as ...〉の代わりに〈such 〜 as ...〉の形を使うことがある。次の①・②はその例。③は慣用表現。

① 「これほど…な」
- I've never seen **such** a beautiful sunset (**as** this).
  ≒ I've never seen **so** beautiful a sunset (**as** this).
  (私はこれほど美しい夕焼けを見たことがない)
  ▶ such を使うほうがふつうで，話し言葉を中心によく使う。so を使った文は主に書き言葉で使う。冠詞の位置に注意（→ p. 398）。

② 「～ほど…ではない」
- He is*n't* **such** a hard worker **as** his father. (彼は父親ほど勤勉ではない)
  ≒ He doesn't work **so** hard **as** his father.

③ 「たとえば～のような」(≒ **like**)
- Vegetables **such as** spinach contain iron. (ホウレンソウなどの野菜は鉄分を含む)

  ▶ such as の代わりに like も使える。

動詞＋so

347 "It looks like rain." "Yes, I think **so**."
「雨が降りそうですね」「ええ，そう思います」

ポイント　so ＝そう，そのように

(347)では，Yes, I think (that) it looks like rain. の下線部を，同じ言葉のくり返しを避けるために so（そう）で言い換えている。so は think/hope などに続く that 節などの代用として使われることがある（→ p. 323）。
- "Can we get a discount?" "I hope **so**."
  (「値引きしてもらえるだろうか」「してもらえるといいね」)
- I told you **so**. (それ見たことか，言わないことじゃない)
- I advised him to see a doctor, but he didn't do **so**.
  (私は医者にかかるよう彼に忠告したが，彼はそうしなかった)
- You shouldn't behave **so**. (そんなふうにふるまってはいけない)
- Is that (really) **so**? (そう[本当]ですか)
- Are you feeling sick? If **so**, you should go home.
  (気分が悪いの？　もしそうなら，家に帰ったほうがいいよ)

5-3 ago/before

348 We moved here a month **ago**.
私たちは1か月前にここに引っ越して来ました。

ago は「今から～前に」の意味で，過去形とともに使う。before は「過去のある時点

「から見て〜前に」の意味で，**過去完了形**とともに使う。

ago と before の使い分けを，次の2つの文で確認しよう。
(a) He changed jobs three months **ago**. （彼は3か月前に転職した）
(b) He said that he had changed jobs three months **before** [×ago].
　（その3か月前に転職した，と彼は言った）

(a)
```
                         three months ago
━━━━━━━━━━━━━━━━━━━━━━━━◀━━━━━━━━━━━━━━━━━━━▶
                   ▲                    ▲
                転職した                現在
```

(b)
```
       three months before
━━━━━◀━━━━━━━━━━━━━━━━━━━━━━━━━━━━━━━━━━━━━━▶
   ▲                    ▲                ▲
転職した          彼が話した時点          現在
```

(a)は，彼が転職したのは「今から3か月前」なので ago を使う。一方，(b)は，「過去のある時点（＝彼が話した時点）から見て3か月前」だから before を使う。

> **プラス** 単独で使う before
> 副詞の before を単独で使うと，「以前に」の意味になる。この意味の before は，過去形でも現在完了形でも使う。
> ● I read [have read] this book **before**. （私は以前この本を読んだ[読んだことがある]）

5-4 already/yet/still

349 The sun has set, but it is **still** hot.
　太陽は沈んだが，まだ暑い。

already/yet/still は次のように使い分ける。

	肯定文	疑問文	否定文
already	もう〜した※	①もう〜したのですか	
yet		もう〜しましたか※	③まだ〜していない
still	②今でも（まだ）〜だ	今でも（まだ）〜ですか	③今でも（まだ）〜していない

※については p.55 も参照。

① already を疑問文中で使うと，「そんなに早く」という驚きや不信を表す。
　● Have you **already** finished your work?（もう仕事が終わったのですか）
② 肯定文中で「まだ（〜だ）」の意味を表すには，yet でなく still を使う。
　The sun has set, but it is **still** [×yet] hot. (349)
③ 否定文中での yet と still の位置の違いに注意。
　● I haven't had lunch **yet**. （まだ昼食を食べていません）
　▶ yet は文の最後に置く。「これから食べるつもりだ」というニュアンスをもつ。

- I **still** haven*'t* had lunch. (まだ昼食を食べていません)
  ▶ still は否定語の前に置く。「昼食を食べていない状態が今まだ続いている」ということ。「もう昼食を食べるはずの時刻が過ぎてしまった」といういらだちや心配のニュアンスをもつ。

➕プラス yet と still のその他の使い方

- My grandfather is over 80, (**and**) **yet** he can still ride a bicycle. (→ p. 601)
  (私の祖父は80歳を超えているが, 今でも自転車に乗ることができる)
  ▶ (and) yet は but に近い意味を表す。Yet (しかし) で文を始める場合もあり, 接続詞に近い。

- This dictionary is very expensive, but I **still** want to buy it.
  (この辞書はとても高価だが, それでもなお私はそれを買いたい)
  ▶ still は「それでもなお」の意味。これも but に近い意味を表す。

- It's cold today, and it will be **still** *colder* tomorrow. (→ p. 264)
  (今日は寒いが, 明日はさらに寒くなるだろう)
  ▶ 〈still + 比較級〉で「さらにいっそう〜」の意味。話し言葉では〈even + 比較級〉のほうがふつう。

- The problem **is [has] yet [still] to be solved**.
  ≒ The problem **still remains unsolved**.
  (その問題はまだ解決されていない)
  ▶ be [have] yet [still] to *do* で「まだ〜していない」の意味。

5-5 ever/once

ever

350 Have you ever had Vietnamese food?
あなたは今までにベトナム料理を食べたことがありますか。

ever (今までに) は, (350) のように〈経験〉を表す現在完了形とともに使うことが多い。疑問文では「今までに(〜したことがありますか)」, 否定文では「一度も(〜ない), 決して(〜ない)」という意味になる。

- I won't **ever** be late again! (二度と遅刻はしません!)

> **注意!** 肯定文中の ever

「今までに」の意味の ever は、原則として肯定文では使わない。

- I've (×ever) had Vietnamese food.
  （私は（今までに）ベトナム料理を食べたことがある）

ただし、最上級・first・last と組み合わせた形は可能。

- This is the best pizza (that) I have **ever** tasted.
  （これは私が今まで食べたことのある一番おいしいピザだ）

プラス ever のその他の使い方

- **Hardly** anyone has **ever** got a perfect score on this test.
  （このテストで満点を取った生徒は今までにほとんどいない）
  ▶否定語 (no, not, few, little, hardly など) と結びつけて使う。
- **If** you **ever** come to Japan, please call me.
  （もしいつか日本に来られたら、私に電話してください）
  ▶ if 節中では「いつか」の意味を表す。
- **Why ever** did you cut your hair so short?
  （いったいどうしてそんなに短く髪を切ったの）
  ▶疑問詞を強調して「いったい」の意味を表す。
- Her blog is as popular **as ever**. （彼女のブログは相変わらず人気がある）
  ▶前置詞などと結びついて慣用句を作る。as ever（いつものように）, for ever（永久に）, ever since（それ以来ずっと）など。

once

351 I **once** owned a dog.
　　　私は以前犬を飼っていた。

once には①「**以前、かつて**」、②「**一度**」という意味がある。①の意味では動詞の前、②の意味では文の最後に置くことが多い。（351）の once は①の意味。次の文は②の例。

- Type your name and press the enter key **once**.
  （名前をタイプして入力キーを1回押しなさい）

> **参考** 意味によって位置が変わる副詞 alone

alone は、文尾に置くと「ひとりで」、名詞や代名詞の後ろに置くと「〜だけ」の意味になる。

- Tom went there **alone**. （トムはひとりでそこへ行った）
- Tom **alone** went there. ≒ Only Tom went there.
  （トムだけがそこへ行った）　▶〈名詞＋ alone〉＝ 〜だけ

5-6 almost

> **352** Almost all the students went on to college.
> その生徒たちのほとんど全員が大学へ進学した。

almost（ほとんど）は副詞なので，名詞を修飾するには〈almost all ＋名詞〉の形で使う。

Almost all the students went on to college. (352)
副詞　形容詞　名詞

almost（副詞）が all（形容詞）を修飾し，almost all（ほとんどすべての）が全体として形容詞のはたらきをする。

参考 「ほとんどの〜」を表すその他の表現

most ＋名詞
- **Most** people know the song. ≒ Almost everyone knows the song.
  （ほとんど誰もがその歌を知っている）
  ▶ most（形容詞）＝ほとんどの。前に the はつけない。

most of ＋ the ＋名詞 [代名詞]
- **Most of** the students [my classmates] have electronic dictionaries.
  （その生徒たち[私のクラスメイト]のほとんどが電子辞書を持っている）
  ▶ most（名詞）＝ほとんど，大部分。most of の後ろには the や所有格などが必要。

プラス almost のその他の使い方
- I do **almost** nothing on holidays.（私は休日はほとんど何もしない）
  ▶ all のほか every-, no-, any- などで始まる語の前にも置ける。
- I've **almost** finished writing my essay.（作文は，もう少しで書き終わりそうだ）
  ▶ 動詞，数詞，その他の副詞などを修飾することもできる。
- Dinner is **almost** [nearly] ready.（もう少しで夕食の用意ができます）
  ▶ nearly（ほとんど）で言い換えられることが多い。

5-7 even

> **353** I've never even heard of that writer.
> 私はその作家のことを聞いたことさえない。

even は「〜さえ」の意味を表し，動詞・名詞・句・節などを修飾する。原則として**修飾する語の直前に置き**，even が修飾する語（(353)では heard）は強く読まれる。

I've never **even** héard of that writer. (353)

- **Even** *a child* can do it. (子どもでもそれくらいのことはできる)
- The restaurant is open **even** *on New Year's Day*. (そのレストランは元日でも営業している)

5-8 only/just

only

> **354** I heard the news **only** yesterday.
> 私はついきのうその知らせを聞いた。

副詞の only は，「(ただ)〜だけ」「〜にすぎない」の意味を表す。原則として**修飾する語の直前**に置き，only が修飾する語は強く読まれる。ただし話し言葉では，動詞の前に置くことも多い。

  I heard the news **only** yésterday. (354)
        ↑ついきのう
  ≒ I **only** heard the news *yésterday*. 〈話し言葉〉
  ▶yésterday を強く読むことで，only が yesterday を修飾していることを伝える。

- I slept **only** *thrée hours* last night. ≒ I **only** slept *thrée hours* last night.
 (ゆうべは3時間しか眠っていない)

参考 形容詞の only
only は〈the only ＋名詞〉の形で形容詞としても使い，「ただ1つ[1人]」の意味を表す。
- Mariko was the **only** *student* that got full marks on the test.
 (マリコはそのテストで満点を取ったただ1人の生徒だった)

just

> **355** **Just** imagine life without electricity.
> 電気のない生活をちょっと想像してごらんなさい。

just は only と同様に「〜だけ」の意味で使うほか，会話では (355) のように命令文の前に置いて「ちょっと，まあ，とにかく」などの意味も表す。**Just a minute [moment].** (ちょっと待って) の just もこの意味。

プラス just のその他の使い方
- He left **just** [only] *a few minutes ago*. (彼はほんの数分前に出た)
 ▶just＝ほんの (〜にすぎない)。この意味では only で言い換えられる。
- She is **just** [×only] *like a sister to me*. (彼女は私にとってはまさに妹同然だ)
 ▶just＝ちょうど，まさに。この意味の just は only では言い換えられない。
- I've **just** heard about the accident. (私はその事故のことをたった今聞いたばかりだ)
 ▶just＝たった今 (〜したところだ)。現在完了形または過去形とともに使う。

5-9 その他の副詞

quite ＋ 形容詞／副詞 ＝ ① 「かなり，なかなか」 ② 「まったく～，完全に～」
quiteが〈程度〉を表す形容詞（**good, hot, old, rich, well** など）を修飾するときは①の意味で使い，「完全」や「絶対」のニュアンスをもつ形容詞（**finished, full, impossible, right, wrong** など）を修飾するときは②の意味で使うことが多い。
- This apple pie is **quite** *good*. (このアップルパイはかなりおいしい) …①
- You are **quite** *right*. (きみはまったく正しい) …②
▶ イギリスなどでは，quiteを〈程度〉を表す形容詞の前に置くと，「まあまあ」などあまりいい意味にはならないことが多い。

rather ＋ 形容詞／副詞 ＝ 「かなり［いくぶん］～」
rather は〈程度〉を表す形容詞・副詞などを修飾するときは「かなり［いくぶん］～」の意味を表す（主にイギリス英語）。よい意味にも悪い意味にも使う。
- It was **rather** *noisy* in the classroom. (その教室はかなり騒がしかった)
- The chocolate is **rather** *bitter*. (このチョコレートはけっこう苦い)

too ＝ ① 「～すぎる」 ② 「～もまた」
- Don't eat **too** *much*. (食べすぎてはいけません) …①
  ▶ too は much を修飾している。too much は「多すぎて」という意味。
- This jacket is a little **too** *big* for me. (この上着は私には少し大きすぎる) …①
  ▶ too の前に〈程度〉を表す副詞 (a little, much など) を置くことができる。
- Tom likes sóccer, **too**. (トムはサッカーも好きだ) …②
  ▶ この意味では soccer を強く読む。Tom を強く読めば「トムもサッカーが好きだ」の意味になる。

多義の well
① 「じょうずに，よく，十分に」（副詞）
- This chicken isn't **well** cooked. (このとり肉は生焼けだ)
  ▶ この well は「十分に」の意味で，「十分に調理されていない→生焼けだ」ということ。
- Kenji is *doing* very **well** in school these days. (ケンジは最近学校の成績がよい)
  ▶ well (よく，じょうずに) は do (動詞) を修飾する副詞。do well で「うまくやる，成績がよい」の意味。

② 「かなり，相当」（副詞）
- He must be **well** *over 60*. (彼は60をかなり過ぎているにちがいない)
- It's **well** *past midnight*. (真夜中をかなり過ぎている)
  ▶ これらの well (かなり) は，後ろの副詞句の意味を強めている。

③ 「健康な」（形容詞）
- "How are you?" "I'm very **well**, thank you." (「お元気ですか」「とても元気です。ありがとう」)

④ 「さて，ええと」（間投詞）
- **Well**, what shall we eat? (さて，何を食べましょうか)
  ▶ 発言の最初などに，つなぎの言葉として使う。

here/there

here（ここに［で，へ］）は，話し手のいるところや近いところを指す。there（そこに［で，へ］）は，話し手から離れたところを指す。

- **Here** are some examples. (ここにいくつかの例があります)
- Please sign **here**. (ここに署名してください)
- Can you see the traffic light over **there**? (向こうの信号が見えますか)
  ▶ There is [are] 〜（〜がある）についてはp. 309を参照。

プラス　here/thereの様々な使い方

here/thereは，物理的な「場所」以外にも使うことができる。また，次のような慣用表現もある。

- "Could you pass me the salt, please?" "**Here you are.**"
  (「塩を取ってもらえますか」「はい，どうぞ」)
  ▶ 相手に物を手渡すときの言葉。渡す物に重点を置いてHere it is. とも言える。
- **Here comes** the bus. (ほら，バスが来た)
  ▶ hereは注意を促すときにも使う。Here is the bus. としてもよい。
- I don't think you are right **there**. (そこ［その点］であなたは正しくないと思う)

then ＝ ①「そのとき」②「それから」③「その場合には」④「それでは」

- I was only a child **then** [at that time]. (当時私はほんの子どもだった) …①
- We saw a movie, and **then** had dinner. (私たちは映画を見て，それから夕食をとった) …②
  ▶ ②の意味では，and thenの形で使うことが多い。
- If you don't like it, **then** try another. …③
  (もしそれが気に入らなければ，そのときは別のものを試してみたら)
  ▶ ③の意味では，if節と組み合わせて使うことが多い。
- See you later, **then**. (それじゃ，また後で) …④
  ▶ 「それでは」「じゃあ」のようにつなぎの言葉としても使う。

✓ チェック 083

(　) 内の語のうち，正しいほうを選びなさい。

(1) "Is that our hotel?" "I think (that / so)."
(2) I'm (very / much) afraid that my father won't say yes.
(3) On Monday she said that her dog had died two days (before / ago).
(4) I (still / yet) haven't decided which computer to buy.
(5) I've been to Disneyland (ever / once). It was fun.
(6) I spent (most / almost) of the day watching DVDs in my room.

✓ チェック 解答

079 (1) often (2) carefully (3) a little (4) completely (5) exactly
080 (1) just (2) Unfortunately (3) especially (4) Perhaps (5) also
081 (1) hard (2) free (3) friendly (4) lately (5) nearly, home
082 (1) off (2) over (3) it on (4) on (5) back
083 (1) so (2) very (3) before (4) still (5) once (6) most

Using Grammar in Context

UNIT 17 副詞

Robots and Humans

David : What's this book about?

Satoshi : Oh, it's for my presentation for next week. I'm going to talk about robots. Have you ever heard of Astro Boy?

David : Isn't he the robot that looks like a boy?

Satoshi : That's right. Robot technology is developing so quickly, so I think it's possible to have robots like him in the near future.

David : Who created the character Astro Boy?

Satoshi : A cartoonist called Tezuka Osamu. He started drawing the *Astro Boy* series 60 years ago, when Japanese people rarely thought about robots. He understood the potential of robots, and predicted the future very accurately in his books. Tezuka's books have even influenced robot technology. And of course, Astro Boy became very popular soon after he first appeared on TV.

David : Have you looked into the history of robots?

Satoshi : Yes. The word 'robot' was first used in the 1920s, and the concept soon caught people's imagination. Robots may change the future dramatically.

David : So, what do you think is the difference between machines and robots?

Satoshi : Well, it depends on how you define the word 'robot'.

David : I think machines we usually use every day like computers, radios, TV sets, refrigerators, and cars can be considered robots.

Satoshi : Mmm, but they can't really be called robots because they can't move on their own. To me, robots have to be able to think for themselves, as well as move like humans.

David : I see. In that case, robots will be so useful, and will have such great potential. Personally, I'd like to have a robot at home. It could do the housework while I'm away. And it could probably look after my pet dog for me! I could even go abroad without worrying about my house. Robots could change our lives a lot.

Satoshi : I think so, too. And, even if robots can't speak and think like humans, they can still be very helpful for elderly people or people who need physical assistance.

David : But what if people just think about using robots in a negative way? For example, future wars might be fought by robots, instead of humans. I hope they won't ever be used like that.

Satoshi : So do I. We should only use robots for peaceful purposes.

和訳

ロボットと人間

デイビッド：これは何についての本なの？

サトシ：ああ、それは来週のプレゼンテーションのためのものなんだ。ぼくはロボットについて話をするんだ。鉄腕アトムについて聞いたことある？

デイビッド：彼は少年のようなロボットじゃないの？

サトシ：そのとおり。ロボット工学は急速に発達しているから、近い将来に彼のようなロボットを持つことは可能だと思うよ。

デイビッド：誰が鉄腕アトムのキャラクターを作ったの？

サトシ：手塚治虫というマンガ家だよ。彼は60年前に「鉄腕アトム」シリーズを描き始めたんだ。そのとき日本人はロボットについてほとんど考えてはいなかった。彼はロボットの可能性を理解し、そして彼の本で未来を正確に予言したんだ。手塚氏の本はロボット工学にさえ影響を与えたんだ。そして、もちろん鉄腕アトムは彼が最初にテレビに現れるとすぐに、とても人気が出たんだ。

デイビッド：ロボットの歴史を調べてみたの？

サトシ：うん。「ロボット」という言葉は、1920年代に初めて使われたんだ。そしてその概念はすぐに人々の想像力をかきたてた。ロボットは将来を劇的に変えるかもしれないよ。

デイビッド：それじゃ、機械とロボットの違いは何だと思う？

サトシ：そうだね、「ロボット」という語をどう定義するかによるね。

デイビッド：コンピュータ、ラジオ、テレビ、冷蔵庫、車などのようにぼくらがふだん毎日使っている機械はロボットと考えることができると思うんだ。

サトシ：うーん、でも、それらはそれ自体で動くことができないから、本当にはロボットとは呼べないよ。ぼくにとっては、ロボットは、人間のように動くことに加えて、自分で考えることができなければいけないんだ。

デイビッド：なるほど。それならロボットはすごく役に立つだろうね。それにとても大きな可能性もある。個人的には、ぼくは家にロボットを持ちたいね。それはぼくが留守のときに家事をしてくれるだろう。それに、きっとぼくに代わってぼくのペットの犬の世話をしてくれるかもしれない！ぼくは家のことを心配することなく、外国にだって行けるだろう。ロボットは私たちの生活をすごく変えることが可能だろうね。

サトシ：ぼくもそう思うよ。それに、ロボットが人間のように、話したり考えたりはできなくても、彼らはそれでも高齢者や身体的援助が必要な人にはとても役に立つことができるよ。

デイビッド：でも、もし人間がロボットを悪い方法で使うことだけを考えたらどうなんだろう。たとえば、未来の戦争は、人間の代わりにロボットによって戦われるのかもしれない。ロボットが決してそのように使われてほしくないな。

サトシ：ぼくもそう願うね。ぼくらは平和目的でのみロボットを使うべきだもの。

column

様々な従属接続詞

従属接続詞（→ p. 458）には，名詞節を作るものと副詞節を作るものとがある。**that, whether, if** には両方の使い方がある。

従属接続詞	名詞節のときの意味	副詞節のときの（主な）意味
that S + V	S が〜するということ	S が〜して
whether S + V (or not)	S が〜するかどうか	S が〜しようとすまいと
if S + V	S が〜するかどうか	もし S が〜すれば

上記以外の従属接続詞は，副詞節を作る。主なものは次のとおり。

意味	例	
時	・**when/as**（〜するとき） ・**after**（〜した後で） ・**until [till]**（〜するまで（ずっと）） ・**as soon as**（〜するとすぐに） ・**once**（いったん〜すれば）	・**while**（〜する間） ・**before**（〜する前に） ・**since**（〜して以来） ・**by the time**（〜するまでに） ・**every [each] time**（〜するときはいつでも）
条件	・**unless**（もし〜でないならば） ・**as long as**（〜であるかぎり，〜しさえすれば）	・**in case**（〜の場合には）
理由	・**as/because/since**（〜なので）	・**now (that)**（今や〜なので）
譲歩	・**though/although**（〜だけれども） ・**even if**（たとえ〜であっても）	・**while**（〜だが一方）
様態	・**as**（〜するように）	・**as if**（まるで〜であるかのように）
場所	・**where**（〜するところへ［に，で］）	

〈時・条件〉を表す接続詞が作る節中では，未来のことも現在形で表す（→ p. 52）。
これらの接続詞を使った文では，主節と従属節はしばしば入れ換えることができる。

(a) **When** I was leaving home, it began to rain.
　　　　　従属節　　　　　　　　主節

(b) It began to rain **when** I was leaving home.
　（私が家を出ようとしていたとき，雨が降り出した）
　▶ (a) では従属節と主節の間にコンマを置くのがふつう。(b) では when の前にコンマを置いても置かなくてもよい。

UNIT 18

接続詞

2つの文を結びつける接続詞の用法を理解しよう

Introduction ……… 458	3-6 until/till ……… 471
1 等位接続詞 ……… 460	3-7 by the time など ……… 472
1-1 and ……… 460	3-8 as soon as ……… 473
1-2 or ……… 461	3-9 as long as/ as far as ……… 473
1-3 but ……… 462	3-10 in case ……… 474
1-4 so (〜, so ... =〜, だから…) ……… 463	3-11 if/unless ……… 475
2 従属接続詞（名詞節を作るもの）……… 464	3-12 although/though ……… 477
2-1 that =〜ということ ……… 464	3-13 even if/ even though ……… 477
2-2 whether/if ……… 465	3-14 whether ……… 478
3 従属接続詞（副詞節を作るもの）……… 467	4 相関接続詞 ……… 480
3-1 because ……… 467	4-1 等位節を作るもの ……… 480
3-2 as ……… 467	4-2 従属節を作るもの ……… 481
3-3 when/while ……… 469	チェック解答 ……… 482
3-4 after/before ……… 469	
3-5 since ……… 470	**Using Grammar in Context**
	Fast Food and Slow Food ……… 483

Introduction

接続詞のはたらき

接続詞のはたらきは，語・句・節を結びつけることです。その結びつけ方によって，次の2種類に分けられます。

種類	結びつけ方	例
等位接続詞	語句や節どうしを対等な関係でつなぐ	and, but, or
従属接続詞	名詞節や副詞節を作る	that, when, if

等位接続詞

- I got up at six **and** (I) left the house at seven.
  （私は6時に起きた，そして7時に家を出た）

この文の and のように，等位接続詞は前後の語句を「つなぐ」はたらきをします。and の前後の語句は，意味の上で対等な重みをもっています。等位接続詞が節どうしを結びつける場合，それらを「等位節」といいます。

I got up at six	**and**	(I) left the house at seven
等位節		等位節

従属接続詞

- It was raining **when** I left the house at seven.
  （私が7時に家を出たときには，雨が降っていた）

この文の when 以下は補足的な情報（修飾語）であり，It was raining this morning.（けさは雨が降っていた）の下線部と同じはたらきをしています。このように，文の要素となるS・O・Cや修飾語としてはたらく節を作る接続詞を従属接続詞といいます。従属接続詞で始まる節を「従属節」，もう一方の節を「主節」といいます。

| **It was raining** | **when** I left the house at seven |.
　　主節　　　　　　　　　従属節

従属接続詞の多く (when, if など) は副詞節を作りますが，名詞節を作るもの (that など) もあります。

- I will go for a walk | **if** the weather is fine |.
　　　　　　　　　　　　　〈副詞節〉
　(天気がよければ散歩に行きます)　▶ if (もし〜なら) 以下は修飾語。

- I think | **that** this book is too difficult for children |.
　S　V　　　　　　　　O〈名詞節〉
　(この本は子どもには難しすぎると思う)
　　▶ that (〜ということ) 以下は think の目的語。

形の面からいうと，**as soon as** (〜するとすぐに) のように2語以上がまとまって1つの接続詞としてはたらく場合があります (→ p. 473)。また，**so 〜 that ...** (とても〜なので…) のように離れた位置にある語句が，まとまって1つの接続詞のはたらきをする場合もあります (→ p. 480)。

Next, Putting it into Action!

接続詞の種類や使い方を詳しく見ていきましょう。

UNIT 18 接続詞

1 等位接続詞

1-1 and

A and B = A と B

> **356** I like soccer and baseball.
> 私はサッカーと野球が好きです。

and は語・句・節などを**対等の関係**で結びつける。
- He buys and sells used cars.
  (彼は中古車の売買をしている)
  ▶ and が2つの動詞を結びつけている。
- The sun rises in the east, and sets in the west. (太陽は東から昇り, 西に沈む)
  ▶ and が2つの述部 (動詞+副詞句) を結びつけている。

and は次のような意味も表す。
- I had a toothache and went to the dentist.
  (私は歯が痛かったので歯医者へ行った)　▶〈因果関係〉(and ≒ and so) を表す。
- I called him again and again. (私は彼に何度も何度も電話した)
  ▶ 同じ語を and で結びつけると,〈反復・連続〉の意味を表す。

参考　3つ以上の語句を並べる場合

and を使って3つ以上の語句を並べるときは,それぞれをコンマ (,) で区切り,最後の語句の前にだけ and を置く。and の前のコンマは省略してもよい。
- I like soccer, baseball(,) and basketball.
  (私はサッカーと野球とバスケットボールが好きです)

4技能 Tips Reading　and が何と何を結びつけているか見極める

長い文中に and があるときは,〈A and B〉の形を正確にとらえることが大切。
- He can make good decisions and judgments based on reason.
  S　V　　　　　O
  (彼は理性に基づく優れた決断と判断を下すことができる)
  ▶ and は 　　　の部分の2つの語を結びつけている。このような〈A and B〉の前後に修飾語

を置いた形の解釈を誤るケースが多く見られる。ここでは, good decisions + judgments based on reason と解釈してはならない。

命令文, and ... ＝ ～しなさい, そうすれば…

357 Leave now, and you'll be in time for the train.
今出発しなさい, そうすれば電車に間に合うでしょう。

命令文に続く and は「そうすれば」の意味。(357)は次のように言い換えられる。
(357) ≒ **If** you leave now, you'll be in time for the train.
　　　　(もし今出発すれば, あなたは電車に間に合うでしょう)

命令文の代わりに名詞句を使うこともある。
- Two or three more hours, **and** the job will be finished.
  (あと2～3時間すれば, 仕事は終わりますよ)

> 参考… **go (and)** ＋動詞の原形 ＝ ～しに行く
> - I'll **go (and)** *get* something to eat. (何か食べるものを取って[買って]きます)
>   会話で使う表現で, go (and) get は go to get の意味。come, try なども同様に使う。go, come の後ろの and は省略することもある(主にアメリカ英語)。
> - **Come (and)** *see* me if you have time. (時間があれば会いに来てください)
> - You need to **try and** *eat* something. (何か食べてみないといけないよ)

1-2 or ▶選択疑問文で使う or については UNIT 20 も参照。

A or B ＝ A または B

358 Choose answer A **or** B to fill in the blank.
空所を埋めるために A と B のどちらかの答えを選びなさい。

or は語・句・節などを対等の関係で結びつけ,「どれか1つ」という意味を表す。
- Would you like your coffee before **or** after the meal?
  (コーヒーは食前と食後のどちらになさいますか)
  ▶or は before (the meal) と after the meal を結びつけている。
- Can you come back in an hour **or** two?
  (1～2時間してから, もう一度来てもらえますか)
  ▶or は an hour と two (hours) を結びつけている。ばくぜんとした数を表す言い方。

> **参考** 3つ以上の語句を並べる場合
> or を使って3つ以上の語句を並べるときは、それぞれをコンマ (,) で区切り、最後の語句の前にだけ or を置く。or の前のコンマは省略してもよい。
> - Choose answer A, B(,) or C to fill in the blank.
>   （空所を埋めるために、A、B、Cのどれかの答えを選びなさい）

> **注意!** 否定語 + or
> 〈否定語 + or〉は「どちらも〜ない」の意味になる。
> - I do**n't** have any brothers **or** sisters.（私には兄弟も姉妹もいない）

> **プラス** 「すなわち」の意味を表す or
> or は「すなわち、つまり」の意味でも使う（→ p.575）。
> - It's about 6,000 miles, **or** 9,600 kilometers, from Tokyo to London.
>   （東京からロンドンまでは約6,000マイル、つまり約9,600キロです）

命令文, or ... = 〜しなさい、さもなければ…

359 Hurry up, or you'll be late.
急ぎなさい、さもないと遅れますよ。

命令文に続く or は「さもないと」の意味。

> **参考** 「さもないと」の意味を表すその他の表現
> You should [must] 〜などに続く or も、「さもないと」の意味を表す。強調のために or の後ろに else を入れることもある。副詞の otherwise も同じ意味で使える。
> - You should apologize, **or (else)** [**otherwise**] things will get worse.
>   （きみは謝るほうがいい、さもないと事態は悪化するだろう）

1-3 but ▶前置詞の but は p.508、逆接の意味を表すその他の語句は p.601 を参照。

〜, but ... = 〜だが [しかし] …

360 I went to the gallery, but it was closed.
私はそのギャラリーへ行ったが、休みだった。

but は主に節と節を結びつけ、前後の内容が〈逆接・対立〉の関係にあることを示す。次の例のように、語や句を結びつけることもある。

- I've been using the same old **but** comfortable ski boots for twenty years.
  （私は、古いけれど履き心地のよい同じスキー靴を20年間使っている）
  ▶ but は2つの形容詞 (old と comfortable) を結びつけている。

It is true (that) ～, but ... ＝確かに～だが…

> **361** It's true that the musician is handsome, but he's not a good singer.
> そのミュージシャンは確かにハンサムだが，歌はうまくない。

it is true (that), indeed, no doubt などと **but** を結びつけて，「確かに［なるほど］～だが…」という意味を表す。〈譲歩〉の表現の一種である（→p. 479）。一般に〈譲歩〉の意味を含む文では，前半の内容を認めた上で，**後半の内容に意味の重点を置く**。(361) でも，意味の重点は後半の「じょうずな歌い手ではない」のほうにある。

- She is **indeed** young and inexperienced, **but** she has great talent.
  （彼女は確かに若くて経験不足だが，優れた才能の持ち主だ）
  ▶ indeed（確かに）は主に書き言葉で使う。

1-4 so (～, so ... ＝～, だから…)

> **362** I had a cold, so I couldn't go to school.
> 私はかぜをひいていたので，学校へ行けなかった。

so は節と節を結びつけ，「AだからBだ」という〈結果〉の意味を表す。because（従属接続詞）を使って同じ内容を表現できるが，**前後が逆になる**。

(362) ≒ I couldn't go to school **because** I had a cold.
　　　　　主節　　　　　　　　　　　　従属節

▶ (362) では 2 つの節の重要度が同じであるのに対して，上の文は「学校に行けなかった」ことに意味の重点があり，because 以下でその理由を説明している。

＋プラス　接続詞の for

for が「というのは～だから」の意味の等位接続詞として使われることがある。
- I remained silent, **for** there was nothing I could say.
  （私は黙っていた，というのは言えることが何もなかったからだ）〈書き言葉〉

✓ チェック 084

(　　) に，and, or, but, so のうち適切な語を1つずつ入れなさい。
(1) Do you prefer white, milk, (　　　) dark chocolate?
(2) I had a toothache, (　　　) I went to see a dentist.
(3) Do your homework now, (　　　) you'll be able to relax later.
(4) It's true that this research is useful, (　　　) you need more data.

2 従属接続詞（名詞節を作るもの）

2-1 that =～ということ

> **363** The problem is (that) we are short of time.
> 問題は，私たちには時間が足りないということだ。

接続詞の **that** は，「～ということ」という意味の名詞節を作る。節全体が名詞になるので，S（主語）・O（目的語）・C（補語）のはたらきをする。(363) の that 節は C のはたらき。

<u>The problem</u> <u>is</u> (**that**) <u>we are short of time.</u> (363)
　　S　　　　V　　　　　　C

▶接続詞の that は，文頭にあるとき以外は，話し言葉では省略されることが多い。

that 節が S（主語）になる例

● **It** is important **that** you have regular dental checkups.
　└─形式主語　　　　　　　～ということ (S)

（定期的な歯の検診を受けることが大切です）

▶That で文を始めると主語が長くなるので，⟨It is ～ that ...⟩の形にするのがふつう (→ p. 362)。

that 節が O（目的語）になる例 (→ p. 323)

● I thought (**that**) I had mailed the letter. (私は手紙を出したと思いました)
　　　　　　～ということ (O)

表現　その他の慣用表現

● **The fact is** (**that**) most people in the village are over 60.
（実のところ，その村のほとんどの人々は 60 歳を超えている）
● **The trouble is** (**that**) there aren't enough volunteers.
（問題は［困ったことに］，十分にボランティアがいない）
● **The thing is** (**that**) I don't really like it. （実は［本当は］それはあまり好きではないのです）
▶話し言葉で使う表現。The thing is (that) ... は，「実は」「要するに」「問題は」「理由は」など幅広い意味で使う。

> **参考** **in that S + V = Sが〜するという点で**
> 名詞節（「〜ということ」）を作る that は，原則として前置詞の後ろには置けない。しかし例外的に in that（〜という点で）という接続詞の形で使うことができる。
> - Giraffes are unusual **in that** they have very long necks.
>   （キリンはとても長い首を持っているという点で風変わりだ）〈書き言葉〉

4技能 Tips　Reading　〈S is that ...〉の文に慣れよう

書き言葉では，「**Sは〜ということだ**」という構造が複雑化している場合も多い。

- [One of the major ways in which humans are different from other animals] **is** [**that** they make records of past happenings].
  （人間がほかの動物と異なる主な点の1つは，人間は過去の出来事を記録するということだ）
  この文では，S is C. (S は C だ) の S と C がどちらも長くなっており，C として that 節（〜ということ）が使われている。文全体の述語動詞が is であることを見抜くことが大切である。

---

that の用法のまとめ
(A) 代名詞・形容詞・副詞の that → p. 367, 369
(B) 関係詞の that → p. 231
(C) 接続詞の that：①名詞節を作るもの（一般）→ (2-1)　②形容詞 + that 節 → p. 410
　　　　　　　　③V + (O +) that ... → p. 323　　　　　④It is 〜 that ...(形式主語構文) → p. 362
　　　　　　　　⑤It is 〜 that ...(強調構文) → p. 560　⑥同格（の名詞）節を作るもの → p. 576

2-2　whether/if

364 I wonder whether [if] there is anything interesting on TV tonight.
今晩テレビでおもしろい番組があるだろうか。

ポイント　whether [if] S + V =「Sが〜するかどうか」（名詞節を作る）

whether は，「〜かどうか」という意味の名詞節を作る。that 節と同様に，**S**（主語）・**O**（目的語）・**C**（補語）のはたらきをする。(364) の whether 節は O のはたらきをしている。

I wonder **whether** [**if**] there is anything interesting on TV tonight. (364)
S　V　　　〜かどうか　　　　　　O（名詞節）

▶ wonder は「〜だろうかと（疑わしく）思う」という意味の他動詞。この文のように「他動詞の目的語になる節」を作るときは，whether の代わりに if も使える。

後ろに whether [if] 節を置く動詞など

ask（尋ねる），doubt（疑う），know（知っている），see（確かめる），tell（教える，示す），be not sure（確信がない）

- I don't know **whether [if]** our teacher is married.
  （私たちの先生が結婚しているかどうか私は知らない）
  ▶ 話し言葉では if のほうがよく使われる。
- I'm not sure **whether [if]** my answer is correct.
  （私は自分の答えが正しいかどうか確信がない）
  ▶ be not sure whether [if] 〜 = 〜かどうか確信がない

プラス　whether 〜 or (not)

whether は or (not) と組み合わせて使うことも多い。この形では if はふつう使わない。

- I'll ask her **whether** [×if] she is coming by train **or not**.
  （彼女に電車で来るのかどうか尋ねてみます）
  ▶ or not は whether の直後に置いてもよい。また，… whether she is coming by train or by bus なら「電車で来るのかバスで来るのか」の意味になる。

参考　S, C となる whether 節

whether 節は，S（主語）や C（補語）としても使う。

- **Whether** [×If] the patient will recover is uncertain.
  　　　　　　　　　　S　　　　　　　　V　　C
  ≒ It is uncertain **whether [if]** the patient will recover.
  （その患者が回復するかどうかは不確実だ）
  ▶ if 節（〜かどうか）は文頭には置けないが，形式主語の it で始まる文では使える（→ p.363）。
- The question is **whether** we should cancel our tour **(or not)**.
  　　　　S　　　V　　　　　　　　C
  （問題は私たちが旅行を中止すべきかどうかということだ）

✓チェック C85

日本語の意味に合うように，与えられた語句を並べかえて英文を完成しなさい。

(1) 困ったことに，今コピー機が故障している。
　　(the copier / the trouble / that / is / isn't) working now.

(2) 私は彼に兄弟がいるかどうかを知らない。
　　I don't (he / whether / know / has / or / any brothers) not.

(3) この本がよく売れるかどうか，私にはよくわからない。
　　I'm (will / if / sure / this book / not) sell well.

3 従属接続詞（副詞節を作るもの）

3-1 because

365 I want to be a vet **because** I like animals.
私は動物が好きなので獣医になりたい。

ポイント　　**because S + V = S が〜するので**

「〜なので」〈理由〉を表す主な従属接続詞には，because, as, since がある。そのなかでも because が最もふつうに使われる。

I want to be a vet **because** I like animals. (365)
　　主節　　　　　　　　　　従属節（副詞節）

▶ because 以下は，主節の内容（「私は獣医になりたい」）に対する理由を説明している。

4技能Tips　Writing　〈Because + S + V.〉だけでは完全な文にならない

話し言葉では，"Why 〜?" で始まる文に対して，〈Because + S + V.〉（従属節のみ）の形で答えることができる。
- "**Why** do you want to be a vet?"　"**Because** I like animals."
（「あなたはなぜ獣医になりたいのですか」「動物が好きだからです」）

一方，書き言葉では，〈Because + S + V.〉のような従属節だけの形は，不完全な文とみなされるので注意しよう。
　× I want to be a vet. **Because** I like animals. ← 不完全な文
　○ I want to be a vet. **That is because** I like animals. ← 完全な文
　（私は獣医になりたい。それは動物が好きだからだ）

3-2 as　▶前置詞の as については p. 324, 395, 510 を参照。

366　**As** I said before, it is important to eat lots of fruit.
前にお話ししたように，たくさんの果物を食べることが大切です。

接続詞の as は様々な意味・用法をもっている。代表的な意味を確認しておこう。

「〜するように」「〜するとおりに」〈様態〉
(366) の as はこの意味。
- Do **as** you like. (好きなように [勝手に] しなさい)

- Try to see things **as** they (really) are. (物事はありのままに見るように努めなさい)

「～と同じくらい」〈比較〉
原級を使った比較を表す文中で使う。
- My father isn't as fat **as** he used to be. (父は以前ほど太ってはいない) (→ p. 248)

「～するとき」「～しながら」「～するにつれて」〈時〉
2つのことが同時に起きていることを示す。
- (Just) **as** I was about to leave, it began to rain.
  ((ちょうど)私が出かけようとしたとき,雨が降り出した)
- I fell asleep **as** I was watching TV. (私はテレビを見ながら眠り込んだ)
- **As** we get older, we tend to become forgetful.
  (私たちは年をとるにつれて物忘れがひどくなりがちだ)

「～なので」〈理由〉
軽く添える程度の理由を言うのに使い,文頭に置かれることが多い。
- **As** I had nothing else to do, I watched TV. 〈書き言葉〉
  ≒ I had nothing to do, **so** I watched TV. 〈話し言葉〉
  (ほかにすることがなかったので,私はテレビを見た)

「～だけれども」〈譲歩〉
主に書き言葉で,〈形容詞／副詞／名詞＋as＋S＋V〉の形で使う。
- Strange **as** [**though**] it may sound, not every English person speaks English.
  ≒ **Though** it may sound strange, not every English person speaks English.
  (奇妙に聞こえるかもしれないが,イギリス人が全員英語を話すわけではない)

4技能Tips Reading 資料などの説明文中で使われる as

「～のように,～のとおりに」の意味を表す as は,統計資料などを説明する文章中でよく使われる。

as＋過去分詞
- **as mentioned above** (上で述べられているとおり)
  ▶ mentioned の代わりに,**explained** (説明されている),**indicated/shown** (示されている),**remarked/stated** (述べられている),**seen** (見られる) なども使える。
- **as (is) shown in** *Figure 3* (図3に示されているとおり)

as＋S＋V / as is ...
- **as the following table shows** (次の表が示すとおり)
- **as is clear in the graph** (グラフで明らかなように)

as follows
- The details are **as follows**: ... (詳細は次のとおり：…)

3-3 when/while

when

367 When the phone rang, I was in the bath.
電話が鳴ったとき，私は入浴中だった。

> **ポイント**　when S＋V＝Sが〜するとき

(367)の意味の重点は主節(I was in the bath)にあり，話し手は「電話が鳴ったとき，私は何をしていたのか」を伝えようとしている。

while

368 Kazuya injured his ankle while (he was) playing soccer.
カズヤはサッカーをしている間に足首を痛めた。

> **ポイント**　while S＋V＝①「Sが〜する間」　②「Sが〜する一方で」

while には次の2つの意味がある。
①「Sが〜する間」〈時〉
(368)の while はこの意味。従属節中の〈S＋be動詞〉は省略されることがある（→ p.573）。

②「Sが〜する一方で」〈対比〉
whereas も同様の意味を表す。
- Rugby requires 15 players, **while** [whereas] soccer needs only 11.
  （ラグビーには15人の選手が必要だが，サッカーには11人しか必要ではない）
  ▶ whereas は while よりもかたい響きがある。

3-4 after/before

369 An ambulance came five minutes after I called.
私が電話して5分後に救急車が来た。

> **ポイント**　（数字など＋）after/before S＋V＝Sが〜した［する］（…）後［前］に

An ambulance came five minutes after I called. (369)
　　主節　　　　　　　　　　　　　　従属節（副詞節）

▶ five minutes は，後ろの副詞節 (after I called) を修飾する副詞のはたらきをしている。

プラス　It will not be long before S ＋ V〈現在形〉.
＝ まもなく［すぐに］S が〜するだろう。

● **It won't be long before** the rainy season is over.
　≒ The rainy season will be over soon [before long].
（まもなく梅雨が明けるだろう）

▶「梅雨が明ける前に長い時間はかからないだろう」という意味。肯定文（It will be long before …）にすると，「梅雨は当分明けないだろう」という意味になる。

表現　after/before の前に置く語句の例

soon after …（…してまもなく［すぐに］），**immediately after …**（…した直後に），**only after …**（…して初めて），**just after …**（…した直後に），**the day before …**（…する前日に）
● We arrived at the ballpark **just before** the game started.
（私たちは試合が始まる直前に球場に着いた）
● The book arrived **the day after** I ordered it.
（その本は私が注文した翌日に届いた）

3-5 since

370　I haven't seen him since I was in junior high school.
私は中学校以来彼に会っていない。

ポイント　since S ＋ V ＝ S が〜して以来（ずっと）

動詞は主節が現在完了形，since の後ろが過去形になることが多い。
　I *haven't seen* him **since** I *was* in junior high school.（370）
　　主節〈現在完了形〉　　　　　　従属節〈過去形〉

▶ since は「動作や状態が始まった過去の時点」を表す。

参考　前置詞・副詞の since

since は前置詞（「〜以来」）や副詞（「それ以来」）としても使う。
● I haven't seen him **since** junior high school.（私は中学校以来彼に会っていない）
　▶ 前置詞の since を使って (370) を言い換えた文。
● He broke his leg a week ago and has been in the hospital **ever since**.
（彼は1週間前に足を骨折して，それ以来ずっと入院している）
　▶ この文の since は副詞。ever since は「それ以来ずっと」の意味。

注意! ≫ **since の代わりに after は使えない**
- I haven't eaten anything **since** [✗ after] this morning. (けさから何も食べていない)
  ▶ 現在完了形とともに使う since (接続詞・前置詞) を, after で代用することはできない。

表現 　It is ～ since ...

It is [has been] ＋時間＋ since S ＋ V 〈過去形〉. = S が～して以来…になる
- **It is [has been]** *ten years* **since** we *got* married. (私たちが結婚して 10 年になる)
≒ Ten years have passed **since** we got married. (私たちが結婚して以来 10 年が過ぎた)
  ▶ 主に新聞や小説などで使う表現。
≒ We have been married *for* ten years.
  ▶ 直訳は「私たちは 10 年間結婚した状態だ」。話し言葉ではこのように表現するのがふつう。

＋プラス　理由を表す since

接続詞の since は, 「～なので」〈理由〉の意味でも使う。文頭に置いて, 聞き手も知っている内容を伝えるのに使うことが多い。
- **Since** you have a cold, you should stay in bed today.
  (きみはかぜをひいているのだから, 今日は寝ているほうがいい)

3-6 until/till

371 Let's wait **until** it stops raining.
雨がやむまで待ちましょう。

ポイント　until/till S ＋ V ＝ S が～する**まで**（ずっと）

until/till 以下は「動作や状態が始まる［終わる］時点」を表す。

表現　〈not ～ until ...〉と〈It is not until ... that ～〉

not ～ until ... ＝ …して［になって］初めて～
- My father did**n't** go abroad **until** he was 40.
  (父は 40 歳になって初めて外国へ行った [← 40 歳になるまで外国へ行かなかった])

It is not until ... that ～ ＝ …して［になって］初めて～する
上の文は, この表現を使って次のように言い換えることができる。
- **It was not until** my father was 40 **that** he went abroad.
  ▶ この文は〈It is ～ that ...〉の強調構文 (→ p. 560) で, 直訳すると「彼[父]が外国へ行ったのは, 40 歳になるまではなかった」となる。主に書き言葉で使う。

until は前置詞としても使う。
- Women in the U.S. did **not** acquire the right to vote **until** 1920.

≒ **It was not until** 1920 **that** women in the U.S. acquired the right to vote.
≒ **Not until** 1920 did women in the U.S. acquire the right to vote. (→ p. 563)
（アメリカの女性は1920年になって初めて選挙権を得た）
▶1つ目の文は書き言葉でも話し言葉でも使う。2つ目，3つ目の文は主に書き言葉で使う。

参考… ～ , until ...

untilの前にコンマがあるときは，「～してついに…」の意味を表す。

- The balloon rose up in the air**, until** (at last) it disappeared from sight.
（風船は空中に高く上がり，ついには見えなくなった）

3-7 by the timeなど

372 By the time we arrive, the show will have started.
私たちが着くまでに，ショーは始まっているだろう。

ポイント by the time S＋V＝Sが～するまでに（完了する）

by the time は，前置詞の by（～までに）を接続詞にしたものと考えればよい。

プラス by the time の前後の時制

主節と従属節の時制は，次のどちらかになることが多い。

By the time we arrive, the show will have started.（372）
　　　　　　　現在形　　　　　　　　未来完了形
　　　　　　　　　〈時〉を表す接続詞に続く節だから，will は使えない（→ p. 52）

- **By the time** we arrived, the show had started.
　　　　　　　過去形　　　　　　　　過去完了形

（私たちが着くまでに，ショーは始まっていた）

表現 time を使った〈時〉を表す接続詞

by the time のほかにも，time を使った〈時〉を表す様々な接続詞がある。
- Kenta is out **every [each] time** I call him. ≒ Kenta is out **whenever** I call him. (→ p. 240)
（ケンタは私が電話するたびに留守だ）
- **The first time** I met Naoko, she was 15 years old.
（私が最初に会ったとき，ナオコは15歳だった）
- Takuya said he was going to move to Fukuoka **the last time** I saw him.
（私が最後に会ったとき，タクヤは福岡に引っ越すと言っていた）
- I'll bring some photos **the next time** I come. （今度来るときには写真を持ってきます）

プラス 〈時〉を表すその他の接続詞
- **Once** I start eating chocolate, I can't stop.
 (私はいったんチョコレートを食べ始めたら止められない)
- **Now** (**that**) you're 17, you should be thinking about your future.
 (きみは今では[もう]17歳なのだから,自分の将来について考えているべきだ)

3-8 as soon as

373 **As soon as** I left the house, it started raining.
私が家を出るとすぐに雨が降り出した。

ポイント　　**as soon as** S＋V＝Sが〜する**とすぐに**

(373) は,次のように表現することもできる。これらはふつう書き言葉で使われる。
- **The moment** [**instant/minute**] I left the house, it started raining.
- **On** [**Upon**] leaving the house, it started raining.　▶ on *-ing* =〜するとすぐに (→p.180)
- I had **no sooner** left the house **than** it started raining.
 ≒ **No sooner** had I left the house **than** it started raining. (→p.563)
 ▶「雨が降り始めるよりも私が家を出ていたほうが早い,ということは決してなかった」ということ。厳密には「私が家を出た」のは「雨が降り始めた」のよりも前だから,前半は過去完了形を使う。次の文も同様。
- I had **hardly** [**scarcely**] left the house **when** [**before**] it started raining.
 ≒ **Hardly** [**Scarcely**] had I left the house **when** [**before**] it started raining.
 ▶「雨が降り始めたとき[降り始める前]には,私はほとんど家を出ていないくらいだった」ということ。

3-9 as long as / as far as

as long as

374 You can have a dog, **as long as** you take it for walks.
あなたが散歩に連れて行きさえすれば,犬を飼ってもよろしい。

ポイント　　**as long as** S＋V＝①「Sが〜する**かぎり**」〈期間〉
　　　　　　　　　　　　　　②「Sが〜し**さえすれば**」〈条件〉

(374) は②〈条件〉の意味。次の文は①〈期間〉の意味。
- You can stay here **as long as** you like.
 (あなたは好きなだけ(長い間)ここにいてかまいません)

as far as

375 **As far as I know**, next Friday is the deadline.
　　　私が知るかぎり，今度の金曜日が締め切りです。

> **ポイント**　as far as S + V =「Sが〜する**かぎり**」〈程度・範囲〉

far には「遠くに」〈距離〉のほかに「はるかに」〈程度〉の意味もあり，as far as は「〜と同じ程度まで→〜のかぎりでは」という意味を表す。(375)の as far as I know（私が知っているかぎりでは）は一種の慣用表現で，次のようにも言い換えられる。

(375) ≒ **To the best of my knowledge**, next Friday is the deadline.

> **プラス**　as far as S be concerned =「Sに関するかぎり」
> - It was fine **as far as** the service **was concerned**, but the food wasn't good.
>   （サービスに関するかぎり申し分なかったが，料理はおいしくなかった）

3-10 in case

376 Write down the number **in case** you (× won't) forget it.
　　　忘れるといけないので，その番号を書き留めておきなさい。

> **ポイント**　in case S + V = Sが〜する**といけないので**［しないように］

in case（接続詞）は「〜しないように」という**否定の意味**を含んでおり，in case の節中では not は使わない。また，in case 以下は〈条件〉を表す節なので，未来のことも現在形で表す（→ p.52）。(376)は次のように言い換えられる（→ p.482）。

(376) ≒ Write down the number **so** (**that**) you **won't** forget it.
▶ so that は「〜するように」の意味だから，後ろの節中では not を使う（→ 386）。

- Write down the number **so as not to** forget it. (→ p.136)
  （忘れないように番号を書き留めておきなさい）

> **参考**　「〜しないように」の意味を表すその他の形
> - They turned the TV down **for fear that** they might wake the baby.
>   ≒ They turned the TV down **for fear of** waking the baby.
>   （彼らは赤ちゃんを起こさないように［←起こすのを恐れて］テレビの音量を下げた）
>   ▶これらの表現はふつう書き言葉で使う。

参考 … **in case のその他の意味**

- **In case** there is a problem, call this number.
  （もし問題がある場合には，この番号に電話してください）
- Press this button **in case of** emergency.（非常のときはこのボタンを押してください）
- I'll copy this file **just in case**.（万一の場合に備えてこのファイルをコピーしておきます）

3-11 if/unless ▶仮定法の if については UNIT 11 を参照。if（～かどうか）は p. 465 を参照。

if

377 If it rains [× will rain] tomorrow, the game will be canceled.
もしあした雨が降れば，試合は中止されるだろう。

ポイント　**if S＋V＝もし S が～すれば**

「もし～なら」〈条件〉の意味を表す if に続く節中では，未来のことも現在形で表す。〈条件〉を表す unless や in case についても同じ（→p. 52）。

注意! ≫　「～したら＝if」とは限らない

「～したら」の意味を，if ではなく when で表すべき場合がある。
- I'll call you **when** [×**if**] I reach the hotel.（ホテルに着いたらあなたに電話します）
  ▶if は，話し手が「実現の可能性は五分五分だ」と考えている場合に使う。ホテルに着くことは予定された行動で，「もし着くなら」の意味ではないから if を使うのは不自然。

表現　**if を使った慣用表現**

- Her score was, **if not** perfect, fairly high.
  （彼女の得点は，満点ではないにせよ，かなり高かった）
  ▶if not perfect ＝ (even) if (it was) not perfect
- **If** (it is) **not** treated properly, the disease is life-threatening.
  （適切に治療しなければ，その病気は命にかかわる）
- Correct the mistakes, **if any**, in the sentences below.
  （下の文に誤りがもし（いくらかでも）あれば，訂正しなさい）
- I'll finish writing this report tonight, **if** (it is) **at all** possible.
  （もしできるなら，このレポートを今晩書き終えるつもりだ）
  ▶at all には否定や疑問の意味を強調するはたらきもあるが（→p. 559），if 節中で使うと「仮にも（～なら）」の意味を表す。この文には「実際には難しいだろう」というニュアンスがある。
- Use the fire escape **only if** there is an emergency.
  （非常階段は緊急の場合のみ使用してください）
  ▶仮定法で使う if only（～ならよいのに）との違いに注意（→p. 289）。

unless

378 The laundry won't dry quickly **unless** it's sunny.
日が照らなければ洗濯物は早く乾かないだろう。

> **ポイント**　unless S + V = S が〜しないかぎり

unless には「〜しないかぎり」〈条件〉という**否定の意味**が含まれているので，後ろの節中でnotは使わない。〈if + not〉を使って言い換えられることが多い。
(378) ≒ The laundry won't dry quickly **if** it is**n't** sunny.

➕ プラス 〈条件〉を表すその他の表現

- I'll lend you some money, **provided** [**providing**] (**that**) you return it within a week.
  (1週間以内に返すという条件で，お金をきみに貸してあげよう)
  ▶書き言葉で使うのがふつう。話し言葉では as long as を使うことが多い。

- **Supposing** (**that**) the news is [were] true, what will [would] happen?
  (そのニュースがもし本当なら，何が起きるのだろう)
  ▶「〜と仮定すれば」の意味。話し言葉ではifを使うのがふつう。

- **Suppose** we run out of gas on the way?
  (途中でガソリンが切れたらどうしよう)
  ▶「〜と仮定してみなさい」の意味。

4技能Tips　Reading　分詞構文をもとにした接続詞

providedやsupposingは，分詞構文が接続詞に変化したもの。ほかには次のようなものがある。これらは書き言葉やフォーマルな話し言葉で使われる。（→ p. 202）

assuming [**given**] (**that**) （…と仮定すれば）
considering [**seeing**] (**that**) （…ということを考慮すれば）
granted [**granting**] (**that**) （仮に…だとしても）

- **Assuming that** this article is true, what would be the consequences?
  （この記事が仮に本当だとすれば，何が起きるだろうか）
- **Given that** he only had three days to practice, his performance was surprisingly good.
  （彼が3日しか練習できなかったことを考慮すれば，彼の演奏は驚くほどよかった）
- **Considering** [**Seeing**] (**that**) he is just a child, we can't blame him.
  （彼がほんの子どもであることを考えると，彼を責めることはできない）

3-12 although/though

379 **Although [Though] I was tired, I went shopping.**
疲れていたけれど，私は買い物に出かけた。

ポイント **although [though] S + V = Sは〜だけれども**

although/though は「〜だが」という〈譲歩〉の意味を表す。会話では but を使うことが多い。(379) は次のように言い換えられる。

(379) ≒ I was tired, **but** I (still) went shopping.
　　　　等位節　　　　　　　等位節

▶ but（等位接続詞）を使った文は2つの節が対等の重みをもつが，although/though（従属接続詞）を使った文では主節のほうに意味の重点がある。

参考… 文頭の although
文頭では though よりも although のほうが好まれる。though を文頭に置くときは even though の形にすることが多い（→380-b）。

プラス 説明をつけ足す though
though は「もっとも〜ではあるが」と説明をつけ足す場合にも使う。
● I really like Mika, **though** I've only met her twice.
（私はミカが大好きだ。もっとも2回しか会ったことはないけれど）
● I bought an electronic dictionary. It's an older model, **though**.
（電子辞書を買ったよ。もっとも，旧式のだけれど）　▶ though = 副詞

3-13 even if / even though　▶ as if [though] については p. 289 を参照。

380
(a) We'll go fishing on Sunday, **even if** it rains.
たとえ雨が降っても，ぼくたちは日曜日に釣りに行くつもりだ。
(b) You shouldn't tell him everything, **even though** he is your friend.
たとえ彼がきみの友人でも，彼にはすべては話さないほうがいい。

ポイント
even if S + V =「たとえ S が〜だとしても」〈条件〉
even though S + V =「たとえ S が〜であっても」〈事実〉

even if は if（→p. 475）を副詞 even で強めた形であり，「たとえ〜という条件だとしても」の意味を表す。それに対して，**even though** は though を強めた形であり，「た

とえ事実が〜であっても」の意味を表す。したがって even though の後ろには，話し手が事実として知っていることを置く。

　　　We'll go fishing on Sunday, **even if** it rains. (380-a)
　　　▶話し手は「(雨が降るかどうかわからないが) たとえ雨が降っても」と考えている。
　　　You shouldn't tell him everything, **even though** he is your friend. (380-b)
　　　▶話し手は「彼は (実際に) きみの友人だ」と考えている。even if を使うと，「きみが彼の友人かどうかは知らないが，たとえそうだとしても」というニュアンスになる。

3-14 whether

381 Whether her parents agree or not, she will go to the U.S. to study.
両親が賛成してもしなくても，彼女はアメリカへ留学するだろう。

ポイント　whether S + V or not =「Sが〜してもしなくても」(副詞節を作る)

副詞節を作る whether は or not と組み合わせて「たとえ〜してもしなくても [〜であろうとなかろうと]」という〈譲歩〉の意味を表す。名詞節を作る whether (→ p. 465) と異なり，if はこの意味では使えない。

- **Whether** you like it **or not**, you have to follow the school rules.
  　　副詞節 (修飾語)　　　　S　　V　　　　　　　O
  (好もうと好むまいと，校則は守らねばならない)
- **Whether** you win **or** lose, you must play fairly.
  (勝っても負けても，正々堂々と戦わねばならない)
  ▶ whether A or B = AであってもBであっても

参考　It doesn't matter whether 〜 or not
　　　matter (重要である) とともに使って，「〜かどうかは問題ではない」という意味を表す。
　　　- **It doesn't matter whether** you like it **or not**.
　　　　(あなたがそれを好きかどうかは問題ではない) (→ p. 366)

プラス　接続詞と関係副詞の2つのはたらきをもつ語
　　　the way S + V = ①「S が〜するように」(≒ as), ②「S が〜する方法」(≒ **how**)
　　　- The coach told the boy to swing the bat **the way** [as] he did. …①
　　　　　　　　　　　　　　　　　　　　　　　　　　　　接続詞
　　　　(コーチは自分がしたようにバットを振れとその少年に言った)
　　　　▶ did は「バットを振った (swung the bat)」の意味の代動詞 (→ p.30)。
　　　- I don't like **the way** [how] he speaks. (私は彼の話し方が好きではない) …②
　　　　　　　　　　関係副詞

where S + V = ① 「S が〜するところへ [に, で]」
② 「S が〜するところ」(≒ **the place where**)

- Put the book back **where** it was. (その本をあった場所へ戻しなさい) …①
  接続詞
- That's **where** the accident happened. (あそこが事故のあった場所です) …②
  関係副詞 (→p. 224)

Advanced Grammar 〈譲歩〉を表す形

「〜だけれども」「たとえ〜だとしても」のような意味をもつ表現方法を,「譲歩」という。譲歩を表す形は,次のように分類できる。

① 接続詞 (**but, though, even if, while, whether** など) を使うもの
② 複合関係詞 (**whatever, however** など) を使うもの (→ p. 239)
③ 命令文の形を使うもの

①②の節中では現在形を使う。
- It makes little difference **whether** you (× will) go by train **or** by bus.
  (電車で行ってもバスで行ってもほとんど変わりません)

③は, 命令文の形で「たとえ (どんなに) 〜でも」という意味を表す。
- **Believe it or not**, what I am saying is true.
  ≒ Whether you believe it or not, what I am saying is true.
  (信じようと信じまいと, 私が言っていることは本当だ)
- **Come what may**, I will not change my mind.
  ≒ Whatever happens, I will not change my mind.
  (たとえ何が起きようと, 私は決心を変えるつもりはない)
  ▶ この come は「(災難などが) 起こる」の意味。

✓ チェック 086

[A] 群と [B] 群の語句を1つずつ結びつけて, 意味の通る英文を完成しなさい。

[A] (1) I'm going to do my best,
(2) My sister has been to five countries,
(3) It won't be long
(4) Take the key
(5) It was not until I came home

[B] ① while I've never been abroad.
② in case I'm not home when you come back.
③ whether I'm successful or not.
④ that I realized I'd left my camera somewhere.
⑤ before I finish high school.

4 相関接続詞

離れた位置にある語句がまとまって1つの接続詞のはたらきをするものを「**相関接続詞**」という。相関接続詞には，等位節を作るものと，従属節を作るものとがある。

4-1 等位節を作るもの

not A but B＝「AでなくB」(≒B, not A)

> **382** Most people speak not English but French in Quebec.
> ケベック州ではほとんどの人々が英語でなくフランス語を話す。

AとBには文法的に対等の要素を置く。
　　　Most people speak **not** English **but** French in Quebec. (382)
　　　　　　　　　　　　　　　　A　　　　　　　B

(382)は主に書き言葉で使う表現で，話し言葉では次のどちらかのように言うことが多い。
(382)≒ Most people do **not** speak English **but** French in Quebec.
　　　≒ Most people speak French, **not** English, in Quebec.
　　　　　　　　　　　　　　　B　　　　　A

➕プラス 〈not A but B〉の形を応用した表現

- The baby is crying **not** *because he is sad* **but** *because he is hungry*.
  (その赤ちゃんが泣いているのは，悲しいからではなく空腹だからだ)
  ▶ A・Bに because (〜だから) で始まる副詞節を置いたもの。
- It's **not** *my back* **but** *my neck* that hurts. (痛いのは背中ではなく首です)
  ▶ 強調構文 (It is 〜 that ...) で〈not A but B〉の部分を強調したもの (→ p.560)。

not only A but (also) B＝「AだけでなくBも」(≒B as well as A)

> **383** The band is popular not only in Korea but also in Japan.
> そのバンドは韓国だけでなく日本でも人気がある。

〈not A but B〉(AでなくB)の形に only と also を加えると，〈not only A but also B〉(AだけでなくBも)となる。also は省略されることもある。(383)は次のようにも表現できる。

　　　The band is popular **not only** *in Korea* **but also** *in Japan*. (383)
　　　　　　　　　　　　　　　　　　A　　　　　　　　　B

≒ The band is popular *in Japan* **as well as** *in Korea*.
　　　　　　　　　　　　　B　　　　　　　　A
　　　　　　　　AとBが逆になる点に注意

▶ 〈not only A but also B〉は，主に文章やスピーチなどで使う。〈B as well as A〉は話し言葉でも広く使われる。

＋プラス　only, also を別の語で言い換えた文

only の代わりに **just, merely, simply, alone** なども使う。また，also の代わりに **too, as well** なども使う。
- This fruit is **not merely** delicious, **but also** rich in vitamin C.
  ≒ This fruit is **not merely** delicious, **but** rich in vitamin C **as well**.
  （この果物はおいしいだけでなくビタミンCが豊富だ）

4-2 従属節を作るもの

so 〜 (that) ...

> **384** It was **so** hot **(that)** we couldn't play tennis.
> とても暑かったので私たちはテニスができなかった。

ポイント
so＋形容詞／副詞＋**(that)** S＋V
＝「非常に〜なので S は〜する」〈結果〉

that の後ろに〈結果〉を置く。話し言葉では that を省略することもある。(384) は，〈too＋形容詞／副詞＋不定詞〉を使って次のように言い換えられる。

(384) ≒ It was **too** hot (for us) **to play** tennis.
（（私たちが）テニスをするには暑すぎた）（→p.157）

such 〜 that ...

> **385** It was **such** a loud concert **that** I got a headache.
> とても騒がしいコンサートだったので私は頭が痛くなった。

ポイント
such（＋a[an]）（＋形容詞／副詞）＋名詞＋**that** S＋V
＝「非常に（…な）〜なので S は〜する」〈結果〉

(384) の〈so 〜 that ...〉の形では，so の後ろに形容詞・副詞を置くが，後ろに名詞があるときは，so の代わりに **such** を使う（→p.444）。

- I was **in such a hurry that** I didn't have breakfast.
  （私はとても急いでいたので朝食をとらなかった）
  ▶ in a hurry（急いで）と such 〜 that ... を組み合わせたもの。

so (that) S can [will] *do*

386 I applied for a passport **so** (that) I **could** travel abroad.
　　　　私は外国旅行ができるようにパスポートを申請した。

ポイント　　so (that) S can [will] *do* =「Sが～できる[する]ように」〈目的〉

(384)が〈結果〉を表すのに対して，この形は〈目的〉を表す。話し言葉では that は省略される。

(386)は，〈目的〉を表す副詞的用法の不定詞を使って，次のように言い換えられる。
(386) ≒ I applied for a passport **in order to** [**so as to**] travel abroad.
　　　　　（私は外国旅行をするためにパスポートを申請した）（→ p.136）
　　▶ (386) よりもフォーマルな表現。

プラス　so (that) S will not *do* = Sが～しないように
　　that の後ろを否定の形にすると，「Sが～しないように」の意味になる。
　● Take notes **so** (**that**) you **won't** forget. (忘れないようにメモを取りなさい)

✓ チェック 087

日本語の意味に合うように，（　）に適語を入れなさい。
(1) その会社は日本だけでなく中国にもオフィスを持っている。
　　The company has offices (　　　) (　　　) in Japan (　　　) (　　　) in China.
(2) 携帯電話はとても便利な機械なので，私は携帯電話がなければやっていけない。
　　The mobile phone is (　　　) (　　　) useful device (　　　) I can't do without it.
(3) 明日の朝5時に起きられるように，今夜は10時に寝ます。
　　I'll go to bed at ten tonight (　　　) (　　　) I can get up at five tomorrow morning.

✓ チェック 解答

084 (1) or　(2) so　(3) and　(4) but
085 (1) The trouble is that the copier isn't
　　　(2) know whether he has any brothers or
　　　(3) not sure if this book will
086 (1) ③　(2) ①　(3) ⑤　(4) ②　(5) ④
087 (1) not only, but also　(2) such a, that　(3) so that

Using Grammar in Context

UNIT 18 接続詞

Fast Food and Slow Food

(Tadashi ▼356 and Robert are university students. Today they are going to Manchester to watch a football match. They go to a sandwich shop to buy some lunch ▼369 before catching the train.)

Tadashi : What does 'BLT' stand for?
Robert : Oh, it means ▼356 参考 bacon, lettuce, and tomato. It's nice, ▼360 but you can order any sandwich you like.
Tadashi : Wow! There are so many different kinds of fillings.
Robert : It's not only the fillings. You have to choose ▼358 参考 bread roll, bagel, or baguette first.
Tadashi : Really? It sounds so complicated. I can't decide.
Robert : ▼359 Hurry up, or we'll miss the train.
Tadashi : OK. I'll have BLT on a baguette, then.

(on the train)

Robert : It'll take another 30 minutes, ▼362 so shall we eat our sandwiches now? Oh good! there's lots of salad in mine! ▼372 プラス Now that I'm living alone, I'm trying hard to eat healthily. ▼367 When I was at school, the problem was ▼363 that I always chose fried food ▼356 and sugary snacks for lunch.
Tadashi : Really? Can children choose what to eat for school lunch here?
Robert : Yes. Can't you do that in Japan?
Tadashi : Oh, no. ▼381 Whether they like it or not, the children all have to eat the same food. ▼367 When I was a child, I didn't like school lunch. ▼379 Although I didn't like green peppers, I had to eat them.
Robert : Well, I think ▼374 as long as children are given well-balanced meals, that's a good idea. ▼360 But here in England, they can choose what they want, ▼362 so many children choose 'junk food' instead of healthy things like fruit ▼356 and vegetables. In fact, ▼356 more and more people are eating fast food now .... ▼364 I wonder if it is the same in Japan?
Tadashi : Yes, many people now eat fast food, ▼365 because it's quick ▼356 and cheap.
Robert : I think fast food is necessary for some people, such as business people, ▼360 but have you heard of 'slow food'?
Tadashi : Yes. It has become popular in many countries ▼370 since it was first thought of in Italy. It is getting popular in Japan, too. ▼380 Even if it costs more ▼356 and takes more time, many people prefer it to fast food.
Robert : Slow food makes me think of eating with my family at home. It's a time for communication, isn't it?
Tadashi : That's true. Usually, I only talked with my family at dinner time, ▼365 because ▼373 as soon as I got home from school, I studied alone in my room. And actually, my

483

father often came home after dinner.

Robert : Really? My dad was usually home before 6:00.

Tadashi : My father often worked overtime, so we couldn't wait to eat until he came home. By the way, does your father cook?

Robert : Yes. My dad likes to cook so much that he always cooks dinner at weekends. He's a really good cook.

Tadashi : So, are you a good cook, too?

Robert : Of course! I would often watch Dad while he was cooking.

Tadashi : If you can cook well, you can teach me! What's your best dish?

Robert : Err .... toast!

和訳

ファストフードとスローフード
(タダシとロバートは大学生です。今日はマンチェスターへサッカーの試合を見に行きます。電車に乗る前にお昼を買いにサンドウィッチ店へ行きます。)

タダシ：BLTってどういう意味なの？

ロバート：ああ，それはベーコン，レタス，トマトの意味なんだ。おいしいよ。でも何でも好きなサンドウィッチを注文できるよ。

タダシ：わあ！ すごくたくさんの種類の具があるね。

ロバート：具だけじゃないよ。丸いパン，ベーグル，またはバゲットを最初に選ばなきゃ。

タダシ：そうなの？ 複雑そうで決められないよ。

ロバート：急いで。そうしないと電車に遅れるよ。

タダシ：それじゃ，バゲットでBLTにするよ。

(電車の中で)

ロバート：あと30分かかるから，今サンドウィッチを食べない？ ああ，よかった！ ぼくのには，たくさんのサラダが入っている。ぼくはひとり暮らしをしているので健康的な食事を心がけているんだ。高校までは，問題はいつもお昼に揚げものや砂糖の多いスナックを選んでいたことだったんだ。

タダシ：本当？ 子どもたちはここではお昼に食べるものを選べるの？

ロバート：うん。日本ではできないの？

タダシ：できないよ。好きでも嫌いでも子どもたちはみな同じものを食べなくてはいけないんだ。子どものとき，ぼくは学校給食が嫌いだったよ。ピーマンが嫌いだったんだけど，それを食べなくてはいけなくて。

ロバート：そうか，子どもたちがバランスのとれた食事を与えられるかぎり，それはいい考えだと思うよ。でも，ここイングランドでは，食べたいものが選べるんだ。だから多くの子どもたちは，たとえば果物や野菜のような健康的なものの代わりに「ジャンクフード」を選ぶんだ。実際のところ，今ファストフードを食べる人はますます増えているけど…日本でも同じなのかな？

タダシ：そう。多くの人が，今ファストフードを食べるね。早いし，安いもの。

ロバート：ファストフードは人によっては必要だと思うね。たとえば会社員とか。でも「スローフード」って聞いたことある？

タダシ：うん。それはイタリアで最初に考えられてから多くの国で人気が出たね。日本でも人気が出てきたよ。たとえ，料金や時間が余計にかかっても，ファストフードよりも好きな人は多いよ。

ロバート：スローフードは家での家族との食事を思い出させるね。それはコミュニケーションの時間だよね？

タダシ：そのとおり。ふだん，ぼくは夕食時間しか家族と話をしなかったもの。学校から帰るとすぐに，自分の部屋でひとりで勉強したから。それに実際，ぼくの父親は夕食後に帰宅することが多かったんだよ。

ロバート：そうなの？ ぼくの父はたいてい6時前に帰っていたよ。

タダシ：父はよく残業をしたので，帰ってくるまで食べるのを待てなかったんだよ。ところで，きみのお父さんは料理をするの？

ロバート：うん。父はすごく料理をするのが好きだから，週末はいつも夕食を作るんだ。父は料理が本当にじょうずだよ。

タダシ：それじゃ，きみも料理がじょうずなの？

ロバート：もちろん！ 父が料理する間，よく観察していたよ。

タダシ：もし，きみが料理じょうずなら，ぼくに教えてよ！ 一番得意な料理は何？

ロバート：ええと…トースト！

UNIT 19

前置詞

> 前置詞はコアになる
> イメージを使って
> 理解しよう

Introduction ················· 486	**3** 主要な前置詞の意味と用法 ········ 500
1 前置詞のはたらき ············· 488	3-1 about/around [round] ········· 500
1-1 前置詞句 ················· 488	3-2 above/below/beyond ········ 501
1-2 前置詞に続く要素 ········· 488	3-3 into/out of ················ 502
1-3 前置詞と接続詞 ··········· 489	3-4 over/under ················ 504
2 基本的な前置詞の意味と用法 ···· 490	3-5 behind/in front of ·········· 505
2-1 at ······················ 490	3-6 between/among ············ 505
2-2 by ······················ 491	3-7 through ··················· 506
2-3 for ····················· 492	3-8 after/before ··············· 507
2-4 from ···················· 492	3-9 against ··················· 508
2-5 in ······················ 493	3-10 except/but ················ 508
2-6 of ······················ 495	3-11 like/unlike ················ 509
2-7 on ······················ 496	3-12 その他の前置詞 ············ 510
2-8 to ······················ 497	**4** 群前置詞 ···················· 513
2-9 with/without ············ 498	チェック解答 ···················· 514

Using Grammar in Context
    Kana's Diary ···················· 515

Introduction

前置詞のはたらき

前置詞とは「**名詞の前に置くことば(詞)**」という意味です。「前置詞＋名詞」のかたまりを「**前置詞句**」といいます。前置詞句には次の2つのはたらきがあります。

①**形容詞のはたらき**（名詞を修飾する）
- The people **in our office** are friendly. （私たちの職場の人たちは親切だ）
  ▶ in our office は名詞（people）を修飾している

②**副詞のはたらき**（名詞以外の要素を修飾する）
- Twenty people work **in our office**. （私たちの職場では20人が働いている）
  ▶ in our office は動詞（work）を修飾している

前置詞の意味の広がり

前置詞の使い方を理解するためには、それぞれの前置詞がもつ基本的なイメージをつかむようにするとよいでしょう。たとえば on の基本的な意味は「接触」であり（→ p. 496）、上でも横でも下でも「くっついている」場合には on を使います。

a book **on** the table
（テーブルの上の本）

a picture **on** the wall
（壁にかかった絵）

a fly **on** the ceiling
（天井にとまったハエ）

on は上の3つの例のように〈場所・位置〉を表しますが、on Sunday（日曜日に）のように〈時〉についても使います。このように、1つの前置詞を使って様々な意味を表すことができます。

前置詞の意味の広がりの一例として、たとえば〈位置〉を表す前置詞は、〈動き〉を表すのにも使われます。

- There is a bank **across** the street. （通りの向こう側に銀行がある）〈位置〉
- There is a cat walking **across** the street. （猫が通りを歩いて横切っている）〈動き〉

また,〈場所〉など具体的な(目に見える)関係を表す前置詞を,抽象的な意味で使うこともできます。たとえば in(〜の中に)は,次のようにも使えます(→ p. 494)。

- He shouted **in** anger.（彼は怒って [←怒りの中で] 叫んだ）

基本的な前置詞と主な意味

	時	場所・位置	動き・方向	その他
at	〜に	〜に [で]	〜に向かって	〜の状態で
by	〜までに	〜のそばに		〜によって
for	〜の間		〜に向かって	〜のために 〜を求めて
from	〜から		〜から	
in	〜に	〜の中に [で]	〜の中へ	〜の状態で
into			〜の中へ（入って）	（結果が）〜に（なって）
of				〜の（うちで）
on	〜に	〜の上に 〜に接して	〜の上へ	〜の状態で
out of		〜を外れて	〜から外へ（出て）	〜がない状態で
over		〜の上に	〜を越 [超] えて	
through	〜の間中		〜を通って	〜（の方法）を通じて
to	〜前だ		〜へ，〜まで	〜に（対して）
under		〜の下に [で]	〜の下へ	〜を受けている
with				〜といっしょに 〜を持って [使って]

Next, Putting it into Action!

それぞれの前置詞の基本的なイメージと,そこから生まれる様々な意味を見ていきましょう。

487

UNIT 19 前置詞

1 前置詞のはたらき

1-1 前置詞句

387 In Asian countries, people in general eat rice.
アジアの国々では，一般の人々は米を食べる。

前置詞句は，**形容詞**または**副詞**のはたらきをする。

In Asian countries, people in general eat rice.（387）
　　副詞のはたらき　　　　　形容詞のはたらき

プラス　補語のはたらきをする前置詞句

形容詞の叙述用法（補語になる用法）（→p.404）と同じように，形容詞のはたらきをする前置詞句が補語のはたらきをすることがある。

- My father is in Sendai now.（私の父は今仙台にいる）〈第1文型〉
　　S　　V　　副詞句

- Hybrid cars are now in great demand.
　　S　　　V　　　　　C
（ハイブリッドカーは今では非常に需要が高い）〈第2文型〉

1-2 前置詞に続く要素

388 I'm interested in growing vegetables.
私は野菜を育てることに興味がある。

前置詞の後ろには，**名詞**または**名詞に相当する語句**（代名詞・動名詞など）を置く。

I'm interested in growing vegetables.（388）
　　　　　　　　　動名詞「野菜を育てること」

前置詞の後ろに置かれる語句を，「**前置詞の目的語**」という。

- I've played tennis with him [×he] before.
（私は前に彼といっしょにテニスをしたことがある）
　▶前置詞の後ろに代名詞を置くときは，目的格を使う。

注意！》　前置詞の後ろに置ける要素

名詞に相当する語句のうち，前置詞の後ろに置けるものを○，置けないものを×で表すと，次のようになる。

	動名詞	不定詞	疑問詞＋ to *do*	that 節	疑問詞節 whether 節	what （関係詞）節
前置詞＋	○	×	○	×	○	○

- We talked **about** *how to* clean up the river.
  （私たちはその川をきれいにする方法について話し合った）
  ▶前置詞（about）の後ろに〈疑問詞＋to *do*〉を置いた形（→p.159）。
- Our success depends **on** *whether* they support us or not.
  （我々の成功は彼らが支援してくれるかどうかにかかっている）
  ▶前置詞（on）の後ろに whether 節（「～かどうか」）を置いた形。
- You must apologize to her **for** *what* you said.
  （きみは自分が言ったことを彼女にあやまらねばならない）
  ▶前置詞（for）の後ろに what で始まる関係詞節を置いた形（→p.232）。

参考 前置詞＋形容詞／副詞

次のような表現では，前置詞の後ろに形容詞や副詞を置くこともある。
- I got this ticket **for** *free*. （私はこのチケットを無料で手に入れた）
- They regarded the information **as** *important*. （彼らはその情報が重要だと考えた）
- A lot of tourists **from** *abroad* visit the town.
  （外国からの多くの観光客がその町を訪れる）

参考 前置詞の省略

主に話し言葉で，前置詞が省略されることがある。
- I waited (**for**) about half an hour. （私はおよそ30分間待った）
- It is hotter in August than (**in**) July. （8月は7月より暑い）

1-3 前置詞と接続詞

389 I visited several museums **during** my stay in New York.
≒ I visited several museums **while** I was staying in New York.
私はニューヨーク滞在中に数か所の美術館を訪ねた。

ポイント　**during**（前置詞）＋名詞（句）＝ **while**（接続詞）＋S＋V

during と while はどちらも「～の間に」の意味を表すが，during（前置詞）の後ろには**名詞（句）**を置く。一方，while（接続詞）の後ろには〈**S＋V**〉の形を置く。

during my stay in New York ⟷ **while** I was staying in New York
　前置詞　　名詞句　　　　　　　　　　接続詞 S 　　V
　「私の滞在の間に」　　　　　　　　　「私が滞在していた間に」

▶ during の後に動名詞を置くことはできない。× during staying in New York は誤り。

after, before, since, until/till などは，前置詞としても接続詞としても使う。接続詞として使う場合は，後ろに〈S＋V〉の形を置く。

- Sort the trash **before** taking it out. ≒ Sort the trash **before** you take it out.
　　　　　　　前置詞　動名詞　　　　　　　　　　　　　接続詞　 S 　　V

（ごみを出す前に分別しなさい）

2 基本的な前置詞の意味と用法

2-1 at

390　I usually get up **at** six thirty.
　　　　私はふだん6時半に起きる。

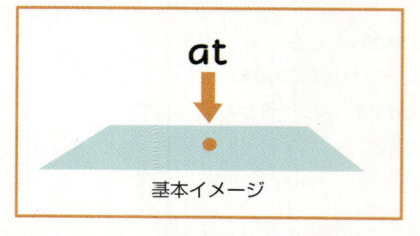

基本イメージ

at six thirty

at の基本的なイメージは「1点」。〈場所〉にも〈時〉にも使う。また，空間上の1点へ向かう動きを表すのにも使われる。

「〜（の1点）に」〈場所・時〉（390）
- Shall we meet **at** the station?（駅で会いましょうか）
- My sister got married **at** the age of 28.（姉は28歳で結婚した）

「〜に向かって」
- Who **threw** the stone **at** the window?（窓に向かって石を投げたのは誰？）

「〜の状態で」
- I was **at** a loss what to do.（私は当惑してどうしたらいいかわからなかった）
▶「〜の状態で」の意味の at を使った表現には，**at** *one*'s **best**（最盛期で），**at work**（仕事中で），**at war [peace]**（交戦中［平和］で）などがある。

「〜の対価［割合］で」
- I got this ticket **at** a discount.（このチケットは割引（価格）で手に入れた）

「〜のために」〈感情の原因〉
- I was disappointed **at** the results of the test.（私はテストの結果にがっかりした）

2-2 by

> **391** The restaurant is **by** the river.
> そのレストランは川のそばにある。

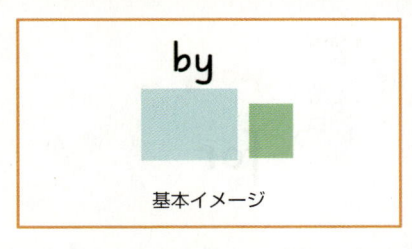

基本イメージ

by の基本的なイメージは「接近」。空間的な接近は「〜のそばに」，時間的な接近は「〜（の期限）までに」の意味に通じる（→p. 472）。また，「（目標に）接近するための手段」として「〜によって」の意味でも使う。

「〜のそばに」〈場所〉（391）

「〜までに」〈期限〉
- I have to return this book **by** tomorrow.
（明日までにこの本を返さなければならない）

「〜によって」〈手段〉
- Let's go **by** car. （車で行こうよ）　▶ car には冠詞や所有格をつけない（→p. 395）。

「〜によって」〈受動態の動作主〉（→UNIT 5）
- This novel was written **by** a young comedian.
（この小説は若いコメディアンによって書かれたものだ）

「〜単位で」（→p. 392）
- Pencils are sold **by** the dozen. （鉛筆は1ダース単位で売られる）

「〜の差で」
- I missed the train **by** one minute. （私は1分違いで電車に乗り遅れた）

「〜ずつ」
- The applicants were interviewed *one* **by** *one*. （応募者たちは1人ずつ面接された）
▶ この意味では，by の前後に同じ語を置く。**day by day**（日ごとに），**little by little/bit by bit**（少しずつ（≒gradually）），**step by step**（1歩ずつ），**side by side**（隣り合って）なども同様。

> **参考** 副詞の by
>
> - As time **went by**, she became accustomed to living alone.
> （時が経つにつれて，彼女は一人暮らしに慣れた）〈書き言葉〉
> ▶ 副詞の by は，「そばに［で］」「（通り）過ぎて」などの意味を表す。**come by**（〜を手に入れる［←そばに来る］），**drop by**（立ち寄る），**stand by**（待機する，〜を支持する）なども同様。

2-3 for

392 He's leaving **for** South Africa tomorrow.
彼は明日南アフリカへ向けて出発する。

for は幅広い意味をもつが，基本的なイメージは「**方向**」。そこから「～に向かって」，「～のために」，「～を求めて」などの意味が生じる。

「～に向かって」〈方向〉(392)
「～のために」〈対象・利益〉
- I'm going to buy a present **for** my mother.
（私は母のためにプレゼントを買うつもりです）

「～を求めて」〈目的〉
- I asked my father **for** advice. (私は父に助言を求めた)

「～の間」
- We stayed in Venice **for** three days. (私たちはベニスに3日間滞在した)

「～と交換して，～の代わりに」
- I bought the camera **for** 20,000 yen. ≒ I paid 20,000 yen **for** the camera.
（私はそのカメラを2万円で買った）
  ▶ 左の文は「2万円と引き換えにそのカメラを買った」，右の文は「そのカメラと引き換えに2万円を支払った」の意味。

「～のために」〈原因・理由〉
- Thank you **for** your advice. (助言をありがとう) (→ p.324)

「～に賛成して(いる)」(≒ *in favor of*)
- I'm **for** the idea. ≒ I'm *in favor of* the idea. (私はその案に賛成です)

「～の割には，～としては」
- He looks young **for** his age. (彼は年の割に若く見える)

2-4 from

393 I borrowed an interesting book **from** the library.
私は図書館からおもしろい本を借りた。

fromは日本語の「〜から」に相当する前置詞で,〈出発点〉を表す。〈場所〉にも〈時〉にも使い,〈起源・原因〉などの意味も表す。

「〜から」〈出発点・範囲〉(393)

from A to B(**A**から**B**まで)の形で使うことも多い。
- How far is it **from** Tokyo *to* Sendai?(東京から仙台までのどのくらい距離がありますか)
- I work **from** Monday *to* [*through*] Friday.(私は月曜日から金曜日まで働きます)
  ▶〈時〉は from morning until [till] night(朝から晩まで)のようにも表す。
- Regulations vary **from** school *to* school.(規則は学校によって様々である)
  ▶ from A to A という形でも使う。冠詞を省くことが多い。

「〜出身の」〈起源〉
- Our English teacher is [comes] **from** Ireland.
  (私たちの英語の先生はアイルランドの出身です)

「〜のために,〜によって」〈原因〉
- He died **from** heart disease.(彼は心臓病がもとで死んだ)

2-5 in

394 There are 35 students **in** our class.
私たちのクラスには35人の生徒がいます。

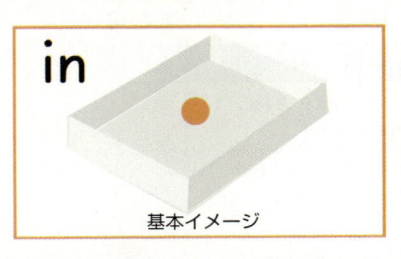

inは「広がりをもった入れ物の中に入っている」イメージ。〈場所〉にも〈時〉にも使う。〈時〉について言うときは,「〜して,(今から)〜したら」の意味を表すこともある。

「〜の中に[で]」〈場所〉(394)
「〜に」〈時点〉
- This church was built **in** 1320. (この教会は1320年に建てられた)

「〜(の時が)たって」〈時間の経過〉
- I can't finish this homework **in** an hour.
  (この宿題を1時間で終えることはできない) (→p. 512)

「〜を身につけて」
- She went out **in** her red dress. ≒ She went out *with* her red dress *on*.
  (彼女は赤い服を着て出かけた)

「〜の状態で」
- Sorry, I'm **in** a hurry. (すみません。急いでいます)

「〜の点で」
- This pool is 2 meters **in** depth. (このプールは深さが[←深さの点で]2メートルある) (→p. 428)

「〜を使って」
- Saori writes her diary **in** English. (サオリは英語で日記をつけている)

> **表現** **at と in の違い**
>
> at も in も〈場所〉を表すが、at はある場所を「1つの点」ととらえ、in は「広がりをもった場所の中」を意味する。
> - We arrived **at** Nagoya Station. (私たちは名古屋駅に着いた)
>   ▶駅・建物などは基本的に「1つの点」と考える。
> - We arrived **in** Nagoya. (私たちは名古屋に着いた)
>   ▶都市や国など「広がりをもつ場所」には基本的に in を使う。
>
> ただしこのような区別は主観的なものであり、どちらを使ってもよい場合も多い。
> - I work part-time **at** [**in**] a supermarket. (私はスーパーでアルバイトをしています)
>   ▶ supermarket を「1つの点」ととらえるときは at を、「スーパー(の建物)」という広がりのある空間と考えるときは in を使う。
>
> 〈時〉を表す場合も同様に、「時の1点」には at を、「幅のある時間」には in を使うことが多い。
>
> | | 場所 | 時 |
> |---|---|---|
> | at を使う例 | **at** home (家で)
at the bookstore (本屋で) | **at** two o'clock (2時に)
at noon (正午に) |
> | in を使う例 | **in** the park (公園(の中)で)
in my hand (私の手の中に) | **in** the afternoon (午後に)
in January (1月に) |
>
> ▶ at night などの例外もある。

2-6 of

395 I am a member **of** the hockey club.
私はホッケー部の部員です。

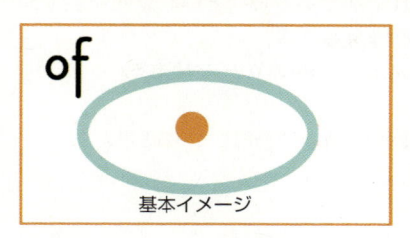

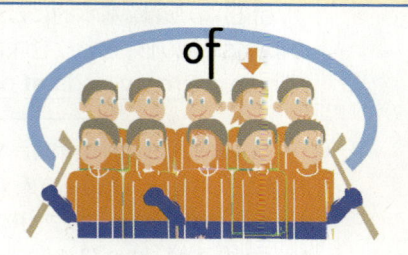

of は部分(A)と全体(B)との関係を示す。〈A of B〉は「Bの(一部である)A」ということ。そこから「Bが**所有**するA」「Bに**所属**するA」などの意味が生じる。(395)のように，無生物について「〜の」という〈所有〉の意味を表すのが，of の最も一般的な使い方である。

「〜の」〈所有・帰属〉(395)
- The population **of** Japan is larger than that **of** Canada.
  (日本の人口はカナダの人口より多い)(→p.368)

所有格の名詞・代名詞と同様に，of は「主格」「目的格」の意味も表す(→p.349)。

- They were excited at the appearance **of** the leading actor.
  (彼らは主演俳優の登場でわくわくした)
  ▶the appearance of 〜 は「〜が現れること」という〈主格関係〉を表す。
- Construction **of** the new bridge is in its final stages.
  (新しい橋の建設は最終段階にある)
  ▶construction of 〜 は「〜を建設すること」という〈目的格関係〉を表す。

「〜のうちで」〈部分〉
- Cathy got the highest score **of** all the students.
  (全生徒のうちでキャシーが最高点を取った)(→p.258)
  ▶one of 〜 (〜のうちの1つ) の of も同じ用法。

「〜について」(≒about)
- I haven't heard **of** [about] him recently. (最近彼の消息を聞いていない)

「〜という」〈同格〉
- He didn't give up the idea **of** becoming an actor.
  (彼は俳優になるという考えをあきらめなかった)(→p.589)

「〜から(切り離して)」〈分離〉
- She was robbed **of** her money. (彼女はお金を奪われた)(→p.324)

「〜の材料で」〈材料〉
- This plate is made **of** plastic. (この皿はプラスチック製だ)(→p.120)

「〜の特徴・性質をもって」
- His advice was **of** great use to me.（彼の忠告は私に大いに役立った）（→ p. 341）

➕プラス　of を使って数量や種類を表す表現

〈A of B〉の形は，基本的には「Bの（一部である）A」という意味を表すが，次のように「AのB」という意味になる場合もある。
- There are many kinds **of** pasta.（たくさんの種類のパスタがある）

　▶〈a＋名詞＋of〉が形容詞句になって，後ろの名詞を修飾していると考える。

同様の表現には，次のようなものがある。
- a glass **of** water（コップ1杯の水）
- a couple **of** days（2, 3日）
- a (wide) variety **of** books（幅広い種類の本）

2-7 on

396　There are several nice restaurants **on** the main street.
大通りにはすてきなレストランがいくつかある。

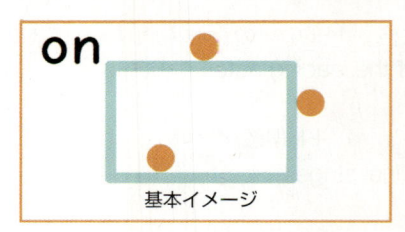

基本イメージ

on の基本的なイメージは「くっついている」〈接触〉。位置関係を表す場合は「〜の上に」の意味になることが多いが，上でも下でも横でも何かに接触していれば on が使える（→ p. 486）。〈時〉について on を使うのは，特定の日付や曜日などを指定したいとき。

「〜の上に，〜に接して」〈接触〉（396）
- When you called me, I was **on** [in] the train.
（きみが電話をくれたとき，私は電車に乗っていた）
　▶ on は「大型の乗り物に乗っている」，in は「車内に乗っている」というイメージ。

「〜（特定の日）に」〈時〉
- The letter arrived **on** [✕ in] the morning of April 1.
（その手紙は4月1日の朝に届いた）
　▶「朝［午前中］に」は in the morning だが，特定の日の朝［午前］の場合は on を使う。on Sunday（日曜日に）なども同様。

「～に対して」〈対象〉
- How can I make a good impression **on** the interviewer?
  (どうしたら面接官にいい印象を与えることができますか)
  ▶「面接官(の心)の上に」いい印象を作るということ。

「～に頼って」
- He depends **on** his father *for* his allowance.
  (彼は小遣いを父親に頼っている)
  ▶ depend [count/rely/rest] on A for B = B を A に頼る

「～の状態で，～しつつある」
- The unemployment rate is **on** the increase.
  (失業率が増加しつつある)

「～に関する[関して]」
- I'm not an expert **on** tropical flowers.
  (私は熱帯の花の[に関する]専門家ではない)

「～するとすぐに」(→ p. 180, 473)
- **On** hearing the news, he turned pale.
  (その知らせを聞くと，彼は青くなった)〈書き言葉〉

2-8 to

397 She walked **to** the door.
彼女は玄関まで歩いていった。

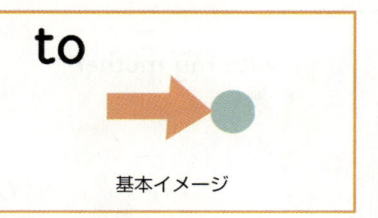

基本イメージ

to は「～のほうへ(向いている)」〈方向〉というイメージで，「～に対して」〈対象〉の意味を表す。また，from が〈出発点〉を表すのに対して，to は〈到達点〉を表す。〈場所〉や〈時〉について使うほか，〈結果〉の意味を表す場合もある。

「～へ，～まで」〈方向・到達点・結果〉(**397**)
- Go straight and turn **to** the left at the next signal.
  (真っすぐ行って，次の信号で左へ曲がりなさい)
- Patience is a key **to** success. (忍耐は成功へのカギ[秘訣]だ)
- Many people were moved **to** tears by the story. (多くの人々がその物語に感動して泣いた)
  ▶ be moved (感動する)の到達点[結果]として「tears(涙)に至る→泣く」ということ。

「〜に(対して)」〈対象〉
- They were kind **to** me. (彼らは私に(対して)親切だった)
- Please give this letter **to** your parents. (この手紙をご両親に渡してください) (→ p. 317)

「〜に対して」〈対比〉
- The team lost the game by (a score of) 3 **to** 5. (そのチームは3対5で試合に負けた)

「〜に合わせて」〈一致〉
- We danced **to** the music. (私たちは音楽に合わせて踊った)

「〜よりも」〈比較〉(→ p. 271)
- Dolphins are superior **to** fish in intelligence.
  (イルカは魚よりも知能が優れている)

〈to A's + 感情を表す抽象名詞〉「Aが〜したことには」
- **To** everyone's surprise, Bonnie passed the audition.
  (誰もが驚いたことに、ボニーはそのオーディションに合格した)
  ▶この形で使う抽象名詞には、**amazement/astonishment/surprise**(驚き)、**delight/joy**(喜び)、**disappointment**(失望)、**sorrow**(悲しみ)、**regret**(残念)、**relief**(安心)、**satisfaction**(満足)などがある。

2-9 with/without

398
(a) I went shopping **with** my mother last Sunday.
　　この前の日曜日に母といっしょに買い物に行きました。
(b) I want to be able to read English **without** a dictionary.
　　私は辞書なしで英語を読めるようになりたい。

〈**with**〉
withの基本的なイメージは「連れて[持って]いる」。そこから「〜といっしょに」「〜を持って」「〜(道具)を使って」などの意味が生じる。

「〜といっしょに」(398-a)
「〜を相手にして」〈対象〉
- I've never seen my parents quarrel **with** each other.
  (私は両親がお互いに口論するのを見たことがない)

「～を持って［ともなって］」
- I want to live in a house **with** a garden.（私は庭つきの家に住みたい）
- The Kenyan runner won the race **with** *ease*.（そのケニアのランナーは楽々とレースに勝った）
  ▶ with ease＝容易に（≒easily）［←容易さをもって］（→p. 341）
- I fell asleep **with** the TV *on*.（私はテレビをつけたままで眠りこんだ）

「～を使って」
- Can I write **with** a pencil?（鉛筆で書いてもいいですか）
- We decorated the table **with** flowers.（私たちはテーブルを花で飾った）

「～に関して」
- There seems to be a problem **with** the engine.
  （エンジンに（関して）問題があるようだ）

「もし～があれば」〈仮定法〉（→p. 293）
- **With** a little more money, I could buy this computer.
  （もう少しお金があれば, このコンピュータを買えるのに）

〈without〉
without は, with と反対に「連れて［持って］いない」という意味を表す。

「～なしで, ～を使わないで」（398-b）
- I prefer coffee **without** sugar.（私は砂糖の入っていないコーヒーが好きだ）
- I can't do **without** my mobile.（私は携帯電話なしではやっていけない）

「もし～がなければ」〈仮定法〉（→p. 294）
- **Without** a dictionary, I couldn't have read the passage.
  （もし辞書がなかったら, 私はその文章を読めなかっただろう）

✓ チェック 088
日本語の意味に合うように,（　）に適切な前置詞を入れなさい。

(1) 私はバスでそこへ行った。
　　I went there (　　　) bus.

(2) 私は昼食にパスタを食べた。
　　I had pasta (　　　) lunch.

(3) 私は1時間で宿題を終えた。
　　I finished my homework (　　　) an hour.

(4) 金曜日の夜にパーティーが開かれた。
　　The party was held (　　　) Friday night.

(5) その試合の結果は2対1だった。
　　The result (　　　) the game was two (　　　) one.

(6) 彼は笑顔で話した。
　　He talked (　　　) a smile (　　　) his face.

3 主要な前置詞の意味と用法

3-1 about/around [round]

about

399 We talked **about** our summer vacation.
私たちは夏休みについて話し合った。

about は「まわりのあちこちにある」というイメージ。

「〜のまわり［あちこち］に」
- They walked **about** the countryside.（彼らは田舎を歩き回った）

「〜について」(399)
- I don't know anything **about** the event.（私はそのイベントについては何も知らない）

> **参考** 副詞の about
> - My father came home (at) **about** eight o'clock.
>   （父は8時ごろ帰宅した） ▶about＝およそ
> - The children ran **about** in the garden.
>   （子どもたちは庭を走り回った） ▶about＝あちこちに
>   ▶about は主にイギリス英語で使う。アメリカ英語では around を使う。

around [round]

400 The guests sat **around** the table.
招待客はテーブルのまわりに座った。

around [round] の基本的なイメージは「**まわりを回って**」。round は主にイギリス

英語で使う。

「～のまわりに[で], ～中に[で]」(400)

- Internet use is on the increase **around** the world.
  （インターネットの利用は世界中で増加している）
- There's a post office **around** that corner. （あの角を曲がったところに郵便局がある）

参考… 副詞の around [round]

- I woke up **around** five o'clock this morning.
  （私はけさ5時ごろ目覚めた） ▶ around [round] ＝およそ（≒about）
- Many tourists visit here all (the) year **round**.
  （多くの観光客が1年中ここを訪れる） ▶ around [round] ＝始めから終わりまで
- Someone called me, and I turned **around**.
  （誰かが私を呼んだので, 私は振り向いた） ▶ around [round] ＝ぐるっと回って

3-2 above/below/beyond

above/below

401 Men's shoes are one floor **above** [**below**] women's clothes.
男性用の靴は女性用の服の1つ上[下]の階にあります。

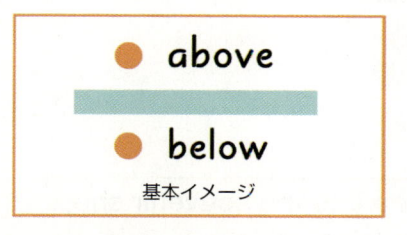

● above
● below
基本イメージ

ある位置を基準として, above はそれよりも「上にある」, below は「下にある」ことを示す。具体的な意味でも抽象的な意味でも使う。

「～の上[下]に, ～以上[以下]で」(401)

- The result of my math test was **above** [**below**] average.
  （私の数学のテストの結果は平均を上回って[下回って]いた）
- The city is about 1,000 meters **above** sea level.
  （その市は海抜およそ1,000メートルにある）
- The temperature was 5 degrees **below** zero this morning.
  （けさの気温は零下5度だった）

beyond

402 Our school is **beyond** the hill over there.
私たちの学校はあそこの丘の向こうにある。

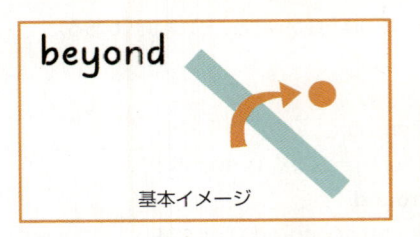

beyondは「〜(のライン)を越えている，〜の向こう側にある」というイメージで，〈場所〉にも〈時〉にも使う。また，「(能力・理解力)を超えている」という意味でも使う。

「〜の向こうに」〈位置〉(402)
「〜を過ぎて」〈時〉
- My father wants to continue to work **beyond** the age of 60.
 (父は60歳を過ぎても働き続けたいと思っている)

「〜を超えて」〈程度・能力・数量〉
- The professor's lecture was **beyond** me. (その教授の講義は私の理解を超えていた)
- The beauty of the scenery was **beyond** description.
 (その景色の美しさは言葉にできなかった)
 ▶「記述すること (description) の能力を超えている」ということ。

3-3 into/out of

403 (a) We followed the tour guide **into** the souvenir shop.
私たちはツアーガイドの後についてみやげ物店へ入った。
(b) My wallet fell **out of** my pocket.
ポケットからさいふが落ちてしまった。

into = in (中) + to (〜へ)で，「〜の中へ入る」という意味を表す。また，〈動作〉や〈変

化〉を表す動詞と結びついて,「変化した［←中に入った］結果」を表す場合もある。out of は into と反対の意味を表し,「**中から外への動き**」または「**外へ出た状態**」を表す。また,「どこから出てくるか」のほうに重点を置いて使われると,「～(の理由)から」などの意味を表す。

〈into〉
「～の中へ」〈動き・方向〉(403-a)
「(結果が)～に(なって)」〈変化・結果〉
- The rain changed **into** snow.（雨が雪に変わった）
- Cut the cake **into** eight pieces.（ケーキを8つに切りなさい）
  ▶「切った結果が8切れになる」ということ。

〈out of〉
「～から外へ(出て)」(403-b)
- She looked **out** (**of**) the window at the house across the street.
  （彼女は窓から通りの向かいの家を見た）
  ▶ この意味では, of が省略されることがある (主にアメリカ英語)。

「～を外れて, ～がない状態で」
- We're running **out of** gas.（ガソリンが切れかけている）
  ▶ run out of ～ ＝ ～がなくなる

out of と in (～の状態だ) とが対になる表現を作ることがある。
- This design is **out of** fashion. ⟷ This design is **in** fashion.
  （このデザインは流行遅れだ）　　　　（このデザインは流行している）

次の例も同様。

out of danger（安全だ）⟷ **in danger**（危険だ）
out of order（故障している）⟷ **in order**（整とんされている）
out of season（季節はずれだ）⟷ **in season**（旬だ）
out of sight（見えない）⟷ **in sight**（見えている）
out of use（使われていない）⟷ **in use**（使われている）

「～のうちで」
- About thirty **out of** the forty students in my class are boys.
  （私のクラスの40人の生徒のうち約30人は男子だ）

「～(の理由)から」
- I dialed the number **out of** curiosity.（私は好奇心からその番号に電話してみた）

「～の材料で」
- I made a house for my cat **out of** a cardboard box.
  （私は段ボール箱で猫の家を作ってやった）　▶ cardboard box ＝ 段ボール箱

3-4 over/under

404
(a) An airplane is flying **over** our heads.
飛行機が私たちの頭の上を飛んでいる。
(b) Our boat went **under** many bridges.
私たちの船は多くの橋の下を通過した。

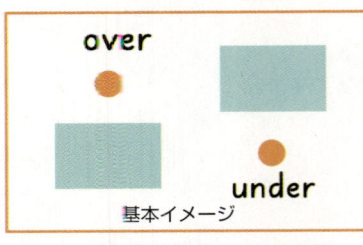

over は「上のほうにある」, under は「下のほうにある」というイメージ。具体的な意味でも抽象的な意味でも使う。また,「上［下］に広がっている」という場合にも使う。

〈over〉
「～の上に」(404-a)
「～を越[超]えて」
- The teacher appears to be **over** 60. (その先生は60歳を超えているようだ)
- They managed to get **over** the crisis. (彼らはどうにかその危機を乗り越えた)

「～をおおって, ～の至るところに」
- Spread this cloth **over** the table. (このクロス［布］をテーブルにかけなさい)
- The photographer traveled all **over** the world. (その写真家は世界中を旅行した)

「～を通じて」
- We came to know each other **over** the Internet.
  (私たちはインターネットを通じて知り合った)

「～しながら」
- We had a chat **over** a cup of tea. (私たちはお茶を飲みながらおしゃべりした)
  ▶後ろに飲食物や lunch などを置いて,「～を食べ［飲み］ながら」の意味を表す。

「～に関して」
- They quarreled **over** a girl. (彼らは女の子のことでけんかした)

〈under〉
「～の下に」(404-b)
「～を下回って, ～未満で」(→p.268)
- Some people live on **under** ten dollars a day. (1日10ドル未満で暮らしている人もいる)

⟨**under ＋ 抽象名詞**⟩「~を受けて，~中で」
- The bridge is still **under** construction. (その橋はいまだに建設中だ)
  ▶ **under control**（コントロール［管理］されている），**under criticism**（非難されている），**under discussion**（討議中だ），**under repair**（修理中だ），**under way**（進行中だ）なども同様。

3-5 behind/in front of

405
(a) My house is behind this building.
私の家はこの建物の後ろにある。
(b) There was an old pine tree in front of the house.
古い松の木がその家の前にあった。

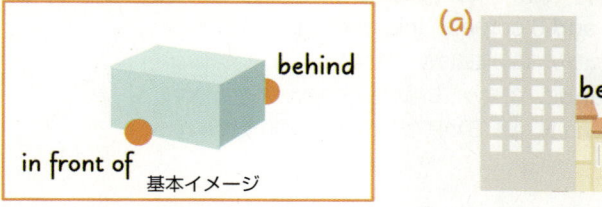

behind は「後ろに隠れている」というイメージ。⟨場所⟩にも⟨時⟩にも使う。in front of は「~の前に」の意味で，⟨場所⟩についてのみ使う。

⟨**behind**⟩
「~の後ろ［陰］に」⟨場所⟩ (405-a)
- I left my bike **behind** the gym. (私は体育館の裏に自転車を置いた)

「~より遅れて」⟨時⟩
- The preparation for the school festival is **behind** schedule.
  (学園祭の準備は予定より遅れている)

⟨**in front of**⟩
「~の前に」⟨場所⟩ (405-b)
- An accident happened just **in front of** [✕ before] my house.
  (私の家のすぐ前で事故が起きた) ▶ before はふつう⟨場所・建物⟩には使わない。

3-6 between/among

406
(a) Let me explain the differences between the two plans.
2つの案の間の違いを説明させてください。
(b) They shared the pizza among themselves.
彼らはピザを自分たちの間で分けて食べた。

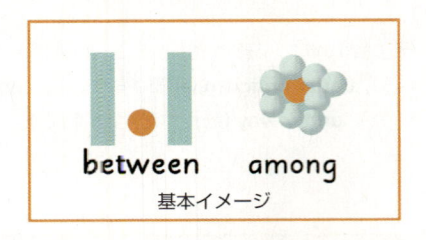

between は「2つのものの間にはさまれている」, among は「3つ以上の(同種の)ものの間にある」というイメージ。どちらも後ろに複数扱いの名詞・代名詞を置く。

〈between〉
「～〈二者〉の間に[で／の]」〈場所・範囲〉(406-a)
- Children **between** 3 **and** 6 come to this kindergarten.
(3歳から6歳の間の子どもたちがこの幼稚園に通っている)
- I'm free **between** 3 **and** 5. (3時から5時の間なら時間が空いています)
  ▶ しばしば between A and B (AとBの間に[で／の])の形で使われる。

〈among〉
「～〈三者以上〉の間に[で]」〈場所・範囲〉(406-b)
- This novel is very popular **among** young people.
(この小説は若者の間でとても人気がある)

「～のうちの1つ[1人]で」〈同類〉
- He is **among** [≒ one of] the best actors in Japan. (彼は日本で最高の俳優の1人だ)

3-7 through

407 We drove **through** the beautiful countryside.
私たちは美しい田園の中を(通って)ドライブした。

through は空間や時間を「**通り抜ける**」イメージ。「通っている」という状態から「～中」の意味も表す。

「～を通って」(407)
「～の間中」
- It rained all **through** the night.（一晩中雨が降った）

「～(の方法)を通じて」〈手段〉
- I found out about it **through** a friend.
  （友人を通じて私はそれについて知った）

「～のせいで」〈原因・理由〉
- She missed many classes **through** illness.
  （彼女は病気のせいで多くの授業に出られなかった）

3-8 after/before

408
(a) Let's go shopping **after** school.
　　放課後買い物に行こう。
(b) You should finish your homework **before** dinner.
　　夕食前に宿題を終わらせたほうがいい。

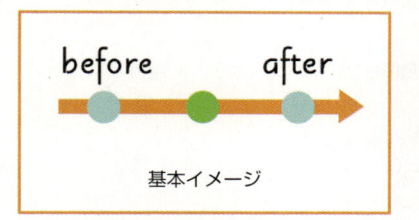

after は「～の後で，～の後ろを」，before は「～の前に」の意味。〈時〉や〈順序〉，〈位置〉について使う。ものの位置関係には behind/in front of を使う（→p.505）。

〈after〉
「～の後で，～の後ろを」(408-a)
- Canada is the second largest country **after** Russia.
  （カナダはロシアに次いで2番目に大きい国だ）

〈before〉
「～の前に」(408-b)
- It snowed heavily *the day* **before** *yesterday*.（おととい大雪が降った）
  ▶ the day before yesterday で「きのうの前の日」の意味。「あさって」は the day after tomorrow。
- He made a speech **before** [in front of] a large audience.
  （彼はたくさんの聴衆の前で講演した）

3-9 against

409 The citizens protested **against** the mayor's decision.
市民たちは市長の決定に(反対して)抗議した。

against は「逆らっている」「対立している」というイメージを表す。

「～に逆らって，～に反対して」(409)
- Are you for or **against** the new proposal?
  (あなたは新しい提案に賛成ですか，それとも反対ですか)
  ▶「～に賛成して(いる)」は，for, in favor of などで表す。

「～に寄りかかって」
- He was leaning **against** the wall. (彼は壁にもたれかかっていた) ▶ lean ＝ もたれる

「～を背景にして」
- The logo stands out **against** the dark background.
  (そのシンボルマークは暗い背景にはっきりと目立つ)

「～に備えて」
- This toothpaste guards **against** gum disease.
  (この歯みがきは歯ぐきの病気から守ってくれる)

3-10 except/but

410 I could come any day **except** [**but**] Wednesday.
水曜日以外ならいつでもうかがいますよ。

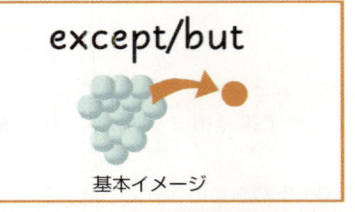

except/but は，「～を除いて，～以外は」の意味を表す。主として **every**, **any**, **no** (およびその合成語)や **all**, **each** の後ろで使う。

「～を除いて，以外は」(410)

- The shop is open *every* day **except** (on) Sundays.
  (その店は日曜日以外は毎日開いている)
  ▶ 後ろに副詞(句)を置くこともできる。on は省略されることが多い(→ p. 489)。
- *Everyone* **but** you has already handed in the paper.
  (きみ以外は全員がもうレポートを提出している)

3-11 like/unlike

411 This herb smells like lemon.
この香草はレモンのような香りがする。

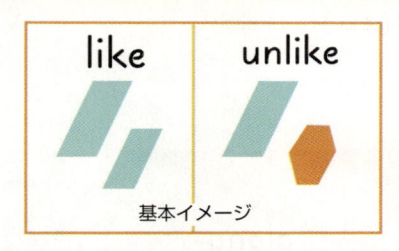

基本イメージ

like は「～に似た，～のような」の意味。
- "We'll never get a chance **like** *this* again."
  (私たちにはこんなチャンスは二度とないだろう) ▶ like this [that] = この [その] ように [な]

反意語の unlike は「～とは違って」の意味を表す。
- Japan has lots of mountains, **unlike** Holland.
  (オランダとは違って，日本は山が多い)

✓ チェック 089

日本語の意味に合うように，(　)に適切な前置詞を入れなさい。

(1) 銀行は角を曲がってすぐです。
    The bank is just (　　　) the corner.
(2) その小説は映画化された。
    The novel was made (　　　) a movie.
(3) バスは定刻より遅れて着いた。
    The bus arrived (　　　) schedule.
(4) ８時までに帰宅しなさい。
    Come home (　　　) eight o'clock.
(5) トマト以外なら何でも食べます。
    I eat everything (　　　) tomatoes.
(6) そんなふうに言わないほうがいい。
    You shouldn't say things (　　　) that.

3-12 その他の前置詞

across = ①「〜を横切って」 ②「〜を越えて，〜の向こう側に」

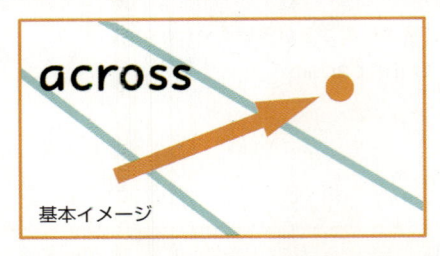

- Some children are walking **across** the street. (何人かの子どもが通りを渡っている)
- There is a police station **across** the street. (通りの向こう側に交番がある)
- I *came* **across** this book in a secondhand [used] bookstore.
  (私は古本屋で偶然この本を見つけた)
  ▶ come [run] across 〜 = 〜を偶然見つける，〜に偶然出会う

along = 「〜に沿って」

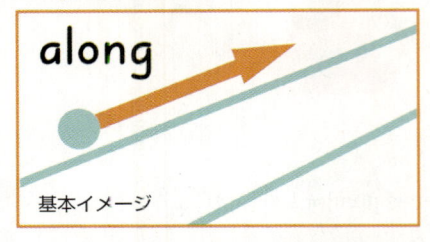

- Go straight **along** this street. (この通りを真っすぐ行きなさい)
- There are cherry trees **along** the riverbank. (川の土手沿いに桜の木がある)
- How are you *getting* **along** *with* your classmates?
  (クラスメイトとは仲良くしていますか)
  ▶ get along (well) with 〜 = 〜と仲良くやっていく [←〜とともに沿って行く]

as = 「〜として」(→p.324)

- My brother is working in Kyoto **as** a tour guide.
  (兄は京都でツアーガイドとして働いている)

beside = 「〜のそばに」(≒ by)

- Who's that man standing **beside** the principal?
  (校長先生のそばに立っている男性は誰ですか)
- He may be handsome, but that's **beside** the point.
  (彼はハンサムかもしれないが，ここでは関係ない [←それは的外れだ])
  ▶ beside the point [mark] = 的外れだ [←的のそばにある＝的に当たっていない]

besides = 「〜に加えて」

- **Besides** English, she speaks Spanish and Russian.
  (英語に加えて，彼女はスペイン語とロシア語も話す)

▶ besides は「それに加えて」(≒ in addition) の意味の副詞としても使う (→ p. 602)。

despite =「～にもかかわらず」(≒ in spite of)
- **Despite** their efforts, the project failed.
  (彼らは努力したが, その事業は失敗した)

near =「～の近くに［で］」
- We spent the vacation **near** the lake. (私たちは湖の近くで休日を過ごした)

off =「～から離れて［外れて］」

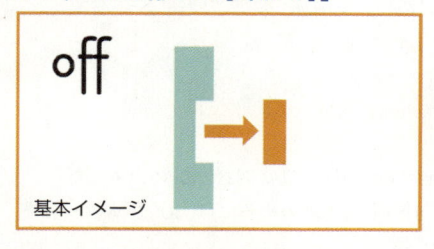

基本イメージ

- Everyone got **off** the school bus. (みんなスクールバスから降りた)

opposite =「～の向かい側に」
- The interviewer sat **opposite** her. (面接官は彼女の向かい側に座った)
  ▶ opposite は形容詞などとしても使う。
  My opinion is opposite to his. (私の意見は彼の意見とは反対だ)〈形容詞〉

past = ①「～を過ぎて」〈時〉 ②「～のそばを通り過ぎて」〈場所〉
- It's half **past** ten. (10時半だ) (→ p. 427)
- He walked straight **past** me. (彼は私の横を (黙って) 通り過ぎた)

toward(s) = ①「～のほうへ, ～に向かって」 ②「～に対して」 ③「～ごろ」
- There's a car coming **toward(s)** us. Be careful.
  (車が私たちのほうへ来るよ。気をつけなさい)
  ▶ towards は主にイギリス英語で使われる。
- His attitude **toward** me changed over time.
  (私に対する彼の態度は時間の経過とともに変化した)
- **Toward** the end of the movie, you'll find out who the criminal is.
  (映画の終わりごろに, 誰が犯人なのかがわかるでしょう)

within = ①「～の範囲内に［で］」〈場所〉 ②「～以内に」〈時〉
- Don't leave medicine **within** reach of the children.
  (薬を子どもの手が届くところ［範囲内］に置いてはいけない)
- Return the books **within** a week. (本は1週間以内に返却しなさい)
  ▶ within の後ろには「期間の長さ」を置く。特定の時点を表す語句は置けない。
  Return the books <u>by the end of</u> [× within] this week.
  (本は今週中に［←今週末までに］返却しなさい) (→ p. 491)

4技能Tips　Speaking & Writing　使い分けに注意すべき前置詞

by「～までに」と until「～まで」

- I'll come **by** six.（6時までにうかがいます）
- I'll wait **until** six.（6時まで待ちます）
  - ▶ **by** は「～までに」という「期限」を表し，**until/till** は「～まで（ずっと）」の意味で，ある時点まで動作や状態が継続していることを表す。

期間を表す during と for

- I stayed with my uncle **during** [✕ for] the vacation.（私は休みの間おじの家に滞在した）
  - ▶ **during** の後ろには「特定の期間」を表す語句を置く。**for** の後ろには，for a week（1週間の間）のように「期間の長さ」を表す語句を置く。

時の経過を表す in と after

- I'll be back **in** [✕ after] a few minutes.（数分で戻ります）
  - ▶「今から～後に」は，after でなく **in** で表す。
- He came back **after** a few minutes [a few minutes later].（彼は数分後に戻ってきた）
  - ▶ 過去や未来の「時点」を基準にするときは **after** を使う。

手段を表す by, in, with

- I came here **by** car.（私は車でここへ来た）
- I came here **in** my father's car.（私は父の車に乗ってここへ来た）
  - ▶〈**by** ＋交通手段〉のときは無冠詞（→ p. 395）。「特定の車で」というときは **in** を使う。
- Let's look at the moon **with** a telescope.（望遠鏡で月を観察しよう）
  - ▶「（具体的な道具）を使って」というときは **with** を使う。
- Fill out the form **in** pen.（その書類にはペンで記入しなさい）
  - ▶ **in** の後ろの名詞には冠詞をつけない。with を使うときは with a pen という。

from 以外の「～から」

- Our school starts **on** [✕ from] April 5th.（私たちの学校は4月5日から始まる）
  - ▶「4月5日に始まる」と考える。✕ begin [start] from ～ とは言わない。
- The sun rises **in** [✕ from] the east.（太陽は東から昇る）
  - ▶「東（の方角）に昇る」と考える。
- I've been busy **since** [✕ from] Monday.（私は月曜日からずっと忙しい）
  - ▶ from は現在完了形では使わない。
- Most of the students live **within** two miles **of** [✕ from] the school.
  （生徒のほとんどが学校から2マイル以内のところに住んでいる）
  - ▶ within A of B ＝「B〈場所〉から A〈距離〉の範囲内に」

of 以外の「～の」

- People **in** [✕ of] New Zealand can drive at 16.
  （ニュージーランドでは16歳で車の運転ができる）

▶ in は「～の中にある［いる］」。of は「～の構成要素として」の意味。
- The poster **on** [✕ of] the wall is torn.（壁のポスターは破れている）
  ▶「壁の表面」は the surface of the wall という。on は〈接触〉, of は〈所属〉を表す。

to 以外の「～へ」
- We went shopping **at** [✕ to] the department store.
  （私たちはデパートへ買い物に行った）〈→ p. 204〉
- I ordered the book **from** [✕ to] the online bookstore.
  （私はその本をインターネット書店へ注文した）
- Our boat was heading **in** [✕ to] *the direction of* the island.
  （私たちの船は島のほうへ向かっていた）

4 群前置詞

412 According to the TV news, the highest temperature today was 39℃.
テレビのニュースによれば，今日の最高気温は39度だった。

(412) の according to ～（～によれば）のように，2つ以上の語がまとまって1つの前置詞のはたらきをするものを「群前置詞」という。よく使われるものをいくつか見ておこう。

- **Apart from** the size, I like my house.（大きさは別にして，私は我が家が好きだ）
- **As for** me, I am in favor of this plan.（私としては，この計画に賛成です）
- I have no complaints **as to** the price.（値段に関しては不満はない）
- **Because of** bad weather, we had to stay home all day.
  （悪天候のために，私たちは1日中家にいなければならなかった）
- Skiers are transported up the mountain **by means of** a series of cable cars.
  （スキーヤーたちは複数のケーブルカーによって山頂に運ばれる）〈書き言葉〉
- I flew to Europe **by way of** Singapore.
  （私はシンガポール経由でヨーロッパへ飛行機で行った）
- She studies Spanish **in addition to** English.
  （彼女は英語に加えてスペイン語も勉強している）
- **In spite of** [With all] his efforts, he didn't succeed.
  （努力したにもかかわらず，彼は成功しなかった）
- I want to learn German **instead of** French.（私はフランス語の代わりにドイツ語を学びたい）
- His office is just **next to** the post office.（彼のオフィスは郵便局のすぐ隣にある）
- **Thanks to** my parents, I was able to go to college.
  （両親のおかげで，私は大学へ行くことができた）
- Parking is free for **up to** two hours.（駐車は2時間（の限度）まで無料です）

参考 その他の注意すべき前置詞

-ing の形をもつ前置詞（分詞構文から生じたもの）

- That's 1,050 yen, **including** tax.（税込みで［税金を含めて］1,050円です）
- The dispute **regarding** [**concerning**] this issue is heating up.
  （この問題に関する論争は白熱している）〈書き言葉〉

二重前置詞（前置詞を2つ重ねた形）

- The moon appeared **from behind** the clouds.（月が雲の後ろから現れた）
- I stayed up **until after** midnight.（私は深夜過ぎまで起きていた）
- I enjoyed the school trip **except for** losing my camera.
  （カメラをなくしたことを除けば，私は修学旅行を楽しんだ）

✓ チェック C90

（　）に入る適切な群前置詞を下から1つずつ選び，番号で答えなさい。なお，文頭に置く語も小文字で始めてあります。

(1) We couldn't play soccer (　　　) the heavy rain.
(2) (　　　) the weather report, it will snow tomorrow.
(3) (　　　) our efforts, the project ended in failure.
(4) I decided to walk to the castle (　　　) taking a taxi.
(5) (　　　) medicine, the drugstore sells food and everyday goods.

[① according to ② because of ③ in addition to ④ in spite of ⑤ instead of]

✓ チェック 解答

088 (1) by (2) for (3) in (4) on (5) of, to (6) with, on
089 (1) around [round] (2) into (3) behind (4) by (5) except [but] (6) like
090 (1) ② (2) ① (3) ④ (4) ⑤ (5) ③

Using Grammar in Context

UNIT 19 前置詞

Kana's Diary

Kana is a high school student. She likes English and she stayed **in** the U.K. **for** a month this summer. **Before** leaving Japan, she studied English much harder. **During** her stay **in** the U.K., she wrote **about** her experience. The following is part **of** her diary.

July 28th

I met my host family **at** the airport. My English host parents are Ian and Carole, and they have a daughter called Jenny. Jenny and I are the same age. I hope we will be good friends. But I was a little worried **at** first. I have to speak only English **for** a month, and they spoke English much faster than I expected. However, I didn't have to worry **about** it, because **after** a while they started to speak slowly **to** me. I'm very glad they try to listen **to** me, though I sometimes need some time **before** starting to speak. I hope I'll be able to enjoy my stay here **with** my English family.

August 3rd

I think Jenny and I are already good friends. **After** lunch, we went **to** the town. **After** shopping, **instead of** going straight home, we took a walk **along** the river. I saw people rowing **on** the river. The river runs **through** the town, and there is an old stone bridge **over** it. Then I noticed a castle **by** the river. It looked so beautiful **against** the blue sky. Jenny said it was built **in** the 14th century. I'd like to find out more **about** the history **of** this castle.

August 12th

We went out **for** dinner **at** a French restaurant, but **at** first, we couldn't find it. Jenny said that she thought the restaurant was **between** the library and a church. But finally, we found that it was **in** a narrow street **behind** the church.

In the restaurant, I had a problem, because the English menu was **beyond** my understanding. They asked if I would like a 'starter'. I didn't understand what a starter was. They explained it **to** me, but said that I could order just a main course **without** a starter. I decided to order only a main dish, because I wanted a dessert.

August 20th

Today I went **to** a bigger town **with** Jenny **by** train. She showed me **around** the town. There was a market **in** the center **of** the town. They sell all different types **of** things, **from** vegetables and flowers **to** second-hand books and antiques. There were a lot of shops **in** the town, too. We went into one of them, where Jenny bought a birthday card for her mother. She said that she's going to make a cake on her mother's birthday, because it is important to celebrate family birthdays in the U.K. I think that's a really nice idea, so I'll remember their birthdays and send them cards after I'm back in Japan.

和訳

カナの日記

カナは高校生です。彼女は英語が好きで，この夏1か月間イギリスに滞在しました。日本を出発する前に，彼女は英語をさらに一生懸命に勉強しました。彼女はイギリス滞在中，自分の体験したことを日記につけました。以下はその日記の一部です。

7月28日

私は空港でホストファミリーに会いました。私のイギリスのホストの両親はイアンとキャロル，そして彼らにはジェニーという名前の娘がいます。彼女は私と同じ年です。よい友だちになれるといいな。でも，最初は少し心配でした。私は1か月間英語しか話せないし，それに彼らは私が思っていたよりもずっと速く英語を話していたからです。でも，そんなに心配する必要はありませんでした。なぜならしばらくしてから，私にはゆっくり話してくれるようになったからです。たとえ時には私が話し始める前に少し時間がかかっても，私の言うことを聞こうとしてくれるからとてもうれしいです。このイギリスの家族とともに楽しく過ごすことができればいいな。

8月3日

ジェニーと私はもうよい友人だと思います。昼食の後，街へ行きました。買い物をしてから，まっすぐ家に帰る代わりに，川に沿って散歩をしました。川では人々がボートをこいでいるのを見かけました。その川は町の中を流れていて，古い石橋がかかっていました。そのとき，川のすぐそばにあるお城に気がつきました。それは青空を背景にしてとてもきれいでした。ジェニーによるとそのお城は14世紀に建てられたそうです。このお城の歴史についてもっと知りたいな。

8月12日

私たちは，フレンチレストランへ夕食に出かけました。でも，最初はレストランを見つけることができませんでした。ジェニーは，レストランは図書館と教会の間だと思うと言っていました。でも結局，レストランは教会の裏の狭い路地にあることがわかりました。レストランで，私は困りました。というのは，英語のメニューが理解不能だったからです。彼らは「スターター」はどうかと聞いてきました。でも私はスターターが何かわかりませんでした。彼らはそれを私に説明してくれましたが，スターターなしで，メインメニューだけを注文することもできると言ってくれました。私はデザートを食べたかったので，メインメニューだけを注文することにしました。

8月20日

今日，私はジェニーといっしょにもっと大きな町に電車で行きました。彼女は町を案内してくれました。町の真ん中には市場がありました。そこでは野菜や花から古本やアンティークまで，あらゆる異なる種類の物を売っていました。その町にはお店もたくさんありました。私たちはその中の1軒の店に入って，そこでジェニーはお母さんのためにバースデーカードを買いました。ジェニーが言うには，イギリスでは家族の誕生日を祝うのは重要なことだから，お母さんの誕生日にはケーキを作るのだということでした。それは本当によい考えだと思うので，私は彼らの誕生日を覚えておいて，日本に帰った後でカードを送るつもりです。

UNIT 20 疑問詞と疑問文

様々な疑問詞と疑問文の語順に注意しよう

Introduction	518
1 疑問代名詞・疑問形容詞の基本的な用法	519
1-1 who	519
1-2 whose	519
1-3 which	520
1-4 what	521
2 疑問副詞の基本的な用法	522
2-1 when	522
2-2 where	523
2-3 why	524
2-4 how	525
3 様々な疑問文	527
3-1 否定疑問文	527
3-2 付加疑問	528
3-3 応答疑問文	529
4 間接疑問	531
4-1 基本的な接疑問	531
4-2 疑問詞＋ do you think ...?	531
5 疑問詞の注意すべき用法	532
5-1 疑問詞と前置詞	532
5-2 what と how の使い分け	533
6 疑問詞を含む慣用表現	535
6-1 How [What] about ～?	535
6-2 What is ～ like?	535
6-3 Why don't you ～? など	536
チェック解答	538

Using Grammar in Context
Questions for an Exchange Student 539

Introduction

疑問文の形

UNIT 2でも見たように，疑問文の基本的な形は，次の2種類に分けられます。

はたらき	特徴	例
Yes/No 疑問文	疑問詞は使わない。 Yes/No で答える。	Are you tired?（疲れた？） — **Yes**, I am./**No**, I'm not.（はい／いいえ）
疑問詞を使った疑問文	疑問詞で文を始める。 Yes/No では答えない。	**What**'s this?（これは何？） — It's a toy.（おもちゃだよ）

疑問詞の種類

疑問詞は，具体的な内容を尋ねる場合に使います。
主な疑問詞には次のようなものがあります。

種類	疑問詞と主な意味
疑問代名詞	who（誰が [を]）, whose（誰のもの）, which（どちらが [を]）, what（何が [を]）
疑問副詞	when（いつ）, where（どこで）, why（なぜ）, how（どのように）

▶ whose, which, what は，後ろに名詞を置いて使うこともできます（その場合は疑問形容詞）。

疑問詞に続く語順

疑問詞の後ろの語順は，原則として Yes/No 疑問文と同じです。ただし，疑問詞が主語 (S) のはたらきをしているときは，そのまま後ろに述語動詞 (V) を置きます。

(a) **Where** did you find this key?（このカギをどこで見つけたの？）
　　　　S　　V　　　O　　　▶ where（疑問副詞）は修飾語のはたらきをしている

(b) **Who** won the marathon?（誰がマラソンに勝ちましたか）
　　　S　　V　　　O　　　▶ who（疑問代名詞）はSのはたらきをしている

Next, Putting it into Action!

疑問詞の使い方や，様々な形の疑問文などを，詳しく見ていきましょう。

UNIT 20 疑問詞と疑問文

1 疑問代名詞・疑問形容詞の基本的な用法

疑問詞のうち who, whose, which, what は，代名詞の性質をもつ（疑問代名詞）。また，whose, which, what は，名詞の前に置いて形容詞として使うこともある（疑問形容詞）。

1-1 who

413 "**Who** wrote this novel?" "Haruki Murakami (did)."
「この小説を書いたのは誰ですか」「村上春樹です」

who は，人について「**誰？**」と尋ねる場合に使う疑問代名詞である。文中でS（主語），C（補語），O（目的語）のはたらきをする。(413) ではSのはたらきをしている。

who のはたらき	例
① who = S（主語）「誰が」	**Who** wrote this novel? (413) 　S　　V　　O
② who = C（補語）「誰」	**Who** is your math teacher?（数学の先生は誰ですか） 　C　V　　S
③ who = O（目的語）「誰を[に]」	**Who** did you meet at the party? 　O　　　S　V　　（パーティーで誰に会いましたか）

> **注意!** who が主語のはたらきをする疑問文への答え方
> 主語を尋ねる①のような疑問文への答え方に注意。
> ● "**Who** *brought* these flowers?" "Eri (*did*)."
> （「誰がこの花を持って来たの？」「エリよ」）
> ▶ Eri *brought* them. の下線部を did（代動詞）で置き換えた言い方。Eri を強く，did は弱く読む（→ p. 30）。話し言葉では did を省略して Eri. と答えることも多い。

1-2 whose

414 "**Whose** bag is this?" "It's mine."
「これは誰のかばんなの？」「私のよ」

whose は所有者を尋ねる場合に使う疑問詞で，「**誰の（もの）？**」という意味を表す。単独で使うときは疑問代名詞で，(414) のように後ろに名詞を置くときは疑問形容詞である。

whose のはたらき	例
① whose (＋名詞) ＝ S 「誰のもの [誰の〜] が」	● Whose bike was stolen?（誰の自転車が盗まれたの？） 　　S　　　　　V
② whose (＋名詞) ＝ C 「誰のもの [誰の〜]」	● Whose bag is this?（414）≒ Whose is this bag? 　　C　　　V S　　　　　C　　V　S ▶右の文（「このかばんは誰のものですか」）の whose は疑問代名詞。
③ whose (＋名詞) ＝ O 「誰のもの [誰の〜] を」	● Whose bike did you borrow?（誰の自転車を借りたの？） 　　O　　　　S　　V

1-3 which

415 "Which is our bus?" "(It's) The one in front."
「どちら[どれ]が私たちのバスですか」「先頭のバスです」

which は2つ[人]以上のうちから1つ[人]を選ぶよう尋ねる疑問詞で,「どちら(の〜)？」「どれ[どの〜]？」という意味を表す。(415)のように単独で使うときは疑問代名詞で,後ろに名詞を置くときは疑問形容詞である。

which のはたらき	例
① which (＋名詞) ＝ S 「どちら[どれ, どの〜]が」	● Which (team) is winning? 　　S　　　　　V　　（どちら(のチーム)が勝っているの？）
② which (＋名詞) ＝ C 「どちら[どれ, どの〜]」	● Which is our bus?（415）≒ Which bus is ours? 　　C　V　S ▶右の文（「どちらの[どの]バスが私たちのですか」）の which は疑問形容詞。
③ which (＋名詞) ＝ O 「どちら[どれ, どの〜]を」	● Which (book) did you buy?（どちら(の本)を買ったの？） 　　O　　　　　S　V

参考 〈人〉に対して使う which

〈人〉に対して who ではなく which を使うことがある。
● Which [×Who] of the runners won the race?
（走者のうちどの人がレースに勝ちましたか）
▶後ろに of（〜のうちで）があるとき（特定の集団の中から選ぶ場合）は,〈人〉を表すときも which を使う。

1-4 what

疑問代名詞の what

> **416** "**What** do you usually have for breakfast?"
> "I have toast and milk."
> 「ふだん朝食に何を食べていますか」「トーストとミルクです」

what は「何？」と尋ねる場合に使う。単独で使うときは疑問代名詞であり，文中で S, C, O のはたらきをする。(416) の what は O のはたらきをしている。

what のはたらき	例
① what = S 「何が」	**What** happened?（何が起きたの？） 　S　　　V
② what = C 「何」	**What** 's the date today?（今日は(何月)何日ですか） 　C　　V　　S ▶ **What** day (of the week) is it today?（今日は何曜日ですか）
③ what = O 「何を」	**What** do you usually have for breakfast? (416) 　O　　　　S　　　　　V

4技能 Tips　Speaking　疑問文のていねいさの違い

文法的には正しくても，失礼な言い方になる場合があるので注意しよう。

相手の名前を尋ねる場合
- × Who are you?（おまえは何者だ？）
- △ What's your name?（きみの名前は何だい？）
- ○ May I have [ask] your name, please?（お名前をうかがってもいいですか）
  ▶ ○の文がていねいな尋ね方。△の文はくだけた会話なら使える。

相手の職業を尋ねる場合
- × What are you?（きみ(の仕事)は何だ？）
- ○ What do you do?（仕事は何をしていますか）
  ▶ What's your job? でもよいが，○の文がふつう。

疑問形容詞の what

> **417** "**What** sports are popular in the U.S.?"
> "Baseball and basketball (are popular)."
> 「アメリカではどんなスポーツが人気がありますか」「野球とバスケットボールです」

what の後ろに名詞を置いて，「何の[どんな]〜？」と尋ねる文を作ることができる。この場合の what は疑問形容詞で，〈what ＋名詞〉が S, C, O のはたらきをする。(417) では what sports が S のはたらきをしている。

what のはたらき	例
① what + 名詞 = S 「何の [どんな] 〜が」	**What sports** are popular in the U.S.? (417) 　　S　　　 V　　　　C
② what + 名詞 = C 「何の [どんな] 〜」	**What time** is it? (何時ですか) 　　C　　　V S
③ what + 名詞 = O 「何の [どんな] 〜を」	**What color** do you like best? (何色が一番好きですか) 　　O　　　　　　　S　V

参考 … which か what か？

which は特定のもののなかで「どれ？」「どの〜？」と尋ねる場合に使う。what は不特定のもののなかで「何？」と尋ねる場合に使う。次のように，どちらを使ってもよいこともある。

- **Which** [**What**] **subject** do you like best? (どの [何の] 科目が一番好きですか)
- **Which** [**What**] **junior high school** did you go to?
  (どの [何] 中学校へ行きましたか)

✓ チェック 091

(　) に適語を入れなさい。
(1) "(　　　) will win the speech contest?" "I'm sure Takeshi will."
(2) "(　　　) bike did you borrow?" "I borrowed Naoya's."
(3) "(　　　) platform does the next train for Shinjuku leave from?" "Number 3."
(4) "(　　　) does your father do?" "He's a software engineer."
(5) "(　　　) (　　　) did you go to bed last night?" "At 1 a.m."

2 疑問副詞の基本的な用法

疑問詞のうち when, where, why, how は，副詞の性質をもつ。文中で S, C, O になることはなく，**修飾語としてはたらく**。これらの疑問詞を使った疑問文は，〈疑問詞＋ Yes/No 疑問文〉の語順になる。

2-1 when

> **418** "**When** does the new school year start in the U.K.?"
> "(It starts) In September."
>
> 「イギリスでは学校の新年度はいつ始まりますか」「9月です [9月に始まります]」

when は「いつ？」と〈時〉を尋ねる場合に使う。

When	does the new school year start in the U.K.? (418)
副詞	S　　　　　　　　　V

▶ when（いつ）が start を修飾する副詞のはたらきをしている。

- "**When** will the festival take place?" "(**On**) April the 15th."
（「お祭りはいつ行われますか」「4月15日（に）です」）
  ▶ when を使った疑問文には，副詞（句・節）を使って答えるのが原則。話し言葉では，前置詞を省略することもある。

＋プラス　代名詞に近いはたらきをする when

when を代名詞のように使って，前置詞の後ろに置く言い方がある。
- *Till* **when** will you be away on holiday? (いつまで休暇で留守にしますか)

次の文でも，when が代名詞と同じはたらきをしている。
- "**When** is your birthday?" "(It's) April the 15th."
  　　C　V　　S

（「あなたの誕生日はいつですか」「4月15日です」）

2-2 where

> **419**　"**Where** did you buy that nice scarf?"
> "(I bought it) In a shop at the station."
> 「そのすてきなスカーフはどこで買ったの？」「駅にある店よ」

where は「どこ？」と〈場所〉を尋ねる場合に使う。

Where	did you buy	that nice scarf? (419)
副詞	S　V	O

▶ where（どこ）が buy を修飾する副詞のはたらきをしている。

- "I was looking for you. **Where** were you?" "**In** the library."
（「きみを探していたんだ。どこにいたの？」「図書館だよ」）
  ▶ 答えの文は I was in the library. を省略した形。

＋プラス　代名詞に近いはたらきをする where

when と同じように，where も代名詞に近いはたらきをすることがある。
- "**Where** are you *from*?" "(I'm from) Japan."
（「どちらのご出身ですか」「日本です」）
  ▶ where は from（前置詞）の目的語のはたらきをしている。
  ▶ 答えの文は I'm Japanese. (私は日本人です) でもよい。疑問詞を使った疑問文に答えるときは，必ずしも質問の文に形をそろえる必要はない。

参考 〈場所以外〉を尋ねる where

where は,具体的な〈場所〉のほか,抽象的な〈位置〉を尋ねる場合にも使われる。

- "**Where** did you come in the exam?" "I was (the) third."
  (「試験の成績は何番だったの?」「3番だったよ」)
  ▶ where で順位を尋ねている。
- **Where** was I [were we]? (どこまで話したっけ?)
  ▶ where で話の進み具合を尋ねている。

4技能Tips Speaking & Writing 疑問副詞の正しい使い方

たとえば「きみはどこの学校に通っているの?」と尋ねたいとき,次のような文を作らないよう注意しよう。
×Where school do you go to?
where (疑問副詞) は副詞の性質をもち,副詞は名詞の前には置けない。正しい文は次のようになる。
(a) **Where** do you go to school? ▶学校の所在地または学校名を尋ねる文
(b) **What** [**Which**] school do you go to? ▶学校名を尋ねる文

2-3 why

420
"**Why** did you choose this university?"
"Because I can study psychology here."
「あなたはなぜこの大学を選んだのですか」「ここで心理学が学べるからです」

why は「**なぜ?**」と〈理由〉を尋ねる場合に使う。

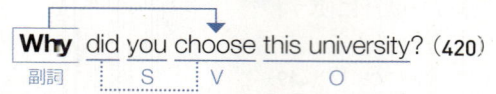

Why did you choose this university? (**420**)
副詞　　　S　　V　　　O

▶ why〈なぜ〉が choose を修飾する副詞のはたらきをしている。

why で始まる疑問文には,〈理由〉を答える。because は省略してもよい。
- "**Why** were you late?" "(Because) The alarm didn't work."
  (「なぜ遅刻したの?」「目覚ましが鳴らなかったんです」)

参考 Why? と Why not?

話し言葉では,why だけで理由を尋ねる場合も多い。
- "She is angry with you." "**Why?**"(「彼女はきみに怒っているよ」「なぜ?」)
- "I can't join you." "**Why not?**"(「いっしょに行けないんだ」「なぜ?」)
  ▶否定文に対して理由を尋ねるときは,Why not? を使う。(→ p.537)

2-4 how

howには主に3つの意味と使い方がある。

「どんな具合で」〈状態・様子〉

> **421** "**How** was the exam?" "It was terrible."
> 「試験はどうだった？」「ひどいものだったよ」

howは「どんな具合で？」と〈状態・様子〉を尋ねる場合に使う。この意味のhowは、文中でC（補語）のはたらきをする。

> **How** was the exam? (421)
>   C   V   S

この意味のhowの後ろには，be動詞またはSVC（第2文型）の形で使うfeel, look, tasteなどの動詞を置く。
- "**How** *are* you?" "Not bad." (「元気かい？」「まあまあだよ」)
- "**How** *was* your trip?" "I enjoyed it very much."
 (「旅行はどうだった？」「とても楽しかったわ」)
- "**How** does that soup *taste*?" "Very good."
 (「そのスープの味はどう？」「とてもおいしいよ」)

「どのようにして」〈方法・手段〉

> **422** "**How** do you get to school?" "I walk."
> 「どうやって通学しているの？」「歩きだよ」

howは「どのようにして？」と〈方法・手段〉を尋ねる場合にも使う。この意味のhowは，文中で副詞のはたらきをする。

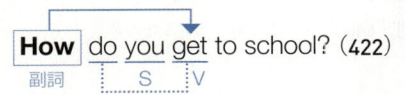

> **How** do you get to school? (422)
> 副詞   S   V

▶how（どのようにして）がgetを修飾する副詞のはたらきをしている。

この意味のhowを使った疑問文には答えるときは，〈方法・手段〉を具体的に説明する。
- "**How** did you *find* out?" "I read it in the newspaper."
 (「どうしてわかったのですか」「新聞で読みました」)
- "**How** would you *like* your tea?" "With milk, please."
 (「紅茶はどうやって飲みたい？」「ミルクを入れてよ」)

「どのくらい〜」〈程度・数量〉

423 "How long did you study?" "(I studied for) About three hours."
「どのくらい勉強したの？」「3時間くらいだよ」

how は「どのくらい？」と〈程度・数量〉を尋ねる場合にも使う。この意味の how は，後ろの形容詞・副詞とセットで使う。

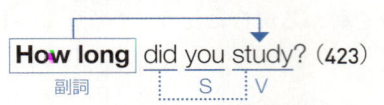

How long did you study? (423)
副詞　　　　 S　　V

▶ how long（どのくらい長く）が study を修飾する副詞のはたらきをしている。

＋プラス 〈How ＋ 形容詞／副詞〉で始まる様々な文

● "**How many times** have you been abroad?" "Just once."
（「何回外国へ行ったことがありますか」「たった1回です」）
▶ how many は「いくつ」と〈数〉を尋ねるときに使う。〈量・金額〉を尋ねるには how much を使う。

● "**How often** does the bus run?" "*Every* fifteen minutes."
（「バスはどのくらいの頻度で走っていますか」「15分おきです」）
▶ how often（どのくらいたびたび）は，〈頻度〉を尋ねるときに使う。

● "**How soon** will the bus come?" "*In* five minutes."
（「バスはあとどのくらいで来ますか」「5分で来ます」）
▶ how soon（どのくらいすぐに）は，〈現在からの経過時間〉を尋ねるときに使う。

● "**How old** is your dog?" "(He's/She's) Three years old."
　　　　　　　 C　　V　 S
（「あなたの犬は何歳ですか」「3歳です」）
▶ be 動詞の前の〈How ＋ 形容詞／副詞〉は，C（補語）のはたらきをする。

✓ チェック 092
(　) に適語を入れなさい。
(1) "(　　　) does the concert start?" "At 7:00."
(2) "(　　　) does your father work?" "His office is in Yokohama."
(3) "(　　　) can I get to the museum?" "You should take a taxi."
(4) "(　　　) were you so late?" "Sorry, I fell asleep on the train."
(5) "(　　　) (　　　) the movie?" "It was very exciting."
(6) "(　　　) (　　　) will the next bus come?" "In a few minutes."

3 様々な疑問文

3-1 否定疑問文

> 424 "**Aren't you** tired?" "**No, I'm not.**"
> 「疲れていないの？」「うん，疲れていないよ」

一般疑問文の最初の語に n't (= not の短縮形) が加わり，〈**be 動詞[助動詞]＋n't**〉の形で始まる疑問文を否定疑問文という。否定疑問文は「〜ではありませんか」という意味を表す。
否定疑問文は，**相手に同意を求める**場合に使う。次の2つの文を比べてみよう。
 (a) **Are you** tired?（疲れているの？）
 (b) **Aren't you** tired?（疲れていないの？）(424)

(a) は単なる質問で，Yes/No の答えを求めている。一方 (b) には，「疲れているんじゃないの？」という気持ちが込められている。このように否定疑問文は，話し手が思っていることを相手に同意させたい (Yes の答えを想定している) 場合に使われる。次の例も同様。
● **Don't you think** so?（そう思わない？）
　▶「そう思うでしょ？」という気持ちが込められている。
● **Didn't you know** that?（それを知らなかったの？）
　▶「当然知っていると思ったのに」という驚きや意外な気持ちを表す場合もある。

➕プラス　否定疑問文への答え方

上の (a) と (b) の質問に対する答え方は，次の2通りだけである。
Are you tired?（疲れているの？）/ **Aren't you** tired?（疲れていないの？）
　— **Yes**, **I am.**（疲れているよ）〈肯定の内容〉
　— **No**, **I'm not.**（疲れていないよ）〈否定の内容〉

このように英語では，返答の内容が肯定なら〈Yes, ＋肯定文〉，否定の内容なら〈No, ＋否定文〉の形にする。「疲れていないか」という問いに対して，日本語では「うん，疲れていないよ」「いいや，疲れているんだ」と答えるが，英語では ✕ Yes, I'm not. とか ✕ No, I am. とは言わない。

3-2 付加疑問

425 "This curry is really hot, **isn't it**?" "Yes, it is."
「このカレーは本当に辛いね」「そうだね」

平叙文の最後に一般疑問文に準じた形（2語）を加えたものを，付加疑問という。付加疑問は，「〜ですね」と相手に同意や確認を求めるときに使う。
付加疑問は，次のようにして作る。
肯定文の最後に，〈コンマ＋否定の **be** 動詞 [助動詞] ＋ **S** （代名詞）〉を加える。

This curry is really hot, **isn't it**? (425)
　　肯定　　　　　　　　否定
①前の文と同じ be 動詞・助動詞を使う
②Sは代名詞に置き換える

▶①には〈be 動詞／助動詞＋ n't〉の短縮形を使う。前が一般動詞なら don't/doesn't/didn't を使う。

否定文の最後に，〈コンマ＋肯定の **be** 動詞 [助動詞] ＋ **S** （代名詞）〉を加える。

● Ken hasn't arrived yet, **has he**? （ケンはまだ来ていないよね）
　　否定　　　　　　　　肯定

答えるときは，否定疑問文の場合と同様に，内容が肯定なら Yes，否定なら No を使う。
● "You didn't call me, **did you**?" "Yes, I did./No, I didn't."
（「きみはぼくに電話しなかったよね？」「いいや，したよ／うん，しなかったよ」）

4技能Tips Speaking　付加疑問文の2つの意味

付加疑問は，読み方に応じて次の2つの意味をもつ。
①文末を**上昇調**（ ↗ ）で読むと，「〜ですか」の意味（Yes/No の答えを求める）。
②文末を**下降調**（ ↘ ）で読むと，「〜ですね」の意味（相手に同意を求める）。
　▶①（上昇調）よりも②（下降調）のほうが，話し手の確信の度合いが強い。

参考…　様々な付加疑問

● Mr. Imai hardly ever smiles, **does** [× doesn't] **he**?
　（イマイ先生はめったに笑わないね）
　▶（準）否定語（→ UNIT 21）を含む付加疑問は，肯定の形を使う。

● Stop arguing, **will you**? ≒ Will you stop arguing? （口論するのはやめてくれよ）
　▶命令文の後ろに will you? をつけて上昇調で言うと，命令の意味を少し和らげることができる。親しい人に対して使うのがふつう。下降調で言うと強制的な意味になるので注

意。
- Let's play catch, **shall we**? ≒ Shall we play catch?
（キャッチボールをしようよ）
  ▶ Let's で始まる文の最後に shall we? をつけて上昇調で言うと，「～しようよ」と穏やかに勧誘する言い方になる。

3-3 応答疑問文

426 "I bought a new bike yesterday." "Oh, did you?"
「きのう新しい自転車を買ったんだ」「そうなの？」

相手が言ったことに相づちを打ったり確認したりする場合，Yes/No 疑問文の最初の部分だけを使って応答することがある。形は疑問文だが，Yes/No の答えを求めているわけではない。

"Oh, **did you** buy a new bike yesterday?"（426）
                     └──── 省略する

▶ 応答疑問文は，原則として Oh, did you (↗)? のように文末を上昇調で読む。

- "I haven't done my homework yet." "**Haven't you**?"
（「まだ宿題をしていないんだ」「まだやってないの？」）

➕プラス その他の疑問文

聞き返し疑問文

相手の発言の一部が聞き取れなかったり，相手が意外なことを言ったりした場合に，その部分を疑問詞に置き換えた平叙文で尋ねることがある。疑問詞が指示代名詞と同じはたらきをすると考えればよい。

- "My sister studies anthropology in college." "She studies **what**?"
（「姉は大学で人類学を学んでいるの」「お姉さんは何を学んでるって？」）
  ▶ 聞き返し疑問文は，She studies what (↗)? のように文末を上昇調で読む。
- "I'm from Miyakojima." "You're from **where**?"
（「私は宮古島の出身です」「どこの出身ですって？」）
- "I heard Masaki met Mariko's father." "**Who** met **whose** father?"
（「マサキはマリコのお父さんに会ったそうだ」「誰が誰のお父さんに会ったって？」）

選択疑問文

or を使って「A か B かどちらか」を尋ねる疑問文が作れる。

- Do you come to school by *bus* (↗) **or** *train* (↘)?
（あなたは学校に，バスで来ますか，それとも電車で来ますか）
  ▶「2つのうちのどちらか」を尋ねる形が一般的。前を上昇調，後ろを下降調で読む。
- Which do you like better, *soccer* (↗) **or** *baseball* (↘)?
（サッカーと野球のどっちが好き？）
  ▶ 疑問詞を使った文も，同じように読む。

- Do you come to school by *bus* (↗), *bike* (↗), **or** *train* (↘)?
  (あなたは学校に, バスで来ますか, 自転車で来ますか, それとも電車で来ますか)
  ▶ 選択肢が3つ以上のときは, 最後だけを下降調で読む。

or を使った文でも, 文末だけを上昇調で読めば一般疑問文になる。
- Would you like *coffee* **or** *tea* (↗)? (お茶かコーヒーはいかがですか)
  ▶ お茶とコーヒーのどちらかを選ぶのではなく, Yes/No で答える。

平叙文と同じ語順の疑問文
友人や家族とのくだけた会話では, 平叙文の文末を上昇調で読んで, 疑問の意味を表すことがある。
- You're tired (↗)? (疲れたの?)
- (You) Want a drink (↗)? (飲み物が欲しい?)
  ▶ You はしばしば省略する。

Advanced Grammar　修辞疑問文

疑問文の形で「～だろうか, いやそうではない」という反語的な (否定の) 意味を表す文を, 修辞疑問文という。
- **How can I** calm down? I've lost my wallet and credit card!
  (落ち着いてなんかいられないよ [←私はどうしたら落ち着いていることができるだろうか (, いやできない)]。財布とクレジットカードをなくしたんだ!)
  ▶ 形は疑問文だが, 実質的には I can't calm down. の意味を表す。
- **Who knows** what will happen tomorrow?
  (明日何が起きるかを誰が知っているだろうか)
  ≒ **Nobody knows** what will happen tomorrow.
  (明日何が起きるのかは誰も知らない)
- **What's the use of** telling him the truth? ≒ **It's no use** telling him the truth.
  (彼に真実を伝えることが何の役に立つのか (, いや何の役にも立たない))
- **Can** such a story **be** true? ≒ Such a story **can't be** true.
  (そんな話が本当のはずがあるだろうか (, いや本当のはずがない))

✓ チェック **093**

日本語の意味に合うように, (　) に適語を入れなさい。
(1) 「けさのニュースを聞かなかったの?」「うん」
    "(　　　) (　　　) hear the news this morning?" "(　　　), I (　　　)."
(2) 「会議は明日開かれますね」「そうです」
    "The meeting is going to be held tomorrow, (　　　) (　　　)."
    "(　　　), it (　　　)."
(3) 「ぼくはアクション映画が大好きなんだ」「へえ, そうなんだ」
    "I love action movies." "Oh, (　　　) (　　　)?"

4 間接疑問

4-1 基本的な間接疑問

427 I don't know **where** the ticket office is.
切符売り場がどこにあるかわかりません。

疑問文をほかの文の一部として使う形を，間接疑問という。間接疑問では，疑問詞の後ろが〈S＋V〉の語順になる。

　　I don't know. ＋ Where is the ticket office?
　　（私は知らない）　　　　V　　　　S（切符売り場はどこにありますか）
→ **I don't know where the ticket office is.** (427)
　　　　　　　　　　　　　　S　　V
　　　　　　　　　　　間接疑問

疑問詞が主語（S）のはたらきをする疑問文は，間接疑問にしても語順は変わらない。
- I don't know. ＋ What happened? → I don't know **what happened**.
　　　　　　　　　 S　　V　　　　　　　　　　　　　S　　V
　（私は知らない）＋（何が起きたの？）　　　　（何が起きたのか私は知らない）

プラス 間接疑問の使い方
間接疑問は名詞節のはたらきをするので，文中でS, C, O, または前置詞の目的語として使うことができる。
- **How the fire started** isn't known.〈主語〉
　　　S　　　　　　　　　　　（どのようにして出火したかはわかっていない）
- The problem is **how much I have to pay**.〈補語〉
　　　　　　　　　　　　C　（問題は私がいくら払わねばならないかだ）
- She talked **about** **how lucky she was**.〈前置詞の目的語〉
　　　　　　　　　　（彼女は自分がどれほど幸運であるかについて話した）

4-2 疑問詞＋do you think ...?

428 "**What do you think** that building is?" "Maybe it's a hospital."
「あのビルは何だと思う？」「たぶん病院だろう」

間接疑問の疑問詞が，文頭に移動することがある。次の2つの文を比べてみよう。
(a) "**Do you know what** that building is?" "No, I don't."
　　（「あのビルが何か知っていますか」「いいえ，知りません」）
(b) "**What do you think** ☐ that building is?" "Maybe it's a hospital." (428)

(a) では「知っているかどうか」を尋ねているので，Yes/No で答えられる形（Yes/No 疑問文）を使う。一方 (b) は「その建物は何か」を尋ねているので，□の位置にあった what が文頭に移動したと考えればよい。

(b) のように間接疑問の疑問詞が文頭に移動する動詞には，**think/suppose**（思う），**believe**（信じる，思う），**expect**（期待する），**hope**（望む），**say**（言う）などがある。
- **Who do you think** I met there?（私がそこで誰と会ったと思いますか）
- **Which plan do you believe** is better?（どちらの案がよりよいと思いますか）
- **When did the teacher say** the graduation ceremony is (to be held)?
（卒業式はいつ行われる予定だと先生は言いましたか）

✓ チェック 094

日本語の意味に合うように，与えられた語を並べかえて英文を完成しなさい。

(1) インドの首都がどこだか知っていますか。
    Do you know (is / India / what / capital / the / of)?

(2) 私たちはその問題がどれほど重要であるかに気づいていなかった。
    We weren't aware of (the / serious / how / was / problem).

(3) 私がどこでこの写真を撮ったと思いますか。
    (you / I / do / where / took / think) this picture?

5 疑問詞の注意すべき用法

5-1 疑問詞と前置詞

429 "**Which** floor is your office **on**?" "(It's) On the 5th floor."
「あなたのオフィスは何階にありますか」「5階です」

疑問詞で始まり，前置詞で終わる疑問文がある。Our office is on the 5th floor. の下線部を which floor で尋ねる疑問文は，次の2通りの形が可能である。
　(a) **Which** floor is your office **on**?（**429**）
　(b) **On which** floor is your office?
前置詞を文頭に置く (b) はフォーマルな言い方で，話し言葉ではふつう (a) を使う。次の例も同様。
- **What** year were you born **in**? ≒ **In what** year were you born?
（あなたが生まれたのは何年ですか）
- "**Who** did you go to the movies **with**?" "(I went) With my sister."
（「誰といっしょに映画に行ったのですか」「姉とです」）
    ▶ With whom [× who] did you go to the movies? も書き言葉では可能だが，話し言葉では前置詞を最後に置く。

- **Who** am I speaking **to**, please?（どちらさまですか）
  ▶ かかってきた電話に答えるときの決まり文句。
- "**What** did you buy that **for**?" "My old one broke."
  （「何のためにそれを買ったの？」「古いのが壊れたんだよ」）
  ▶ What ... for? で「何のために［なぜ］…？」の意味。for は〈目的〉を表す。

> **注意！** 前置詞のつけ忘れに注意
>
> 疑問文の最後に必要な前置詞をつけ忘れないようにしよう。たとえば、「きみは何部なの？」と尋ねたいとき、✗ What club are you? と言うのは間違い。I'm **in** the soccer club.（私はサッカー部に入っています）のような文の下線部を尋ねる疑問文を考えれば、**What** club are you **in**? が正しいとわかる。

> **プラス** 前置詞を文頭に置く形
>
> 文頭の疑問詞と文末の前置詞が離れすぎて意味がわかりにくいときは、前置詞を文頭（疑問詞の前）に置くこともある。
> - "**From what** age can you drive a car in Canada?" "(From) Sixteen."
>   （「カナダでは何歳から車を運転することができますか」「16歳（から）です」）
>   ▶ from what age（何歳から）が1つの疑問副詞としてはたらく。✗ What age can you drive a car in Canada from? とは言わない（age と from のつながりがわかりにくくなるから）。
> - **On which** days should I take out burnable trash?
>   （燃えるゴミは何曜日に出せばいいですか）
> - **In which** century was the first novel written?
>   （最初の小説は何世紀に書かれましたか）
> - **To what** extent can we believe the information?
>   （その情報はどの程度信用できますか）

5-2 what と how の使い分け

430 "**What** [✗ How] do you call this flower in English?"
"(We call it a) Sunflower."

「この花を英語でどう言いますか」「sunflower（ひまわり）と言います」

日本語の「どう」に当たる疑問詞には、what と how の2つがある。原則として、**名詞で答える内容の質問には what**（疑問代名詞），**形容詞・副詞で答える内容の質問には how**（疑問副詞）を使うと考えればよい。

"**What** do you call this flower in English?" "(We call it a) Sunflower." (430)
　　　　　　　　　　　　　　　　　　　　　　　　　　　　　　　— 名詞

▶ (430)では，SVOC の C としてはたらく名詞を what で尋ねている。

- "**How** do I look?" "You look nice."
　　　　　　　　　　　　　　　— 形容詞

（「私はどう見える [似合う]？」「すてきに見えるよ」）
　▶ この文では，SVOC の C としてはたらく形容詞を how で尋ねている。

---

what と how を使った質問文の例

What do you **think of** [**about**] ～？「～を [について] どう思いますか」
What do you **call** ～？「～をどう [何と] 呼びますか」
What does S **look like**？「～はどのように見えますか」
How do you **like** ～？「～はいかが [お好き] ですか」
How do you **feel about** ～？「～についてどう感じますか」

- "**What** does that cloud *look like*?" "It *looks like* a fish."
（「あの雲は何に見える？」「魚みたいに見えるよ」）

- "**How** do you *like* Japanese food?" "I *like* it very much."
（「日本食はいかがですか」「とても気に入りました」）

4技能 Tips　Speaking & Writing　高さ，長さなどを尋ねる疑問文

「東京スカイツリーの高さはどのくらいですか」と尋ねるには，次の疑問文がある。
　① What is the height of Tokyo Skytree?
　② How high is Tokyo Skytree?
①では height「高さ」(名詞) を尋ねているので what を使う。②は「どのくらい高いか」を尋ねているので how を使う（→ p. 428）。

　　　① **What** is the height of A? ≒ ② **How high** is A?
　　　　（A の高さはいくらですか）　　（A はどれくらい高いですか）

①②の下線部には，次のような名詞・形容詞を置くことができる。

意味	長さ	幅	深さ	面積	重さ
①	length	width	depth	area	weight
②	long	wide	deep	large	heavy

ただし実際には，どちらか一方の形が好まれる場合もある。次のような例では，それぞれ〇の文を使うのがふつう。

　〇**What's the population of** this city? （この市の人口はどのくらいですか）
　　△**How large** is **the population of** this city?
　〇**How much** is this bag? （このバッグ (の値段) はいくらですか）
　　△**What's the price of** this bag?

✓ チェック 095

（　）内の語のうち，正しいほうを選びなさい。
(1) (Which / Where) high school did he graduate from?
(2) (What / How) do you feel about this story?
(3) (What / How) is this fish called in English?
(4) "(Why / What) did you go to Hakata for?" "I met a friend there."
(5) "(What / How) did you think of that movie?" "It was boring."
(6) "(What / How) do you like this dessert?" "I want to have more."

6 疑問詞を含む慣用表現

6-1 How [What] about ～?

431 **How [What] about** going to Hokkaido this summer?
今年の夏に北海道へ行くのはどうですか。

〈How [What] about ～?〉は，「～はどうですか」と相手に提案したり誘ったりするときに使う。会話ではよく使われる表現で，後ろには名詞・代名詞・動名詞を置く。

- **How about** Friday (instead of Wednesday)?（（水曜日の代わりに）金曜日はどう？）
- "I don't like that color." "**How about** this one?"
（「あの色は気に入りません」「こちらはどうですか」）
- "What kind of movies do you like?" "Comedies. **How about** you?"
（「どんな種類の映画が好き？」「コメディーだよ。きみはどう？」）
- **How [What] about** trying that restaurant?
≒ **What do you say to** trying that restaurant?
（あのレストランに入ってみない？）（→p.172）

6-2 What is ～ like?

432 "**What is** your new teacher **like?**" "He is very strict."
「新しい先生はどんな人なの？」「とても厳しいよ」

〈What is S like?〉は「Sはどのような人［もの・こと］ですか」の意味で，主語の特徴や性格などを尋ねるときに使う。like は「～のような」の意味を表す前置詞である（→p.509）。like と結びつく（SVCの形で使う）一般動詞（feel, look, taste など）を使った言い方もある（→p.312）。

- "**What** does your new teacher **look like**?" "He is tall, with a beard and glasses."
（「新しい先生の外見はどうですか」「背が高くて，ひげを生やしめがねをかけています」）

プラス how を使った言い換え

天候について尋ねる場合は，**What is ～ like?** を **How is ～?** で言い換えられる。
- **What's** the weather **like** in Sapporo today?
  ≒ **How's** the weather in Sapporo today?（札幌の今日の天気はどうですか）

ただし，このような言い換えができない場合もある。次の2つの文は意味が異なる。

What is your new teacher **like**?（新しい先生はどんな人ですか）(**432**)
- **How is** your new teacher?（新しい先生の体調はどうですか）

注意! **What is/does he like?**

次の2つの文は似ているが，意味が大きく異なる。リスニングなどでは十分注意しよう。

What **is** he like?（彼はどんな人ですか）
What **does** he like?（彼は何が好きですか）

4技能Tips Reading 間接疑問や形式主語構文と組み合わせた形

〈What is S like?〉が間接疑問や形式主語構文と組み合わされて，複雑な形になっていることがある。〈What ... like?〉の形を見落とさないようにしよう。

① What is S like? を間接疑問にすると，**what S is like** の語順になる。
- I wonder **what** the world **will be like** in 2200.
            S   V

（2200年には世界はどのようになっているだろうかと思う）

② Sの位置に形式主語のitを置くと，**What is it like to do?**（～するのはどのようなものですか）となる。
- What is **it** like **to live** in the tropics?

（熱帯で暮らすのはどのようなものですか）

③ 上の②を間接疑問にした形もある。
- I can't imagine **what it is like to live** in the tropics.
                         S V

（熱帯で暮らすのがどのようなものか私には想像できない）

6-3 Why don't you ～? など

433 "I don't know what to wear for the party."
"**Why don't you** wear this dress?"

「パーティーに何を着ていいかわからないわ」「このドレスを着たらどう？」

〈Why don't you ～?〉は，「あなたはなぜ～しないのか」から意味が広がって，「～

すればいいのに」「～するのはどうですか」と相手の行動を促す場合に使う。〈**Why not ～?**〉ともいう。
- **Why don't you** change your hairstyle? ≒ **Why not** change your hairstyle?
  （髪形を変えてはどうですか）
  ▶ How about changing your hairstyle? とほぼ同じ意味（→p. 535）。

プラス Why don't we ～?

「（いっしょに）～しよう」と相手を誘う場合には，**Why don't we ～?** を使う。
- "**Why don't we** have lunch together tomorrow?" "Sounds good."
  （「明日お昼をいっしょに食べない？」「いいね」）
  ▶ Shall we have lunch together tomorrow? とほぼ同じ意味（→p. 89）。

参考… Why not?の意味

Why not? はくだけた会話で使われ，次の２つの意味がある。
どうしてそうではないのか[どうしていけないのか]？（相手に質問する言い方）
- "Sorry, I can't come." "**Why not?**"（「ごめん，行けないんだ」「どうして？」）
  ▶ Why not? ≒ Why can't you come?

そうしよう[どうぞどうぞ]。（相手の提案や誘いに乗る言い方）
- "Let's go bowling." "**Why not?**"（「ボウリングに行こう」「そうしよう」）

表現　疑問詞を含むその他の慣用表現

- **How come** you are so fluent in Chinese? ≒ Why are you so fluent in Chinese?
  （きみはなぜそんなに流ちょうに中国語を話すの？）
  ▶〈How come＋S＋V?〉の形で「どうして～」という強い驚きを表す話し言葉。単にHow come?（なぜ？）とも言う。
- **What became of** Yuko after she moved to Canada?
  ≒ What happened to Yuko after she moved to Canada?
  （ユウコはカナダに行ってからどうなりましたか）
  ▶ What became of ～? で「～はどうなったのか」の意味を表す。心配や困惑のニュアンスを含む表現。What will become of ～? なら「～はどうなるのだろうか」の意味。
- **What if** it rains [should rain]?（もし［万一］雨が降ったらどうなるのだろう？）
  ▶ What if ～? で「もし～したらどうなるのか」の意味を表す。主に望ましくないことを想定した言い方。

Sue's Advice

"Haven't you finished your homework yet?" と聞かれたら…

日本の生徒に，Haven't you finished your homework yet?（宿題は終わっていませんか）と聞くと，その答えが Yes や No だけの場合があります。文法的には，Yes だと，「宿題が終わった」の意味ですが，日本語ですと，終わっていれば「いいえ，終わりました」と答えますから，生徒が「終わった」の意味で Yes を使っているのか確信がもてないことがあります。

そこで，誤解を招かないために，みなさんには次のように答えることをお勧めします。

Haven't you finished it yet? などの否定疑問文で聞かれた場合には，より意味をはっきりさせるために Yes や No の後に，I've finished it. または I haven't finished it. という完成した文を入れて答えましょう。

✓ チェック 096

日本語の意味に合うように，(　　　)に適語を入れなさい。

(1) ぼくはイタリア料理が食べたい。きみはどう？
　　I'd like to eat Italian. (　　　) (　　　) you?

(2) 明日の天気はどうなるでしょう？
　　(　　　) will the weather (　　　) (　　　) tomorrow?

(3) 今日お花見に行かない？
　　(　　　) (　　　) (　　　) go and see the cherry blossoms today?

✓ チェック 解答

091 (1) Who (2) Whose (3) Which [What] (4) What (5) What time
092 (1) When (2) Where (3) How (4) Why (5) How was (6) How soon
093 (1) Didn't you, No, didn't (2) isn't it, Yes, is (3) do you
094 (1) what the capital of India is (2) how serious the problem was
　　　(3) Where do you think I took
095 (1) Which (2) How (3) What (4) What (5) What (6) How
096 (1) How about (2) What, be like (3) Why don't we

Using Grammar in Context

UNIT 20　疑問詞と疑問文

Questions for an Exchange Student

(*Sanjay is an exchange student who will be studying in Mr. Ogawa's class for a month. Today, he meets the students for the first time.*)

Mr. Ogawa : OK everyone! I'd like to introduce our new exchange student. ▼413 Who wants to ask Sanjay a question first?

Kenji : Me, please. Hello, Sanjay. I'm Kenji. ▼420 Why did you choose to study in Japan?

Sanjay : *Konnichiwa*, Kenji! I'm interested in Japanese culture, and I've just started studying the language.

Kazuya : ▼419 Where are you from?

Sanjay : I'm from India.

Sanae : ▼418 When did you arrive in Japan?

Sanjay : A week ago.

Harumi : ▼423 How long does it take to fly from India to Japan?

Sanjay : About nine hours.

Shun : ▼421 How was your trip? ▼424 Weren't you tired after such a long trip?

Sanjay : Not really. And, the time difference is only three and a half hours.

Kazuya : You said you're from India. ▼416 What is the capital city of India? And ▼419 where do you live in India?

Sanjay : I live in the capital — New Delhi.

Mari : They speak English in India, ▼425 don't they? ▼423 プラス How many other languages are there in India?

Sanjay : That's a very difficult question. Probably no one knows ▼427 how many languages we have in India, but it is said there are about 850 languages used daily. And yes, English is also used.

Miwa : ▼415 Which do you speak, then?

Sanjay : I speak Hindi, and English, of course.

Toru : ▼431 What about hobbies? Do you like *manga*? Ah, ▼430 what do they call *manga* in English?

Sanjay : Actually, the word *manga* is now in English dictionaries. And yes — it is popular in India, too.

Toru : ▼414 Whose *manga* do you like?

Sanjay : Er? I don't really know, because I don't read *manga* much myself.

Yuka : ▼417 What sports are popular in India?

Sanjay : Well, hockey is popular, but everyone loves cricket.

Yuka : ▼432 What is cricket like? ▼422 How do you play it?

Sanjay : It is difficult to explain. We use a bat and a hard ball, and we score points by running.
Yuka : So, it's like baseball?
Sanjay : Hmm ... I don't really know how to play baseball, but I think it's very different.
Kazuo : In that case, why don't you try playing baseball here in Japan? I'm in the school baseball club.
Sanjay : Are you? Yes, I'd like to.

和訳

交換留学生への質問

（サンジェイは，オガワ先生のクラスで1か月間勉強することになる交換留学生です。今日，彼は生徒たちに初めて会います。）

オガワ先生：それでは，みなさん！　私たちの新しい交換留学生を紹介します。誰が最初にサンジェイに質問をしたいですか。
ケンジ：お願いします。こんにちは，サンジェイ。ぼくはケンジといいます。あなたはなぜ日本で勉強することを選んだのですか。
サンジェイ：こんにちは，ケンジ！　私は日本の文化に興味があるのです。それに日本語も学び始めたところですし。
カズヤ：あなたの出身はどちらですか。
サンジェイ：インドの出身です。
サナエ：いつ日本に着いたのですか。
サンジェイ：1週間前です。
ハルミ：インドから日本まで飛行機でどのくらいかかりますか。
サンジェイ：9時間くらいです。
シュン：旅行はどうでしたか。そのような長旅の後疲れませんでしたか。
サンジェイ：そうでもありません。そして，時差はたった3時間半ですし。
カズヤ：あなたはインド出身と言いました。インドの首都はどこですか。それに，あなたはインドのどこに住んでいますか。
サンジェイ：私は首都であるニューデリーに住んでいます。
マリ：インドでは英語を話すのでしょう？　インドにはほかにいくつの言語があるのですか。
サンジェイ：それはとても難しい質問です。おそらく誰も，インドにいくつの言語があるのか知らないでしょう。でも，日常使われる言語が850くらいあると言われています。それに，そう，英語もまた使われます。
ミワ：それでは，あなたはどちら（の言語）を話すのですか。
サンジェイ：ヒンディーと，それからもちろん英語です。
トオル：趣味についてはどうですか。「マンガ」は好きですか。あ，「マンガ」って英語で何て言うのですか。
サンジェイ：実際のところ，「マンガ」という単語は今英語の辞書にものっています。そして，そうです——それはインドでも人気があります。
トオル：誰のマンガが好きですか。
サンジェイ：ええと，あまりわかりません。というのは，私自身マンガはそんなに読まないのです。
ユカ：インドでは，どんなスポーツが人気ですか。
サンジェイ：そうですね。ホッケーが人気です。でもみんなクリケットが大好きです。
ユカ：クリケットはどのようなものですか。どのようにそれをするのですか。
サンジェイ：説明するのは難しいです。バットと硬いボールを使います。そして走ることで得点します。
ユカ：それじゃ，野球のようなものですよね？
サンジェイ：うーん…ぼくは野球をどのようにするのかそんなには知らないのですが，でも，それはとても違っていると思います。
カズオ：それなら，ここ日本で野球をやってみてはどうですか。ぼくは学校の野球部に入っています。
サンジェイ：そうですか。はい，やってみたいです。

UNIT 21

否定

「～ない」を表す様々な語や形を学ぼう

Introduction ·· 542

1 否定語による否定 ·· 543
   1-1 not ·· 543
   1-2 no/never ·· 546
   1-3 準否定語 ·· 548
   1-4 否定語を含む慣用表現 ·· 549

2 特殊な否定 ·· 551
   2-1 部分否定 ·· 551
   2-2 二重否定 ·· 553
   2-3 否定語を含まない否定 ·· 554

チェック解答 ·· 556

Introduction

否定を表す語

日本語の否定文では,「～ない」を文の最後に置きます。一方, 英語では,「この文は否定の内容です」という大切な情報を早く聞き手に伝えようとする心理がはたらいて, notやnoが前のほうに置かれます。

これは私のかさではない。
↓
- This is not my umbrella.

This is **not** my umbrella.

完全な否定を表す語（否定語）	弱い否定を表す語（準否定語）
not（～でない）, **no**（何も～ない）	
never（一度も［決して］～ない）	
nothing（何も～ない） →UNIT 14	**hardly/scarcely**（ほとんど～ない）〈程度〉
nobody（誰も～ない） →UNIT 14	**rarely/seldom**（めったに～ない）〈頻度〉
none（誰［どれ］も～ない） →UNIT 14	**few/little**（ほとんど～ない）〈数量〉→UNIT 16
neither（どちらも～ない） →UNIT 14	
nor（～もまた…ない） →UNIT 14	

否定の形式

①文全体の否定と語句の否定

- Tom did**n't** ask his father to help him.
  （トムは父親に手伝ってくれとは頼まなかった）〈文全体の否定〉
- Tom asked his father **not** to help him.
  （トムは父親に手伝わないようにと頼んだ）〈語句の否定〉

②全面的な否定と部分的な否定

- She **never** comes late.（彼女は決して遅れて来ない）〈全面的な否定〉
- She does**n't always** come late.（彼女はいつも遅れて来るわけではない）〈部分否定〉

③否定の意味をもつ語を2つ使うと, 肯定の意味になる（二重否定）

- It is**n't unusual** for him to skip breakfast.
  （彼が朝食を抜くのはめずらしいことではない→彼が朝食を抜くのはよくあることだ）

④否定語を含まない否定

- This movie is **anything but** interesting.（この映画はちっともおもしろくない）

Next, Putting it into Action!

否定語がおよぶ範囲や様々な否定表現について, 詳しく見ていきましょう。

UNIT 21 否定

1 否定語による否定

1-1 not

文全体を否定する not

> **434** Tom did**n't** ask his father to help him.
> トムは父親に手伝ってくれとは頼まなかった。

not で**述語動詞を否定**することによって，**文全体を否定**することになる。

Tom did**n't** asked his father to help him.（434）
→ **NOT** + [ask his father to help him].

注意! **文全体を否定するnotの位置**

文全体を否定する not は，**be動詞または助動詞の後ろ**に置く。

- We are **not** sisters.（私たちは姉妹ではありません）〈be動詞の後ろ〉
- She may **not** be home.（彼女は家にいないかもしれない）〈助動詞の後ろ〉
- I do**n't** know her address.（私は彼女の住所を知らない）
  ▶ do ＝ 助動詞
- I have**n't** eaten lunch yet.（私はまだ昼食を食べていない）
  ▶ have ＝ 助動詞（→ p. 30）

語句を否定する not

> **435** I have decided **not** to buy a new watch.
> 私は新しい腕時計を買わないことに決めた。

述語動詞以外の要素を否定する場合は，not は原則として**その後ろにある語句**を否定する。

I have decided **nót** to buy a new watch.（435）
→ I have decided + **NOT** + [to buy a new watch].

▶ not は to 以下を否定し，not to buy で「買わないこと」の意味を表す。
▶ この例のように，語句を否定する not は強く読む。

- He told me **not** *to open the door*.
  （彼は私にドアを開けないようにと言った）〈不定詞を否定〉
  ▶ tell ＋〈人〉＋ not to *do* ＝〈人〉に～しないようにと言う
- I'm from Wales, **not** *from England*.
  （私はイングランドではなくウェールズの出身です）〈前置詞句を否定〉（→ p. 480）

- **Not** *surprisingly*, she got 100 percent on the test again.
  (驚くことではないが、彼女はテストでまた満点を取った)〈副詞を否定〉
  ▶ not は surprisingly（驚くべきことに）だけを否定している。

> **参考** **not + a + 名詞**
> 〈not + a + 名詞〉は「（ただの）1つ [1人] も～ない」という強い否定を表す。
> - **Not a cloud** could be seen in the sky.（空には雲は1つも見えなかった）
> - There's **not a single cake shop** in this town.
>   （この町にケーキ屋はただの1つもない）

that 節中の not が前に出る形

436 I do**n't** think (that) this answer is right.
この答えは正しくないと思う。

> **ポイント** I do**n't** think (that) ... = …ではないと思う

think などの動詞に続く that 節中の not は前に出し、文全体の**述語動詞**(think)のほうを否定する。

I think (that) this answer is **not** right.（この答えは正しくないと思う）
　　　　　　　　　　　　　　　　　　 notを前に出す

I **don't** think (that) this answer is right.（436）

▶ (436)の直訳は「この答えが正しいとは思わない」。このようにnotを前に出しても文の意味が実質的に変わらないときは、「**否定語はなるべく前に置く**」というルールがあるので、notを前に置く形が好まれる。

> **プラス** think と同様の使い方をする動詞
> 次のような動詞も、that 節中の not を前に出して、文全体を否定する形にする。
>
> believe（信じる）, expect（予期する）, imagine（想像する）, suppose（思う）, seem/appear（…のように思われる）
>
> - It **doesn't appear** that the treatment is working.
>   （その治療は効いていないようだ）
>   ▶ It appears that the treatment isn't working. も間違いではないが、上の形が好まれる。

> **参考** that 節中の not はふつうは前に出せない
> that 節中のnotを前に出して述語動詞を否定することができるのは、notを前に出しても文の意味が変わらない場合に限られる。一般には、文の意味が変わるため、that 節中の not を前に出すことはできない。

- He **said** he would**n't** come.（彼は来ないと言った）
  - → ×He <u>didn't say</u> he would come.
  - ▶He didn't say ... だと「彼は来るとは言わなかった」の意味になる。

否定がおよぶ範囲

437 I'm **not** learning English **because** I have to. I really like it.
私は学ばねばならないから英語を学んでいるのではありません。英語が本当に好きなのです。

ポイント　　not ~ because ... ＝ …だから~というわけではない

(437)のnotは，because以下を否定している。notはbecause以下だけを否定しているから，「私は英語を学んでいるが，それは学ばなければならないからではない」という意味になる。

I'm **not** learning English <u>because I have to.</u>（437）

▶have toの後ろにlearn it（＝English）を補って考える。

4技能Tips　Speaking & Writing　notが否定するものを2通りに解釈できる場合

次の文の意味は，2通りに解釈できる。
- I **didn't** vote for him **because** he is my friend.
  ①彼は私の友だちだから（友だちに投票すると誤解を招くので），彼に投票しなかった。
  ②私は彼が友だちだから投票したのではない（彼を評価したから投票したのだ）。

▶①はnotがvote for himを否定しているという解釈。②はnotがbecause以下を否定しているという解釈。どちらの意味になるかは，会話の状況や文脈から判断する。①の意味を明らかにするには，becauseの前にコンマを置く，because以下を文頭に出す，becauseの前に休止を置いて読むなどの方法がある。

参考　否定文中の位置によって意味が変わる副詞

副詞のなかには，notとの位置関係によって意味が変わるものがある。
- I **really don't** know.（本当に知らないんです）
  ▶really が don't know（知らない）を強調している。
- I **don't really** know.（あまりよく知らないんです）
  ▶NOT + [really know].（「本当に知っている」＋「のではない」）ということ。

否定の that 節を not だけで表す形

438
"Have you finished your homework yet?"
"I'm afraid not."
「宿題はもう終わりましたか」「(残念ながら)まだです」

not を含む that 節を, not だけで表すことがある。

I'm afraid (that I have) **not** (finished my homework yet). (438)
  └── that 以下の否定の内容を not だけで表す

▶ I'm afraid (that) I ... は, I'm sorry (that) I ... (すみませんが…)とほぼ同じ意味。
▶ I'm not afraid. だと「私は怖くない」の意味になる。

プラス 否定の that 節を not だけで表せる動詞・形容詞

「思う」などの意味を表す **think, suppose, believe, expect, imagine** および **hope, fear, be afraid** の後ろでは, この形が使える。

- "Is the typhoon coming this way?" "I **hope not**."
  (「台風はこっちに来ているの?」「そうでないと願うね」)
  ▶ I hope (that it is) not (coming this way). の (　) 内が省略された形。

参考… that 節が肯定の場合

that 節が肯定の内容の場合は, so を使う (→ p. 445)。

- "I think it will rain tomorrow." "I'm afraid **so**."
  (「明日は雨になると思う」「残念ながらそうだろう」)
  ▶ so = that it will rain tomorrow
- "Will it be sunny tomorrow?" "I hope **so**."
  (「明日は晴れるだろうか」「そう願うよ」)

1-2 no/never

no

439 Some people have no desire to be rich or famous.
金持ちや有名人になりたいという願望をまったくもっていない人もいる。

ポイント 〈no ＋名詞〉≒〈not ＋ any ＋名詞〉＝ ① 1つ[1人]も〜ない
　　　　　　　　　　　　　　　　　　　　② 少しも[まったく]〜ない

no は「**数量がゼロである**」ことを表す。〈no ＋可算名詞〉は①, 〈no ＋不可算名詞〉は②の意味になる。(439) は②の例で, 次のように言い換えられる。
(439) ≒ Some people do**n't** have **any** desire to be rich or famous.
▶ no を使った (439) のほうが,「少しも〜ない」という否定の意味が強い。

参考 **no ＋ 単数形／複数形の名詞**

no や〈not ＋〉any の後ろに可算名詞を置くときは，意味に応じて単数形・複数形のどちらも使える。

- There *are* **no** *cars* in the parking lot.（駐車場には車が1台もない）
  ▶駐車場には複数の車があるのがふつうなので，cars（複数形）が自然。

注意! **no と not any の違い**

〈not ＋ any〉は no の意味になるが，any を not の前に置くことはできない。また，not any を主語として使うこともできない。

○ **No** student could answer the question.
　（その質問に答えることができた生徒は1人もいなかった）
× Any student couldn't answer the question.
× Not any student could answer the question.

プラス **no を使ったその他の表現**

no ＋ thing/body

no-（接頭辞）は，nothing, nobody などの否定語を作る（→ p. 381）。
- I have **nothing** to do today.（今日はすることが何もない）

no ＝ 決して〜ではない〈強い否定〉

- He is **no** beginner at tennis.（彼は決してテニスの初心者ではない）
- This plan is **no** good.（この計画はまったくだめだ）
  ▶この意味の no は，名詞だけでなく形容詞の前にも置かれる。

no ＋ 比較級 ＝ 少しも〜ない（→ p. 273）

- I'm **no longer** a child.（私はもう子どもではありません）
- I can walk **no further**. ≒ I can't walk **any further**.
  （もうこれ以上歩けません）　▶右のほうが口語的な表現。

NO 〜 ＝ 〜禁止〈看板など〉

- **NO** SMOKING（禁煙）
- **NO** PARKING（駐車禁止）
- **NO** PICTURES（撮影禁止）

never

440 Vegetarians never eat meat.
菜食主義者は決して肉を食べない。

ポイント　never ＝ どんなときでも［決して］〜ない

never は時間の概念を含む語で，基本的には「**過去・現在・未来のどの時点をとってみても〜ではない**」という意味を表す。(440) の never eat は「どんなときでも食べない」ということ。

never は〈頻度〉を表す副詞の一種なので，**一般動詞の前，be 動詞・助動詞の後ろに置く**（→p. 434）。

> **プラス** 完了形で使う never
> never はしばしば〈経験〉を表す完了形で使い，「一度も～したことがない」の意味を表す。
> ● I've **never** been to Australia. （オーストラリアへは一度も行ったことがない）

> **注意!** **never と not の違い**
> never は「どんなときでも～ない」の意味だから，1回かぎり[短期間]の行為には使わない。
> ● **Don't** [✕ Never] forget to mail this letter.
> （この手紙をポストに入れるのを忘れないようにしなさい）
> なお，never が not の意味を強めて「**決して～でない**」という意味を表す場合もある。
> ● I **never** knew you were her friend. （きみが彼女の友だちだとは全然知らなかった）

> **参考…** **not + ever = never**
> 〈not + either〉＝ neither である（→ p. 375）のと同様に，〈not + ever〉は never の意味になる。
> ● I do**n't** remember **ever** seeing her sister.
> （彼女のお姉さんには一度も会った覚えがない）

1-3 準否定語

not, no, never など，完全な否定を表す語を「否定語」という。これに対して，**弱い否定**を表す語は「**準否定語**」という。準否定語には，「ほとんどない」の意味を表す few/little（→ Unit 16）のほか，副詞の hardly/scarcely, rarely/seldom がある。これらの副詞は**一般動詞の前，be 動詞・助動詞の後ろに置く**。

hardly/scarcely

441 I **hardly** know anything about the history of India.
私はインドの歴史についてほとんど何も知らない。

> **ポイント** hardly/scarcely ＝「ほとんど～ない」〈程度〉

hardly/scarcely は not よりも弱い否定を表し，「**程度が少ない**」ことを意味する。
I do**n't** know anything about ... → I **hardly** know anything about ... （441）
　　　知らない　　　　　　　　　　　　　　　ほとんど知らない

▶ hardly は話し言葉から書き言葉まで幅広く使われる。scarcely は hardly よりも使用頻度が低く，主に書き言葉で使われる。

プラス hardly any ＋名詞
- There was **hardly any noise** coming from the classroom.
  副詞　形容詞　名詞

  （その教室からはほとんど音が聞こえてこなかった）
  ▶ 〈hardly ＋ any〉は，〈not ＋ any（＝ no）〉よりも弱い否定を表す。hardly（副詞）は noise（名詞）を修飾できないので，名詞の前に any（形容詞）を置く。

rarely/seldom/hardly ever

442　I rarely eat out. I usually cook for myself.
　　　私はめったに外食しない。ふだんは自炊している。

ポイント　rarely/seldom/hardly ever ＝「めったに〜ない」〈頻度〉

rarely/seldom/ hardly ever は not よりも弱い否定を表し，「**頻度が少ない**」ことを意味する。(**442**)の rarely は，seldom や hardly ever で言い換えられる。
▶ rarely/seldom よりも，hardly ever のほうが never（決して〜ない）に近い。話し言葉では rarely や hardly ever を使い，seldom は主に書き言葉で使われる。

プラス rarely, if ever
　　if ever などを使って，rarely などの否定を強調することができる。
- He **rarely** [**seldom**], **if ever**, criticizes others.
  （彼はまずめったに他人を批判しない）
  ▶ if は even if（たとえ〜でも）の意味で，if ever は「たとえ（一度でも）あるとしても」ということ。

プラス 否定語を文頭に出した倒置形（→ p. 562）
否定語や準否定語を強調のために文頭に出すと，倒置が起こり，〈(助)動詞＋S〉の語順になる。この表現形式は，主に書き言葉で使われる。
- **Never** in all my life *have I* been so frightened.
  （私は今までの人生でそんな怖い思いをしたことがなかった）
- **Hardly** [**Scarcely**] *had he* entered the elevator **when** the door closed.
  （彼がエレベーターに入るか入らないかのうちにドアが閉まった）

1-4 否定語を含む慣用表現

443　**No wonder** he failed. He didn't study for the test.
　　　彼が落第したのは当然だ。彼はテストの勉強をしなかったのだから。

no wonder は「不思議ではない→当然だ」の意味で主に会話で使われる。(**443**)は次

のように言い換えることができる。
(443) ≒ It is no wonder that he failed.
▶「彼が失敗したのは少しも不思議なことではない」の意味 (It は that 節を受ける形式主語)。(443) はこの文の It is と that が省略された形で, no wonder を「どうりで」という意味の副詞句と考えることもできる。

➕プラス 否定語を含む様々な表現

「決して~ない」
not や no と結びついて否定を強調する語句がある。

- I ca**n't** speak Chinese **at all**. (私は中国語をまったく話せない)
- "Thank you very much." "**Not at all**."
  (「どうもありがとうございます」「どういたしまして」)
  ▶「まったく気にしていない (I don't mind at all.)」ということ。
- I **haven't the least** [**faintest**/**slightest**] **idea** where he is now.
  (彼が今どこにいるのかまったくわからない)
  ▶ have no idea (わからない) の強調形。それぞれ little (少ない), faint (かすかな), slight (わずかな) の最上級で, not と組み合わせて「少しの [最も少ない] ~さえない」の意味を表す。
- I'm **not a bit** afraid of snakes. (ヘビなんかちっとも怖くない)
  ▶ くだけた会話で使う表現。
- He is **by no means** rich. (彼は決して金持ちではない)
- The player is **in no way** inferior to others.
  (その選手は決して [どの点でも] ほかの選手に劣っていない)

その他の慣用表現

- **No doubt** she'll come on time. (彼女はきっと時間どおりに来るだろう)
  ▶ no doubt は「疑いなく→きっと」の意味の副詞句。
- "Can you help me with this?" "**No problem**."
  (「これ手伝ってくれない?」「もちろんいいよ」)
  ▶「問題ないこと→(簡単なことだから) もちろんいいよ」の意味を表すくだけた表現。
- "Are you working all weekend?" "**No way**!"
  (「週末はずっと仕事をするの?」「とんでもない [嫌だね]」)
  ▶ Of course not. (もちろん違う) の意味の, かなりくだけた表現。
- I **couldn't help** *laughing*. (私は笑わずにいられなかった)
  ▶ can't help -ing =〜せずにはいられない (→p. 180)
- You **can't** be **too** careful. (きみは用心するに越したことはない)
  ▶ cannot 〜 too ... = どんなに〜してもしすぎることはない (→p. 100)

✓ チェック 097

日本語の意味に合うように，（　）に適語を入れなさい。

(1) 私は行かないことに決めた。
　　I decided (　　　) (　　　) go.
(2) あれは彼の車ではないと思う。
　　I (　　　) think that (　　　) his car.
(3) 「彼は来るだろうか」「来ないと思う」
　　"Will he come?" "I'm afraid (　　　)."
(4) 私はお金をまったく持っていない。
　　I have (　　　) money on me (　　　) all.
(5) 私は彼のことはほとんど何も知らない。
　　I know (　　　) (　　　) about him.

2 特殊な否定

2-1 部分否定

444　He doesn't know everything about me.

彼は私のことを何でも知っているわけではない。

ポイント　not + every ＝ 全部〜だというわけではない

「全部〜でない」という全否定に対して，「**全部〜というわけではない**」という否定を**部分否定**という。次の２つの文の意味を比較してみよう。

He does**n't** know **any**thing about me.
　　　　　└─────────┘ 何も知らない〈全否定〉

▶ 〈**not + any**〉は「何も〜ない」という全否定を表す（→ p. 380）。

He does**n't** know **every**thing about me. (444)
　　　　　└──────────────┘ 何でも知っているわけではない〈部分否定〉

▶ 〈**not + every**〉は「全部〜だというわけではない」という部分否定を表す。

＋プラス　〈not + both〉と〈not + either〉

否定文で both を使うと「**両方とも〜というわけでない**」〈部分否定〉，either を使うと「**両方とも〜ではない**」〈全否定〉の意味になる。

● I have**n't** met **both** of his parents. 〈部分否定〉
　 ≒ I have met only one of his parents.
　　（私は彼の親の両方に会ったわけではない）

▶「どちらか一方だけに会った」ということ。ただし、〈not + both〉の形は全否定と誤解されることがあるので実際にはあまり使われない。

- I have**n't** met **either** of his parents.〈全否定〉
  (私は彼の親のどちらにも会ったことがない)(→p.375)

表現　部分否定と全否定

部分否定	全否定
not + all [every] (すべて〜というわけではない) not + everything (全部〜というわけではない) not + both (両方〜というわけではない) not + always (いつでも〜とは限らない) not + necessarily (必ずしも〜とは限らない) not + altogether (まったく〜というわけではない)	not + any 〜 = no 〜 (何も〜ない) not + anything (何も〜ない) not + anybody [anyone] (誰も〜ない) not + anywhere (どこにも〜ない) not + either = neither (どちらも〜ない)

▶このほか、「まったく、完全に」を意味する absolutely, completely, entirely, fully, quite や、exactly(正確に), really(本当に), very(非常に) などの副詞が not と結びつくと、**部分否定**の意味になる。

〈部分否定の例〉

- **Not all** the members were in favor of the plan.
  ≒ Some (of the) members weren't in favor of the plan.
  (メンバーの全員がその計画に賛成したわけではなかった)
- What the Internet says is**n't always** right.
  (インターネットに書いてあることが常に正しいとは限らない)
- A great player does**n't necessarily** become a good coach.
  (名選手が必ずしもよいコーチになるとは限らない)
- His story is**n't altogether** true. (彼の話がまったく正しいというわけではない)
- I do**n't entirely** believe the news. (私はそのニュースを全面的に信じているわけではない)

〈全否定の例〉

- He did**n't** eat **anything** this morning. ≒ He ate nothing this morning.
  (彼はけさ何も食べなかった)
- We could**n't** go **anywhere** on Sunday because of the snow.
  (雪のせいで、私たちは日曜日にはどこへも行けなかった)
- I did**n't** know **anybody** at the party. (パーティーでは私が知っている人は誰もいなかった)

2-2 二重否定

445 My sister **never** goes out **without** buying something.
姉は外出するとき必ず何か買い物をする。

ポイント　never [can't] ... without -ing ＝ …すれば必ず〜する

1つの文中に否定の意味を含む語が2つあると，両者が打ち消しあって**強い肯定**の意味を表す。これを「二重否定」という。

　　My sister **never** goes out **without** buying something. (445)
　　　　　　　否定　　　　　　否定　　　→　肯定
　　　　　　「決して外出しない」「何かを買うことなしには」

　　≒ **Whenever** [**Every time**] my sister goes out, she buys something.
　　　（姉は外出するときはいつでも何か買い物をする）

- There is **hardly** any city he has **not** visited in Japan.
  ≒ He has visited **almost all** the cities in Japan.
  （彼は日本のほとんどの都市を訪れたことがある［←日本で彼が訪れたことのない都市はほとんどない］）
- **Nothing** is **impossible** if you try hard.
  （もし一生懸命努力すれば，何でも可能だ［←不可能なことは何もない］）

＋プラス　否定の意味をもつ接頭辞・接尾辞

否定の意味をもつ接頭辞や接尾辞を使って，「〜ではない」という意味の語を作ることができる。
- I'm **unlucky**. （ついてない［不運だ］よ）
- Such a case is**n't uncommon**.
  （そうしたケースはよくある［←めずらしいことではない］）
  ▶〈否定＋否定〉で肯定の意味を表す文（二重否定の一種）。

否定の意味をもつ接頭辞・接尾辞を含む語には，次のようなものがある。

un-	**un**happy（不幸な）	**un**able（できない）
il-	**il**legal（非合法な）	**il**literate（読み書きのできない）
im-	**im**possible（不可能な）	**im**partial（公平な，偏りがない）
in-	**in**formal（非公式の）	**in**capable（能力がない）
ir-	**ir**regular（不規則な）	**ir**responsible（無責任な）
dis-	**dis**like（きらう）	**dis**honest（不正直な）
mis-	**mis**fortune（不幸）	**mis**understand（誤解する）
non-	**non**sense（無意味なこと）	**non**violent（非暴力の）
-less	use**less**（役に立たない）	care**less**（不注意な）
その他	**ab**normal（異常な［正常でない］）	**extra**ordinary（異常な，並外れた）

▶次の語の意味に注意。
invaluable ＝ (評価できないほど)貴重な(×価値がない)
priceless ＝ (値段がつけられないほど)貴重な(×値段がない)

2-3 否定語を含まない否定

446 She would be **the last** person to do such a thing.
彼女はそんなことは絶対にしない人だ。

ポイント　**the last** ＋名詞＋ **to** *do* [関係詞節] ＝ 決して〜ない…

not などの否定語を使わないで,「〜ない」という否定の意味を表すこともできる。(446)の the last は「最後の→最も〜(しそうに)ない」の意味を表す。

She would be **the last** person to do such a thing. (446)
　　　　　　　最後の人　　　　　　　そんなことをする

▶直訳は「彼女はそんなことをする最後の人だろう」。

- That's **the last** thing I want to do. (それだけは絶対やりたくない)
  ▶直訳は「それは私のやりたい最後のことだ」。
- She was **the last** person I had expected to see there.
  (彼女にそこで会うとは夢にも思っていなかった)
  ▶直訳は「彼女は私がそこで会うことを予想していた最後の人だった」。

プラス　否定語を使わないで「〜ない」の意味を表すその他の表現

far from 〜 ≒ **anything but** 〜 ＝ 〜からはほど遠い[決して〜ない]
- This bed is **far from** comfortable.
  ≒ This bed is **anything but** comfortable. (このベッドは少しも心地がよくない)

anything but には「〜を除いて何でも」の意味もある。
- I can eat **anything but** natto. (私は納豆以外なら何でも食べられます)
  ▶nothing but は「〜にすぎない(only)」の意味。
  　Winning a lottery is **nothing but** a dream. (宝くじが当たるのは夢にすぎない)

free from 〜 ＝ 〜がない
- This food is **free from** additives. (この食品には添加物が入っていない)

too 〜 **to** *do* ＝ 〜すぎて…できない
- The bag was **too** heavy for me **to** carry.
  (そのかばんは重すぎて私には運べなかった) (→ p.157)

fail to *do* ＝ 〜できない[しそこなう]
- I **failed to** get a ticket. (切符が手に入らなかった) (→ p.328)

Who knows (...) ? ＝ (…を) 誰も知らない〈修辞疑問文〉

- **Who knows** what may happen tomorrow?
  (明日何が起こるかは誰にもわからない) (→ p. 530)
  ▶修辞疑問文は一般に強い感情を表すので, 文末に感嘆符やピリオドを使うこともある。

know better than to *do* ＝ 〜するほど愚かではない

- I **know better than to** believe such a story.
  (私はそんな話を信じるほど愚かではない) (→ p. 274)

have [be] yet to *do* ＝ まだ〜していない

- We **have yet to** find a solution to this problem.
  (私たちはまだ, この問題の解決方法を見つけていない) (→ p. 447)

beyond 〜 ＝ 〜のおよばない, 〜を越えて

- The view was beautiful **beyond description**.
  (その景色は言葉にできないほど美しかった) (→ p. 502)

Sue's Advice

「〜するのはもっともだ」は否定表現が便利

例文などではよく目にする割に, ネイティブはあまり使わない表現がいくつかあります。次の表現もその1つです。

　It is natural (that) she got angry. (彼女が怒ったのは当然だ)

日本語の「〜が…することは**当然だ**(もっともだ)」を英語にした表現ですが, 実際には次に示すような否定表現が好まれます。

(a) It is not surprising (that) she got angry.
　　(彼女が怒るのは驚くことではない→彼女が怒るのはもっともだ)

(b) No wonder she got angry. (彼女が怒るのは不思議ではない→彼女が怒るのはもっともだ)

(a)は様々な場面で幅広く使える表現です。surprising を not で否定することで,「that 以下は驚くことではない」は, it is natural に近い意味をもちます。(b)はくだけた話し言葉で特によく使う表現です。

✓ チェック 098

日本語の意味に合うように，（　）に適語を入れなさい。

(1) 辞書に書いてあることが常に正しいとは限らないと言う人もいる。
    Some people say what is printed in dictionaries (　　　) (　　　) right.

(2) 彼は映画館へ行くと必ず居眠りしてしまう。
    He (　　　) goes to a movie theater (　　　) falling asleep.

(3) 彼女は決して罪を犯さない人だ。
    She would be the (　　　) person (　　　) commit a crime.

✓ チェック 解答

097 (1) not to　(2) don't, is　(3) not　(4) no, at　(5) hardly [scarcely] anything

098 (1) isn't always　(2) never, without　(3) last, to

強調と倒置

UNIT 22

意味を強めたりする場合の特殊な文の形を学ぼう

Introduction ･････････････････････････････････････ 558
1 強調 ･･ 559
　1-1 強意語による強調 ････････････････････････････ 559
　1-2 強調構文 ････････････････････････････････････ 560
2 倒置 ･･ 562
　2-1 否定の副詞（句・節）で始まる倒置 ･･･････････ 562
　2-2 be動詞の主語を後ろに置く倒置 ･･････････････ 563
　2-3 慣用的な倒置 ････････････････････････････････ 564
　2-4 その他の特殊な語順 ･･････････････････････････ 565
チェック解答 ･･ 566

Introduction

強調とは

次のような表現を使って，文中の特定の語句の意味を強調することができます。
① 意味を強める語句を加える
- It's **really** hot today.（今日は本当に暑い）
  ▶really（本当に）がhotを強調。

② 強調を表す文の形を利用する
- "Why do you want to go to Austria?"
  "No, **it is** Australia **that** I want to visit."
  （「どうしてオーストリアに行きたいの？」「いいえ，私が訪ねてみたいのはオーストラリアよ」）
  ▶It is と that の間に Australia を置いて強調。

②のような文の形を「強調構文」といいます。

倒置とは

倒置とは，伝えたい内容を強調したり文のリズムを整えたりするために，主語と(助)動詞の語順を入れ替える［Yes/No疑問文と同じ語順にする］ことをいいます。そのほか，原則的な語順が入れ替わった様々な形の文も見ていきます。
▶倒置は，文体に工夫を凝らすために小説などの書き言葉で使うことが多い表現形式。

- **Never** have I seen such a big cat.
  　　　助動詞 主語

（こんなに大きな猫は今までに見たことがない）
  ▶I've never seen such a big cat. がふつうの語順。

Next, Putting it into Action!

強調や倒置の様々な方法を詳しく見ていきましょう。

UNIT 22 強調と倒置

1 強調

1-1 強意語による強調

do（助動詞）による強調

> **447** He **does look** happy today.
> 彼は今日は本当にうれしそうに見える。

〈do/does/did ＋動詞の原形〉で動詞の意味が強調され，「実際に [本当に，ぜひ] 〜」などの意味を表す。

　　　　　　　　　後ろの動詞を強調する助動詞（強勢を置いて読む）
　　　　He **dóes** *look* happy today. （447） ≒ He really looks happy today.

- I **did** *invite* Emily to the party, but she said 'No.'
  （私は実際にエミリーをパーティーに誘ったが，彼女は「ノー」と言った）
- It's my fault. I **do** *apologize*. （それは私のせいです。心からおわびします）
  ▶ I apologize. よりも心を込めた謝罪の表現。
- **Do** *have* another cookie. （さあ，クッキーをもう1つどうぞ）
  ▶ 命令文の前に do を置くと，「ぜひ，どうぞ」という意味になる。

修飾語などによる強調

> **448** It was **such** a frightening experience.
> それはとても怖い経験だった。

形容詞や副詞で語句を強調することもできる。（448）の such は「とても，非常に」の意味。

➕ プラス　強調の意味を表すその他の語句

疑問や否定の意味を強調する副詞（句）
- *What* **on earth** are you talking about? （いったい全体，何の話をしているの？）
- I do*n't* think that's a good idea **at all**. （それはよい考えだとはまったく思わない）
  ▶ 疑問や否定の意味を強調するには，**ever, at all, in the world, on earth** などを使う。

比較級・最上級を強調する副詞（句）（→ p. 264）
- The fish I caught was **much** *bigger* than this.
  （ぼくが釣った魚はこれよりずっと大きかった）

再帰代名詞による強調 (→p. 358)

- I haven't seen the film **myself** yet, but it got good reviews.
  (私自身はまだ見ていないが，その映画は評判がよかった)

反復による強調

同じ，または似た語句をくり返すことで意味を強調することがある。

- We talked for *hours* **and** *hours*. (私たちは何時間も話した)

1-2 強調構文

449 **It was** in 1549 **that** Christianity was first introduced into Japan.
キリスト教が日本に初めて伝わったのは1549年だった。

> **ポイント** It is ~ that ... = …なのは~だ

文中の特定の語句を It is と that の間にはさんで強調する形の文を，**強調構文**という（過去のことを表すときは was を使う）。

Christianity was first introduced into Japan in 1549 .

→ **It was** in 1549 **that** Christianity was first introduced into Japan. (**449**)
　　　　強調したい語句　　　　　　　　　　残りの語句

強調構文によって強調できるのは，S・O・C となる名詞(句)や副詞(句・節)などである。V（述語動詞）を強調するには，助動詞の do を使う（→p. 559）。

強調構文が表す意味

- ①Jack met ②Rose ③at the library. (ジャックは図書館でローズに会った)
  ▶ ①②③を強調構文で強調する形は，それぞれ次のようになる。

  ① **It was** Jack **that** met Rose at the library.
  （図書館でローズに会ったのはジャックだった）

  ② **It was** Rose **that** Jack met at the library.
  （図書館でジャックが会ったのはローズだった）

  ③ **It was** at the library **that** Jack met Rose.
  （ジャックがローズに会ったのは図書館でだった）

たとえば①では，「図書館で誰かがローズに会った」ことは聞き手も知っており，「その人物はほかの誰かではなくジャックだった」ことを話し手は伝えようとしている。

注意！ 強調構文には文脈や状況が必要

強調構文は基本的に「（Aではなくて）Bだ」という内容を表す形式である。したがって，会話などの冒頭で強調構文を使うことはなく，何らかの文脈や状況を前提として使う。

- "I guess Miki won the contest again." "No, **it was** Mari **that** came first this time."（「またミキがコンテストに勝ったのだろうね」「いいえ，今回優勝したのはマリよ」）
- "Was John driving a blue car?" "No, **it was** a red car (**that** he was driving)."
（「ジョンは青い車を運転していたの？」「いいや，（彼が運転していたのは）赤い車だったよ」）
  ▶ that 以下は（くり返しを避けるために）省略できる（→ p. 571）。

参考… that の代わりに who/which も使う

強調される語句が〈人〉のときは who，〈もの〉のときは which を使うこともある。

- **It's** *a classmate* of mine **that** [**who**] is going to make a speech at the reception.
（歓迎会でスピーチをするのは私のクラスメイトの1人です）
- **It wasn't** the operator's *carelessness* **that** [**which**] brought about the accident.
（その事故を引き起こしたのは，操作係の不注意ではなかった）

➕プラス 疑問詞を強調する強調構文

疑問詞を強調する強調構文は，〈**疑問詞＋is [was] it that ...?**〉の形になる。

- **Who was it that** left the room last?（最後に部屋を出たのはいったい誰ですか）
  ▶ It was □ that left the room last. の □ を who で尋ねる疑問文。(who が重複するので) that の代わりに who を使うことはできない。
- I don't know **who it was that** left the room last.
（最後に部屋を出たのがいったい誰なのか私は知らない）
  ▶ Who was it that ...? の文を間接疑問（who it was that ...）にした形。

注意！ 強調構文に関するその他の注意

be 動詞は is/was 以外の形になることもある

- **It may have been** a fox **that** I saw near my house last night.
（私がゆうべ家の近くで見たのはキツネだったかもしれない）

長い語句［副詞節・名詞節］を強調することもできる

- **It was** *because their son was sick* **that** they canceled the tour.
（彼らが旅行をキャンセルしたのは，息子が病気だったからだ）
- **It is** *only those who show good manners at home* **that** can really be called well-mannered.
（本当に行儀がよいと言えるのは，家でも行儀がよい人たちだけだ）

参考 強調構文と形式主語構文の見分け方

It is [was] と that を取り除いたとき，完成した文のパーツが残れば強調構文，そうでなければ形式主語構文になる。

- **It is** this key **that** I've been looking for.
  （私が探していたのはこのカギだ）〈強調構文〉
  ▶下線部＝完成した文 (I've been looking for this key.) のパーツ
- **It is** a fact **that** smoking is harmful to your health.
  （喫煙が健康に有害なのは事実だ）〈形式主語構文〉 ▶下線部≠完成した文

✓ チェック 099

日本語の意味に合うように，（　）に適語を入れなさい。

(1) 彼がなくしたものはパスポートだった。
　　（　　　）（　　　）his passport （　　　）he lost.

(2) 私たちは一晩中ずっと話し続けた。
　　We talked （　　　）talked all night.

(3) 私は本当にその説明書をとても一生懸命に理解しようとしたが，混乱してしまった。
　　I （　　　）try very hard to understand the instructions, but I was confused.

2 倒置

2-1 否定の副詞（句・節）で始まる倒置

> **450**　**Never** have I seen such a moving film.
> 私はこんなに感動的な映画を今までに見たことがない。

否定の意味をもつ副詞（句・節）を文頭に出して，強い否定を表すことがある。このとき，後ろは **Yes/No疑問文と同じ語順**になる。

　　I have **never** seen such a moving film.
　　　　　　　　neverを文頭に置いて「一度もない」という否定の意味を強調する
　　Never have I seen such a moving film.（450）
　　　　　　助動詞 S

表現　否定の副詞（句・節）で始まる倒置のその他の例

以下の例でも，否定語が文頭に置かれて，後ろが〈（助）動詞＋S〉の語順になっている。

- **Little** did I dream of winning first prize. [← I little dreamed of winning first prize.]
  （私は優勝できるとは夢にも思わなかった）
  ▶Littleで始まる文のほうがふつうの言い方。この形の文では，否定の意味を含む語（no/not/little/only など）を強く読む。

- **No sooner** had she entered the room **than** the phone rang.
  [← She had no sooner entered the room than the phone rang.]
  （彼女が部屋に入るとすぐに電話が鳴った）（→p. 473）
  ▶ No sooner had ＋ S ＋ 過去分詞 ＋ than ... ＝「Sが～するとすぐに…」
- **Not until he got home** did he realize that he had lost his wallet.
  [← He did not realize that he had lost his wallet until he got home.]
  （彼は帰宅して初めて財布がないのに気づいた）（→p. 471）
- **Under no circumstances** must you inflate your life jacket inside the plane.
  （どんな状況でも，機内でライフジャケットを膨らませてはならない）
  ▶ 飛行機内での乗客への注意。
- **Only after lots of training** should people attempt to climb in the Himalayas.
  （多くのトレーニングを積んだ後でのみ，ヒマラヤでの登山に挑戦すべきである）
  ▶ only は「～しか…ない」という否定の意味を含む。

参考　Here/There などで文を始める表現

文のリズムを整えるために，**Here/There** や方向を表す副詞（**away / down / off / out / up** など）を文頭に置いて強く読むことがある。この形は歌や詩などでしばしば見られる。

- **Hére** she comes! Late again.（彼女が来るぞ！ また遅刻だ）
- **Dówn** came the rain!（雨が降ってきた）
  ▶ この文のように，後ろが〈V＋S〉の形になることもある。

参考　So/Such（～）＋ be 動詞 ＋ S ＋ that 節 ...

〈so/such ～ that ...〉（大変～なので）の形をもとにして，so/such（を含む語句）を強調のために文頭に置くと，後ろは〈be 動詞 ＋ S〉の語順になる。

- **So scary** was the movie that I almost fainted.
  [← The movie was so scary that I almost fainted.]
  （その映画はとても怖かったので，私は失神しそうだった）（→p. 481）
- **Such** was her progress that the teacher advised her to go into a more advanced class. [← Her progress was such that the teacher advised her to go into a more advanced class.]
  （彼女の進歩は目覚ましかったので，先生は彼女に上級クラスへ移るよう助言した）（→p. 481）

2-2 be 動詞の主語を後ろに置く倒置

451 He found a box in the closet. **Inside** were several old photos.
彼は押入れで箱を見つけた。その箱の中には数枚の古い写真があった。

前の文中にある語句を受けて，〈場所〉などを表す副詞（句）を前に出し，〈副詞（句）＋ be 動詞 ＋ S〉の形にすることがある。

He found a box in the closet. **Inside** were several old phótos. (451)
　　　　　　箱　　　　　　　　副詞　be動詞　　　　S
　　　　　　　　　　　　　　　　その（箱の）中には

▶「その箱の中に何があったかと言えば，数枚の古い写真だった」というニュアンスで，重要な情報を最後まで取っておこうという心理がはたらいている。話し手が強調したい語句は several old photos であり，photos が最も強く読まれる。

- About 30 people came to the class reunion. **Among them** was our teacher.
（クラス会には約30人が来た。そのなかには私たちの先生もいた）

> 参考… 〈be動詞＋S〉の倒置を含むその他の例
> （451）と同様に，前の文の内容を受けて話を続けるために，次のような倒置が起こることがある。どの文でも，最も強調したいことがbe動詞の後ろに置かれている。
>
> **分詞句＋be動詞＋S**
> - **Added to this problem** is the fact that the population is aging rapidly.
> （この問題に加えて，人口が急速に高齢化しているという事実がある）
> ▶受動態や進行形などの分詞を文頭に置く形で，新聞や論説文などに見られる。
>
> **C（比較の意味を含む）＋be動詞＋S**
> - Each player should improve his or her skills, but **more [equally] important** is teamwork.
> 　　　C
> be動詞　　S
> （個々の選手は技術を伸ばすべきだが，より[同様に]重要なのはチームワークだ）

2-3 慣用的な倒置

452
(a) "I like traveling." "**So** do I."
「私は旅行が好きです」「私もそうです」
(b) "I don't like snakes." "**Neither [Nor]** do I."
「私はヘビが好きではありません」「私もです」

相手の発言に同意するときは，しばしば倒置構文を使う。前の文が肯定文か否定文かによって，次のように異なる言い方をする。

相手の発言	同意する文
肯定文	①So＋(助)動詞＋S.
	②S＋(助)動詞, too.
否定文	①Neither [Nor]＋(助)動詞＋S.
	②S＋(助)動詞＋not, either.

▶同意する文の動詞・助動詞は，前の文にそろえる。相手の発言に一般動詞(現在形・過去形)が使われているときは，同意する文では do/does/did を使う。

肯定文への同意

- "I'm hungry." "**So** *am I*. [I am, **too**.]"
  (「おなかがすいた」「ぼくもだ」)
- "Yuka's father goes to the gym every weekend." "**So** *does my mother*. [My mother does, **too**.]"
  (「ユカのお父さんは毎週末にそのジムに通っています」「私の母もそうです」)

否定文への同意

- "I can't ski." "**Neither** *can I*. [I ca**n't**, **either**.]"
  (「私はスキーができません」「私もそうです [できません]」)
  ▶ 否定文で too は使わないので，I can't, too. とは言わない。
- "I'm not good at cooking." "**Nor** [**Neither**] *am I*."
  (「私は料理が苦手です」「私もです」)
  ▶ nor ＝ そしてまた～ない（接続詞）

> **4技能 Tips　Speaking　Me, too. と Me, neither.**
>
> くだけた会話で「私もそうだ [そうではない]」と言うときは，相手の発言が肯定文なら Me, too.，否定文なら Me, neither. も使える。
> - "I'm hungry." "**Me, too.**"（「おなかがすいた」「私もよ」）
> - "I can't ski." "**Me, neither.**"（「スキーはできないの」「ぼくも（できないん）だよ」）

注意！ **So ＋ S ＋（助）動詞**

この形は，相手が言ったことで気づいたり，相手の発言を強く肯定したりするときに，「ああ，そうですね [そのとおりです]」と言う場合に使う。

- "Isn't it your mother's birthday today?" "Oh! **So** *it is*."
  (「今日はあなたのお母さんの誕生日じゃないですか？」「ああ，そうだった！（忘れていた）」)
- "The sun is coming out." "**So** *it is*."
  (「日が出てきたよ」「（本当に）そうだね」)

2-4 その他の特殊な語順

次のような場合にも，語順が入れ替わることがある。

長い O を後ろに置く

- Let me **make** □ clear the differences between the two plans.
  ▶ make O clear ＝ O を明らかにする

  (その２つの案の違いを明らかに [説明] させてください)
  ▶ SVOC の O（目的語）が長い場合，V と C のつながりがわかりにくくなるのを避けるため，O を後ろへ回すことがある。

O + S + V

- **Why he always comes late** I really don't know □.

(彼がなぜいつも遅れて来るのか私にはまったくわからない)
▶ O が強調のために文頭に置かれることがある。

副詞句 + S + V

- **Of the seven classes observed**, class D is the most motivated □.

(観察した7クラスのなかでは，D組が一番意欲的である)
▶ 最上級を使った文で，of (～のうちで) で始まる語句を文頭に置くことがある (→ p.258)。

✓ チェック 100

日本語の意味に合うように，(　　) に適語を入れなさい。

(1) 最後の章になって初めて殺人者が明らかになる。
　　(　　　) until the final chapter (　　　) the murderer revealed.

(2) 彼のピッチングはすばらしかった。それと同じくらい驚いたのは彼のバッティングだった。
　　His pitching was great, and just (　　　) amazing (　　　) his batting.

(3) 「私はヨーロッパへは一度も行ったことがありません」「私もそうです」
　　"I've never been to Europe." "(　　　) (　　　) I."

✓ チェック 解答

099　(1) It was, that [which]　(2) and　(3) did
100　(1) Not, is　(2) as, was　(3) Neither [Nor] have

UNIT 23 特殊構文

情報をつけ加えたりする場合の特殊な文の形を学ぼう

Introduction	568
1 挿入・省略	570
1-1 挿入	570
1-2 省略	571
2 同格	575
2-1 名詞＋名詞	575
2-2 名詞＋同格を表す句・節	576
3 名詞構文・無生物主語構文	578
3-1 名詞構文	578
3-2 無生物主語構文	580
チェック解答	582

Introduction

英語の文には，形が少し複雑なものや，日本語とは異なる発想で組み立てたものがあります。これらをまとめて「特殊構文」ということがあります。特殊構文には，UNIT 22でとりあげた「強調」や「倒置」のほか，次のようなものがあります。

挿入

文中にコンマなどを使って補足的な情報を加えること。

- The Korean language is, **in a sense**, easy for Japanese people to learn.
  　　　　　　　　　　　　　挿入された語句（副詞句）

（韓国［朝鮮］語は，ある意味では，日本人には学びやすい）

省略

言わなくても意味が通じる言葉を省くこと。

- Some boys like soccer, and **others** ▲ **baseball**.
  　　　　　　　　　　　　　　　　　　　likeが省略されている

（サッカーが好きな男の子もいれば，野球が好きな男の子もいる）

同格

名詞（またはそれに相当する語句）を並べて置き，一方がもう一方を説明する関係。

- **My cousin, Hiroshi**, got married last month.
  　　　　同格

（いとこのヒロシが先月結婚した）

名詞構文

動詞や形容詞で表現できる内容を，抽象名詞を使って簡潔にした形。

- I hope that he will **recover** quickly. （私は彼が早く回復すればいいと思う）
  　　　　　　　　　　動詞

  → I hope for his quick **recovery**. （私は彼の早い回復を望んでいる）
  　　　　　　　　　　　　名詞

無生物主語構文

無生物を主語，人を目的語にした形で，「〈無生物〉のために［によって］〈人〉は～する」という意味を表します。

- **This photo reminds me** of my trip to Okinawa.
  　　S（無生物）　　　　　O（人など）

【直訳】　この写真は私に沖縄旅行を思い出させる。
【自然な訳】　この写真によって［を見ると］私は沖縄旅行を思い出す。

英語ではよく見られる表現ですが，そのまま日本語に訳すと不自然になるので注意が必要です。一般に無生物主語の文は，**目的語に当たる〈人〉を主語にして訳せば自然な日本語**になります。この例では，me を「私は」と主語のように訳し，その代わりに**英文の主語** (this photo) を「この写真によって」と**副詞的に訳す**とよいでしょう。

Next, Putting it into Action!

特殊構文のそれぞれの用法を詳しく見ていきましょう。

UNIT 23 特殊構文

1 挿入・省略

1-1 挿入

副詞（句・節）の挿入

> **453** Life is, **in a sense**, a journey.
> 人生とは，ある意味では，旅である。

副詞（句・節）を文中に挿入して，補足的な情報を加えることができる。挿入された語句の前後には**コンマ (,)** や**ダッシュ (—)** などを置く。その語句を省いても文は成り立つ。(453) では in a sense（ある意味では）という副詞句が挿入されている。

- He, **unfortunately**, didn't pass his driving test.
  (彼は残念ながら運転免許試験に合格しなかった)
- People on a diet, **for example**, eat a lot of salad.
  (ダイエット中の人々は，たとえば，サラダをたくさん食べる)
- Your salary may double — **and even triple** — in a few years.
  (きみの給料は数年で2倍に，そして3倍にまで，上がるかもしれない)
- We got lost in the woods, **and what was worse**, it began to rain.
  (私たちは森の中で道に迷い，さらに悪いことに雨が降り出した)
  ▶ 文と文との意味的なつながりを明らかにするために文頭や文中に置かれる副詞（句）などについては，p.601 を参照。

4技能Tips　Listening　くだけた会話の合間に入る you know

くだけた会話では，you know というフレーズが使われる。もともとは「きみも知っているように (as you know)」の意味だが，「あのね，ほら」という軽い（間投詞的な）意味でも使う。文中のほか，文頭や文末に置くこともできる。

- **You know**, I used to live in this neighborhood.
  (あのね，ぼくは前にこの近所に住んでいたんだ)
- I felt very upset, **you know**.
  (かなり頭にきちゃってさ，わかるでしょ)

会話の途中にはさむ表現としては，**Well**, ...（ええと）や **I mean** ...（何ていうか）などもある。

主節が変化した挿入節

454 Today's news, **I'm afraid**, is rather depressing.
残念ながら，今日のニュースはかなり暗いものです。

主節を文中に挿入することによって，**話し手の評価**をつけ足したり，**主張をやわらげたり**することができる。挿入された節には意味の重点はなく，軽く読まれる。

　　I'm afraid today's news is rather depressing.
　　　主節
≒ Today's news, **I'm afraid**, is rather depressing. (454)
　　　　　　　　挿入節
≒ Today's news is rather depressing, **I'm afraid**.　▶文末に置くこともある。

➕プラス　挿入節を作る動詞・形容詞

後ろに that 節を置ける〈思考〉を表す動詞 (**believe, hope, say, seem, suppose, think** など) (→p. 323) や形容詞 (**afraid, certain, sure** など) (→p. 411) は，挿入節を作ることができる。ただし，挿入節に that は使わない。

- Not a single person — **it seemed to me** — was listening to the boring speech.
  (その退屈なスピーチを聞いている人は，私が見たところ1人もいないようだった)

4技能Tips　Reading　節の中に埋め込まれた節

厳密には挿入節ではないが，「節の中にさらに節がある」という形で複雑化した文がある。

- I was irritated, *because* **while we were talking** his cellphone rang many times.
  (私はいらいらした，なぜなら私たちが話している間に彼の携帯電話が何度も鳴ったからだ)
- *Researchers say* **if the world population continues to grow at the present rate**, there will be a serious food shortage in the near future.
  (世界の人口が現在の割合で増え続ければ，近い将来深刻な食糧不足が起こるだろうと研究者たちは言う)

1-2　省略

同じ語句のくり返しを避けるための省略

455 She ordered salmon, and her husband ▲ lamb.
彼女はサーモンを，夫はラム肉を注文した。

文を簡潔にするために，前にある語(句)と同じ語(句)を省略することがある。

She **ordered** salmon, and her husband (**ordered**) lamb.（455）
　　　　　同じ語のくり返しを避けるために省略する

次の例も同様。
- "Is this your *camera*?" "No, it's **Haruka's** (*camera*)."
  （「これはきみのカメラ？」「いいえ，ハルカのよ」）（→p.349）
- I haven't *told him* yet, but **I will** (*tell him*).
  （彼にはまだ伝えていないが，伝えるつもりだ）
- "Where *did you find this ball*?" "(*I found it*) **Under the sofa**."
  （「このボールをどこで見つけたの？」「ソファの下だよ」）
- "Can you come tomorrow?" "**I'd love to**, but I **can't**."
  （「明日来られますか」「そうしたいのですが，だめなのです」）
  ▶ I'd love to（to は代不定詞）= I'd love to come tomorrow. ていねいに断るときの表現（→p.161）。
- "Can you come tomorrow?" "No, **I'm afraid not**."
  （「明日来られますか」「いいえ，残念ですが（だめです）」）
  ▶ I'm afraid not. = I'm afraid I can't come tomorrow.（→p.546）
- *Can we meet on Tuesday*? **If not**, what about Thursday?
  （火曜日に会えるかい？　無理なら，木曜日はどう？）
  ▶ if not = if we cannot meet on Tuesday（→p.475）

次のように，後ろにある語句と同じ語句を省略することもある。
- **I don't know why**, but *I really like this painting*.
  （なぜかはわからないが，私はこの絵が本当に好きです）
  ▶ why の後ろには，but 以下の内容（I really like this painting）が省略されている。

➕プラス　状況から推測できる語句の省略

前後に同じ語句がなくても，状況から考えて，言わなくてもわかる語句を省略することがある。
- "How much is it, please?" "**Five** (dollars) **twenty** (cents)."
  （「おいくらですか」「5ドル20セントです」）〈買い物で〉
  ▶ 金額を尋ねている状況なので，dollars や cents は言わなくてもわかる。
- "**What floor** (would you like to get off at)?" "**Seven**(**th**) (floor), please."
  （「何階で（降りま）すか」「7階をお願いします」）〈エレベーターの中で〉

> **参考…** 主語の省略

たとえば Thank you.（ありがとう）は，I thank you.（私はあなたに感謝します）の I が省略された慣用表現である。このように，主語や助動詞が慣用的に省略されることがある。

- (I) **Hope** to see you soon.（近いうちにお会いできますように）
  ▶親しい人とのメールや手紙などでは，I を入れなくてもわかるので省略することが多い。
- (I'll) **See you later.**（じゃあまたね）
- (Do you) **Mind if I come along?**（いっしょに行ってもかまいませんか）
  ▶くだけた会話で使う。ていねいに尋ねるときは Do you が必要。

> **参考…** and の後の省略

節と節とが and で結ばれるとき，重複する語句が省略される場合がある。

- Vitamin C may be destroyed by heat during the cooking. So <u>food **should be** prepared quickly</u> **and** <u>the cooking water ▲ used rather than wasted</u>.
  （ビタミンCは料理中に熱によって破壊される場合がある。だから食品は手早く調理して，調理用の水は使い捨てにするよりもむしろ利用すべきである）
  ▶▲の位置に should be が省略されている。

接続詞に続く〈S＋be動詞〉の省略

456 You must wear a seat belt while ▲ driving.
運転中はシートベルトを着用しておかねばならない。

if, though, when, while などの接続詞の後ろの〈S＋be動詞〉が省略されることがある。この場合，**省略される S は主節の S と同じものでなければならない**。（456）は while の後ろに you are が省略されている。

　　主節の S　　　　　　　　　　　接続詞の後ろの S＋be動詞
You must wear a seat belt while (**you are**) driving.（456）
　　　　└─ 2つの S が同じときは（　）内を省略できる

- **Although** (he is) **not very well-known**, the singer has a great voice.
  （あまり有名ではないが，その歌手はすばらしい声をもっている）

> **注意！** 主語が異なる場合は省略できない

主節の主語と接続詞の後ろの主語が異なるときは，原則として（456）のような省略はできない。

(a) **Beth** often went to the zoo with her father when (**she** was) young.
　　（ベスは若いころ父親といっしょによく動物園へ行った）
　　▶Beth＝she だから，she was は省略できる。

(b) **Beth's father** often took her to the zoo when **she** was young.
　　（ベスが若いころは父親が彼女をよく動物園へ連れて行った）
　　▶Beth's father ≠ she だから，she was は省略できない。

参考　if 節中の慣用的な省略

if 節中の it is が慣用的に省略されることがある。

- I'll help you, **if** (it is) **necessary**. (必要ならお手伝いします)
- **If** (it is) **possible**, I want to be a graphic designer.
  (もし可能なら，私はグラフィックデザイナーになりたい)
- **Whenever** (it is) **possible**, I buy locally grown vegetables.
  (可能であればいつでも，私は地元でとれた野菜を買う)

参考　that などの省略

接続詞の **that** や目的格の関係代名詞など，文法的な機能をもつ語が省略されることがある。

- I think (**that**) the Japanese economy is starting to improve.
  (日本経済はよくなり始めていると思います) (→ p. 464)
- The man (**whom**) we met yesterday is our new English teacher.
  (きのう私たちが会った人は，私たちの新しい英語の先生だ) (→ p. 217)

---

4 技能 Tips　Reading　新聞記事の見出し

新聞記事の見出しでは，文字数を節約するために冠詞や be 動詞などがしばしば省略される。

- **Birthrate Lowest** on Record (出生率過去最低を記録)
  ▶ The birthrate <u>is the</u> lowest on record. の下線部が省略されている。
- **5 Killed** in **Car Crash** (車が衝突，5人が死亡)
  ▶ 5 <u>people were</u> killed in <u>a</u> car crash. の下線部が省略されている。
- **President to Visit** Japan (大統領が訪日予定)
  ▶ <u>The</u> president <u>is</u> to visit Japan. の下線部が省略されたもの。is to visit は〈予定〉を表す(→ p.160)。このように新聞記事では，未来のことは〈to ＋動詞の原形〉で表す。一方，過去のことは President **Visits** Japan (大統領が訪日) のように現在形で表す。

✓ チェック 101

日本語の意味に合うように，(　　) に適語を入れなさい。

(1) 残念ながらこのパソコンには十分なメモリがない。
　　This computer, (　　　　) (　　　　), doesn't have enough memory.

(2) 食べながら携帯電話で話してはいけません。
　　Don't talk on your cellphone (　　　　) (　　　　).

(3) できることなら私は小説家になりたい。
　　(　　　　) (　　　　), I want to be a novelist.

2 同格

名詞（またはそれに相当する語句）を並べて置き，一方がもう一方を説明する関係を同格（関係）という。

2-1 名詞＋名詞

457 **The term "globalization" is now used very often.**
「国際化」という言葉は，今ではとてもよく使われている。

ポイント　A（名詞）＋B（名詞）＝「AであるB」，「BというA」

同格関係を表す最もシンプルな形は，名詞（句）を2つ並べたものである。記号を使う場合もある。

① A B （2つ並べる）	*The term* **"globalization"** is now used very often.（**457**） 　　A　　　　　B
② A, B （コンマで結ぶ）	This is **my cousin**, *Max*.（こちらが私のいとこのマックスです） 　　　　　A　　　B
③ A — B （ダッシュで結ぶ）	Do you believe in *UFOs* — **unidentified flying objects**? 　　　　　　　　　A　　　　　　B （UFO，つまり未確認飛行物体を信じますか）
④ A ; B または A : B （セミコロン・コロンで結ぶ）	You need *two ingredients*: **flour and butter**. 　　　　　A　　　　　B （2つの材料，つまり小麦粉とバターが必要だ）

▶後ろにあるBが前のAを説明する場合が多いが，②のようにAがBを説明する形もある。

参考 文と名詞（句）との同格関係

書き言葉で，後ろの名詞（句）が前の文の内容を説明する形がある。

- They were moved to tears — a very understandable reaction.
　　　　　　A　　　　　　　　　　　B

（彼らは感動して泣いた。それはよく理解できる反応だった）

プラス 「すなわち」を意味する語句で結ぶ

or, that is (to say), namely など，「すなわち」という意味の語句を使うこともある。

- "Recycling," **or reusing valuable materials**, is one way to save resources.
　　A　　　　　　　　　　B

（「リサイクリング」，すなわち価値のある材料を再利用することは，資源を守るための1つの方法である）（→ p. 462）

- We are leaving next Monday, **that is** September 12.
   　　　　　　　　A　　　　　　　　　　　　B

（私たちは来週の月曜日，つまり9月12日に出発する）
▶書き言葉では that is to say も使われる。

2-2 名詞＋同格を表す句・節

〈of＋(動)名詞〉を使った同格の表現

> **458** The patient still has a **chance of recovery**.
> その患者にはまだ回復の見込みがある。

ofを使って「～という」〈同格〉の意味を表すことができる。

The patient still has a chance of recovery. (458)
　　　　　　　　　　　　A　　～という　B

▶a chance（見込み）の内容を，後ろの of recovery（回復するという）が説明している。

of の後ろには，名詞または動名詞を置く。

- I'll never give up my *dream* **of becoming** a singer.

（私は歌手になるという自分の夢を決してあきらめない）

➕プラス　名詞＋to *do*（～するという…）

名詞の後ろに不定詞を置いて，「～するという…」という意味を表すこともある（→p.134）。

- *His ambition* **to become** a leader is admirable.

（リーダーになりたいという彼の望みは立派だ）

▶ambition（望み）の内容を，後ろの to become a leader（リーダーになるという）が説明している。

that（接続詞）を使った同格の表現

> **459** We cannot ignore **the fact that** the times are changing.
> 私たちは，時代が変わりつつあるという事実を無視することはできない。

名詞の内容を，それに続く that 節が説明する形がある。この that 節を同格（の that）節という。

We cannot ignore the fact that the times are changing. (459)
　　　　　　　　　　　　A　　　　　　B

▶the fact（事実）の内容を，後ろの同格節が説明している。「that ～＝～という」と考えてよい。

UNIT 23　特殊構文　同格

▶前の名詞と同格節との間には、〈The＋名詞＋is that ～〉という関係がある。この文の場合は、The fact is that the times are changing. (事実は時代が変わりつつあるということだ) という関係が含まれている。

プラス 同格節を後ろに置ける主な名詞

思考や感情に関する名詞： **belief**(信念), **conclusion**(結論), **doubt**(疑い), **fear**(恐れ), **feeling**(感情), **idea/thought**(考え), **impression**(印象)

事実や情報に関する名詞： **fact**(事実), **information**(情報), **news**(知らせ), **proof**(証拠), **rumor**(うわさ), **warning**(警告)

可能性に関する名詞： **chance**(見込み), **possibility**(可能性)

提案・要求に関する名詞： **demand**(要求), **proposal/suggestion**(提案)

- There is no **doubt that** the driver is responsible for the accident.
  (運転手にその事故の責任があることには疑いの余地がない[間違いない])
  ▶doubt は「(～に関する) 疑いの余地」の意味。

- I was happy to hear **the news that** my picture had been accepted for the exhibition.
  (私は自分の絵が展覧会に入選したという知らせを聞いてうれしかった)

- **The possibility that** he might be wrong never occurred to him.
  (自分が間違っているかもしれないという可能性は、彼の頭にはまったく浮かばなかった)

- He didn't follow **the doctor's suggestion that** he should stop smoking.
  (彼は禁煙すべきだという医者の提案に従わなかった)
  ▶後ろに that 節を置く動詞から派生した抽象名詞の後ろには、原則として同格節を置ける。この文は suggest that ～ (～と(いうことを)提案する) をもとにして考えるとよい。

プラス 名詞と離れた同格節

主語が長くなるのを避けるために、名詞と離れた位置に同格節を置くことがある。

- **A rumor** is spreading **that** our teacher is going to get married.
  (私たちの先生が結婚するといううわさが広まっている)

- **A warning** is printed on cigarette packs **that** smoking is dangerous to your health.
  (タバコの箱には、喫煙が健康にとって危険だという警告が印刷されている)

> **注意！** 同格節と関係詞節の見分け方

that 以下が同格節か関係詞節かを見分けにくい場合がある。次のように考えればよい。

(a) They were shocked to hear **the news that** the dam had collapsed. 〈同格節〉
　　　　　　　　　　　　　　　　　　　　接続詞　　S　　　　V

（ダムが崩れたという知らせを聞いて彼らはショックを受けた）

▶ that の後ろが完成した文の形になっているときは、that は接続詞。したがって、この文の that 以下は同格節である。

(b) They were shocked to hear **the news that** reached them the following day.
　　　　　　　　　　　　　　　　　　　　関係代名詞　V　　　O　　　　　〈関係詞節〉

（翌日届いた知らせを聞いて彼らはショックを受けた）

▶ that の後ろが完成した文の形になっていないときは、that は関係代名詞（この文では主格）。

✓ チェック 102

日本語の意味に合うように、（　　）に適語を入れなさい。

(1) 私は平成9年、つまり1997年に生まれた。
　　I was born in Heisei 9, (　　　　) (　　　　) 1997.

(2) 彼らの人気は下がりそうな気配がない。
　　Their popularity shows no signs (　　　　) fading.

(3) オーストラリアから新しい先生が来るといううわさがある。
　　(　　　　) is a rumor (　　　　) a new teacher is coming from Australia.

3 名詞構文・無生物主語構文

3-1 名詞構文

動詞・形容詞を使って表現できる内容を名詞で言い換えた形を名詞構文という。名詞構文は主に書き言葉で使われる。

> **460** I'm confident of **his success** in business.
> 　　　　私は、彼の仕事での成功を確信している。

次の2つの文を比べてみよう。
　(a) I'm confident that he will **succeed** in business.
　　　（彼が仕事で成功することを私は確信している）
　(b) I'm confident of his **success** in business. (460)　▶ his は主格関係を表す（→ p.356）。

(a) では動詞の succeed（成功する）、(b) では名詞の success（成功）が使われている。名詞構文では、原則として**動詞・形容詞から派生した名詞**を使う。(a) の〈S + V〉

を名詞の形で表した(b)が名詞構文である。2つの文が表す内容はほぼ同じだが、(b)のほうが簡潔で引き締まった文体になっている。

> **注意!** 名詞構文を使う場合の品詞の変化
>
> 動詞や形容詞を抽象名詞に置き換えて名詞構文を作るときは、ほかの品詞の形の変化にも注意する必要がある。
>
> (a) Billy's teacher was concerned that **he was frequently absent** from school.
>   （副詞　形容詞）
>
> (b) Billy's teacher was concerned about **his frequent absences** from school.
>   （形容詞　名詞）〈名詞構文〉
>
> （ビリーの先生は、彼がたびたび学校を休むことを心配していた）
>
> (a) では frequently（副詞）が absent（形容詞）を修飾している。(b) では absences が名詞なので、前には frequent（形容詞）を置く。直訳すると、(a) の that 以下は「彼がたびたび学校を休むということ」、(b) の about 以下は「彼のたびたびの学校の欠席について」となる。

➕プラス　形容詞＋名詞（〜する人）

「〜する人」という意味の名詞を使って、人の能力などを表す表現がある。

- She is **a good pianist**.
  （形容詞　名詞）

  ≒ She plays the piano well. （彼女はピアノを弾くのがじょうずだ）
  （動詞　　　　　副詞）

  ▶ pianist は「ピアノを弾く人」の意味で、プロのピアニストとは限らない。

- I'm **a strong believer** in the importance of education.

  ≒ I strongly believe in the importance of education.
  （私は教育の重要性を強く信じている）

4 技能Tips　Reading　名詞構文の和訳テクニック

名詞構文で使われる抽象名詞は動詞や形容詞から派生したものだから、元の語に戻して考えると、より自然な日本語にすることができる。

- I don't know the reason for his **refusal** to cooperate.
  （彼がなぜ協力するのを拒んだのかわからない）

  ▶ 下線部の直訳は「協力することへの彼の拒否の理由」。refusal（拒否）を refuse（拒む）という動詞に戻し、the reason why he refused to cooperate の意味を考える。

- I was astonished at his complete **ignorance** of the law.
  （私は彼が法律をまったく知らないことに驚いた）

  ▶ ignorance（無知）を ignorant（知らない）という形容詞に戻し、he was completely ignorant of the law の意味を考える。

参考 他動詞＋抽象名詞

1語の自動詞で表現できる内容を，〈他動詞＋抽象名詞〉の形で表すことがある。

- Let me **have a look** at it. ≒ Let me **look** at it. (私にそれを見せてください)
  　　　他動詞　抽象名詞　　　　　　自動詞

- Are you **making progress** with your assignment?　▶ make progress＝進歩する
  ≒ Are you **progressing** with your assignment?
  (あなたの提出課題は進んでいますか)

  このように，英語には〈他動詞＋抽象名詞〉の慣用表現がたくさんある(→p.613)。

3-2 無生物主語構文

一般に無生物主語構文とは，次の3つの条件を満たすものをいう。

> ① SVOの構造を含む文である。
> ② S(主語)が無生物(＝人以外)である。
> ③ O(目的語)が人である(→461)，またはV(動詞)が「人に情報を伝える」という意味をもつ(→462)。

無生物主語構文の多くはフォーマルな表現で，書き言葉で使われることが多い。

目的語が人

461　**The snow stopped us** from going out.
　　　　雪のために私たちは外出できなかった。

一般的に，無生物主語構文では次のように意味を考えるとよい。

英 S ＋ V ＋ O ＝ 日 Sのために[Sによって]Oは～する
　 無生物 他動詞 人　　　　　　　　　　　　　Vの自動詞としての訳語

(461)の場合，S(the snow)を「雪のために」と副詞的に訳し，O(us)を「私たちは」と主語のように訳せば自然な日本語になる。

＋プラス　無生物主語構文で使う主な動詞

〈S＋V＋〈人〉＋from -ing〉の形で使う動詞

stop/prevent/keep＋O＋from -ing＝「Oに～させない」

- **The snow stopped** us **from** going out. (461)
  　　　S　　　V　　O
  (雪が私たちが外出するのを止めた＝直訳)

  ≒ We couldn't go out because of the snow.
  (私たちは雪のために外出できなかった)

- **Illness prevented [kept]** her **from** attending the ceremony.
  (彼女は病気のために式典に出席できなかった)

  ▶ preventはstopやkeepよりフォーマルな表現になる。会話ではstopが好まれる。

⟨S＋V＋⟨人⟩＋of ～⟩ の形で使う動詞
remind A of B＝「A⟨人⟩に B⟨人・事物⟩を思い出させる」
- **This photo reminds** me **of** my friends from junior high school.
  ≒ When I see this photo, I remember my friends from junior high school.
  (この写真を見ると私は中学の友人たちを思い出す)　▶話し言葉でも使われる。

deprive A of B＝「A から B を奪う」
- The severe storms **deprived** the farmers **of** a good harvest.
  (暴風雨のために農家は十分な収穫ができなくなった)

⟨S＋V＋⟨人⟩＋(to) *do*⟩ の形で使う動詞 (→p.141, 151)
enable＋O＋to *do*＝「O が～するのを可能にする」
- **His knowledge of Latin enabled** him **to** learn Italian easily.
  (彼はラテン語の知識のおかげで，イタリア語を容易に学ぶことができた)

allow＋O＋to *do*＝「O が～するのを許す」
- **His conscience** wouldn't **allow** him **to** hide the truth.
  (彼は良心がとがめて，真実を隠すことができなかった)

cause[force]＋O＋to *do*
＝「O が～する原因となる [O にむりやり～させる]」
- **Bad weather caused [forced]** us **to** cancel our picnic.
  (悪天候のために私たちはピクニックを中止した [中止せざるを得なかった])

make＋O＋*do*＝「O に～させる」
- **What makes** you think so? ≒ Why do you think so?
  (あなたはなぜそう思うのですか)

その他の動詞
- **What brought** you here? ≒ Why did you come here?
  (あなたはなぜここへ来たのですか)

- **His carelessness** almost **cost** him his life.
  (彼は自分の不注意でもう少しで自分の命を失うところだった)
  ▶cost＋O₁＋O₂＝「O₁⟨人⟩に O₂⟨犠牲⟩を払わせる」(→p.319)

- **This path** will **lead** you to the beach.
  (この小道を行けば浜辺へ出ます)　▶ガイドブックや道路案内で使われる。次も同様。

- **Ten minutes' walk** will **take** you to the beach. (10分歩けば浜辺へ出ます)

動詞が say など

462　**The newspaper says** there will be an election in July.
新聞によれば，7月に選挙があるそうだ。

無生物を主語として，後ろに **say, show, tell** など「人に情報を伝える」という意味の動詞を置いた形がある。「S を見れば [聞けば] ～ということがわかる」と訳す。

The newspaper says there will be an election in July. (462)
　　　　　S　　　　V　　　　　　　O

（7月に選挙があると新聞が言っている＝直訳）

≒ According to the newspaper, there will be an election in July.
（新聞によれば, 7月に選挙が行われる）　▶according to 〜＝〜によれば

次のような文は，フォーマルな書き言葉でしばしば見られる。
- **Statistics show** that the unemployment rate is rising.
  （統計によれば, 失業率が上昇している）
  ▶新聞や論文，レポートなどで使われる表現。
- **One glance at his face** will **tell** you that he disapproves.
  （彼の顔を一目見れば, 彼が反対であるとわかるだろう）

✓ チェック 103

各組の文がほぼ同じ意味になるように，（　）に適語を入れなさい。
(1) He had so much homework that he couldn't watch TV.
　　Doing homework kept him (　　　) (　　　) TV.
(2) What made him change his mind?
　　(　　　) (　　　) he change his mind?
(3) The weather forecast says that it will be windy tomorrow.
　　(　　　) (　　　) the weather forecast, it will be windy tomorrow.

✓ チェック 解答

101　(1) I'm afraid　(2) while eating　(3) If possible
102　(1) that is　(2) of　(3) There, that
103　(1) from watching　(2) Why did　(3) According to

column
アメリカ英語とイギリス英語（2）

アメリカ英語とイギリス英語は，単語の使い方にも次のような違いがある。

同じ内容を表すのに異なる語（句）を使う

表す内容	アメリカで使う語	イギリスで使う語
アパート	apartment	flat
秋	fall	autumn
エレベーター	elevator	lift
地下鉄	subway	underground
休暇	vacation	holiday
行列	line	queue
携帯電話	cellphone	mobile phone
週末に	on the weekend	at the weekend

同じ語を異なる意味で使う

語	アメリカでの意味	イギリスでの意味
purse	ハンドバッグ	（女性用の）財布
pants	ズボン	（下着の）パンツ〈ズボンは trousers〉
bathroom	浴室，トイレ	浴室〈トイレの意味はない〉
first floor	1階〈2階は second floor〉	2階〈1階は ground floor〉

アメリカ:
- third floor
- second floor
- first floor

イギリス:
- second floor
- first floor
- ground floor

column

句読点(くとうてん)

文中で意味の切れ目などを示すために，文字以外の様々な記号が使われる。主なものは次のとおり。

． 終止符 (period)	平叙文の最後に置き，日本語の句点(。)に当たる。略語などの末尾にも置く。 That is Mt. Fuji. (あれは富士山です)
？ 疑問符 (question mark)	疑問文の最後に置く。 Are you hungry? (おなかがすいていますか)
！ 感嘆符 (exclamation mark)	感嘆文や強い命令文などの最後に置く。 How beautiful! (何てきれいなんだろう！) / Get up! (起きなさい！)
， コンマ (comma)	意味の切れ目を表し，日本語の読点(、)に当たる。挿入・同格語句などの前後にも置く。 If it rains tomorrow, the game will be canceled. (明日雨が降れば，試合は中止になります) I like soccer, baseball, and basketball. (私はサッカー，野球，バスケットボールが好きです)
； セミコロン (semicolon)	コンマよりも大きな意味の切れ目を表し，接続詞を使わずに2つの文を結びつけるはたらきをする。後ろに長い語句を列挙する場合に使うこともある。 You must leave now; otherwise, you'll be late. (きみは今出発しなければならない。そうしないと遅れるだろう) ▶ otherwise (副詞) は接続詞としては使えないので，セミコロンで2つの文を結びつけたもの。
： コロン (colon)	説明，引用，例示などを表す。後ろに具体的な内容を置くことが多い。 You need three things to make this: flour, sugar and butter. (これを作るには3つのもの，つまり小麦粉，砂糖，バターが必要です)
— ダッシュ (dash)	同格語句，挿入語句などの前後に置く。( )を使うこともある。 He said he had seen a UFO — an unidentified flying object. (彼はUFO，つまり未確認飛行物体を見たと言った)
- ハイフン (hyphen)	2語をまとめて1語にする場合などに使う。 I want to live in an English-speaking country. (私は英語を話す［英語圏の］国に住みたい)
' アポストロフィ (apostrophe)	短縮形や名詞の所有格などを作る。 I'll borrow Tom's bike. (私はトムの自転車を借りるつもりです)
" " 引用符 (quotation marks)	発言の内容や強調したい語句などの前後に置く。「' '」の記号を使う場合もある。 He said, "I'm tired." (「疲れた」と彼は言った) ▶終止符や疑問符は，発話部分であれば，引用符の中に入れるのがふつう。"I'm tired". の順にはしない。ただし，発話以外の語(句)の強調の場合は，引用符の外に置くこともある。 This flower is called 'kiku' in Japanese. (この花は日本語で「菊」と呼ばれる) ▶強調したい語句・外来語・書名などは，イタリック(斜字)体で *kiku* のように書くこともある。

UNIT 24 文の転換

ルールに従って同じ意味の英文に言い換えてみよう

Introduction ………………………………………………………… 586

1 句と節の転換 ……………………………………………………… 587
    1-1 副詞節⟷副詞句 …………………………………………… 587
    1-2 that 節⟷（前置詞＋）-*ing* …………………………………… 588
2 話法の転換 ………………………………………………………… 590
    2-1 時制と人称代名詞の一致 ………………………………… 590
    2-2 伝達動詞の転換 …………………………………………… 591
    2-3 副詞句などの転換 ………………………………………… 593
チェック解答 ……………………………………………………… 594

Introduction

単文・複文・重文の転換

英文を節の観点から分類すると，次の3種類に分けられます。

種類	定義	例
単文	節を含まない文	He is sick. （彼は病気だ）
複文	主節と従属節から成る文	I think (that) he is sick. （彼は病気だと思う）
重文	等位節を含む文	He is sick, so he can't come. （彼は病気だから来られない）

▶従属接続詞・関係詞・疑問詞（間接疑問）が作る節は従属節であり，それらを含む文が複文。等位接続詞が作る節は等位節であり，それらを含む文が重文（→p. 458）。

単文・複文・重文の違いを利用して，似た意味をもつ様々な形の文を作ることができます。

単文 I was in bed all day with a cold. （私はかぜで1日中寝ていた）
　　　　S　V

複文 I was in bed all day, because I had a cold.
　　　　S₁　V₁　　　　　　　　　　　　S₂　V₂　（かぜをひいていたので，私は1日中寝ていた）

重文 I had a cold, so I was in bed all day. （かぜをひいていたので，私は1日中寝ていた）
　　　　S₁　V₁　　　　　S₂　V₂

話法の転換

話法とは，発言の内容を伝える形式のことです。主な話法には，次の2種類があります。

直接話法	引用符（" "）を使って，発言の内容をそのまま伝える形 She said to me, "I'll call you this evening." （「今晩電話するわ」と彼女は私に言った）
間接話法	発言の内容を，「現在」の「話し手の立場」で言い換えて伝える形 She told me that she would call me that evening. （その晩に電話すると彼女は私に言った）

直接話法　　　　　　　　　　　　　　間接話法

Next, Putting it into Action!

同じ内容を様々な形の文で言い換える練習をして，英語の表現力を高めていきましょう。

UNIT 24 文の転換

1 句と節の転換

1-1 副詞節 ⟷ 副詞句

463
(a) The game was canceled **because it rained**.
(b) The game was canceled **because of the rain**.
試合は雨で中止された。

ポイント 　接続詞 + S + V ⟷ 前置詞 + 名詞（相当語句）

接続詞で始まる副詞節を，前置詞で始まる副詞句で言い換えてみよう。

(a) The game was canceled **because it rained**. ← 副詞節〈複文〉(463-a)
　　S₁　　　V₁　　　　　　接続詞　S₂　V₂

　（雨が降ったので，試合は中止された）
　▶ because は「〜なので」の意味の接続詞で，後ろには〈S + V〉の形を置く。

(b) The game was canceled **because of the rain**. ← 副詞句〈単文〉(463-b)
　　S　　　V　　　　　　　前置詞　　　名詞

　（雨のために試合は中止された）
　▶ because of は「〜のために」の意味の群前置詞で，後ろには名詞（に相当する語句）を置く。

次の例も同様。

- (a) Brush your teeth **before** you go *to bed*. 〈複文〉
　　　　　　　　　　　 接続詞　S　V
  (b) Brush your teeth **before** going to bed. 〈単文〉
　　　　　　　　　　　　前置詞　名詞に相当する語句　▶ going は動名詞。

　（寝る前に歯をみがきなさい）(→ p. 490)

- (a) She became a professor **when** she was 45. 〈複文〉
  (b) She became a professor **at the age of** 45. 〈単文〉

　（彼女は45歳のときに教授になった）
　▶ at the age of 〜 = 〜の年齢で

- (a) The weather was bad, **but** we went for a walk. 〈重文〉
  (b) **Although** the weather was bad, we went for a walk. 〈複文〉
  (c) **In spite of** the bad weather, we went for a walk. 〈単文〉

　（天気は悪かったけれど，私たちは散歩に出かけた）
　▶ in spite of 〜 = 〜にもかかわらず

1-2 that 節 ⟷ （前置詞＋）-ing

動詞＋that 節 ⟷ 動詞＋-ing

> **464** (a) I remember that I enjoyed music lessons at high school.
> (b) I remember enjoying music lessons at high school.
> 私は高校で音楽の授業が楽しかったことを覚えている。

後ろに that 節を置く動詞のなかには，that 節（「〜ということ」）を動名詞（「〜する[した]こと」）を使って言い換えられるものがある（→p. 323）。

I remember **that I enjoyed** music lessons at high school. (464-a)
      S V　「私が楽しんだということ」

≒ I remember **enjoying** music lessons at high school. (464-b)
     動名詞「楽しんだこと」

〈思考〉や〈感情〉などを表す次のような動詞に続く that 節は，動名詞で言い換えられる。

> admit（認める），deny（否認する），imagine（想像する），regret（後悔する），
> remember（覚えている）

- I can't **imagine that** people will live on the moon.
  ≒ I can't **imagine** people living on the moon.
  （私は人々が月に住むのを想像できない）
  ▶下の文の people は，動名詞（living）の意味上の主語（→p. 175）。
- I **regret that** I made such a careless mistake.
  ≒ I **regret** having made such a careless mistake.
  （私はそんな軽率なミスをしたことを後悔している）
  ▶「後悔している」のは現在，「ミスをした」のは過去のことなので，完了形の動名詞を使って時間のずれを明らかにしている（→p. 178）。

➕プラス　動詞＋前置詞＋-ing

that 節を動名詞で言い換えたとき，動詞の後ろに前置詞が必要な場合もある。
- When I was a boy, I **dreamed that** I would become a pilot.
  ≒ When I was a boy, I **dreamed of** [about] *becoming* a pilot.
  （私は少年のころパイロットになることを夢見ていた）
- They **insisted that** I pay the surcharge.
  ≒ They **insisted on** *me paying* the surcharge.
  （彼らは私が追加料金を払うよう強く求めた）

そのほか，**boast of** [about] **-ing**（〜を自慢する），**complain of** [about] **-ing**（〜について不平を言う）なども同様。

be動詞＋形容詞＋that節 ⟷ be動詞＋形容詞＋of -ing

465 (a) I'm ashamed that I am a lazy student.
(b) I'm ashamed of being a lazy student.
　　私は怠け者の学生であることを恥じている。

後ろに that 節を置く形容詞のなかには，that 節を〈of＋動名詞〉で言い換えられるものがある（→ p.411）。
- I'm **certain that** our team will do well.
  ≒ I'm **certain of** our team doing well.
  （私たちのチームがいい結果を出すと私は確信している）
  ▶ our team は動名詞（doing）の意味上の主語。

of 以外の前置詞を使う形容詞もある。
- I'm sorry (**that**) I am late. ≒ I'm **sorry for** *being* late.（遅れてすみません）(→ p.410)

プラス 名詞＋同格の that 節 ⟷ 名詞＋of -ing

〈名詞＋同格の that 節〉も，同様の言い換えができる（→ p.576）。
- There is little **chance that** he will be promoted.
  ≒ There is little **chance of** him [his] being promoted.
  ≒ There is little chance of his promotion.
  （彼が昇進する見込みはほとんどない）

表現 その他の言い換え

- **重文** This story is *very short, so you can read it* in less than an hour.
  （この物語はとても短いので，読むのに１時間もかからない）
  ↔ **単文** This story is *short enough (for you) to read* in less than an hour.
  （この物語は１時間もかけずに読めるほど短い）(→ p.158)
- **複文** Can you guess *how old this tree is*?（この木がどのくらい古いか推測できますか）
  ↔ **単文** Can you guess *the age of this tree*?（この木の樹齢を推測できますか）
- **複文** *If you observe carefully, you will see* the difference.
  （注意深く観察すれば，きみは違いがわかるだろう）
  ↔ **単文** *Careful observation will enable you to see* the difference.
  （注意深い観察はきみが違いを理解するのを可能にするだろう）(→ p.580)
  ▶ 単文は無生物主語の例。フォーマルで，書き言葉に見られる。

✓ チェック 104

各組の文がほぼ同じ意味になるように，(   )に適語を入れなさい。

(1) We couldn't play soccer because it rained heavily.
　　We couldn't play soccer (　　　) (　　　) the heavy rain.
(2) I regret that I forgot to record the TV program.
　　I regret (　　　) (　　　) to record the TV program.
(3) I'm sure that he will win first prize.
　　I'm sure of (　　　) (　　　) first prize.

2 話法の転換

直接話法と間接話法を言い換えることを「話法の転換」という。話法の転換には次の4つのプロセスがある。
　▶以下の例では，直＝直接話法，間＝間接話法。「話し手」とは，直や間の文を口に出す人のこと。
①伝達動詞の転換，②人称代名詞の転換，③時制の一致，④副詞などの転換
　▶伝達動詞＝主語の後ろに置かれる「言う」などの意味を表す動詞

　　　直 She said to me, "I'll call you this evening."
　　　間 She **told** me that **she would** call **me** **that evening**.
　　　　　　①　　　　　②　　　③　　　②　　　④

2-1 時制と人称代名詞の一致

466 　直 He said, "**I'm** always busy."
　　　　「ぼくはいつも忙しい」と彼は言った。
　　　間 He said that **he was** always busy.
　　　　自分はいつも忙しい，と彼は言った。

(466) 　直 He said, "I'm always busy." ← 彼が言った言葉をそのまま伝える形
　　　　　　　　　①　②
　　　間 He said that **he was** always busy. ←「現在」の「話し手の立場」で言い換えた形
　　　　①直のIは話し手から見れば「彼」だから，間ではheに置き換える。
　　　　②直のamは「現在」から見れば「過去（saidの時点）」のことだから，間では過去形（was）に置き換える。

①「話し手の立場」を基準にした言い換え
　直 He says, "**I**'m always busy." → 間 He says that **he** is always busy.
　　　　　　　　└─ 話し手から見れば「彼」　　（自分はいつも忙しい，と彼は言う）
　直 He says, "**You** are always busy." → 間 He says that **I** am always busy.
　　　　　　　　　└─ 話し手から見れば「私」　　（私はいつも忙しい，と彼は言う）

| 直 | He says, "**She** is always busy."　→　| 間 | He says that **she** is always busy.
　　　　　　└─ 話し手から見ても「彼女」　　　（彼女はいつも忙しい，と彼は言う）

② 「現在」を基準にした言い換え（時制の一致）（→ p. 70）

| 直 | He said, "She **is** always busy."　→　| 間 | He said that she **was** always busy.
　　　　　　└─「言った」のと同じ時点　　　（彼女はいつも忙しい，と彼は言った）

▶「彼女は忙しい」というのは，現在から見れば「過去（said の時点）」のこと。

| 直 | He said, "She **was** always busy."　→　| 間 | He said that she **had** always **been** busy.
　　　　　　└─「言った」時点より前　　　（彼女はいつも忙しかった，と彼は言った）

▶ | 直 | の was は，現在から見れば「過去（said の時点）よりさらに過去」のこと。したがって，| 間 | では過去完了形（had been）を使う（→ p. 71）。

| 直 | He said, "She **will** be busy."　→　| 間 | He said that she **would** be busy.
　　　　　　└─ 現在から見れば過去のこと　（彼女は忙しくなるだろう，と彼は言った）

▶ | 直 | の will be は，「過去（said の時点）から見た未来」のこと。したがって，| 間 | では，will の過去形（would）を使う（→ p. 78）。

①では，人称代名詞の所有格・目的格なども変化させる。②では，基本的に「**伝達動詞が過去形のときは，後ろの動詞の時制を過去にずらす**」と考えてよい。

| 直 | He said, "**My** mother **is** busy."　→　| 間 | He said that **his** mother **was** busy.
　　　　　　　　　　　　　　　　　　　　　　　（自分の母は忙しい，と彼は言った）

| 直 | He said, "**I love you**."　　　　→　| 間 | He said that **he loved me**.
　　　　　　　　　　　　　　　　　　　　　（私を愛している，と彼は言った）

| 直 | She said, "**I'm** making an apple pie."
　→ | 間 | She said that **she was** making an apple pie.
　　　　（アップルパイを作っているところだ，と彼女は言った）

| 直 | He said, "**I've** finished **my** work."
　→ | 間 | He said that **he had** finished **his** work.
　　　　（仕事は終わった，と彼は言った）

2-2 伝達動詞の転換

直接話法の伝達動詞は say を使うが，間接話法では文の意味に応じて **say / tell / ask** を使い分ける。tell と ask には次の表のようにそれぞれ 2 つの意味がある点に注意。

	+〈人〉+ that S + V	(+〈人〉)+疑問詞[if/whether] S + V	+〈人〉+ to *do*
tell	〈人〉に…と伝える		〈人〉に～するように言う
ask		(〈人〉に) …と尋ねる	〈人〉に～するように頼む

467

直 He **said to** me, "Are you busy?"
「あなたは忙しいですか」と彼は私に言った。

間 He **asked** me if I was busy.
彼は私が忙しいかどうかを私に尋ねた。

ポイント **直** の say の後ろに〈to＋人〉があるとき，**間** では tell/ask を使う

直接話法と間接話法の伝達動詞の関係をまとめると，次のようになる。

直接話法			間接話法
" " の中の文		伝達動詞	
平叙文		say	① say (that) S＋V
		say to＋人	② tell＋人＋(that) S＋V
疑問文	疑問詞なし	say (to＋人)	③ ask (＋人)＋if/whether S＋V ※
	疑問詞あり	say (to＋人)	④ ask (＋人)＋疑問詞＋S＋V ※
命令文	命令文	say to＋人	⑤ tell＋人＋to *do*
	命令文＋please	say to＋人	⑥ ask＋人＋to *do*

※③④では，疑問詞や if/whether の後ろは〈S＋V〉(間接疑問) の語順になる (→ p.531)。

① **直** He **said**, "I'm busy."(「私は忙しい」と彼は言った)
   間 He **said** *that he was* busy.(自分は忙しい，と彼は言った)
   ▶ **直** が say だけのときは，**間** でもそのまま say を使う。

② **直** He **said to me**, "I'm busy."(「私は忙しい」と彼は私に言った)
   間 He **told me** *that he was* busy.(自分は忙しい，と彼は私に言った)
   ▶ **直** が〈say to＋人〉のときは，**間** では〈tell＋人〉を使う。

③ **直** He **said** (**to me**), "Are you busy?"(467)
   間 He **asked** (**me**) *if I was* busy.(467)
   ▶ **直** の say の後ろが疑問文のときは，**間** では ask (尋ねる) を使う。

④ **直** He **said** (**to me**), "Where are you from?"(「どちらのご出身ですか」と彼は私に言った)
   間 He **asked** (**me**) *where I was* from.(私がどこの出身かを彼は私に尋ねた)

⑤ **直** He **said to me**, "Sit down."(「すわりなさい」と彼は私に言った)
   間 He **told me** *to sit* down.(彼は私にすわるように言った)
   ▶ **直** の後ろが命令文のときは，**間** では tell (言う，命じる) を使う。

⑥ **直** He **said to me**, "Sit down, please."(「すわってください」と彼は私に言った)
   間 He **asked me** *to sit* down.(彼は私にすわるように頼んだ)
   ▶ **直** の後ろが命令文で「～してください」と頼んでいるときは，**間** では ask (頼む) を使う。

2-3 副詞句などの転換

468
直 He said, "I bought this bike yesterday."
「この自転車はきのう買ったんだ」と彼は言った。
間 He said that he had bought that bike the day before.
その自転車は前日に買ったものだ，と彼は言った。

ポイント　**直**の副詞(句)などを，**間**では別の語句で置き換える場合がある

(468)の場合，**直**の this と yesterday は，**間**では別の語(句)に置き換える。

(468)　**直** He said, "I bought this bike yesterday."
　　　　　　　　　　　　　　　　①　　②
　　　間 He said that he had bought **that** bike **the day before**.

① **直**の this bike は**現在から見れば**(目の前にあるわけではないので)「その自転車」だから，**間**では that bike に置き換える。
② **直**の yesterday は**現在から見れば**「(彼の発言の)前日」だから，**間**では the day before(または the previous day)に置き換える。

そのほか次のような語句も，間接話法では別の語句に置き換えるのが原則である。

直		**間**	
here (ここへ[で])	→	there (そこへ[で])	
now (今)	→	then (そのとき)	
today (今日)	→	that day (その日)	
tomorrow (明日)	→	the next [following] day (次の日)	
yesterday (きのう)	→	the day before / the previous day (前日)	

ただし，このような置き換えが必要ない場合もある。
直 He said, "I have a test tomorrow."（「彼は明日テストがある」と言った）
間 He said that he has a test tomorrow.（彼は明日テストがある，と言った）
▶ 彼がテストを受ける日が，「現在」から見ても「言った」時点から見ても"明日"のときは時制の一致や副詞の転換を適用する必要はない（→p. 72）。

＋プラス　ago と before

直接話法(伝達動詞が過去形)の ago は，間接話法では before に置き換える。
直 She said, "My cat died two days **ago**."
（「私の猫が2日前に死んだの」と彼女は言った）
間 She said that her cat had died two days **before**.
（自分の猫が2日前に死んだ，と彼女は言った）（→p. 445）
▶ ago は現在を基準にして「〜前に」，before は過去のある時点を基準にして「(それより)〜前に」の意味を表す。

4技能Tips Reading 描出話法

書き言葉(特に小説)では、直接話法と間接話法の混じった形が見られる。

- I wondered about her hairstyle. **Had she changed her hairstyle recently**? She didn't say anything.
  (私は彼女の髪型についてあれこれ考えた。最近髪型を変えたのか(と私は彼女に尋ねた)。彼女は何も言わなかった)
  - ← I said to her, "Have you changed your hairstyle recently?" 〈直接話法〉
    (「最近髪型を変えたの？」と私は彼女に尋ねた)
  - ← I asked her if she had changed her hairstyle recently. 〈間接話法〉
    (私は彼女が最近髪型を変えたのかどうか尋ねた)

最初にあげた文では、I asked ... などの部分を省略し、人称・時制を間接話法で、語順を直接話法で表している。このような形を「描出(びょうしゅつ)話法」という。小説などで会話の場面や登場人物の心理などの描写に生き生きとした臨場感を与えるために使われる。

✓ チェック 105

各組の文がほぼ同じ意味になるように、(　)に適語を入れなさい。

(1) The teacher said to us, "Don't be late for school."
　　The teacher (　　　) us (　　　) (　　　) be late for school.

(2) I said to her, "Are you free tomorrow?"
　　I (　　　) her (　　　) (　　　) (　　　) free the (　　　) day.

(3) He said, "We moved here two weeks ago."
　　He (　　　) that (　　　) (　　　) moved (　　　) two weeks (　　　).

✓ チェック 解答

104 (1) because of　(2) having forgotten　(3) him [his] winning

105 (1) told, not to　(2) asked, if [whether] she was, next [following]
　　　 (3) said, they had, there, before

付録

第1部 発音

1 母音の発音

英語の母音は，日本語の「あいうえお」に近い音である。ただし，日本語には母音が5つしかないのに対して，英語には次のような様々な母音がある。
① **短く読むもの（短母音）**
　（例）g<u>i</u>ve [ɪ], <u>e</u>nd [e], c<u>a</u>t [æ], b<u>o</u>x [ɑ], b<u>oo</u>k [ʊ], c<u>u</u>t [ʌ]
② **のばして読むもの（長母音）**
　（例）<u>ea</u>t [iː], b<u>a</u>ll [ɔː], m<u>oo</u>n [uː], p<u>a</u>rty [ɑːr], b<u>i</u>rd [əːr], f<u>o</u>rk [ɔːr]
③ **2つの音をつないで読むもの（二重母音）**
　（例）m<u>a</u>ke [eɪ], l<u>i</u>fe [aɪ], v<u>oi</u>ce [ɔɪ], h<u>ou</u>se [aʊ], b<u>oa</u>t [oʊ], h<u>ai</u>r [eər]

これらのほか，<u>y</u>es [j] のような「半母音」（母音に近い子音）もある。また，アクセントのない母音は b<u>a</u>nana [ə] のように弱く読まれる。この音を「弱母音」という。

2 子音の発音

母音はすべて**有声音**（息と声がいっしょに出る音）だが，子音には有声音と**無声音**（息だけが出る音）とがある。

有声音	[b]	[d]	[g]	[v]	[ð]	[z]	[ʒ]	[dʒ]	[m] [n] [ŋ] [l] [r]
無声音	[p]	[t]	[k]	[f]	[θ]	[s]	[ʃ]	[tʃ]	[h]

下の無声音に声を加えると上の有声音になる。

有声音と無声音は，次の語尾の発音に関係している。

規則動詞の語尾の -ed の発音

前の音との関係	-ed の発音	例
有声音 + **-ed**	[d]	call<u>ed</u>, learn<u>ed</u>, tri<u>ed</u>
無声音 + **-ed**	[t]	ask<u>ed</u>, look<u>ed</u>, watch<u>ed</u>
[d][t] + **-ed**	[id]	end<u>ed</u>, want<u>ed</u>, wait<u>ed</u>

動詞の3単現や名詞の複数形の語尾の -(e)s の発音

前の音との関係	-(e)s の発音	例
上表の ▇ の音以外の有声音 + **-s**	[z]	hear<u>s</u>, love<u>s</u>, ball<u>s</u>, dog<u>s</u>
上表の ▇ の音以外の無声音 + **-s**	[s]	hope<u>s</u>, work<u>s</u>, cap<u>s</u>
上表の ▇ の音 + **-(e)s**	[iz]	bus<u>es</u>, watch<u>es</u>, dish<u>es</u>

APPENDIX

3 つづり字と発音との関係

日本語では文字と音とが原則として一対一で対応しているが，英語の場合は必ずしもそうではない。たとえばつづり字の a は，can [æ], table [eɪ], call [ɔː], father [ɑː] のように様々な読み方をする。
一方で，**つづり字と発音との間には一定の関係がある**。たとえばつづり字の au は，autumn, because, taught, fault などからわかるとおり，ほとんど常に [ɔː] と読む。このような関係を知っておくと，知らない単語の発音も推測することができる。主なものは次のとおり。

母音字と発音の関係

ar	car [ɑːr], war [ɔːr]	au/aw	law [ɔː]
e	even [iː], red [e]	ea	eat [iː], ready [e]
ear	ear [ɪər], early [əːr], wear [eər]	ee/ie	feel [iː], field [iː]
er/ir/ur	serve [əːr], girl [əːr], nurse [əːr]	i	bike [aɪ], big [ɪ]
o	old [oʊ], front [ʌ], doll [ɑː]	oa	boat [oʊ]
oo	foot [ʊ], food [uː]	or	fork [ɔːr], work [əːr]
ou	country [ʌ], south [aʊ], though [oʊ], bought [ɔː]	ow	down [aʊ], slow [oʊ]
u	but [ə], put [ʊ], cute [juː]		

子音字と発音の関係

c	can [k], face [s], social [ʃ]	cc	soccer [k], succeed [ks]
ch	Christmas [k], rich [tʃ], machine [ʃ]	ck	lucky [k]
dg/j	bridge [dʒ], Japan [dʒ]	g	bag [g], gentleman [dʒ]
ph	phone [f]	qu	unique [k], quite [kw]
s	sick [s], lose [z], sure [ʃ], usually [ʒ]	sc	school [sk], science [s]
ss	miss [s], dessert [z]	sh	short [ʃ]
tch	catch [tʃ]	th	think [θ], though [ð]
x	exercise [ks], exam [gz]		

発音しない子音字

Wednesday [wénzdeɪ]（水曜日）の d のように，子音字が発音されないことがある。climb [kláɪm]（登る），foreign [fɑ́ːrən]（外国の），knife [náɪf]（ナイフ），listen [lísn]（聞く），walk [wɔ́ːk]（歩く）なども同様。

4 アクセント

単語のなかで，ひとまとまりで発音される音のかたまりを「**音節**」という。1つの音節は1つの母音を含む。辞書ではふつう「-」や「・」で音節の切れ目を表している。たとえば **strong** は1音節，**stu-dent** は2音節，**A-mer-i-can** は4音節の語である。

単語を発音するときは，1つの母音を他の音よりも強く読む。この音の強さの変化を「**アクセント**」という。発音記号では，最も強く読む母音の上に「´」の記号をつけることが多い（2番目に強く読む母音の上に「`」の記号をつけることもある）。

英語のアクセントには，様々なルールがある。例をあげてみよう。

① **名詞のアクセントは前に，動詞のアクセントは後ろにあることが多い**。たとえば **object** [ɑ́:bdʒɪkt]（物体），**object** [əbdʒékt]（異議をとなえる）のように，同じつづりでも品詞によってアクセントが変わるものがある。また，**calendar** [kǽləndər]（カレンダー），**energy** [énərdʒi]（エネルギー），**vitamin** [váɪtəmɪn]（ビタミン）などは名詞なので，最初の音節にアクセントを置く。日本語のカタカナ発音につられないように注意しよう。

② **語尾のつづり字**とアクセントとの間には，一定のルールがある。たとえば次のようなもの。
- -tion で終わる語は，その直前の音節にアクセントを置く
  - （例）**production** [prədʎ́kʃən]（生産）
- -ate で終わる語は，その2つ前の音節にアクセントを置く
  - （例）**educate** [édʒəkèɪt]（教育する）

③ 〈**名詞 [動名詞] ＋名詞**〉がひとまとまりの意味を表すときは，**前の語を強く読む**。
  - （例）**móuntain bike**（マウンテンバイク），**táble tennis**（卓球）
  - **wáshing machine**（洗たく機），**smóking car**（喫煙車両）

これらの語句は，**tóothbrush**（歯ブラシ）や **réstroom**（トイレ）などと同様に，1つの名詞のような感覚で使われる。したがって①で挙げた「名詞のアクセントは前に置く」という原則に沿って，最初の音節を強く読む。

〈短い形容詞＋名詞〉のつながりでは，**後ろの名詞を強く読む**のがふつう。
  - （例）He has a **big cát**.（彼は大きなネコを飼っている）
  - I was a **little bóy** at that time.（当時私は幼い少年だった）
    - ▶ big や little の意味を特別に強調したいときは，それらを強く読むこともある。

一方，〈長い形容詞 [現在分詞] ＋名詞〉のつながりでは，**両方を強く読む**。
  - （例）**béautiful pícture**（美しい絵），**sólar énergy**（太陽エネルギー）
  - **bóiling wáter**（熱湯），**shóoting stár**（流れ星）

APPENDIX

5 強勢

文中で特定の語を強く読むことを「強勢」という。強勢には次の基本的なルールがある。

内容語は強く読み,機能語は弱く読む
- He is my **clássmate**. (彼は私のクラスメイトです)
  ▶内容語とは,名詞・動詞・形容詞などの具体的な意味をもつ語のこと。機能語とは,代名詞・前置詞・冠詞など,文法的な機能に重点があり軽い意味しかもたない語のこと。上の文では,classmate だけが内容語なので,classmate が強く読まれる。

話し手が最も伝えたい情報を最も強く読む
- "Where did you meet your husband?" "I met him in **cóllege**."
  (「どこであなたはだんなさんに出会ったのですか?」「大学で,彼に出会いました」)
  ▶答えの文の中心となるのは「会った場所」だから,college を強く読む。

文全体に強弱のリズムをつける
- I **wánt** to lose **wéight**. (私は体重を減らしたい)
  ▶「弱−強−弱−強」のリズムで読む例。「**文末の内容語は強く読む**」と覚えておくとよい。
- **Whén** did you **sée** her? (あなたはいつ彼女に会いましたか)
  ▶「強−弱−強−弱」のリズムで読む例。her は機能語なので強勢を置かない。

6 イントネーション

英文を読む際には,音の高低の変化によって意味や感情が表される。この音調の変化を「イントネーション(抑揚)」という。文末を低く読む読み方を「**下降調**」,文末を高く読む読み方を「**上昇調**」という。

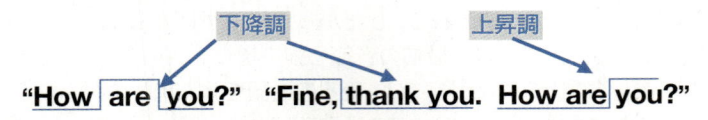

下降調　　　　　　上昇調

"How are you?" "Fine, thank you. How are you?"
(「元気かい?」「元気だよ。きみはどう?」)

疑問文を上昇調で読む場合,最後の語だけを上げて読むのではない点に注意。

　　× Did you enjoy your vacation?

　　○ Did you enjoy your vacation?
　　　(あなたは休暇を楽しみましたか)

7 音の変化

英文中でとなり合う語どうしが影響しあって，別の音に変化する場合がある。こうした音の変化には，大きく分けて次の3つの場合がある。

音がつながる場合
ある語の最後の音と次の語の最初の音が同じときは，goo**d d**ay（グッデイ），ta**ke c**are（テイケア）のように1つになる。また，次の語が母音で始まる場合は，a**n e**gg（アネッグ），Stan**d u**p.（スタンダップ）のように，前の子音と一体化した音になる。

音が消える場合
子音のうち，強く息を出す音（[b][d][g][k][p][t][h]など）は発音しづらいので，脱落することがしばしばある。たとえば次のようなもの。
- 語尾の **t, d**　　I don'**t** know.（アイドンノウ），Goo**d** job.（グッヂョブ）
- 語尾の **g**　　　singin**g**（スィンギン），somethin**g**（サムシン）
- 語頭の **h**　　　with **h**im（ウィジム），love **h**er（ラヴァ）

また，英語では強弱のアクセントがはっきりしているので，アクセントのない部分は弱く読まれる。その結果，たとえば Excuse me. が「キューズミー」のように聞こえることがある。

違う音になる場合
[t]の音は，アメリカ英語では，しばしば日本語の**ラ行**や**ダ行**に近い音に変化する。たとえば wa**t**er は「ワラ」，Ge**t** up.（起きなさい）は「ゲラ［ダ］ップ」，a lo**t** of は「アララ［ダ］ヴ」のように聞こえる。同様に [j]（イ）の音も，can'**t y**ou（キャンチュー），woul**d y**ou（ウッヂュー），Wha**t's y**our name?（ワッチャネイム）のように変化して聞こえることがある。

8 文を区切って読む位置

長い文は，意味の切れ目で次のように区切って読む。

接続詞の前
- I finished my homework / and went to bed at eleven.
  （私は宿題を終えて，11時に寝た）
- Many people think / that roses are beautiful.
  （多くの人々がバラは美しいと思う）
  × Many people think that / roses are beautiful.
  ▶接続詞の後ろで区切ってはならない。

修飾語（句）の前後
- I found a puppy / on my way to school.
  （私は学校へ行く途中で小犬を見つけた）
- I went to Niigata / to see my aunt.
  （私はおばに会うために新潟へ行った）

長い主語と動詞の間
- My uncle in Nagano / will come to my house.
  （長野に住むおじは私の家へ来るだろう）

文を区切って読む場合は，強勢の置き方にも注意すること。意味のかたまりの最後に内容語があるときは，その語に強勢を置く。
- I played **ténnis** / with a **fríend** / in the **párk**.
  （私は公園で友だちとテニスをした）
- I'll **cáll** you / as **sóon** as I **arríve** / at the **státion**.
  （駅に着いたらすぐにあなたに電話します）

このように「区切って読む位置」と「強く読む語」を意識しながら英文を読む練習をすることによって，文単位での英語らしい発音を身につけることができる。

付録

第2部 つなぎの言葉

前に述べた内容との論理的な**つながりを示す**副詞(句)などに注目してみよう。特に客観的な説明文では, 段落の最初や途中に含まれていることが多い。これらに注意すれば, 文章の流れが理解しやすくなる。主なものを見ておこう。

1 順接を表す語句

(and) so (→p. 463)(だから), therefore/thus/accordingly(したがって),
consequently/ as a result(その結果), thanks to ~(~のおかげで)(→p. 515),
because of ~(→p. 513)/ due to ~ / on account of ~ / owing to ~(~の(理由の)ために),
for this [that] reason(こう[そう]いう理由で),
This [That] is why ~(こう[そう]いうわけで~)(→p. 225),
in this [that] way(この[その]ようにして)

- He practiced very hard, and **consequently** [**as a result**] he won the public speaking contest.(彼は熱心に練習し, その結果スピーチコンテストで優勝した)
- Mike often breaks his promise. **That is why** [**For that reason**] I can't trust him.
(マイクはよく約束を破る。そういうわけでぼくは彼を信用できない)
- (**In**) **That way** [**That was how**] he was able to lose 20 kilos.
(そのようにして彼は20キロの減量をすることができた)
- Electric cars produce no emissions and are **therefore** more environmentally friendly.(電気自動車は排気ガスが出ない, したがってより環境にやさしい)
- **Owing to** online advertising, the company receives orders from abroad.
(インターネット広告のおかげで, その会社は海外からの注文を受ける)

2 逆接を表す語句

however/(and) yet (→p. 447)(しかし), nevertheless/nonetheless(それにもかかわらず),
still/all the same(それでもなお)

- This medicine is very effective for relieving pain. **However**, there are several side effects.(この薬は痛みをやわらげるために非常に効果的だ。しかし, いくつかの副作用がある)
- The class is really difficult. **Still**, I'm glad I chose to study physics.
(その授業はとても難しい。それでもなお, 私は物理学を学ぶことを選んでよかったと思う)
- Of course, my dog doesn't speak **and yet** he seems to understand what I say.
(もちろん私の犬は話さないが, まるで私の言うことを理解しているようだ)
- The Japanese figure skater missed one jump; **nevertheless**, she still won the silver medal.(その日本人のフィギュアスケート選手は1つジャンプを失敗したが, それにもかかわらず彼女は銀メダルを獲得した)

3 対比・対照を表す語句

on the other hand (他方では, その一方で), on the contrary (それとは反対に),
contrary to ~ (~に反して), in contrast (to [with] ~) ((~と)対照的に),
rather (むしろ, それどころか), instead (of ~) (その[~の]代わりに), otherwise (さもなければ)

- Cars are very useful. **On the other hand**, they are a cause of air pollution.
  (車はとても役に立つ。その一方で車は空気を汚染する原因でもある)
- **Contrary to** expectations, she did not pass the audition.
  (期待に反して, 彼女はオーディションに合格しなかった)
- The author's first novel became a best seller. **In contrast**, his second one didn't sell very well.
  (その作家の最初の小説はベストセラーになった。対照的に, 2冊目の小説はあまり売れなかった)
- I didn't go out last Sunday. **Instead**, I watched videos all day.
  (先週の日曜日には外出せずに, 代わりに1日中ビデオを見た)
- We should hurry. **Otherwise** we'll miss the train.
  (私たちは急いだほうがいい。そうしないと電車に乗り遅れるだろう)

4 同等の情報を加える語句

besides/moreover/furthermore/additionally/what is more (その上),
in addition (to ~) (それに[~に]加えて), as well (as ~) ((~と)同様に), similarly (同様に),
equally (等しく, 同時に), at the same time (それと同時に), indeed (実際, それどころか),
in turn (同様に, 今度は(自分が))

- The ideas are poorly expressed. **Moreover**, the style of writing is not suitable for an academic essay.
  (考えはじょうずに述べられていない。さらに, 文章のスタイルは学術的な評論には適さない)
- **In addition to** English, students have a chance to study a second foreign language in the second grade.
  (英語に加え, 生徒は2年次には第二外国語を学ぶ機会がある)
- I'd like to have a dog, and a cat **as well**. (犬を飼いたいのです。それに猫も)
- Eating a balanced diet will improve your health. **Similarly**, having enough sleep is important.
  (バランスの取れた食事をとることは健康を増進させるでしょう。同様に, 十分な睡眠も重要です)
- That Italian restaurant was very good. **Indeed**, they make the best pizza I've ever had.
  (あのイタリアンレストランはとてもおいしかった。それどころか, 私が今までに食べた中で最もおいしいピザを作る)

5 くわしい説明を加える語句

> namely/or/that is (to say) (→ p. 575) (すなわち), in other words (言い換えれば),
> for example [instance] (たとえば), for one thing (1つには),
> firstly/first (of all)/in the first place/to begin with (→ p. 162) (まず第一に),
> above all/among other things/most of all/in particular/particularly/especially (とりわけ, 特に), in a sense [way] (ある意味では), in this [that] case (この [その] 場合は, それなら)

- Vegetables are good for your health. Carrots, **for example**, are rich in vitamin A.
 (野菜は体にいい。たとえばニンジンは、ビタミンAが豊富だ)
- I can't travel abroad this summer. **For one thing** I don't have enough money; **for another** I have no time.
 (私は今年の夏、海外旅行はできません。1つには十分なお金がないし、また時間もありません)
- Commuting to school by bicycle has many advantages. **First of all** [**To begin with**], it is environmentally friendly. **Secondly**, it is good exercise. **Thirdly**, it saves me money. (学校へ自転車で通うことには多くの利点があります。まず最初に、環境にやさしいです。2番目に、よい運動になります。3番目にお金の節約になります)
- Children enjoy the amusement park, **especially** the roller coaster.
 (子どもたちはその遊園地、(そのなかで) 特にジェットコースターを楽しみます)
- "There's no orange juice left." "**In that case**, I'll have milk."
 (「オレンジジュースは残っていません」「それなら [この場合] 私はミルクをもらいます」)

6 結論を示す語句

> finally/eventually/ultimately (最後に、結局), after all (結局、なにしろ (〜だから)),
> in conclusion (最後に (あたり), 要するに),
> in a word/in short [brief]/(to put it) briefly/to be brief/to sum up (要するに) (→ p. 162)

- We waited for the bus for a long time, but **eventually** we decided to walk.
 (私たちは長い間バスを待ったが、結局歩いて行くことに決めた)
- I don't know why Toshio isn't here. **After all**, he is the one who suggested coming to the beach.
 (私はトシオがどうしてここにいないのかわからない。なにしろ彼が海岸に来ることを提案したのだから)
- The restaurant is expensive and the food isn't good. **In short**, I wouldn't recommend it.
 (そのレストランは高くて料理はおいしくない。要するに、私はそこをおすすめしない)

7 その他

anyway/anyhow/at any rate/in any case (とにかく), at least (少なくとも, とにかく)(→p. 275),
by the way/incidentally (ところで), generally speaking (一般的に言って)(→p. 203),
meanwhile/in the meantime (その間に, そうこうするうちに)

- It might rain, but we'll go camping **anyway**.
  (雨が降るかもしれないけれど, とにかく私たちはキャンプに行きます)
- He may not be the cleverest student, but **at least** he always does his homework.
  (彼は一番賢い生徒ではないかもしれないが, 少なくともいつも宿題をやってくる)
- Boil the pasta for eight minutes. **Meanwhile**, chop and fry the mushrooms and garlic.
  (パスタを8分間ゆでてください。その間に, マッシュルームとガーリックを切って炒めてください)

付録

第3部 「動詞＋前置詞」などの慣用的な結びつき

1 「動詞＋前置詞※」などの重要表現

※前置詞だけでなく副詞に分類される語も含む。

about を使った表現

動詞＋about

- **ask about ～** (～について尋ねる)
- **bring about ～** (～を引き起こす) ≒ cause
- **care about ～** (～を気にかける)
- **complain about ～** (～について不平を言う)
- **talk about ～** (～のことを話す)
- **think about [of] ～** (～について考える)
- **worry about ～** (～について心配する)

after を使った表現

動詞＋after

- **look after ～** (～の世話をする) ≒ take care of ～
- **name A (B) after C** (C にちなんで A を (B と) 名づける)
- **run after ～** (～を追いかける)
- **take after ～** (～に似ている) ≒ resemble

at を使った表現

動詞＋at

- **aim at ～** (～をねらう)
- **glance at ～** (～をちらりと見る)
- **laugh at ～** (～を (あざ) 笑う)
- **smile at ～** (～に向かってほほえむ)
- **stare at ～** (～を見つめる)

副詞句

- **at all** (少しも (～ない)) (→ p. 559)
- **at last** (ついに)
- **at least** (少なくとも) (→ p. 275)
- **at once** (すぐに)
- **at present** (現在のところ)
- **at times** (時々)

群前置詞

- **at the beginning [end] of ～** (～の始め [終わり] に)
- **at the back of ～** (～の後ろに)
- **at the top [bottom] of ～** (～の頂点 [底辺] に)
- **at the sight [thought] of ～** (～を見て [考えて])
- **at the mercy of ～** (～のなすがままになって)
- **at the cost [expense] of ～** (～を犠牲にして)
- **at the risk of ～** (～の危険を冒して)
- **at the rate of ～** (～の割合 [速度] で)

beyond を使った表現
副詞句
- **beyond belief**（信じられない）
- **beyond [out of] A's control**（A の手におえない）
- **beyond A's expectation**（A の予想を超えて（いる））
- **beyond (all) question**（疑いなく，確かに）

by を使った表現
副詞句
- **by accident [chance]**（偶然に）
- **by mistake**（誤って）
- **by nature**（生まれつき）
- **learn ～ by heart**（～を暗記する）
- **by far**（はるかに，断然）（→ p. 266）
- **by no means**（決して～ない）
- **by the way**（ところで）

down を使った表現
動詞＋down
- **break down**（故障する）
- **look down on ～**（～を軽蔑する）≒ despise
- **turn down ～**（～を拒絶する）≒ reject
- **write down ～**（～を書き留める）
- **cut down (on) ～**（～を削減する）

for を使った表現
動詞＋for
- **account for ～**（～を説明する）≒ explain，（～の割合を占める）
- **call for ～**（～を必要とする）≒ require
- **hope [wish] for ～**（～を望む）
- **look [search] for ～**（～を探す）
- **send for ～**（～を呼びにやる）
- **wait for ～**（～を待つ）
- **feel for ～**（～を手探りで探す）
- **long for ～**（～を待ち望む）
- **prepare for ～**（～の準備をする）
- **stand for ～**（～を表す）≒ represent
- **work for ～**（～（会社）に勤める）

動詞＋A＋for＋B（→ p. 324）
- **exchange A for B**（A を B と交換する）
- **mistake [take] A for B**（A を B と間違える）
- **substitute A for B**（B を A に代える）

副詞句
- **for ever [good]**（永久に）
- **for example [instance]**（たとえば）
- **for the first time**（初めて）
- **for the moment [present]**（さしあたり，当分の間）

APPENDIX

from を使った表現

動詞＋from

- **graduate from ～**（～を卒業する）
- **recover from ～**（～から回復する）
- **suffer from ～**（～で苦しむ）
- **hear from ～**（～から便りがある）
- **refrain from ～**（～を控える）

動詞＋A＋from＋B（→ p. 324）

- **protect A from B**（AをBから守る）
- **rescue [save] A from B**（AをBから救う）
- **tell [distinguish] A from B**（AをBと区別する）
- **order A from B**（AをBに注文する）

in を使った表現

動詞＋in

- **believe in ～**（～の存在 [よさ] を信じる）
- **engage in ～**（～に従事する）
- **get in ～**（～に入る）
- **give in (to ～)**（(～に) 屈服する）≒ yield
- **hand [give/send/turn] in ～**（～を提出する）
- **major in ～**（～を専攻する）
- **participate in ～**（～に参加する）≒ join ≒ take part in
- **persist in ～**（～に固執する）
- **drop in**（立ち寄る）
- **fill in [out] ～**（～に記入する）
- **succeed in ～**（～に成功する）

形容詞句

- **in anger**（怒っている）
- **in debt**（借金している）
- **in love (with ～)**（(～に) 恋している）
- **in good health**（健康だ）
- **in danger**（危険だ）
- **in trouble**（困っている）

副詞句

- **in advance**（前もって）≒ beforehand
- **in detail**（詳細に）
- **in the distance**（遠くに）
- **in the end**（結局）≒ finally
- **in fact**（実は）
- **in the future**（将来）
- **in general**（一般に）
- **in particular**（特に）≒ especially
- **in person**（本人が (直接に)）
- **in a sense [way]**（ある意味では）
- **in turn**（交代で）
- **in vain**（むだに）

APPENDIX

群前置詞
- in addition to ~（~に加えて）
- in charge of ~（~を担当して）
- in contrast to [with] ~（~と対照的に）
- in place of ~（~の代わりに）
- in terms of ~（~の見地から）
- in case of ~（~の場合には）
- in common with ~（~と共通に）
- in favor of ~（~に賛成して）
- in relation to ~（~に関して）
- in time for ~（~に間に合って）

into を使った表現
動詞 + into
- go into ~（~を詳しく調べる）
- look into ~（~を調査する）≒ investigate
- put ~ into practice（~を実行する）≒ carry out
- take ~ into account [consideration]（~を考慮に入れる）

動詞 + A + into + B（→p.324）
- change [turn/convert] A into B（A を B に変える）
- divide A into B（A を B に分ける）
- make A into B（A を B に加工する）
- translate [put] A into B（A を B に翻訳する）

of を使った表現
動詞 + of
- approve of ~（~に賛成する）
- consist of ~（~から成る）
- die of [from] ~（~で死ぬ）
- dispose of ~（~を処分する [捨てる]）

動詞 + A + of + B（→p.324）
- accuse A of B（A を B のことで非難する）
- inform A of B（A に B を知らせる）
- remind A of B（A に B を思い出させる）

off を使った表現
動詞 + off
- call off ~（~を中止する）≒ cancel
- put off ~（~を延期する）≒ postpone
- see ~ off（~を見送る）
- take off (~)（(~を) 脱ぐ, 離陸する）
- turn off ~（~のスイッチを切る）

on を使った表現

動詞＋on
- **call on ~**（~〈人〉を訪ねる）≒ visit
- **fall on ~**（(曜日などが)~に当たる）
- **get on ~**（~に乗る）
- **go on -ing**（~し続ける）
- **hit on ~**（~(考え)を思いつく）
- **insist on ~**（~を主張する）
- **live on ~**（~に頼って暮らす）
- **turn on ~**（~のスイッチを入れる）
- **work on ~**（~に取り組む）

動詞＋A＋on＋B
- **concentrate [focus] (A) on B**（(A を) B に集中する）
- **congratulate A on B**（B について A〈人〉を祝う）
- **impose A on B**（A を B に押しつける）
- **spend A on B**（A〈時間・お金〉を B に費やす）

形容詞句
- **on a diet**（ダイエット中だ）
- **on [off] duty**（勤務中 [非番] だ）
- **on fire**（燃えている）
- **on sale**（発売中だ）
- **on the phone**（電話に出ている）
- **on vacation [holiday]**（休暇中だ）

副詞句
- **on average**（平均して）
- **on business**（仕事で）
- **on the contrary**（それどころか）
- **on foot**（徒歩で）
- **on the other hand**（他方では）
- **on *one's* own**（独力で）
- **on purpose**（わざと）
- **on time**（時間通りに）
- **on *one's* [the] way**（途中で）

out を使った表現
動詞 + out

- **break out**((予期しないことが)起こる)
- **carry out ~**(~を実行する)
- **eat out**(外食する)
- **find out ~**(~を見つける)
- **get out (of ~)**((~から)出る)
- **make out ~**(~を理解する)≒ understand
- **point out ~**(~を指摘する)
- **run out (of ~)**((~が)尽きる)
- **stand out**(目立つ)
- **take out ~**(~を取り出す)
- **turn out ~**(~だとわかる)≒ prove
- **watch [look] out (for ~)**((~に)用心する)

over を使った表現
動詞 + over

- **go over ~**(~を(念入りに)調べる, おさらいする)
- **look over ~**(~を調べる, ざっと目を通す)
- **run over ~**((車が)~をひく)
- **take over ~**(~を引き継ぐ)
- **talk over ~**(~を相談する)
- **turn over ~**(~をひっくり返す)

through を使った表現
動詞 + through

- **be through with ~**(~が終わっている [終わる])
- **break through**(大きく前進する)
- **get through (to ~)**(((人)に)電話が通じる)
- **go through ~**(~を経験する)≒ experience
- **look through ~**(~の中をさがす, ~にざっと目を通す)

to を使った表現
動詞 + to

- **amount to ~**(合計が~になる)
- **apply to ~**(~に当てはまる)
- **belong to ~**(~に所属する)
- **contribute to ~**(~に貢献する)
- **get to ~**(~に到着する)
- **lead to ~**(~に通じる)
- **look [turn] to ~**(~に頼る)
- **object to ~**(~に反対する)
- **occur to ~**((考えなどが)~の頭に浮かぶ)
- **refer to ~**(~を参照する, ~に言及する)
- **speak [talk] to ~**(~と話をする)

動詞＋A＋to＋B
  add A to B（AをBに加える）
  apply A to B（AをBに適用する）
  attribute A to B（AをBのせいにする）
  compare A to B（AをBと比べる，AをBにたとえる）
  devote A to B（AをBに捧げる）
  donate A to B（AをBに寄付する）
  expose A to B（AをBにさらす）
  introduce A to B（AをBに紹介する）
  lead A to B（AをBに導く）
  leave A to B（AをBに任せる）
  owe A to B（AをBに借りている，AはBのおかげである）
  prefer A to B（BよりもAを好む）
  treat A to B（A〈人〉にB〈食事〉をおごる）
副詞句（toが〈到達点〉や〈限度〉を表す）
  be burned [frozen/starved] to death（焼［凍・餓］死する）
  break to [into] pieces（粉々に壊れる）
  be soaked [wet] to the skin（ずぶぬれになる）
  to the best of my knowledge（私が知るかぎり）
  to the end [last minute]（最後まで）

upを使った表現
動詞＋up
  blow up（爆発する）≒ explode
  bring up ～（～を育てる）≒ raise
  get up（起床する）
  give up ～（～をあきらめる）≒ abandon
  grow up（成長する）　　　　　　　　hang up（電話を切る）
  hurry up（急ぐ）
  pick up ～（～を車で迎えに行く）
  set up ～（～を設立する）≒ establish ≒ found
  sit [stay] up（寝ずに起きている）
  turn [show] up（現れる）≒ appear
  wake up（目覚める）
動詞＋up＋前置詞
  catch up with ～（～に追いつく）　　come up with ～（～を思いつく）
  look up to ～（～を尊敬する）
  make up for ～（～の埋め合わせをする）≒ compensate for
  put up with ～（～をがまんする）≒ stand ≒ endure

with を使った表現

動詞＋with
- **agree with** ～（～に賛成する）
- **compete with** ～（～と競争する）
- **deal with** ～（～を扱う）
- **communicate with** ～（～と連絡をとる）
- **cooperate with** ～（～と協力する）

動詞＋A＋with＋B
- **combine [connect] A with B**（A を B と結びつける）
- **compare A with B**（A を B と比較する）
- **confuse A with B**（A を B と混同する）
- **equip [furnish] A with B**（A に B を備えつける）
- **fill A with B**（A を B で満たす）
- **mix [blend] A with B**（A を B と混ぜる）
- **replace A with B**（A を B と取り替える）
- **share A with B**（A を B と共有する）

without を使った表現

副詞句
- **without a break**（間断なく）
- **without (an) exception**（例外なく）
- **without notice**（予告なしに）
- **without delay**（遅れずに）
- **without fail**（必ず）

形の似ている〈動詞／形容詞＋前置詞〉の使い分け

- The sisters **differ in** looks.（その姉妹は外見が [外見の点で] 違う）
  My opinion **differs from** yours.（私の意見はあなたの意見とは違う）
- Their efforts **resulted in** a great success.
  （彼らの努力は大きな成功の結果を生んだ）
  The success **resulted from** their great efforts.
  （その成功は彼らの大きな努力から生じた）
- The factory **provides** the workers **with** uniforms.
  ≒ The factory **provides** uniforms **for** the workers.
  （その工場は従業員に制服を与える）
  ▶ provide [supply] A with B ≒ provide [supply] B for A＝A〈人〉に B〈ものなど〉を与える
- I **stayed with** my uncle. ≒ I **stayed at** my uncle's (house).
  （私はおじの家に泊まった）
  ▶ stay with A〈人〉≒ stay at＋A's（A の家に泊まる）
- His accent **is familiar to** me.
  （彼の発音は私にはなじみ深い）
- **Are** you **familiar with** the works of Hemingway?
  （あなたはヘミングウェイの作品をよく知っていますか）

2 「動詞＋名詞」の重要表現

give ＋名詞
 give (**O**) **an answer** [**a reply**] ((O〈人〉に) 返答をする)
 give **O a hand** (O〈人〉に手を貸す)
 give **O a ride** (O〈人〉を車に乗せてやる)
 give (**O**) **a smile** ((O〈人〉に) ほほえむ)

have ＋名詞
 have **an accident** (事故にあう)
 have **a cold** (かぜをひいている)
 have **an effect** [**influence**] **on A** (A に影響を与える)
 have **a headache** [**toothache**] (頭 [歯] が痛い)
 have **no idea** (全然わからない)
 have **a good** [**hard**] **time** (楽しい [つらい] 時を過ごす)
 have *one's* **own way** (思い通り [わがまま] にふるまう)

keep ＋名詞
 keep **a diary** (日記をつける)
 keep **an eye on** ～ (～を見張っておく) ≒ watch
 keep [**break**] *one's* **promise** (約束を守る [破る])
 keep [**bear**] **O in mind** (O を心に留めておく)

make ＋名詞
 make **coffee** [**tea**] (コーヒー [お茶] を入れる)
 make **a decision** (決定する) ≒ decide
 make **a difference** (差が出る, 重要である)
 make **efforts** [**an effort**] (努力する)
 make [**earn**] **a living** (生計を立てる)
 make **a mistake** (間違える)　　　　make **progress** (進歩する)
 make **a promise** (約束する)　　　　make **a reservation** (予約する)
 make **sense** (意味をなす)　　　　　make **a speech** (スピーチをする)
 make **use of** ～ (～を利用する) ≒ utilize

take ＋名詞
 take [**have**] **a break** (休憩する)
 take **care** (**of** ～) ((～に) 気をつける)
 take **an examination** (試験を受ける)
 take [**get**] **exercise** (運動する)
 take **part in** ～ (～に参加する) ≒ participate in
 take **a picture** [**photo**] (写真を撮る)
 take **place** (行われる) ≒ be held, (起こる) ≒ happen
 take **a walk** (散歩する)

APPENDIX

その他の動詞＋名詞
- **bear fruit**（実を結ぶ）
- **catch [get] (a) cold**（かぜをひく）
- **catch [miss] a train**（列車に間に合う [乗り遅れる]）
- **gain [lose] weight**（太る [やせる]）
- **lay an egg**（卵を産む）
- **play a ... part [role] (in ～)**（(～において) …な役割を果たす）
- **ride a bicycle**（自転車に乗る）
- **tell (O) a lie**（(O〈人〉に) うそをつく）
- **break *one's* leg**（足を骨折する）
- **lose *one's* way**（道に迷う）
- **solve a problem**（問題を解く）

3 「形容詞＋前置詞」の重要表現

be＋形容詞＋about
- **be anxious [concerned] about ～**（～を心配している）
- **be crazy about ～**（～に夢中だ）
- **be particular about ～**（～の好みがうるさい）

be＋形容詞＋for
- **be famous for ～**（～で有名だ）
- **be late for ～**（～に遅れる）
- **be responsible for ～**（～に対して責任がある）
- **be ready for ～**（～の準備ができている）
- **be suitable [fit] for ～**（～に適している）

be＋形容詞＋of
- **be fond of ～**（～を好む）
- **be full of ～**（～でいっぱいである）
- **be ignorant of ～**（～を知らない）
- **be independent of ～**（～から独立している）
- **be [run] short of ～**（～が不足している [不足する]）
- **be sick [tired] of ～**（～にうんざりしている）

be＋形容詞＋to
- **be close to ～**（～に近い）
- **be essential [indispensable] to ～**（～に不可欠だ）
- **be familiar to ～**（～によく知られている）
- **be indifferent to ～**（～に無関心だ）
- **be sensitive to ～**（～に敏感だ）
- **be similar to ～**（～に似ている）
- **be subject to ～**（～を受けやすい）

be＋形容詞＋with
- **be angry with ～**（～〈人〉に怒っている）
- **be concerned with ～**（～に関係している）
- **be content [satisfied] with ～**（～に満足している）
- **be familiar with ～**（～をよく知っている）
- **be popular with [among] ～**（～に人気がある）

be＋形容詞＋その他の前置詞
- **be absent from ～**（～を欠席する）
- **be different from ～**（～とは異なる）
- **be good at ～**（～が得意だ）
- **be rich in ～**（～が豊富だ）
- **be dependent on A (for B)**（(B を) A に依存している）

付録

第4部 単語の成り立ち

日本語の「本屋」は「本＋屋」で，「本を売る店」という意味になる。英語のbookstoreもこれと同様に，book＋storeが1語になったものである。このように英語の単語のなかには，いくつかのパーツに分解できるものがたくさんある。たとえばinternational（国際的な）は，inter（〜の間）＋nation（国家）＋al（形容詞を作る語尾）によってできた語である。このように単語を構成する個々のパーツの意味やはたらきを知っておけば，語いの知識を増やすのに大いに役立つ。特に，単語の最初や最後に置かれる接頭辞・接尾辞の意味を知っておくとよい。主なものは次のとおり（否定を表す接頭辞・接尾辞についてはp.553を参照）

1 名詞を作る接尾辞

動詞＋-(e)r/or ＝「〜する人」「〜する道具」

「〜する人」：announc**er**（アナウンサー），driv**er**（運転手），instruct**or**（教官），
　operat**or**（操作係），own**er**（所有者），profess**or**（教授），visit**or**（訪問客），writ**er**（作家）

「〜する道具」：cook**er**（調理器），calculat**or**（計算機），contain**er**（容器，コンテナ），
　copi**er**（コピー機），draw**er**（引き出し），elevat**or**（エレベーター）

「〜する人」「〜する道具」：play**er**（選手／（音楽などの）プレーヤー），rul**er**（支配者／定規），
　view**er**（（テレビの）視聴者／（パソコンなどの）ビューア，表示装置）

「人」を表す名詞を作る主な接尾辞

-ant：applic**ant**（志願者），assist**ant**（助手），attend**ant**（出席者，係員），
　contest**ant**（競技者），particip**ant**（参加者）

-ian：histor**ian**（歴史家），librar**ian**（図書館員），mathematic**ian**（数学者），
　music**ian**（音楽家），politic**ian**（政治家），technic**ian**（技術者）

-ist：dent**ist**（歯科医），biolog**ist**（生物学者），flor**ist**（花屋），journal**ist**（ジャーナリスト），
　scient**ist**（科学者），special**ist**（専門家），tour**ist**（旅行者）

-ee（〜される人）：employ**ee**（従業員），examin**ee**（受験者），train**ee**（研修生）

名詞を作るその他の主な接尾辞

-al：propos**al**（提案），refus**al**（拒否）
-ance：attend**ance**（出席），perform**ance**（演技）
-ce：absen**ce**（欠席），differen**ce**（違い）
-ity：necess**ity**（必要），real**ity**（現実）
-ment：agree**ment**（合意），develop**ment**（発展）
-ness：happi**ness**（幸福），kind**ness**（親切）
-sion：deci**sion**（決定），discus**sion**（議論）

-**th**：leng**th**（長さ），warm**th**（暖かさ）
-**tion**：collec**tion**（収集），gradua**tion**（卒業）
-**ty**：hones**ty**（正直），safe**ty**（安全）

2 形容詞を作る接尾辞

-**able**（できる）：reli**able**（信頼できる），avail**able**（利用できる）
-**al**（〜の）：music**al**（音楽の），education**al**（教育の）
-**ic(al)**（〜の）：electr**ic**（電気の），histor**ical**（歴史の）
-**ous**（〜の多い）：fam**ous**（有名な），danger**ous**（危険な）
-**ful**（〜に満ちた）：beauti**ful**（美しい），care**ful**（注意深い）
-**ish**（〜らしい）：fool**ish**（愚かな），child**ish**（子どもっぽい）
-**less**（〜がない）：care**less**（不注意な）

3 動詞を作る接尾辞・接頭辞

en-/-en（〜にする）：**en**able（可能にする），wid**en**（広げる）
-**ize**（〜化する）：modern**ize**（近代化する），real**ize**（現実化する→実現する）
-**ify**（〜化する）：class**ify**（分類する），just**ify**（正当化する）

4 その他の接頭辞

pre-（前）：**pre**vious（以前の），**pre**pare（準備する）
post-（後）：**post**war（戦後の），**post**pone（延期する）
mid-（真ん中）：**mid**night（真夜中），**mid**dle（中央）
sub-（下）：**sub**way（地下鉄），**sub**marine（潜水艦）
in-/im-（内）：**in**come（収入），**im**port（輸入（する））
ex-（外）：**ex**it（出口），**ex**port（輸出（する））
re-（再び）：**re**cover（回復する），**re**turn（帰る）
co(n/m)-（ともに）：**co**operate（協力する），**con**nect（結びつける），**com**promise（妥協する）
over-（過度に）：**over**eat（食べすぎる），**over**work（働きすぎる）

さくいん

日本語さくいん

あ
「相手との差を表す語句」の位置 265
アクセント 597
アポストロフィ 584
アメリカ英語 164, 583

い
イギリス英語 164, 583
意志未来 47
「以上」「以下」などの表し方 268
1人称 20
一致 70
一般動詞 23
依頼・提案・勧誘の表現 87
イントネーション 598
引用符 584

え
英語の名詞と日本語の名詞の違い 334
英文のしくみを見抜く手順 27
英和辞典の使い方 304

お
応答疑問文 529
大きな数 425
音の変化 599
同じ名詞のくり返しを避ける that/those 368
音節 597

か
書き言葉 75
格 20
下降調 598
過去完了形 60
　—と大過去の違い 64
　「過去の過去」を—で表す 64
　完了・結果を表す— 61
　経験を表す— 61
過去完了進行形 63
過去形 46
　現在完了形と—の使い分け 59
過去進行形 46
過去のことがらに対する〈後悔・非難〉を表すもの 94
過去のことがらに対する〈推量〉を表すもの 93
過去分詞 184
　—＋名詞 186
　SVOCのCとしてはたらく— 193
過去または現在までに完了したことがらに対する推量 93
仮定法 282
　—現在 292
　—過去 283
　—過去完了 283, 284
　—の形と特徴 282
　—を使ったていねいな表現 297
　未来のことを表す— 286
　if節が省略された— 296
　if節は過去，主節は現在のことを述べる— 285
　ifを使う— 283
可能性・推量の表現 90
〈可能性・推量〉を表す助動詞の意味の違い 92
関係形容詞 238
関係詞 212
　—節 213
　—の継続用法（非限定用法・非制限用法） 228
　—の限定用法（制限用法） 228
　—の種類とはたらき 212
　—の2つの用法 228
関係代名詞 214
　継続用法で使う— 229
　継続用法で使う，〈前置詞＋—〉 230
　—と関係副詞の識別 227
　—の一般的な継続用法 229
　—の後ろに〈S＋V〉がはさみこまれた形 237
　—の継続用法 229
　—のはたらきをする as 236
　—の than 237
　—の what 232
　—that のまとめ 231
所有格の— 219
〈数量・部分を表す語＋of which [whom]〉 230
目的格以外の—の省略 219
目的格の— 216
目的格の—の省略 217
関係副詞 222
　関係代名詞と—の識別 227
　—の継続用法 231
接続詞と—の2つのはたらきをもつ語 478
冠詞 17
　—と同じ位置に置く語 397
　—の種類 386
　形容詞と—の注意すべき語順 397
　副詞と—の注意すべき語順 397
間接疑問 531
　—の使い方 531
間接話法 586
感嘆符 584
感嘆文 35
間投詞 19
完了形 38
　—で使う never 548
時や条件を表す接続詞と— 68

き
聞き返し疑問文 529
基本時制 38
〈義務・当然〉を表す助動詞の強制の度合い 86
疑問形容詞 519
疑問詞 518
　—と前置詞 532
　—に続く語順 518
　—の種類 518
　—を強調する強調構文 561
　—を使った疑問文 33
　—を含む慣用表現 535
　—＋do you think ...? 531

617

―＋ to *do*	159
疑問代名詞	519
疑問符	584
疑問副詞	522
疑問文	33
―の形	518
前置詞を文頭に置く―	533
動作主を尋ねる―	115
平叙文と同じ語順の―	530
逆接を表す語句	601
旧情報	402
強勢	598
強調	558
強意語による―	559
修飾語などによる―	559
do（助動詞）による―	559
強調構文	560
―と形式主語構文の見分け方	562

く

句	29, 106
―と節の転換	587
具体的な長さや大きさなどを表す表現	427
句読点	584
くわしい説明を加える語句	603
群前置詞	513
群動詞	325
―の受動態	116

け

形式主語	130
強調構文と―構文の見分け方	562
形式目的語	131
形容詞	17
意味のまぎらわしい―	419
形のまぎらわしい―	418
感情を表す―	137
―句	29, 106
―節	29, 106
―と冠詞の注意すべき語順	397
―の後ろに名詞がある場合（原級を使った比較）	248
―の限定用法	405
―の限定用法と叙述用法の識別	407
―の最上級の前に the をつけない場合	259
―の叙述用法	406
―の２つの用法	404
―を作る接尾辞	616
―＋名詞	405
―＋名詞（〜する人）	579
〈―＋名詞〉の結びつき	419
―＋ that 節	410
限定用法と叙述用法の使い分けに注意すべき―	407
主語に注意すべき―	413
数量を表す―	419
〈数詞 - 名詞〉の―	346
使い方を誤りやすい―	419
人の性質を表す主な―	140
２つ以上の―の並べ方	405
名詞・代名詞＋―	405
easy 型の―	155
-ly で終わる―	439
SVC の C となる―	406
SVOC の C となる―	407
結論を示す語句	603
原級	246
―を使った様々な形	251
―を使った比較	248
―を使った比較の基本形（肯定文）	248
（否定文）	250
―を含む慣用表現	272
原形不定詞	151
現在完了形	55
過去形と―が伝える意味の違い	69
完了・結果を表す―	55
経験を表す―	57
―と過去形の使い分け	59
―とともに使えない語句	59
現在完了進行形	59
現在形	41
―が確定した未来の予定を表す	51
現在進行形と―の違い	43
時や条件を表す接続詞の後では―を使う	52
現在進行形	42
―が未来の予定を表す	52
―と現在形の違い	43
「〜ばかりしている」の意味を表す―	43
〈幅のある時間〉を表す―	43
現在分詞	184
―を使った様々な表現	203
―＋名詞	186
「〜する〈能動〉」の意味を表す―	186
SVOC の C としてはたらく―	191

こ

肯定文	32
5 文型	104, 307
固有名詞	341
国名を表す―とその派生語	341
定冠詞と―	391
複数の語から成る―	341
普通名詞としても使う―	343
コロン	584
コンマ	584

さ

再帰代名詞	358
最上級	246
―に続く in と of の使い分け	258
―を強調する表現	266
―を使った比較	258
―を含む慣用表現	274
不規則な形の比較級と―	261
不規則な変化をする比較級・―	262
3 単現の s	24
3 人称	20

し

子音字と発音の関係	596
使役動詞の受動態（make）	152
使役動詞＋ O ＋原形不定詞	151
〜しかない	269
時刻	427
指示代名詞	367
時制	38
―と人称代名詞の一致	590

—の一致	70
—の一致を受けない例	72
—の種類	38
as if 節中の—	290
by the time の前後の—	472
自動詞	24, 307
—の過去分詞＋名詞	187
状態を表す—	308
他動詞と混同しやすい—	316
come 型の—	145
「〜しないように」の表し方	144
集合名詞	336
まぎらわしい—と普通名詞	339
baggage 型の—	338
family 型の—	337
police 型の—	337
修辞疑問文	530
終止符	584
住所	435
修飾語	23
—のはたらき	29
従属接続詞	456, 458
副詞節を作る—	467
重文	586
主格	20
主語 (S)	22, 104
〈仮定〉の意味を含む—	295
—と述語動詞の数の一致	347
—の省略	573
主語が変化した挿入節	571
述語動詞 (V)	22, 24, 104
—と不定詞が表す「時」の関係	147
—に続く様々な形	326
—の後ろに置く要素	325
—の形	26
—の見分け方	25
時を表す—の形	40
2 つ以上の—を含む文	26
述部	104
受動態	108
完了形の—	112
使役動詞の—(make)	152
—と前置詞	120

—の基本的な用法	110
—の疑問文	114
—の述語動詞の形	111
—の動名詞	177
—の否定文	114
—の不定詞	150
進行形の—	113
「〜する」という意味を—で表す例	122
知覚動詞の—(see, hear など)	152
複雑な形の—	109
文構造と—	114
ask 型の動詞の—	142
buy 型の動詞の—	117
〈by＋動作主〉のない—	110
〈by＋動作主〉をともなう—	110
SVOC の文の—	118
SVOO の文の—	117
〈S＋V＋O＋前置詞句〉の—	119
〈S＋V＋O＋that 節〉の—	119
〈S＋V＋O＋to do〉の—	119
主部	104
順接を表す語句	601
準動詞の用法	208
準否定語	548
〈状況〉を表す it	361
上昇調	598
小数	426
状態動詞	41
—を進行形で使う場合	44
〈状態〉を表す表現	45
〈譲歩〉を表す形	479
省略	568
意味上の主語の—	139
同じ語句のくり返しを避けるための—	571
関係代名詞・関係副詞の—のまとめ	227
状況から推測できる語句の—	572
接続詞に続く〈S＋be 動詞〉の—	573
and の後の—	573
having been の—	201

if 節中の慣用的な—	574
that などの—	574
助動詞	17, 78
—の種類と主な意味	78
—の特徴	79
—の be, do, have	79
—を含む慣用表現	98
—を含む受動態	111
—＋have＋過去分詞	93
所有格	20
所有代名詞	357
進行形	38
新情報	402
「身体の一部を〜する」の表し方	392

す

〈推量を表す助動詞＋have＋過去分詞〉	93
推量を表す can と may の違い	91
数詞	424
差や程度を表す—	428
—の種類	424
—を含む主語と動詞の一致	426
「すなわち」の意味を表す or	462
「すなわち」を意味する語句で結ぶ	575

せ

節	29, 106
句と—の種類	106
句と—の転換	587
接続詞	18, 460
—と関係副詞の 2 つのはたらきをもつ語	478
—のはたらき	458
—の for	463
時や条件を表す主な—	53
時や条件を表す—と完了形	68
時や条件を表す—の後ろでは現在形を使う	52
time を使った〈時〉を表す—	472
セミコロン	584
先行詞	213

―から離れた位置にある関係詞節	215
―から離れた位置にある when	223
―〈人〉+ who(m)/that + S + V	217
―〈人〉+ who/that + V	215
―〈人以外〉+ which/that + S + V	216
―〈人以外〉+ which/that + V	214
選択疑問文	529
前置詞	18, 486
仮定を表す―	295
感情を表す〈be 動詞+過去分詞（形容詞）〉に続く―	121
基本的な―の意味と用法	490
主要な―の意味と用法	500
―句	488
―と接続詞	489
―と結びつけて使う動詞	324
―に続く要素	488
―の意味の広がり	486
―の後ろに置ける要素	488
―の後ろの what（関係代名詞）	233
―の省略	489
―のはたらき	486
―+関係代名詞	220
―+関係代名詞 + to *do*	222
―+形容詞／副詞	489
―+抽象名詞	341
―+動名詞	170
〈―+ oneself〉の慣用表現	359
〈―+ what の節〉	233
補語のはたらきをする―句	488
-ing の形をもつ―	514

そ

相関接続詞	480
従属節を作る―	481
等位節を作る―	480
〈総称〉の表し方	393
〈総称〉を表す the	394
挿入	568

―節を作る動詞・形容詞	571

た

態	108
第1文型（SV）	104
―で使う動詞	308
第2文型（SVC）	105
―で使う主な動詞（be 動詞以外のもの）	314
―で使う動詞	311
第3文型（SVO）	105
―で使う動詞	315
第4文型（SVOO）	105
―で使う動詞	317
第5文型（SVOC）	105
―で使う動詞	320
大過去	64
過去完了形と―の違い	64
関係詞節中で使う―	64
代動詞	30
対比・対照を表す語句	602
代不定詞	161
代名詞	16, 20
―としての many と much	420
―としての same	417
―に近いはたらきをする when	523
―に近いはたらきをする where	523
―の種類	354
―のはたらき	354
―の all と語順	377
多義の well	451
ダッシュ	584
他動詞	24, 307
自動詞と混同しやすい―	315
―+再帰代名詞	358
―+抽象名詞	580
―+ oneself = be 動詞+過去分詞	359
〈―+ oneself〉の慣用表現	359
blame 型の―	324
deprive 型の―	324
keep 型の―	324
regard 型の―	324
talk 型の―	324
単語の成り立ち	615
単純未来	47

単数	20
―扱いする主語	347
単独で使う before	446
単文	586
単文・複文・重文の転換	586
短母音	595

ち

知覚動詞	151
―の受動態（see, hear など）	152
―+ O +過去分詞	193
―+ O +原形不定詞	151, 192
―+ O +現在分詞	191
抽象名詞	340
―か普通名詞かで意味が異なる語	343
―の数え方	340
―の前に a/an をつけるか	343
―を使った言い換え（原級を使った比較）	253
〈―+前置詞+ which〉の表現	221
普通名詞と混同しやすい―	340
普通名詞としても使う―	343
長母音	595
直説法	282
直接話法	586

つ

対句	396
つづり字と発音との関係	596
つなぎの言葉	601

て

定冠詞	389
伝達動詞の転換	591

と

～という名詞（内容を説明する不定詞）	134
「～と言われている」などの表現	148
等位接続詞	458, 460
同格	568, 575
―節と関係詞節の見分け方	578

名詞と離れた―節		577
that（接続詞）を使った―の表現		576
動作動詞		41
〈動作〉を表す表現		45
動詞		17
後ろに動名詞しか置けない―		172
後ろに動名詞しか置けない―の意味		173
後ろに動名詞も不定詞も置くことができて，意味がほとんど変わらない―		173
後ろに動名詞も不定詞も置けるが意味が異なる―		174
後ろに whether [if] 節を置く―		466
形がまぎらわしい―		326
五感を表す―		312
進行形にできない―		43
〈推量〉を表す must に続く―		91
〈動作〉と〈状態〉の両方の意味をもつ―		44
―の特徴		306
―の分類		306
―を作る接尾辞・接頭辞		616
―＋前置詞＋ -ing		588
「―＋前置詞」などの重要表現		605
―＋代名詞＋副詞		442
―と V の違い		24
―＋〈人〉＋ that 節／疑問詞節		323
―＋(e)r/or		615
―＋ that 節		323
―＋ that 節 ↔ ―＋ ―＋ -ing		588
「～になる」の意味を表す―		312
日本語からの類推で誤りやすい―		316
複数の文型で使う―		322
ask 型の―		141
believe 型の―		142
buy 型の―		318, 319
call 型の―（C＝名詞）		320
give 型の―		317
give 型の―と buy 型の―との違い		319
make 型の―（C＝形容詞）		321
save 型の―		319
see 型の―（C＝原形不定詞・分詞など）		322
seem 型の―		146
SVOO の形で使えそうだが使えない―		319
think と同様の使い方をする―		544
〈S＋V＋O＋(to be)＋C〉の形で使う―		143
〈S＋V＋O＋ to do〉の形で使う―		141
〈S＋V＋O＋ to do〉の形では使えない―		142
倒置		558
慣用的な―		564
be 動詞の主語を後ろに置く―		563
if の省略による―		295
if it were not for ～ / if it had not been for ～の―		295
同等の情報を加える語句		602
動名詞		106, 168
完了形の―		178
完了形の―を使わなくてもよい場合		178
―と現在分詞の見分け方		189
―と不定詞（名詞的用法）の違い		168
―の意味上の主語		175
―のはたらき		168, 170
―の否定形		177
―を含む慣用表現		179
―を目的語とする主な動詞		173
時を表す表現		427
「特定のもの」ではない名詞の前に置く the		392
独立不定詞		161
独立分詞構文		201
完了形の―		201
There で始まる―		202

に

二重前置詞	514
二重否定	553
二重母音	595
「～になる」の意味を表す慣用表現	312
2 人称	20
人称	20
人称代名詞	20, 355
主格の―	355
所有格の―	355
―の格と基本的な用法	355
―の使い方	356
目的格の―	356

ね

年号	427

の

能動態	108
能力・可能・許可の表現	80

は

「…倍の数［量］の～」	253
倍数の表現	252
ハイフン	584
「ばくぜんとした数量」以外の意味を表す some	380
「ばくぜんとした数量」を表す some/any のまとめ	381
「ばくぜんとした多数」を表す主な表現	425
〈場所以外〉の先行詞＋ where	224
〈場所以外〉を尋ねる where	524
発音	595
規則動詞の語尾の -ed の―	595
子音の―	595
―しない子音字	596
動詞の 3 単現や名詞の複数形の語尾の -(e)s の―	595
母音の―	595
話し言葉	75
「半分」「～分の 1」の表し方	253
～番目に…な	260

ひ

比較級 246
　—を強調する表現 264
　—を使った様々な形 256
　—を使った倍数の表現 253
　—を使った比較 255
　—を含む慣用表現 273
　—＋and＋比較級 270
　—＋than any other＋単数形の名詞 276
　—・最上級の作り方 247
　比較的〜なほうの…〈—＋名詞〉 257
　不規則な形の—と最上級 261
　than 以下のない— 256
比較の3つの基本形 246
日付の表し方 427
必要・義務・当然・忠告の表現 84
否定 543
　—がおよぶ範囲 545
　—疑問文 527
　—疑問文への答え方 527
　—語による否定 543
　—語を含まない否定 554
　—語を含む慣用表現 549
　—語を含む様々な表現 550
　—語を文頭に出した倒置形 549
　—語＋or 462
　—の意味をもつ接頭辞・接尾辞 553
　—の形式 542
　—の副詞(句・節)で始まる倒置 562
　—の that 節を not だけで表す形 546
　—の that 節を not だけで表せる動詞・形容詞 546
　—文 32
　—文中の not の位置の違い 100
　—を表す語 542
〈人〉に対して使う which 520
品詞 16
　「—」と「文の要素」との関係 76
　—の形の変化 19

ふ

付加疑問 528
複合関係詞 239
　〈譲歩〉の意味を表す副詞節を作る— 240
　—の種類 239
　副詞節を作る— 240
　名詞節を作る— 239
副詞 18
　意味によって位置が変わる— 448
　可能性の度合いを表す— 437
　句や節を修飾する— 436
　前置詞としては使えない— 441
　前置詞としてもはたらく— 440
　時を表す— 433
　〈程度〉の—を使った応答表現 435
　程度を表す— 434
　否定文中の位置によって意味が変わる— 545
　頻度を表す— 434
　—句 29, 106
　—(句・節)の挿入 570
　—句などの転換 593
　—句＋S＋V 566
　—節 29, 106
　—節 ↔ 副詞句 587
　—節を作る複合関係詞 240
　—と冠詞の注意すべき語順 397
　—と形容詞が同じ形の語 439
　—と前置詞の意味の違い 441
　—の表す意味 432
　—の形 432
　—の基本的な位置のまとめ 435
　—のはたらき 432
　文を修飾する— 437
　補語のはたらきをする— 441
　名詞を修飾する— 436
　様態を表す— 433
　-ly で終わる— 438
複数 20

「およその数」を表す—形 346
　—扱いする主語 348
　—形を使った様々な表現 345
複文 586
付帯状況を表す with 202
普通名詞 336
　形のないものを表す— 336
　まぎらわしい集合名詞と— 339
物質名詞 339
　普通名詞化した— 343
　普通名詞と混同しやすい— 339
　普通名詞としても使う— 342
　—か普通名詞かで意味が異なる語 342
　—の数え方 340
不定冠詞 387
不定詞 106
　〈感情の原因〉を表す—の副詞的用法 137
　完了形の— 146
　形容詞的用法の—が使えない場合 135
　〈結果〉を表す—の副詞的用法 138
　〈条件〉を表す副詞的用法の— 294
　進行形の不定詞 149
　〈判断の根拠〉を表す—の副詞的用法 137
　—と否定語 143
　—の後ろに前置詞がつく例 133
　—の意味上の主語 139
　—の基本形 128
　—の基本的なイメージ 128
　—の形容詞的用法 132
　—の3用法 128
　—の副詞的用法 136
　—の名詞的用法 130
　—を目的語とする主な動詞 131
　目的を表す—の副詞的用法 136
　be 動詞の後ろに名詞的用法の—を置く場合 160

-thing + —	133
不定代名詞	370
部分否定	551
—と全否定	552
文型	104
分詞	106, 184
—句 + be 動詞 + S	564
—の形と特徴	184
—の形容詞化	187
—のはたらき	184
—を使わずに付帯状況を表す表現	202
補語のはたらきをする—（叙述用法）	190
名詞を修飾する—（限定用法）	186
〈S + V〉+ —	191
SVC の C としてはたらく—	190
分詞形容詞	409
〈感情〉を表す—の使い分け	409
〈S + V + C（分詞形容詞）〉	190
分詞構文	195
過去分詞で始まる—	199
完了形の—	200
完了形の—の否定形	200
現在分詞で始まる—	196
接続詞 + —	197, 199
—の形とはたらき	195
—の否定形	200
—を使った慣用表現	202
文頭に置かれる—	198
being の省略	198
分数	425
—を表すその他の表現	426
文全体を否定する not の位置	543
文頭の although	477
文と名詞（句）との同格関係	575
文の基本的な 3 つの形	32
文の要素	76, 104
文末が〈自動詞 + 前置詞〉で終わる文	155
文を区切って読む位置	600

へ

| 平叙文 | 32 |

ほ

母音字と発音の関係	596
母音の前の the の読み方	390
法	282
ほかのどんな〜よりも…だ	276
補語（C）	22, 104
C（比較の意味を含む）+ be 動詞 + S	564
〜ほど…なものはない	276

ま

| 前の内容を指す it | 361 |
| 前の内容を先行詞とする which | 230 |

み

未来完了形	65
完了・結果を表す—	66
経験を表す—	67
継続を表す—	67
未来完了進行形	68
未来進行形	53
〈予定〉を表す—	54

む

無冠詞	393
無声音	595
無生物主語構文	569, 580
—で使う主な動詞	580

め

名詞	16, 20
意味のまぎらわしい—	349
仮定を表す—（句）	294
数えられない—（不可算名詞）	334, 335
数えられる—（可算名詞）	334, 335
「客」などの意味を表す—	349
単数形と複数形で意味が異なる—	346
常に複数形で表す—	345
同格節を後ろに置ける主な—	577
—句	106
—構文	568, 578
—構文を使う場合の品詞の変化	579
—節	106
—と冠詞の関係	386
—と混同しやすい副詞	440
—の種類	334, 335
—の所有格	348
—の複数形	344
—を作る接尾辞	615
—+ 過去分詞句	188
〈—+ 形容詞〉の慣用句	406
—+ 現在分詞句	188
—+ 同格の that 節 ↔ —+ of -ing	589
—+ 同格を表す句・節	576
—+ 2 語以上から成る形容詞句	406
—+ -able などで終わる形容詞	406
—／形容詞 + 疑問詞 + to do	159
「料金」などの意味を表す—	349
increase/decrease の主語として使う—	347
-s で終わるが単数扱いする—	346
命令文	34
—, and ...	461
—, or ...	462

も

〜もある	269
目的格	20
目的語（O）	23, 104
「もし（あのとき）〜がなかったなら」	292
「もし（今）〜がなければ」	291
最も〜なものの 1 つ	259

ゆ

| 有声音 | 595 |

よ

| 「〜よりも」を to で表す表現 | 271 |

わ

| 話法の転換 | 586, 590 |

英語さくいん

A

a/an	17, 387, 388, 389
a と an を間違えやすい例	387
a bit	421
a bottle of	340
a few	420, 421
a friend of mine 型の表現	398
a full moon などの表現	389
a glass of	340
a good deal of	423
a large amount of ＋単数形の名詞	422
a large number of ＋複数形の名詞	422
a large sum of	423
a little	420, 421
a lot	420
a lot of	420
a lot ＋比較級	264
a number of ＋複数名詞	347
a piece of	340
a pity	412
a shame	412
a sheet of	340
a slice of	340
able	413
about	500
above	501
above all	603
accordingly	601
account for ～	606
accuse A of B	608
across	510
add A to B	611
additionally	602
admit	173, 588
advisable	411
advise	141, 292
afford	131
afraid	414
after （接続詞）	53, 456, 469
（前置詞）	507, 512
after all	603
against	508
ago	59, 445, 593
agree	131
agree with ～	612
aim at ～	605
alike	414
all （形容詞・副詞）	378
（代名詞）	377
All right.	89
All S can do is (to) do	378
All S can do is (to) ＋動詞の原形	154
All S have [has] to do is (to) do	378
all the same	601
all the ＋比較級＋ for [because] ～	268
all things considered	203
all を使った慣用的な表現	378
allow	141
allow ＋ O ＋ to do	581
almost	449
alone	448
along	510
already	55, 446
although	456, 477
among	505
among other things	603
amount to ～	610
and	460
another	371
answer	315
anxious	410
any	380
anyhow	604
anything but ～	554
anyway	604
apart from ～	513
apologize to	324
appear	313, 544
appear ＋ (to be) C	146
appear ＋ to do	146
apply A to B	611
apply to ～	610
appreciate	327
approach	315
appropriate	411
approve of ～	608
around	500
as （接続詞）	236, 456, 467
（前置詞）	510
as a result	601
as ～ as ever	273
as ～ as ever lived	273
as (is) expected	236
as far as	474
as far as S be concerned	474
as follows	468
as for ～	513
as good as	273
as if	289, 290, 456
as is ...	468
As is often the case with ～	236
as is scheduled	236
as long as	456, 473
as soon as	53, 456, 473
as though	289, 290
as to ～	513
as well as	480, 602
as you know	236
as を使った書き換え	268
as ＋ S ＋ V	468
as ＋過去分詞	468
as ＋形容詞の原級＋ as	248
as ＋原級＋ as possible	272
as ＋原級＋ as ＋数詞	254
as ＋反意語の原級＋ as ～	270
as ＋副詞の原級＋ as	249
as ＋役割などを表す無冠詞の名詞	395
ask	141, 292, 591
ask about ～	605
assuming	476
at	490, 494
at (the) ＋最上級	275
at all	605
at any rate	604
at best	275
at last	605
at least	275, 604, 605
at once	605

at present	605	
at the back of ~	605	
at the beginning [end] of ~		605
at the cost [expense] of ~		605
at the latest	275	
at the mercy of ~	605	
at (the) most	275	
at the rate of ~	605	
at the risk of ~	605	
at the same time	602	
at the sight [thought] of ~		605
at the top [bottom] of ~		605
at times	605	
attend	315	
attribute A to B	611	
audience	337	
avoid	173	

B

baggage	336, 338
be able to	81
be about to	51
be absent from ~	614
be accustomed + to -ing	172
be afraid of -ing	411
be afraid + that ...	411
be angry with ~	614
be anxious about ~	614
be apt to do	156
be ashamed of -ing	411, 589
be ashamed + that ...	411, 589
be asleep	45
be awake	45
be aware of -ing	411
be aware + that ...	411
be burned [frozen/starved] to death	611
be busy + -ing	204
be certain of -ing	411
be certain to do	156, 415
be certain + that ...	411
be close to ~	614
be concerned about ~	614
be concerned with ~	614
be confident of -ing	411
be confident + that ...	411

be conscious of -ing	411
be conscious + that ...	411
be content with ~	614
be crazy about ~	614
be dependent on A (for B)	614
be different from ~	614
be eager [anxious/dying] to do	156
be easy to do	155
be essential [indispensable] to ~	614
be familiar to ~	614
be familiar with ~	614
be famous for ~	614
be fit for ~	614
be fond of ~	614
be full of ~	614
be going to	48, 50
be good at ~	614
be good to do	156
be ignorant of ~	614
be in bed	45
be independent of ~	614
be indifferent to ~	614
be inferior to	271
be junior to	271, 280
be known as ~	121
be known for ~	121
be known to ~	121
be late for ~	614
be likely to do	156, 416
be made from 型の表現	120
be on good [bad] terms with ~	345
be particular about ~	614
be popular with [among] ~	614
be proud of -ing	411
be proud + that ...	411
be quick to do	156
be ready for ~	614
be responsible for ~	614
be rich in ~	614
be said to do	118
be satistied with ~	614
be sensitive to ~	614
be short of ~	614
be sick of ~	614
be similar to ~	614

be slow to do	156
be soaked [wet] to the skin	611
be sorry for + (動) 名詞	410
be sorry + that ...	410
be subject to ~	614
be suitable for ~	614
be superior to	271
be supposed to do	156
be sure of -ing	411
be sure to do	156, 415
be sure + that ...	411
be through with ~	610
be tired	45
be tired of ~	614
be unwilling to do	156
be used to -ing	96, 172
be welcome to do	156
be willing to do	156
be worth -ing	180
be yet to do	555
be 動詞	17, 22, 23, 30, 311
be 動詞 + being + 過去分詞	113
be 動詞 + to do	160
be 動詞 + 形容詞 + that 節	410
bear fruit	614
bear O in mind	613
because	456, 467
because of ~	513, 601
become	312
become + 過去分詞 (から派生した形容詞)	123
before	
(接続詞)	53, 456, 469
(前置詞)	507
(副詞)	55, 60, 445, 593
begin	173
behave oneself	359
behind	505
believe	119, 143, 148, 544
believe in ~	607
belong to ~	610
below	501
beside	510
beside oneself	359
besides	
(前置詞)	510
(副詞)	602
best of all	275

better off 274	can と be able to の様々な形 81	confuse A with B 612
between 505	can と may の使い分け 83	congratulate 327
beyond 502, 555	Can you ~ ? 87	congratulate A on B 609
beyond (all) question 606	cannot ~ too ... 550	connect A with B 612
beyond A's control 606	can't 90	consequently 601
beyond A's expectation 606	can't bring oneself to *do* 360	consider 119, 132, 143, 173
beyond belief 606	can't ~ enough 100	considerate 140
blame O for ~ 324	can't [cannot] help but + 動詞の原形 154	considering 202, 476
blend A with B 612		consist of ~ 608
blow up 611	can't help -*ing* 180, 550	contrary to ~ 602
-body 381	can't ~ too ... 100	contribute to ~ 610
borrow 327	can't ... without -*ing* 553	convenient 155
both 374, 377	can't + have + 過去分詞 93	convert A into B 608
both A and B 374	capable 413	cook 319
bother to *do* 145	care about ~ 605	cooperate with ~ 612
brave 140	careless 140	could 82, 83, 283, 285
break down 606	carry out ~ 610	Could you ~ ? 87
break one's leg 614	catch (a) cold 614	couldn't + have + 過去分詞 93
break one's promise 613	catch a train 614	cruel 140
break out 610	catch sight of 325	cut down (on) ~ 606
break through 610	catch up with ~ 611	
break to [into] pieces 611	catch + O + -*ing* 192	**D**
bring 328	catch + 人 + by the arm 393	dangerous 155
bring about ~ 605	cause 141	dare 97
bring up 328, 611	cause + O + to *do* 581	deal with ~ 116, 612
but 462, 508	celebrate 327	decide 131, 292
~ , but ... 462	certain 412, 414	demand 292
but for ~ 294	change A into B 608	deny 173, 588
buy 319	change for better 274	depending on ~ 203
by 491, 512	change jobs 345	deprive O of ~ 324, 581
by accident [chance] 606	childish 140	describe O as ~ 324
by far 606	choose 319, 320	desirable 411
by far + the + 最上級 266	clear 412	desire 293
by means of ~ 513	clever 140	despite 511
by mistake 606	combine A with B 612	devote A to B 611
by nature 606	come 328	devote O to -*ing* 172
by no means 550, 606	come to *do* 145	devote oneself to ~ 360
by oneself 359	come true 312	die of [from] ~ 608
by phone [mail/e-mail] 395	come up with ~ 611	difficult 155
by the time 53, 456, 472	comfortable 155	disappointed 410
by the way 604, 606	command 293	discuss 315
by the + 単位を表す名詞 392	communicate with ~ 612	dislike 173
by way of ~ 513	compare A to B 611	dispose of ~ 608
	compare A with B 612	distinguish A from B 607
C	compared to ~ 202	divide A into B 608
call 320	compete with ~ 612	do 30
call for ~ 606	complain about ~ 605	do ~ a favor 318
call off ~ 116, 608	concentrate (A) on B 609	do away with ~ 116
call on ~ 609		do ~ good 318
can 78, 80, 82, 90		do ~ harm [damage] 318

do my best	275
do nothing but +動詞の原形	154
donate A to B	611
doubt	328
draw	328
drop in	607
during	489, 512

E

each	416
each other	373
each time	456, 472
each +単数形の名詞	416
earn a living	613
eat out	610
either	375, 377
either A or B	376
elect	320
else	372
enable	141
enable O to *do*	581
encourage	141
engage in ~	607
engage oneself in ~	360
enjoy	173
enjoy oneself	359
~ enough to *do*	158
enough（副詞）の位置	435
enter	315
equally	602
escape	173
especially	603
essential	411
estimate	148
even	449
even if	456, 477
even though	477
even +比較級	264
eventually	603
ever	55, 447, 448
every	415, 416
every time	456, 472
except	508
exchange A for B	606
excited	137
expect	119, 141, 544
expose A to B	611
express oneself	359

F

face to face	396
fail	328
fail to *do*	554
fall asleep	45, 312
fall ill	312
fall on ~	609
family	337
far from ~	554
far +比較級	264
feel	119, 143, 151, 312
feel for ~	606
feel like -*ing*	180
few	421, 422
fill A with B	612
fill in [out] ~	607
finally	603
find	132, 143, 319
find it ... that + S + V	364
find out ~	610
finish	173, 330
first (of all)	603
firstly	603
fish	338
focus (A) on B	609
follow	315
food	338
foolish	140
for	
（接続詞）	463
（前置詞）	55, 492, 512
for ever [good]	606
for example [instance]	603, 606
for fear of -*ing*	474
for fear that ...	474
for free	439
for one thing	603
for oneself	359
for the first time	606
for the moment [present]	606
for this [that] reason	601
〈for +人+ to *do*〉の様々な使い方	140
force	141
force + O + to *do*	581
forget	174
fortunate	412
free from ~	554

free (of charge)	439
from	492
from end to end	396
from morning till night	396
from 以外の「~から」	512
fruit	338
furniture	338
furthermore	602

G

gain weight	614
generally speaking	203, 604
generous	140
get	141, 152, 312, 319
get (a) cold	614
get accustomed to -*ing*	172
get exercise	613
get in ~	607
get on ~	609
get out (of ~)	610
get through (to ~)	610
get tired	45
get to ~	610
get to *do*	145
get up	611
get used to -*ing*	172
get + O + -*ing*	192
get + O +過去分詞	194
get +過去分詞（から派生した形容詞）	123
give	317
give in (to ~)	607
give O a hand	613
give O a ride	613
give (O) a smile	613
give (O) an answer [a reply]	613
give up	173, 611
given	476
glad	137, 410, 413
glance at ~	605
glasses	345
gloves	345
go	328
go (and) +動詞の原形	461
go bad	312
go bankrupt	312
go for a walk	325
go from bad to worse	274

go into ~	608
go on -ing	609
go over ~	610
go through ~	610
go to bed	45
go + -ing	203
good	140
Good idea!	89
graduate from ~	316, 607
granting [granted]	476
Great!	89
grow	312, 328
grow up	328, 611

H

had been + 動作動詞の -ing 形	63
had better	86
had better の短縮形	86
Had it not been for	295, 296
had + 過去分詞	61, 62
have/has + 過去分詞	55, 57, 58
have/has been + 動作動詞の -ing 形	59
hand	317
hand in ~	607
hang up	611
happen	146
happy	137, 410, 413
hard	155
hardly	548
hardly any + 名詞	421, 549
hardly ever	549
hardly ... when ~	473
have	30, 151, 152
have a break	613
have a cold	613
have a good [hard] time	613
have a good [hard] time -ing	205
have a headache [toothache]	613
have a look	580
have an accident	613
have an effect [influence] on A	613
have been to	57
have gone to	57
have got to	85
have no idea	613
have one's own way	613
have to	84
have trouble [difficulty] -ing	205
have yet to do	555
have + O + 過去分詞	194
have/has gone to	58
have/has の短縮形	56
have/has/had + been + 過去分詞	112
haven't the least [faintest/slightest] idea	550
hear	45
hear from ~	607
help	328
help oneself to ~	360
help + O + (to) do	153
here	452, 563
hesitate to do	145
high	423
hit on ~	609
hit + 人 + on the head	393
hold + 人 + by the arm	393
hope	131, 329
how	
（関係副詞）	226
（疑問副詞）	19, 525
How about ~ ?	89, 535
How about -ing?	180
How come ~ ?	537
How do you feel about ~ ?	534
How do you like ~ ?	534
how long	526
how to do	159
How + 形容詞／副詞	526
however	239, 241, 601
hurry up	611
hurt oneself	359

I

I don't think (that) ...	544
I'd [I would] rather + 仮定法過去	299
I wish + 仮定法過去	288
I wish + 仮定法過去完了	288
I would appreciate it if you would [could] ~	299
I would say ~	95
if	53, 465, 475
if it had not been for ~	292
if (it is) necessary	574
if (it is) possible	574
if it were not for ~	291
if not	572
If only + 仮定法	289
If only + 仮定法過去 [過去完了]	289
if S should + 動詞の原形	286
if S were to + 動詞の原形	287
If S + 過去完了, S + would + have + 過去分詞	284
If S + 過去完了, S + would + 動詞の原形 (now).	285
If S + 過去形, S + would + 動詞の原形	283
if 節中で使う any	381
if を使った慣用表現	475
I'm afraid (that) ...	414
im-	616
imagine	173, 544, 588
immediately after ...	470
impolite	140
important	411
impose A on B	609
impossible	155
in	493, 494, 512
in a sense [way]	603, 607
in a word	603
in addition to ~	513, 602, 608
in advance	607
in anger	607
in any case	604
in case	53, 456, 474
in case of ~	608
in charge of ~	608
in common with ~	608
in conclusion	603
in contrast to [with] ~	602, 608
in danger	607
in debt	607
in detail	607
in fact	607
in favor of ~	608
in front of	505
in general	488, 607

in good health	607
in itself	359
in love (with ~)	607
in no way	550
in order not to *do*	143
in order to *do*	136
in other words	373, 603
in particular	603, 607
in person	607
in place of ~	608
in relation to ~	608
in short [brief]	603
in spite of ~	513
in terms of ~	608
in that S + V	465
in the distance	607
in the end	607
in the first place	603
in the future	607
in the meantime	604
in this [that] case	603
in this [that] way	601
in those days	369
in time for ~	608
in trouble	607
in turn	602, 607
in vain	607
in-	616
incidentally	604
indeed	602
indispensable	411
inform A of B	608
information	340
insist	292, 293, 588
insist on ~	588, 609
instead of ~	513, 602
intend	131, 293
interesting	155
into	502
introduce A to B	611
it	
（形式主語）	362
（形式目的語）	363
it の用法	360
It costs (+〈人〉) + 金額 + to *do*	365
It doesn't matter whether ~ or not	478
It doesn't matter + 疑問詞 [whether/if] 節	366
It goes without saying that ...	180
It is ~ for + 人 + to *do*	139
It is ... -*ing*.	362
It is likely that S will *do*.	416
It is no use -*ing*	179
It is not until ... that ~	471
It is said that ~	118
It is ~ since ~	471
It is ~ that ...	560
It is ... that + S + V	362
It is ... to *do*.	362
It is true (that) ~, but ...	463
It is ... 疑問詞 + S + V	363
It is + 過去分詞 + that S + V.	148
It is + 形容詞 + that 節	411
It is + 人の性質を表す形容詞 + of + 人 + to *do*	140
It makes no difference + whether ~	366
It seems/appears that S + V.	146, 313
It takes (+〈人〉) + 時間 + to *do*	365
It will not be long before S + V〈現在形〉.	470
It's time + 仮定法過去	291

J
jeans	345
judging from ~	203
just	55, 60, 450
just after ...	470

K
keep	313
keep a diary	613
keep an eye on ~	613
keep O from -*ing*	324, 580
keep O in mind	613
keep one's promise	613
keep + O + -*ing*	192
kind	140
kiss + 人 + on the cheek	393
know	119
know better than to *do*	274, 555

L
large	423
last night [week/month/year]	59
laugh at ~	116, 605
lay	327
lay an egg	614
lead A to B	611
lead to ~	610
learn	131, 329
learn ~ by heart	606
least	261
least of all	275
leave A to B	611
leave + O +〈un + 過去分詞〉	194
lend	317, 327
less	261, 262
less than + 数詞	268
let	151, 152
let alone	274
Let's ~	35, 89
lie	327
like	173, 509
likely	412, 416
listen to	151
little	421, 422
live on ~	609
long for ~	606
look	312
look after ~	116, 605
look as if + 直説法	291
look at	45, 151
look down on ~	606
look for ~	606
look into ~	116, 608
look out (of ~)	610
look over ~	610
look through ~	610
look to ~	610
look up to ~	611
look + 人 + in the face [eye(s)]	393
look, seem, appear の違い	313
lose one's way	614
lose weight	614
lots of	420
love	173
low	423
lucky	412

M

major in ～	607
make	132, 151, 319
make a decision	613
make a difference	613
make A into B	608
make a living	613
make a mistake	613
make a promise	613
make a reservation	613
make a speech	613
make coffee [tea]	613
make efforts [an effort]	613
make friends with ～	345
make it ... to *do*	363
make oneself at home	360
〈make oneself + 過去分詞〉の形の慣用表現	194
make out	325, 610
make progress	613
make sense	613
make sure (that) ...	415
make the best of	275
make the most of	275
make up for ～	611
make use of ～	116, 613
make/let/have の意味の違い	152
manage	131
many	419
many, much の意味を表す表現	423
many + 名詞	265
marry	315
may	78, 82, 90, 91
may as well	101
may as well A as B	101
may well	100
may + have + 過去分詞	93
mean	131
meanwhile	604
mention	315
might	90, 283, 285
might as well	101
might as well A as B	101
might + have + 過去分詞	93
mind	173, 297
miss	173
miss a train	614
mistake A for B	606
mix A with B	612
more	261
more or less	274
more than + 数詞	268
moreover	602
most	261
most of all	275, 603
most of + the + 名詞［代名詞］	449
most + 名詞	449
much	419, 443
much less	274
much more + 名詞	265
much + the + 最上級	266
much + 比較級	264
must	78, 84, 85, 91
must が使えない場合	85
must + have + 過去分詞	93

N

name	320
name A (B) after C	605
namely	603
natural	412
near	511
necessary	411
need	97
need not + have + 過去分詞	94
need + -*ing*	178
needless to say	162
neither	376, 377
neither A nor B	376
never	55, 547
never ... without -*ing*	553
never と not の違い	548
nevertheless	601
next to ～	513
nice	140
night and day	396
no	546, 547
NO ～	547
no doubt	550
no further	273
no less than ～	269
no longer	273
no matter + 疑問詞	239-241
no more ～ than ...	270
no more than ～	269
no more	273
no problem	550
no sooner ... than ～	473
no way	550
no wonder	412, 549
no と not any の違い	547
no + thing/body	547
no + 単数形／複数形の名詞	547
no + 比較級	547
no + 比較級 + than ～	270
no + 名詞	546
none the less for [because] ～	268
none	379
nonetheless	601
not	543
B, not A	480
not a bit	550
not A but B	480
〈not A but B〉を応用した表現	480
not ～ any longer	273
not ～ at all	550
not ～ because ...	545
not less than ～	270
not ... more	274
not more than ～	270
not only A but (also) B	480
not so much A as B	272
not so much as ～	273
not to mention	274
not ～ until ...	471
not + a + 名詞	544
not + all	552
not + altogether	552
not + always	552
not + any ～	552
not + anybody [anyone]	552
not + anything	552
not + as [so] + 原級 + as	250
not + both	551, 552
not + either	551, 552
not + ever	548
not + every	551
not + everything	552
not + necessarily	552
not + 代名不定詞	161
nothing is as + 原級 + as ～	276
notice	151

now	60
now (that)	456, 473

O

object to ～	610
object to -ing	172
observe	151
obvious	412
occur to ～	610
of	495
of 以外の「～の」	512
of を使って数量や種類を表す表現	496
of ＋抽象名詞	341
〈of ＋（動）名詞〉を使った同格の表現	576
off	511
off duty	609
offer	317
OK.	89
on	496
on a diet	609
on account of ～	601
on average	609
on business	609
on duty	609
on fire	609
on foot	609
on -ing	180, 473
on one's [the] way	609
on one's own	609
on purpose	609
on sale	609
on the contrary	602, 609
on the other hand	373, 602, 609
on the phone	609
on time	609
on vacation [holiday]	609
once	
（接続詞）	456, 473
（副詞）	55, 448
one	370, 371
one after another	374
one of the ＋最上級＋複数形の名詞	259
one of ＋複数形の名詞	347
only	450
only a few [little]	421
only after ...	470

only, also を別の語で言い換えた文	481
opposite	511
or	461, 603
order	141, 293
order A from B	607
other	372
others	372, 373
otherwise	294, 602
ought not to ＋ have ＋過去分詞	94
ought to	85, 92
ought to ＋ have ＋過去分詞	94
out of	502
out of A's control	606
over	504
owe	317
owe A to B	611
owing to ～	601

P

paint	328
pants	345
participate in ～	607
particularly	603
pass	317
past	511
pay	317
people	337
permit	141
persist in ～	607
persuade	141
pick up ～	611
plan	131
play a ... part [role] (in ～)	614
pleasant	155
pleased	410
point out ～	610
police	337
polite	140
possible	412, 413
postpone	173
practice	173
prefer A to B	172, 271, 611
prepare for ～	606
pretend	131
prevent O from -ing	324, 580
probable	412

promise	131
proper	411
propose	293
protect A from B	607
prove	119
provided [providing](that) ...	476
put A into B	608
put ～ into practice	608
put off	116, 173, 608
put on	45, 329
put up with ～	325, 611

Q

quit	173
quite a few [little]	421
quite ＋形容詞／副詞	451

R

rain or shine	396
raise	327
rarely	549
rarely, if ever	549
rather	602
rather than	273
rather ＋形容詞／副詞	451
reach	315
recently	60
recommend	293
recover from ～	607
refer to ～	610
refrain from ～	607
refuse	131
regard O as ～	324
regret	588
regrettable	412
relieved	137
remain	313
remember	174, 588
remind A of B	581, 608
rent	327
replace A with B	612
report	119, 148
request	292
require	292
rescue A from B	607
resemble	315
ride a bicycle	614
rise	327
rob O of ～	324, 329

round		500
rude		140
rumor		119, 148
run after ~		605
run out (of ~)		610
run over ~		116, 610
run short of ~		312, 614

S

SやVを省略した形		267
S + V		22, 308
S + V [be 動詞] + C		23, 311
S + V (+修飾語)		24
S + V + O		23, 315
—のOになる要素		316
S + V + O + C		320
—のCになる要素		322
S + V + O + O		317
—のO₂になる要素		320
S + V + O + to *do*		141
S + V +それ以外の要素		22
S +自動詞（+副詞（句）)		308
sad		137, 412
same		417
satisfied		410
save A from B		607
say		329
scarcely		548
scarcely ... when ~		473
scissors		345
search for ~		606
see		45, 151
see ~ off		608
see (to it) that ...		364
seeing		476
seem		313, 544
seem to have +過去分詞		146
seem + (to be) C		146
seem + to *do*		146
seize +人+ by the arm		393
seldom		549
sell		317
send		317
send for ~		606
send in ~		607
sensible		140
set up ~		611
shake hands (with ~)		345
shall		78
Shall I ~ ?		88
Shall we ~ ?		89
share A with B		612
shoes		345
should		78, 85, 92
should の注意すべき用法		96
should + have +過去分詞		93, 94
shouldn't + have +過去分詞		94
show		317
show up		325, 611
silly		140
similar		414
similar to ~		414
similarly		602
since		
（接続詞）		456, 470
（前置詞）		55, 470
（副詞）		470
sing		319
sit up		611
small		423
smart		140
smell		312
smile at ~		605
so		463, 601
so ~ as ...		444, 445
so as not to *do*		143
so as to *do*		136
so far		60
so ~ (that) ...		481
so (that) S can [will] *do*		482
so (that) S will not *do*		482
soを含む表現		444
So (~) + be 動詞 + S + that 節 ...		563
So + S +（助）動詞		565
so +形容詞／副詞		444
solve a problem		614
some		379
some ~ , (and) others ...		372
some +数字		439
soon after ...		470
sooner or later		274
sorry		137
sound		312
Sounds great!		89
speak		329
speak to ~		610
speaking of ~		203
spend A on B		205, 609
spend + O + -*ing*		204
staff		337
stand for ~		606
stand out		610
stare at ~		605
start		173
stay		313
stay up		611
steal		329
still		446, 601
still less		274
still +比較級		264
stop		173, 175
stop O from -*ing*		324, 580
strange		412
strike +人+ on the head		393
study		329
stupid		140
substitute A for B		606
succeed		328
succeed in ~		607
such a/an +形容詞+名詞		444
such ~ as ...		444, 445
such ~ that ...		481
Such (~) + be 動詞 + S + that 節 ...		563
such と as を結びつけた形		444
such +名詞		444
suffer from ~		607
suggest		173, 293
A is superior to B		271
suppose		119, 143, 476, 544
supposing (that) ...		476
sure		414
Sure.		89
surprised		137, 410
surprising		412
suspect		328

T

take		328
take a break		613
take A for B		606
take a picture [photo]		613
take a walk		613
take after ~		325, 605
take care of ~		116, 613
take exercise		613

take care of oneself	360
take ～ into account [consideration]	608
take it for granted that ...	364
take off (～)	608
take out ～	610
take over ～	610
take part in ～	613
take place	325, 613
take ＋人＋ by the arm	393
talk	329
talk about ～	605
talk over ～	610
talk to ～	610
talking of ～	203
taste	312
teach	317
tell	141, 317, 329, 591
tell A from B	607
tell (O) a lie	614
tend to *do*	145
thank	327
thanks to ～	513, 601
that	
（関係代名詞）	214-219, 231
（指示代名詞）	367, 368
（接続詞）	464
that is (to say)	575, 603
That is why ～	225, 601
that 節↔（前置詞＋）-*ing*	588
That's why ... と That's because ...	226
the	17
the ＋形容詞の最上級（＋名詞）	258
(the ＋) 副詞の最上級	259
the day before ...	470
The fact is (that) ...	464
the first time	472
the first time ＋現在完了形	57
the first など＋名詞＋不定詞	133
the last time	472
the last ＋名詞＋ to *do* [関係詞節]	554
the moment [instant/minute] ...	473
the next time	472
the number of ＋複数形の名詞	347
the other	372
the other day	374
the others	373
the same ＋名詞＋ as ...	417
The thing is (that) ...	464
The trouble is (that) ...	464
the very best ＋名詞	266
the ＋形容詞の最上級＋名詞 ＋ (that) S have ever ＋ 過去分詞	274
the ＋この世に１つしかないもの	390
the ＋序数詞＋最上級	260
the ＋比較級	267
the ＋比較級＋ of the two	267
the ＋比較級＋ S_1 ＋ V_1, the ＋比較級＋ S_2 ＋ V_2	267
〈the ＋比較級, the ＋比較級〉の語順	267
the ＋名詞＋ of which	220
the ＋名詞＋修飾語句	391
the ＋名詞を１つに限定する形容詞＋名詞	391
then	59, 452
there	452, 563
There is no -*ing*	180
There is nothing like	276
There is nothing to do but ＋動詞の原形	154
There ＋ be 動詞＋ S ＋場所を表す副詞 (句)	309
There ＋ be 動詞＋ S ＋分詞句	310
There ＋自動詞＋ S ...	310
therefore	601
these days	369
they	357
They say (that) ... の言い換え	118, 357
-thing	382
think	119, 132, 143, 148
think about [of] ～	605
this	367
This is why ～	225, 601
this/that などを含む慣用表現	369
this/that ＋形容詞／副詞	369
those who ...	368
though	456, 477
through	506
throw away ～	116
thus	601
till	471
times as ～ as	253
to	497
to be brief	603
to be perfectly frank	162
to begin with	162, 603
to make matters worse	162
(to put it) briefly	603
to put it mildly	162
to say the least (of it)	275
to sum up	603
to tell (you) ＋ the truth	162
to the best of my knowledge	275, 474, 611
to the end [last minute]	611
to 以外の「～へ」	513
to 不定詞	128
〈to（前置詞）＋動名詞〉を使った慣用表現	172
too	451
too ～ to *do*	157, 554
too ＋形容詞／副詞＋ to *do*	157
toward(s)	511
translate A into B	608
treat A to B	611
trousers	345
true	412
try	174
try my best	275
turn down ～	116, 606
turn in ～	607
turn off ～	608
turn on ～	609
turn out ～	146, 313, 610
turn over ～	610
turn pale	312
turn up	611
turn to ～	610
turn A into B	608
twice as ～ as	253

U

ultimately	603
under	504
unfortunately	437
unless	53, 456, 476
unlike	509

unlikely	416
until/till	
（接続詞）	53, 456, 471
（前置詞）	512
～ , until ...	472
up to ～	513
urge	293
use	327
used to	96

V

V＋人＋前置詞＋the＋身体の部分	392
very	443
very の特殊な意味	443

W

wait for ～	606
wake up	45, 611
want	131, 141, 329
watch	151
watch out (of ～)	610
we	357
wear	45, 329
weather permitting	203
well	451
were（仮定法過去）	284
were to がもつ様々な意味	287
Were it not for	295
what	
A is to B what C is to D	235
（関係形容詞）	238
（関係代名詞）	232
（疑問形容詞・代名詞）	521
What about ～ ?	89, 535
What about -ing?	180
What became of ～ ?	537
What does S look like?	534
What do you call ～ ?	534
What do you say to -ing?	172
What do you think of [about] ～ ?	534
What if ～ ?	537
what is called	234
What is ～ like?	535
what is more	602
What is S called ...?	118
what is worse	274

What is/does he like?	536
what is ＋比較級	235
what to do	159
what と how の使い分け	533
what ＋ S ＋ be 動詞	234
what (＋ S ＋ V) ＋ V	237
whatever	239-241
when	19, 53, 59, 469
（関係副詞）	222
（疑問副詞）	522
（接続詞）	456
When ～ ?	59
when it comes to -ing	172
when to do	159
when/if の後ろに will を置く場合	53
whenever	239-241
where	
（関係副詞）	223
（疑問副詞）	523
（接続詞）	456
where to do	159
whereas	469
wherever	239-241
whether	465, 466, 478
whether ～ or (not)	466
whether S ＋ V or not	478
whether to do	159
which	
（関係代名詞）	214, 216, 220, 229, 230
（疑問詞）	520
which か what か？	522
which ＋名詞＋ to do	159
whichever	239-241
while	456, 469, 489
who	19
（関係代名詞）	215, 217, 229
（疑問詞）	519
Who knows (...)?	530, 555
who が主語のはたらきをする疑問文への答え方	519
whom	217, 220, 229
who(m)ever	239-241
whose	
（関係代名詞）	219, 229
（疑問詞）	519
why	19
（関係副詞）	225
（疑問副詞）	524

Why don't we ～ ?	89, 537
Why don't you ～ ?	536
Why not?	89, 537
Why? と Why not?	524
will	48, 78, 95
〈will be ＋ -ing〉が〈現在の推量〉を表す場合	54
will do	95
will have ＋過去分詞	65-67
Will you ～ ?	87
wise	140
wish	131, 288
with	293, 498, 512
with ＋抽象名詞	341
within	511
without	498
without ～ （仮定法）	294
without a break	612
without (an) exception	612
without delay	612
without fail	612
without notice	612
without so much as ～	273
wonder if S ＋仮定法過去	298
wonder の過去形・過去進行形	299
work for ～	606
work on ～	609
worried	410
worry about ～	605
worst of all	275
worse off	274
would	95
Would it be all right if I ～ ?	299
would like	131, 141
would like to do	99
would like ＋名詞	98
would rather	99
Would you ～ ?	87
Would you mind if I ＋動詞の過去形	297
write	317, 328
write down ～	606

Y

Yes/No 疑問文	33, 34, 518
yesterday	59
yet	55, 446, 601
you	357

機能別・場面別さくいん

【機能別】

コミュニケーションを円滑にする

あいづち・返答
聞き返し疑問文 529
Good idea! 89
Haven't you? 529
I hope so. / I think so. 445
Is that (really) so? 445
Neither [Nor] do I. / So do I. 564
No problem. 550
Not at all. 550
Oh, did you? 529
OK. / All right. 89
(Sounds) Great! 312
Sure. 88, 89
Why not? 88, 89
Yes, let's. 89

情報を伝える

報告や説明をする
同等の情報を加える語句 602
I hear (that) ... 357
It is said (that) ... 118, 357
It seems/appears that S + V. 146
S seem[appear] to be + C/to do 146
Statistics show ... 582
The fact/problem/thing is (that) ... 464
The newspaper says ... 582
They say (that) ... 357

理由や根拠を述べる
As 467
Because / That is because 467
because of 513, 601
due to 601
Given (that) / Considering [Seeing] (that) 476
since 471
thanks to 513

補足する・言い換える
くわしい説明を加える語句 603
挿入 570
besides 510, 602
by the way / incidentally 604
in addition to 513
in other words 373, 603
namely/or/that is (to say) 575, 603
or 462
to make matters worse 162, 235
what is (still) better 235
what is more 235
what is more important 235

対比を表す
対比・対照を表す語句 602
meanwhile / in the meantime 604
on the other hand 373
while (whereas) 469

例やデータを示す
資料などの説明文中で使われる as 468
for example [instance] 603, 606
such as 444, 445

結論を示す
結論を示す語句 603

意思や気持ちを伝える

感情を表す
〈感情〉を表す分詞形容詞 409
感情を表す表現 121
感情を表す主な形容詞 137
感嘆文 35
間投詞 19

賛成・感謝
Exactly! 435
I appreciate your ... / I thank you for your ... 327
No problem! 550
Thank you so much. 444

謝罪・後悔・非難
how dare you 97
I'm sorry (that) ... / I'm sorry for + (動)名詞 410
I wish + 仮定法 288
If only + 仮定法 289
need not + have + 過去分詞 94
should [ought to] + have + 過去分詞 94

反対の意思や疑い
修辞疑問文 530
Absolutely not. 435
be afraid (that) ... / be afraid of -ing 414
doubt/suspect 328
I would rather 99, 299
It is true (that) 〜, but ... 463
No way! 550
would rather 99

推論する
can/can't (cannot) 90
cannot have + 過去分詞 93
I dare say 97
may (might) 90
may (must) have + 過去分詞 93
may well 100
must 91
should / ought to 92
will (would) 95

仮定・条件
仮定法 282-303
Assuming that 476
Even if/Even though 477
provided (providing) that 476
Suppose 476
Supposing (that) 476
What if ...? 537

635

相手の行動を促す

依頼・相手の意向を尋ねる
相手に何かを頼む表現　88
Can (Could) you ...?　87
I was wondering if ...　299
I wonder if ...　298
I would appreciate it if ...　299
I would like you to ...　99
Would it be all right if ...?　299
Would (Will) you ...?　87
Would you do me a favor? / May I ask you a favor?　318
Would you mind if ...?　297
Would you mind (me) -ing?　297

希望・望みを伝える
I hope (that) ...　414
I wish ＋仮定法　288
I'd like you to ...　99
I'm willing to ...　156
If only ＋仮定法　289
Shall I ...?　88

誘う
相手を誘う表現　89
How [What] about ...?　89, 535
Let's ...　35, 89
Shall we ...?　89
What do you say to ...?　535
Why don't we ...?　89, 537
Why don't you ...?　536
Why not?　537
Would you like me to ...?　99

許可を求める・答え方
Could I (possibly) ...?　83
May (Can) I ...?　82
May (Can) I ...? への答え方　83
Would it be all right if ...?　299

命令・助言・忠告
命令文，＋ and ...　461
命令文，＋ or ...　462
命令文，＋ will you?　528
命令文　34
advise 人 to ...　142
Be sure to / Make sure (that)　415
have got to　85
have to　84
may [might] as well　101
must　84
ought to　85
See (to it) that　364
should　85
You (We) had better　86

【場面別】

場面別表現

電話の応対
Hello. Is this [that] ～?
This is [It's] ～.　369
I'm sorry. He's out [He isn't in] at the moment.　441
Who am I speaking to, please?　533
Who is this [it], please?　369

買い物・レストラン
注文の仕方　98
Anything else?　98
Do you have it in that color?　367
How will you be paying, sir?　54
I'd like a table for two, please.　98
I'd like coffee, please.　98
Which would you like ...?　376
Would you like A or B?　530

4技能 Tips／Sue's Advice 一覧

4技能 Tips Speaking

〈May [Can] I ～ ?〉への答え方	83
相手に何かを頼む表現	88
相手を誘う表現	89
注文のしかた	98
〈Let me + 原形不定詞〉	153
アイスコーヒーは ice coffee ではない	187
as old as が表す2つの意味	249
助動詞の過去形を使って表現力を豊かにする	300
「私はコーヒー」≠ I'm coffee.	311
人称代名詞の順序	355
every/last/next/this/that の前に前置詞は不要	434
疑問文のていねいさの違い	521
付加疑問文の2つの意味	528
Me, too. と Me, neither.	565

4技能 Tips Listening

gonna と wanna	51
can と can't の読み方	80
くだけた会話の合間に入る you know	570

4技能 Tips Writing

「～します」「～した」の英訳	49
前置詞の有無の見分け方	134
「～するようになる」の表現	145
関係代名詞を使う場合を見極める	216
比べる対象は対等なもの	257
「できるだけ早く」	272
「冠詞」「this/that など」「所有格」を2つ以上並べて使わないこと	399
同じ種類の副詞（句）を並べる場合	435
〈Because + S + V.〉だけでは完全な文にならない	467

4技能 Tips Reading

used to の識別	96
名詞の後ろに置かれた不定詞の意味の識別	136
新聞記事などでよく使われる分詞構文	197
分詞・動名詞のはたらきの見分け方	210
省略された関係代名詞の見抜き方	218
as many [much] の意味と使い方	254
複雑化した文構造〈S is C.〉の見抜き方	314
〈所有〉以外の関係を表す所有格	356
前の内容を指す this/that	367
those が指すものを見極める	369
and が何と何を結びつけているか見極める	460
〈S is that ...〉の文に慣れよう	465
資料などの説明文中で使われる as	468
分詞構文をもとにした接続詞	476
間接疑問や形式主語構文と組み合わせた形	536
節の中に埋め込まれた節	571
新聞記事の見出し	574
名詞構文の和訳テクニック	579
描出話法	594

4技能 Tips Speaking & Listening

「母音字」と「母音」	387

4技能 Tips Speaking & Writing

現在形と現在進行形の使い分け	45
動作を表す受動態	123
関係詞節の作り方	218
〈There + be 動詞〉の後ろには「初めて話題に出すもの」を置く	309
「人」が先か,「物」が先か	317
使い分けに注意すべき前置詞	512
疑問副詞の正しい使い方	524
高さ, 長さなどを尋ねる疑問文	534
not が否定するものを2通りに解釈できる場合	545

Sue's Advice

過去形の使い方に注意	69
論文に多く見られる受動態	124
to 不定詞を主語にする文について	162
不定詞と動名詞の違い	182
「自転車が盗まれた！」という表現	195
whom の使用について	242
「年上」と「年下」の表現について	280
パーティーに来てほしい！	301
finish の使い方に注意！	330
"Haven't you finished your homework yet?" と聞かれたら…	538
「～するのはもっともだ」は否定表現が便利	555

注意一覧

現在進行形と現在形の違い	43
状態動詞は過去進行形にしない	47
when/if の後ろに will を置く場合	53
could が使えない場合	82
must が使えない場合	85
must（〜にちがいない）⇔ can't（〜のはずがない）	91
than に続く動詞は原形	99
誤って受動態を使いやすいその他の例	122
形容詞的用法の不定詞が使えない場合	135
〈感情の原因〉を表す不定詞の前には形容詞が必要	137
〈for + 人〉の〈人〉を主語にした文は誤り	139
〈S + V + O + to *do*〉の形では使えない動詞	142
「〜しないように」の表し方	144
〈too 〜 to *do*〉に関する注意	157
〈〜 enough to *do*〉に関する注意	158
be 動詞の後ろに名詞的用法の不定詞を置く場合	160
to be ... の代不定詞	161
前置詞の後ろに不定詞を置くことはできない	171
進行形で使わない動詞も，分詞構文なら -ing 形にできる	197
having been の省略	201
go -ing の後ろの前置詞に注意	204
話し言葉では前置詞を後ろに置く	221
that は継続用法では使えない	229
固有名詞の後ろには継続用法の関係詞を置く	230
形容詞の後ろに名詞がある場合（a/an の位置に注意）	248
比べる対象は対等の形にする	249
原級の否定は，〈A ≠ B〉ではなく〈A < B〉の関係	250
比較級の前に very を置くことはできない	264
〈the + 比較級, the + 比較級〉の語順	267
as if 節中の時制	290
mind を使った問いへの答え方	298
自動詞と混同しやすい他動詞	315
他動詞と混同しやすい自動詞	316
形のないものを表す普通名詞	336
まぎらわしい集合名詞と普通名詞	339
普通名詞と混同しやすい物質名詞	339
普通名詞と混同しやすい抽象名詞	340
抽象名詞の前に a/an をつけるか	343
〈a number of + 複数形の名詞〉が主語のとき，動詞は複数で受ける	347
one が使えない場合	370
疑問文で any ではなく some を使う場合	381
a と an を間違えやすい例	387
a/an と可算名詞・不可算名詞との関係	388
母音の前の the の読み方	390
別の表現での言い換え	398
C のはたらきをする形容詞を，名詞や副詞で置き換えることはできない	406
next や last の前の the の有無	434
enough の位置	435
前置詞としては使えない副詞	441
肯定文中の ever	448
否定語 + or	462
since の代わりに after は使えない	471
「〜したら = if」とは限らない	475
前置詞の後ろに置ける要素	488
who が主語のはたらきをする疑問文への答え方	519
前置詞のつけ忘れに注意	533
What is/does he like?	536
文全体を否定する not の位置	543
not と not any の違い	547
never と not の違い	548
強調構文には文脈や状況が必要	561
強調構文に関するその他の注意	561
So + S +（助）動詞	565
主語が異なる場合は省略できない	573
同格節と関係詞節の見分け方	578
名詞構文を使う場合の品詞の変化	579

英文執筆協力　Sue Fraser（英語教育学博士・応用言語学修士）
英文校閲　Karl Matsumoto

企画協力　（五十音順，敬称略）
　岡山　直樹（神戸市立須磨翔風高等学校）
　神永　美津代（神奈川県立横浜平沼高等学校）
　河田　真（神奈川県　浅野高等学校）
　髙江洲　良昌（大阪府立天王寺高等学校）
　塚本　裕之（静岡県立富士高等学校）
　富岡　詳二（群馬県立高崎工業高等学校）
　平井　祥枝（元埼玉県立浦和高等学校教諭）
　平尾　一成（大阪府立寝屋川高等学校）
　山口　司（佐賀県立鳥栖高等学校）

　八田　玄二（椙山女学園大学・国際コミュニケーション学部名誉教授）

本書を作成するにあたり，上記以外にも全国の高等学校の先生方にご協力いただきました。

無料学習アプリ
きりはらの森
kiriharanomori.jp

営業所のご案内
採用品のお問い合わせは下記営業所へお願いいたします。

札幌営業所（北海道）
(03) 5302-7010

仙台営業所（東北）
(022) 358-3671

東京営業所（関東・甲信越）
(03) 5302-7010

名古屋営業所（東海）
(03) 5302-7010

大阪営業所（近畿・北陸）
(06) 6368-8025

広島営業所（中国・四国）
(082) 567-2345

福岡営業所（九州・沖縄）
(092) 572-6543

アトラス総合英語　英語のしくみと表現
ATLAS English Grammar and Expressions

2012年12月1日　初　版第1刷発行
2017年2月10日　初　版第8刷発行

英文監修	ロングマン辞典編集部
編著者	佐藤誠司／長田哲文
発行人	斉藤　智
発行所	株式会社 桐原書店
	〒160-0023　東京都新宿区西新宿4-15-3
	住友不動産西新宿ビル3号館
	TEL：03-5302-7010（販売）
	http://www.kirihara.co.jp
装丁・本文レイアウト	大滝奈緒子（blanc graph）
イラスト	富永三沙子／加藤暖香（株式会社アクア）　五條瑠美子
写真提供	アマナイメージズ
編集協力・DTP	株式会社シー・レップス

▶本書の内容を無断で複写・複製することを禁じます。
▶乱丁・落丁本はお取り替えいたします。

©Seishi Sato / Tetsufumi Osada 2012
Printed in China(C&C/08)
ISBN978-4-342-01050-7

主な不規則動詞の活用

▶ be 動詞, do, have の活用は p.30 を参照。

不規則動詞の「原形－過去形－過去分詞」の形は, 次のようにグループ分けできる。

◆ A－A－A 型 (原形・過去形・過去分詞が3つとも同じ形)

> burst (破裂する), cost ((費用が) かかる), cut (〜を切る), fit (〜に適合する), hit (〜を打つ), hurt (〜を傷つける), let (〜させる), put (〜を置く), quit (〜をやめる), read※ (〜を読む), set (〜を置く), shut (〜を閉じる), spread (〜を広げる)

※ read の発音は [ríːd]-[réd]-[réd] と変化することに注意。

◆ A－A－B 型 (原形と過去形が同じ形)

原形	過去形	過去分詞
beat (〜を打つ)	beat	beat(en)

◆ A－B－A 型 (原形と過去分詞が同じ形)

原形	過去形	過去分詞
become (〜になる)	became	become
come (来る)	came	come
run (走る)	ran	run

◆ A－B－B 型 (過去形と過去分詞が同じ形)

原形	過去形	過去分詞
bring (〜を持ってくる)	brought	brought
build (〜を建てる)	built	built
buy (〜を買う)	bought	bought
catch (〜を捕らえる)	caught	caught
feel (感じる)	felt	felt
find (〜を見つける)	found	found
hear [híər] (〜が聞こえる)	heard [hə́ːrd]	heard [hə́ːrd]
hold (〜を持つ)	held	held
keep (〜を保つ)	kept	kept
lay (〜を置く)	laid	laid
leave (〜を出発する)	left	left
lend (〜を貸す)	lent	lent
lose (〜を失う)	lost	lost
make (〜を作る)	made	made
mean [míːn] (〜を意味する)	meant [mént]	meant [mént]
meet (〜に会う)	met	met
pay (〜を支払う)	paid	paid
say (〜と言う)	said	said
seek (〜を探す)	sought	sought
sell (〜を売る)	sold	sold
send (〜を送る)	sent	sent
sit (座る)	sat	sat